转型进程中的
产业发展与结构升级

——辽宁工业发展研究

张晓明　李占芳　等著

Industrial Development and
Structural Upgrading in the Process of
Economic Transformation

Liaoning Industry Development Research

经济管理出版社
ECONOMY & MANAGEMENT PUBLISHING HOUSE

图书在版编目（CIP）数据

转型进程中的产业发展与结构升级/张晓明，李占芳等著 . —北京：经济管理出版社，2015.3

ISBN 978 - 7 - 5096 - 3635 - 0

Ⅰ.①转… Ⅱ.①张… Ⅲ.①经济转型期—产业发展—研究—辽宁省②经济转型期—产业结构升级—研究—辽宁省 Ⅳ.①F127.31

中国版本图书馆 CIP 数据核字（2015）第 039643 号

组稿编辑：杨国强
责任编辑：杨国强　张瑞军
责任印制：黄章平
责任校对：赵天宇

出版发行：经济管理出版社
　　　　　（北京市海淀区北蜂窝 8 号中雅大厦 A 座 11 层　100038）
网　　　址：www. E - mp. com. cn
电　　　话：(010) 51915602
印　　　刷：北京广益印刷有限公司
经　　　销：新华书店
开　　　本：720mm×1000mm/16
印　　　张：31.5
字　　　数：594 千字
版　　　次：2015 年 5 月第 1 版　2015 年 5 月第 1 次印刷
书　　　号：ISBN 978 - 7 - 5096 - 3635 - 0
定　　　价：98.00 元

前　言

本书是关于辽宁产业发展研究的文章结集。这些文章主要指出了辽宁工业发展中的实际问题，并基于实地调研撰写而成。

产业结构调整和经济转型升级，是中国面临的重要任务，更是辽宁不断探索且亟待解决的课题。作为计划经济时代建立起来的老工业基地，辽宁曾经为全国工业发展做出重大贡献，但实施改革开放政策以后，辽宁因体制性痼疾、结构性矛盾而一度陷入进退两难的窘地。2003 年，国家提出振兴东北老工业基地战略，辽宁经济开始步入新一轮发展快车道，整体经济结构和工业结构进入一个快速转型升级期。作为辽宁工业支柱的装备制造业乘势而上，冶金、石化重焕生机，农产品加工业发展迅猛，新兴产业亮点频现，创新能力有所提升。但在开始于 2008 年的全球性金融风暴中，辽宁终究未能独善其身，经济发展中一些老问题和新矛盾集中凸显出来，实现结构转型升级、走新型工业化道路面临更加严峻的挑战。本书可以看作这些年来辽宁工业克服困难、探索转型升级之路的真实反映。

本书分为五篇。第一篇是总论，总体上讨论振兴以来辽宁工业发展所取得的成就，剖析了一直未得到解决的老问题和金融危机以后出现的新矛盾，提出了辽宁工业结构优化的方向、重点和对策。第二篇主要探讨装备制造业的发展，包括第二至九章。第二至五章是针对辽宁装备制造业整体的分析，提出辽宁的战略目标应是打造世界级装备制造业基地，然后评价了辽宁装备制造业的现实竞争力，而培育创新型产业集群、通过兼并优化组织结构，是做强装备制造业的必由之路。第六至九章是针对航空制造、船舶制造、机器人、汽车等几个具体行业的研究。第三篇探讨新兴产业的发展，第十章一般性地讨论了新兴产业发展模式和关键环节，之后是关于新能源产业的两篇研究。新兴产业中将关于高端装备制造业内容放入了第二篇。第四篇讨论传统产业的升级，涉及化工行业、矿产采掘及加工业、农产品加工业、印刷包装业等。第五篇研究如何提高辽宁产业创新能力。首先对辽宁整体创新能力进行了评价，然后讨论提高创新能力的七个关键方面。第二十章比较不同所有制企业的创新差异，第二十至二十一章分别从技术引进和海外并购探讨了辽宁获取先进技术的途径，最后针对辽宁高端装备制造业提出了如何构建创新体系，这对于其他行业也是有借鉴意义的。收录在书中的文章基本维持原样，一方面为辽宁工业发展保留一份不同的历史文本，另一方面也为我们的研究留下一个印记。其中提到的问题，一些已经得到解决，尚未解决的既有待于研究人员继续上下求索，更需要实际工作者在发展和改革中去攻克。

本书是集体合作的结晶，除主要作者外，参与本书部分章节写作的有先后在辽宁省政府发展研究中心产业处工作的韩嵩、马喆、欧新煜、崔丽梅、耿殿贺，以及沈阳工程学院技术经济系的许静。辽宁省政府发展研究中心副主任高炜对本书内容提出许多宝贵的修改建议，并对本书出版给予大力支持。

辽宁省人民政府发展研究中心是从事经济与社会政策方面研究的决策咨询机构，成立30多年以来，一直秉持"调研求真，咨询直言"的理念，在不同时期，为辽宁省委、省政府对全省一些重大问题的决策提供了有价值的研究报告和咨询建议。辽宁省政府发展研究中心既不像大学和科研院所从事纯学术性研究，也不像政府职能部门从事具体的事务性工作，而是处于二者之间、弥补其间缺环的咨询研究机构。这种特殊角色要求我们不但要熟悉理论研究成果，还要了解世情、国情、省情和实际的工作情况，以便所提建议有理有据、有的放矢、切实可行。虽然我们尽了最大努力，但离我们的理想目标和经济社会发展的实际需求仍有一定的差距。《中共中央关于全面深化改革若干重大问题的决定》明确提出，加强中国特色新型智库建设，建立健全决策咨询制度。作为中国和辽宁省智库的重要组成部分，辽宁省政府发展研究中心深感任重而道远，我们将继续努力，不断拿出具有真知灼见的成果，为推进决策科学化、民主化做出更多贡献！

最后要特别指出，我们在调研过程中得到辽宁省直属机关和地方有关部门、高校、科研院所、企业的大力支持，撰写研究报告过程中参考了国内外专家、学者的大量研究成果，恕不能一一列出，谨在此表示衷心感谢！

作者
2014 年 11 月

目　录

第一篇　总论

第一章 转型时期辽宁工业结构的优化和升级

辽宁工业结构调整虽然取得了明显进展，但各种结构不合理问题和弊端仍很突出，其中既有沉积多年的老问题，也有近年暴露的新矛盾。辽宁应以产业的高端化、丰厚化、信息化、服务化、集群化、特色化、国际化为主攻方向，进一步调整和优化工业结构。

第一节 辽宁工业结构呈现新变化

进入"十二五"后，辽宁经济运行形势逐渐严峻，2012年和2013年的工业增速下滑至一位数。金融危机导致需求不足是外部原因，但工业结构不尽合理、产品竞争力不高则是导致增速下滑的内因所在。尽管如此，我们依然要看到"十一五"以来，辽宁工业结构调整取得的进展和成绩。结构调整是一个动态过程，对于一个地区来讲，并无产业结构的绝对合理及最佳模式，但不断促进结构优化升级，则是永恒的主题。

一、第二、三次产业比例开始进入优化期

2012年，辽宁地区生产总值2.48万亿元，三次产业构成为8.7:53.2:38.1，改变了几年来二次产业比重上升、三次产业比重下降的趋势，开始呈现二次产业比重下降、三次产业比重上升势头。辽宁三次产业构成，2009年为9.3:52.0:38.7、2010年为8.8:54.1:37.1、2011年为8.7:55.2:36.1。2012年，三次产业比重同比上升2个百分点，二次产业比重则同比下降2个百分点。2013年前三季度，第三产业比重达39.7%，继续上升。广东、江苏、山东、浙江四省的地区生产总值达到2万亿元左右，二次产业比重达到最高点，之后呈下降趋势，三次产业比重则一直上升。从这些经验判断，辽宁已开始进入结构调整的优化期。

二、工业增速超过先进地区

改革开放后的前20多年，辽宁工业增速均低于广东、江苏、山东、浙江四省，直到进入"十一五"之后，工业增速才开始反超。"十一五"期间工

业年均增速，辽宁为 16.9%，广东、江苏、山东、浙江分别为 14.2%、14.4%、14.4%、11.9%。辽宁作为计划经济时代建立起来的老工业基地，改革开放后的工业发展长期落后于南方一些地区，如今工业增速实现反超，不仅充分反映出振兴的成就，也表明辽宁正在进入全新发展阶段。

三、重工业内部结构渐趋合理

重工业内部结构变化的基本路径是从以原材料和基础工业为主逐步升级到以高加工度和技术密集为主。2000 年以来，辽宁工业中采矿业、石化产业比重明显下降，冶金行业略有下降，而装备制造业比重迅速提高。2005 ~ 2012 年，工业增加值中石化产业比重从 25.2% 下降到 16.7%；冶金工业则从 20.8% 下降到 17.8%，近年来一直在 17% ~18% 间波动；装备制造业比重从 24.6% 增加到 30.1%（2011 年曾达到 31.8%）。在冶金工业中，高新技术产品增加值增长 19%，石化工业高新技术产品增加值增长 9%，装备制造业高新技术产品增加值则增长 23.2%。

辽宁出口产品中，机电产品所占比重从 2000 年的 37.1%，增加到 2012 年的 44.3%。机电产品出口比重的增加反映了辽宁工业结构的升级和产业国际竞争力的增强。

四、高新技术产业发展步伐加快

2012 年，辽宁新认定高新技术企业 261 家，全省高新技术企业数量达到 1030 家。全省规模以上工业企业高新技术产品增加值实现 4733.3 亿元，年均增长 25%，占规模以上工业增加值的 40.4%，占地区生产总值的比重达到 19.0%，比 2005 年提高 10 个百分点。

高技术产业主营业务收入占全国比重，2012 年为 2.2%，比 2005 年提高约 0.4 个百分点。其中，医药制造业、电子及通信设备制造业、医疗设备及仪器仪表制造业所占比重分别从 2.9%、1.5% 和 3.2% 上升到 3.9%、1.7% 和 4.1%。

五、高端产品和新兴产业亮点频现

辽宁已形成以先进制造、新材料、电子信息、生物工程与制药、新能源与高效节能、航天航空六大领域为重点的高新技术研究与产业化发展格局。一大批世界级、有重大战略和经济意义的产品研制成功。研制出世界首台特高压升压变压器（400MVA/1000kV）、国内首支瓦锡兰系列 82T 超大型船用曲轴、国内首个自主知识产权 300 英尺水深自升式钻井平台等一批填补国内乃至国际空白的重大产品，提升了辽宁科技的国际竞争力。航空母舰的交付入列和新一代歼击机的研制成功，体现出辽宁工业的综合实力，也提升了辽宁的整体形象。

一批创新型企业开始涌现。沈变集团累计研制出世界单相容量最大核电变压器等61个世界级产品,创造出27个"世界第一",拥有各类专利技术超过200件。继三次荣获国家科技进步一等奖后,2013年又因参与完成"特高压交流输电关键技术、成套设备及工程应用"项目,荣获国家科技进步奖特等奖。

一度落后的电子信息产业正在蓬勃发展。2012年,大连高新区以软件和服务外包为主导的特色产业实现销售收入1026亿元,成为国内软件产业聚集度和国际化程度最高的区域。沈阳以工业嵌入式软件为主的软件业务销售收入突破1000亿元,而且因其产品主要以自主创新为主,获利丰厚。目前,沈阳的IC装备制造产业集群初步形成,在我国的IC装备市场上,沈阳已和北京、上海形成三足鼎立之势。沈阳芯源微电子有限公司自主研制的主导产品匀胶显影设备广泛应用于LED、高端封装等领域,匀胶显影技术达到国际先进水平,成功替代了进口产品。该公司研制的12寸喷涂设备一举填补了国内空白,获得2012年国家战略性创新产品奖;其研发生产的LED产品占国内市场份额的40%,不仅改变了国外大公司垄断中国市场的局面,而且凭借低成本、高性能的优势销往我国台湾市场。

六、结构调整的市场化机制正在形成

"十一五"期间,辽宁省72户地方大型国企中65户完成公司制改革,其中50户企业实现了投资主体多元化,规模以上国有及国有控股企业从2005年的1397家减少到2010年的852家。2010年,辽宁全部规模以上工业总产值比"十五"末增长了2.4倍,而同期私营企业总产值则增加了7.4倍(从2011年开始,规模以上企业统计口径发生变化,所以采用2010年数据进行比较)。2012年,辽宁工业总产值中私营工业企业所占比重为45.4%,高于江苏、山东、广东和浙江。作为计划经济典型的老工业基地,私营经济崛起体现出近年来辽宁体制机制改革的成效,尽管基础尚不稳固,但为下一步深化改革积累了经验。

第二节 结构失衡中的老问题与新矛盾

辽宁工业结构调整虽然取得了明显进展,但各种结构不合理问题和弊端仍很突出,其中既有沉积多年的老问题,也有近年暴露的新矛盾,工业结构优化升级任重而道远。

一、轻重结构失调，"二八"现象延续

辽宁轻重工业比重失调，并不是因为重工业发展特别好，而是因为轻工业太薄弱。发达国家的工业化都经历了传统农业—以农业为基础的手工业—重化工业的转化升级过程，重化工业持续上升超过手工业后，比重基本稳定在60%左右。广东、江苏、山东、浙江四省重工业比重自2000年以后都是上升的：广东从47.1%上升到62.5%，江苏从56.8%上升到74.1%，山东从52.3%上升到68.0%，浙江从45.9%上升到60.7%。

与此对照，辽宁轻重工业结构表现出很强的"刚性"。自新中国成立以来，辽宁几乎一直是重工业比重偏高、轻工业比重过低。自20世纪60年代以来，重工业比重大部分时间位于70%~80%，只在1980~1990年收缩到60%~70%。2000~2012年，重工业比重从81.9%先上升到2005年的83.5%，之后一直小幅下降，2012年为79.1%，但仍比全国平均水平（71.6%）高出很多，更远高于发达国家或地区的最高值。

数据表明，与重工业比重先低后高，然后趋于稳定的一般规律相反，辽宁似乎呈现出"逆工业化"特征，其原因在于"一五"时期的工业布局。当时根据辽宁的资源优势，重点发展以钢铁、有色金属及装备制造为主的重化工业，形成了以重化工业为主的工业结构。从20世纪80年代至90年代中期，广东、江苏、山东、浙江等沿海省份首先从以家电为代表的轻工业起步，形成了较强的轻工业基础；90年代中期开始发展以钢铁、石化、装备制造为主的重化工业，纷纷进入重化工业大省行列。轻工业主要面向最终消费者，市场空间大，形成的产业规模大。重工业又进一步支撑了轻工业发展，两者兼顾，平衡发展，成就了这几个发达省份的经济赶超传奇。辽宁在20世纪90年代大力发展以家电为代表的轻工业，一段时期内重工业比重开始下降，比例趋于平衡，有代表性的如营口"友谊"洗衣机、"百花"和"菊花"电视机、"辽河"和"东方齐洛瓦"冰箱、丹东照相机等家电产品，在当时都处于国内先进水平。但由于计划经济思维的影响，市场观念落后，在产业竞争洗牌过程中，家电制造业后劲不足，悉数被淘汰，再度回归到轻重"二八"比例，这个教训是惨痛的，其主要原因是老工业基地的旧体制机制因素所致。虽然如此，辽宁重工业在全国的地位并未巩固，所占比重从2000年的6.6%下降到2012年的5.7%。因此辽宁必须寻找新的优势，巩固和扩大轻工业比重上升势头，继续优化轻重工业结构。

二、传统产业居主导地位，高新技术产业比重偏低

从近几年全国工业结构变化势头看，辽宁传统产业比重大，高新技术产业和新兴产业发展相对缓慢。2012年，辽宁高新技术产业主营业务收入

2214.1 亿元，仅相当于广东的 9%、江苏的 10%、山东的 29%、浙江的 56%，高新技术产业的差距远大于工业总体的差距。高新技术产业主营业务收入占工业主营业务收入的比重，辽宁为 5.2%，而广东、江苏、浙江、山东分别为 26.7%、19.2%、6.9%、6.5%，显著高于辽宁。从高新技术产业主营业务收入占全国比重看，2012 年辽宁为 2.1%，排在全国第 11 位，已被四川、福建、河南超越。辽宁出口产品中，高新技术产品所占份额 2003 年达到最高的 18.1%，之后一直在 11% 上下波动，2012 年下降为 8.5%。2012 年出口的高新技术产品中，来料加工和来料组装产品贸易额占总贸易额的比重高达 70% 以上，真正属于"辽宁制造"的仅占 16%。

从新兴产业发展情况看，2011 年，全省战略性新兴产业实现工业总产值 4290.42 亿元，占规模以上企业工业总产值的 10.3%。江苏战略性新兴产业产值超过 2.6 万亿元，占全部工业比重约 25%；上海制造业中，新兴产业总产值 7850 亿元，占全部工业总产值比重达 24%；广东战略性新兴产业产值达到 1.29 万亿元，占全部工业的 13.6%。珠三角、长三角及中部等省份已经形成了新能源、生物医药、新材料等规模化新兴产业，对地区经济增长贡献明显。与以上地区相比，辽宁虽然近年来加大了投资力度，但项目投资多集中于传统产业，高新技术产业及新兴产业投入规模不大，导致高新技术产业所占比重连年下降，产业发展质量徘徊不前，产业竞争力下降。

全国统计的 12 种主要高新技术产品和 10 种耐用消费品中，辽宁仅能生产 12 种，化学原料药和彩色电视机占全国比重较大，程控交换机和数字程控交换机产量属中等水平，其他几种产品几乎可忽略不计。通用设备制造业中，辽宁数控机床产业规模位居国内第一，但其加工精度和可靠性等指标与国际先进水平差距明显。德国、日本的数控机床加工精度已经达到 0.001~0.008 毫米，精度保持年限在 10 年以上，平均无故障工作时间在 2000 小时以上；而辽宁金属切削数控机床加工精度最高仅为 0.005 毫米，精度保持年限 3 年，无故障时间约为 550 小时，最高 600 小时，其主轴转速、加工精度和可靠性，均难以满足航空航天等军工领域的高速、高精度切削需要。在专用设备制造领域，石化装备、冶金设备、IC 设备制造等也仅仅是以单机生产为主，缺乏成套能力。在交通运输设备领域，大功率内燃机车、大功率船用低速柴油机仍与国际先进水平存在较大差距。海洋工程的深海半潜式钻井平台，仍不具备初步设计能力和总承包能力。总体来看，工业总体技术水平与国际先进水平还有 10~20 年差距。

三、初级产品比重大，产业链条短

产业链条短，初级产品比重大，精深加工产品规模小，是辽宁工业结构的突出问题。突出表现在石化行业，炼化一体化程度不高，乙烯/炼油比偏低。2012 年，全省原油加工量 6603.3 万吨，但乙烯产量仅为 103.1 万吨，乙烯/炼油比为 1.56%，仅为江苏、广东的 1/3，上海的 1/5，总体呈现"油头大、化身小"的特征。石油组分用于生产燃料油的比重过大，导致六大基础化工原料（乙烯、丙烯、丁二烯、苯、甲苯、二甲苯）及碳中间体产出相对不足，严重制约了合成树脂、合成橡胶、合成纤维三大合成材料和附加值较高的精细化工等下游产业的发展。

四、配套能力差，获利空间小

辽宁产品配套体系不健全，在装备制造业上表现非常明显。如盾构机生产，本地仅能满足 40% 的关键零部件配套，主轴承、液压件、激光定位系统和电器控制组件等关键部件长期依赖进口；船舶产业设备省内配套率仅为 25% 左右，锅炉、减速箱、液压泵、甲板机械、船用电子导航设备等主要设备全部需要省外配套；高档数控机床仅有 40% 的配套率，数控加工中心的数控系统、伺服电机、电主轴、滚珠丝杠、刀库刀架等关键功能部件，高端的需要进口，低端的也需在省外配套。辽宁虽为大省，但省内航空工业配套率也很低，以在辽宁研制的某型号飞机为例，除发动机、机身、机翼部分之外的零部件，省内配套数仅占 5% 左右。配套水平偏低，一方面导致主机企业受制于高成本零部件，挤压其利润空间；另一方面使产业难以做大做强。

五、研发投入少，创新产出低

辽宁工业研发投入总量虽然一直在增加，但相对比重远未达到创新型省份的要求。另外，由于创新资源的配置、使用不合理，创新效果也不理想。2012 年只有 2.7% 的规模以上工业企业有研发机构，4.5% 的企业开展了R&D 活动。规模以上工业企业 R&D 经费投入较少，2012 年 R&D 经费与主营业务收入之比仅为 0.62%，低于 0.82% 的全国平均水平，与国际上公认的"有活力和竞争力企业应保持在 5% 以上"的标准存在较大差距。企业中"科学家和工程师数"占全国的比重从 2001 年的 6.2% 下降到 2011 年的 4.3%。高端研发人才和管理人才短缺，直接制约了产业创新能力。

从创新产出效果上看，2012 年，规模以上工业企业新产品销售收入占主营业务收入的比重为 6.6%，低于全国平均水平 5.3 个百分点。2012 年，辽宁规模以上企业专利申请数相当于广东的 17.9%、江苏的 8.71%，而有效发明专利数仅相当于江苏的 7.9%、广东的 13.8%。

同时，辽宁企业产品技术含量较低，掌握核心技术较少。冶金、石化、装备制造等行业中高新技术产品增加值比重普遍不足 50%，冶金行业仅为18.8%。一批代表辽宁科技水平的大型装备如盾构机、五轴联动数控机床等均是数年前的产品，近几年有影响力的重大技术装备新产品屈指可数。

六、行业领军型企业数量不多，产业组织偏散

经济发达国家及国内发达地区之所以发达的原因之一，是拥有一大批跨国公司和世界 500 强企业。辽宁超大企业数目少、规模小，缺乏全国性行业领军企业，对行业带动力不足。2012 年，辽宁大型企业 296 家，在全国排第 12 位，落后于 GDP 排名 5 位。广东 1335 家，江苏 1173 家，山东 877 家，浙江 610 家，分列前四位，与其 GDP 排名相当。2012 年，辽宁工业销售收入超百亿元的企业 50 家，比 2011 年增加 5 家，过千亿元的 4 家。广东、江苏、山东三个省，都有超过 100 个百亿元级以上企业和超过 10 个千亿元级以上企业。2012 年全国企业 500 强的门槛已经达到 175.1 亿元，辽宁仅有 15 家企业入围，排在全国第 9 位，有 13 家均排在 100 名以后，广东、江苏、山东、浙江则分别为 37 家、49 家、52 家和 44 家，远超辽宁。

长期让辽宁人引以为自豪的沈阳机床、沈鼓集团、沈重集团、沈变集团等，虽然产品高端、名冠全国，但产值规模都在 100 亿元上下，这些企业合计产值尚不及海尔集团、三一重工等一个企业的规模。因此，做大做强龙头企业，增强其产业带动作用，也是辽宁产业结构升级的重要内容。2012 年，中国民营企业 500 强入围门槛为 65.69 亿元，辽宁仅有 16 家企业入选，排在第 13 位，浙江 142 家，江苏 108 家，山东 43 家，广东 23 家。可见，辽宁民营企业整体上也很弱小。

第三节　辽宁工业结构优化升级的主攻方向

结构合理化和结构高度化是产业结构升级的主要内容，结构合理化包括产业间生产规模上比例关系的协调、产业间关联程度的提高、产值结构的协调、技术结构的协调、资产结构的协调和中间要素结构的协调。结构高度化包含由劳动密集型产业逐级向资金密集型产业、技术知识密集型产业演进，由制造初级产品逐级向制造中间产品、最终产品演进，由以低端产品为主逐渐向以高端产品为主演进。针对辽宁工业存在的结构性问题，围绕工业的技术结构、组织结构、布局结构和行业结构，优化升级的主攻方向归纳为如下七个方面。

一、产业高端化：实现产品档次从低端到高端和行业属性从传统到新兴的"双升级"

高端化是工业结构升级的首要目标。随着经济发展和社会进步，消费者需

求档次不断上升，对产品的性能、材质和智能化程度、科技含量等产生更高要求，低档次的传统产品已经很难满足这种需求。同时，随着生产资料和劳动力价格的逐步提高，工业生产已进入"高成本时代"，产品利润空间大幅压缩，生产低附加值产品获利微薄。再者，由于低端产品生产能力不断增加，市场竞争日趋激烈，而高端产品由于生产技术尚未普及，市场竞争压力相对较小。因此，产业高端化是应对消费结构升级、生产成本增加和市场竞争加剧的唯一出路。辽宁应借鉴德国装备制造业发展经验，通过技术进步，促进知识和技术密集型产业发展，提高产品技术含量和附加值，实现产品档次从低端到高端和行业属性从传统到新兴的"双升级"。

二、产业丰厚化：实现配套能力和产品价值"双增长"

丰厚化是工业结构升级的关键目标。"丰"体现规模；"厚"体现质地，既包含产业规模等外部功能，也包含产业素质等内在质地，还包含产业关联等外延部分。其表象特征一是纵向产业链的完整程度，包括产业前端的研发设计、中端的生产制造和后端的销售服务等主要环节；二是横向产业配套体系的完备程度，包括产业间分工协作、上中下游产业和产品的相互联系等。产业丰厚程度从根本上决定着产品附加值的高低。装备制造业的核心零部件是工业生产的最关键环节，蕴含着最尖端的技术，具有较高利润率。但辽宁核心配套能力缺失已在很大程度上造成产业空心化，导致企业生产主动性大幅降低，盈利能力严重不足。例如石化行业，产业链延伸不足是其升级的主要制约因素，传统石化产品产能过剩，新领域精细化学品开发不力，使得辽宁石化产业始终在低水平徘徊。因此，产业丰厚化是防止制造业空心化和提升石化产品附加值的重要策略。辽宁应通过提高制造业核心零部件配套率和石化产业精深加工度，实现配套能力和产品价值的"双增长"。

三、产业信息化：实现生产模式和营销模式"双转型"

信息化是工业结构升级的有力支撑。在市场需求日趋多样、瞬息万变的背景下，两化融合已成必然趋势，传统的研发设计、生产制造模式难以适应市场需要，亟须向数字化和集成化转变。制造业中，计算机集成制造系统（特别是设计自动化系统 CAD、CAM、CAPP，制造自动化系统 FMC、FAL等）的应用明显缩短了产品开发周期，提高了研制效率，甚至实现了模拟生产、虚拟制造，从而大幅缩减了设计制造成本。如数字产品定义技术（MBD）的应用，使得波音 B787 飞机的设计周期缩短了 40%、研发准备周期缩短了 75%、制造周期缩短了 30%。同时，经济发展和社会进步速度的不断加快对企业经营管理效率提出了更高要求，企业必须利用信息化手段（如采用 ETR、ERP 管理系统、构建营销信息数据库等）对管理和营销环节加以改造，才能更有效、更快捷地满足消费者需求。因此，产业信息化是促进工业生产向精益化、智能化、高效化方向升级的重要手段。辽宁应利用现代信息技术和数字制造技术改造传统产业，推进企业信息化建设，提升核心竞争力和综合效益，实现设计生产模式和管理营销模式"双转型"。

四、产业服务化：实现向提供前端和后端服务"双延伸"

服务化是工业结构升级的"助推器"。随着经济发展和技术进步，产品生产企业与最终消费者之间的距离不断拉近，消费者需求变化更容易被企业感知和捕捉。而消费者需求日趋多元化和精细化，使得凝聚在实物生产制造环节的利润日趋减少，相关服务的附加价值则显著增加，从而产生了生产工序与产品附加值之间的"微笑曲线"，即在产品研发、设计等上游环节和租赁、维修等下游环节均具有较高的附加值，零部件生产、销售等衔接环节附加值相对较低，中游的组装环节附加值最低。为了延伸工业价值链，获得更高附加值，制造业与服务业的融合程度应不断加深。据统计，经贸组织国家制造业对服务业的依赖程度已上升至25% ~ 30%，制造业服务化成为一种趋势。如汽车4S店为消费者提供的租赁、维修、金融、贷款等"一揽子"售后服务；中高档数控机床市场靠单纯的价格竞争已失去优势，有实力的企业也从简单的提供机床产品向为客户提供机械加工完整解决方案转变，能否为客户提供完善的工程设计、维修保养、培训、备品备件、产品回收、翻新升级、融资租赁等综合服务将是市场竞争的核心。因此，产业服务化是延伸工业价值链以获取更高附加值的必然选择，也是指引"中国制造"向"中国创造"、"中国智造"转变的"葵花宝典"。辽宁应大力发展现代制造服务业，注重制造与服务的相互渗透，促进制造与服务一体化，利用服务使制造业增值，提升制造业的品牌效应，设法促进制造业向设计、法律、金融、人力资源管理等生产性服务业和租赁、售后服务等制造业衍生服务业"双延伸"。

五、产业集群化：实现外延式和内涵式"双集聚"

集群化是工业结构升级的必由之路。产业集群作为现代工业的主要组织形式，对经济发展和产业发展具有重要作用。产业集群蕴含着产业发展的核心秘密，凡是产业集群发达的地区，经济都比较发达，否则就不太发达。美国西雅图在第一次世界大战前仅是一个小渔村，正是依托波音总部和总装基地发展起来的航空产业集群，才跻身世界著名航空城之列。产业集群的形成包括三个层面，一是空间上的集中，即企业和生产要素的相互集聚，这种集聚有助于节省有形成本，如运输成本、营销成本等；二是信息的共享，能够促进产业链上下游企业间的合作，从而有助于节约企业交易成本，如搜寻成本、契约成本等；三是技术的互通，技术溢出和技术转移能够使企业通过模仿获得技术进步，从而节约学习成本。因此，产业集群化是降低成本，扩大利润空间，实现规模经济和范围经济的重要途径。辽宁应充分挖掘和大力培育"种子企业"，使之成为产业集群发展的核心力量，发挥其网络效应和示范效应，吸引有实力的企业，凝聚优秀的人才和高新技术成果，同时实现外延式和内涵式的"双集聚"。

六、产业特色化：实现从大路货和高代价向知名品牌和低代价的"双转移"

特色化是工业结构升级的必然趋势。特色化第一重含义是指产品本身属性的"专精特"。随着国内市场竞争日趋激烈，要想在竞争中立于不败之地，必须拥有一批特色产业，或至少能够生产特色产品。在世界经济一体化程度不断加深的情况下，要加入国际分工协作体系，特色产业或特色产品更是必要的"敲门砖"。德国汽车制造业能够在世界经济危机中屹立不倒，很重要的一个原因是德国拥有一大批汽车零部件配套行业的"隐形冠军"，它们凭借特有产品、特精品质、特色服务，在高端制造业细分"小市场"上体现出"大优势"。辽宁虽为工业大省，却"乏特可陈"，许多特殊的、高精尖的零部件依赖外部。因此必须依托特色资源，发展特色产业或生产差异化产品，形成独特的竞争优势，实现从无品牌、低品牌的大路货向知名品牌、定制式生产的转移。

特色化的另一重含义是指产品从原材料、生产过程、到使用乃至废弃后的处理都是资源节约和环境友好的，即全生命周期的"绿色化"。只追求产品本身特色，而不顾资源和环境的代价是得不偿失的。目前，资源不足日益成为制约我国和世界经济发展的主要"瓶颈"之一。据统计，当前世界常规能源消耗速度极快，石油、天然气、煤炭将分别在 41 年后、67 年后和 192 年后枯竭。同时，碳排放量迅速增加，臭氧层破坏严重，地球生态环境和气候条件显著恶化。按现在的臭氧层破坏速度推算，到 2075 年臭氧层将比 1985 年减少 40%，全球皮肤癌患者将达 1.5 亿人，农作物产量将减少 7.5%，水产品将损失 25%。节能减排、绿色低碳已成为国际社会的基本共识，只有淘汰不可持续的落后生产模式，尽快解决高消耗、高排放、高污染"三高"问题，才能从根本上解决资源矛盾和环境危机。辽宁作为重工业大省，资源环境问题更为突出，应通过采用新型材料、改进生产工艺、创造特色产品、促进循环利用等方式，实现从高代价增长向低代价发展的转移。

七、产业国际化：实现同产业链高端与低端国家和地区的"双合作"

国际化是工业结构升级的必要条件。在当今经济全球化的时代背景下，跨国产业分工协作已是大势所趋，跨国公司已成为企业发展的主要组织形式，零部件全球采购的生产模式日益广泛。世界航空巨头波音公司各类大型民用飞机部件自制率仅为40%左右，其余部件则通过转包、风险合作、贸易补偿等方式由其他企业生产，我国哈飞、西飞、沈飞、黎明等均已参与其中；空客公司通过其下设在4个国家的6大制造中心的15家工厂实现机体及机载设备的研发制造，但在A350飞机开发过程中将机体制造业务的50%转移给风险合作伙伴，以扩大国际分工协作。为了防止在经济全球化进程中被孤立、被遗忘，甚至被淘汰、被排除在国际经济体系之外，只能主动利用跨国产业协作带来的发展机遇，积极参与和融入国际产业分工，在国际市场上占据一席之地。因此，产业国际化是加入世界利益链条、分享全球化收益的重要出路。辽宁应努力寻求和培育有可能参与国际分工的重点产业领域，实施品牌战略，打造自有品牌，以此为着力点和突破口实现"抢滩登陆"，同时加强与产业链高端和低端国家的"双合作"。

第四节 辽宁工业结构优化升级的重点领域

工业结构优化升级，应该紧紧围绕辽宁传统支柱产业和发展空间较大的新兴产业来展开，其重点产业领域有三个：一是先进装备制造业；二是原材料工业，主要是辽宁已有基础的钢铁和石化产业；三是新兴产业，主要包括新能源、新材料、生物制药、电子信息、节能环保、软件和服务外包、海洋产业和高新技术服务业。

一、优先发展先进装备制造业

要以信息化、智能化和集成化为突破口，加快推进企业技术进步，提升企业自主创新能力和系统集成能力，提高重大装备国产化水平和国际竞争力。重点发展资金技术密集、关联度高、带动性强的通用设备、交通运输设备及成套设备制造业。大力发展辽宁具有优势的大型铸锻件、核电设备、风电机组、盾构机械、先进船舶和海洋工程设备、大型农业机械、高档数控机床等市场急需产品及关键配套件。

1. 重点发展重大成套设备制造业

通用机械行业：主要围绕国内大型工程，发展大型石化离心压缩机组和往复式压缩机、配套化工流程泵、阀门等产品，以及大型发电机组辅机成套设备、超临界机组用泵、风机、核电用泵、制冷设备等。

电工电气行业：重点发展水电、火电、核电等电站成套装备，建设国内一流的电站设备制造基地。重点发展发电、输变电成套设备，建成国内一流的发电、输变电设备科研生产基地。

发展重型机械装备、重型数控机床，建设我国重要的重型装备制造基地。

重型矿山设备行业重点支持沈阳重型、沈阳矿山、大连重工、鞍钢机总等企业，通过消化吸收引进技术，开发国家急需的大型成套设备等。盘锦、营口、大连重点发展石油装备、冶金成套设备、风电设备及港口和机场仓储物流装备等大型成套设备。以发展成套主机设备为龙头，带动配套产品的协调发展。

2. 大力发展基础产品和关键性装备制造业

数控机床行业：重点发展高速数控车床、数控铣镗床、高速立式加工中心、龙门五面立体加工中心、多轴联动加工中心、车铣中心和柔性自动线、柔性制造系统、智能制造系统等数控技术集成产品，促进开发式数控系统、伺服驱动系统和伺服电机等功能部件产业化。

基础件行业：重点发展高速、高精度、高可靠性轴承及直线导轨等系列产品。鼓励大连液压件厂、沈阳液压件厂、阜新液压件厂等企业发展液力耦合器、液压调节阀、柱塞泵、高压齿轮等一批液压件产品。

机器人及自动化成套装备行业：大力发展工业机器人、水下机器人、特殊用途机器人及自动化成套装备，加快工业机器人及成套设备产业化项目的实施，提高产业化规模。

IC 装备产业：在巩固沈阳 IC 装备产业基础上，抓住集成电路芯片设计与制造、全系列装备、封装测试、关键零部件和二手设备翻新等重点领域，做大做强集成电路产业。

3. 加快发展交通运输设备制造业

汽车及零部件：重点发展中高档轿车、轻型客车、大中型客车、载货车、矿用自卸车和专用汽车系列产品，以及车用发动机、车桥、曲轴、安全气囊、变速器等零部件产品。要积极培育纯电动汽车和插电式混合动力汽车产业，推进新能源汽车及零部件研究试验基地建设，研究开发新能源汽车专用平台。

船舶行业：重点发展超大型油轮、大型多功能化学品船、超大型集装箱船、大型滚装船等高附加值船舶和海上作业平台。加快发展船用辅机等船舶配套制造业。尤其要大力发展海洋工程装备。一是钻井装备。包括 1000 ~ 3000 米工作水深半潜式海上钻井平台，3000 米工作水深圆筒形海洋钻井平台，多功能自升式海洋钻井平台，超深水海工钻井船等。以及固定采油平台、高附加值浮式生产储油卸油船、浮式储存装置等。二是海洋工程辅助船，包括 3000 米深水铺管起重船、三用工作船、平台供应船、深海石油平台支援船、起锚供应船、平台支持船、海洋工程拖船、大功率消防船、铺缆船、起重船、修井船、地震测量船、穿梭油轮等。三是海洋油气储运特种装备。包括浮式 LNG 生产储油装置；LPG 系列产品，如 VLGC - 40000 立方、80000 立方等大型全冷式 LPG 船。四是海工配套系统。包括锚泊或单点系泊系统、动力定位系统、推进器等；主动力发电与传动系统、包括双燃料燃气轮机发电机组、大功率中压高压柴油发电机组等；应急发电系统，如中速柴油机、应急柴油发电机组、应急柴油日用罐等；起重与甲板机械系统，如甲板多用途起重机、甲板机械，起升绞车、大型船舶系泊定位绞车、门座起重机、大型浮式起重机等；电气控制系统，如海工用主配电板、驾驶室控制台、机舱集中控制台、自动化控制系统等。

航空制造业：重点发展新一代航空飞行器、航空发动机和核心部件，开发和制造通用飞机、积极发展航空零部件转包生产，适时发展支线客机。充分发挥沈飞、黎明等航空企业的优势，在引进和吸收国外先进技术基础上，加快研制开发具有自主知识产权的新产品。

二、调整优化原材料工业

要优化行业内部结构和空间布局，控制总量，提高精深加工水平，实现由规模扩张向效益增长的转变。

1. 做强钢铁工业

加快发展关键钢材品种，提高板管比，通过调整改造和技术进步，实现可持续发展。有效整合省内钢铁企业，力争早日进入世界钢铁行业先进行列。重点发展市场短缺和替代进口的精品钢材，特钢产品，如热轧板、冷轧板、镀锌板、彩涂板、冷轧硅钢片、重轨等产品。推进辽宁钢铁企业组织结构和产品结构调整，避免低水平重复建设，发展各具特色的国内短缺的高附加值钢材品种。加快发展钢材深加工，形成系列化、特色化的钢材深加工产业群。

2. 做优石化工业

重点发展原油加工、乙烯、合成材料和有机原料，促进原油加工、乙烯生产向集约化、大型化、基地化发展。做强大连、抚顺、两锦三大炼油基地和辽阳化纤、盘锦石化生产基地，推进抚顺中国北方石化城建设，支持大连、营口、锦州、葫芦岛等港口城市利用外资和民间资本，发展临港石化产业，建成以大连大型石化生产基地为龙头的环渤海石化产业聚集区。乙烯、合成材料、有机原料要坚持装置大型化、产品系列化、结构均衡化、技术独特化的原则，搞好延伸加工和深加工，实现进口替代。

3. 发展新材料产业

大力发展新型功能材料、先进结构材料和复合材料。重点发展以丁基橡胶、丁腈橡胶、异戊橡胶、氟硅橡胶、乙丙橡胶等新型功能材料；加快镁合金制备及深加工，加快研发镍基、钴基高温合金新材料。大力推进聚丙烯腈基碳纤维及其配套原丝项目，积极开展高强、高模等系列碳纤维以及芳纶开发和产业化。积极开发新型陶瓷基、金属基复合材料，加快推广高性能复合材料在航空航天、风电设备、汽车制造、轨道交通等领域的应用。

三、发展新型产业和潜力型产业

大力发展高新技术产业，依靠科技进步和技术创新调整产业结构，创造新的经济增长点，推动新能源、电子信息、生物技术、节能环保、高新技术服务业等新兴产业发展。

1. 节能环保产业

重点发展节能节水关键技术和装备，水污染、空气污染、固体废物、噪声污染、光污染、电磁辐射等的治理和防护关键技术和装备，积极发展低碳产品加工制造、静脉产业科技开发技术。加快推广建筑材料综合利用技术，着力提高废旧物品回收利用技术水平，加快发展报废汽车、轮船、飞机的拆解和综合利用技术。引进消化吸收生活垃圾发电和生产水泥新技术，研究开发尾矿、矿渣等综合利用技术。重点发展工业废液的资源化利用，工业各种放散气体的回收和资源化利用设备，发展工业设备和汽车轮胎再制造技术设备，开发废物最小化、无害化和资源化关键装备和产品，清洁生产工艺及"零排放"装备，有毒有害原材料替代技术装备，积极发展环保材料与药剂。

2. 新一代信息技术产业

大力提升高性能集成电路产品自主开发能力，突破先进和特色芯片制造工艺技术，突破先进封装、测试技术以及关键设备、仪器、材料核心技术；重点发展高端软件和新兴信息服务产业。加强以网络化操作系统、大数据处理软件等为代表的基础软件、云计算软件、工业软件、智能终端软件、信息安全软件等关键软件的开发。利用信息技术发展数字内容产业，提升文化创意产业，促进信息化与工业化的深度融合。

3. 生物技术产业

重点发展以基因工程药物、新型疫苗、抗体药物、化学新药、现代中药等为代表的生物医药产业。实施高性能医学影像设备创新发展工程，带动生物医学工程新技术、新产品产业化发展。大力发展生物农业加强生物育种技术研发和产业化，加快高产、优质、多抗、高效动植物新品种培育及应用。

4. 新能源产业

重点研发和生产第三代和二代改进型核电机组系列泵、阀及数字化仪控系统等产品，发展大功率陆上、海上风力发电机组和关键零部件以及整机组装技术，加强单晶硅及硅片、多晶硅、太阳能电池及组件、光伏集成系统与设备等产品开发。统筹生物质能源发展，有序发展生物质直燃发电，积极推进生物质气化及发电、生物质成型燃料、沼气等分布式生物质能应用。

5. 高技术服务业

大力开展物联网领域重大技术攻关，努力打造核心技术研发、公共服务平台、系统集成、典型应用以及产业化的创新价值链，抢占物联网技术和产业制高点，推进物联网在智能交通、环境保护、公共安全、工业监测、健康保健等领域的普及和应用；发展信息服务，重点鼓励发展互联网、物联网、传感技术服务、软件与系统集成、信息技术、数字与网络增值、电信、广电运营、电子商务等服务，促进各种信息网络的互联互通、资源共享。用信息技术改造提升传统服务业，催生新型服务业态。发展服务外包，重点鼓励发展承接国际信息技术外包（ITO）、业务流程外包（BPO）和创意设计外包等。发展科技服务业，重点鼓励发展以科技研发、高新技术产业为代表的技术密集型产业；发展创意设计产业，重点鼓励发展工业设计、动漫游戏研发设计、软件设计、建筑与规划设计、工业和工程咨询、新闻出版创意、广播电影电视及音像制作、广告与咨询策划、文艺创作与表演等领域，构建和完善创意设计产业的发展链条，建设以高新技术为基础的文化创意产业基地。发展现代物流业，重点鼓励发展第三方物流、港口物流、空港物流、城际物流，构筑工业物流、商贸物流、涉农物流三大物流体系，加快形成现代物流服务网络。

第五节　营造有利于工业结构优化升级的政策环境

结构调整，没有最优，只有更优。产业结构不是静态的，而是永远都处于变化、调整之中，而且这种调整主要是经济系统内部自动、自发进行的。政府不能逆动，不能强动，也不能不动，应该顺应、掌控调整的方向，构建健康的制度体系和社会环境，有针对性地采取措施加快调整速度。

一、转变发展理念，总量发展与结构调整并重

要以正确政绩观指导经济工作，放弃"唯 GDP 论"，用长远眼光，全面和科学地考虑产业发展问题，做好结构优化和升级工作。不仅考虑地区的生产总值指标，更要考虑经济发展质量和经济结构等方面的问题。例如，不能单纯把吸引外资总量作为考核政绩的一个指标，这会导致各地市政府以优惠政策盲目吸引外资，致使一些落后的、高耗能的、高污染的产业泛滥。要把招商引资与调整全省产业结构有机结合起来，引导外资投向资本和技术密集型的深加工度、高附加值的产业。

二、出台指导意见，统筹制定规划

2011 年国家曾出台《工业转型升级规划（2011～2015）》。辽宁针对某些行业或领域已出台了一些指导意见和规划，如《关于加快发展新兴产业的意见》、《关于进一步促进工业产业集群发展的若干意见》、《关于促进服务外包产业发展的若干意见》、《云计算产业发展规划》、《通用航空产业发展规划》、《激光产业发展规划》、《关于加快推进科技创新的若干意见》、《辽宁省实施"十百千高端人才引进工程"的意见》、《辽宁省"十百千高端人才引进工

程"实施办法》等，但迄今未针对结构调整和优化升级出台整体的规划和指导意见。

一是组织编撰《辽宁省产业优化升级发展规划》，并出台《辽宁省产业优化升级实施意见》，部署重大问题，有保有压。明确"发展培育一批、改造提升一批、限制淘汰一批"的产业结构优化升级要求，排出一批重点行业，逐个制订转型升级的实施方案，明确目标定位、总体布局、发展导向以及相应配套措施。二是制订《辽宁省产业结构调整指导目录》。凡是列入目录的鼓励类发展产业和项目，政府有关部门应积极引导企业、金融部门和社会资本增加投资，给予优先支持。凡是列入目录淘汰类的项目，禁止投资新建；对已建成项目，要依据有关规定责令项目单位限期整改，不达标必须关停，对违反规定者，要依法追究直接责任人和有关负责人的责任。三是规划区域产业布局，避免重复建设。省政府要协调各市，打破行政区划的壁垒，按照"三大战略"的区域发展战略，科学布局，使"沈阳经济区"、"沿海经济带"和"辽西北"能够发挥各自优势，发展各自的特色产业。

三、增强创新能力，提供基础支撑

科技引领、创新驱动是优化产业结构的中心环节，也是调整产业结构的锐利武器，优化产业结构必须从提升区域创新能力做起。

一是加大科技投入力度。2012 年全国 R&D 投入占 GDP 比重接近 2%，而辽宁仅为 1.8%，加大科技投入首先要从政府做起，要形成政府投入引导、企业社会资金跟进的投入格局。二是强化企业创新主体地位，建立企业主导产业技术研发创新的体制机制，牵头实施产业目标明确的重大科技项目，围绕高端装备制造、生物与新医药、新材料、新能源等容易出科技创新成果的重点领域，凝聚一批有一定基础、对产业发展牵动力强、填补国内空白或处于国际领先地位的关键技术，组织攻关。三是鼓励产学研深层次合作。实施产学研结合促进工程，推动企业联合高等院校和科研机构共建产业技术创新战略联盟，组织实施重大产业化项目。鼓励科技人员创办科技型企业，促进科技与经济社会发展紧密结合。四是加大科技成果转化基地建设力度。加快沈阳国家大学科技城和大连生态科技创新城建设，支持锦州建设承接国家科技成果转化的示范基地，支持丹东建设承接中科院系统成果转化的示范基地。

四、完善产业政策体系，加强财税金融扶持

动态修订重点行业产业政策，加强产业政策与财税、金融、贸易、政府采购、土地、环保、安全、知识产权、质量监督、标准等政策的协调配合。充分考虑资源状况、环境承载能力和区域发展阶段，研究实施针对特定地区

的差异化产业政策。

1. 健全相关法律法规

辽宁已经出台过有关的法律法规，直接或间接促进了工业结构的调整。如《辽宁省促进装备制造业发展规定》、《辽宁省促进中小企业发展条例》、《辽宁沿海经济带发展促进条例》、《关于提高科技创新能力加速老工业基地振兴的若干规定》、《辽宁省节约能源条例》等。下一步，应围绕推进工业结构优化升级的重点任务，在产业科技创新、技术改造、节能减排、兼并重组、淘汰落后产能、质量安全、中小企业、军民融合发展等重点领域，继续建立和完善相关法律法规，例如要加快制定《辽宁省自主创新促进条例》等。

2. 强化工业标准规范及准入条件

完善重点行业技术标准和技术规范，支持行业领军企业参与国家及国际标准的制定，推动重点企业标准的国际化。加快健全能源资源消耗、污染物排放、质量安全、生产安全、职业危害等方面的强制性标准，进一步提高产业绿色低碳化程度。制定重点行业生产经营规范条件，严格实施重点行业准入条件，加强重点行业的准入与退出管理。进一步完善淘汰落后产能工作机制和政策措施，分年度制订淘汰落后产能计划并分解到各地，建立淘汰落后产能核查公告制度。通过汰劣优化存量结构，通过择优提升增量结构。

3. 加大财税支持力度

整合相关政策资源和资金渠道，加大对工业转型升级资金支持力度。加强对重点行业转型升级示范工程、新型工业化产业示范基地建设、工业基础能力提升、服务型制造等方面的引导和支持。完善和落实研究开发费用加计扣除、股权激励等税收政策。研究完善重大装备的首台套政策，鼓励和支持重大装备出口。稳步扩大中小企业发展专项资金规模，制定政府采购扶持中小企业的具体办法，进一步减轻中小企业社会负担。

4. 加强和改进金融服务

加强地方与金融机构合作，促使金融机构加大对辽宁的支持。发挥财政贴息、财政担保、风险补偿金等直接金融手段支持技术创新、新兴产业的发展。大力发挥政府投融资平台、各类投资基金、政策性金融机构等间接金融手段在产业结构优化中的作用。不断加大企业的直接融资力度，政府要提供各种条件和配套措施，指导和协助企业上市融资。对风险投资较大、科技含量较高的高新技术企业做好向创业板市场推介的工作。完善信贷体系与保险、担保之间的联动机制，促进知识产权质押贷款等金融创新。支持符合条件的工业企业在主板（含中小板）、创业板首次公开发行并上市，鼓励符合条件的上市企业通过再融资和发行公司债券做大做强。支持企业利用资本市场开展兼并重组，加强企业兼并重组中的风险监控，完善对重大企业兼并重组交易的管理。

5. 健全节能减排约束与激励机制

完善节能减排、淘汰落后、质量安全、安全生产等方面的绩效评价和责任制。建立工业产品能效标识、节能产品认证、能源管理体系认证制度，制定行业清洁生产评价指标体系。加强固定资产投资项目节能评估和审查。严格限制高耗能、高排放产品出口。建立完善生产者责任延伸制度，研究建立工业生态设计产品标志制度。制定鼓励安全产业发展和鼓励企业增加安全投入的政策措施，支持有效消除重大安全隐患的搬迁改造项目。加强重点用能企业节能管理，完善重点行业节能减排统计监测和考核体系。

6. 深化工业重点行业和领域体制改革

完善投资体制机制，落实民间投资进入相关重点领域的政策，切实保护民间投资的合法权益。进一步简化审批手续，落实企业境外投资自主权，支持国内优势企业开展国际化经营。完善工业园区管理体制，促进工业企业和项目向工业园区及产业集聚区集中。

五、健全实施机制，强化跟踪检查

建立部门协调机制。建立经信委牵头、相关部门和单位参加的部门协调机制，加强政策协调，切实推动规划实施。省经信委牵头制定重点行业和领域转型升级总体方案，各地根据实际情况制定具体实施方案。

1. 加强和创新工业管理

进一步强化工业管理部门在制定和实施发展规划、产业政策、行业标准等方面的职责，创新工业管理方式和手段。完善行业经济监测网络和指标体系，强化行业信息统计和信息发布。

2. 强化监测评估

建立动态评估机制，强化对规划和政策实施情况的跟踪分析和督促检查，不断优化规划实施方案和保障措施，促进预期目标和任务的顺利实现。

第二篇　做强装备制造业

第二章　打造世界级装备制造业基地

　　审视发达国家的发展历程，无一例外地体现一个共同的特征，即经济腾飞始于制造业，而在规模化发展制造业之前，都优先发展了装备制造业，其根本原因在于装备制造业为一般制造业提供基础装备的产业关联关系。按照这种逻辑延伸，经济的发展必然依赖于装备制造业的支撑。因此，发达国家在经济发展初始阶段，首先建立了庞大的装备制造业体系，且都形成了一两个装备制造业集聚区。其中，总量规模居世界前列、技术水平居世界前沿的集聚区就是人们俗称的世界级装备制造业基地。

　　辽宁省自新中国成立以来一直承担着国家重大装备的研制生产任务，为国家提供基础装备的数量居国内各地区之首，因此被誉为"共和国的装备部"。近两年在媒体上经常见到"打造世界级装备制造业基地"提法，但都没有予以明确的诠释。那么，国际上有没有世界级的装备制造业基地？其突出特征是什么？辽宁与世界级装备制造业基地的差距有多大？辽宁能否建成世界级装备制造业基地？世界级装备制造业基地又在辽宁经济格局中处于什么地位？本章将对上述问题进行系统的研究，并给出答案。

第一节　世界级装备制造业基地的
国际分布及其特征

　　世界级装备制造业基地是指产业集中度和企业集中度极高，总量规模居世界前几位，主要产品行销全球，产业大类均衡发展的装备制造业集聚的区域。国际上比较典型的装备制造业集聚区有美国"五大湖"集聚区、日本"阪神—名古屋"集聚区和德国"南部两州"集聚区，这些集聚区也是公认的世界级装备制造业基地。

一、美国五大湖装备制造业集聚区

　　五大湖装备制造业集聚区地处五大湖中心，由伊利诺伊、密歇根和俄亥俄三个州组成，总面积约为50万平方公里。装备制造业主要集中在底特律、克里夫兰、辛辛那提和皮奥里亚等城市群构成的约20万平方公里的弧形区域内，其他外围区域主要为农业种植区域（见图2-1）。底特律的汽车，克里夫兰的电气机械、重型运输车辆，辛辛那提的机床业和皮奥里亚的专用设备业都具有很强的实力。

图 2 - 1　美国五大湖装备制造业集聚区示意图

（一）装备制造业集中度极高，增加值占全美 25%

五大湖地区被称为美国的"锈带"，也叫制造业带，是美国历史最为悠久的老工业基地。这一区域占美国国土面积的 6.9%，集中了全美 18% 的人口。根据《美国 2002 年制造业普查报告》，该区域装备制造业总产值 3564 亿美元，约合人民币 24343 亿元，占全国的 22.6%，装备制造业增加值 1570 亿美元，约合人民币 10723 亿元，占全国的 21.9%，在美国统计口径的金属制品、通用设备、专用设备、交通运输设备、电气设备和零部件、通信和电子计算机和仪器仪表 7 大产业（产业大类）中，前 5 类产业产值占全国的 17.5% ~ 33.3%，增加值占全国的 17.7% ~ 31.6%。这是全美装备制造业最集中的区域，号称美国工业的装备部如表 2 - 1 所示。

表 2 - 1 五大湖装备制造业集聚区 7 大产业产值和增加值

单位: 亿美元,%

指标 产业	产值				增加值			
	集聚区合计		美国 亿美元	占比	集聚区合计		美国 亿美元	占比
	亿美元	折人民 币亿元			亿美元	折人民 币亿元		
金属制品	536.1	3661.6	2470.6	21.7	299.5	2045.6	1067.8	28.0
通用设备	363.7	2484.1	1531.4	23.7	196.5	1342.1	675.4	29.1
专用设备	136.7	933.7	781.6	17.5	64.2	438.5	362.8	17.7
交通运输设备	2117.4	14461.8	6367.2	33.3	797.5	5446.9	2526.9	31.6
电气机械	184.7	1261.5	1028.8	18.0	101.6	693.9	524.2	19.4
通讯、电子计算机	225.6	1540.8	3584.1	6.3	110.8	756.8	2013.8	5.5
仪器仪表	—	—	—	—	—	—	—	—
总 计	3564.2	24343.5	15764.1	22.6	1570.1	10723.8	7170.9	21.9

注: 汇率为 1 美元 = 6.83 元人民币 (2008 年最低汇率为 6.81 元, 最高为 6.85 元, 取中间价 6.83 元)。

(二) 汽车制造业为主导, 其他行业规模普遍较大

按照中国的行业分类标准, 装备制造业共计 56 个中类, 我们把这些中类统称为行业, 据此对美国的有关数据进行了重新分类整理, 共划分出 40 个行业。其中, 产值超过 1000 亿元 (人民币, 下同) 的有 1 个, 即汽车制造业, 达到 13520 亿元; 500 亿 ~ 1000 亿元的有 4 个, 200 亿 ~ 500 亿元的有 11 个。在产值超过 200 亿元的 16 个行业中, 金属制品业 5 个, 通用设备 4 个, 专用设备 3 个, 交通运输设备 2 个, 电气机械和文化办公机械各 1 个。

从增加值看, 超过 200 亿元的有 7 个, 100 亿 ~ 200 亿元的有 11 个, 而汽车制造业增加值达到 4955 亿元。在增加值超过 100 亿元的 18 个行业中, 金属制品业 6 个, 通用设备 4 个, 专用设备和交通运输设备中各有 2 个, 电气机械有 3 个, 文化办公用机械有 1 个, 如表 2 - 2、表 2 - 3 所示。

从这些数据可以看出, 五大湖地区汽车制造业地位十分突出, 而交通设备制造业、金属制品业和通用设备业整体实力强大。

表2-2 五大湖产值超过100亿元的行业

单位：亿元

排序	行业（中类）	产值	排序	行业（中类）	产值
1	汽车制造	13520.9	15	农、林、牧、渔专用机械制造	220.8
2	金属加工机械	761.9	16	文化、办公用机械制造	206.1
3	其他金属制品制造	711.8	17	金属工具制造	179.8
4	风机、衡器、包装设备等通用设备	557.3	18	广播电视设备制造	171.7
5	锅炉及原动机制造	513.2	19	照明器具制造	163.1
6	家用电力器具制造	483.5	20	泵、阀门、压缩机及类似机械	153.0
7	金属表面处理及热处理加工	412.8	21	环保、社会公共安全及其他专用设备	137.2
8	矿山、冶金、建筑专用设备	382.4	22	不锈钢及类似日用金属制品	136.4
9	航空航天器制造	376.3	23	电子元件制造	135.5
10	建筑、安全用金属制品制造	293.6	24	金属丝绳及其制品的制造	129.0
11	起重运输机械	263.4	25	铁路运输设备制造	120.8
12	输配电及控制设备制造	263.4	26	交通器材及其他交通运输设备制造	100.7
13	集装箱及金属包装容器制造	249.6	27	电子计算机制造	100.5
14	结构性金属制品制造	233.5	28	电子器件制造	100.5

表2-3 五大湖增加值超过100亿元的行业

单位：亿元

排序	行业	增加值	排序	行业	增加值
1	汽车制造	4955.3	10	矿山、冶金、建筑等专用设备	140.0
2	金属加工机械	488.4	11	起重运输机械	123.5
3	其他金属制品制造	407.5	12	文化、办公机械制造	117.8
4	航空航天器制造	376.3	13	结构性金属制品制造	114.1
5	风机、衡器、包装设备等通用设备	294.5	14	锅炉及原动机制造	114.1
6	金属表面处理及热处理加工	235.8	15	集装箱及金属包装容器制造	111.4
7	家用电力器具制造	224.0	16	金属工具制造	106.2
8	建筑、安全用金属制品制造	152.3	17	农、林、牧、渔专用机械制造	106.2
9	输配电及控制设备制造	151.9	18	照明器具制造	102.8

（三）聚集了一批世界级企业

所谓"世界级企业"包含两方面的含义：一是指那些在国际上有影响力的大型跨国公司，比如世界500强企业，即"大而强"的企业；二是指技术领先，并在某些细分领域占世界绝对份额的中小企业，即"小而精"的企业。据统计，福布斯世界500强企业共有11家公司将总部设立在五大湖地区，其中有7家是装备制造业企业，规模和排名如表2-4所示。

表2-4　进入福布斯世界500强的五大湖装备制造业企业

公司	世界排名	总部所在地	主营业务收入亿美元	折人民币亿元
通用汽车	9	密歇根州底特律	1823.5	12454.5
福特汽车	13	密歇根州迪尔伯恩	1724.7	11779.7
波音飞机	93	伊利诺伊州芝加哥	663.9	4534.4
卡特比勒	152	伊利诺伊州皮奥里亚	449.6	3070.7
摩托罗拉	200	伊利诺伊州绍姆堡	366.2	2501.1
迪尔机械	334	伊利诺伊州莫林	240.8	1644.6
惠而浦	436	伊利诺伊州本顿港	194.5	1328.4

通用汽车、福特汽车和克莱斯勒汽车公司是美国汽车工业三巨头。其中，通用和福特公司在2008年福布斯世界500强企业中分别排第9位和第13位，主营业务收入分别为1823.5亿美元和1724.7亿美元。

卡特比勒公司是世界最大的建筑和工程机械生产商，总部在伊利诺伊州的皮奥里亚（Peoria）。2006年，公司工程机械产品占全球工程机械市场份额的7.8%，产品种类达300多种，这些产品不断刷新行业技术标准，一直处于同类产品的高端位置。2008年，公司在福布斯世界500强中排名第152位，主营业务收入449.6亿美元，利润30亿美元。

总部设在俄亥俄州辛辛那提的MAG自动化公司是世界第6大机床生产商，2006年主营业务收入为15亿美元，其机床产量占全美机床产量的60%。区域内其他知名装备制造业企业，还有研发生产电子通信产品的摩托罗拉公司（已被收购）以及世界著名的家用电器生产商惠尔浦公司。

（四）高额的研发投入和充足的研发人员

五大湖地区作为美国最早的装备制造业集聚区，伴随着美国工业化过程形成了浓郁的创新文化和开拓精神。企业研发投入大，研发人员多，高校和研发机构聚集，这些要素所形成的强大的原始创新能力是该地区装备制造业长盛不衰的重要原因。

首先，五大湖地区装备制造业研发投入非常高。根据《美国2002年制造业普查报告》的结论，其研发投入占到全美国的29%。以密歇根州为例，其

汽车研发投入居全美之首。全州有 330 家汽车研发企业，平均年研发投入
107 亿美元，约合人民币 730 亿元。2000 年，伊利诺伊大学香槟分校对美国
部分企业的研发投入研究显示，福特汽车公司为 68 亿美元，占主营业务收入
的 4%；卡特比勒公司为 8.54 亿美元，占主营业务收入的 4.2%；波音公司
为 20 亿美元，占主营业务收入的 3.9%。以卡特比勒公司为例，即便在经济
萧条时期，仍然重视科研项目，不断推出新产品。1931 年，卡特比勒公司推
出了革命性的 60 型柴油机，大幅降低了燃料消耗，为当时萎靡不振的拖拉机
市场打开了一条生路。2006 年研发费用达到创纪录的 13.5 亿美元。正是持
续不断的原始创新，使其能够挺立于世界工程机械之巅。

　　其次，五大湖地区汇聚了数量巨大的研发人员。仅在密歇根州，从事汽
车研发的人员就有 6.5 万名，包括工程师、设计师等。五大湖地区的世界
500 强企业每家都有约万名的研发人员，而一些行业巨头企业也有 3000 多名
研发人员。这样，整个五大湖地区的研发人员估计超过 15 万人。

　　此外，在专利方面，密歇根州拥有的专利数量在全美排名第 7 位，企业、
研发机构和大学为全州贡献了 3367 项专利。高校和私立研究机构在技术研发
方面也发挥了非常重要的作用。据上海交通大学的研究统计，五大湖地区汇
集了 20 所全球排名前 100 名的高等学府，从事与装备制造业相关领域的基础
科学、应用科学和应用技术研究，源源不断的技术外溢及校企技术合作为装
备制造业提供了技术支撑。同时，大量的私营研究机构在研发活动中以协作
体的方式同当地大学的实验室和研究所密切合作，形成了完善的技术创新网
络如图 2-2 所示。

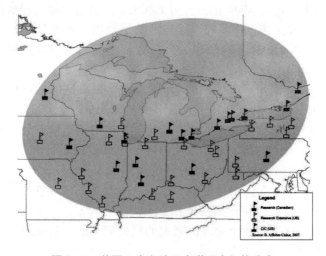

图 2-2　美国五大湖地区大学研究机构分布

注：图中浅色旗标志为该集聚区五大湖高校研发机构，深色旗为五大湖高校研究机构协作体。

二、日本"阪神—名古屋"装备制造业集聚区

该集聚区包括两县一府，即兵库县、爱知县和大阪府，含名古屋、大阪、神户3个主要城市。大阪和神户是日本吞吐量排第1位和第2位的贸易港，两港口城市之间的临海区域形成了阪神工业带，再加上爱知县的名古屋市，整个阪神—名古屋集聚区面积约1.54万平方公里，是日本规模最大、产业集聚度最高的装备制造业集聚区，如图2-3所示。

图2-3　"阪神—名古屋"装备制造业集聚区示意图

（一）产值约占30%，装备制造业集中度为日本之首

根据《2006年日本制造业普查报告》，该集聚区装备制造业产值约433165亿日元，折人民币约28848亿元，占全日本的27.4%。增加值140933亿日元，折人民币约9386亿元，占全日本的25.2%。其规模远高于装备制造业集中度排名日本第2的京滨集聚区（京滨集聚区装备制造业增加值约为4000亿元）。

"阪神—名古屋"集聚区的金属制品、通用设备、专用设备、电气机械、交通运输、通信和电子、仪器仪表7大产业增加值折合人民币分别为1056.2亿元、1773.8亿元、555.3亿元、932.4亿元、4291.8亿元、672.7亿元和104.0亿元，占全日本的比重分别为26.3%、37.0%、19.6%、21.3%、38.4%、9.6%和8.6%，表明该集聚区产业结构十分均衡，如表2-5所示。

表 2 - 5　2006 年日本"阪神—名古屋"装备制造业聚集区 7 大产业产值和增加值

指标 产业	产值				增加值			
	三县合计		全日本 亿日元	占比 (%)	三县合计		全日本 亿日元	占比 (%)
	亿日元	折人民 币亿元			亿日元	折人民 币亿元		
金属制品	37656.9	2508.0	144510.2	26.1	15858.8	1056.2	60375.4	26.3
通用设备	52648.9	3506.4	177976.4	29.6	26633.7	1773.8	72048.3	37.0
专用设备	19388.1	1291.2	106508.0	18.2	8337.8	555.3	42547.7	19.6
电气机械	46511.1	3097.6	196632.8	23.7	13999.6	932.4	65867.2	21.3
交通运输	237523.2	15819.0	598355.7	39.7	64441.4	4291.8	168004.3	38.4
通信和电子	36167.8	2408.8	315001.1	11.4	10100.9	672.7	105626.2	9.6
仪器仪表	3269.2	217.7	40731.5	8.0	1561.3	104.0	18141.5	8.6
总计	433165.2	28848.8	1579715.7	27.4	140933.5	9386.2	532610.5	26.5

　　注：汇率为 100 日元 = 6.66 元人民币（2008 年汇率多在 6.21 ~ 7.11 元之间波动，取中间价 6.66 元）。

　　（二）门类齐全，汽车产业规模最大
　　从产业内部结构来看，"阪神—名古屋"集聚区装备制造业的各行业（产业中类）都比较强，内部结构非常均衡，为"阪神—名古屋"地区装备制造业的全面发展提供了良好的基础。
　　按照中国的分类标准，将日本的相关数据整理为 47 个行业。从产值看，超过 1000 亿元（人民币，下同）的有 2 个，分别为汽车制造 14786 亿元、电子元件 1155 亿元。500 亿 ~ 1000 亿元的有 5 个，200 亿 ~ 500 亿元的有 12 个。在产值超过 200 亿元的 19 个行业中，金属制品有 3 个，通用设备业 6 个，专用设备、交通运输设备和电气机械各有 2 个，通信电子设备有 3 个，仪器仪表及文化办公用机械有 1 个。
　　从增加值看，超过 1000 亿元的有 1 个，即汽车制造业 3916 亿元。200 亿 ~ 1000 亿元的有 7 个，100 亿 ~ 200 亿元的有 9 个。在 17 个增加值超过 100 亿元的行业中，通用设备有 6 个，金属制品有 3 个，专用设备、电气机械和通信电子各有 2 个，交通运输和文化办公用机械各 1 个（见表 2 - 6、表 2 - 7）。从"阪神—名古屋"集聚区的数据也可以看出，其汽车制造业优势明显，通用设备和金属制品业具有很强的整体实力。

表 2-6　"阪神—名古屋"集聚区产值超过 100 亿元的行业

单位：亿元

排序	行业（中类）	产值	排序	行业（中类）	产值
1	汽车制造	14786.6	18	风机、衡器、包装设备等通用设备	275.0
2	电子元件制造	1155.8	19	航空航天器制造	223.7
3	金属加工机械	921.8	20	照明器具制造	191.8
4	文化、办公机械制造	913.1	21	铁路运输设备制造	183.9
5	结构性金属制品制造	720.1	22	建筑、安全用金属制品	182.4
6	通信设备制造	652.7	23	电子计算机制造	168.6
7	输配电及控制设备制造	641.3	24	金属工具制造	159.9
8	矿山、冶金、建筑等专用设备	481.5	25	船舶及浮动装置	158.0
9	金属表面处理及热处理加工	401.1	26	电池制造	156.1
10	锅炉及原动机制造	390.0	27	农、林、牧、渔专用机械制造	144.6
11	通用零部件制造及机械修理	387.4	28	环保、社会公共安全及其他专用设备	143.5
12	泵、阀门、压缩机及类似机械	374.5	29	轴承、齿轮、传动和驱动部件	127.5
13	不锈钢及类似日用金属制品	358.0	30	电机制造	122.3
14	起重运输机械	337.2	31	通用仪器仪表制造	118.5
15	家用电力器具制造	334.6	32	其他金属制品制造	107.2
16	化工、木材、非金属加工专用设备	310.8	33	纺织、服装和皮革工业专用设备	107.0
17	电子器件制造	303.8	34	集装箱及金属包装容器制造	103.2

表 2-7　"阪神—名古屋"集聚区增加值超过 100 亿元的行业

单位：亿元

排序	行业	增加值	排序	行业	增加值
1	汽车制造	3916.9	10	锅炉及原动机制造	160.9
2	金属加工机械	447.0	11	起重运输机械	134.4
3	电子元件制造	316.0	12	化工木材非金属加工专用设备	133.8
4	电机制造	241.3	13	不锈钢及类似日用金属制品	131.0
5	金属表面处理及热处理加工	222.2	14	电池制造	123.7
6	通信设备制造	204.8	15	矿山、冶金、建筑等专用设备	120.2
7	通用零部件制造及机械修理	204.4	16	风机、衡器、包装设备等通用设备	114.4
8	文化、办公机械制造	202.9	17	结构性金属制品制造	109.8
9	泵、阀门、压缩机及类似机械	161.4	—	—	—

（三）汇集了多家世界级企业集团和行业领军企业

该区域内有多家世界级装备制造业企业，在全世界和日本国内占有非常重要的地位。丰田汽车、住友电工、爱信精机、电装集团、日本车辆集团、三菱重工、三菱电子和小松重工 8 家企业进入世界 500 强行列。

丰田汽车是全球最大的汽车生产企业，住友电工是位居世界前列的电气设备制造企业，爱信精机、电装集团都是汽车零部件生产企业。日本车辆集团是全球轨道交通的主要供应商，与西门子、庞巴迪和三菱重工等占据了世界市场大部分份额。三菱重工是日本最大的装备制造业综合企业和日本国内主要的国防工业企业，主业涵盖金属制品、输变电设备、航空航天、造船等行业，阪神地区是三菱重工最重要的生产基地。三菱电子也是世界 500 强企业之一，主营业务为轨道交通控制系统、全球定位系统（GPS）、电力控制系统、空中交通控制系统、多普勒雷达、通信卫星的生产制造业等。小松重工作为世界第二大工程机械生产商和福布斯世界 500 强企业，在工程机械行业内占有举足轻重的地位，在东亚、东南亚和中东地区占据大量市场份额。

川崎重工是区域内另一家知名企业，主要从事航空航天器、轨道机车、小型柴油机、船舶、能源设施（工业锅炉、化工厂、核电站等）以及通用专用设备的研发、生产和服务。电气机械方面，松下电器在阪神地区设有多家生产厂。近畿车辆株式会社以阪神地区为基地，是日本著名的轨道机车生产商。另外，大金重工以空调和制冷设备为主导产品，是世界制冷行业著名的"隐形冠军"。同时也生产化工、电子及国防产品。

该集聚区还汇集了一些行业世界级企业。大口地区集中了位居世界机床业第 2 位、第 4 位、第 7 位的马扎克、大隈和森精机三大机床制造商。其他一些装备制造业企业，如生产通信、半导体和电子计算机产品的船井公司、住友金属和富士通电子；生产输变电设备的昭和电工；生产小型运输车的大发公司等，也都是世界行业知名企业。农业机械方面，行业内领军企业久保田株式会社位于大阪，在水道用铸铁管生产方面享有盛名，在环境机械设备生产和沙漠绿化方面也创下不俗的业绩，该区域还汇聚了很多先进装备制造业的中小型企业。

（四）自主创新能力突出，重视产学研合作的创新体系

上述企业都设有本部直属的专门研发机构。三菱重工的高砂研究所位于兵库县高砂市，主要从事世界上最先进的能源、交通和动力方面的研究，包括燃气轮机、核电、高速公路信息系统、空调制冷、供暖设备、机器人、发电机组等研究领域，其研发成果已广泛应用于三菱重工相关产品的生产中，使其产品具备了极强的国际竞争力。三菱电子分别在尼崎市和神户市设有专门从事电力控制系统研究的科研机构。此外，其他主要企业研究机构还包括

昭和电工（堺市）、松下电器（门真市）、三洋（守口市）、船井（大东市）、川崎（名石市）等研发机构。

日本大型企业向来以高比例研发投入闻名。以三菱重工为例，根据公司年报，三菱重工2007年研发费用约合108亿元，占其销售收入的3.4%。而松下电工的研发投入更是以每年6%的速度增长，2007年研发投入接近46亿美元。丰田公司2007研发投入约合600亿人民币（9000亿日元），研发人员总数为2.8万人，占员工总数的9.8%。

产学研合作也为该集聚区的产业发展做出了重要贡献。该区域拥有京都大学、大阪大学等众多知名大学，政府组织的"关西文化学术研究都市"坐落在横跨京都、大阪、奈良三府县的辽阔丘陵上，集中了高水平的研究机构，致力于探索性课题的基础研究，通过产业、学术界、政府三方的通力合作，关西文化学术研究都市能够迅速地将科研成果应用于生产，其在装备制造业方面的研究成果十分显著。专用机械制造方面，"岛精机制作所"位于和歌山，是日本销量第一的电脑横织机制造商，其利用计算机技术进行视觉设计和生产的服装系统设备达到了世界顶尖水平。

三、德国南部两州装备制造业集聚区

德国装备制造业主要集中在德国南部的巴伐利亚和巴登符腾堡两个州构成的集聚区（以下简称德国南部两州装备制造业集聚区，见图2-4），包括慕尼黑、纽伦堡、奥格斯堡、巴登、斯图加特、弗赖堡、海德堡、海尔布隆市、卡尔斯鲁厄、曼海姆、普福尔茨海姆、乌尔姆等城市。巴伐利亚和巴登符腾堡州是继北莱茵—威斯特法伦州之后经济实力在德国居第2位、第3位的两个州，面积分列德国第1位和第3位，合计约10.6万平方公里，人口2210万。2007年两州的地区生产总值合计为7906.2亿欧元，折人民币71154.2亿元，占全德国的比重为32.7%，集中了德国最知名的通用设备、专用设备、交通运输、电气机械和通信电子类企业，是德国乃至欧洲名副其实的装备制造业基地。

（一）产值占全德国30%以上，产业集中度极高

根据德国统计年鉴及两州的统计年鉴（注：德国统计口径中装备制造业涵盖的范围主要包括：金属制品，机械制造，办公机械及数据处理设备，发电、电力传输装备，通信设备、远程信息技术，医疗、计量、控制仪器、仪表，汽车及汽车配件，特种运输工具。此分类主要是依据巴伐利亚州的统计年鉴，对巴登符腾堡州统计年鉴的行业数据进行了分类合并），2006年，德国装备制造业总产值折合人民币78657亿元，增加值折合人民币约19323亿元，约占总产值的25%。巴伐利亚州装备制造业产值约13640亿元人民币，由于没有巴登符腾堡州的产值数据，根据其他数据估算，产值约为10000多

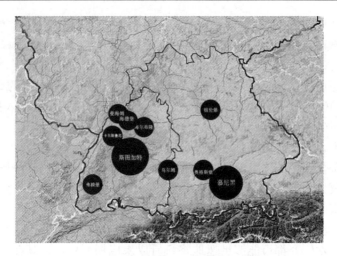

图 2 - 4　德国南部两州集聚区示意图

亿元人民币，因此，两个州装备制造业产值折合人民币约为 24000 亿元，约占全德国的 31.2%，其中巴伐利亚州约占 17.3%，巴登符腾堡州约占 13.9%，如表 2 - 8 所示。

表 2 - 8　巴伐利亚州装备制造业各产业产值、增加值

指标\产业	产值				增加值			
	巴伐利亚		德国亿欧元	占比（%）	巴伐利亚		德国亿欧元	占比（%）
	亿欧元	折人民币亿元			亿欧元	折人民币亿元		
金属制品	110.7	996.4	938.3	11.8	29.3	263.5	304.6	9.6
机械制造	350.5	3154.4	1983.9	17.7	103.3	930.0	617.0	16.8
办公机械、数据处理设备	57.0	512.8	165.1	34.5	15.7	142.8	34.0	46.6
发电、电力传输设备	155.5	1399.9	1047.5	14.9	114.2	1027.6	299.9	38.1
通信设备、远程信息技术	59.1	532.2	494.6	12.0	50.0	449.8	84.6	59.1
医疗、计量、仪器仪表	74.7	672.3	397.5	18.8	18.1	162.65	150.8	12.0
汽车及配件	669.1	6021.7	3375.2	19.8	217.8	1959.8	562.8	38.7
特种运输工具	38.9	350.4	337.6	11.5	20.2	181.3	93.3	21.6
合　计	1515.6	13640.0	8739.7	17.3	568.6	5117.5	2147.1	26.5

注：汇率为 1 欧元 = 9 元人民币。

（二）优势行业及其产品地位突出

以巴伐利亚州为例，产值最高的为汽车及其零配件业，2006 年为 6021 亿元（人民币，下同），约占全德国的 19.8%。其他各产业分别为：机械制造 3154 亿元，占 17.7%；发电及电力传输设备 1400 亿元，占 14.9%；金属制品 996 亿元，占 11.8%。医疗、计量设备及仪器仪表等 672 亿元，占 18.8%；通信设备及远程信息技术 532 亿元，占 12%；办公机械及数据处理设备 512 亿元，占 34.5%；特种运输工具 350 亿元，占 11.5%。

在 2006 年巴伐利亚州统计年鉴所给出的 48 个装备制造业行业中（未包括全部行业），产值超过 1000 亿元的有 2 个，即汽车制造业 4641 亿元，汽车零配件 1178 亿元；500 亿~1000 亿元的有 2 个，200 亿~500 亿元的有 13 个，100 亿~200 亿元的还有 5 个。如果加上巴登符腾堡州（由于没有数据，只能推测）的数据，超过 200 亿元的行业应超过 20 个。

（三）产业集聚效应明显

德国南部两个州的装备制造业呈现明显的集聚效应，装备制造业产值占德国的比重达到了 31.2%。在机床行业，2006 年两州聚集着德国 69% 的机床企业、72% 的就业人员和 72% 的产值。其中，在巴登符腾堡州的首府斯图加特及周边聚集着 110 多家机床企业，仅巴登符腾堡州的机床产值及就业人数就超过德国的一半，分别达到 54.1% 和 52%，如表 2-9 所示。

表 2-9　2006 年德国机床行业聚集度

单位:%

	企业	就业	产值
巴登符腾堡	46.3	52.0	54.1
巴伐利亚	12.7	20.0	17.9
北莱茵—威斯特法伦	16.4	13.1	14.1
黑森	6.7	2.5	2.1
其他	17.9	12.4	11.8

两州集聚区的机床行业规模位于世界之首，生产的机床达 4000 多种，尤其擅长生产服务于航空航天、轨道车辆、电气设备、汽车等行业的重型机床及专用机床，这些机床企业与下游制造企业相辅相成共同发展，德国应用于汽车产业的机床占整个机床行业的 36%，占德国机床产值 54% 的巴登符腾堡州和占德国汽车产销额 25% 的巴伐利亚州成了装备制造业良性互动发展的典范。

汽车制造业是巴伐利亚州的强势行业，汽车制造厂通常包括汽车总装及发动机制造，如宝马、保时捷和戴姆勒·克莱斯勒等巨头，在零部件产业上，州内还有包括博世、采埃孚等公司在内的众多配套企业，从而形成了完整的产业链条。2007 年，仅巴伐利亚州汽车产业从业人员就占德国汽车产业从业人员的 23.4%，销售额占德国汽车产业销售额的 25%，差不多 1/4 的德国产轿车来自巴伐利亚州。

（四）具有一批世界知名企业和知名品牌

在斯图加特及周边地区，云集了一批知名的装备制造企业。通快公司的机床在技术和规模上位居世界前列，占全国产值超过 50%。利勃海尔集团是世界上最知名的工程机械制造企业，2007 年营业额达到 74.91 亿欧元。费斯托公司（Festo）是一家全球领先的自动控制技术供应商，2005 财年的销售收入约为 14 亿欧元。福伊特集团（Voith）是典型的家族式企业，主营业务为造纸机械、动力传输设备和动力设备，在世界范围内为造纸技术、动力传输技术、动力设备及工业服务确立标准，在全球拥有 180 多个分支机构，24000 名员工，年销售额达 33 亿欧元，世界上每 3 张纸中就有 1 张是用福伊特的造纸机生产出来的。此外，海德堡印刷机械有限公司也是业内赫赫有名的龙头企业。

总部位于斯图加特的戴姆勒·克莱斯勒（即梅塞德斯·奔驰汽车集团，由克莱斯勒和戴姆勒·奔驰合并而成）公司是德国销售额最大的汽车公司，产量位居世界第 2 位。而斯图加特的另一家汽车企业保时捷汽车公司，是世界上最著名的研究、设计和生产运动汽车的厂家，也是世界汽车制造业巨子之一，在 2007 年 8 月 1 日~2008 年 7 月 31 日的财年中，实现了 86 亿欧元的销售收入，加上收购了大众汽车公司 50% 股权的红利，该财年保时捷的利润将超过 110 亿欧元（约 170 亿美元）。总部位于巴登符腾堡州的采埃孚集团是全球汽车零配件供应商，专业供应传输、转向、底盘系统零配件，作为一个全球化企业，采埃孚集团年销售额达 99 亿欧元，员工总数达 54500 人。

慕尼黑地区更是云集了包括西门子、宝马汽车、曼恩商用车辆股份公司、商曼公司（MAN B&W）等一批行业巨头。西门子公司是世界上最大的电气工程和电子公司之一，公司的业务主要集中于六大领域：信息和通信、自动化和控制、电力、交通、医疗系统及照明，2006 年销售收入达到 1070 亿美元，拥有 47 万员工。西门子自动化与驱动集团（A&D）是西门子旗下最大的公司，是全球工业领域的主要供应商，业务涉及许多领域，如工业自动化、运动控制系统、标准驱动、大型工业传动、低压开关柜、电气安装工程、过程仪表及分析仪表、泵和压缩机、软件系统、汽车制造业等。商曼公司是世界上最大的柴油机制造企业，其船用柴油机占到世界市场 57% 的高比例份额，形成了船用柴油机国际市场的市场控制力，包括我国在内的多个船舶制造强国都在大型船舶上使用商曼公司的船用主机。

在世界级大型企业集团的周围还聚集着一些在某些专业细分领域市场上

占世界大部分份额的世界级中小企业。像德国的很多区域一样，在南部两个州内不仅聚集着国际化的大公司，而且两州经济的特色更多地体现在工业、手工业和服务行业中的众多中小型企业，而且有的中小企业在一些专业领域占世界很大份额。像巴登符腾堡州以生产膨胀螺栓而著称的慧鱼公司，生产锯床锯片的斯蒂尔公司，生产螺栓的威尔特公司，都拥有着各自出口世界冠军的称号，在所从事的专业领域内，也都占据世界市场的大部分份额。比如在机床制造领域的通快公司，印刷机械的海德堡印刷机械公司，造纸机械行业的福伊特公司，工业控制领域的费斯托公司等，这些企业都是专业领域内的翘楚，在业内具有不可撼动的地位。

在两州集聚区内，西门子、宝马、戴姆勒·克莱斯勒、保时捷、博世、曼恩商用车辆股份公司和采埃孚集团7个企业进入了2008年世界500强企业名单。

德国企业还有一个明显的特点，就是很多企业都是家族式企业，都是由第一代创始人精心钻研某门技术，进而把企业做强、再把企业做大的。世界500强的戴姆勒·克莱斯勒、保时捷、宝马、林德、费斯托、福伊特等行业知名企业都是家族式企业。这些家族式企业经历了一代又一代家族内企业家实施的扩张战略，一步一步把企业做强做大，明晰的产权结构赋予了这些企业极强的发展动力。

在品牌方面，西门子的工业控制、轨道交通、电气机械、家用电器和通用设备，通快公司的机床，汽车业的宝马、奔驰、奥迪，博世集团的家用电器及汽车零部件，曼恩公司的载重车量及特种车，采埃孚集团的汽车零部件，海德堡公司的印刷机，福伊特公司的造纸机械，利勃海尔集团的工程机械，费斯托公司的自动控制技术等都是享誉全球的品牌。此外，菲尔特市的电机、精密仪器和光学器械也都是世界知名品牌。

（五）创新能力居欧盟地区首位

该集聚区装备制造业在世界上处于领先地位的一个很重要的原因在于其拥有最优秀的工程师和专业技术人员，以及高强度的研发活动所带来的大量专利、专有技术等技术成果。2008年，巴登符腾堡州的创新能力在欧盟区域内排名第1位，巴伐利亚州名列第4位。巴登符腾堡具备极强创新能力的一个重要原因是区域内汇集了众多高技术企业，如戴姆勒·克莱斯勒、博世、海德堡印刷机器公司，全球造纸工业最大的设备供应商福伊特公司，以及为很多汽车公司提供配件的机械制造企业采埃孚集团，分析仪器系统的领导供应商安捷伦科技公司等，都在此集聚区设有研发基地或子公司，这些企业不仅有数量庞大的研发队伍、丰厚的技术知识积累，还有最完善的研发流程和研发设备，构成了研发活动的所有要素，形成了强大的创新能力。

专利成果数量居德国首位。巴登符腾堡州在欧盟范围内属于高度发达的区域经济体，在世界市场上的高竞争力主要归功于其自身的技术创新能力。2007 年，巴登符腾堡州申请专利 13638 项，居德国各州首位，仅居其后的是巴伐利亚州 13616 项，两州的专利登记之和占德国全部专利登记的 57%。在德国没有其他任何一个州能够像巴登符腾堡州和巴伐利亚州这样，每年产生如此之多的专利。德国平均每 10 万人就有 58 项专利登记，而超过德国平均数的只有两个州，其中巴登符腾堡州以每 10 万人拥有 127 项专利登记数量遥遥领先，居第 2 位的是巴伐利亚州为 109 项。就技术成果看，这两个州人均拥有的专利数量远多于其他区域。

高比例的研发投入。巴登符腾堡州的研发投入比重（研发投入与 GDP 之比）居欧盟之首。2005 年，巴登符腾堡州的研发投入为 137 亿欧元，占 GDP 的比重为 4.2%，投入总额和投入比重均排在德国各州及欧盟区域的首位。2006 年，巴登符腾堡州所有从业人员的 18% 在研发部门从事研究工作，远远高于欧盟 7% 的比重，这些研发人员主要集中在汽车制造、机械制造、仪器仪表等行业；2005 年创新能力排名第 2 位的巴伐利亚州的研发投入为 115 亿欧元，投入总额在德国各州中名列第 2 位，占 GDP 的比重为 2.9%。

企业的创新主体作用。据 2005 年 10 月英国贸工部发布第 15 次 "全球企业研发排行榜" 显示，2004 财年世界研发投入最多的公司是戴姆勒·克莱斯勒，达 75 亿美元，2002～2004 财年连续 3 年研发投入在 57 亿～59 亿欧元（折合 70 亿～75 亿美元），约占销售收入的 4%，拥有研发人员 2.9 万名，占职工总数的 7.6%；西门子公司 2004 年研发投入也达到 61.4 亿美元，并且近年来研发投入占销售收入的比重一直保持在 7% 以上，拥有研发人员 4.5 万名（包括境外研发机构的研发人员），现有员工中大学以上学历者已超过50%。目前每年还要接收 3000 名新大学生，仅用于这批学生的继续教育费，公司每年就要投入 3 亿马克。宝马集团的创新与研究中心设在慕尼黑市区，占地 30 万平方米，投资 8 亿欧元，集研究室、试验室和车间于一体，有 8000 多名核心研发人员和外围 4000 名设计、试验人员共同工作。这样，仅 7 个世界 500 强企业就有约 10 万名研发人员，而两州集聚区的企业研发人员应有 15 万人以上。

（六）独特的创新文化和众多高水平的大学

巴登符腾堡州是一个资源并不丰富却以制造业为主体的经济体，居民的创新能力成为该州最重要的资源，良好的教育基础为该州的持续发展奠定了重要基础，并将成为促进未来发展的强劲动力。为促进科技、产业及社会的融合，巴登符腾堡州基金会推出大量的研究项目和计划。目前，巴登符腾堡州把家庭这个社会核心也作为促进对象，并计划推出 "家庭研究计划"，把创新融入家庭，融入孩子成长的每一个环节，把创新作为一种理念融入社会最基本的单元中，这样的创新文化不断提升创新氛围，不断促进巴登符腾堡州的经济社会发展。

此外，大学的科研和教育为这里的装备制造业发展提供了强有力的支撑。巴登符腾堡州汇集了德国最有名的大学，其中有 6 所大学进入 2005 年德国《焦点杂志》大学排行榜的前 10 名。海德堡大学是德国最老的大学，除此之外还有弗莱堡大学、卡尔斯鲁厄大学、康斯坦茨大学、曼海姆大学、斯图加特大学、蒂宾根大学和乌尔姆大学 7 所大学。巴伐利亚州的慕尼黑工业大学、慕尼黑大学、维尔茨堡大学、埃尔朗根—纽伦堡大学、奥格斯堡大学、班堡大学、拜罗伊特大学、帕骚大学等也是世界闻名的学府。

四、世界级装备制造业集聚区的主要特征

根据对美、日、德三个世界级装备制造业集聚区的分析，我们发现世界级装备制造业集聚区通常具有如下特征：规模总量上，装备制造业产值约为 25000 亿元（人民币，下同），增加值在 9000 亿元以上，占本国比重在 20% 以上。交通运输设备制造业均为第一大产业，金属制品和通用机械的增加值都超过了 1000 亿元；产业内部结构也比较均衡，美日两大集聚区分别有 5 个、7 个产值超过 500 亿元的行业，德国仅巴伐利亚州就有 4 个，三大集聚区都有 15 个以上（包括 500 亿元以上的行业）产值超过 200 亿元的行业；企业规模和产品品牌方面，都有 7 个以上的世界 500 强企业，有一批世界知名品牌；都具备了核心关键零部件的生产能力和完整的产业配套体系，都有很强的原始创新能力并掌握了大量核心技术及若干领域的前沿技术。

（一）由两个至三个相邻州（县）组成

美国五大湖装备制造业集聚区包括三个州的装备制造业区域，集聚区面积约为 20 万平方公里，包含芝加哥、底特律、克利夫兰和辛辛那提等美国重要装备制造业城市。日本"阪神—名古屋"装备制造业集聚区由一府两县组成，包含大阪、神户和名古屋三大装备制造业城市，面积约为 1.54 万平方公里。德国装备制造业集聚区由巴伐利亚和巴登符腾堡两个州组成，面积约为 10.63 万平方公里。形成装备制造业集聚的主要原因，被认为都与区域内或周边的采掘业及冶金业的需求相关联。五大湖集聚区相邻的宾西法尼亚州的匹兹堡是美国最大的钢铁基地，与日本"阪神—名古屋"集聚区相邻的"三湾一海"地区也是日本钢铁业集聚区，因钢铁业对矿山冶金装备的巨大需求，形成了专用设备制造业；专用设备又对通用设备形成需求，拉动了通用设备制造业的发展；对钢铁产品的进一步加工既促进了通用设备制造业的发展，又促进了交通运输及电气装备制造业的形成。整个装备制造产业围绕钢铁工业形成环状需求供给结构，这与辽宁产业结构极为类似。

（二）产值、增加值规模分别为 25000 亿元和 9000 亿元左右，占本国比重在 20% 以上

世界级装备制造业集聚区都在本国乃至世界的经济活动中占据非常重要的地位。美国五大湖集聚区的装备制造业产值 24343 亿元，占全美的 22.6%，增加值 10723 亿元，占全美的 21.9%；"阪神—名古屋"集聚区装备制造业产值约 28848 亿元，占全日本的 27.4%，增加值 9386 亿元，占全日本的 26.5%；德国南部两州集聚区装备制造业产值约为 24000 亿元，约占全德国的 31.2%，增加值约为 9700 亿元（估算），约占德国的 30%。以上世界级装备制造业集聚区的产值在 25000 亿元左右，而增加值都在 9000 亿元以上。

（三）交通运输设备制造业比重最大，其他装备制造产业门类齐全，优势突出

从 7 大产业看，这几个世界级装备制造业集聚区的金属制品、通用设备、专用设备、交通运输、电气设备制造业等产业都占本国 1/4 以上，其中尤以交通运输设备制造业比重最大，可以说都是本国集中度最高的装备制造业基地。

从行业（产业中类）上看，约有 5 个产值超过 500 亿元的行业，有 10 余个产值在 200 亿~500 亿元的行业，产值过 200 亿元的行业数量约占全部行业的 40%，美国五大湖集聚区占到 40%（16/40），日本"阪神—名古屋"集聚区占 40.4%（19/47）；还有 15 个以上的行业增加值超过 100 亿元。汽车制造业都是各自集聚区的第一大产业，金属制品业、通用设备制造业整体实力都很强，行业（产业大类）增加值都超过了 1000 亿元。

在美国五大湖和日本"阪神—名古屋"集聚区产值超过 200 亿元的行业中，其结构表现出较强的相似性，包括如下一些种类：汽车制造，铁路运输设备制造，航空航天器制造，金属加工机械制造，锅炉及原动机制造，金属表面处理及热处理加工制造，金属工具制造，矿山、冶金、建筑等专用设备制造，风机、衡器、包装设备等通用设备制造，结构性金属制品制造，电子元件制造，电子器件制造，电子计算机制造，输配电及控制设备制造等。这些行业体现的正是金属制品、通用设备、专用设备和交通运输设备等行业的产业高集中度。

（四）拥有七八家世界级企业及众多世界知名品牌

"阪神—名古屋"装备制造业集聚区有 8 家世界 500 强企业，五大湖集聚区和德国南部集聚区各有 7 家。这些企业或是多元化集团化企业，规模庞大，产品种类多，具备核心竞争力并处于竞争优势地位，如德国西门子公司、日本三菱重工等企业集团；或是行业内的知名企业，如美国的三大汽车公司、卡特比勒机械，德国的奔驰、宝马、保时捷汽车公司，日本的丰田汽车、住

友电工等行业巨头。还有一些虽然没有进入世界500强但在本行业内享有盛誉的中型企业，这些企业的产值规模、产品设计及工艺水平以及产品品质居世界行业前沿，造就了其核心竞争力，如五大湖的 MAG 自动化公司，"阪神—名古屋"的马扎克机床、大隈机床、森精机床和大金重工，德国南部两州的通快机床、费斯托自动控制、福伊特造纸机械等企业。

具有享誉世界的品牌和声誉，上述集聚区的主要产品被世界范围内的行业所认可。"500强企业"名称本身就是世界级的品牌，不论是业内人士还是业外的普通消费者，都对这些企业和产品耳熟能详，另外一些行业巨头虽然不能被普通消费者所知晓，但这些企业在行业内可谓是如雷贯耳，被业内人士所熟悉，其产品绝对是高可靠性、高质量的名牌，如五大湖的输变电设备、压缩机，大阪的农用机械、数控机床，德国的机床产品、工程机械等，在世界机床行业内具有加工精度高或高可靠性以及使用寿命长的口碑。

目前，世界级装备制造业企业正向着集团化和综合化发展，在掌握关键技术的同时，发展工程和项目的总承包能力。德国西门子、日本三菱重工和川崎重工等装备制造业企业在发展装备制造的同时，也通过研发和技术积累形成了工业设施的设计和建设能力，利用自身的资质在全球竞标工业建设项目。

（五）充足的研发投入，高水平的研发人才，形成了强大的技术创新能力

世界级装备制造业基地都具备庞大的研发机构，充足的研发人才。美国五大湖地区芝加哥城区内的"黄金走廊"汇集多家全球500强企业的总部和研发机构，同时整个五大湖地区汇集20多所全球排名前100位的知名大学的实验室，整个集聚区研发人员超过15万人。日本阪神地区背靠日本高科技的摇篮——"关西文化学术研究都市"，为"阪神—名古屋"集聚区提供了充足的技术支持。德国南部两州集聚区内，仅7个世界500强企业的研发人员估计有10万人之多，集聚区内研发人员估计超过15万人。

（1）有大量的研发投入。上述集聚区在传统装备制造行业上研发投入占销售收入比例都在5%以上，而新兴高技术型装备制造行业的研发投入比例往往高于10%，德国南部两州集聚区仅戴姆勒—克莱斯勒和西门子两个公司的研发投入就达136亿美元（包括外部子公司投入）。如果按三大集聚区各自超过30000亿元的销售收入，其研发投入占销售收入平均5%计算，这些世界级集聚区研发投入约为1500亿元。

（2）具备丰富的技术积累。德国两州集聚区的人均专利居德国和欧盟第1位；美国五大湖地区有上百年的发展史，在专利方面，密歇根州在全美排名第7位。日本"阪神—名古屋"集聚区的多数企业也都在20世纪30年代开始起步的，在长期的生产实践中形成大量专有技术和专利技术。

各世界级装备制造业集聚区数十万计的研发人员和数千万的研发投入保

证了其极强的自主创新能力，成为装备制造业技术原始创新的发源地，并引领着世界行业技术发展。

（六）具备关键核心零部件的研发生产能力

上述世界级装备制造业集聚区都具备产品核心零部件的生产能力。以汽车行业为例，五大湖、"阪神—名古屋"、德国南部三大集聚区的汽车零部件产值都与整车的产值接近，说明其零部件的生产水平很高，能够满足集聚区的需求。同样在机床功能部件、轴承、阀门等关键零部件方面，这些装备制造业基地的产值也都非常高。装备制造业的技术特点是涉及的技术学科较多，一般包括机械、电子、仪器仪表、数控、材料等学科领域，这些集成技术被广泛应用于零部件中，产品的价值也主要体现在核心零部件中。因此，是否具备核心零部件制造能力，也是体现装备制造业竞争力的主要标志之一。

第二节　辽宁距离世界级装备制造业基地有多远

综合三大世界级装备制造业集聚区的基本特征，结合辽宁装备制造业发展现状，可以看出两者之间还存在一定的距离。总结这些差距，有利于我们找准今后工作的着力点，有助于稳步推进辽宁世界级装备制造业基地建设。

一、辽宁装备制造业整体规模约相当于世界级集聚区的四分之一

世界范围内几个典型的世界级装备制造业集聚区的产值都在 25000 亿元上下，其占全国的比重：美国为 22.6%，日本为 27.4%，德国为 31.2%，平均来看，产值应占全国 25% 左右。增加值都在 9000 亿元左右，占本国的比重都在 25% 左右。2007 年辽宁装备制造业产值为 5594.6 亿元，占全国的 4.1%。相比之下，辽宁装备制造业产值大致相当于美、日、德三大世界级装备制造业集聚区平均水平的 22%。

从国内比较看，按照统计上的 7 大产业计算，2007 年，辽宁装备制造业增加值为 1570.3 亿元，占全国的 4.7%。主营业务收入 5332.9 亿元，占全国的 4.0%。从几个主要指标在全国的排名看，工业总产值、工业增加值均排全国第 6 位，主营业务收入排第 7 位，而利润总额排第 8 位。尽管用统计指标反映装备制造业的情况不是很精确，但从这些数据仍然可以看出辽宁装备制造业虽然有优势，但并不突出，如表 2-10、表 2-11 所示。

表 2 – 10 2007 年辽宁装备制造业各行业主要指标

单位：亿元

指标 / 产业	工业总产值	工业增加值	出口交货值	主营业务收入	利润总额
金属制品	523.4	155.6	116.0	446.6	26.4
通用设备	1431.4	424.4	150.1	1396.1	63.9
专用设备	680.2	195.5	61.5	623.8	35.5
交通运输设备	1526.6	375.0	256.5	1511.2	72.1
电气机械及器材	756.2	216.7	119.7	712.8	31.8
通信、计算机及其他电子设备	575.3	167.8	332.9	544.0	18.6
仪器仪表及文化办公用机械	101.5	35.2	19.7	98.5	7.4
合计	5594.6	1570.2	1056.4	5333.0	255.7

资料来源：《2008 年辽宁统计年鉴》、《2008 年中国统计年鉴》、《中国工业经济统计年鉴（2008）》。

表 2 – 11 2007 年辽宁装备制造业各行业占全国比重

单位：%

指标 / 产业	工业总产值	工业增加值	出口交货值	主营业务收入	利润总额
金属制品	4.6	5.2	4.2	4.0	5.0
通用设备	7.8	8.3	5.3	7.8	5.4
专用设备	6.4	6.4	4.3	6.1	4.6
交通运输设备	5.6	5.4	6.8	5.7	4.3
电气机械及器材	3.1	3.6	2.0	3.1	2.6
通信、计算机及其他电子设备	1.5	2.1	1.3	1.4	1.3
仪器仪表及文化办公用机械	2.4	3.0	1.0	2.3	2.7
合计	4.1	4.7	2.4	4.0	3.6

资料来源：《2008 年辽宁统计年鉴》、《2008 年中国统计年鉴》、《中国工业经济统计年鉴（2008）》。

2008 年，辽宁装备制造业增加值达到 1894 亿元，占全国的 5% 左右，无论从绝对量还是从相对量上看，辽宁装备制造业在整体规模上与世界级基地的标准还有一定的差距。但从发展速度上看，国外集聚区处于微增长或不增长状态，而辽宁装备制造业近年来保持 25% 以上的增长速度，若照此发展，辽宁达到世界级集聚区的总量规模大概需要 7 年的时间。

二、装备制造 7 大产业及行业规模辽宁相当于世界级集聚区的 12.5% ~ 50%

（一）世界三大集聚区的主要产业（产业大类）产值占本国 20% 以上，辽宁仅占全国 3% ~ 7%，产值和增加值是辽宁的 2 ~ 8 倍

辽宁装备制造业中各产业规模与世界级水平还有明显差距（注：以下均为折算成人民币的数据。辽宁为 2007 年数据，美国五大湖集聚区为 2002 年普查报告数据，日本"阪神—名古屋"集聚区为 2007 年普查报告数据，由于德国数据不完全，下面的比较中不包括德国两州集聚区）。

从产值看，五大湖集聚区，除专用设备为 957 亿元外，其余均超过 1000 亿元（注：美国不含仪器仪表类），最高的交通运输设备超过 10000 亿元，达到 14821.8 亿元。金属制品 3752.7 亿元，通用设备 2545.9 亿元，通信、计算机及其他电子设备 1579.2 亿元，电气机械 1292.9 亿元。"阪神—名古屋"集聚区，除了仪器仪表及文化办公用机械规模较小外，其余各行业产值均超过 1000 亿元，其中交通运输设备最高，达到 15819.2 亿元。通用设备 3506.4 亿元，电气机械 3097.6 亿元，金属制品 2508.2 亿元，通信、计算机及其他电子设备 2408.2 亿元，专用设备 1291.2 亿元。对比辽宁，2007 年，只有交通运输设备和通用设备的产值超过 1000 亿元，分别为 1526.6 亿元和 1431.4 亿元，如表 2 - 12 所示。

表 2 - 12　辽宁与其他集聚区 7 大产业产值的比较

单位：亿元，%

产业 ＼ 指标	五大湖		"阪神—名古屋"		辽宁	
	产值	占本国比重	产值	占本国比重	产值	占本国比重
金属制品	3752.7	21.7	2508.0	26.1	523.4	4.6
通用设备	2545.9	23.7	3506.4	29.6	1431.4	7.8
专用设备	956.9	17.5	1291.2	18.2	680.2	6.4
交通运输设备	14821.8	33.3	15819.0	39.7	1526.6	5.6
电气机械及器材	1292.9	18.0	3097.6	23.7	756.2	3.1
通信、计算机及其他电子设备	1579.2	6.1	2408.8	11.4	575.3	1.5
仪器仪表及文化办公用机械	—	—	217.7	8.0	101.5	2.4
合计	25160.8	15.5	28848.8	27.4	5594.6	4.1

从增加值看，"阪神—名古屋"集聚区除了仪器仪表及文化办公用机械为104.1亿元外，其余均超过500亿元，而交通运输设备达到了4291.8亿元。五大湖集聚区除专用设备438.5亿元外，其余也都超过500亿元，最高的交通运输设备达到了5446.9亿元。相比之下，辽宁没有一个行业的增加值达到500亿元，最高的通用设备为424.4亿元，交通运输设备375.0亿元。在7大产业中，按同类相比，辽宁各大产业增加值为美、日、德三大集聚区均值的1/5左右。从增加值占全国的比重看，辽宁各产业都没到10%，最高的通用设备为8.3%，最低的通信、计算机及其他电子设备仅占2.1%。而美国五大湖地区的交通运输设备占全美的31.6%，通用设备占29.1%，金属制品占28.0%，专用设备和电气机械的比重都将近20%。日本的"阪神—名古屋"地区交通运输设备、通用设备分别占全日本的38.4%和37.0%，金属制品、电气机械的比重均在20%以上。

装备制造业7大产业中的金属制品、通用设备、专用设备、交通运输、电气机械及器材等主要产业，无论是产值还是增加值，辽宁占全国的比重在4%~9%间，美、日、德集聚区则在20%~30%间。就产业集中度而言，辽宁也存在一定的差距。辽宁与美、日、德三大集聚区差距最大的是交通运输设备制造业和金属制品业，如表2-13所示。

表2-13　辽宁与其他集聚区7大产业增加值的比较

单位：亿元，%

指标 产业	五大湖		"阪神—名古屋"		辽宁	
	增加值	比重	增加值	比重	增加值	比重
金属制品	2045.6	28.0	1056.2	26.3	155.6	5.2
通用设备	1342.1	29.1	1773.8	37.0	424.4	8.3
专用设备	438.5	17.7	555.3	19.6	195.5	6.4
交通运输设备	5446.9	31.6	4291.8	38.4	375.0	5.4
电气机械及器材	693.9	19.4	932.4	21.3	216.7	3.6
通信、计算机其他电子设备	756.8	5.5	672.7	9.6	167.8	2.1
仪器仪表及文化办公用机械	—	—	104.1	8.6	35.2	3.0
合计	10723.8	28.0	9386.2	26.5	1570.3	4.7

（二）在产业中类上，三大集聚区都有约6个产值超过500亿元的行业、10余个在200亿~500亿元的行业，辽宁则分别有1个和8个

世界级装备制造业集聚区的产业特点是，都有一批产值和增加值总量很大、占本国及世界比重较高的装备制造业行业，其中，交通运输设备、专用设备、通用设备及电气机械等主要大类中的各行业齐全且规模较大，尤其是

通用设备和交通运输设备的各行业更为突出。

从产值看，超过 500 亿元的行业，五大湖有 5 个，"阪神—名古屋"有 7 个，辽宁只有汽车制造业 1 个，为 865.6 亿元（注：辽宁没有行业的产值数据，由主营业务收入代替）。产值在 200 亿～500 亿元的行业中，五大湖有 11 个，"阪神—名古屋"有 12 个，辽宁 2007 年有 8 个。产值在 100 亿～200 亿元的行业，美国五大湖为 12 个，日本"阪神—名古屋"为 15 个，而辽宁有 9 个，如表 2-14 所示。

从增加值看，五大湖和"阪神—名古屋"集聚区超过 200 亿元的行业分别为 7 个和 8 个，100 亿～200 亿元的行业分别为 11 个和 9 个。与之相比，辽宁装备制造业 56 个行业中，只有汽车制造业 1 个超过 200 亿元，有 3 个行业在 100 亿～200 亿元，依次为船舶及浮动装置 129.2 亿元，金属加工机械 108.5 亿元，矿山冶金建筑专用设备 101.1 亿元。50 亿～100 亿元的有 5 个，增加值从大到小依次为风机衡器包装设备、输配电及控制设备、电线电缆光缆及电工器材、结构性金属制品制造和金属铸锻加工。

通用设备的 9 个主要行业中仅金属加工机械、风机衡器包装设备和金属铸锻加工 3 项略强，另外 6 个项较弱；专用设备中，矿山冶金建筑设备和农林牧渔专用机械 2 项较强，其他 7 项均是辽宁的弱项，增加值甚至不及国内经济发达省市的一半；电气设备中，输变电及控制设备、电线电缆及电工器材 2 项略强，其他 6 项较弱。通信计算机及其他电子设备、仪器仪表及文化办公用机械两大产业规模都比较弱小。这种行业不强的发展格局，必然影响到辽宁装备制造业的整体实力，如表 2-15 所示。

表 2-14　辽宁与其他集聚区行业（产业中类）产值比较

单位：亿元

大类	行业（中类）	五大湖	"阪神—名古屋"	辽宁
金属制品	结构性金属制品制造	233.4	720.1	209.6
	金属工具制造	179.8	159.9	—
	集装箱及金属包装容器制造	249.6	103.2	—
	金属丝绳及其制品制造	129.0	—	—
	建筑、安全用金属制品制造	293.6	182.4	—
	金属表面处理及热处理加工	412.8	401.1	—
	不锈钢及日用金属制品制造	136.4	358.0	—
	其他金属制品制造	711.7	107.2	—

大类	行业（中类）	五大湖	"阪神—名古屋"	辽宁
通用设备	锅炉及原动机制造	513.2	390.0	—
	金属加工机械制造	761.9	—	361.5
	起重机运输设备制造	263.4	337.2	109.9
	泵、阀门、压缩机及类似机械	153	374.5	142.0
	轴承、齿轮传动和驱动部件	—	127.5	129.4
	风机、衡器、包装设备等	557.3	275.0	269.9
	通用零部件制造及机械修理	—	387.4	135.5
	金属铸锻加工	—	—	209.0
专用设备	矿山冶金建筑专用设备	382.4	481.5	336.9
	化工木材非金属加工专用设备	—	310.8	—
	纺织服装皮革专用设备	—	107.0	—
	农林牧渔专用机械	220.8	144.6	—
	环保、社会公共安全及其他专用设备	137.1	143.5	—
交通运输设备	铁路运输设备	120.8	184.1	—
	汽车制造	13520.9	14801.4	865.7
	船舶及浮动装置	—	158.0	430.6
	航空航天器	376.3	223.7	118.4
	交通器材、其他交通运输设备	100.7	—	—
电气机械及器材	电机制造	—	122.3	104
	输配电及控制设备	263.4	641.3	260.5
	电线电缆光缆及电工器材	—	—	245.1
	电池	—	156.1	—
	家用电力器具	483.5	334.6	—
	照明用器具	163.1	191.8	—
通信计算机及其他电子设备	通信设备制造	—	652.7	—
	广播电视设备	171.7	—	—
	电子计算机	100.5	168.6	106.0
	电子器件	100.5	303.8	150.1
	电子元件	135.5	1155.8	—
	家用视听设备	—	—	158.2

续表

大类	行业（中类）	五大湖	"阪神—名古屋"	辽宁
仪器仪表及	通用仪器仪表制造	—	118.5	—
文化办公机械	文化办公用机械	206.1	913.1	—

表 2-15　2007 年辽宁装备制造业增加值超 50 亿元的行业

单位：亿元

行业（产业中类）	工业增加值	所属大类产业
汽车制造	259.7	交通运输设备
船舶及浮动装置	129.2	交通运输设备
金属加工机械制造	108.5	通用设备
矿山冶金建筑专用设备	101.1	专用设备
风机、衡器、包装设备等	81.0	通用设备
输配电及控制设备	78.2	电气机械及器材
电线电缆光缆及电工器材	73.5	电气机械及器材
结构性金属制品制造	62.9	金属制品
金属铸锻加工	62.7	通用设备

注：中类增加值数据按主营业务收入的 30% 估算得出。

三、辽宁企业规模偏小，扩张速度明显偏慢

（一）世界级集聚区都有 7 家以上的世界 500 强企业及一些行业世界级企业；辽宁没有世界 500 强企业，仅有几家行业世界级企业

三大世界级装备制造业集聚区都有七八家世界 500 强企业，这些 500 强企业或是多元化经营的企业集团，或是行业内领军企业，主营业务收入都在1000 亿元人民币（约 160 亿美元）以上。近年来，辽宁装备制造业经济总量不断扩张，一批企业已处于国内行业领先地位，并在国际上具有了一定影响力，但总体上看，仍然是规模小、效益差，具有行业影响力和牵动力的企业少。

在 2008 年评定的中国机械 500 强中（以 2007 年数据为准），辽宁入选了23 家企业，销售收入超过 100 亿元的只有 4 家：华晨汽车集团为 472.9 亿元，大连冰山集团为 125.2 亿元，大连机床集团为 110 亿元，沈阳机床集团为101.1 亿元。其余企业销售收入均不足 100 亿元（见表 2-16）。而 2008 年评出的世界机械 100 强企业，销售收入都在 1100 亿元人民币（168.7 亿美元）以上。可见，与世界级企业相比，辽宁企业规模还比较弱小。但从行业内产

值看，辽宁的大连机床、大连船舶重工、沈阳机床、沈变集团、沈鼓集团都能进入所在行业的世界前 10 位，可以称为行业世界级企业。

表 2 - 16　辽宁进入"2008 中国机械 500 强"的企业

序号	排名	企业	序号	排名	企业
1	20	华晨汽车集团控股有限公司	13	194	日本电产大连有限公司
2	39	大连冰山集团有限公司	14	226	东风朝阳柴油机有限责任公司
3	54	大连机床集团公司	15	325	大连星玛电梯有限公司
4	56	沈阳机床（集团）有限责任公司	16	355	大连冶金轴承股份有限公司
5	69	大连重工·起重集团有限公司	17	360	大连叉车有限责任公司
6	78	辽宁曙光汽车集团股份有限公司	18	400	盘起工业大连有限公司
7	83	北方重工集团有限公司	19	418	大连大耐泵业有限公司
8	100	瓦房店轴承集团有限公司	20	444	抚顺煤矿电机制造有限责任公司
9	105	渤海船舶重工有限责任公司	21	486	大连亚明汽车部件股份有限公司
10	122	沈阳鼓风机集团有限公司	22	488	大连船用阀门有限公司
11	171	大连机车车辆有限公司	23	494	大连大高阀门有限公司
12	176	金杯汽车股份有限公司	—	—	—

注：排名依据 2007 年的数据。500 强是根据企业的销售收入、利润总额、资产利润率、增长率等数据，结合行业差异、声望指数等因素进行综合分析研究后得出的排序。

（二）与三大集聚区企业或国内优秀企业相比，辽宁企业扩张速度还不够快

行业扩张是企业多元化发展的主要手段，是依靠自身发展向大企业集团过渡的主要方式，国内外大企业集团无不通过自身行业扩张，然后再吞并整合外部生产资源，最终形成了多元化企业集团。德国西门子公司经过一个多世纪的发展，如今已成为雄居欧洲之首、世界排名前 6 位的跨国公司，它拥有近 50 万员工，其中 20 万为国外员工。它的产业包括能源、通信、交通、计算机、自动化、医疗器械等领域，产品逾万类，业务遍及全球 190 个国家。其创始人维尔纳·冯·西门子对世界人类文明做出了两项历史性贡献。一是指针式电报机和远程电报线路通信，这项弱电工程领域的发明推进了电信时代的来临，成为电话、传真、移动通信、多媒体、国际互联网、信息高速公路等信息技术发展的源头。依托这项技术，西门子向世界推出了计算机断层扫描技术、磁共振成像技术，大举进入了医学仪器领域。二是发明了自激式发电机，这项强电领域的重大发明迎来了电气时代，成为今天发电站、高速传动系统、电气化交通等电气设备的技术源头，并相继发展了高速电气机车、城市电气轻轨交通、电力汽车、电梯、发电设备等产业。

　　国内发展速度较快的企业也给我们做出了榜样。成立于 1989 年的湖南三一集团，在不到 20 年的时间里，已全面进入建筑机械、路面机械、挖掘机械、桩工机械、起重机械、非开挖施工设备、港口机械、煤炭机械、风电设备等全系列工程机械制造领域。其中作为国内第一品牌的混凝土机械、桩工机械、履带起重机、煤炭掘进机械等行业领域，都是近几年介入的。三一集团每年都能介入一两个新的产业领域，目前正在筹划进入汽车制造、通用设备等产业领域。在行业扩张的同时，主业规模也在快速扩张，混凝土泵车全面取代进口，国内市场占有率达 57%，为国内首位，且连续多年产销量居全球第 1 位。

　　行业扩张历来是做强装备制造业的关键手段。辽宁的通用设备、专用设备、电气机械制造行业增加值分别位居国内的第 5 位、第 6 位和第 7 位。从行业内部看，迫切需要企业首先在自己的经营领域内进行扩张，如切削机床企业应该向重型机床、专用机床及特种机床等产品延伸。重工企业应该向包括工程机械、冶金设备、矿山设备等专用设备领域进行广泛延伸，这样才能做大企业。辽宁一些产品多元化的装备制造业企业，向关联行业扩张的速度及主业增长速度均不够快。沈重集团近年来仅开发了盾构装备和压延装备，对其他大型工程机械还没有介入，没有做强工程机械行业；沈鼓集团依旧主营鼓风机、压缩机、水泵三大系列产品，还没有实现石化成套装备的生产能力。与国内外的大型装备制造企业相比，辽宁企业行业扩张速度和主业增长速度不够快，既影响了企业做大做强，也影响了装备制造业整体实力的提高。

　　（三）三大集聚区的世界级企业都有一批成就斐然的企业管理者，辽宁缺乏最优秀的企业家队伍

　　纵观当今世界 500 强企业的发展历史，每一个企业都是由几代最优秀企业家采用稳健扩张的发展战略造就出来的。美国福特公司由世界著名的"汽车大王"亨利·福特（1863～1947 年）一手缔造，它开发的 T 型车销售超过 1500 万辆，至今仍然保持世界纪录，也因此被誉为"给世界装上车轮子的人"，先后受到 3 位总统的赞誉，并被著名的《财富》杂志评为"20 世纪最伟大的企业家"。李·艾柯卡 38 岁成为福特公司副总裁兼总经理，46 岁升为公司总裁。在他的任期内，创下了空前的汽车销售纪录，公司获得了数十亿美元的利润，延续了公司规模的快速扩张，并成为汽车界的风云人物。但在 54 岁时被亨利·福特二世解雇，同年以总裁身份加入濒临破产的克莱斯勒公司。6 年后，创下了 24 亿美元的盈利纪录，比克莱斯勒此前 60 年利润总和还要多。艾柯卡也成为美国家喻户晓的大人物，美国人心目中的英雄。通用汽车公司也是经历了创始人杜兰特以及被誉为"现代公司之父"斯隆等几代经营者的领导才有了今天的规模。创立于 1926 年的戴姆勒·奔驰汽车公司，创始人是戈特利布·戴姆勒和卡尔·本茨，它的前身是 1886 年成立的戴姆勒

汽车厂和奔驰汽车厂，经过了两位创始人及后来数代掌门人的不懈努力，才发展成今天的汽车帝国。此外，保时捷汽车公司和宝马汽车公司也都是经历了几代家族创业者的不断努力才发展壮大起来的。世界500强企业的发展历史表明，每一个世界级企业都是在成功的企业家领导下快速成长起来的。

国内较为成功的企业家有海尔的张瑞敏、海信的周厚健等，在他们领导下，企业也取得了高速的发展。海尔、海信集团改革开放初期都是手工作坊式的街道小企业，基础比辽宁企业差很多，但经过张瑞敏、周厚健等企业家30多年的奋斗，海尔已经发展成为销售收入千亿元规模的企业，海信也有500亿元销售收入以上的规模。辽宁装备制造业的领军企业都是伴随着共和国的诞生建立和发展起来的，在计划经济时期，几乎都是各行业的佼佼者。而在改革开放以后，真正由企业家掌管企业并决定企业发展命运的时候，与改革开放后成长壮大的国内众多企业相比，辽宁老牌装备制造企业没有发挥出产业基础好、技术能力强的优势，发展速度就远远落后于海尔、海信等众多国内企业，除华晨汽车外，销售收入普遍在100亿元左右。发展速度慢的一个重要原因就是辽宁缺乏具备行业发展态势洞察力、行业发展变化应变力、产业扩张开拓力、全球行业影响力的企业家队伍，尤其缺乏具备产业扩张雄心和开拓能力的企业家。试想，如果海尔公司仅仅专注于原来的电冰箱生产，没有实施跨行业发展全系列家电产品的战略，可能今天就仅仅是一家销售收入几十亿元的电冰箱生产企业了。

企业家是企业的核心，是企业的总规划人，需制定和执行当前及长远的发展规划，企业家的视野、理想和决策直接影响到整个企业的发展速度、发展规模，企业家关于企业活动的任何想法都有可能成为企业的实际行动。优秀的企业家还会充分利用自己的个人权力和制度权力，将自己对企业未来发展的想法贯穿于企业内部人员，克服一切改革所遇到的阻力，执着地带领企业朝着既定的目标奋斗。因此，企业家是企业发展的引擎，决定着企业的发展和未来。在某种意义上说，企业家决定了企业的成长，而辽宁恰恰缺乏最优秀的企业家。

四、辽宁技术创新能力远远落后于三大集聚区

从三大世界级装备制造业集聚区的分析中不难看出，一个共同的特征是它们都完全具备了原始创新能力，技术来源渠道主要是依靠自主研发的技术内源化。与之相比，辽宁装备制造业研发能力和创新能力不强，技术积累不足，技术来源仍大比例依靠引进国外先进技术。技术水平上只有少数行业接近世界前沿水平，多数行业居于世界中游水平。总体比较来看，整体技术仍落后于三大世界级装备制造业集聚区10~15年。

制约辽宁装备制造业发展的根本问题还是技术研发创新能力不足，产品

的技术水平和功能性能不能满足需要。以机床为例，近年来，进口的数控机床占国内数控机床需求的 70%，辽宁数控机床仅占国内需求的 20%，且全部为低端产品。机床是加工生产装备的设备，几乎所有装备制造业都要使用机床。数控机床的主要用户为航空器制造业、船舶制造业、通用及专用设备制造业、交通运输设备制造业和武器弹药制造业。随着我国产业升级，特别是新一代航空器（包括大飞机项目、新一代军用飞机）和新一代船舶的更新换代，需要大量的高精度数控机床，而辽宁的机床产品由于加工精度低（为 0.05mm，国外先进数控机床为 0.005mm），不能满足航空工业和船舶工业的需要，只能将这两个最大的需求市场让给国外机床制造商。

辽宁在技术创新方面的差距体现在以下几个方面。

（一）世界级集聚区中平均每个企业的研发机构都在 1 家以上，辽宁平均每 20 个企业才有 1 个研发机构；拥有核心技术的数量差距明显

研发机构方面，2002 年美国密歇根州仅汽车行业就有 330 家研发机构，每个装备制造业企业都有 1 个或多个研发机构。2007 年，辽宁规模以上装备制造业企业有 5868 个，其中，有研发活动的企业 297 个，占 5.1%，就是说每 20 个企业才有 1 个研发机构；有科技机构的企业仅有 205 个，占 3.5%（见表 2－17）。与三大世界级装备制造业集聚区相比，辽宁在企业研发机构建设方面的差距是明显的。没有研发机构，就谈不上研发活动，更谈不上技术创新。

2007 年，辽宁装备制造业中大中型企业申请专利 681 件，占全国的 1.0%，其中发明专利 273 件，也约占全国的 1.0%。截至 2007 年，辽宁拥有的发明专利数为 354 件，占全国的 1.4%。而 2002 年美国密歇根州仅在汽车行业就有 3367 项专利，仅 1 个州 1 个行业的专利数量就是辽宁全部专利数量的 10 倍。技术成果数量反映出辽宁企业的研发程度远远低于三大集聚区。

表 2－17　2007 年辽宁省装备制造业企业科技活动情况

单位：个，%

产业 ＼ 指标	企业总数	有科技活动		有研发活动		有新产品开发		有科技机构	
		企业数	占全国比重	企业数	占全国比重	企业数	占全国比重	企业数	占全国比重
金属制品	760	37	4.9	17	2.2	24	3.2	17	2.2
通用设备	2345	135	5.8	84	3.6	107	4.6	51	2.2
专用设备	875	91	10.4	50	5.7	76	8.7	41	4.7
交通运输	582	70	12.0	41	7.0	63	10.8	31	5.3
电气机械	810	70	8.6	44	5.4	57	7.0	25	3.1

续表

指标 产业	企业总数	有科技活动		有研发活动		有新产品开发		有科技机构	
		企业数	占全国比重	企业数	占全国比重	企业数	占全国比重	企业数	占全国比重
通信计算机及其他电子设备	248	52	21.0	34	13.7	48	19.3	22	8.9
仪器仪表及文化办公用机械	248	40	16.1	27	10.9	35	14.1	18	7.3
合计	5868	495	8.4	297	5.1	410	7.0	205	3.5

资料来源:《辽宁科技统计年鉴（2008）》。

（二）辽宁研发人员数量不足，仅为三大集聚区平均数的20%左右

美国五大湖和德国南部两州集聚区的装备制造业都汇集了超过15万名的世界顶尖的研发人才，而2007年辽宁规模以上装备制造业企业研发人员约为3.1万名（见表2－18），仅相当于前者的20%。三大集聚区企业的研发人员约占从业人员的10%~20%，辽宁仅占1%~5%，研发人员数量上的差距可见一斑。辽宁除研发人员数量不足之外，另一个问题是行业顶尖的研发人才尤其缺乏。研发人员技术积累不足，不能掌握世界前沿技术，制约了辽宁企业创新能力的提高。当前，国际经济危机对国外企业造成了巨大冲击，特别是严重冲击了美国五大湖等装备制造业基地，导致了众多研发人员失业。研发人才作为技术的载体之一，可以持续不断地发展创新技术。近年来，辽宁在一些项目上引进人才直接带动了产业技术进步。因此，我们应该抓住经济危机的机会，引进国外高水平研发人员，以解决辽宁技术人才特别是行业顶尖人才缺乏的问题。

表2－18　2007年辽宁装备制造业企业科技人员情况

单位：人，%

指标 产业	从业人员数	科技活动人员		高中级技术人员		R&D人员	
		人数	占全国比重	人数	占全国比重	人数	占全国比重
金属制品	89944	3354	3.7	840	0.9	913	1.0
通用设备	310452	12484	4.0	5660	1.8	7990	2.6
专用设备	128997	8127	6.3	3563	2.8	3969	3.1
交通运输	218992	17945	8.2	8408	3.8	11176	5.1
电气机械及器材	124353	3625	2.9	1418	1.1	1759	1.4

续表

指标 产业	从业 人员数	科技活动人员		高中级技术人员		R&D 人员	
		人数	占全国比重	人数	占全国比重	人数	占全国比重
通信计算机及其他电子设备	95805	6433	6.7	1787	1.9	4092	4.3
仪器仪表及文化办公用机械	25664	1652	6.4	781	3.0	936	3.6
合计	994207	53620	5.4	22457	2.3	30835	3.1

资料来源:《辽宁科技统计年鉴 (2008)》。

（三）研发投入总额辽宁仅为三大集聚区平均水平的 5.7%，占销售收入比重辽宁为 1%，三大集聚区约为 5%

产业发展的原动力是技术创新，研发投入是技术创新的必要条件。技术开发初期风险高、投入大，具备国际先进水平的产品研发需要的投入则更大。日本的相关研究表明：企业的研发投资占销售收入的 1% 以下时，企业难以生存；占 2% 时，企业可以勉强维持生存；只有占 5% 以上才有竞争力。

核心技术日渐成为决定市场份额的关键因素，企业规模化生产的前提是技术创新带来的核心竞争力。为此，上述三大装备制造业国家都不断加大研发投入，持续开展技术创新。日本装备制造业的研发投入占其当年销售收入的比例，已从 1990 年的约 3.0% 上升到 2001 年的 4.2%。截至 2006 年，在机电与精密仪器等领域，高科技公司的研发投入再创新高，仅 11 个知名公司的研发投入就突破 290 亿美元，其中索尼和东芝分别投入 46 亿美元和 32.5 亿美元。美国密歇根州汽车行业近年来平均每年研发投入为 107 亿美元，占销售收入的比例达 7.4%。德国的戴姆勒·克莱斯勒公司 2002~2004 财年连续 3 年研发投入在 57 亿~59 亿欧元（折合 70 亿~75 亿美元），约占销售收入的 4%；西门子公司 2004 年研发投入也达到 61.4 亿美元，并且近年来研发投入占销售收入比重一直保持在 7% 以上。按研发投入占销售收入比重估算，三大集聚区各自的研发投入每年都在 1000 亿元以上。

对比辽宁的研发投入，2007 年，辽宁规模以上装备制造业企业销售产值 5459.2 亿元，而研发投入（R&D 经费支出）仅为 56.9 亿元，仅占销售收入的 1.0%（见表 2-19），辽宁研发经费规模仅为三大集聚区平均水平的 5.7%。与装备制造业增加值为三大集聚区的 20% 相比，辽宁装备制造业的研发投入不但在总量上距离很大，其占销售收入比重也大大低于三大集聚区。

表 2 - 19　2007 年辽宁装备制造业企业 R&D 经费支出

单位：亿元，%

指标 产业	销售收入	R&D 经费支出	R&D 占销售收入比重
金属制品	510.2	0.7	0.1
通用设备	1400.8	17.2	1.2
专用设备	663.3	10.3	1.6
交通运输设备	1491.7	20.0	1.3
电气机械及器材	729.8	3.6	0.5
通信、计算机及其他电子设备	564.1	4.0	0.7
仪器仪表及文化办公用机械	99.3	1.1	1.1
合计	5459.2	56.9	1.0

资料来源：《辽宁科技统计年鉴（2008）》、《中国工业经济统计年鉴（2008）》。

技术来源方面，辽宁对外技术依存度一直都在 60% 以上，技术引进仍然是辽宁企业获取技术的主要形式，但近年来技术引进后的消化效果不佳，很多引进项目并没有带来技术能力的提高。在引进技术的消化上，辽宁企业消化吸收投入严重不足。2007 年，辽宁规模以上装备制造业企业引进国外技术经费支出为 34883.8 万元，消化吸收经费支出为 11353.4 万元，二者比例约为 1:0.33。通用设备制造业消化吸收投入较高，二者比例达到了 1:1.08。有关研究及国外经验表明，技术引进经费和消化吸收经费的比例大约为 1:3 时，才能达到较好的消化吸收效果。可见，辽宁重引进、轻消化的情况很严重，这无疑会减慢企业技术积累速度，妨碍企业技术创新能力的提高，如表 2 - 20 所示。

表 2 - 20　2007 年辽宁装备制造业企业技术引进经费

指标 产业	引进国外技术 经费支出（万元）	引进技术的消化 吸收经费（万元）	引进经费与消化 吸收经费比例
金属制品	20.0	14.0	1:0.70
通用设备	5919.8	6413.5	1:1.08
专用设备	2303.1	1958.8	1:0.85
交通运输设备	17202.8	1861.3	1:0.11

续表

指标 产业	引进国外技术经费支出（万元）	引进技术的消化吸收经费（万元）	引进经费与消化吸收经费比例
电气机械及器材	5157.3	1070.8	1:0.21
通信、计算机及其他电子设备	4241.4	17.0	1:0.004
仪器仪表及文化办公用机械	39.4	18.0	1:0.46
合计	34883.8	11353.4	1:0.33

资料来源：《辽宁科技统计年鉴（2008）》。

五、世界级集聚区都有完整、高水平的产业链，辽宁的产业链仍处于低水平配套阶段

（一）产业链不完整，核心零部件不能自主生产

世界级装备制造业集聚区在产业链方面的明显特征是集聚区内都具备自己的零部件配套体系，几乎所有的零部件都能在集聚区内研发设计和生产制造，集聚区内的企业都具备研发设计制造整机和零部件的技术能力。五大湖、"阪神—名古屋"、德国南部两州三大集聚区汽车零部件的增加值甚至比汽车组装的增加值还要大。五大湖集聚区的机床行业增加值为8.7亿美元，而机床功能部件的增加值竟高达12.3亿美元，这些机床功能部件除供应本地外，还销售到区域外或国外。零部件产业对这些集聚区的规模几乎贡献了"半壁江山"。

由于产业布局的原因，辽宁一些支柱产业虽然产量、产值居国内前列，但自身零部件配套率不高，大量从省外或国外采购，表现出技术和核心零部件"空心化"的特征。以造船业为例，辽宁的造船产量在国内名列前茅，但全省主要船型的配套设备装船率只有28%。大连船舶重工手持订单量排世界第四位，但其主要产品30万吨油轮的船上设备中，本地设备配套率仅为2%，海洋工程钻井平台的国产化率不超过40%。就船舶零部件而言，辽宁仅能生产中小型船舶的动力装置及推进装置，大型船舶的动力系统、传动系统、驱动系统及通信导航系统均需从省外或国外采购。而韩国和日本的船舶工业有着完整的制造及配套产业链体系，本土配套率分别达到90%和98%。目前，我国造船完工量排在世界第三位，辽宁保持在国内前三位，按照目前在建的造船项目，辽宁有望在几年内发展到1000万吨的世界级造船规模。但由于辽宁船舶配套产业发展不足，这样大的造船规模却拉动了省外和国外船舶配套产业，导致虽然产值规模较大，增加值和利润却不高，行业竞争能力不强，对地方生产总值贡献不大。辽宁船舶产业不健全的产业链主要是计划经济时代形成的，到目前为止，辽宁的主要造船企业仍然是中国船舶总公司

的下属工厂，配套产业的布局由总公司安排。但随着市场经济的建立，船舶配套协作关系已经完全市场化，辽宁必须发展船舶配套产业，完善船舶产业链。在这方面，辽宁的重工企业有技术优势和产业基础，应积极向该领域扩张，同时还可以引导民营资本进入该行业。

（二）不掌握零部件的核心技术，导致大量依赖进口

由于技术方面原因，辽宁装备制造业很多产品的核心零部件不能自己生产。盾构机的刀盘、定位装置等关键零部件均需从国外采购，以致产值国产化率低于40%。再比如机床，中国是世界最大的机床市场，但在代表机床发展方向的数控机床领域，进口产品的国内市场占有率却越来越高，国产份额不到三成。其原因在于数控机床的传动系统、刀库系统、数控系统等关键零部件的专业化生产及社会化配套能力差，制约了机床性能的整体提高。辽宁是机床生产大省，实力居全国之首，但数控系统一直是技术上的薄弱环节，高端产品的数控系统几乎全部要从西门子公司和法纳克公司购买。与国外数控机床相比，功能少、精度低、可靠性差、使用寿命短等问题严重影响了辽宁以及国产数控机床的市场信誉。其他一些关键的装备制造业产品也存在类似问题。如果不解决基础零部件这一薄弱环节，而依然大量依靠进口，甚至要从我们竞争对手那里购买，势必阻碍辽宁乃至全国装备制造业的发展壮大。

（三）缺乏供应成套工程装备的能力，不具备工程总承包的能力

具备石化、冶金、矿山等大型工程成套设备的设计生产能力是国家工业发达程度的标志，也是成为世界级装备制造业基地的象征。辽宁虽然在重大成套设备产品领域处于国内领先地位，但同国际先进水平相比，还存在相当大的差距。国际的一些大型跨国企业集团，如美国的通用电气、德国的西门子、日本的三菱重工等企业都具备一些大型工业项目的工程总承包能力，而辽宁的企业还把精力主要集中在提高单机的设计制造能力和水平上，在大型成套设备的系统开发、设计、成套及服务方面十分薄弱。

以乙烯化工设备制造为例，近年来国产乙烯技术装备水平不断提高，部分专用设备实现了国产化。辽宁在这一领域较有实力，沈阳鼓风机厂的百万吨级乙烯裂解气体压缩机等产品达到了国际先进水平。但就生产线成套设备看，许多核心高端设备仍处于进口替代阶段，其设计和制造水平同国外相比还有一些差距，这与我国大规模发展乙烯化工产业对设备配套的需求极不相适应。沈阳鼓风机厂的气体压缩机、大连冰山集团的制冷压缩机、中国一重大连公司的加氢反应器、锦西化工机械的干燥机等都是石化行业的主要装备，但各企业相互关联度小，依然着力于某些单一环节产品的开发生产，还没有形成具有大型工程项目总承包能力的统一体。不具备供应成套装备的能力和工程总承包的能力，也就失去了工程的承包权和设备采购权，因此，辽宁企业在与国外大企业的市场竞争中便时常处于被动地位。

六、三大集聚区的企业都有完善的体制机制，辽宁现代企业制度还没有完全建立

（一）从总体上看，辽宁装备制造业国有企业仍占有很大比重，体制机制上的弊端仍然制约着辽宁装备制造业的发展速度

分析美、日、德三大装备制造业集聚区的世界 500 强企业以及行业内世界知名企业，其共同特点就是产权制度非常明晰，尤其以家族所有制企业为多。这一点在德国南部两州装备制造企业中表现得更为明显。这些企业的第一代创业者几乎都是设计大师和技术专家，一手创建了家族制企业，后代家族继任者为了自己财富的积累，都在不断地追求技术进步和规模扩张，从而发展到现在庞大的生产规模，并占据世界技术高端。从这个角度比较，国有制企业的发展活力不如国外集聚区的家族制企业。辽宁的装备制造企业中，国有企业仍占很大比重。从资产总量来看，2007 年，辽宁装备制造业规模以上企业资产总计为 5368.9 亿元，国有及国有控股企业为 2541.1 亿元，占前者比重为 47.3%。同年，全国该比重为 29.3%，辽宁高出 18 个百分点。其中，交通运输设备的相应比重高达 66.5%，专用设备为 54.3%，均超过一半（见表 2-21）。再以铁西装备制造业示范区为例，全区国有控股装备制造业企业拥有资产占规模以上工业企业的 74.1%，高于全国平均水平 13.2 个百分点。国有企业普遍缺乏约束机制、激励机制的弊端，仍然制约着装备制造业的快速发展。

表 2-21　2007 年装备制造业资产总量

单位：亿元,%

指标 产业	全国			辽宁		
	国有及国有控股企业	全部国有及规模以上非国有	国有资产比重	国有及国有控股企业	全部国有及规模以上非国有	国有资产比重
金属制品	757.6	7494.0	10.1	32.6	303.3	10.7
通用设备	4522.2	14868.1	30.4	456.2	1183.7	38.5
专用设备	3450.0	9962.7	34.6	388.8	716.4	54.3
交通运输设备	14446.4	25190.0	57.3	1384.2	2081.1	66.5
电气机械及器材	2349.7	16411.7	14.3	66.4	556.9	11.9
通信、计算机及其他电子设备	35531.0	24376.2	14.6	200.8	446.5	45.0

续表

产业＼指标	全国			辽宁		
	国有及国有控股企业	全部国有及规模以上非国有	国有资产比重	国有及国有控股企业	全部国有及规模以上非国有	国有资产比重
仪器仪表及文化办公用机械	591.7	3137.9	18.9	12.1	81.0	14.9
合计	29670.7	101440.5	29.3	2541.1	5368.9	47.3

资料来源：《辽宁统计年鉴（2008）》、《中国统计年鉴（2008）》。

（二）从微观上看，一些在行业内颇具实力的国有企业因为改制缓慢已经明显延缓了企业的发展速度

虽然名义上多数企业都实施了改组改制，但众多知名企业实质上仍然是单一所有制性质。沈鼓集团、北方重工、大连机车、大连重工等企业，仍然存在国有企业的种种弊端。所有权与经营权纠缠不清，缺乏所有者对经营者的约束机制，导致经营者缺乏长远发展的战略目标和规划，没有扩张动力，虽然企业在不断发展，但速度缓慢。

以沈重集团和沈鼓集团为例，两大集团均是老牌国有企业，分别建于1937年和1934年，销售收入达到50亿元都用了70多年时间。而三一集团有限公司是一家民营企业，始创于1989年，仅用了16年时间销售收入就达到58亿元。从2004～2008年销售收入看，沈重集团分别为14亿元、16亿元、29亿元、39亿元和55亿元，年均增长40%；沈鼓集团分别为18亿元、28亿元、35亿元、50亿元和65亿元，年均增长38%；三一重工分别为30亿元、58亿元、81亿元、135亿元和209亿元，年均增长高达62%。由此可见辽宁企业的发展差距。若论产业基础、技术基础，辽宁的一些老牌国有企业在国内都属一流，但在发展速度上远远落后于三一重工、中联重科、徐工机械、潍柴股份等省外股权结构多元化的装备制造企业。

辽宁的远大集团是一家民营装备制造企业，迄今仅经过十几年的发展，即已建立了建筑幕墙、电梯制造、机电装备、风力发电和环境工程五大主导产业。2004～2008年的销售收入分别为34亿元、48亿元、76亿元、113亿元和180亿元，年均增长52%。尽管产业技术基础不如沈重集团和沈鼓集团，但其发展速度明显快于这两家企业。特别值得一提的是，本次金融危机以来，已经有22名世界一流专家加盟了远大集团。如果辽宁国有企业有这样的魄力，其技术就不会与世界前沿水平相差那么大了。

从区域布局看，沈重集团和沈鼓集团仍然在沈阳一地一厂式的发展。三一集团在国内建有上海、北京、沈阳、昆山、长沙五大产业园，在国外建有12个子公司，在印度、美国相继投资建设工程机械研发制造基地，业务覆盖

达 150 个国家，产品批量出口 110 多个国家和地区。远大集团也在沈阳、上海、成都、佛山构建了 4 个大型生产制造基地，不仅实现了行业扩张，也实现了全国范围的产业布局。

从上述比较中可以看出，近年来尽管辽宁国有企业取得了长足进步，但同三一重工、沈阳远大等民营企业相比，发展速度较为缓慢。企业的主业做强及行业多元化扩张需要资金，三一重工在 2003 年成功上市融资，为企业发展备足了后劲，而辽宁许多装备制造企业迄今还没有上市，个中原因值得认真研究。

此外，辽宁一些装备制造业企业隶属于中直企业，在某些发展方面，企业和地方没有决策权，难以进行横向资产整合和产业配套，这也是影响辽宁装备制造业发展的一个体制因素。

第三节　以打造世界级装备制造业基地 为辽宁产业发展战略总目标

发达国家的经济发展历程表明，世界级经济体的形成都由 1 个以上的世界级装备制造业集聚区作为支撑，美国、日本、德国都是如此，其原因在于其他制造业的发展需要装备制造业提供基础设备。2008 年，我国经济总量已超过德国，跃居世界第三位，正处于经济快速增长的工业化阶段，对装备制造业的需求也越来越大。按照国外装备制造业发展规律，势必要在具备比较优势的区域，优先形成一个世界级装备制造业基地。从基础条件看，辽宁基本具备了这样的比较优势，有条件建成世界级的装备制造业基地。

一、以打造世界级装备制造业基地为产业发展战略的总目标

美、日、德装备制造业集聚区均体现出两大基本特征，一是反映总量规模的产值约在 24000 亿 ~ 28000 亿元，增加值在 9300 亿 ~ 10700 亿元；二是企业研发投入占销售收入的 5% 左右，技术水平居世界前沿。2008 年，辽宁 GDP 为 13461 亿元，装备制造业增加值 1894 亿元，占 GDP 的 14.1%。考虑到国外三大集聚区均有 2 ~ 3 个行政区域组成，而辽宁只是一个行政区域，因此，可以将 25000 亿元产值、9000 亿元增加值和占销售收入 5% 的研发投入，作为辽宁打造世界级装备制造业基地的总量标准，这个规模已经进入世界装备制造业集聚区的前列。

辽宁装备制造业要实现产值 25000 亿元、增加值 9000 亿元的规模总量，以近 3 年的平均速度，有可能用时 7 年即可达到。2005 年辽宁装备制造业增加值为 732 亿元，2008 年达到 1894 亿元，3 年平均增速（现价）为 37%，

高于全省生产总值平均增速，也就是说辽宁仅用了两年半的时间，装备制造业增加值就翻了一番。保守计算，今后如每年保持25%以上的增长速度，7年后辽宁装备制造业增加值就能达到9000亿元。按照装备制造业增加值同产值的比例关系，届时，辽宁装备制造业产值也将达到25000亿元。

辽宁装备制造业的发展历程甚至比共和国的历史还要长，通过近百年的发展已经形成了雄厚的产业基础。更重要的是培养了大批优秀的产业工人和科研人员，孕育了浓厚的产业文化。与广东、江苏、浙江、山东等国内装备制造业大省相比，辽宁的总量规模虽不占优势，但技术上呈现出高端化、密集化的特点，符合世界级装备制造业基地的核心特征，这些优势是其他省份不可比拟的。

（一）产业基础雄厚，发展步伐不断加快

振兴东北战略实施以来，辽宁装备制造业的发展步伐明显加快。2006年，增加值首次超过冶金、石化行业，成为辽宁工业第一支柱产业。2008年，即使在全球经济危机的冲击下，辽宁装备制造业仍然保持强劲的发展势头，对经济社会发展的支撑带动作用不断增强。据辽宁统计公报中的数据，2008年，全省装备制造业完成增加值1894亿元，比2007年增长22.3%，占规模以上工业增加值的28.7%。通用设备增速最快，达到31.7%；其次为专用设备、金属制品、电气机械及器材、通信计算机及其他电子设备，增速分别为27.8%、27.7%、19.7%、18.6%。交通运输设备、仪器仪表及文化办公用机械增速较低，分别为9.1%和5.5%。主要产品产量中，金属冶炼设备增长56.0%；机车增长31%；水泥专用设备增长29.1%；采矿设备增长15.9%；数控机床增长10.2%；民用钢质船舶增长2.2%。

（二）两个装备制造业集聚园区令人瞩目

辽宁正在加速建设沈西工业走廊和大连"两区一带"两个装备制造业集聚区。目前，沈西工业走廊30平方公里的装备制造业集聚区已有9个特色工业园，拥有工业企业305家，产品共有90大类，1000余个系列，近万个行业，产值已达到500亿元，正在建设的企业有178户，产值将达到400亿元。产品覆盖矿山设备、电站设备、冶炼设备、轧钢设备、石化设备、水泥设备、起重设备、数控机床、锻压设备、人造板成套设备、散料输送设备、环保设备、工程机械、传动机械、农业机械、金属切削机床、大型输变电设备等，广泛应用于矿山、石化、冶金、电力、国防、科研等领域，为下一步发展奠定了坚实的基础。

大连"两区一带"由临港装备制造业集聚区、临海装备制造业集聚区、造船产业带三部分组成。"临港装备制造业集聚区"主要是大连开发区、保税港区、双D港、金州开发区等地区，重点发展汽车及汽车零部件、机床制造、轨道交通等；"临海装备制造业集聚区"，主要指大连湾棉花岛地区，重点发展重大装备及海洋工程；"造船产业带"，主要包括长兴岛临港工业区、三十里堡临港工业区、旅顺开发区等，重点发展船舶和海洋工程及船舶配套产业。如今，在"两区一带"，中国一重、中远集团、一汽集团等中央及外埠企业的大项目已经开工建设，STX、万邦、道依茨、塞迈、利勃海尔等40多家知名企业投资建厂。这些国内外知名的装备制造企业与大连的优势装备制造企业迅速形成了"两区一带"庞大的先进装备制造业集群，并拉动着大正船舶、光洋科技、大森数控等民营装备制造企业板块迅速崛起，成为大连装备制造业的新生力量。

（三）自主创新能力不断提升

以沈阳铁西区为例，市政府相继出台了加速铁西装备制造业发展的实施意见和鼓励企业自主创新的若干优惠政策。在此推动下，仅2006年，铁西区企业用于科技创新的资金就达56亿元，企业自主创新能力得到了全面提升。已经拥有了4个国家级技术中心、13个省级技术中心，形成了重大技术装备研发、设计、制造的基础和能力。通过自主研发和引进消化吸收再创新，一批高端产品已经形成。沈阳机床集团产值数控化率达到52%。特变电工沈变集团研制出±500千伏直流输电工程用换流变压器、平波电抗器、特高压可控电抗器、1000千伏变压器等一大批具有世界先进水平的新产品，自主研发的900万伏安变压器已出口美国并挂网运行，开创了中国重大装备产品进入世界发达国家关键领域的先例。沈鼓集团研制的三代核主泵和盛世高中压阀门公司研制的100万千瓦级核电机组核级阀门填补了国内空白。

大连也始终把提高企业自主创新能力贯穿于"两区一带"建设的全过程。积极推进以企业为主体、市场为导向、产学研相结合的技术创新体系建设，通过争取国债资金和省、市政府的专项资金投入，重点支持重大技术装备的自主研发、引进消化吸收再创新和企业技术改造，使大连的重大技术装备不断实现新的突破。大连重工·起重集团的风力发电产品已经形成核心竞争力，1.5兆瓦风力发电机组国产化率达到85%以上。2009年初，该公司研制的国内首台具有自主知识产权的3兆瓦风电机组成功下线，破解了又一重大装备国产化难题，标志着我国兆瓦级风电机组自主研发取得了新的重大突破。代表国家重型装备水平的大型船用曲轴已成系列产品，并开发研制出国内首台具有自主知识产权的核环吊。大连船舶重工自行设计建造的我国首座120米自升式钻井平台，荣获2007年中国企业"新纪录重大创新项目"称号。瓦轴集团攻克了风电转盘轴承高可靠性等核心技术，成为国内最具实力的风电轴承制造企业。大连机床集团研发的新一代大功率高速精密电主轴、中空强冷滚珠丝杠副等产品综合性能居国内同类产品领先水平。大连机床集团、光洋科技、大森数控等企业研制的中高档数控系统开始装备国产数控机床。一重大连公司在国内率先研制出百万千瓦级压水堆核电压力容器，打破了国外的技术垄断。在国家确定的 16 大类重大装备研制攻关项目中，大连市在大型清洁高效发电设备、大型石化装备、铁路和城轨交通车辆、大型高速精密数控机床及数控系统、大型海洋石油工程装备、重大装备配套 6 个领域取得了新的进展。

与国内几个装备制造业大省相比，辽宁在技术创新能力和技术成套能力上具有明显优势，这恰恰是世界级装备制造业基地的核心特征，也是辽宁打造世界级装备制造基地的最有利因素。

（四）已经形成了一批国内行业领军企业，引进了一批世界级企业

沈阳机床集团、沈鼓集团、北方重工集团、华晨汽车集团、特变电工沈变集团、沈阳飞机工业集团、黎明航空发动机集团、沈阳机车车辆集团等一批国有骨干装备制造业企业，通过实施资本扩张、资源整合，重新焕发了青春，成为国内赫赫有名的行业领军企业。据不完全统计，仅在沈阳铁西区，规模以上装备制造企业就多达 500 家，其中包括 32 家世界 500 强企业的独资企业。

大连船舶重工集团、大连重工·起重集团、大连机床集团、大连冰山集团、瓦轴集团、大连船用柴油机厂、大连船用推进器厂、大连机车车辆厂和中国一重大连公司等企业都是国内该行业的排头兵。此外，德国的道依茨柴油机、瑞典的 SKF 通用轴承、韩国的斗山重工等世界知名企业都在大连开发区建立了生产基地。

（五）已经形成了一批在国内外市场上有竞争力的产品

在输变电、冶金、矿山、石化设备等重大成套装备领域，仅沈阳铁西装备制造企业就有 44 个主要产品在国内市场占有率居行业首位，18 种工业产品产能位居国际前 10 位。沈阳的数控机床、压缩机、鼓风机、矿山机械、冶金机械、磨煤机、盾构机、换流变压器、平波电抗器、特高压可控电抗器、1000 千伏变压器、歼击机、航空发动机，大连的 30 万吨 VLCC 船舶、船用内燃机、船用推进器、风力发电机组、内燃机车、海上石油钻井平台、起重机、核电压力容器、冷冻机、内燃机、汽车变速箱等，都是国内知名产品。其中，压缩机、鼓风机、矿山机械、盾构机、换流变压器、平波电抗器、特高压可控电抗器、1000 千伏变压器、30 万吨 VLCC 船舶、风力发电机组、冷冻机、内燃机、海上石油钻井平台等产品已经接近世界先进水平，并在国际上具有一定的知名度。

二、深化国企改革，加强国企监管，培育优秀企业家队伍

（一）继续推进股权结构多元化，建立企业扩张式发展的动力机制

企业是构成产业和国民经济的基本单位，发展装备制造业必须依托企业的发展，加快企业发展首先必须加速国有企业改组改制，释放被束缚的生产

力。辽宁装备制造企业中，仍然有为数众多的国有企业没有实施改组改制，包括中直的大连造船、大连机车、沈飞集团、黎明发动机集团等。地方企业中，沈重集团、沈矿集团、沈鼓集团还是国有企业或国有资本一股独大，沈阳机床集团虽然实现了部分上市，但集团的改组改制还没有实质性进展。这些企业的现代企业制度还没有建立，激励约束机制还没有形成。诚然，这些国有企业近年来取得了长足的进步，但与股权结构多元化的企业相比，发展动力还略显不足，发展速度也不够快。体制机制是最重要的生产力。打造世界级装备制造业基地，必须加速国有企业改组改制，吸收私有经济主体参与，形成多元化的股权结构，建立现代企业制度，激活企业发展潜力和扩张动力。

要充分利用资本市场的功能，推进企业股份制改造和上市融资。资本市场既是国有企业股份制改造的平台，也是募集资本金的平台，利用资本市场对国企来说是一举两得。为了支持国有企业改组改制，国家证券管理部门及两大证券交易所一直非常支持国有企业改制和上市融资。目前，包括中石油、中石化、中煤集团、中船重工、中铁集团及几大国有银行等绝大多数中直企业都实现了上市，其他省市的地方大型国企也都基本实现了上市融资。而辽宁的多数国有企业仍游离于证券市场之外，沿用国有企业的经营机制，资本金不足、资产负债率高、向银行贷款的空间小、企业发展资金紧张、发展速度不快，这些困难都是没有上市融资而导致的发展"瓶颈"。因此，必须下决心推进辽宁国企上市，国资委、证管办、金融办应三管齐下、各负其责、共同推进，整体条件不够上市条件的企业，就分割后挑选优质资产上市，这部分资产上市后形成的上市公司可以反过来再收购未上市资产，最终实现整体上市。上海宝钢等企业都采取了这种策略，实现了整体上市。

（二）培育和选拔最优秀企业家

建立现代企业制度包括选拔优秀的管理团队，对国有企业来说，企业家是代表政府经营企业的第一责任人，是企业的总规划人和企业发展的引擎，决定着企业的兴衰。改革开放以后，特别是 20 世纪 90 年代，原来在国内占有重要位置的辽宁众多装备制造企业，未能抵御市场经济带来的冲击，纷纷破产倒闭，这其中包括辽宁无线电八厂（抚顺金凤电视机厂）、沈阳拖拉机厂、沈阳市柴油机厂、沈阳潜水泵厂、沈阳电视机厂、沈努西电冰箱厂、沈阳低压开关厂、沈阳风动工具厂、沈阳标准件厂、沈阳电缆厂、丹东照相机厂、丹东无线电十厂、丹东电视机厂、丹东电冰箱厂、营口洗衣机厂等众多装备制造企业。这些企业的破产除体制机制因素的制约外，另一个因素就是这些企业的领导者不具备驾驭市场经济的能力。在市场经济的冲击下，辽宁的装备制造企业纷纷倒闭，而广东、江苏、浙江的企业却纷纷崛起，这一上一下，造成了改革开放以后到 20 世纪末这期间辽宁装备制造业占全国的比重不断下滑。以电线电缆行业为例，具有 72 年历史的沈阳电缆厂原来是亚洲最大的电线电缆生产企业，但多年来徘徊不前，企业改制后的 2007 年销售收入仅为 10 亿元。而江苏省的法尔胜集团、远东控股集团、宝胜集团和亨通集团虽只有 20 多年的历史，但仅在电线电缆行业，2007 年的销售收入就分别达到 130 亿元、120 亿元、90 亿元、80 亿元，包揽了国内该行业的前 4 名，还分别列"中国机械 500 强"的第 49 位、第 58 位、第 85 位和第 91 位，反差之大令人汗颜。20 世纪 90 年代辽宁装备制造企业的衰落和东南沿海地区企业的崛起，一个重要原因就是辽宁缺乏能够驾驭市场经济的企业家。因此，培育和选拔优秀的企业家，是发展壮大辽宁装备制造业的重要手段，有了优秀企业家，企业才能做强，产业才能做大。

辽宁众多装备制造企业已经成为国内行业中的佼佼者，拥有国内最强的技术能力，处于这个阶段的企业，需要的是能把企业做大的战略家，而不仅仅是技术专家。企业家的思想高度决定了企业的发展空间，企业家要有面向市场、面向全球、面向未来的战略眼光，要有全球市场开拓能力，要有做天下第一的野心，要有吞并世界市场的霸气。既然是选拔最优秀的企业家，其选择范围就不必局限于一域，可在全国甚至全世界公开招聘、制定目标、签订契约并到期考核。当然，这种方法有效实施的前提在于建立科学的现代企业制度、合理的政府监管体制和完善的职业经理人市场。虽然现在条件不完善，但不能以此为借口裹足不前，有关部门也要以敢为天下先的胆略，解除思想束缚和体制障碍，在企业特别是国有企业的用人机制上，大胆试验、大胆革新。

三、加强研发机构建设并引导企业加大研发投入，充分利用省外国外研发资源，提升装备制造业自主创新能力

装备制造业竞争力最终体现为企业的技术创新能力，世界级装备制造业基地的核心标志是技术达到国际前沿水平。因此，提升企业技术能力是打造辽宁世界级装备制造业基地的首要任务，实现这个目标必须选择以下几个环节作为突破口。

（一）强化企业研发机构建设，提升企业技术能力

现代装备制造业涵盖了机械、电子、仪器、信息等多学科技术，是需要技术集成创新的典型行业。与处于世界前沿技术水平的企业相比，辽宁装备制造业企业的研发机构人才不足，特别是科研领军型人才缺乏；技术研究领域不全，普遍缺乏电子、仪器、控制系统等研究部门；新知识新技术积累不足，研发实验设备简陋，导致企业研发能力不高。因此，必须大力推进企业研发机构建设。首先要运用财政手段鼓励企业健全研发机构；其次要吸纳、培养高水平领军型研发人才。人才被认为是高级生产要素，技术创新只有依靠研发人才才能实现。近年来高等教育事业的大发展为企业提供了较充足的

人才资源，企业的研发机构应广泛吸纳人才，完善技术研发领域，不断增加技术积累，提升企业技术创新能力。

（二）引导并鼓励企业加大研发投入

国外装备制造业企业在技术发展期的研发投入普遍占销售收入的5%～10%，辽宁装备制造业仅为1.04%。研发投入一般依赖于企业自有资金，企业自有资金不足导致研发投入少。德国和英国等西欧国家通常是企业出60%，政府补贴40%，而辽宁企业在研发方面自筹资金占90%，政府补贴的不到10%。因此，政府层面上应加大对企业研发投入的补贴力度，采用国外及国内一些省市的激励办法，即政府按比例配套补贴的办法，如果政府按企业投入的20%～30%给予财政补贴，将起到激励企业加大研发投入的作用。充足的研发投入是企业开展深层次研发活动和创新活动的前提，必须采取激励手段，使辽宁装备制造企业的研发投入达到销售收入的5%以上。新成立的装备制造业产业基金应加快推进企业上市融资，彻底改善企业的财务状况，保证企业有资金投入到研发环节。

（三）要通过"双百工程"，优化技术引进模式

与自主研发相比，引进国外先进技术、进行消化吸收再创新，具有风险小、周期短的优势。但近年来，国外企业出于保证技术领先、维持竞争优势的需要，不再对我国转让核心技术。然而，作为技术载体的人才并不能完全被限制住。因此，引进国外技术人才、收购国外研发机构及企业，是新形势下技术引进的最有效手段。这一方法相对于传统的引进图纸工艺模式，更有利于我们实现消化吸收和再创新。国际经济危机导致发达国家生产下滑，众多技术人才失业，我们必须抓住这个机遇，加快实施"双百工程"，积极引进国外人才和收购研发机构。如果辽宁每个大中型装备制造企业能够引进10多名国外高水平技术专家，那么企业的技术进步和技术赶超问题就有望得到根本解决。

（四）加强产学研合作，充分利用外部科技资源

由于资金和人才的制约，企业一般侧重于应用技术研究，而研究院所和大学则侧重于行业共性技术和应用科学研究。即使在应用技术方面，企业也往往因学科不全，导致技术集成能力不足。因此，企业与科研院所及大学的合作，历来是企业克服技术能力不足的重要选择。要深化合作层次，建立产学研技术联盟，鼓励企业建立博士工作站，鼓励企业在大学或大学在企业设立研发机构，更广泛地利用企业外部科技资源。

四、培育产业集群，突出重点区域，扶持重点行业和重点企业

要利用比较优势，实施产业集群的发展方式，突出发展重点区域，扶持重点行业和重点企业。

（一）在区域重点上，要重点发展沈阳"沈西工业走廊"和大连"两区一带"两个装备制造业集聚区

产业历来是依托生产要素的比较优势形成并发展的，这些比较优势包括产业基础、区位优势、技术、资源等。就产业基础来看，两大集聚区都形成了国内门类最为齐全的装备制造产业，特别是形成了支撑装备制造业发展的基础产业门类。从区位优势上看，大连作为沿海城市，其丰富的深海岸线资源本身适合于发展造船产业及海洋工程产业。大连又作为港口城市，沈阳作为近港城市，具备最方便的装备产品的运输条件，特别是便于运输重型、大件装备产品。从技术角度看，两大城市有较强的机械电子学科和众多的机械电子类国家级研究院所，能够源源不断地为装备制造业提供人才和技术，而几十年形成的装备制造知识与技术积累，更是发展装备制造业所必备的技术支撑。从资源角度看，装备制造业的主要原材料是钢铁，鞍山钢铁基地正位于两大集聚区之间，能提供充足的原材料。

由此看来，沈阳和大连具备发展装备制造业的所有要素，与国内其他城市相比，具有明显的比较优势。因此，在区域的选择上，应重点发展这两大集聚区。另外，除机床产业外，这两大集聚区产业分工鲜明、互不重叠，最有利于形成辽宁的区域优势。

世界级装备制造业集聚区都是依托两个以上的城市形成的，辽宁要在重点发展沈阳、大连两个城市的同时，在其他城市再培育一些装备制造业优势产业，如盘锦的船舶及海洋钻井平台制造业、石油机械制造业，鞍山和本溪的冶金装备制造业，葫芦岛的船舶制造业、金属制品业，锦州的光伏发电设备，丹东的仪器仪表，铁岭的改装车辆等产业，这些都有可能成为辽宁世界级装备制造业基地的支柱行业。

（二）在行业重点上，通过培育产业集群，做强现有优势行业，推进一批有潜力的行业加速发展

三大世界级集聚区的金属制品业产值在2500亿~3750亿元，辽宁2007年为523亿元，仅为三大集聚区平均水平的1/5，未能充分发挥出辽宁钢铁产量大的优势。在通用设备、专用设备方面，辽宁具有一定优势，产值约为三大集聚区的50%，是能最先赶上的行业。交通运输设备差距较大，有待于辽宁加快船舶、飞机及轨道交通运输设备制造业的发展。电气机械的产值辽宁仅相当于"阪神—名古屋"的25%，通信计算机及其他电子设备的产值约为三大集聚区的30%，都具备较大的增长空间。

按照三大世界级集聚区的行业（产业中类）特征，辽宁应做大做强16个以上的优势行业。按近几年的发展速度预测，有望形成9个产值超过500亿元、13个产值在200亿~500亿元的行业。2007年，辽宁的汽车制造、船舶及浮动装置、金属加工机械制造、矿山冶金建筑专用设备、风机衡器包装

设备、输配电及控制设备、电线电缆光缆及电工器材、结构性金属制品制造、金属铸锻加工 9 个行业的产值（主营业务收入）分别为 865 亿元、430 亿元、361 亿元、336 亿元、269 亿元、260 亿元、245 亿元、209 亿元、209 亿元，按照这个发展速度，7 年后这 9 个行业都将超过 500 亿元。此外，现有的起重机运输设备、泵阀门压缩机及类似机械、轴承齿轮传动和驱动部件、电子计算机、电子器件、航空航天器、通用零部件制造及机械修理、电机制造 8 个行业产值已经超过 100 亿元，7 年内有望超过 200 亿元。这样在 7 年后，辽宁产值超过 500 亿元的行业将有 9 个，200 亿～500 亿元的有 8 个。届时，辽宁装备制造业整体实力将大为提高，也就与世界级基地的标准相匹配了。

在产值有望达到 500 亿元的 9 个行业中，交通运输设备中的汽车制造业，国外集聚区的规模都超过 10000 亿元，辽宁为 865 亿元，达到国外的规模有相当难度，但近年来，辽宁整车制造业的华晨汽车集团、曙光汽车集团、上汽通用北盛汽车厂、沈阳中顺汽车公司的规模增长较快。2007 年，华晨集团的汽车产量居国内第 8 位。近年来辽宁汽车零部件制造业发展较快，势必将增大汽车制造业规模。大连的汽车零部件产业园、沈阳的汽车产业园、丹东的汽车零部件产业园都已经形成规模，可以用汽车零部件产业的发展弥补汽车产业不强的弱点。况且辽宁的船舶及浮动装置、航天航空器制造、轨道车辆等交通运输设备的产值又比三大集聚区大，完全可以弥补这方面的不足。

金属加工机械制造行业，2008 年，辽宁机床行业总产值 250 亿元，约占全国总产值 3912 亿元的 7%，与世界级集聚区占所在国 20% 以上的比例相比，还有很大的扩张空间。辽宁的主要产品为中型通用切削机床，大型机床及专用机床还有待开发，产品系列还需要进一步完善。辽宁的成型机床制造正处于开发起步阶段，还需要做大做强。

矿山冶金建筑专用设备制造历来是辽宁的优势行业，要依托沈阳北方重工和大连·重工起重集团，进一步做大做强矿山采掘设备、水泥机械、煤炭机械、工程机械、冶金连铸连轧设备，力争在国际市场上形成竞争力。风机衡器包装设备制造业应依托沈鼓集团，重点发展系列风机产品，依托大连冰山集团发展制冷设备；输配电及控制设备制造业，特变电工沈变集团已经自主研制出世界首台 1000 千伏特高压变压器、电抗器，并依托"西电东输"工程，正在研制世界单台容量最大的正负 660 千伏直流环流变压器。

电线电缆光缆及电工器材制造业，沈阳电缆有限责任公司是沈阳电缆厂资产重组后诞生的公司制企业，素有亚洲第一大厂和中国第一品牌之称。生产的主要产品有电力电缆、电气装备电缆、光纤光缆、军工导线、裸电线及电缆附件 6 大类产品，处于国际先进水平的有 110～330 千伏高压充油电缆、66～330 千伏交联电缆等 22 个高新技术产品，分别获得国优、部优、省优称号，赢得国内外用户的青睐。企业经过重组焕发了活力，各级主管部门要加大对该企业的扶持力度，确保这个行业的发展。

　　结构性金属制品制造行业包括金属结构制造和金属门窗制造两个小类行业，辽宁发达的钢铁工业为这两个行业提供了原材料支撑，其发展速度也比较快，要利用钢铁生产基地的有利条件，大力发展结构性金属制品业，进一步提高辽宁钢铁加工度；金属铸锻加工业几乎遍及全部装备制造行业，伴随着行业发展，必将拉动金属铸锻加工业的发展。

　　在产值有望超过200亿元的8个行业中，起重机及运输设备、泵阀门压缩机及类似机械、轴承齿轮传动和驱动部件行业要依托大连·重工起重集团、沈鼓集团、瓦轴集团等企业，把行业做大做强。电机制造业中风电设备行业的大连重工集团，已于2009年3月研制出首台3兆瓦海陆两用风电机组，同时开发了3兆瓦增速机等具有自主知识产权的产品，实现了轮毂、机座等核心部件的内部配套，在风电机组方面，已经占据国内30%以上的份额，2008年销售收入居世界第7位。电子计算机、电子元件、通用零部件制造及机械修理3个行业的产值都超过了100亿元，未来产值都可能超过200亿元。

　　特别值得注意的是航空航天器制造业，沈阳浑南航空产业园正在加速修建，由中国航空工业集团新建的沈阳民用飞机制造项目正在抓紧建设，为中国商用航空集团150座大飞机项目生产配套产品。大飞机项目像波音和空客公司一样，是个"大蛋糕"，除总装定在上海外，全国各城市都在争取配套份额。沈阳的两大航空企业历来是航空工业的领军企业，具有技术实力强、设备先进的明显优势，具备制造几乎所有大飞机零部件的能力，且沈阳黎明发动机公司承担了大涵道比发动机的配套任务。因此，建议政府对航空产业给予更多的优惠政策，以争取到中国商用航空集团更多的配套份额。

　　此外，2007年产值接近100亿元的集装箱及金属包装容器制造、化工木材非金属加工专用设备、环保社会公共安全专用设备、铁路运输设备、通用仪器仪表制造、家用电力器具制造、电子元件制造、锅炉及原动机制造、建筑安全用金属制品制造等行业，也都有较大的增长空间。

　　要进一步加速发展若干有潜力的行业。重点发展金属制品业的建筑、安全用金属制品（玻璃幕墙）；医疗仪器及器械制造；电子和电工机械专用设备制造；电池制造；金属丝绳及制品制造；锅炉与原动机制造等若干行业。要力争使上述行业的产值均达到100亿元以上，技术达到世界先进水平。

　　培育优势行业历来是政府宏观调控方面的难点，在这方面，江苏、浙江等装备制造业发达省份通过塑造产业集群，形成了一些优势行业。例如，在电气机械产业，江苏、浙江两省的产值分别达到了4023亿元、3074亿元，相当于辽宁电气机械产业产值的5倍和4倍，其优势行业江苏是电线电缆制造业，浙江则是输配电设备制造业。江苏在太湖沿岸的江阴、宜兴和吴江3个县级市，形成了由法尔胜集团、远东控股集团和亨通集团构成的电线电缆制造业集群，2007 年销售收入分别为 130 亿元、120 亿元、80 亿元，分别位居国内该行业的第 1 位、第 2 位和第 4 位，而位居第 3 位的宝胜集团也是江苏的企业，上述 4 个企业都入选了"中国机械 500 强"。在浙江的乐清市（县级市），形成了输配电及控制设备制造的产业集群，汇集了正泰集团、人民电器集团、德力西集团 3 个"中国机械 500 强"企业，2007 年销售收入分别达到了 217 亿元、175 亿元、165 亿元，分别列该行业国内前 3 名及"中国机械 500 强"企业的第 25 位、第 32 位和第 36 位，其销售收入和排名均高于辽宁除华晨集团外的所有装备制造企业，占国内市场份额的 60% 以上。此外，还有位于瑞安市的汽车摩托车产业集群、玉环县的中低压阀门集群、永康的五金集群、昆山的笔记本电脑集群、泰兴的减速机集群等。江苏、浙江通过发展产业集群壮大行业规模的做法及经验值得辽宁认真研究和借鉴。

做强支柱产业的有效方式是发展产业集群，降低交易成本，形成比较优势。产业集群的发展模式适合于辽宁的所有城市，特别是那些产业优势不突出的城市，更要通过产业集群的方式，形成一两个优势行业，如丹东的仪器仪表、铁岭的改装车和电线电缆、盘锦的修造船和石油机械、锦州的光伏产业等。

另外，辽宁在产业的选择上还要注意发展"小产品、大产业"的产品，如浙江的输配电设备主要是电气开关、电控柜等小产品，但由于这些小产品既是资本品又是消费品，所以市场空间很大，企业的规模也可以做得很大，几个企业 2007 年都达到 100 多亿元的销售规模。而辽宁的很多产品呈现"大产品、小产业"的特点，如压缩机等，单个产品价值很高，但由于是资本品，仅仅能用于石化等生产行业，总体市场需求有限，制约了企业扩张速度。因此，类似沈鼓、沈重这样的企业，还需要在做强主导产品的同时，寻求介入同业中的其他产品，特别是市场空间大的产品。

从辽宁与江苏、浙江的装备制造业比较来看，辽宁技术和产品的水平确实比这两个省都要高，但在若干领域辽宁只少量生产中高端产品，江浙两省则大量生产中低端产品，造成了辽宁产业规模比两省较小。既然高端产品都能够生产，辽宁企业为什么放弃了市场空间大的中低端产品呢？江浙两省的许多中低端产品都是由民营企业生产的，看来辽宁装备制造业确实需要民营企业进入。同时，国有企业也需要转变观念，要围绕市场做产品、做产业。

（三）在企业重点上，要发展壮大一批企业，打造出一两个世界级、领军型的多元化企业集团

选择最有潜力、最有希望的重点企业进行培育，发展一批 500 亿元产值以上的行业世界级企业，最终通过资产重组和整合，形成一两个多元化、世界级领军型企业集团。国外三大集聚区的世界 500 强企业都是生产基地遍及世界的企业集团，但总部都设在集聚区内。辽宁的华晨汽车集团、沈阳机床

集团、北方重工集团、沈阳鼓风机集团、大连机床集团、大连重工集团、大连冰山集团等企业都是传统的机械制造企业，有几十年的历史，其特点是具备装备制造业的通用技术基础，形成了厚重的装备制造产业文化，既具备了现有主导产业规模扩张的一切条件，又具备了行业扩张的技术和文化基础条件。华晨汽车、沈阳机床和北方重工分别跻身 2008 年 "世界机械 500 强" 的第 241 位、第 477 位和第 498 位。北方重工集团已经成功介入盾构机行业，成为国内唯一中标的盾构机生产企业，目前正在开发生产重型锻压机床。辽宁切削机床历来很强，但成型机床比较弱小，沈重集团抓住船舶制造、飞机制造及其他装备制造业大发展对成型机床需求较大的有利时机，进军成型机床行业，将有利于辽宁机床行业做强。大连重工在做强原有主业的同时，成功介入风电机组及大型船用曲轴生产行业。两大机床企业都成功完成了国外并购，假以时日，当国外技术传导到国内时，必将带动两个企业的技术研发能力达到世界前沿水平，使这两个企业成为国际机床行业的世界级企业。

　　上述 7 个企业都是具有百亿元产值规模的企业，其中大连重工规模扩张、行业扩张的速度最快。省政府和国有资产管理部门应该引导其他企业依托机械制造行业技术关联度高的优势，积极稳步地向装备制造业的其他领域扩张。首先将企业现有主业做大、辅业做强。其次以资本为纽带，按照市场机制，由省市政府引导企业实施联合重组，培育出像上海电气集团总公司那样的千亿元产值的领军型企业。沈阳、大连的机床、重工企业，同属机械制造行业，技术趋同，产品错位，将这些企业整合到一起，可以建立统一的技术研发平台，开展共性技术研究和产业技术研究，支撑各个产品的技术创新，既提升了研发能力，又降低了研发成本，还有利于技术的扩散。机床行业的切削技术、数字控制技术、传动技术等是重工行业非常需要并欠缺的技术。因此，从创新能力角度看，合并和整合不仅能够形成创新能力的聚合和集约，而且还能起到放大的作用。而从成套设备供应角度看，整合后可以使企业间的交易成本降低，因此，整合更具备经济上的可行性。

　　在装备制造业领域，国内塑造多元化大企业集团比较成功的是上海电气集团总公司。该公司由上海市政府整合了上海的多家机械电气企业而成，是集工程设计、产品开发、设备制造、工程成套和技术服务为一体的中国最大的装备制造业集团之一。集团有职工约 11 万人，企业 300 多家，总资产为957 亿元，2007 年主营业务收入 775 亿元，位列 2008 中国企业 500 强的第 50位、中国机械行业 500 强的第 3 位。经营领域涵盖了发电设备、输配电设备、重型装备、电梯、机床、印刷包装机械、轨道交通设备、环保设备、机械基础件、压缩机、自动化仪器仪表、纺织机械等，并形成了设备总成套、工程总承包和为用户提供现代装备综合服务的能力。上海电气还拥有强大的研究院所和金融机构，为技术能力的提升与金融资本的运作提供了强有力的支持与保证。

集团公司的整合重组带来了如下好处：一是降低了成本。产业链上的相关企业集聚发展，各类生产要素会尽可能汇聚到相对集中的区域中。企业之间存在着紧密合作，满足了资源共享、知识扩散和价值链上的相互需求，降低了交易费用，减少了成本。二是促进了创新。由于各种学科研发资源的汇聚，提升了技术集成能力，集团内部具备良好的发展环境，如有序的分工、协作网络，宽松的人文环境，高效的组织管理，能将先进经验和技术知识迅速扩散。同时，集团内企业之间近距离互动，通过思想、经验和信息在集团网络内的传递、碰撞、反馈及融合，促进了各种创新的产生。三是强化了专业性。集团通过提供一系列有利于企业发展的资源网络、管理支持、技术服务等条件，使子公司的组织日益扁平化、精简化、灵活化，以适应竞争加剧与经济环境变化节奏加快的要求。集团内企业将与其主营业务不紧密相关的业务甩出去，或将非核心业务外包出去，使得企业业务日益精简，经营范围日益集中，专业化程度不断提高。上海电气集团总公司整合企业的经验值得辽宁认真研究和借鉴。

中直企业和外资企业仍然是辽宁装备制造业的主力军，船舶制造业重点发展大连船舶重工、渤海船舶重工、中远造船等企业以及零部件的大连船用柴油机公司，引导各类机械电子制造企业进入船舶零部件配套行业，力争使辽宁造船业尽快形成配套完善的产业链体系，并尽快达到 1000 万吨以上的造船规模。

五、实现重大装备国产化，大力发展新兴装备制造业

（一）积极利用国家振兴装备制造业的大好机遇

2009 年 2 月国务院在"装备制造业调整振兴规划"中提出了"依托高效清洁发电、特高压变电、煤矿与金属矿采掘、天然气管道输送和液化储运、高速铁路、城市轨道交通等领域的重点工程，有针对性地实现重点产品国内制造"的对策措施，并将进一步出台"投标主体中必须有国内企业，并参与制造"等保护国内企业的条款，迫使国外装备制造企业必须与国内企业联合竞标，并将部分制造交付国内企业完成，这无疑会使国内企业掌握这些重大装备的核心技术。这些国家重点工程的设备采购涉及辽宁的机床、特变电工、北方重工、大连机车、大连重工等企业，而这些企业又是国内行业领军型企业，具有技术和规模的优势，我们必须抓住这样的机会，抢占重点产品国内制造的先机，以这种方式再介入一些类似盾构机产品这样的新行业领域，促进辽宁装备制造行业扩张式发展。

（二）大力发展新兴装备制造业

每一次大规模经济危机都会带来产业的大调整和全球分工格局的深刻变

化。70 余年前的那场大萧条尽管使美国经济倒退了 30 年，但依靠汽车、石化等领域的技术创新引发的产业革命，引领美国经济进入重化工业时代，仅用了 8 年的时间就恢复了美国经济，一跃成为世界首席经济强国；30 余年前的两次石油危机期间，以钢铁、汽车、化工等为代表的重化工业遭受严重打击，但美国借机大力发展计算机、航天航空、生物工程等一批高附加值、低能耗的新兴产业，使美国又一次完成了经济结构的转型。

2008 年经济危机产生的影响也不会例外。目前，全球产业经过本次经济与金融危机的冲击，正处于调整与恢复时期。但是产业调整与发展步伐却不会因为金融危机而止步。美欧和日本等国政府及其处于顶层的一些企业正在酝酿一场新的产业革命，力图造就一个能够成为世界经济增长新引擎的超级产业。根据奥巴马新政的改革思路，美国在对金融业止血并稳定了汽车、房地产等产业之后，必须找到一个能够形成较长产业链并能提供巨大就业空间的超级产业，作为实体经济发展的基础，美国把目光瞄准了新能源产业。新能源战略基本符合产业革命需具备的三个特征，特别是其对人类生产和生活方式可能带来的巨大变化以及对汽车和建筑等传统产业链的渗透和延伸，将有可能形成一个能够支撑美国下一个经济繁荣周期的产业群。于是奥巴马上任伊始，即在新一轮财政支出中划出 400 多亿美元用于新能源技术的开发，以期获得新能源技术研究的重大突破。一旦该技术成熟，美国将结合其依然强大的金融服务优势以及丰富的新技术产业化经验，在全球范围内掀起自新经济革命之后的又一次产业革命，重新切割全球产业版图，在将美国从目前的经济与环境困局中解脱出来的同时，再次占据世界经济的制高点。

新能源产业的发展方向主要是以太阳能光伏发电为主的新能源装备，包括晶体硅光伏设备和薄膜光伏设备。晶体硅光伏设备技术目前已经比较成熟，薄膜光伏设备成熟的相对较晚，与晶体硅光伏技术相比，由于具有设备制造成本低、便于在沙漠等大面积区域推广的优势，大有后来居上的趋势。广州、深圳的薄膜太阳能发电设备已经初具产业化规模，辽宁锦州市已经开始小规模生产晶体硅光伏发电设备，沈阳正在筹划建设薄膜光伏设备生产基地。随着不可再生能源的逐渐枯竭，光伏太阳能、生物质能在不远的将来必将成为国民经济的重要能源。因此，新能源发电装备蕴藏巨大的商机，有可能成为未来最有前途的装备制造行业。谁抢先一步进入这个领域，谁就有可能形成竞争优势。辽宁应该抓住机会，利用装备制造业基础好的优势，大力发展包括光伏能源设备、清洁能源设备、锂汽车动力电池等新兴装备制造业。

六、加快发展金融、物流等服务业，营造有利于产业发展的外部环境

（一）营造适应产业发展的金融环境

金融环境历来是制约产业发展的重要因素，要建设世界级装备制造业基

地，辽宁的装备制造业既要在技术方面上水平，也要在产品方面上规模，还需要在产业方面拓展新的产业领域，这要求建立一个宽松的金融环境。辽宁装备制造业仍处于国际产业链低端，企业盈利不佳；同时，装备制造业普遍要求高研发投入，造成辽宁企业普遍资金紧张，因此，必须加大对装备制造业的金融支持力度。

一是加大信贷支持力度。重大装备的需求方和供给方都是国内大型企业或国家重点工程，银行可以通过风险较小的买方信贷和卖方信贷给予支持。二是加大国家和地方的财政支持力度，包括财政贴息，申请重大装备的科技专项资金等。三是鼓励银行对企业并购重组提供贷款支持。受金融危机影响，使许多国外老牌装备制造企业由于现金流出现问题、盈利预期受到影响而"身价"大跌，有的甚至跌到了原来的 1/10，这为国内企业海外并购提供了绝佳的机遇。此时进行并购，不仅能以较低的价格拿到优质资产，还可通过并购掌握国外先进技术和管理经验，是一举多得的好事。但目前不少企业都担心"买得起、养不起"，尤其担心并购后现金流方面出现问题。没有国家的信贷支持，海外并购很有可能就会成为一个"美丽的陷阱"。如果能在资金信贷等方面支持有实力的装备制造企业进行海外并购，这对提升辽宁整个装备制造业水平将起到事半功倍的效果。四是通过产业基金支持企业上市融资。2009 年 1 月国家发改委正式批准了设立 200 亿元装备制造业产业投资基金，辽宁发改委已经获准开展筹办工作，要充分利用这个融资渠道，彻底改善辽宁企业直接融资和间接融资环境。

（二）建立完善的物流体系，为装备制造业发展提供支撑

物流业是融合运输、仓储、货运代理和信息等行业的复合性服务产业，是生产性服务业的重要内容。国外的经验表明，体量较大的产业都伴有便捷的物流业服务体系来支撑。制造企业分离出外包物流业务，建立便捷的第三方物流企业，能够使企业重新整合生产要素、优化营销环节、简化生产过程和培育核心竞争力，从而推动物流业与装备制造业联动发展。因此，伴随着世界级装备制造业基地建设，必须建立社会化和专业化的物流服务体系，使之布局合理、技术先进、节能环保、便捷高效、安全有序并具有一定国际竞争力。物流的社会化、专业化水平明显提高，第三方物流的比重有所增加，物流业规模进一步扩大，物流业增加值年均递增 10% 以上；物流业整体运行效率显著提高，全社会物流总费用与 GDP 的比率比目前的水平有所下降，形成装备制造业与服务业互动发展的新局面。

在区域发展战略上，辽宁已经制定实施了"五点一线"及"三大板块"战略，但区域发展战略中的产业发展内容还不尽完善，有必要再制定一个产业发展总体战略，以便对区域战略加以具体化。如果把打造世界级装备制造业基地作为辽宁产业发展战略的总目标，即用 7 年时间，使辽宁装备制造业

增加值达到 9000 亿元，产值达到 25000 亿元，假定此时装备制造业增加值占到地区生产总值的 30% 左右，那么辽宁地区生产总值就将达到 30000 亿元，这是一个诱人的前景。因此，打造世界级装备制造业基地战略，既对辽宁经济发展非常重要，也符合国家对辽宁的期盼和定位，必然得到国家层面的支持和扶持。应尽快研究出台打造世界级装备制造业基地的总体规划和实施细则，营造适合装备制造业发展的制度环境，坚定不移地向世界级装备制造业基地挺进。

第三章　提高辽宁装备制造业竞争力

中国装备制造业在地理上高度集中，而辽宁是主要集聚区之一。不仅如此，由于辽宁装备制造业在一些基础性、关键产品上在国内具有不可替代的地位，使得辽宁装备制造业的发展不仅对于本省且对于全国都具有重要的战略意义。研究辽宁装备制造业竞争力，目的是更准确地判断辽宁装备制造业在全国的地位，更全面地认识辽宁装备制造业的优势和缺陷，更深入地分析辽宁装备制造业存在的问题，从而采取更科学的措施提升辽宁装备制造业的竞争力。

第一节　装备制造业基本情况分析

无论技术如何发展，产业结构如何升级，装备制造业在各个经济强国中的比重始终十分稳定。美国从 20 世纪 50 年代起，装备制造业工业增加值占其工业总产值的比重一直稳定在 40% 左右。日本从 60 年代经济腾飞，装备制造业一直稳步发展，到 1989 年其装备制造业工业增加值占整个工业增加值的 44.8%。德国在 1957 年的时候，装备制造业工业增加值就占到了整个工业增加值的 47%，此后一直保持稳定。随着我国经济实力的迅速增长，全国及各个省市装备制造业增加占 GDP 的比重不断上升，装备制造业在我国国民经济中的支柱地位逐渐凸显出来。

目前，辽宁工业存在四大支柱产业，分别为装备制造、冶金、农产品加工和石化，这四大支柱产业对辽宁经济发展具有显著的带动作用，而装备制造业更是这四大支柱产业中的领头羊。2009 年，这四个行业增加值分别占整个辽宁工业增加值的 31.3%、19.3%、18.9% 和 16.6%，装备制造业已经接近辽宁工业总量的 1/3，并且仍然以平均每年 20% 以上的速度持续增长，对辽宁经济总量贡献非常大。同时，装备制造业相对于冶金、石化和农产品加工业，工艺环节更多，技术含量更高，市场潜力更大，在产业结构调整中肩负着重要的使命。因此，提升装备制造业的竞争力对未来辽宁国民经济和社会发展具有重要意义。

一、装备制造业在全国和各地区的地位

统计局没有公布 2008 年的增加值数据，我们计算了 2007 年全国和各地区装备制造业增加值占 GDP 的比重，以及 2007 年和 2008 年装备制造业总产值占工业总产值的比重，如图 3-1 和图 3-2 所示。

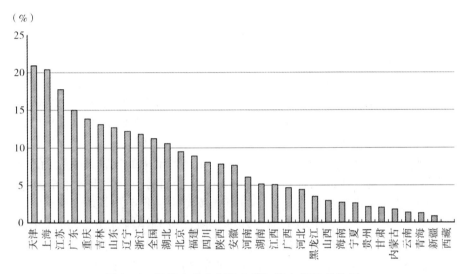

图 3-1　2007 年装备制造业增加值占 GDP 的比重

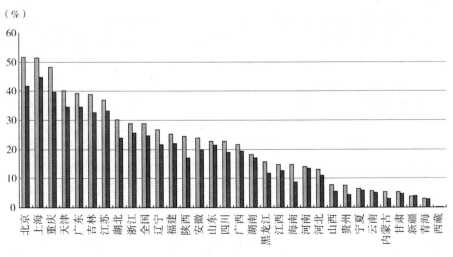

■ 2007年　■ 2008年

图 3-2　各地区装备制造业总产值占全部工业总产值的比重

2007 年，全国装备制造业增加值占 GDP 的比重为 11.2%，比 2006 年增加 0.6 个百分点。该比重高于全国的有 9 个地区，依次为天津（20.9%）、上海（20.4%）、江苏（17.8%）、广东（15.0%）、重庆（13.8%）、吉林（13.2%）、山东（12.7%）、辽宁（12.2%）、浙江（11.8%）。占比超过 10% 的还有湖北（10.5%）。与 2006 年相比，上述 10 个地区中的上海、广东的比重下降，其余地区比重均有不同程度的上升，上升最多的是重庆，增加 2.7 个百分点，辽宁上升 1.8 个百分点。

2007 年，全国装备制造业总产值占全部工业总产值的比重为 28.8%。该比重高于全国的地区有 9 个，依次为北京（51.7%）、上海（51.4%）、重庆（48.3%）、天津（40.2%）、广东（39.4%）、吉林（38.9%）、江苏（37.1%）、湖北（30.2%）、浙江（28.9%）。占比低于全国但在 20% 以上的还有 7 个：辽宁（26.8%）、福建（25.2%）、陕西（24.4%）、安徽（23.9%）、山东（22.9%）、四川（22.8%）、广西（21.6%）。

2008 年，装备制造业总产值在全国工业总产值中的比重几乎全面下降。就全国而言，这一比重变为 24.7%，下降 4.1 个百分点。比重高于全国的地区没有变化，但排名有所变化。下降幅度最大的是北京，下降了 9.9%。天津下降了 5.6%。长三角的上海、江苏、浙江分别下降了 6.5%、3.9% 和 3.3%。广东下降了 4.9%。辽宁下降也较多，为 5.0%。从这些比重的变化可知，2008 年的经济危机对装备制造业的生产造成了很大的冲击。

二、装备制造业行业集中度

此处的行业集中度是指装备制造业中各行业占整个装备制造业的比重。工业总产值、工业销售产值、工业增加值的比重相差不多，我们主要以工业总产值做比较，必要时以出口交货值、利润总额等指标作为参考。

（一）全国行业集中度

1. 大类行业

全国 7 大类行业在装备制造业中的比重如图 3-3 所示。

从装备制造业工业总产值来看，2007 年，占比重最大的是通信设备、计算机及其他电子设备制造业，为 30.5%；其次为交通运输设备制造业，为 22.1%，再次是通用设备制造业，为 15.8%；最后是电气机械制造业，为 15.1%，排在后三位的分别是专用设备制造业、金属制品业和仪器仪表及文化、办公用机械制造业，占比分别为 9.1%、3.9% 和 3.4%。2008 年，行业的排名未发生变化，但比重有升有降。通信设备、计算机及其他电子设备制造业和交通运输设备制造业分别下降到 28.3% 和 21.8%，分别下降 2.2% 和 0.3%。通用设备制造业、电气机械制造业、专用设备制造业、金属制品业的占比分别上升 1.1%、0.9%、0.4% 和 0.3%。仪器仪表及文化、办公用机械

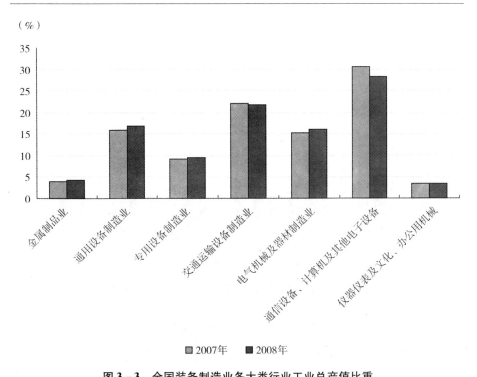

（%）

■ 2007年　　■ 2008年

图3-3　全国装备制造业各大类行业工业总产值比重

制造业基本未发生变化。

出口交货值的占比则是通信设备、计算机及其他电子设备制造业一业独大，2007年和2008年分别占63.3%和62.0%。其他行业占比均未超过10%。从利润总额上看，占比最大的是交通运输设备制造业，且2008年增加了0.8%。通信设备、计算机及其他电子设备制造业在2007年为第2位，到2008年则列第3位，占比下降2.9%，通用设备制造业利润总额占比从18.4%上升到19.7%，位居第2位。

2. 小类行业

本部分只分析工业总产值比重在全国前20名的行业（见图3-4、表3-1）。这20个小类行业的工业总产值比重已经超过了60%，2008年为62.3%，比2007年高出0.5%。这20个小类在两年内基本一样，只有第20位的制冷、空调设备制造被改装汽车制造所替换，其余行业名次略有变化。比重下降的有6个：汽车整车制造、电子计算机整机制造、电子计算机外部设备制造、移动通信及终端设备制造、集成电路制造、印制电路板制造。其余行业比重上升，但不管下降还是上升，幅度均很小，不到1%。

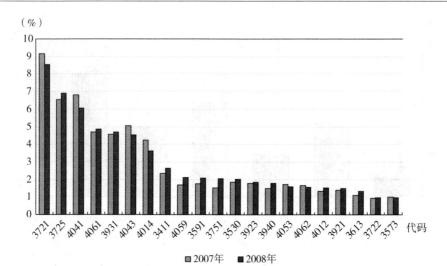

■ 2007年　■ 2008年

图 3 - 4　工业总产值在全国前 20 名的小类行业比重

表 3 - 1　小类行业代码所代表的行业

工业总产值排名	行业代码	行业名称
1	3721	汽车整车制造
2	3725	汽车零部件及配件制造
3	4041	电子计算机整机制造
4	4061	电子元件及组件
5	3931	电线电缆制造
6	4043	电子计算机外部设备制造
7	4014	移动通信及终端设备制造
8	3411	金属结构制造
9	4059	光电子器件及其他电子器件制造
10	3591	钢铁铸件制造
11	3751	金属船舶制造
12	3530	起重运输设备制造
13	3923	配电开关控制设备制造
14	3940	电池制造
15	4053	集成电路制造
16	4062	印制电路板制造
17	4012	通信交换设备制造
18	3921	变压器、整流器和电感器制造

工业总产值排名	行业代码	行业名称
19	3613	建筑工程用机械制造
20	3722	改装汽车制造
21	3573	制冷、空调设备制造

这 20 个行业中，2008 年通信设备计算机及其他电子设备制造业有 8 个，共占比 25.8%：电子计算机整机制造占 6.1%、电子元件及组件占 4.8%、电子计算机外部设备制造占 4.5%、移动通信及终端设备制造占 3.6%、光电子器件及其他电子器件制造占 2.1%、集成电路制造占 1.6%、印制电路板制造占 1.6%、通信交换设备制造占 1.5%。

交通运输设备制造业有 4 个，共占比 18.5%：汽车整车制造、汽车零部件及配件制造、改装汽车制造、金属船舶制造，工业总产值占比分别为 8.5%、6.9%、1.0%、2.1%。2007 年改装汽车制造排在第 21 位，占比为 0.9%。

电气机械及器材制造业有 4 个，共占比 9.9%，占比分别为：电线电缆制造占 4.7%、配电开关控制设备制造占 1.9%、电池制造占 1.8%、变压器整流器和电感器制造占 1.5%。

通用设备制造业有 2 个：钢铁铸件制造、起重运输设备制造，占比分别为 2.1%、2.0%。制冷、空调设备制造从 2007 年的第 20 位下降至第 21 位，比重略有下降。金属制品业只有金属结构制造，占比 2.6%。专用设备制造业只有建筑工程用机械制造，占比 1.3%。

从出口交货值看，只有电子计算机整机制造和电子计算机外部设备制造占比超过 10%，2008 年分别为 15.9% 和 11.3%。其他占比较高的行业也多是通信设备、计算机及其他电子设备制造业，其 8 个行业的出口交货值占比已达 58.6%。汽车整车制造和汽车零部件制造占比分别为 1.4% 和 2.7%，金属船舶制造为 3.6%。其余行业出口交货值占比都比较小。从利润总额看，汽车整车制造和汽车零部件及配件制造占比居前，2008 年分别为 10.4% 和 8.8%，金属船舶制造占 3.0%，改装汽车制造仅占 0.7%，4 个行业共占 22.9%。出口交货值上遥遥领先的通信设备、计算机及其他电子设备制造业的利润总额占比并不高，8 个行业共占 15.7%。电气机械及器材制造业 4 个行业利润总额占比 10.5%。

（二）各地区行业集中度

1. 大类行业

2008 年各地区内部 7 大类行业工业总产值占装备制造业的比重如表 3 - 2 和图 3 - 5 所示。

表 3-2 2008 年各地区内部 7 大类行业工业总产值占装备制造业比重

单位:%

地区	金属制品	通用设备	专用设备	交通运输设备	电气机械及器材	通信设备、计算机及其他电子设备	仪器仪表及文化办公用机械
全国	4.2	16.9	9.5	21.8	16.0	28.3	3.4
北京	2.2	7.5	7.1	22.7	7.0	49.5	3.9
天津	3.1	14.3	9.1	26.6	11.1	33.5	2.3
河北	7.4	23.9	16.2	20.8	26.1	4.1	1.5
山西	2.6	22.8	30.9	17.1	8.9	16.0	1.8
内蒙古	4.1	24.4	13.6	42.2	11.9	3.9	0.0
辽宁	5.2	33.1	15.4	23.6	14.3	6.5	1.9
吉林	1.2	3.6	4.4	86.6	2.4	1.5	0.3
黑龙江	2.2	36.9	19.2	23.0	15.3	1.1	2.3
上海	3.4	17.8	5.4	18.5	10.7	41.6	2.5
江苏	5.1	16.9	7.3	12.1	18.1	36.1	4.4
浙江	4.9	24.9	8.1	19.8	23.4	14.8	4.1
安徽	7.7	18.9	10.2	32.7	25.0	3.2	2.2
福建	4.8	11.4	8.4	14.3	16.4	42.2	2.4
江西	4.8	10.9	7.6	28.8	35.9	10.0	2.0
山东	5.0	25.8	14.8	20.5	16.4	15.2	2.3
河南	4.4	26.1	27.5	19.1	16.0	3.4	3.5
湖北	4.5	12.1	4.3	55.8	8.9	10.7	3.6
湖南	3.4	19.4	31.3	21.5	17.4	5.5	1.6
广东	3.3	5.4	4.4	12.8	16.0	53.1	5.1
广西	2.2	8.1	15.8	55.0	11.5	6.5	0.8
海南	6.2	0.6	1.3	67.2	17.7	6.9	0.0
重庆	1.2	9.1	1.7	75.4	7.5	2.7	2.3
四川	5.2	27.0	16.7	20.2	16.0	13.1	1.7
贵州	5.2	17.8	16.1	21.7	20.0	14.0	5.2
云南	4.5	19.5	13.7	32.8	21.6	4.4	3.5
西藏	0.0	0.0	0.0	0.0	0.0	0.0	0.0
陕西	1.9	16.5	13.0	34.1	19.3	11.0	4.1
甘肃	7.1	20.8	29.4	9.4	25.5	6.5	1.2
青海	11.4	44.8	1.7	11.7	24.6	1.5	4.3
宁夏	6.0	39.0	27.9	0.1	20.8	0.0	6.2
新疆	9.1	4.4	5.2	6.2	68.0	6.5	0.5

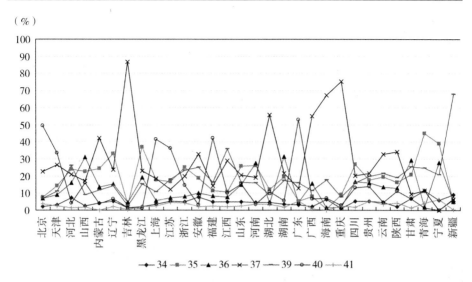

图 3 - 5　2008 年各地区内部 7 大类行业工业总产值占装备制造业比重

全国工业总产值比重最高的 3 个行业是通信设备、计算机及其他电子设备制造业、交通运输设备制造业和通用设备制造业，2008 年比重分别为 28.3%、21.8% 和 16.9%。各地区比重最高的行业也多是这三个行业。除去西藏以外的 30 个地区中，交通运输设备制造业比重最高的有 10 个地区，但这些地区主要都分布在中西部，没有一个经济发达省市。这些地区的装备制造业整体实力除了湖北、重庆略强外，其余地区均比较弱。通用设备制造业比重最高的有 7 个地区，包括山东、浙江、辽宁这 3 个经济较先进的地区，其电气机械及器材制造业和交通运输设备制造业所占比重也较大。通信设备、计算机及其他电子设备制造业比重最高的有 6 个地区，包括北京、天津、上海、江苏、广东、福建。其中，北京、天津、上海比重第二高的是交通运输设备制造业，江苏、广东、福建比重第二高的是电气机械及器材制造业。专用设备制造业比重最高的有 4 个地区，电气机械及器材制造业比重最高的有 3 个地区。

2. 小类行业

计算了 2008 年几个主要地区工业总产值前 10 名及前 5 名的小类行业所占的比重，并且列出了排名前 5 位的小类行业，如表 3 - 3 所示。

表 3 - 3　2008 年主要地区行业集中度 CR10

单位:%

地区	CR10	CR5	前 5 名的行业				
全国	46.1	31.0	汽车整车	汽车零部件及配件	电子计算机整机	电子元件及组件	电线电缆

地区	CR10	CR5	前 5 名的行业				
广东	60.6	41.1	电子计算机整机	电子计算机外部设备	电子元件及组件	通信交换设备	汽车整车
上海	60.2	46.6	电子计算机整机	汽车零部件及配件	汽车整车	起重运输设备	移动通信及终端设备
江苏	48.9	32.5	电子计算机外部设备	电子元件及组件	电线电缆	电子计算机整机	光电子器件及其他电子器件
浙江	43.8	28.9	汽车零部件及配件	电线电缆	电子计算机外部设备	电子元件及组件	金属船舶
北京	71.4	60.3	移动通信及终端设备	汽车整车	汽车零部件及配件	电子计算机整机	电子元件及组件
天津	64.6	49.6	移动通信及终端设备	汽车整车	汽车零部件及配件	电子元件及组件	电子计算机外部设备
山东	45.8	30.8	电子元件及组件	汽车整车	汽车零部件及配件	锻件及粉末冶金制品	电线电缆
辽宁	47.6	29.2	汽车整车	金属船舶	钢铁铸件	汽车零部件及配件	金属切削机床

　　以前 5 名的行业所占比重看，北京最高，达到 60.3%。天津其次，为 49.6%，几乎一半。上海、广东均超过 40%，分别为 46.6%、41.1%。江苏、山东分别为 32.5%、30.8%。辽宁为 29.2%，浙江为 28.9%。相对而言，辽宁的行业集中度较低，这反映了辽宁装备制造业行业比较齐全，各行业均有所发展，但也表明辽宁省内排在前列的行业并没有占据支配地位，这些行业的优势还需提高。

　　表 3-4 列出了 2008 年辽宁 33 个小类行业主要指标的比重，这些行业工业总产值的累积比重超过了 80%。比较工业总产值比重和利润总额比重可以发现一些问题。在这些行业中，有 17 个行业的利润总额比重低于工业总产值比重，其中工业总产值前 10 的行业中有 6 个：汽车整车制造差距最大，工业总产值占比 8.4%，而利润总额比重仅占 1.9%，低 6.5 个百分点。比电线电缆制造低 2.0%，钢铁铸件制造低 1.3%，采矿、采石设备制造低 1.1%，汽车零部件及配件制造和金属结构制造均低 0.7%。在利润总额比重高于工业总产值比重的行业中，冶金专用设备制造工业总产值列第 8 位，比重为 3.7%，利润总额比重为 6.8%，高出 3.1%。轴承制造、变压器整流器和电

感器制造、微电机及其他电机制造分别高出 1.6%、1.6% 和 1.2%，其余行业高出不足 1%。工业总产值前 10 位的行业中，金属切削机床制造、起重运输设备制造均高出 0.5%，金属船舶制造高出 0.1%。

表 3-4 2008 年辽宁小类行业主要指标比重

单位:%

行业代码	行业名称	企业单位数	工业总产值	工业总产值累积比重	出口交货值	利润总额
3721	汽车整车制造	0.4	8.4	8.4	1.4	1.9
3751	金属船舶制造	0.3	5.8	14.3	22.9	5.9
3591	钢铁铸件制造	9.7	5.2	19.4	4.6	3.9
3725	汽车零部件及配件制造	5.8	5.0	24.4	4.7	4.3
3521	金属切削机床制造	1.1	4.8	29.2	3.8	5.3
3931	电线电缆制造	3.3	4.8	34.0	1.7	2.8
3611	采矿、采石设备制造	2.6	3.8	37.8	0.9	2.7
3615	冶金专用设备制造	1.2	3.7	41.5	1.9	6.8
3411	金属结构制造	4.4	3.2	44.6	0.6	2.5
3530	起重运输设备制造	2.9	3.0	47.6	2.4	3.5
3551	轴承制造	3.4	2.9	50.5	1.2	4.5
3583	机械零部件加工及设备修理	5.0	2.8	53.3	0.4	2.2
3921	变压器、整流器和电感器制造	2.3	2.7	56.0	1.1	4.3
3573	制冷、空调设备制造	1.0	2.6	58.6	4.4	3.3
3923	配电开关控制设备制造	3.8	2.3	60.9	0.3	1.9
3541	泵及真空设备制造	3.1	1.8	62.7	0.5	2.2
3571	风机、风扇制造	1.0	1.8	64.5	0.1	0.8
4043	电子计算机外部设备制造	0.4	1.8	66.3	9.0	1.1
4051	电子真空器件制造	0.1	1.7	67.9	4.7	-1.6
3579	其他通用设备制造	1.7	1.1	69.0	0.1	2.0
3621	炼油、化工生产专用设备制造	1.0	1.1	70.1	0.1	0.8
3754	船用配套设备制造	0.7	1.0	71.1	0.7	1.8
3543	阀门和旋塞的制造	2.2	1.0	72.1	1.1	1.3
4061	电子元件及组件	1.2	1.0	73.1	4.4	0.6
3919	微电机及其他电机制造	0.3	0.9	74.0	5.2	2.1
3722	改装汽车制造	0.5	0.9	74.9	0.1	0.8

续表

行业代码	行业名称	企业单位数	工业总产值	工业总产值累积比重	出口交货值	利润总额
3592	锻件及粉末冶金制品制造	2.0	0.9	75.8	0.0	0.8
3612	石油钻采专用设备制造	1.1	0.9	76.7	0.2	0.5
3625	模具制造	1.5	0.9	77.5	0.4	1.4
3912	电动机制造	0.8	0.8	78.4	1.2	1.0
3431	集装箱制造	0.1	0.8	79.2	4.1	0.1
3711	铁路机车车辆及动车组制造	0.1	0.8	80.0	0.2	0.8
3924	电力电子元器件制造	0.5	0.7	80.7	1.4	0.9

三、装备制造业地理集中度

本部分分析各地区各行业占全国相应行业的比重。

（一）装备总体

各地区装备制造业总产值占全国装备制造业总产值的比重如图 3 - 6 所示。

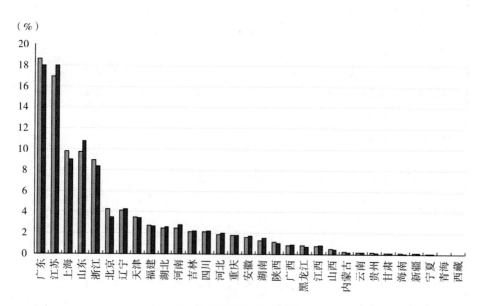

图 3 - 6　2007 年和 2008 年各地区装备制造业总产值占全国的比重

　　根据装备制造业总产值在全国的比重，可以把所有地区分为几个层次：第一层次是广东和江苏，其比重在18%左右，近20%，远远领先于其他地区。第二层次是山东、上海、浙江，比重在9%左右，近10%。第三层次是辽宁、北京、天津，比重在4%左右。第四层次是福建、河南、湖北、吉林、四川、河北，比重在2%~3%。第五层次为重庆、安徽、湖南、陕西，比重在1%~2%。第六层次为黑龙江、广西、江西、山西。其余为第七层次。当然可以把某些层次合并，但前三个层次基本不会变化。

　　工业总产值排名前10位的地区在全国所占的比重已超过80%，2007年为81.3%，2008年为80.9%，下降0.4%。其中广东、江苏、上海、山东4个地区的比重已超过一半，两年分别为55.2%和55.8%，2008年上升0.6%。前10个地区的比重下降，前4个地区的比重上升，这表明，在金融危机的冲击下，装备制造业更加向装备大省（市）集中。2007年，这10个地区按工业总产值所占比重依次为广东（18.7%）、江苏（17.0%）、上海（9.8%）、山东（9.8%）、浙江（8.9%）、北京（4.3%）、辽宁（4.2%）、天津（3.5%）、福建（2.7%）、湖北（2.5%）。这10个地区除了福建和湖北外，都处在珠三角、长三角和环渤海三大经济圈内。2008年，这10个地区中只有湖北被河南取代，湖北下降到第11位，但装备制造业工业总产值比重上升0.1%，河南的比重由2.5%增加为2.8%，由第11位上升为第9位。上述地区中比重下降的有广东、上海、浙江、北京、天津、福建6个地区，下降幅度最大的是北京、上海和广东。江苏和山东的比重均上升了1个多百分点，辽宁仅上升0.1%，名次由第7位升为第6位。

　　从出口交货值看，主要集中在广东、江苏和上海，两年所占比重分别为68.1%和68.7%，上涨是因为江苏上升了1.5%抵消了广东和上海的下降。辽宁出口交货值比重由2.0%下降为1.9%。利润总额仍然是广东、江苏、上海、山东居前4位，2007年占比为52.9%，2008年为53.6%。广东、上海分别下降3.5%和0.6%，而江苏和山东分别上升2.6%和2.3%。辽宁的利润总额比重由3.2%上升到3.3%。

（二）大类行业

　　2008年各地区7大类行业工业总产值占全国相应行业工业总产值的比重如图3-7所示。

　　由图3-7可以看出，2008年，7大类行业的工业总产值呈现出几乎一样的地理分布模式，即以广东、江苏、山东、辽宁为核心形成四个明显的较大波峰，也就是说这些地区几乎在所有的7大类行业上都占据较大的比重。在京津、福建、湖北、四川形成较小的波峰，在陕西有一个更小的波峰。

　　分别计算各行业工业总产值排名前5的地区所占的比重（见表3-5），以反映各行业地理集中程度的差别。集中度最高的是通信设备、计算机及其

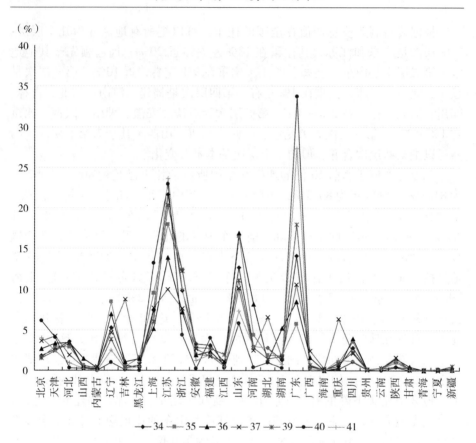

（%）

图 3-7　2008 年各地区 7 大类行业工业总产值占全国比重

他电子设备制造业，前 5 名地区工业总产值已占到全国的 81.8%。其次为仪器仪表及文化办公用机械制造业，比重为 74.9%。电气机械及器材制造业、金属制品业、通用设备制造业均超过 60%，分别为 67.7%、65.6%、64.8%。专用设备制造业为 54.5%，交通运输设备制造业集中度最低，为 47.1%。江苏在金属制品业、通用设备制造业和电气机械及器材制造业 3 个行业居全国首位，广东在交通运输设备制造业、通信设备、计算机及其他电子设备制造业、仪器仪表及文化办公用机械制造业 3 个行业排全国第 1 位，山东的专用设备制造业占全国比重最高。7 个行业中，辽宁的通用设备制造业占比 8.5%，排第 5 位。专用设备制造业、金属制品业、电气机械及器材制造业均排第 6 位，占比分别为 7.0%、5.3%、3.9%。交通运输设备制造业和仪器仪表及文化、办公用机械制造业并列第 9 位，占比分别为 4.7% 和 2.5%。通信设备、计算机及其他电子设备制造业最差，仅占 1.0%，排在第 10 位。

表 3 - 5　2008 年 7 大类行业地理集中度

单位:%

行业名称	CR5	前 5 名的地区					辽宁比重	辽宁位次
金属制品业	65.6	江苏	广东	山东	浙江	上海	5.3	6
通用设备制造业	64.8	江苏	山东	浙江	上海	辽宁	8.5	5
专用设备制造业	54.5	山东	江苏	广东	河南	浙江	7.0	6
交通运输设备制造业	47.1	广东	山东	江苏	吉林	上海	4.7	9
电气机械及器材制造业	67.7	江苏	广东	浙江	山东	上海	3.9	6
通信设备、计算机及其他电子设备	81.8	广东	江苏	上海	北京	山东	1.0	10
仪器仪表及文化、办公用机械制造	74.9	广东	江苏	浙江	山东	上海	2.5	9

（三）小类行业

本部分只对工业总产值排在全国前 45 名的小类行业进行讨论，这些行业的工业总产值占全国装备制造业总产值的比重达到 80.4%。计算了每个行业排名前 5 名和前 10 名的地区所占的总比重 CR5 和 CR10，并列出了前 5 名的地区，如表 3 - 6 所示。

表 3 - 6　2008 年部分小类行业地理集中度

单位:%

行业代码	行业名称	CR5	CR10	前 5 名的地区					辽宁位次
3721	汽车整车制造	54.9	79.5	吉	粤	鄂	鲁	沪	9
3725	汽车零部件及配件制造	53.1	76.8	浙	苏	粤	沪	鲁	12
4041	电子计算机整机制造	97.2	99.9	粤	沪	苏	闽	京	10
4061	电子元件及组件	84.4	94.8	粤	苏	鲁	浙	津	10
3931	电线电缆制造	69.1	88.2	苏	粤	浙	鲁	皖	8
4043	电子计算机外部设备制造	86.6	97.5	粤	苏	浙	闽	鄂	9
4014	移动通信及终端设备制造	81.7	97.4	京	粤	津	沪	苏	16
3411	金属结构制造	63.5	83.7	苏	鲁	粤	浙	沪	6
4059	光电子器件及其他电子器件	87.1	95.9	苏	粤	闽	沪	京	10
3591	钢铁铸件制造	59.8	84.2	苏	鲁	辽	豫	冀	3
3751	金属船舶制造	80.0	96.2	苏	沪	浙	辽	鲁	4
3530	起重运输设备制造	68.5	90.7	苏	沪	浙	辽	粤	4

行业代码	行业名称	CR5	CR10	前5名的地区					辽宁位次
3923	配电开关控制设备制造	59.8	85.0	苏	浙	粤	鲁	沪	7
3940	电池制造	65.4	88.7	粤	苏	浙	赣	冀	16
4053	集成电路制造	90.3	98.3	苏	粤	沪	津	京	17
4062	印制电路板制造	94.5	98.7	粤	苏	沪	闽	鲁	11
4012	通信交换设备制造	97.9	99.7	粤	沪	苏	鄂	鲁	13
3921	变压器、整流器和电感器制造	67.1	86.4	苏	粤	鲁	辽	冀	4
3613	建筑工程用机械制造	72.6	91.5	湘	鲁	苏	桂	皖	13
3722	改装汽车制造	59.8	81.2	鲁	川	皖	闽	苏	9
3573	制冷、空调设备制造	72.2	93.4	鲁	浙	沪	辽	粤	4
3592	锻件及粉末冶金制品制造	80.5	92.2	鲁	苏	浙	辽	粤	4
3611	采矿、采石设备制造	63.6	81.8	豫	辽	晋	鲁	冀	2
3731	摩托车整车制造	83.6	98.2	渝	粤	浙	鲁	豫	16
3543	阀门和旋塞的制造	70.8	91.6	浙	苏	豫	沪	闽	7
3912	电动机制造	65.7	86.6	浙	鲁	苏	沪	粤	8
3551	轴承制造	78.4	92.2	浙	苏	辽	鲁	沪	3
3732	摩托车零部件及配件制造	85.3	98.1	渝	浙	粤	苏	豫	18
3911	发电机及发电机组制造	56.5	83.3	苏	闽	川	鲁	津	14
3625	模具制造	76.6	91.7	粤	苏	浙	沪	鲁	6
3544	液压和气压动力机械及元件	78.5	92.8	鲁	苏	沪	京	浙	7
3511	锅炉及辅助设备制造	68.6	87.3	川	沪	黑	苏	鲁	11
3512	内燃机及配件制造	73.1	89.0	苏	鲁	沪	渝	浙	11
3919	微电机及其他电机制造	89.5	97.4	苏	浙	粤	鲁	辽	5
4111	工业自动控制系统装置制造	70.6	90.0	苏	鲁	浙	京	沪	8
3924	电力电子元器件制造	82.8	93.9	粤	浙	鲁	苏	沪	6
3541	泵及真空设备制造	64.6	87.5	津	浙	辽	苏	沪	3
3612	石油钻采专用设备制造	61.8	85.9	鲁	津	苏	川	陕	7
3972	照明灯具制造	86.6	95.2	粤	浙	苏	鲁	沪	11
3521	金属切削机床制造	62.9	83.7	辽	苏	鲁	黑	浙	1
3582	紧固件、弹簧制造	81.7	93.8	浙	苏	沪	鲁	粤	7
3615	冶金专用设备制造	75.8	92.3	辽	川	苏	冀	黑	1
3929	其他输配电及控制设备制造	67.6	88.6	苏	鲁	浙	豫	粤	8
3583	机械零部件加工及设备修理	58.9	78.0	辽	鲁	苏	沪	豫	1
3552	齿轮、传动和驱动部件制造	65.0	86.1	浙	苏	鲁	津	豫	8

可以看到，装备制造业小类行业的地理集中度非常高，工业总产值前 5 名的地区所占比重均超过了 50%。低于 60% 的共 7 个行业，最低的汽车零部件及配件制造业为 53.1%，汽车整车制造为 54.9%，改装车制造为 59.8%，可见汽车制造业的集中度相对较低。60%～70% 的有 13 个；70%～80% 的有 9 个；80%～90% 的有 12 个。高于 90% 的有 4 个，都属于通信设备、计算机及其他电子设备制造业。其中集成电路制造为 90.3%，江苏第一；印制电路板制造为 94.5%，电子计算机整机制造为 97.2%，通信交换设备制造为 97.9%，这三个行业都是广东第一，而通信设备制造业广东一省即占 80.1%。

第二节　装备制造业领先地区比较分析

前一部分的研究已经表明，从规模看，全国装备制造业前 5 名依次为：广东、江苏、山东、上海、浙江。辽宁排第 6 位，但辽宁同前 5 位的在总量上还有不小的差距。

鉴于这几个地区的装备制造业在全国的地位，同时也为了分析和借鉴领先地区装备制造业的发展经验，促进辽宁装备制造业的跨越式发展，本部分主要将辽宁与前 5 名的省市做比较分析。

一、国内 6 省市装备制造业发展情况

一方面，我们要通过一系列显而易见的经济指标，纵向和横向比较近 5 年来装备制造业经济总量排名全国前 5 位各省市及辽宁装备制造业的发展历程；另一方面，我们要通过这些省市装备制造业的中观（行业）及微观（企业）的简要介绍，从而大致了解一下各省装备制造业发展特点。

1. 全国 6 省市装备制造业主要指标及排名变化

近 5 年来，全国装备制造业工业总产值、工业增加值和销售产值排名前 5 位的省份一直是广东、江苏、山东、上海和浙江。广东和江苏两省一直雄踞总量排名的前两位，且在总量上与后边的省份相比优势较大。上海、浙江和山东三省市组成了第二梯队，山东省近 5 年来装备制造业总量增速很快，先后在 2005 年和 2007 年超过浙江和上海，从而跻身三甲；浙江也在 2008 年超过上海，排到第 5 位；而上海近年来发展相对放缓，名次滑落到第 6 位。辽宁在 2006 年超过天津成为装备制造业第六大省，但总量同前 5 名的差距还很明显。

出口交货值方面，5 省市排名略有变化。广东和江苏仍然排名前两位，上海和浙江分居第 3 位、第 4 位。山东虽然总量增幅很大，但出口增长相对

滞后，排在第5位，证明其产业仍有待于进一步同国际产业链对接。辽宁装备制造业出口交货值落后于天津排在第7位。

表3-7　近5年全国六省市装备制造业指标及排名变化情况

单位：亿元

		2004年	排名	2005年	排名	2006年	排名	2007年	排名	2008年	排名
广东	工业总产值	15301	1	18799	1	23422.3	1	28537.8	1	29794.9	1
	工业增加值	3468.9	1	4392.7	1	5492.7	1	6322.9	1	—	1
	销售产值	14957.6	1	18297.9	1	22818.9	1	27953.2	1	28938.4	1
	出口交货值	8907.2	1	9869.3	1	13566	1	15944.4	1	16013.7	1
江苏	工业总产值	10964.3	2	13180.6	2	16877.6	2	22231.4	2	24656.6	2
	工业增加值	2484.5	2	3156.5	2	4042.4	2	5142.5	2	—	2
	销售产值	10690.1	2	12916.6	2	16568	2	21818.4	2	23965	2
	出口交货值	4561.2	2	5225	2	6652.7	2	8649.3	2	9354.8	2
山东	工业总产值	5711.8	5	7584.6	4	9862.4	4	13080.3	3	15306.5	3
	工业增加值	1526.8	5	2135.9	4	2713.5	4	3721.5	3	—	3
	销售产值	5572.2	5	7429.6	4	9659.6	4	12794.7	3	14996.4	3
	出口交货值	794.1	5	1017.3	5	1449.8	5	2010.5	5	2266.9	5
上海	工业总产值	7492.6	3	8325	3	10048.5	3	12554.4	4	12389.5	5
	工业增加值	1756.2	3	1999.6	3	2431.4	3	2751.7	4	—	5
	销售产值	7370.8	3	8221.2	3	9952.4	3	12359.5	4	12154.2	5
	出口交货值	3013.9	3	3800.3	3	4534.5	3	5923.5	3	5925.6	3
浙江	工业总产值	5976.9	4	7352.6	3	9745.5	5	12444	5	12564.7	4
	工业增加值	1321.9	4	1551.5	5	1976.7	5	2622.2	5	—	4
	销售产值	5818.2	4	7170.5	5	9484.5	5	12096.4	5	12165	4
	出口交货值	1774.6	4	2403.7	4	3372.9	4	4206	4	4148.4	4
辽宁	工业总产值	2262.7	7	2754.2	7	3945.8	6	5594.6	6	6279.7	6
	工业增加值	574.2	7	732.2	7	1089.4	6	1570.3	6	—	6
	销售产值	218.8	7	2728.8	7	3847.7	6	5459.2	6	6128.5	6
	出口交货值	516.7	7	601.5	7	833.2	7	1056.3	7	1135.3	7

2. 各省装备制造业工业总产值占全国比重的变化

近5年来，我国各省装备制造业工业总产值占全国比重没有显著的变化，2008年前两名的广东和江苏分别占全国的20.52%和16.98%，合计占全国装

备制造业工业总产值的 1/3 强。山东、上海和浙江三省市分别占全国的
10.54%、8.53% 和 8.65%，占全国装备制造业工业产值的 1/4 强。前 5 名的
省市装备制造业工业总产值合计占全国的 2/3 强。

前 5 名省份中，广东、浙江和上海 3 省市占全国比重呈缓慢的螺旋式下
降的趋势，2008 年同 2004 年相比，分别下降了 1.91%、0.11% 和 2.45%。
江苏和山东占全国比重略有上升，2008 年同 2004 年相比，分别上升了
0.88% 和 1.83%。辽宁装备制造业占全国比重 5 年内上升了 1.01%，虽然同
前 5 名省份还有很大差距，但增长势头十分喜人，如表 3 - 8 所示。

表 3 - 8　近 5 年全国 6 省市装备制造业经济总量占全国比重

	2004 年	2005 年	2006 年	2007 年	2008 年
广东	22.43	22.75	22.23	21.12	20.52
江苏	16.10	15.95	16.02	16.45	16.98
山东	8.37	9.18	9.36	9.68	10.54
上海	10.98	10.07	9.54	9.29	8.53
浙江	8.76	8.90	9.25	9.21	8.65
辽宁	3.32	3.33	3.74	4.14	4.33
共计	69.96	70.18	70.14	69.89	69.55

3. 各省装备制造业增加值占各省 GDP 的比重、占各省工业的比重

如统计数据显示，广东、江苏和上海 3 省市装备制造业经济总量占比工
业总产值和 GDP 已有相当大的比例，占比工业总产值一直稳定在 40% ~
43%、32% ~39% 和 50% ~53%，占比 GDP 稳定在 20% ~22%、16% ~19%
和 21% ~24%。装备制造业已成为这 3 省市真正意义上的支柱产业。山东、
浙江和辽宁 3 省除浙江在 2007 年装备制造业占比工业产值超过 30% 以外，近
年来装备制造业占比工业总产值都在 10% ~15%，占比 GDP 均在 8% ~
10%。这 3 省的装备制造还有很大的发展空间。

表 3 - 9　近 5 年全国 6 省市装备制造业经济总量占比工业总产值和 GDP

单位:%

	2004 年		2005 年		2006 年		2007 年		2008 年	
	占工业	占 GDP	占工业	占 GDP	占工业	占 GDP	占工业	占 GDP	占工业	占 GDP
广东	43.30	21.63	41.91	19.64	43.94	20.96	44.83	20.34	43.30	21.63
江苏	32.21	16.13	33.81	17.24	36.38	18.68	39.78	19.98	32.21	16.13
山东	19.57	9.86	22.32	11.53	23.48	12.29	25.18	14.33	19.57	9.86

	2004 年		2005 年		2006 年		2007 年		2008 年	
	占工业	占 GDP	占工业	占 GDP	占工业	占 GDP	占工业	占 GDP	占工业	占 GDP
上海	50.28	23.57	48.42	21.84	52.06	23.45	50.08	22.58	50.28	23.57
浙江	24.56	11.76	24.44	69.47	26.04	12.56	34.63	13.96	24.56	11.76
辽宁	20.27	8.35	20.98	9.14	26.09	11.78	29.11	14.24	20.27	8.35

二、各省装备制造业发展特点的初步分析

1.5 省市装备制造业优势行业和产品

总体来看，5 省市都有 10 多个主营业务收入在 100 亿~200 亿元中类行业，5 个以上主营业务收入在 200 亿~500 亿元的中类行业，2 个以上 500 亿~1000 亿元的重型体量的中类行业和至少一个超千亿元的超大型中类行业，如表3 - 10 所示。

表 3 - 10　全国 5 省市装备制造业中类行业主营业务收入概况

省份	100 亿~200 亿元	200 亿~500 亿元	500 亿~1000 亿元	1000 亿元以上	总计
广东	15	5	5	7	32
江苏	19	9	7	5	40
山东	16	6	7	1	30
浙江	17	8	6	1	32
上海	13	6	2	2	23

广东省在产品附加值相对较高的通信电子产业中具有很大的优势。广东装备制造业超过 100 亿元的中类行业有 32 个，主要集中在通信电子计算机以及电气机械制造 2 个行业中，其中规模最大的是电子计算机制造，主营业务收入超过 5000 亿元。其次是通信电子、家用电力器具制造、通信设备制造、电子元件、电子器件和家用视听设备制造 6 个中类行业，这些行业主营业务收入均超过 1000 亿元。此外，汽车工业近年来在广东发展迅速，主营业务收入已经突破了 2000 亿元，在未来几年中将可能为带动广东装备制造业发展的另一个重要行业。

江苏在 6 省市中超百亿元的中类行业最多，达到 40 个，其中超千亿元的行业 5 个。其产业结构同广东省有相似之处，即通信电子行业和电气机械行业实力雄厚，汽车工业实力也比较强，其电子计算机制造业主营业务收入超过 3000 亿元，电子器件制造和电子元件制造两个中类行业主营业务收入也都

超过了千亿元，汽车工业产值达 1300 亿元。而更值得一提的是江苏的电线电缆行业，经过 30 多年的努力，江苏把一个产值规模较小的行业做大成为一个超过 1000 亿元主营业务收入的支柱行业。其民用电缆等低端产品在全国乃至全世界范围内抢占了巨大的市场份额，使原本在计划经济时期的龙头老大——沈阳电缆厂和保定电缆厂不得不退守军用和特种电缆等高端市场。此外，江苏装备制造业各个行业主营业务收入相对均衡，显示其产业结构更加合理，未来发展还有很大的潜力。

山东省装备制造业有 30 个中类行业主营业务收入超过 100 亿元。主要集中在通用设备制造业、专用设备制造业及交通运输设备制造业三大类行业中。最为突出的是汽车制造，主营业务收入超过 1800 亿元。其他实力比较强的行业有锅炉和原动机、工程机械制造、农用机械制造，都在全国同类行业中占据比较大的份额。此外，山东的输变电设备、家用电力器具、通信设备制造和家用视听设备制造业也都在全国具有一定的竞争力。

浙江装备制造业有 32 个中类行业主营业务收入超过 100 亿元，其中超千亿元行业 1 个，即汽车制造业。浙江装备制造业中的电气机械制造业和通用设备制造是浙江的强势行业。据统计，浙江的泵、阀门压缩机及类似机械占据了世界市场份额的 90% 以上，输配电及控制设备制造业中的低端产品在世界市场也占有不小的份额。此外，浙江的交通运输设备制造业，包括汽车制造和造船发展很快。浙江装备制造业以民营资本为主体，通过"蚂蚁吃大象"式的扩张方式，发展集约型的块状经济，不断在行业内扩张，最终占领整个市场。随着国家不断放宽各个行业对民营企业的准入门槛，浙江民营资本越来越多地介入生产水平和技术含量更高的装备制造业行业领域中，使浙江整个装备制造业更进一步发展。

上海同辽宁一样是国内老牌的装备制造业基地，技术和实力相对雄厚，并在装备制造业行业中拥有大量的国有企业。2007 年上海装备制造业超百亿元的中类行业共有 23 个，其中超千亿元的中类行业 2 个，即汽车制造和电子计算机制造。上海装备制造业中的汽车制造业优势十分明显，总量大，且发展时间长，在全国同行业中具有较大的优势。在传统机械制造领域中，如"锅炉和原动机"、"起重和运输设备"等中类行业，上海仍然有着较强的竞争力。但是同辽宁类似，在一些技术含量相对较低的行业中，上海已被浙江、江苏等地赶超，渐渐退出市场。此外，上海的通信和电子产品制造借助上海金融中心的地缘优势发展十分迅速，其主营业务收入已超过 3000 亿元。

2. 领军企业概况

一个地区装备制造业领军企业的发展壮大对该地区装备制造业整体的发展具有重要作用。根据《2009 年中国制造业 500 强名单》提供的数据，排名国内装备制造业前 6 名的省市共有 59 家企业上榜，占全部上榜企业的 12%。

（1）广东。

广东省通信和电子计算机产业经过多年的发展，涌现出了众多领军企业，其中最具代表性的企业就是华为技术有限公司。华为公司 2008 年主营业务收入超过 1200 亿元，公司从最开始为国外公司进行代工制造开始，现在已经逐渐形成了自身的核心竞争力。从单一的通信设备制造发展成为总成商和运营服务提供商，掌握具有自主知识产权的核心技术及大量的发明专利。

比亚迪股份有限公司最初以生产电池起家，经过多年的发展，成为摩托罗拉和诺基亚等知名品牌的电池供应商，在电池市场占有很大的份额。近年来，该公司更是进军汽车行业，其汽车销售额增长速度一年翻一番。同时，比亚迪还致力于开发电动汽车，渴望在未来电动汽车市场占据重要地位。

此外，广汽、联想、美的、中兴通讯、格力、格兰仕、德赛、大长江和创维等企业也都是广东装备制造业的知名企业，如表 3-11 所示。

表 3-11　2009 年广东主营业务收入超过 100 亿元装备制造业企业

排名	企业名称	主营收入（亿元）	地区	行业
15	华为技术有限公司	12274138	广东	通信和电子计算机
19	广州汽车工业集团有限公司	11554891	广东	汽车制造
20	联想控股有限公司	11521069	广东	通信和电子计算机
27	美的集团有限公司	8081158	广东	电气机械
54	中海运集装箱股份有限公司	4732728	广东	金属制品
63	中兴通信股份有限公司	4429340	广东	通信和电子计算机
68	珠海格力电器股份有限公司	4219972	广东	电气机械
77	群康科技（深圳）有限公司	3875862	广东	通信和电子计算机
109	比亚迪股份有限公司	2678825	广东	汽车制造
118	广东格兰仕集团有限公司	2551035	广东	电气机械
237	惠州市德赛集团有限公司	1268030	广东	通信和电子计算机
245	江门市大长江集团有限公司	1217324	广东	摩托车制造
265	深圳创维-RGB 电子有限公司	1157701	广东	电气机械

（2）江苏。

法尔胜集团是江苏电线电缆产业集群中多家年主营业务收入超过百亿元的电线电缆企业之一。法尔胜集团是江苏电线电缆产业集群发展壮大的缩影，企业先后经历了从麻绳、钢绳、光绳再到外向型高科技企业的三次创业，最终发展成为集金属制品、光通信产品、新型材料等为主的国家大型一级高新技术企业。到 2008 年，集团年利税 14.7 亿元，出口创汇 3.8 亿美元。

　　徐工集团同美国工程机械巨头卡特彼勒公司进行合资，2009 年主营业务收入突破 500 亿元，年实现利税 35 亿元，在中国工程机械行业均位居首位。徐工的汽车起重机、压路机等主机产品和液压件、回转支承等基础零部件市场占有率名列国内第一。其 70% 的产品为国内领先水平，30% 的产品达到国际当代先进水平。

　　无锡尚德集团是中国乃至世界太阳能光伏产业的领军企业，在太阳能光伏电池领域排名世界三甲。尚德集团的主打产品是多晶硅太阳能电池，其主打产品的光电转化率达到 15% 以上，技术水平已经达到世界一流。2008 年底，尚德集团产能达到 1 吉瓦，一跃成为世界最大的晶硅组件制造商。

　　东风悦达起亚是由东风汽车公司、江苏悦达投资股份有限公司、韩国起亚共同组建的合资企业。2007 年，东风悦达起亚第二工厂在江苏盐城正式投产，新工厂总投资 68 亿元，建筑面积 36.48 万平方米，员工逾 3100 人，具备年产 30 万辆整车的产能规模。

表 3-12　2009 年江苏主营业务收入超过 100 亿元装备制造业企业

排名	企业名称	主营收入（亿元）	地区	行业
42	江苏悦达集团有限公司	5105837	江苏	汽车制造
45	江苏华西集团公司	5023552	江苏	金属制品
73	徐州工程机械集团有限公司	4081302	江苏	工程机械
76	仁宝资讯工业（昆山）有限公司	3938584	江苏	电子计算机
95	乐金显示（南京）有限公司	3110858	江苏	通信和电子计算机
128	江苏阳光集团有限公司	2369705	江苏	输变电设备
183	天正集团有限公司	1630011	江苏	电线电缆
198	法尔胜集团公司	1528096	江苏	电线电缆
214	无锡威孚高科技股份有限公司	1408899	江苏	锅炉和原动机
222	苏州创元投资发展有限公司	1376355	江苏	汽车制造
231	尚德电力控股有限公司	1314641	江苏	太阳能电池
248	江苏金辉集团公司	1209865	江苏	电线电缆
249	海力士-恒忆半导体有限公司	1204923	江苏	通信和电子计算机
282	远东控股集团有限公司	1091200	江苏	电线电缆
283	江苏扬子江船业集团公司	1089277	江苏	造船
309	无锡江南电缆有限公司	1012532	江苏	电线电缆

　　（3）山东。

　　山东装备制造业企业中，集中在专用设备、交通运输设备和电气机械等领域。福田雷沃重工是一家专用设备制造企业，主要产品包括工程机械、农业装备、车辆等。雷沃重工工程技术研究院现设 2 个专业技术委员会、3 个产品研发分中心、4 个产学研合作体、10 个专业部所，形成了人员、技术、硬软件设施均与国际接轨的研发体系。

　　潍柴集团是中国最大的汽车零部件企业集团，公司三大业务板块包括高速发动机在总重 14 吨以上重型汽车和 5 吨装载机配套市场的占有率分别达到 36% 和 82% 以上，法士特变速箱在 14 吨以上重型汽车市场的占有率达到 92% 以上，陕西重汽重卡市场占有率达到 12% 以上，在国内各自细分市场均处于绝对优势地位。

　　海尔集团和海信集团都是国内知名的电器生产企业，两个企业都有巨大的品牌价值。海尔在全球建立了 29 个制造基地，8 个综合研发中心，19 个海外贸易公司，全球员工总数超过 6 万人，2009 年主营业务收入达 1190 亿元。海信集团 2009 年实现销售收入 560 亿元，在南非、埃及、阿尔及利亚等地拥有生产基地，在全球设有 15 个海外分支机构，产品远销 130 多个国家和地区。

表 3 - 13　2009 年山东省主营业务收入超过 100 亿元装备制造业企业

排名	企业名称	主营收入（亿元）	地区	行业
18	海尔集团公司	11895668	山东	电气机械
47	中国重型汽车集团有限公司	5006037	山东	汽车制造
48	潍柴控股集团有限公司	4912430	山东	锅炉和原动机
50	海信集团有限公司	4887634	山东	电气机械
86	山东大王集团有限公司	3675461	山东	工程机械
163	山东时风（集团）有限责任公司	1827457	山东	农用机械
267	福田雷沃国际重工股份有限公司	1157308	山东	农用机械

　　（4）上海。

　　上海的大型装备制造业企业经过大面积兼并和重组，现在已经所剩无几，有实力的地方国有企业仅剩上汽和上海电气两家公司，但是整合之后的企业却有着非常强的竞争力，上汽和上海电气都已成为千亿元销售收入的巨型企业。

　　上汽集团 2009 年度主营业务收入达 1729.2 亿元，是中国第二大汽车生产商，在"福布斯世界 500 强"中排名第 359 位。目前，上汽集团在柳州、重庆、烟台、沈阳、青岛、仪征、南京、英国长桥等地建有生产基地。作为我国最早建立中外合资汽车公司，上汽集团旗下现在已建立了上海通用、上海大众、上汽通用五菱、上汽依维柯、上汽申沃等系列产品，已经由单一生产合资品牌转向推进了合资品牌和自主品牌共同发展的格局。

表3-14　2009年上海市主营业务收入超过100亿元装备制造业企业

排名	企业名称	主营收入（亿元）	地区	行业
4	上海汽车工业（集团）总公司	17293017	上海	汽车制造
24	上海电气（集团）总公司	9622213	上海	电气机械
157	上海外高桥造船有限公司	1893736	上海	造船
168	上海人民企业（集团）有限公司	1781021	上海	输变电设备
72	华晨汽车集团控股有限公司	4135595	辽宁	汽车制造
166	沈阳远大企业集团有限公司	1802760	辽宁	电气机械

（5）浙江。

人民电器和德力西本来都是浙江乐清镇的乡镇企业，经过近30多年的发展成为主营业务收入191.76亿元和173.04亿元的大型企业集团。这两个企业是浙江民营装备制造业企业的缩影，即从技术含量和门槛最低的行业做起，一步一步做大做强，最后成为高质量、高技术产品的大型民企。

人民电器最初经营低压开关产品，现在已经发展成为成套电气设备、电线电缆、防爆电器、建筑电器、仪器仪表、高压及超高压变电设备等100多个系列20000多种规格产品。集团拥有浙江、上海、江西、湖北等制造基地，以及12家全资子公司、85家控股成员企业、800多家加工协作企业和3000多家销售公司。德力西与人民电器类似，企业最初只生产低压开关。主要产业有电气制造、LED光电、能源矿业、PE投资、综合物流等。主要下属企业有温州、上海、杭州三地的德力西电气制造基地，以及6个分公司。两家企业都已成为中国制造业企业500强。

吉利集团1997年进军汽车行业，是中国第一家进军轿车市场的民营企业。2009年，吉利集团主营业务收入达129.4亿元，名列中国汽车企业10强。集团在浙江、上海、兰州、湘潭、济南等地建有汽车整车和动力总成制造基地，拥有年产40万辆整车、40万台发动机、40万台变速器的生产能力。2010年7月，吉利集团成功收购沃尔沃公司，成为第一个并购国外汽车公司的中国汽车企业。

表3-15　2009年浙江省主营业务收入超过100亿元装备制造业企业

排名	企业名称	主营收入（亿元）	地区	行业
60	万向集团公司	4550167	浙江	汽车制造
119	宁波金田投资控股有限公司	2549950	浙江	泵阀门压缩机

续表

排名	企业名称	主营收入（亿元）	地区	行业
154	人民电器集团有限公司	1917625	浙江	输变电设备
174	德力西集团有限公司	1730428	浙江	输变电设备
181	奥克斯集团有限公司	1640977	浙江	输变电设备
205	杭州汽轮动力集团有限公司	1475767	浙江	锅炉和原动机
234	浙江吉利控股集团有限公司	1294342	浙江	汽车制造
246	长城电器集团有限公司	1217214	浙江	输变电设备
301	春和集团有限公司	1028134	浙江	造船

3. 技术水平

总体来讲，我国装备制造业大省并非都是装备制造业强省。在装备制造业经济总量排名前6名的省份中，辽宁和上海有着良好的装备制造业工业基础，相应的产品技术水平也比较高。广东省装备制造业经济总量贡献最大的行业是通信和电子计算机及零部件行业，但其通用、专用机械制造业和电气机械设备制造业却不够发达，主要产品都在低端市场。浙江装备制造业虽然崛起了一批民营企业，在五金建材、低档轴泵阀门、小型民用钢制船舶、民用输配电设备等领域取得了巨大的成功。但相对于大型国有企业，浙江民营装备制造业企业在产业基础、技术积累和准入门槛等方面还处于劣势，在很大程度上制约了其进一步发展。江苏和山东装备制造业整体产业结构相对合理，各行业产品的技术水平都有显著的提升，如江苏的工程机械制造业、电气机械和设备制造业、通信和电子计算机制造业，山东的通用和专用设备制造业、交通运输设备制造业等。但两个省份的重大装备的研发和生产能力仍有待提高。以下几个行业可以从一个侧面反映出各省市装备制造业的技术水平。

（1）大型铸锻件。

从经济总量上看，装备制造业全国前6名的省市中，铸锻加工行业的主营业务收入大体相当，但多数省份都不具备生产用于能源、冶金石化工程和交通运输设备制造等重要领域的高档大型铸锻件的加工能力。目前，国内有能力生产这些装备的企业有一重、二重、大连重工华锐、上海电气这几家企业。其中，上海电气已经具备生产600吨钢锭的技术实力，这些企业为我国高端铸锻行业打破国际垄断做出了重大贡献。一重的铸造基地设在富拉尔基，分别在上海、天津和大连设有研发中心；二重的生产基地位于四川，在江苏镇江设有一个出海口加工基地，研发中心位于成都。在这一领域，上海和辽宁大连已经具备了一定产业的竞争力，天津和江苏具有一定发展潜力，而其他省份则相对落后。

（2）数控金属切削机床。

机床产业产值虽然占比 GDP 不足 1%，但在国民经济尤其是装备制造业中有着举足轻重的地位。目前，我国的机床技术水平同发达国家还有明显的差距，尤其是高档数控金属切削机床，国内的生产能力还十分有限。在国内横向来看，无论是从总量还是技术上看，辽宁在金属切削机床领域的优势十分明显。曾经的全国机床"十八罗汉"目前有 5 家隶属沈阳机床集团，而沈阳机床和大连机床分别列世界金切机床排名的第 3 位、第 4 位，国内市场占有率超过 20%。目前沈阳机床已经完全实现了自主研发，数控机床产量已占到总产量的 60%，并有能力制造高档数控机床。其加工精度同世界先进水平已缩短到 5~8 年，并且在性价比上有着很大优势。

（3）泵、阀门、压缩机及类似机械。

泵、阀门和压缩机是为国民经济众多行业提供配套的关键基础设备。泵、阀门和压缩机行业对技术水平和准入门槛的要求相对其他装备制造业行业要低一些。目前，我国的泵和阀门产品已经在国际上占有了一席之地，很多企业已经取得了 ISO9001 质量管理体系认证、API 认证和欧共体 CE 安全认证，已完全能生产 API 标准的闸阀、截止阀、止回阀、球阀、蝶阀等产品。2008 年，我国在 1.2 米主线大口径金焊接球阀的研发上取得了重大突破。浙江、江苏、上海和山东等省市的泵和阀门产业规模也已经相当庞大。

压缩机方面，我国企业已完全具备中低端产品的生产能力，国产空气压缩机产品已经达到先进水平，主要产地集中在浙江和江苏。我国重大产业和尖端科技领域使用的泵阀门和压缩机，如化工产业的百万吨级乙烯成套设备、百万吨级煤直接液化设备等，近年来也取得了明显的进步。目前在高端压缩机领域比较有实力的是沈鼓集团、上海电气和陕鼓集团（双方合资）。辽宁的沈鼓集团在 2008 年实现百万吨乙烯成套设备的"三机"国产化，打破了国外垄断，陕鼓集团生产的轴流压缩机和离心压缩机都处于世界先进水平。

（4）输变电设备。

输变电设备是能源领域重要的生产设备。单从输变电设备统计数据上来看，浙江、广东输变电设备的经济总量都非常高，但主要产品都是 220 伏的普通变压器。真正能与西门子、东芝和 ABB 这类跨国行业巨头抗衡的只有天威保变集团、西变集团、特变电工沈变集团。依托天威集团，保定已经建成并发展起了"中国电谷"，输变电设备成为电谷的支柱产业之一。同时，西变集团随扩张速度较慢，但凭借自身技术优势，已经具备了很强的国际竞争力。而特变电工沈变集团更是在 2008 年生产出世界第一台 1000 千伏特高压输变电设备，成为我国输变电行业的骄傲。

（5）电线电缆。

电线电缆行业虽然占国民经济和工业的比例不是很高，但是人们通常形象地把电线电缆产品比喻成国民经济的"血管"，在能源运输中担负着重要的使命。电线电缆行业门槛不高，但是高端电线电缆产品，如超高压和特高压电力电缆和架空线及其附件、高温超导电缆、船用电缆、轨道交通用电缆、航空航天领域用电缆、核电站电缆、高阻燃电缆等仍然对技术有很高的要求。相比之下，虽然广东、江苏和浙江在这个电线电缆行业的经济总量很大，但是真正用于能源、交通和通信等领域的高端产品仍然不足。相比之下，真正生产高档特种电缆的厂家仍然是辽宁、河北及天津这几个省市。江苏电线电缆行业已经开始进行产业结构调整，几个大型电线电缆企业，如上上电缆、法尔胜集团开始下大力气搞研发，并已经开发出部分高端产品，用于核电、轨道交通和能源运输等领域。

（6）造船。

造船行业在运输和国防领域有着重要的地位，各国都将造船能力和水平的高低看作一个国家海洋战略实力的象征。从经济总量上看，江苏、辽宁、浙江3省分列民用钢制船舶产量的前三位。但是从结构上看，江苏和浙江两省内中小型造船企业居多，大部分生产用于干散货和集装箱运输的小型船舶，同时核心零部件严重依赖进口，大型油气船和特种船舶的生产能力有限。辽宁和上海两地的造船技术水平在国内处于前沿，已经生产出天然气运输船（LNP）、30万吨级超大油轮（VLCC），以及海上钻井平台等特种船只。两地的核心零部件研发近年来也取得了很大的进步，已经具备大型船用曲轴和大功率低速柴油机的生产能力。山东和广东两地的造船业已经加快了产业升级的步伐。两地本来以小型船只生产为主，但近年来开始对大型船只生产所需的基础设施进行建设。山东主要通过引进外资建厂进行结构调整，广东则通过大型国有造船企业进行投资，已将目标指向大型液化气船和VLCC。

第三节　装备制造业整体竞争力分析

本部分分析各地区装备制造业竞争力。对装备制造业整体竞争力的分析分为三部分，首先是最基本的情况，考虑了两个指标：装备制造业的总体规模，用各地区装备制造业的工业总产值占全国的比重衡量；产业完备性，用各地区的小类行业数占全部小类行业数（本研究中小类总数是172个）的比重衡量。这两个指标权重相同。第二部分是装备制造业内部结构的情况，通过各地区7大类行业工业总产值占全国相应行业的比重衡量。7大类行业在装备制造业中的地位不一样，因此赋予它们不同的权重。第三部分考察装备制造业的经济表现，选择了资本、效益、市场、技术（新产品）4方面17个指标进行分析。这是本研究主要关注的部分。分别计算上述三个方面的竞争力，装备制造业的综合竞争力通过取三者的算术平均值而得到。表3-16给出了2007年的计算结果（2008年某些指标的数据缺乏，所以没有计算）。

表3-16 2007年各地区装备制造业竞争力排名

排序	地区名称	规模表现	地区名称	结构表现	地区名称	经济表现	地区名称	综合竞争力
1	广东	81.26	江苏	86.83	天津	71.37	江苏	76.91
2	江苏	79.80	山东	80.06	吉林	68.57	广东	74.73
3	上海	71.80	广东	79.45	上海	65.57	山东	71.97
4	山东	71.77	浙江	75.34	北京	65.34	上海	69.40
5	浙江	71.01	上海	70.83	江苏	64.10	浙江	69.09
6	辽宁	65.84	辽宁	64.92	山东	64.09	天津	64.65
7	北京	64.75	河南	61.20	广东	63.48	辽宁	63.51
8	天津	64.02	北京	59.36	重庆	62.58	北京	63.15
9	河南	63.07	四川	58.81	四川	62.30	河南	62.13
10	福建	62.47	河北	58.61	河南	62.12	吉林	61.37
11	四川	62.43	天津	58.55	湖南	61.75	四川	61.18
12	湖北	62.34	湖北	57.99	新疆	61.54	湖北	60.32
13	湖南	61.23	福建	57.72	浙江	60.92	福建	60.21
14	河北	60.89	湖南	57.09	湖北	60.62	湖南	60.02
15	安徽	60.27	安徽	56.98	福建	60.46	河北	59.11
16	陕西	58.75	吉林	56.87	广西	60.22	重庆	58.90
17	吉林	58.68	重庆	56.57	海南	60.06	安徽	58.76
18	重庆	57.56	陕西	55.80	辽宁	59.78	陕西	57.50
19	江西	57.35	黑龙江	55.56	安徽	59.01	广西	57.38
20	黑龙江	57.08	广西	55.02	江西	58.50	江西	56.84
21	广西	56.89	山西	54.86	陕西	57.96	黑龙江	56.63
22	山西	54.51	江西	54.65	河北	57.83	新疆	54.49
23	甘肃	53.05	内蒙古	53.89	黑龙江	57.25	山西	54.34
24	云南	51.62	云南	53.56	宁夏	55.64	内蒙古	53.46
25	贵州	51.56	甘肃	53.45	内蒙古	55.26	海南	53.17
26	内蒙古	51.24	贵州	53.38	山西	53.65	云南	52.82
27	新疆	48.72	新疆	53.21	云南	53.30	甘肃	52.70

排序	地区名称	规模表现	地区名称	结构表现	地区名称	经济表现	地区名称	综合竞争力
28	宁夏	47.71	宁夏	53.21	青海	53.13	贵州	52.37
29	海南	46.27	海南	53.19	贵州	52.18	宁夏	52.18
30	青海	46.06	青海	53.04	甘肃	51.60	青海	50.74

一、装备制造业综合竞争力比较

（一）装备制造业竞争力东部强，中部次之，西部最弱，三大经济圈竞争优势明显

2007 年，装备制造业综合竞争力前 5 名是江苏、广东、山东、上海、浙江。第 6 名至第 10 名是天津、辽宁、北京、河南、吉林。可见，前 10 名中除了河南、吉林外，都分布在珠三角、长三角和环渤海三大经济圈。第 11 名至第 20 名除了东部的福建、河北、广西外，中部地区有 4 个：湖北、湖南、安徽、江西。西部有四川、重庆、陕西。最后 10 名除了山西、黑龙江、海南外，基本都属于西部地区。由此可见，装备制造业竞争力按东部、中部、西部表现出明显的强弱梯次结构，且位于三大经济圈内的地区竞争优势明显。

从总体规模和产业完备性来看，广东、江苏、上海、山东、浙江位居前 5 名。这些地区不但装备制造业的总体规模大，而且产业门类齐全，几乎涵盖了装备制造业的所有小类行业。结构竞争力的前 5 名，仍然是这 5 个地区，但排名有变化，分别为江苏、山东、广东、浙江、上海。

在经济表现上，情况发生很大变化。2007 年，排在前 10 名的地区依次是：天津、吉林、上海、北京、江苏、山东、广东、重庆、四川、河南。与 2006 年相比，只有浙江被河南取代，浙江从第 9 位下降到第 13 位，而河南从第 17 位升到第 10 位。前 10 名中的其余省份只是排名次序略有变化。这 10 个省份中，东部地区有 6 个，中部地区 2 个：吉林、河南，西部地区有 2 个：重庆、四川。再进一步细分，东部 6 个地区都位于我国三大经济圈中：珠三角的广东，长三角的上海、江苏（2006 年还有浙江），环渤海的天津、北京、山东。排名没有发生变化的有 7 个地区，其中有 5 个是两年内都在前 10 名；可见，竞争力越强的地区排名越相对稳定。

（二）辽宁装备制造业规模较大、结构比较合理，但经济表现居于中等，地位亟须提高

2007 年，辽宁在规模和结构上都排在第 6 位。这与在基本情况分析中的结果是一致的，辽宁装备制造业工业总产值总体在全国排第 7 位。从各行业排名看，通用设备制造业第 5 位、专用设备专业第 6 位、电气机械及器材制造业第 6 位、交通运输设备制造业第 9 位，金属制品业、通信设备计算机及

其他电子设备制造业、仪器仪表及文化办公用机械制造业分别排第6位、第10位和第9位。

在经济表现上，辽宁2006年排第12位，2007年第18位，在排名下降的地区中下降最多。辽宁装备制造业在经济表现上的排名远落后于其在规模和结构方面的排名，说明辽宁在经济方面的一些指标上表现较差，如图3-8、表3-17所示。

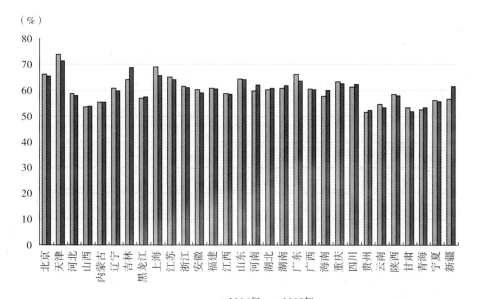

图3-8　各地区装备制造业经济表现得分

表3-17　装备制造业经济表现排名

地区名称	2007年经济表现	2007年排名	2006年经济表现	2006年排名	排名变化
天津	71.37	1	73.72	1	0
吉林	68.57	2	64.16	7	5
上海	65.57	3	69.05	2	-1
北京	65.34	4	66.02	4	0
江苏	64.10	5	65.19	5	0
山东	64.09	6	64.25	6	0
广东	63.48	7	66.23	3	-4
重庆	62.58	8	63.19	8	0
四川	62.30	9	61.32	10	1

地区名称	2007 年经济表现	2007 年排名	2006 年经济表现	2006 年排名	排名变化
河南	62.12	10	59.62	17	7
湖南	61.75	11	60.59	13	2
新疆	61.54	12	56.56	23	11
浙江	60.92	13	61.45	9	-4
湖北	60.62	14	60.12	16	2
福建	60.46	15	60.67	11	-4
广西	60.22	16	60.53	14	-2
海南	60.06	17	57.70	21	4
辽宁	59.78	18	60.65	12	-6
安徽	59.01	19	60.28	15	-4
江西	58.50	20	58.69	18	-2
陕西	57.96	21	58.29	20	-1
河北	57.83	22	58.67	19	-3
黑龙江	57.25	23	56.78	22	-1
宁夏	55.64	24	56.02	24	0
内蒙古	55.26	25	55.28	25	0
山西	53.65	26	53.49	27	1
云南	53.30	27	54.48	26	-1
青海	53.13	28	52.57	29	1
贵州	52.18	29	51.38	30	1
甘肃	51.60	30	53.22	28	-2

二、装备制造业经济表现分指标比较

(一) 资本竞争力

资本竞争力排名在前 3 位的是环渤海经济圈的山东、天津、北京；长三角的上海、江苏、浙江排名分别在第 9 位、第 7 位、第 14 位；珠三角的广东位居第 13 位。资本竞争力在前 10 名其他地区有吉林、海南、河南、江西、河北。辽宁仅位列第 21 位。

从资本竞争力包含的 4 项指标看（见表 3 - 18），资本竞争力排在前面的省份，比如前 5 名，其人均资本投入、资产负债率和流动资产周转速度 3 个指标的排名多在中上水平，只有山东的人均资本投入例外。相反，这些地区的固定资产新度排名欠佳。辽宁的情况则与此形成鲜明对比，排名最好的是人均资本投入，也只排在第 9 位，其余 3 个指标都非常落后，分别在第 20 位、第 26 位、第 19 位。比较这 4 个指标的权重，从大到小依次为流动资产周转速度、资产负债率、人均资本投入、固定资产新度。即辽宁排名在前的指标权重较小，而比较重要的指标辽宁的排名很差。因此，辽宁装备制造业在资本方面表现为投入高、负债高、周转慢。

表 3 - 18 2007 年各地区装备制造业资本竞争力排名

地区名称	资本	排名	人均资本投入	排名	固定资产新度	排名	资产负债率	排名	流动资产周转速度	排名
山东	6.99	1	53.41	23	62.13	13	67.27	6	85.11	1
天津	6.88	2	71.85	4	54.08	23	76.41	1	72.29	4
北京	6.65	3	84.38	2	63.28	10	66.09	9	61.83	14
吉林	6.58	4	66.74	7	42.80	29	66.56	8	77.61	2
海南	6.49	5	84.39	1	48.53	25	68.90	5	62.98	11
河南	6.49	6	49.95	28	68.19	6	63.29	13	73.40	3
江苏	6.39	7	58.75	12	67.97	7	58.75	21	69.39	6
江西	6.35	8	53.76	21	82.59	1	63.12	12	61.49	15
上海	6.27	9	78.90	3	47.23	26	65.93	10	62.38	12
河北	6.26	10	52.41	24	67.16	8	65.83	11	65.58	8
安徽	6.19	11	58.44	13	72.36	4	61.54	15	60.97	17
湖南	6.18	12	54.21	20	62.57	11	70.80	3	62.22	13
广东	6.16	13	51.03	27	60.23	16	60.05	18	70.23	5
浙江	6.16	14	53.43	22	74.88	3	62.28	14	61.04	16
湖北	6.13	15	64.29	8	52.51	24	75.73	2	58.01	18
重庆	6.13	16	54.49	19	72.23	5	56.92	22	63.80	9
福建	6.08	17	54.55	18	62.50	12	58.91	20	66.01	7
新疆	5.98	18	70.68	5	58.27	19	67.09	7	53.42	21
广西	5.79	19	58.13	15	58.68	18	50.91	25	63.16	10
四川	5.75	20	60.34	10	58.82	17	61.22	16	55.31	20
辽宁	5.58	21	63.99	9	58.16	20	47.29	26	57.28	19
云南	5.43	22	58.02	16	57.28	21	59.30	19	50.29	24
宁夏	5.40	23	57.28	17	61.95	14	60.29	17	47.08	27
内蒙古	5.28	24	58.25	14	61.64	15	43.38	28	52.89	22
山西	5.23	25	51.50	26	72.67	3	42.58	29	50.35	23

地区名称	资本	排名	人均资本投入	排名	固定资产新度	排名	资产负债率	排名	流动资产周转速度	排名
陕西	5.20	26	60.23	11	54.44	22	52.03	24	48.64	26
贵州	5.12	27	52.03	25	44.28	28	70.57	4	45.06	30
甘肃	4.92	28	48.38	29	63.88	9	45.42	27	46.54	28
青海	4.86	29	46.67	30	42.40	30	56.83	23	49.38	25
黑龙江	4.75	30	69.49	6	46.31	27	34.17	30	46.23	29

（二）效益竞争力

如表 3 - 19 所示，装备制造业经济总体表现排在前 10 名的地区在效益方面的表现似乎并不太好，这些地区中只有河南、吉林、四川、山东、天津的效益竞争力仍然位居前 10 名，而其余 5 个地区的效益排名则仅处于中下水平，分别为：重庆第 15 位、上海第 17 位、江苏第 20 位、北京第 21 位、广东第 26 位。装备制造业经济表现上升的 10 个地区中，吉林上升 5 位，河南上升 7 位，新疆上升 11 位，湖南、湖北均上升 2 位，海南上升 4 位，湖北上升 2 位，而这 7 个地区的效益竞争力均在前 10 名。

由于效益指标比较重要，我们进一步详细考察效益竞争力包含的 6 个具体指标。按照权重从大到小讨论权重最大的销售利润率排名在前，依次是新疆、宁夏、河南、湖南、海南、福建、河北、吉林、四川、黑龙江。浙江、北京、山东、上海、江苏、天津分列第 11 位至第 16 位，广东和重庆分别居第 22 位和第 23 位。

全员劳动生产率排名在前的是天津、吉林、海南、上海、山东、湖北、北京、四川、广西、安徽。河南位列第 12 位、江苏位列第 14 位、重庆位列第 18 位、广东位列第 23 位、浙江位列第 25 位。

增长率前 10 名是新疆、江西、河南、四川、重庆、湖北、吉林、广西、安徽、湖南。山东位列第 14 位、浙江位列第 16 位、江苏位列第 19 位、天津位列第 23 位、北京位列第 26 位、上海位列第 28 位、广东位列第 29 位。

增加值率，装备制造业总体竞争力在前 10 名的地区在增加值上表现并不好，只有四川、河南分别居第 4 位、第 6 位，山东、吉林、重庆、天津位居中等，分别为第 13 位、15 位、19 位、20 位，江苏第 25 位，上海、广东、浙江、北京则位居后 4 位。相反，一些装备制造业落后的省份如青海、内蒙古、宁夏、甘肃、江西等增加值率反而进入了前 10 名。

资金利税率，装备制造业总体竞争力在前 10 位的省份在该指标上表现较好，处于中等水平。河南、山东、吉林位居前 3 名，天津、重庆、广东、浙江、江苏、四川分列第 10 位至第 15 位，上海、北京分别排在第 17 位和第 18

位。另外，湖南、海南、福建、新疆、河北、广西在该指标上进入了前10名。

平均规模，总体竞争力前10名的省份多数也表现出较好的规模效应。吉林、广东、上海、天津、北京、江苏、重庆7个地区的平均规模仍在前10位，山东、河南、四川分列第14、16、17位，只有浙江比较落后，列第29位。

辽宁的效益竞争力排在第19位，在6个具体指标上，全员劳动生产率位列第11位，增长率位列第13位、增加值率第16位，尚属中等水平，但资金利税率和平均规模均列第23位，权重最高的销售利润率仅列第25位。销售利润率和资金利税率落后充分说明了辽宁装备制造业盈利能力差，效益低下。平均规模较小则说明辽宁虽然装备制造企业数目很多，但上规模的大企业较少，未能产生规模经济效应。

表3-19 2007年各地区装备制造业效益竞争力排名

地区名称	效益	排名	平均规模	排名	资金利税率	排名	销售利润率	排名	增加值率	排名	增长率	排名	全员劳动生产率	排名
河南	23.68	1	56.62	16	86.58	1	77.90	3	68.14	6	75.64	3	61.28	12
吉林	23.34	2	84.06	2	75.20	3	64.68	8	59.34	15	67.32	7	81.60	2
新疆	22.31	3	53.19	21	66.47	7	81.70	1	50.98	24	77.32	1	60.64	13
湖南	21.82	4	52.95	24	72.07	4	73.74	4	66.48	6	65.37	10	58.51	16
四川	21.75	5	55.58	18	59.97	15	64.49	9	71.71	4	73.77	4	64.62	8
海南	21.69	6	90.60	1	69.67	5	72.35	5	47.76	26	40.13	30	78.08	3
山东	21.46	7	59.68	14	75.89	2	59.87	13	62.17	13	63.23	14	70.01	5
天津	21.11	8	69.44	6	64.12	10	57.96	16	56.25	20	52.93	23	81.66	1
宁夏	20.86	9	50.41	28	56.95	19	79.34	2	70.68	5	54.70	20	52.41	24
湖北	20.40	10	59.74	13	53.52	21	50.49	26	71.85	3	68.01	6	69.20	6
广西	20.32	11	60.03	12	64.27	9	56.95	18	59.73	14	66.45	8	64.10	9
福建	20.27	12	60.57	11	68.20	6	68.90	6	55.95	21	52.76	24	59.17	15
河北	20.11	13	52.84	25	66.31	8	68.18	7	58.56	18	58.28	18	55.61	19
安徽	20.02	14	52.32	26	59.78	16	56.85	19	63.59	11	66.05	9	62.50	10
重庆	19.73	15	61.25	10	63.59	11	55.43	22	58.29	19	69.79	5	57.14	18
江西	19.69	16	54.93	19	54.06	20	54.68	23	65.17	10	76.70	2	54.98	21
上海	19.36	17	70.86	4	58.33	17	58.99	14	47.15	27	45.17	28	71.63	4
陕西	19.13	18	69.55	5	50.62	26	57.36	17	65.76	9	58.34	17	54.28	22
辽宁	19.00	19	52.97	23	52.40	23	52.17	25	59.32	16	64.24	13	62.25	11

地区名称	效益	排名	平均规模	排名	资金利税率	排名	销售利润率	排名	增加值率	排名	增长率	排名	全员劳动生产率	排名
江苏	18.95	20	62.12	9	60.78	14	57.97	15	50.04	25	55.68	19	60.00	14
北京	18.91	21	68.47	7	58.21	18	60.54	12	38.88	30	47.57	26	68.65	7
黑龙江	18.75	22	62.61	8	52.33	24	61.04	10	55.71	22	54.46	21	55.30	20
青海	18.46	23	50.60	27	50.81	25	45.95	29	85.14	1	61.57	15	49.01	27
浙江	18.19	24	48.47	29	61.33	13	60.91	11	46.15	29	58.93	16	50.61	25
内蒙古	18.18	25	58.43	15	45.49	29	39.59	30	74.83	2	64.29	11	58.06	17
广东	17.71	26	71.20	3	63.12	12	55.58	21	46.55	28	43.94	29	53.16	23
云南	17.61	27	53.17	22	52.70	22	56.76	20	53.98	23	52.40	25	50.32	26
贵州	17.11	28	53.30	20	45.15	30	52.74	24	63.53	12	54.22	22	45.06	29
山西	17.03	29	55.77	17	45.94	28	47.29	28	59.10	17	64.29	10	45.49	28
甘肃	16.51	30	48.25	30	45.96	27	49.59	27	67.22	7	46.16	27	44.66	30

（三）市场竞争力

如表3-20所示，装备制造业经济总体表现强的地区在市场竞争力上都表现较好，广东、江苏、上海、天津、山东、浙江、北京的市场竞争力位居前7，重庆位列第11位，四川位列第13位，河南位列第14位，吉林位列第16位。

从5个具体指标看，权重最高的市场占有率，广东、江苏、上海、山东、浙江、北京位居前6，天津位列第8位，河南、四川、吉林分列第11位至第13位，重庆位列第15位。

销售率，天津、上海、北京、广东、江苏进入前10位，山东、河南分列第11位、第12位，其余几个地区排名比较落后：四川位列第18位、浙江位列第19位、重庆位列第21位、吉林仅排第28位。

专业化指数和外向度指数排名一样，只讨论专业化指数，8个地区进入前10位，分别为天津、上海、江苏、广东、重庆、吉林、山东分列前7位，浙江第8位。其余3个地区也位居中等：北京位列第11位、四川位列第13位、河南位列第16位。

外销率，进入前10位的有7个：广东、上海位居前2，天津、江苏、浙江、北京分列第4位至第7位，山东位列第9位。重庆位列第15位，排名落后的是四川位列第21位、河南位列第28位、吉林位列第29位。

辽宁在市场竞争力上排名最好，为第9位，其中市场占有率第7位，销售率第17位，专业化指数、外向度指数和外销率均列第8位。辽宁的市场占有率、外销率表现均可，说明从横向比较看辽宁装备制造业的市场份额还可以，但销售率指标排名差，可能说明，从辽宁自身而言还存在重生产、轻销售的问题。

表 3-20　2007 年各地区装备制造业市场竞争力排名

地区名称	市场	排名	销售率	排名	市场占有率	排名	外销率	排名	专业化指数	排名	外向度指数	排名
广东	28.99	1	64.91	6	92.02	1	87.47	1	72.23	4	67.38	4
江苏	28.36	2	64.89	7	88.46	2	75.22	5	76.92	3	67.76	3
上海	27.29	3	66.49	3	73.60	3	80.62	2	81.43	2	68.03	2
天津	26.08	4	73.24	2	60.45	8	75.95	4	82.35	1	68.08	1
山东	24.86	5	62.65	11	73.37	4	59.79	9	68.23	7	66.93	7
浙江	24.80	6	59.95	19	71.53	5	70.64	6	66.72	9	66.72	9
北京	23.70	7	65.05	5	62.00	6	70.58	7	62.77	11	65.96	11
福建	23.28	8	62.42	13	58.68	9	76.96	3	61.65	12	65.67	12
辽宁	23.23	9	60.78	17	61.73	7	60.25	8	67.41	8	66.82	8
海南	22.50	10	88.99	1	53.35	27	52.99	26	51.07	23	56.00	23
重庆	22.39	11	58.01	21	56.78	15	55.48	15	70.19	5	67.17	5
湖北	22.36	12	61.78	15	58.22	10	54.65	18	64.54	10	66.34	10
四川	21.73	13	60.15	18	57.53	12	53.95	21	60.25	13	65.25	13
河南	21.60	14	62.42	12	58.19	11	52.17	28	56.92	16	63.78	16
湖南	21.59	15	66.00	4	55.82	17	55.35	16	55.36	17	62.71	17
吉林	21.47	16	49.18	28	57.43	13	51.82	29	69.02	6	67.03	6
安徽	21.44	17	57.14	23	56.41	16	57.23	11	59.59	15	65.02	15
陕西	21.33	18	57.67	22	55.52	18	55.94	13	59.85	14	65.11	14
江西	21.24	19	62.07	14	54.69	21	58.29	10	55.14	18	62.53	18
河北	21.22	20	60.90	16	57.02	14	56.32	12	54.07	20	61.50	20
黑龙江	20.91	21	64.46	9	54.79	20	53.51	25	52.55	21	59.40	21
广西	20.33	22	54.50	25	54.80	19	53.74	22	54.41	19	61.85	19
内蒙古	20.23	23	64.77	8	53.62	23	54.34	20	49.55	27	49.05	27
山西	19.75	24	52.02	26	54.13	22	55.93	14	51.52	22	57.26	22
云南	19.31	25	58.19	20	53.51	24	53.63	24	48.76	28	41.73	28
甘肃	19.11	26	49.98	27	53.36	26	55.12	17	49.90	26	51.24	26
新疆	19.01	27	63.18	10	53.29	28	52.28	27	47.95	30	25.93	30
贵州	18.87	28	47.28	29	53.40	25	53.71	23	50.06	25	52.07	25
青海	18.79	29	54.53	24	53.11	30	51.41	30	48.63	29	40.06	29
宁夏	17.35	30	26.41	30	53.18	29	54.64	19	50.96	24	55.65	24

（四）技术（新产品）竞争力

如表 3-21 所示，天津、吉林、北京、重庆分列前 4 位，四川、上海分别排在第 7 位、第 9 位，浙江第 14 位，排名较落后的山东、广东、江苏、河南分列第 25 至第 28 位。

新产品劳动生产率，前 3 名是天津、吉林、北京，重庆、上海、四川分列第 6、第 7、第 8 位，浙江、山东分别排在第 14 位、第 18 位，广东、江苏、河南比较落后，分别排在第 23、第 24、第 25 位。新产品产值率，吉林、天津、重庆、北京分居前 4 位，四川位列第 8，浙江位列第 13 位、上海位列第 15。广东、山东、河南、江苏分别排在第 25、第 26、第 27、第 29 位。

辽宁技术竞争力表现居于中等水平，排在第 13 位。新产品劳动生产率第 10 位、新产品产值率第 14 位。

表 3-21 2007 年各地区装备制造业技术竞争力排名

地区名称	技术	排名	新产品产值率	排名	新产品劳动生产率	排名
天津	17.30	1	81.25	2	88.28	1
吉林	17.18	2	81.86	1	86.70	2
北京	16.08	3	73.72	4	83.52	3
重庆	14.33	4	76.15	3	65.75	6
新疆	14.23	5	71.98	5	68.33	4
广西	13.78	6	69.76	6	66.16	5
四川	13.08	7	66.98	7	62.13	8
黑龙江	12.84	8	66.13	8	60.72	9
上海	12.66	9	58.37	15	65.48	7
陕西	12.29	10	63.86	9	57.66	13
湖南	12.16	11	61.66	11	58.24	12
宁夏	12.03	12	62.92	10	56.10	16
辽宁	11.98	13	58.65	14	59.14	10
浙江	11.78	14	58.86	13	57.15	14
湖北	11.73	15	56.93	17	58.32	11
山西	11.63	16	60.94	12	54.14	21
内蒙古	11.57	17	58.27	16	55.81	17
安徽	11.36	18	54.96	22	56.62	15
江西	11.22	19	55.60	21	54.88	19
贵州	11.08	20	56.66	19	52.71	26

地区名称	技术	排名	新产品产值率	排名	新产品劳动生产率	排名
甘肃	11.06	21	56.79	18	52.44	28
青海	11.03	22	56.33	20	52.55	27
云南	10.95	23	53.68	23	53.97	22
福建	10.83	24	51.35	24	54.84	20
山东	10.78	25	50.06	26	55.44	18
广东	10.61	26	50.15	25	53.89	23
江苏	10.39	27	48.01	29	53.68	24
河南	10.36	28	48.62	27	52.90	25
河北	10.25	29	48.02	28	52.42	29
海南	9.38	30	41.46	30	50.04	30

（五）辽宁装备制造业经济表现分指标竞争力

为了更进一步看清辽宁装备制造业竞争力的情况，我们考察了2006年和2007年两年内辽宁在17个指标上的排名，如表3-22所示。

表3-22　辽宁装备制造业经济表现各指标在全国排名

指标	2006年		2007年	
	指标值	在全国排名	指标值	在全国排名
人均资本投入	63.21	8	63.99	9
固定资产新度	63.67	13	58.16	20
资产负债率	50.60	26	47.29	26
流动资产周转速度	57.66	19	57.28	19
平均规模	52.16	21	52.97	23
资金利税率	51.05	24	52.40	23
销售利润率	51.60	25	52.17	25
增加值率	60.73	14	59.32	16
增长率	74.17	3	64.24	13
全员劳动生产率	61.48	13	62.25	11
销售率	62.37	14	60.78	17
市场占有率	61.01	8	61.73	7
外销率	61.61	8	60.25	8
产业专业化指数	65.75	9	67.41	8

续表

指标	2006 年		2007 年	
	指标值	在全国排名	指标值	在全国排名
产业外向度指数	66.16	9	66.82	8
新产品产值率	61.26	11	58.65	14
新产品劳动生产率	60.16	9	59.14	10

2007 年，辽宁装备制造业资本、效益、市场、技术四类指标竞争力分别排在第 21 位、第 19 位、第 9 位和第 13 位。排名最靠前的是市场竞争力，居中的是技术竞争力，最差的是效益和资本竞争力。

2006 年和 2007 年两年内，排名都相对靠前（前 10 名）的指标有 6 个：人均资本投入、市场占有率、外销率、专业化指数、外向度指数和新产品劳动生产率；排名居中（第 11~20 名）的有 5 个：流动资产周转速度、增加值率、全员劳动生产率、销售率、新产品产值率；排名都比较落后（20 名之后）的指标有 4 个：资产负债率、平均规模、资金利税率、销售利润率。两年内排名变化比较大的指标有 2 个：固定资产新度和增长率，分别从第 13 位和第 3 位下降到第 20 位和第 13 位。从中很容易发现，辽宁在市场的指标上表现最好，在效益指标上表现最差。在反映市场竞争力的 5 个指标中，只有销售率指标表现欠佳，其余 4 个均排在前 10 名以内。在反映效益竞争力的 6 个指标中，增加值率、增长率和全员劳动生产率表现相对较好，但在全国也仅处于中等水平；而平均规模、资金利税率和销售利润率排名都很落后。平均规模小，说明辽宁装备制造业的企业数目虽然很多，但上规模的大企业很少。资金利税率和销售利润率低，说明辽宁装备制造业企业的盈利能力很差。

由以上的分析，可以总结出辽宁装备制造业的几个特点：资本投入较高，但负债率高，流动资产周转慢；市场竞争力较强，但重生产轻销售的问题仍然突出；企业数目较多，但缺乏有影响力的大企业；盈利能力差，效益竞争力很弱；新产品开发需要加强。

三、若干地区的优势行业分析

本节根据各地区各行业的经济表现，找出一些地区的优势行业。

（一）大类行业分析

7 大类行业各地区内部的排名如表 3-23 所示。根据各地区的优势行业，可以把装备制造业经济表现好（经济表现前 10 名）的地区大致划分为三类。第一类是通信设备、计算机及其他电子设备制造业强，代表地区有北京、天津、江苏、广东、四川。第二类是专用设备和通用设备制造业强，代表性地区如山东、浙江、河南，辽宁也属于此类，但未进入前 10 位。第三类是交通运输设备制造业强，代表性地区如吉林、上海、重庆。

表 3 - 23　2007 年各地区装备制造业 7 大类行业经济表现排名

地区＼排名	1	2	3	4	5	6	7
北京	40	41	39	35	36	37	34
天津	40	41	34	37	35	36	39
河北	39	36	41	35	40	34	37
山西	36	40	41	39	35	37	34
内蒙古	36	34	37	35	39	40	—
辽宁	36	35	37	41	39	34	40
吉林	37	34	41	40	36	39	35
黑龙江	35	39	36	41	37	34	40
上海	37	35	34	41	40	39	36
江苏	40	41	39	34	35	36	37
浙江	35	34	39	36	41	40	37
安徽	41	39	35	37	40	34	36
福建	40	39	34	36	37	35	41
江西	39	41	34	40	35	36	37
山东	34	36	35	39	40	37	41
河南	36	41	35	34	39	37	40
湖北	40	37	41	34	35	39	36
湖南	36	34	39	41	35	37	40
广东	40	37	41	39	34	36	35
广西	36	39	37	40	41	35	34
海南	40	39	37	34	36	35	—
重庆	37	39	35	40	41	34	36
四川	40	35	36	39	34	41	37
贵州	40	41	37	35	36	39	34
云南	40	41	39	34	37	35	36
陕西	39	37	41	36	35	40	34
甘肃	40	36	35	37	34	39	41

续表

排名　地区	1	2	3	4	5	6	7
青海	41	39	35	34	37	36	—
宁夏	36	35	39	41	34	37	—
新疆	39	40	41	36	35	34	37

注：代码所代表的行业分别是 34：金属制品业；35：通用设备制造业；36：专用设备制造业；37：交通运输设备制造业；39：电气机械及器材制造业；40：通信设备、计算机及其他电子设备制造业；41：仪器仪表及文化办公用机械制造业。

我们只比较几个代表性地区。

1. 环渤海的北京、天津、山东

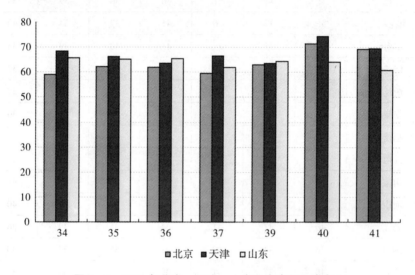

图 3 - 9　2007 年北京、天津、山东 7 大类行业竞争力

如图 3 - 9 所示，2007 年，北京竞争力前 3 名是通信设备、计算机及其他电子设备制造业，仪器仪表及文化办公用机械制造业和电气机械及器材制造业。

天津排名前 2 位的与北京相同，但金属制品业位居第 3。

山东省竞争力最强的是金属制品业，专用设备和通用设备制造业紧随其后，仪器仪表及文化办公用机械制造业最弱。

2. 广东

2007 年广东省竞争力排前 3 名的是通信设备、计算机及其他电子设备制造业，交通运输设备制造业和仪器仪表及文化办公用制造业，专用设备和通用设备制造业是广东相对弱势的产业，在本省排在最后两位，如图 3 – 10 所示。

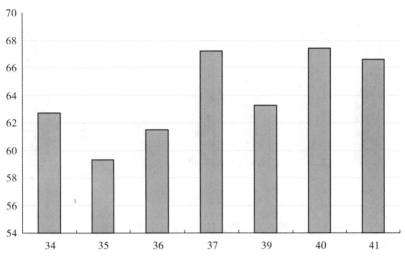

图 3 – 10　2007 年广东 7 大类行业竞争力

3. 长三角的上海、江苏、浙江

如图 3 – 11 所示，上海的交通运输设备制造业、通用设备制造业和金属制品业排在前 3 位，专用设备制造业最弱。

江苏竞争力最强的 3 个行业是通信设备、计算机及其他电子设备制造业，仪器仪表及文化办公用机械制造业和电气机械及器材制造业，而通用设备、专用设备和交通运输设备制造业排在后 3 位。

浙江的通用设备、金属制品和电气机械及器材制造业位居前 3 名，而交通运输设备制造业最弱。

4. 东北三省：辽宁、吉林、黑龙江

辽宁省竞争力排在前 3 名的是专用设备制造业、通用设备制造业和交通运输设备制造业，通信设备计算机及其他电子设备最弱。

吉林最强的是交通运输设备制造业，其次为金属制品业和仪器仪表及文化办公用机械制造业，通用设备制造业最弱。

如图 3 – 12 所示，黑龙江的通用设备制造业、电气机械及器材制造业和专用设备制造业最强，最弱的是通信设备计算机及其他电子设备。

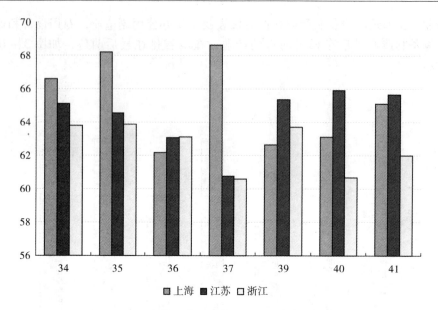

图 3 – 11　2007 年上海、江苏、浙江 7 大类行业竞争力

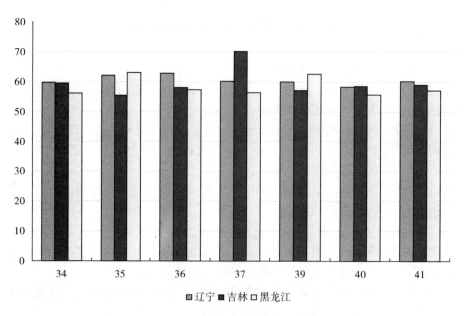

图 3 – 12　2007 年辽宁、吉林、黑龙江 7 大类行业竞争力

（二）小类行业分析

为了更清楚地选出各省竞争力强的行业，我们考察了各省小类行业在全国的排名。表 3 – 24 列出了各地区在全国排名前 10 位的小类行业数目。江苏、山东、上海、浙江、广东、北京、天津、辽宁、四川、河南这 10 个地区排名全国前 10 位的小类行业数目占本地区小类行业总数的比重都超过了 50%，其中江苏、山东超过了 80%，上海、浙江、广东超过 70%，北京为 67.1%。这 10 个省份中有 8 个是装备制造业竞争力排名前 10 位的省份。

表 3-24　2007 年各省进入全国前 10 名的小类行业数

	参与排名小类数	前 10 小类数	占前 10 小类比重（%）	占本省小类比重（%）
江苏	168	140	9.33	83.33
广东	165	118	7.86	71.52
浙江	164	120	7.99	73.17
上海	163	125	8.33	76.69
山东	163	136	9.06	83.44
辽宁	162	88	5.86	54.32
河南	153	79	5.26	51.63
天津	152	91	6.06	59.87
北京	151	102	6.80	67.55
四川	150	87	5.80	58.00
湖南	147	67	4.46	45.58
湖北	146	51	3.40	34.93
福建	145	56	3.73	38.62
河北	138	49	3.26	35.51
安徽	135	43	2.86	31.85
陕西	125	37	2.47	29.60
江西	116	34	2.27	29.31
吉林	115	35	2.33	30.43
黑龙江	113	26	1.73	23.01
广西	111	40	2.66	36.04
重庆	108	14	0.93	12.96
山西	92	14	0.93	15.22
甘肃	82	13	0.87	15.85
贵州	68	14	0.93	20.59
云南	68	13	0.87	19.12
内蒙古	64	14	0.93	21.88
新疆	42	11	0.73	26.19

	参与排名小类数	前 10 小类数	占前 10 小类比重（%）	占本省小类比重（%）
宁夏	33	12	0.80	36.36
海南	19	6	0.40	31.58
青海	18	6	0.40	33.33
合计	3308	1501	100.00	—

从各地区在全国排名前 10 位的行业中再选出在地区内排名前 50 位的行业，也就是说这些行业不仅在各地区内部而且在全国排名都比较靠前（大致上是前 1/3），它们是各地区有竞争优势的行业。只考察几个有代表性的地区。

表 3 – 25　　2007 年若干地区前 50 名且进入全国前 10 名的小类行业数

大类代码 地区	34	35	36	37	39	40	41
广东	2	1	11	6	8	11	11
上海	4	9	15	5	4	4	9
江苏	2	11	8	7	4	11	6
浙江	2	11	16	3	8	4	6
北京	1	8	13	3	3	10	12
天津	3	9	12	5	6	7	8
山东	1	7	20	5	4	5	6
四川	1	8	14	8	5	10	4
吉林	2	7	8	4	4	3	4
辽宁	0	12	14	7	4	3	8

广东省内前 50 名的行业全都进入了全国前 10 名。金属制品业 2 个、通用设备制造业 1 个、专用设备制造业 11 个、交通运输设备制造业 6 个、电气机械及器材制造业 8 个、通信设备、计算机及其他电子设备制造业和仪器仪表及文化办公用机械制造业各 11 个。

上海前 50 名的行业全都进入全国前 10 名，金属制品业 4 个，通用设备制造业 9 个，专用设备制造业 15 个、交通运输设备制造业 5 个，电气机械及器材制造业 4 个、通信设备、计算机及其他电子设备制造业 4 个、仪器仪表及文化办公用机械制造业 9 个。

　　江苏前50名的行业进入全国前10位的有49个，金属制品业2个，通用设备制造业11个，专用设备制造业8个、交通运输设备制造业7个、电气机械及器材制造业4个、通信设备计算机及其他电子设备制造业11个、仪器仪表及文化办公用机械制造业6个。

　　浙江前50名的行业全都进入了全国前10位。金属制品业2个，通用设备制造业11个，专用设备制造业16个、交通运输设备制造业3个、电气机械及器材制造业8个、通信设备计算机及其他电子设备制造业4个、仪器仪表及文化办公用机械6个。

　　北京前50名的行业全都进入全国前10位。金属制品业1个，通用设备制造业8个，专用设备制造业13个、交通运输设备制造业3个、电气机械及器材制造业3个、通信设备计算机及其他电子设备制造业10个、仪器仪表及文化办公用机械12个。

　　天津前50名的行业全都进入全国前10位。金属制品业3个，通用设备制造业9个，专用设备制造业12个、交通运输设备制造业5个、电气机械及器材制造业6个、通信设备计算机及其他电子设备制造业7个、仪器仪表及文化办公用机械8个。

　　山东前50名的行业有48个进入全国前10位。金属制品业1个，通用设备制造业7个，专用设备制造业20个、交通运输设备制造业5个、电气机械及器材制造业4个、通信设备计算机及其他电子设备制造业5个、仪器仪表及文化办公用机械6个。

　　四川前50名的行业都进入了全国前10位。金属制品业1个，通用设备制造业8个，专用设备制造业14个、交通运输设备制造业8个、电气机械及器材制造业5个、通信设备计算机及其他电子设备制造业10个、仪器仪表及文化办公用机械4个。

　　吉林前50名的行业有32个进入全国前10位。金属制品业2个，通用设备制造业7个，专用设备制造业8个、交通运输设备制造业4个、电气机械及器材制造业4个、通信设备计算机及其他电子设备制造业3个、仪器仪表及文化办公用机械4个。

　　辽宁前50名的行业进入全国前10位的有48个。金属制品业没有，通用设备制造业12个、专用设备制造业14个、交通运输装备制造业7个、电气机械及器材制造业4个、通信设备计算机及其他电子设备3个、仪器仪表及文化办公用机械制造业8个。辽宁的优势行业如表3-27所示。

表 3 - 26　装备制造业基本情况及结构情况指标及权重

	指标	权重
规模表现	总体规模（装备制造业工业总产值占全国比重）	0.5
	产业完备性（地区小类行业数占全部小类行业数的比重）	0.5
结构表现	通用设备制造业	0.3086
	专用设备制造业	0.1929
	电气机械及器材制造业	0.1378
	交通运输设备制造业	0.1148
	金属制品业	0.0820
	通信设备、计算机及其他电子设备制造业	0.0820
	仪器仪表及文化办公用机械制造业	0.0820
经济表现	资本 0.0987	人均资本投入	0.0190
		固定资产新度	0.0183
		资产负债率	0.0216
		流动资产周转速度	0.0398
	效益 0.3297	平均规模	0.0206
		资金利税率	0.0399
		销售利润率	0.0890
		增加值率	0.0505
		增长率	0.0510
		全员劳动生产率	0.0787
	市场 0.3683	销售率	0.0828
		市场占有率	0.1233
		外销率	0.0473
		产业专业化指数	0.0798
		产业外向度指数	0.0352
	技术 0.2033	新产品产值率	0.0922
		新产品劳动生产率	0.1111

表 3 - 27　2007 年辽宁省内前 50 名且占全国前 10 位的小类行业

大类代码	行业代码	行业名称	竞争力	省内排名	全国排名
35	3514	水轮机及辅机制造	67.54	7	2
	3521	金属切削机床制造	67.75	5	1
	3524	金属切割及焊接设备制造	61.33	35	8
	3525	机床附件制造	64.19	13	2
	3529	其他金属加工机械制造	69.73	3	1
	3541	泵及真空设备制造	60.89	42	4
	3551	轴承制造	61.88	28	5
	3571	风机、风扇制造	63.12	19	3
	3573	制冷、空调设备制造	62.23	26	6
	3579	其他通用设备制造	61.35	34	4
	3583	机械零部件加工及设备修理	62.95	20	2
	3591	钢铁铸件制造	60.75	46	9
36	3611	采矿、采石设备制造	63.56	17	2
	3615	冶金专用设备制造	67.45	8	1
	3621	炼油、化工生产专用设备制造	62.49	23	4
	3641	制浆和造纸专用设备制造	61.03	41	6
	3643	日用化工专用设备制造	72.08	1	1
	3652	皮革、毛皮及其制品加工专用设备制造	64.56	11	2
	3662	电子工业专用设备制造	61.64	31	5
	3669	航空、航天及其他专用设备制造	64.77	9	4
	3671	拖拉机制造	62.28	24	4
	3681	医疗诊断、监护及治疗设备制造	64.10	14	1
	3684	医疗、外科及兽医用器械制造	60.69	48	7
	3695	社会公共安全设备及器材制造	61.43	33	4
	3696	交通安全及管制专用设备制造	71.45	2	1
	3699	其他专用设备制造	61.31	36	5

大类代码	行业代码	行业名称	竞争力	省内排名	全国排名
37	3713	铁路机车车辆配件制造	61.11	39	9
	3719	其他铁路设备制造及设备修理	63.99	15	3
	3732	摩托车零部件及配件制造	61.97	27	4
	3751	金属船舶制造	63.58	16	3
	3753	娱乐船和运动船的建造和修理	67.71	6	1
	3761	飞机制造及修理	61.77	29	5
	3762	航天器制造	60.71	47	4
39	3919	微电机及其他电机制造	60.82	45	7
	3921	变压器、整流器和电感器制造	61.04	40	10
	3991	车辆专用照明及电气信号设备制造	61.18	37	4
	3999	其他未列明的电气机械制造	60.82	44	6
40	4020	雷达及配套设备制造	64.46	12	2
	4031	广播电视节目制作及发射设备制造	62.26	25	6
	4051	电子真空器件制造	64.75	10	3
41	4115	试验机制造	61.60	32	5
	4122	汽车及其他用计数仪表制造	62.60	22	5
	4123	导航、气象及海洋专用仪器制造	60.58	50	8
	4125	地质勘探和地震专用仪器制造	62.91	21	3
	4127	核子及核辐射测量仪器制造	61.14	38	7
	4129	其他专用仪器制造	60.68	49	7
	4154	复印和胶印设备制造	68.76	4	1
	4155	计算器及货币专用设备制造	61.76	30	8

注：表中大类代码所代表的行业分别是 34：金属制品业；35：通用设备制造业；36：专用设备制造业；37：交通运输设备制造业；39：电气机械及器材制造业；40：通信设备、计算机及其他电子设备制造业；41：仪器仪表及文化办公用机械制造业。

第四节　装备制造业各行业竞争力分析

本部分主要分析装备制造业 7 大类行业的竞争力，分别找出在每类行业上竞争力较强的地区。首先针对大类行业进行跨地区的比较，其次对辽宁进行单独分析。

一、7 大类行业竞争力地区排名比较

2006 年和 2007 年 7 大类行业竞争力的地区排名如表 3 – 28 和表 3 – 29 所示。下面分别对 7 大类行业进行分析。

表 3 – 28　2006 年 7 大类行业的竞争力排名

大类代码 排名	34	35	36	37	39	40	41
1	天津	上海	北京	上海	江苏	天津	北京
2	江苏	黑龙江	山东	吉林	山东	广东	青海
3	浙江	山东	浙江	广东	上海	北京	天津
4	吉林	江苏	江苏	天津	新疆	上海	广东
5	山东	浙江	湖南	重庆	广东	江苏	上海
6	广东	四川	天津	湖北	浙江	山东	江苏
7	上海	湖南	宁夏	海南	北京	福建	四川
8	河南	天津	辽宁	山东	广西	湖北	浙江
9	福建	北京	上海	江苏	天津	云南	吉林
10	云南	辽宁	河南	广西	重庆	四川	新疆
11	四川	重庆	四川	宁夏	四川	新疆	山东
12	贵州	河南	内蒙古	辽宁	河北	浙江	安徽
13	北京	宁夏	广西	浙江	海南	安徽	湖北
14	江西	福建	广东	安徽	安徽	辽宁	湖南
15	广西	广东	甘肃	北京	陕西	重庆	江西
16	辽宁	安徽	山东	福建	湖南	吉林	重庆
17	湖南	湖北	福建	内蒙古	河南	黑龙江	陕西
18	湖北	河北	河北	陕西	辽宁	广西	辽宁
19	安徽	陕西	陕西	青海	江西	海南	河南
20	河北	甘肃	安徽	四川	湖北	江西	云南
21	甘肃	江西	吉林	河南	黑龙江	湖南	河北
22	海南	新疆	贵州	湖南	宁夏	河北	山西
23	内蒙古	广西	重庆	江西	云南	陕西	福建
24	陕西	吉林	江西	河北	福建	内蒙古	广西
25	青海	内蒙古	湖北	云南	青海	甘肃	黑龙江
26	重庆	云南	黑龙江	黑龙江	内蒙古	山西	贵州
27	新疆	青海	海南	山西	甘肃	宁夏	宁夏
28	山西	山西	云南	贵州	吉林	河南	甘肃

续表

排名　　　大类代码	34	35	36	37	39	40	41
29	黑龙江	贵州	新疆	甘肃	山西	贵州	—
30	宁夏	海南	青海	新疆	贵州	—	—

注：代码所代表的行业分别是 34：金属制品业；35：通用设备制造业；36：专用设备制造业；37：交通运输设备制造业；39：电气机械及器材制造业；40：通信设备、计算机及其他电子设备制造业；41：仪器仪表及文化办公用机械制造业。

表 3 – 29　2007 年 7 大类行业的竞争力排名

排名　　　大类代码	34	35	36	37	39	40	41
1	天津	上海	湖南	吉林	新疆	天津	天津
2	上海	天津	山东	上海	江苏	北京	北京
3	山东	山东	天津	广东	山东	广东	广东
4	江苏	江苏	广西	天津	青海	四川	青海
5	浙江	浙江	四川	重庆	浙江	新疆	江苏
6	广东	四川	浙江	山东	天津	江苏	上海
7	湖南	黑龙江	江苏	湖北	广东	山东	河南
8	河南	辽宁	河南	江苏	北京	海南	浙江
9	四川	北京	辽宁	浙江	上海	湖北	安徽
10	内蒙古	河南	上海	河南	黑龙江	上海	新疆
11	福建	重庆	北京	广西	四川	福建	山东
12	江西	湖南	广东	海南	海南	云南	湖南
13	辽宁	安徽	内蒙古	辽宁	重庆	重庆	江西
14	吉林	宁夏	宁夏	福建	江西	浙江	云南
15	北京	广东	福建	安徽	陕西	江西	辽宁
16	湖北	福建	山西	陕西	安徽	安徽	湖北
17	重庆	河北	河北	北京	河北	山西	四川
18	河北	湖北	陕西	四川	福建	吉林	陕西
19	安徽	陕西	吉林	湖南	湖南	贵州	重庆
20	海南	江西	江西	河北	河南	辽宁	河北
21	云南	内蒙古	甘肃	江西	广西	河北	吉林
22	黑龙江	青海	湖北	内蒙古	辽宁	甘肃	山西
23	新疆	新疆	黑龙江	黑龙江	宁夏	河南	宁夏
24	甘肃	甘肃	重庆	云南	湖北	广西	福建

续表

大类代码 排名	34	35	36	37	39	40	41
25	广西	云南	安徽	贵州	云南	黑龙江	贵州
26	陕西	吉林	新疆	甘肃	吉林	陕西	黑龙江
27	宁夏	广西	海南	山西	山西	内蒙古	广西
28	青海	贵州	贵州	新疆	内蒙古	湖南	甘肃
29	贵州	山西	云南	青海	甘肃	—	—
30	山西	海南	青海	宁夏	贵州	—	—

注：代码所代表的行业与表3-28相同。

（一）金属制品业

金属制品业竞争力较强的主要是长三角3省市、环渤海的天津、山东，珠三角的广东，中西部的河南、湖南、四川等地区竞争力也较强。

金属制品业，两年内都进入前10位的地区有天津、江苏、浙江、山东、广东、河南、上海7个地区，两年的排名略有变化。吉林从第4位下降到第14位，云南从第10位下降到第21位，福建从第9位下降到第11位。取代这三个地区的是湖南、四川、内蒙古，四川从第11位上升为第9位，变化还算稳定，湖南、内蒙古则分别从第17位、第23位上升为第7位、第10位，变化剧烈。

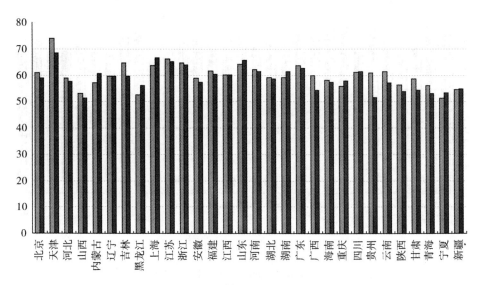

图3-13　2006年和2007年金属制品业竞争力

为进一步看清金属制品业竞争力的地区分布，把 2007 年金属制品业中类行业排名前 5 位的地区列于表 3 - 30。

表 3 - 30　2007 年金属制品业中类行业排名前 5 位的地区

行业代码	行业名称	排名				
		1	2	3	4	5
341	结构性金属制品制造	浙江	山东	广东	江苏	四川
342	金属工具制造	天津	湖南	江苏	上海	山东
343	集装箱及金属包装容器制造	上海	天津	江苏	广东	内蒙古
345	建筑、安全用金属制品制造	上海	山东	浙江	福建	湖南

（二）通用设备制造业

通用设备制造业竞争力强的地区主要在长三角 3 省市、环渤海的北京、天津、山东，东北的辽宁、黑龙江。

通用设备制造业，两年中都进入前 10 名的地区是上海、黑龙江、山东、江苏、浙江、四川、北京、天津、辽宁 9 个地区，排名略有变化，其中辽宁由第 10 位上升到第 8 位。湖南从第 7 位下降为第 12 位，河南从第 12 位上升为第 10 位，如图 3 - 14 所示。

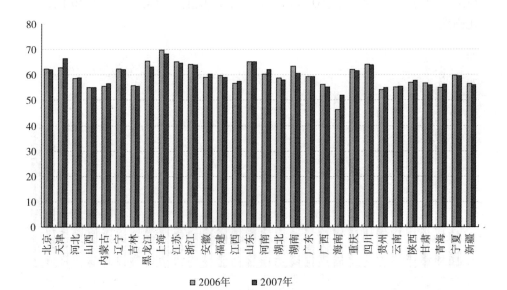

图 3 - 14　2006 年和 2007 年通用设备制造业竞争力

2007 年通用设备制造业中类行业排名前 5 位的地区如表 3 - 31 所示。

表 3 - 31　2007 年通用设备制造业中类行业排名前 5 位的地区

行业代码	行业名称	排名				
		1	2	3	4	5
351	锅炉及原动机制造	上海	四川	黑龙江	天津	重庆
352	金属加工机械	辽宁	新疆	宁夏	江苏	山东
353	起重运输机械	上海	天津	江苏	浙江	安徽
354	泵、阀门、压缩机及类似机械	浙江	上海	山东	江苏	北京
355	轴承、齿轮、传动和驱动部件	天津	浙江	重庆	新疆	山东
356	烘炉、熔炉及电炉制造	北京	天津	上海	江苏	广东
357	风机、衡器、包装设备等通用设备	天津	江苏	浙江	北京	辽宁
358	通用零部件制造及机械修理	浙江	山东	重庆	青海	江苏
359	金属铸、锻加工	北京	山东	宁夏	河南	安徽

（三）专用设备制造业

专用设备制造业竞争力较强的主要是长三角 3 省市、环渤海的山东、天津、辽宁，以及中部的湖南、河南等地区。

专用设备制造业，两年都进入前 10 位的有山东、浙江、江苏、湖南、天津、河南、辽宁、上海 8 个地区。北京和宁夏下降较多，分别从第 1 位、第 7 位变为第 11 位和第 14 位。2007 年新进入前 10 名的是广西、四川，分别从第 13 位和第 11 位上升为第 4 位和第 5 位，如图 3 - 15 所示。

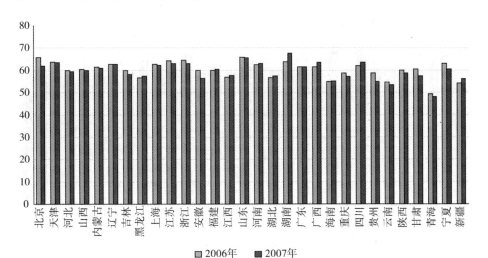

图 3 - 15　2006 年和 2007 年专用设备制造业竞争力

2007 年专用设备制造业中类行业排名前 5 位的地区如表 3－32 所示。

表 3－32 2007 年专用设备制造业中类行业排名前 5 位的地区

行业代码	行业名称	排名				
		1	2	3	4	5
361	矿山、冶金、建筑等专用设备	湖南	辽宁	山东	四川	广西
362	化工、木材、非金属加工专用设备	天津	浙江	广东	黑龙江	江苏
363	食品、饮料、烟草及饲料生产专用设备	天津	浙江	河南	江苏	山东
364	印刷、制药、日化生产专用设备	上海	河南	山东	天津	广东
365	纺织、服装和皮革工业专用设备	浙江	陕西	江苏	山东	甘肃
366	电子和电工机械专用设备	内蒙古	宁夏	山西	广东	山东
367	农、林、牧、渔专用机械制造	山东	天津	河南	浙江	北京
368	医疗仪器设备及器材制造	北京	上海	辽宁	广东	山东
369	环保、社会公共安全及其他专用设备	北京	浙江	江苏	广西	辽宁

（四）交通运输设备制造业

交通运输设备制造业竞争力较强有长三角的上海、江苏，长三角的广东，环渤海的天津、山东，东北的吉林，中西部的重庆、湖北。

交通运输设备制造业，两年都进入前 10 位的有上海、吉林、广东、天津、重庆、湖北、山东、江苏 8 个地区。海南、广西分别由第 7 位、第 10 位下降到第 12 位、第 11 位。浙江由第 13 位上升到第 10 位，变化大的是河南，由第 21 位上升到第 10 位，如图 3－16 所示。

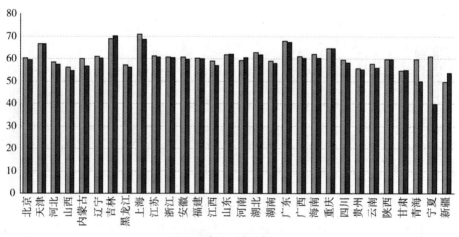

图 3－16 2006 年和 2007 年交通运输设备制造业竞争力

2007 年交通运输设备制造业中类行业排名前 5 位的地区如表 3 - 33 所示。

表 3 - 33　2007 年交通运输设备制造业中类行业排名前 5 位的地区

行业代码	行业名称	排名				
		1	2	3	4	5
371	铁路运输设备制造	上海	湖南	云南	吉林	内蒙古
372	汽车制造	吉林	广东	上海	天津	重庆
373	摩托车制造	重庆	广东	广西	天津	浙江
375	船舶及浮动装置	上海	江苏	辽宁	河南	浙江
376	航空航天器制造	福建	陕西	天津	贵州	四川
379	交通器材及其他交通运输设备制造	天津	山东	山西	贵州	广西

（五）电气机械及器材制造业

电气机械及器材制造业竞争力较强的是长三角 3 省市，环渤海的北京、天津、山东，长三角的广东，西部的新疆。

电气机械及器材制造业，两年都进入前 10 位的有新疆、山东、江苏、浙江、上海、广东、北京、天津 8 个地区。广西、重庆被青海、黑龙江取代。重庆由第 10 位下降到第 13 位，而广西从第 8 位下降到第 21 位。青海由第 25 位上升到第 4 位，黑龙江由第 21 位上升到第 10 位，如图 3 - 17 所示。

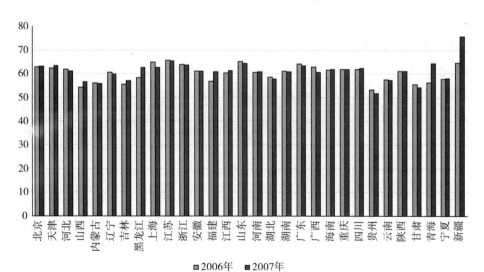

图 3 - 17　2006 年和 2007 年电气机械及器材制造业竞争力

2007 年电气机械及器材制造业中类行业排名前 5 位的地区如表 3 - 34 所示。

表 3 - 34　2007 年电气机械及器材制造业中类行业排名前 5 位的地区

行业代码	行业名称	排名				
		1	2	3	4	5
391	电机制造	新疆	青海	四川	黑龙江	江苏
392	输配电及控制设备制造	江苏	北京	广东	湖南	浙江
393	电线、电缆、光缆及电工器材制造	江苏	山东	重庆	广东	安徽
394	电池制造	广东	天津	新疆	江西	浙江
397	照明器具制造	新疆	青海	广东	浙江	天津
399	其他电器机械及器材制造	河北	山东	上海	广西	天津

（六）通信、计算机及其他电子设备制造业

通信、计算机及其他电子设备制造业竞争力较强的是广东，长三角的江苏、上海，环渤海的北京、天津、山东，中西部四川、福建、湖南等地也表现不错。

通信、计算机及其他电子设备制造业，两年都进入前 10 位的是天津、北京、广东、江苏、山东、湖北、四川、上海 8 个地区，新疆和海南取代福建和云南进入前 10 位。福建由第 7 位下降到第 11 位，云南由第 9 位下降到第 12 位。新疆和海南分别从第 11 位和第 19 位上升到第 5 位和第 8 位。

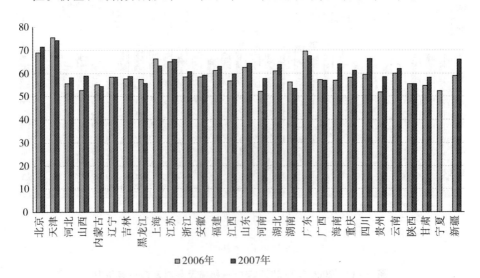

图 3 - 18　2006 年和 2007 年通信、计算机及其他电子设备制造业竞争力

2007 年通信、计算机及其他电子设备制造业中类行业排名前 5 位的地区如表 3 – 35 所示。

表 3 – 35 2007 年通信、计算机及其他电子设备制造业中类行业排名前 5 位的地区

行业 代码	行业名称	排名				
		1	2	3	4	5
401	通信设备制造	天津	广东	北京	山东	上海
402	雷达及配套设备制造	四川	辽宁	安徽	陕西	江苏
403	广播电视设备制造	广东	江苏	江西	北京	浙江
404	电子计算机制造	北京	湖北	天津	云南	山东
405	电子器件制造	天津	江苏	四川	海南	广东
406	电子元件制造	广东	天津	江苏	新疆	山东
409	其他电子设备制造	安徽	天津	江苏	北京	云南

（七）仪器仪表及文化办公用机械制造业

仪器仪表及文化办公用机械制造业竞争力较强的有广东，长三角 3 省市，环渤海的北京、天津，西部的青海、新疆也表现不俗。

仪器仪表及文化办公用机械制造业，两年都进入前 10 名的有北京、青海、天津、广东、江苏、上海、浙江、新疆 8 个地区。四川由第 7 位跌到第 17 位，吉林由第 9 位跌到第 21 位，而安徽由第 12 位升到第 9 位，河南由第 19 位升到第 7 位，如图 3 – 19 所示。

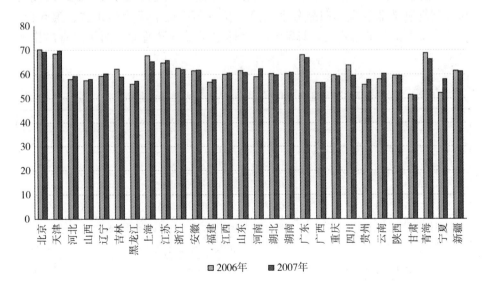

图 3 – 19 2006 年和 2007 年仪器仪表及文化办公用机械制造业竞争力

2007 年仪器仪表及文化办公用机械制造业中类行业排名前 5 位的地区如表 3 - 36 所示。

表 3 - 36　2007 年仪器仪表及文化办公用机械制造业中类行业排名前 5 位的地区

行业代码	行业名称	排名				
		1	2	3	4	5
411	通用仪器仪表制造	北京	浙江	江苏	上海	贵州
412	专用仪器仪表制造	云南	上海	陕西	北京	福建
414	光学仪器及眼镜制造	河北	广东	江苏	江西	山西
415	文化、办公机械制造	天津	河南	广东	北京	江苏
419	其他仪器仪表的制造和修理	北京	安徽	湖北	广东	重庆

二、辽宁装备制造业各行业竞争力排名分析

辽宁竞争力最强的专用设备制造业、通用设备制造业和交通运输设备制造业，但这 3 个行业在全国也只是在中上游之间徘徊。其他行业竞争力在全国均处于中下游，最差的是通信设备、计算机及其他电子设备制造业。

表 3 - 37 列出了 2006 年和 2007 年辽宁 7 大类行业的竞争力得分及省内排名。从辽宁内部来看，竞争力较强的是专用设备制造业、通用设备制造业和交通运输设备制造业，这 3 大行业的省内排名在两年内没有变化，都位居前 3。仪器仪表及文化、办公用机械制造业从第 6 位上升为第 4 位，电气机械及器材制造业、金属制品分别从第 4 位、第 5 位下降为第 5 位、第 6 位。竞争力最差的是通信设备、计算机及其他电子设备制造业，两年内省内排名都垫底。

表 3 - 37　辽宁 2006 年和 2007 年 7 大类行业竞争力

2006 年		2007 年	
行业	竞争力	行业	竞争力
专用设备制造业	62.85	专用设备制造业	62.80
通用设备制造业	62.32	通用设备制造业	62.20
交通运输设备制造业	60.89	交通运输设备制造业	60.17
电气机械及器材制造业	60.45	仪器仪表及文化、办公用机械	60.08
金属制品业	59.55	电气机械及器材制造业	59.89
仪器仪表及文化、办公用机械	59.11	金属制品业	59.66
通信设备、计算机及其他电子设备	58.31	通信、计算机及其他电子设备	58.24

　　表 3－38 是 2006 年和 2007 年辽宁 7 大类行业竞争力在全国的排名。从中可以看出，辽宁的地位是比较尴尬的。在 30 个地区中，辽宁 7 大类行业的竞争力几乎都在中下水平。专用设备制造业 2006 年排第 8 位，2007 年排第 9 位；通用设备制造业则从 2006 年的第 10 位上升为 2007 年的第 8 位。可见，这两个行业的竞争力虽然处于前列，但谈不上领先。辽宁省内第三强的交通运输设备制造业 2006 年和 2007 年在全国排名仅排第 12 位和第 13 位。其他几个行业在全国的地位则更为落后。

表 3－38　辽宁 7 大类行业竞争力在全国排名

行业	排名	
	2006 年	2007 年
金属制品业	16	13
通用设备制造业	10	8
专用设备制造业	8	9
交通运输设备制造业	12	13
电气机械及器材制造业	18	22
通信设备、计算机及其他电子设备	14	20
仪器仪表及文化、办公用机械	18	15

　　从中类行业来看，2007 年辽宁装备制造业 46 个中类行业中在全国排名前 10 的有 16 个，比 2006 年减少 3 个；其中金属制品业 1 个、通用设备制造业 5 个、专用设备制造业 3 个、交通运输设备制造业 3 个、电气机械及器材 1 个、通信设备、计算机及其他电子设备制造业 2 个、仪器仪表及文化办公用机械制造业 1 个。第 11～15 名的 17 个，与 2006 年相同；其中，金属制品业 2 个、通用设备制造业 3 个、专用设备制造业 3 个、交通运输设备制造业 2 个、电气机械及器材制造业 3 个、通信设备计算机及其他电子设备制造业 2 个、仪器仪表及文化办公用机械制造业 2 个。

　　表 3－39 列出了在辽宁省内排名前 20 位并且进入全国前 10 名的中类行业，共有 14 个。其中：金属制品业 1 个、通用设备制造业 4 个、专用设备制造业 3 个、交通运输设备制造业 3 个、电气机械及器材制造业 1 个，通信设备计算机及其他电子设备制造业 2 个。这 14 个行业不仅在辽宁省内具有较强的竞争力，而且在全国也处于上游水平。

表 3 - 39　2007 年辽宁前 20 位、全国前 10 位的中类行业

行业代码	行业名称	省内排名	全国排名
352	金属加工机械	1	1
402	雷达及配套设备制造	2	2
375	船舶及浮动装置	3	3
368	医疗仪器设备及器材制造	4	3
357	风机、衡器、包装设备等通用设备	5	5
361	矿山、冶金、建筑等专用设备	6	2
376	航空航天器制造	7	8
369	环保、社会公共安全及其他专用设备	8	5
355	轴承、齿轮、传动和驱动部件	9	9
371	铁路运输设备制造	10	9
409	其他电子设备制造	11	10
345	建筑、安全用金属制品制造	12	7
399	其他电器机械及器材制造	17	10
353	起重运输机械	18	6

辽宁省中类行业竞争力在全国和省内的具体排名如表 3 - 40 所示。

表 3 - 40　2007 年辽宁中类行业在全国排名

行业代码	行业名称	2007 年		2006 年		排名变化
		竞争力	在全国排名	竞争力	在全国排名	
352	金属加工机械	67.49	1	68.88	1	0
361	矿山、冶金、建筑等专用设备	62.52	2	63.00	2	0
402	雷达及配套设备制造	67.12	2	69.89	2	0
368	医疗仪器设备及器材制造	62.72	3	64.01	4	1
375	船舶及浮动装置	63.71	3	65.35	3	0
357	风机、衡器、包装设备等通用设备	62.58	5	64.14	3	-2
369	环保、社会公共安全及其他专用设备	62.19	5	62.26	7	2
353	起重运输机械	60.31	6	60.29	9	3
345	建筑、安全用金属制品制造	61.03	7	61.43	8	1
356	烘炉、熔炉及电炉制造	59.90	8	58.85	12	4

续表

行业代码	行业名称	2007 年		2006 年		排名变化
		竞争力	在全国排名	竞争力	在全国排名	
376	航空航天器制造	62.49	8	62.56	6	−2
355	轴承、齿轮、传动和驱动部件	61.81	9	61.86	8	−1
371	铁路运输设备制造	61.33	9	61.09	15	6
415	文化、办公机械制造	59.33	9	59.77	11	2
399	其他电器机械及器材制造	60.33	10	58.87	12	2
409	其他电子设备制造	61.25	10	64.92	4	−6
358	通用零部件制造及机械修理	60.46	11	60.73	7	−4
366	电子和电工机械专用设备	60.75	11	60.20	15	4
412	专用仪器仪表制造	59.68	11	59.10	16	5
343	集装箱及金属包装容器制造	59.95	12	60.26	12	0
354	泵、阀门、压缩机及类似机械	59.59	12	60.03	12	0
359	金属铸、锻加工	60.75	12	60.40	15	3
405	电子器件制造	60.05	12	62.51	6	−6
341	结构性金属制品制造	59.23	14	59.80	15	1
362	化工、木材、非金属加工专用设备	60.23	14	60.39	13	−1
364	印刷、制药、日化生产专用设备	59.47	14	60.40	10	−4
372	汽车制造	59.55	14	60.28	12	−2
373	摩托车制造	57.66	14	61.76	5	−9
391	电机制造	60.44	14	60.56	13	−1
392	输配电及控制设备制造	60.19	14	61.12	14	0
393	电线、电缆、光缆及电工器材制造	59.41	14	59.73	12	−2
419	其他仪器仪表的制造和修理	59.65	14	57.75	15	1
403	广播电视设备制造	60.20	15	61.94	9	−6
351	锅炉及原动机制造	58.32	16	57.97	16	0
365	纺织、服装和皮革工业专用设备	58.44	16	58.39	14	−2
411	通用仪器仪表制造	59.41	16	59.53	12	−4
342	金属工具制造	58.05	17	57.87	18	1
363	食品、饮料、烟草及饲料生产专用设备	58.44	17	58.60	16	−1

续表

行业代码	行业名称	2007 年		2006 年		排名变化
		竞争力	在全国排名	竞争力	在全国排名	
404	电子计算机制造	58.27	18	57.57	20	2
397	照明器具制造	58.03	20	57.72	19	−1
414	光学仪器及眼镜制造	58.59	20	56.25	23	3
367	农、林、牧、渔专用机械制造	57.81	21	60.50	8	−13
379	交通器材及其他交通运输设备制造	58.36	21	57.87	20	−1
406	电子元件制造	58.10	23	57.80	19	−4
401	通信设备制造	55.43	24	56.37	22	−2
394	电池制造	56.82	25	60.63	9	−16

表 3 – 41 2007 年辽宁省中类行业省内排名

行业代码	行业名称	2007 年		2006 年		排名变化
		竞争力	省内排名	竞争力	省内排名	
352	金属加工机械	67.49	1	68.88	2	1
402	雷达及配套设备制造	67.12	2	69.89	1	−1
375	船舶及浮动装置	63.71	3	65.35	3	0
368	医疗仪器设备及器材制造	62.72	4	64.01	6	2
357	风机、衡器、包装设备等通用设备	62.58	5	64.14	5	0
361	矿山、冶金、建筑等专用设备	62.52	6	63.00	7	1
376	航空航天器制造	62.49	7	62.56	8	1
369	环保、社会公共安全及其他专用设备	62.19	8	62.26	10	2
355	轴承、齿轮、传动和驱动部件	61.81	9	61.86	12	3
371	铁路运输设备制造	61.33	10	61.09	16	6
409	其他电子设备制造	61.25	11	64.92	4	−7
345	建筑、安全用金属制品制造	61.03	12	61.43	14	2
366	电子和电工机械专用设备	60.75	13	60.20	27	14
359	金属铸、锻加工	60.75	14	60.40	21	7
358	通用零部件制造及机械修理	60.46	15	60.73	17	2
391	电机制造	60.44	16	60.56	19	3

行业代码	行业名称	2007 年		2006 年		排名变化
		竞争力	省内排名	竞争力	省内排名	
399	其他电器机械及器材制造	60.33	17	58.87	34	17
353	起重运输机械	60.31	18	60.29	24	6
362	化工、木材、非金属加工专用设备	60.23	19	60.39	23	4
403	广播电视设备制造	60.20	20	61.94	11	-9
392	输配电及控制设备制造	60.19	21	61.12	15	-6
405	电子器件制造	60.05	22	62.51	9	-13
343	集装箱及金属包装容器制造	59.95	23	60.26	26	3
356	烘炉、熔炉及电炉制造	59.90	24	58.85	35	11
412	专用仪器仪表制造	59.68	25	59.10	33	8
419	其他仪器仪表的制造和修理	59.65	26	57.75	42	16
354	泵、阀门、压缩机及类似机械	59.59	27	60.03	28	1
372	汽车制造	59.55	28	60.28	25	-3
364	印刷、制药、日化生产专用设备	59.47	29	60.40	22	-7
393	电线、电缆、光缆及电工器材制造	59.41	30	59.73	31	1
411	通用仪器仪表制造	59.41	31	59.53	32	1
415	文化、办公机械制造	59.33	32	59.77	30	-2
341	结构性金属制品制造	59.23	33	59.80	29	-4
414	光学仪器及眼镜制造	58.59	34	56.25	46	12
365	纺织、服装和皮革工业专用设备	58.44	35	58.39	37	2
363	食品、饮料、烟草及饲料生产专用设备	58.44	36	58.60	36	0
379	交通器材及其他交通运输设备制造	58.36	37	57.87	39	2
351	锅炉及原动机制造	58.32	38	57.97	38	0
404	电子计算机制造	58.27	39	57.57	44	5
406	电子元件制造	58.10	40	57.80	41	1
342	金属工具制造	58.05	41	57.87	40	-1
397	照明器具制造	58.03	42	57.72	43	1
367	农、林、牧、渔专用机械制造	57.81	43	60.50	20	-23

行业代码	行业名称	2007 年		2006 年		排名变化
		竞争力	省内排名	竞争力	省内排名	
373	摩托车制造	57.66	44	61.76	13	−31
394	电池制造	56.82	45	60.63	18	−27
401	通信设备制造	55.43	46	56.37	45	−1

第四章　培育创新型产业集群

产业集群作为一种产业发展模式已经得到广泛重视，而创新型产业集群除具备常规产业集群竞争力强的特点外，还具备生命力强并可持续发展的优势。对德国斯图加特机床产业集群和世界其他典型创新型集群的分析表明，龙头企业、零部件企业、高校和研究机构是创新型集群的核心构成要素，这些要素之间及其与关联产业、中介服务体系之间的密切互动，是保证集群不断创新、持续发展的根本动力。辽宁应通过强化政府部门间的协调、科学规划产业发展、培育零部件产业、调整学科专业、健全科研机构、完善金融体系等措施，率先培育出一批创新型集群。

第一节　创新型产业集群的生成与发展

产业集群是指在某一特定区域中，大量具有分工合作关系的不同规模企业和相关机构，通过网络关联在一起的经济组织形式。与一般的产业形式相比，产业集群具有更强的竞争力和市场控制力。本节以德国斯图加特机床产业集群为例，分析创新型产业集群发展模式与规律，并提出辽宁产业集群发展的思路和对策。

一、低成本型集群和创新型集群

产业集群发展包括两种模式，一种是沿低端路径发展的低成本型产业集群；另一种是沿高端路径发展的创新型产业集群。

低成本型产业集群通常是指传统意义上的产业集群。这种集群多出现在发展中国家，其特征是众多中小企业集聚在城镇郊区等特定区域，集聚目的主要是降低运输成本和快速传递生产协作信息，通过廉价原料和劳动力获得产品的低成本，从而形成成本优势与竞争力。这种集群内部结构最多包括四个部分，即整机企业、零部件配套企业、原材料企业和生产性服务商，其中整机企业和零部件企业是关键要素，以这两种要素为核心的组合形式也较为常见，多出现在金属制品加工、木工和纺织等技术含量较低行业，其竞争优势在于产品低成本。我国张家港化工产业群、上虞伞业群、新昌医药机械产业群等都属于低成本型产业集群。

创新型产业集群是指在低成本产业集群的基础上，集群中企业得到大学、研究机构、上游产业和服务机构支撑，包括人才、技术、原料和生产性服务等，从而构成包括整机企业、零部件配套企业、大学、研究机构、原材料企业和生产性服务商六种要素的完整集群体系，其中，核心要素是前四种。这种集群形式多出现于技术密集的装备制造行业，其竞争优势远远高于低成本型产业集群。美国旧金山信息产业群及生物制药产业群、德国图特村根外科器械产业群、斯图加特机床产业群都是这种集群形式的典型代表。

与低成本型产业集群相比，创新型产业集群主要是增加了人才和技术两种更为高级的生产要素，从而促进了产业集群内部要素之间良性互动，使集群内部产生持续技术进步的动力机制，从而凭借技术优势形成核心竞争力，如同为产业集群注入"生命力"。

二、斯图加特机床产业集群的构成要素分析

德国机床产业主要集中在巴登符腾堡州，聚集着全国 46.4% 的机床企业、53.7% 的就业人员和 54.7% 的产值，首府斯图加特市及周边聚集了 110 多家机床企业，形成世界上水平最高、规模最大、结构最为完整的机床产业集群。

（一）主机企业：汇聚产业的核心要素

主机企业是机床产业集群的核心要素，其他构成要素围绕主机企业的供给和需求，从而形成了产业集聚。斯图加特产业集群集合了世界上所有不同产品类型的机床企业，每家企业通常专注于某两三种机床的生产，其中包括生产数控加工中心及车、铣、钻、磨、镗等专用机床的通快机床集团（2009 年机床产值世界第一）；生产车磨复合中心、立式车削中心、车铣复合中心的因代克斯公司；专门生产高精度磨床的 Jung、Blohm 和 Junker 公司；生产锻压机床的 Müller Weingarten 公司和 Walter Neff 公司。在冲压机床领域，有 TRUMPF 公司和 Schuler Pressen 公司；有生产齿轮加工机床的 Koepfer 公司及生产热处理机床的 Alfing 公司，等等。在生产机床的同时，这些企业还能提供最优质的服务，按照用户需求定制专门用途产品，提供系统解决方案，如表 4 - 1 所示。

表 4 - 1　集群内机床主机生产企业及产品

企业	创立时间	主要产品
TRUMPF 通快	1923	组合机床、冲床、折弯机、激光切割机、管材加工、三维激光加工、剪板机、CAD/CAM、系统解决方案

续表

企业	创立时间	主要产品
Index Traub	1914	自动车床、车铣复合中心，万能车床、自动纵切车床、立式车削中心，车磨复合中心，虚拟机床，编程系统，刀座
Chiron – Werke	1921	立式加工中心
EiMa Maschinenbau	1983	各种加工中心（高速、立式、卧式）
Blohm	1924	平面成型磨床、特殊用途磨床、生产型磨床、附件
Jung	1919	平面及成型磨床、附件
Alfing	1911	加工中心，热处理机床，汽车曲轴，大型曲轴，分裂系统拧紧设备
EMAG	1867	车、铣、钻、镗、接合工艺和激光焊接；精密磨床；外圆磨床；凸轮轴和非圆磨床；曲轴磨床；滚齿机
Gehring Technologies	1918	珩磨床，搪磨床，搪磨工具
Heller	1894	系列机床，曲轴和凸轮轴加工，轻、重型零件，卧式加工中心、5 轴加工中心、系统解决方案
Berthold Hermle	1938	各种铣床
Citizen Machinery	1870	短床身车床
Innse Berardi（意大利企业）	1886	高精度重型、特大型数控镗铣床，卧式加工中心，深孔钻床，多轴钻床，生产线，传送线，高速柔性组件
Junker	1962	高速磨床：双砂轮磨床、硬车削机床、外形磨床、槽磨床、外圆磨床、切削工具磨床、工具磨床、无心磨床、非圆磨床
MAG	1844	车削、铣削机床，动力总成，冷成型技术，复合材料加工，服务，软件，刀具、油品及设备，核心零部件
Matec	1992	CNC 动柱式加工中心、龙门机床、铣削加工中心
Mauser	1812	精密镗床、多轴机床、旋转分度机、柔性加工单元，加工中心等

企业	创立时间	主要产品
Müller Weingarten	1863	热模锻压力机、螺旋压力机、液压机、电液模锻锤、辊锻机及成套锻造生产线
Schuler Pressen	1839	各种压力机，各种成形技术和设备
Walter Neff	1947	压力机及部件
SHW	1999	镗铣床加工中心
SW	1981	铁及非铁金属加工中心
Vollmer	1909	磨锯机，各种磨刀机
Walter	1919	各种磨床
WEISSER	1830	各种车床、铣床、钻床、磨床，磨光技术

（二）零部件企业：拉长产业链的必要前提

机床是复杂产品系统。从小螺丝到大机台结构件，一台机床至少需要数百种甚至数千种以至上万种零部件。它不但涵盖了机械，也包括电机与控制以至于软件，这些领域都影响着机床的精度、寿命以及功能。一般而言，滚珠丝杠（Ball Screw）、直线导轨（Linear Guideway）、精密轴承（Precision Bearing）、大扭矩伺服马达（Servomotor）、电脑数值控制器（Computerized Numerical Controller），被列为"关键零部件"。

斯图加特机床产业集群内的主机生产企业也生产一部分零部件供自身使用，同时也有一部分供应其他主机企业，但大部分零部件都是由配套企业供应。如生产数控系统的 Power Automation 公司、生产专用齿轮的 Gleason - pfauter 公司和 Koepfer 公司、生产丝杠导轨和直线导轨的 Schneeberger 公司、生产自动加工刀库及切削刀具的 Mikron 公司、生产自动测量光学元件部件的 Kugler Salem 公司、生产光栅尺等测量工具的 Heidenham 公司、专业生产伺服电机和电主轴的 Franz Kessler 公司，上述公司仅仅是几十家机床功能零部件生产企业的一部分，但却涵盖了与机床相关的所有零部件生产制造环节，其技术和性能处于世界领先水平（见表4-2）。这些专业的零部件公司大多是行业的领导者，其产品看上去虽然很小，却是机床不可或缺的，而且其销售额超过了很多机床厂。

表 4 - 2 集群内机床功能零部件生产企业及产品

企业	创立时间	主要产品
Gleason Pfauter	1865	齿轮连动系统、技术
Heller	1894	系列机床，曲轴和凸轮轴加工，轻、重型零件，卧式加工中心、5 轴加工中心、系统解决方案
Index Traub	1914	虚拟机床、编程系统、刀座
Innse Berardi（意大利企业）	1886	高精度重型、特大型数控镗铣床，卧式加工中心，深孔钻床，多轴钻床，生产线，传送线，高速柔性组件
Franz Kessler	1923	专业生产机床用的电机和电主轴
Koepfer	1867	滚齿机、精密齿轮、齿轮箱
Kugler	1983	激光光学元件、激光系统部件
Licon	1967	the flexible rotary transfer，各种零件、组件，各种专用工具、设备
MAG	1844	车削，铣削，动力总成，冷成型技术，复合材料加工，服务，软件，刀具，油品及设备，核心零部件
Mikron（瑞士企业）	1908	各种自动加工刀库、装配自动化、切削刀具
Miksch	—	旋转分度台、各种自动化部件、凸轮
Walter Neff	1947	压力机及部件
Power Automation	—	数控系统
Schneeberger	1923	丝杠导轨、直线导轨
Heidenham	—	光栅尺等测量工具、数控系统

（三）学科教育：人才技术的重要保证

巴登符腾堡州的 5 所综合大学设置了 10 多个与机床密切相关的学科专业，其中斯图加特大学就有 6 个。这 5 所大学都是世界知名研究型大学，从事机床等机械电子行业最前沿的科学技术研究，不断为集群提供人才和技术支撑。除此之外，区域内有 13 所高等职业专科学校，设置 33 个机床相关的技术专业，还有 8 所职业学校，拥有 10 个机床相关的工艺技术专业（见表 4 - 3）。这种涵盖知识、技术、技能的教育研究体系，不但使德国在机床相关的知识研究和技术研究领域处于世界前沿，还为机床产业集群培养了大量的高技能技术工人。

表 4 - 3　巴登符腾堡州高等院校的机床相关专业

相关大学及学科	高等专科学校及相关学科
卡尔斯鲁厄大学（Karlsruhe）： 机械制造、机电一体化、电气工程	Mannheim 高等专科学校： 自动化技术、电气工程、制造技术、机械工程
斯图加特大学（Stuttgart）： 自动化工程、信息工程学、机械工程、材料与结构力学、机电一体化、电气工程	Karlsruhe 高等专科学校： 自动化技术、机电一体化、机械工程
乌尔姆大学（Ulm）： 电气工程、物理学	Pforzheim 高等专科学校： 电气工程、机械工程
弗赖堡大学（Freiburg）： 微系统工程学	Esslingen 高等专科学校： 汽车工程、机电一体化、机械工程和自动化技术
康士坦大学（Konstanz）： 信息工程	Offenburg 高等专科学校： 信息技术和自动化
相关职业院校及学科	Sigmaringen、Albstadt 高等专科学校： 机械工程
Mannheim 职业学院： 机械工程、机电一体化、电气工程	Furtwangen 高等专科学校： 电气工程、微系统工程、自动化技术
Karlsruhe 职业学院： 机械工程、机电一体化、电气工程	Heilbronn 高等专科学校： 机电一体化、汽车系统工程、机械工程

续表

相关大学及学科	高等专科学校及相关学科
Horb 职业学院： 机械工程	Aalen 高等专科学校： 机械工程、机电一体化、机械工程/制造技术
Lörrach 职业学院： 机械工程、机电一体化、电气工程	Reutlingen 高等专科学校： 机电一体化、机械工程
Mosbach 职业学院： 机械工程、机电一体化、电气工程	Ulm 高等专科学校： 自动化技术、电气工程、机械工程、汽车工程
Heidenheim 职业学院： 机械工程、工程学	Konstanz 高等专科学校： 机电一体化、机械工程
Ravensburg 职业学院： 机械工程、车辆系统工程	Weingarten Ravensburg 高等专科学校： 机电一体化、机械工程
Stuttgart 职业学院： 机械工程、机电一体化、电气工程	—

（四）研究机构：技术创新的源头

德国机床相关的研究机构有的设在大学，有的为独立研究所。在巴登符腾堡州，与机床相关的研究所有 18 个，其中 12 个集中在斯图加特及周边地区（见表4-4）。斯图加特地区设立了 8 个机床相关技术的研究所，分别是机床研究所、生产设备和机床控制技术研究所、金属成型研究所、工业制造与管理研究所、微组装技术研究所、机械设计和传动装置研究所、马克斯普朗克金属研究所、弗劳恩霍夫制造技术和自动化研究所；卡尔斯鲁厄地区设有信息学研究中心、技术与环保研究中心、生产技术研究所、弗劳恩霍夫系统与创新研究所，也都从事机械工程、电气工程、机电一体化等机床相关的技术研究；弗莱堡地区拥有高速动力学研究所、材料力学研究所。这些机床研究所，一方面进行机床专业的研究生教育，另一方面与企业合作，开展机床领域的前沿技术研究。近年来，机床行业几乎所有革命性、超前性技术都是由大学和研究所创新出来的，如电主轴、直线电机等具有划时代意义的技术和产品，彻底改变了金属切削及成型的方式，引领了世界机床行业的技术进步。

表4-4　巴登符腾堡州机床相关研究所

地区	研究所	地区	研究所
Stuttgart 斯图加特	斯图加特大学机床研究所	Karlsruhe 卡尔斯鲁厄	卡尔斯鲁厄大学信息学研究中心
	斯图加特大学金属成形研究所		技术与环保研究中心
	生产设备和机床控制技术研究所		生产技术研究所
	工业制造与管理研究所		弗劳恩霍夫系统与创新研究
	微组装技术研究所	Denkendorf 登肯多夫	纺织和工艺技术研究所
	机械设计和传动装置研究所	Tübingen 图宾根	图宾根大学自然科学和医学科学研究所
	马克斯普朗克金属研究所	Freiburg 弗莱堡	微系统技术研究所
	弗劳恩霍夫制造技术和自动化研究所		弗劳恩霍夫材料力学研究所
Schwabisch Gmund 施瓦本格明德	贵金属和金属化学研究所		弗劳恩霍夫高速动力学研究所

（五）中介服务：企业发展的有力保障

德国机床产业集群的发展离不开大量专业化中介机构，包括各种技术转化中心、技术咨询以及其他服务机构。在斯图加特及周边地区，德国的史太白基金会（STW）就设立了多个机床相关的技术转移中心，如表4-5所示。

史太白基金会（STW）创立于1971年，属于民办官助的全国性技术转移组织，其服务项目包括五类：一是中短期项目咨询服务，主要是向企业传递技术管理信息，同时接受政府机构咨询；二是中长期项目技术开发，由各中心提供科研成果，或承担企业项目，派出研发人员到企业做研究工作；三是评估服务，包括对专门项目进行评估，以及对企业进行全面评估；四是培训服务，主要包括商业培训、传媒培训、企业领导培训、国际培训等；五是国际合作，通过其在各国设立的40多个分会、分公司为企业服务。

表4-5　巴登符腾堡州与机床相关的技术转移中心

地区	技术转移中心	地区	技术转移中心
Heidelberg	激光加工和诊断 STZ	Aalen	技术咨询 STZ
Mannheim	曼海姆应用技术大学 STZ		Aalen 材料工程 STZ
Karlsruhe	机电一体化 STZ	Essingen	自动化技术 STZ
	工业自动化和数据处理 STZ	Waiblingen	汽车技术 STZ
Offenburg	技术咨询 STZ	Esslingen	零件强度，安全材料和连接技术 STZ
Wiernsheim	材料开发及测试 STZ	Rech-berghausen	工具和模具 STZ
Biberach	计算机辅助技术模拟 STZ	Geislingen	制造自动化和 EMV STZ
Bad Dürrheim	机械工程 STZ	Ulm	计算机驱动和控制系统 STZ
Buchenbach	先进工程技术 STZ		微电子 STZ
Konsatnz	机械动力、液压、气体动力 STZ	Reutlingen	工艺流程 STZ
Lörrach	工业电子和传感器技术 STZ		自动化 STZ
Schwäbisch Hall	机械工程和工艺工程仿真 STZ		CAD/CAM 计算机辅助设计与制造 STZ

注：STZ 表示由德国史太白（Steinbeis）促进经济基金会（STW）成立的技术转移中心。

（六）下游产业：以需求牵动企业创新

从产业链的角度看，机床行业与上下游众多产业有密切的关联关系，如上游的钢铁工业、有色金属工业、石油加工、煤炭工业等；下游的交通运输设备制造业、冶金机械工业、采掘机械工业、航空航天工业等。其中，下游产业对机床各种功能要求的不断提高，也是机床产业持续创新的动力所在，如表4-6所示。

表4-6　下游产业对机床的需求

下游产业	主导产品需求
船舶制造业	龙门数控镗铣床、落地数控机床、曲轴车铣中心、数控车床、高精度数控磨床、成套数控设备、各类加工中心及大型机床
电力设备制造业	数控机床、多轴联动加工中心、大型高精度镗铣床、一般金切机床、成型设备和检测仪器

续表

下游产业	主导产品需求
通用和石化设备制造业	五轴联动铣床、数控落地铣床、数控铣床、数控龙门铣床、大型高精度磨齿机、数控立机、数控卧车及数控磨床
矿山、冶金机械制造业	重型数控机床、数控立床、数控镗铣床、大型数控滚齿机
汽车零部件制造业	加工中心、组合机床、各类数控及专用机床
航空航天设备制造业	高速龙门数铣床、精密电加工机床、精密车削中心及各类加工中心、大型高精度、多轴高效数控机床
兵器制造业	加工中心、高精度数控机床、车削中心
铁路机车车辆制造业	数控专机、通用数控基础、切削成型设备
机床制造业	多轴联动数控机床、高精度及大型数控机床
电子信息业	小型、精密、高速的高档机床

斯图加特机床产业集群的成功，不仅在于机床产业本身，还要归功于众多世界顶级企业对机床性能不断提高的要求。因代克斯（Index – Werk）公司是全球自动切削机床研发和生产的领先者，戴姆勒、奔驰、博世集团等企业都是因代克斯的长期客户和合作伙伴；IBS 机床公司生产数控磨削和抛光机床，其客户有德国西门子、英国罗曼、美国通用、法国阿尔斯通等公司；哈默公司是中小型五轴精密加工领域专家，其产品用于许多有特殊要求的领域，如医药科技、光学工业、航空航天、汽车、赛车及其他行业。此外，世界著名汽车公司奔驰、宝马、保时捷也都在斯图加特地区，汽车企业作为高档机床的主要用户，不断对机床产品提出高精度、高性能等苛刻要求，从需求角度不断推动企业持续创新。

综合上述分析，可以得出斯图加特机床产业集群的要素全景图，如图 4 – 1 所示。集群内的企业和高校、科研机构及其他组织之间通过长期互动合作形成了巨大的合力，产生了"1 + 1 > 2"的聚合效率。

三、斯图加特机床产业集群的启示

斯图加特机床产业集群的案例可以带来很多启示。产业集群的构建，绝不仅仅是产业的"归堆"，必须强化企业之间有机联系，形成生产、服务相结合的网络体系，以及相互依存、互惠共赢的内在机制。创新型产业集群则需要在此基础上引入人才与技术等要素，以此打造产业集群的核心竞争力。

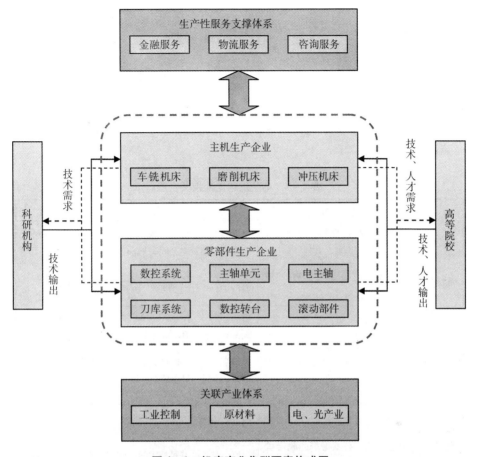

图4-1　机床产业集群要素构成图

（一）以完整的产品体系和产业链条提升产业丰厚度

只有单一或少数有限的产品种类，只有主机企业而没有大量的零部件配套企业，只有加工制造环节，没有形成研发、生产、销售乃至售后服务等产业链条，都不能形成健康的产业集群，企业合作互动无从谈起，技术进步缺乏动力，产业竞争力也难以形成。斯图加特机床产业集群几乎涵盖从机床整机到各种零部件、附件的全部产品，不但有强大的制造能力，还有领先的研发体系和面向客户的服务功能，各类产品和各个环节都有各具特色优势的专业企业和服务机构与之相关联。因此，培育创新型产业集群，必须丰富完善产业链条，发展配套零部件产业，从而实现降低成本、技术互动和集成创新。

专栏一：芬兰的燃料电池集群

如表 4-7 所示，芬兰萨洛（Salo）地区的燃料电池集群是围绕诺基亚公司逐步形成的。燃料电池产业包括燃料生产、材料生产、材料组装、系统整合、市场整合和维护保修服务等环节，上下游活动联系紧密。燃料电池产业又涉及燃料、材料、生产动力、制造业、交通业和公共部门等关联部门。在这些关联产业中，有一批长期与诺基亚公司生产配套的关联企业，在诺基亚燃料电池研发活动的影响下，这些企业也投资于燃料电池应用技术的研发。

表 4-7　芬兰燃料电池相关企业

	产业部门	企业或机构
燃料	天然气、生物燃料，柴油，氢燃料，甲醇燃料，其他	耐斯特石油，芬兰天然气公司，卡彭那碳化公司，康登斯冷凝设备公司，Vapo
材料	特殊钢，高分子聚合物/过滤膜，生物材料等	奥托昆普，FY Composites，凯米拉 Metalcate
生产动力	能源服务/设备，建筑，工业，农业，快递	富腾，PVO，Jyvaskylann（于韦斯屈莱）能源，赫尔辛基能源，Haminan（哈米纳）能源
制造业	动力系统，高科技公司，电子设备，其他	瓦锡兰，卡彭那碳化公司，康登斯冷凝设备，PVO，富腾，贝尔罗斯，Hydrocell，诺基亚
交通业	工/军用交通，轻型交通，交通辅助动力等	山特维克汤姆洛克，帕特利亚车辆，卡尔玛，瓦锡兰
公共部门	研发机构，公共融资，政府机构，社区	政府，赫尔辛基科技大学，BIT 研究中心

（二）以大量当地配套和关联企业巩固产业本地根植性

核心企业的上下游产业以及相关的配套服务产业在产业集群中至关重要。当地企业充分参与其中，有助于集群企业长期根植本地，形成世界上独一无二的高端零部件配套区域，大大降低交易成本。斯图加特机床集群中，虽然也有意大利、瑞士等国外企业，但绝大多数都是德国本土企业，形成了紧密联系的本地化生产网络。任何产业集群都不能完全依赖外资，如果集群中核心企业和相关配套企业都是外资企业，虽然会产生集群效应，但获益者都是国外企业，本土供应商和服务商将难以进入国外核心企业的供应商网络，限制了本土企业获得技术外溢的机会。这种集群不但不能带动本地产业融入全球产业价值链中，长期来看，还可能彻底摧毁本地相关产业。因此，培育创新型产业集群，即使不能以本地企业为主导，也必须支持当地企业为跨国公司配套，加入跨国公司的合作网络，在与其互动中不断提升本地企业技术水平和创新能力，促使甚至逼迫外资企业切实"嵌入"本地经济，增强集群的本地根植性。

专栏二：诺基亚星网工业园

位于北京经济技术开发区的星网工业园，100 公顷土地上集聚了以诺基亚为龙头的数十家跨国公司，成为诺基亚全球最大的手机生产基地。园内的外资企业和中外合资企业形成了一个相对封闭的稳定的生产合作网络，诺基亚位于网络的核心，其他企业都直接或间接地为其提供产品和服务。外资企业之间主要是合作关系而非竞争关系，它们没有动力培养和支持内资企业进行技术升级。旗舰跨国公司巩固了与它的全球供应商和服务商之间的合作网络，从而使得东道国本土的供应商和服务商难以进入旗舰企业的供应商网络，限制了本土企业获得技术外溢的机会。

诺基亚星网工业园 2002 年建成投产，2004 年超越摩托罗拉，随后一直居于中国品牌手机市场份额的第一位。但这种投资模式产生的结果可能背离东道国吸引外资的初衷。因为这种模式虽然在短期内能明显和快速地拉动东道国地方经济的发展，但是从长期来看，特别是东道国的相关产业处于发展初期，竞争力还比较弱小的时候，这种投资模式会对东道国的产业发展有潜在的威胁。尽管中国要求诺基亚进行本地采购，但诺基亚通过将其全球供应商都集聚在一起，满足了本地采购的要求，这些配套企业却非中国所有，诺基亚和其核心供应商在园区内的紧密合作关系反而使得本地企业更加难以进入诺基亚的供应商网络。从长期来看，由于没有形成根植于本地企业的生产网络，这种由跨国公司旗舰企业及其主要供应商组成的园区甚至还存在整体性迁移的可能。

（三）以高水平的教育科研体系支撑产业智密度

本地企业与其领域内有特色、有专长的大学院系或科研机构密切联系，是创新型集群的显著特征。20 世纪 80 年代以来，机床产业已经从传统的车床、铣床、镗床、磨床、钻床发展到多加工轴、多坐标、智能化、高精度的数控加工中心，机床技术也从传统的机械制造技术发展到兼有数控技术、直线电机技术、电子技术、光学测量等多学科多领域技术的综合体。这些技术已经不是一个机床企业能够独立完成的，需要大学、研究机构进行多学科的应用科学研究和集成技术攻关。同时，机床涉及若干不同技术领域的功能部件：高速重载高寿命轴承、特殊材料的刀具、特殊材料和加工工艺的主轴、特殊材料和加工工艺的丝杠副、特殊承载能力的导轨、特殊性能材料制造的高性能伺服马达、高性能的润滑油、高寿命高可靠性的低压电器、高性能运动控制卡、带特殊功能芯片的高性能工业计算机、PLC 控制器、变频器等。斯图加特及周边众多的大学、研究所分别攻克机床相关技术，并最终由企业进行技术集成创新，才使得该集群多年来占据世界技术前沿。德国独特而发达的职业教育体系和企业的学徒制又使得学生能掌握专精的技术,不断对零部件进行创新和改进。

不仅是斯图加特机床产业集群,在国际上技术领先的产业集群中,都存在着具有明显专业特点的国际知名大学和科研院所。反过来看,凡在世界上处于知识领先地位的研究性大学附近,也都存在着与其特色研究领域相关的创新型产业集群。企业为大学和研究机构提供明确的人才、技术导向,大学根据这种导向培养高级人才并进行应用科学研究,研究机构则据此从事应用技术研究,向企业提供技术成果,支持企业不断加快发展,为产业集群核心竞争力不断提高提供了有力支撑。在为企业提供设备、资金、人才等有形资源的同时,高校和科研机构通过互动而形成的知识网络,能够促进无形的隐性知识迅速交流、传播,对于产业集群的发展壮大意义更为重大。因此,发展创新型产业集群,以及促进传统产业集群升级,都不能仅仅关注产业本身,还必须大力发展相关教育科研事业,提高集群的知识密集度,即智密度。

专栏三:美国的生物制药产业集群

有学者研究了生物技术集群成功的因素,结论表明,美国生物制药集群都是与当地著名的大学和研究机构紧密相关的。

表4-8 美国生物制药产业集群及其周围的大学和研究机构

生物制药集群	周围大学或研究机构
波士顿—沃斯特—劳伦斯	哈佛大学、麻省理工学院
旧金山—奥克兰—圣何塞	加利福尼亚大学旧金山分校、伯克利分校、斯坦福大学
圣迭戈	加利福尼亚大学圣迭戈分校
洛丽—杜朗	杜克大学、北卡罗来州立大学洛丽分校、北卡罗来大学查波西尔分校
西雅图—塔克玛—布雷默顿	华盛顿州立大学
纽约—北新泽西—长岛	纽约州立大学、哥伦比亚大学
费城—威明顿—大西洋城	宾夕法尼亚州立大学
洛杉矶—河滨—桔县	加利福尼亚大学洛杉矶分校
华盛顿—巴尔的摩	美国国家卫生研究院、霍华德休斯医学院研究实验室、马里兰大学研究中心、约翰霍普金斯大学

(四)以发达的中介服务体系提升产业灵活度

不仅德国的机床产业集群中有发达的技术转移中心等中介机构,其他比较成功的创新型产业集群，如美国的硅谷、我国的中关村，也都拥有比较完善的社会服务体系，特别是金融、中介服务、劳动力教育和技术培训等组织。各类优质中介服务机构的存在，不仅可以为集群内核心主体提供专业、高效的服务，使生产企业更加专注于主营业务，提高核心能力，还可以使各种相关资源如资金、知识、技术更快地在各主体之间流动。完善的中介服务体系可以使集群对内外环境的变化更加敏感、反应更加快速，大大提高产业灵活度。

专栏四：硅谷的中介服务体系

　　美国硅谷是全球科技园中最早的、也是最有成效的园区，它的成功离不开功能强大的中介服务体系。硅谷的中介机构主要包括以下六类：

　　（1）人力资源服务机构。在硅谷，有许多到处为其他高技术创业型公司寻找人才的风险投资家和猎头公司，硅谷的人才招聘可以说是在全世界范围内进行选拔的；高效的人力资源网络为企业和个人及时提供信息，促进了人才的交流和流动。另外，斯坦福大学通过网络为园区内工程师和企业员工提供教育培训服务，不但为企业培训了各类所需的人才，而且还强化了企业与大学的联系，有助于工程师们学习最新的技术。

　　（2）技术转移服务机构。在硅谷，技术转移服务机构主要由大学里的技术转移办公室（TLO）和其他一些技术咨询、评估、交易机构组成，TLO的主要工作是进行技术转移，将大学的技术成果转移给合适的企业，同时把社会、产业界的需求信息反馈到学校，推动了大学与企业的合作。

　　（3）金融资本服务机构。金融资本服务机构为创新企业提供丰富的风险资金和完善的金融服务。可以说，风险资本是硅谷成功的一个首要的因素。当人们提起硅谷，不可避免地要谈及那里发达的风险投资机构。尽管旧金山湾地区仅占美国人口的3%，却有超过总额30%的风险资本投向了这一地区，全美600多家风险资本企业中有近半数将总部设在这里。风险投资公司、纳斯达克市场及完善的金融服务体系为创新企业提供了充裕的营养资源。另外，纳斯达克市场还为风险资本的退出提供了市场，形成了完善的融资及资本退出体系，加速了资本的流动和进一步的风险投资。

　　（4）管理信息咨询服务机构。美国咨询业非常发达，咨询机构专业化程度很高，在管理、信息等方面为创新企业提供高质量的服务。硅谷创新企业对于管理信息服务机构具有高度的依赖性，这大大节省了创新企业的人力物力，并提升了管理、决策质量，提高了创新的成功率。

　　（5）财务服务机构和法律服务机构。一流的律师事务所和会计事务所在硅谷也起着极其重要的作用。硅谷一流的律师事务所为创业公司提供如知识产权、执照法、贸易法等各类特殊服务，并且与市场调查公司和风险资本公司一样，硅谷的律师也常常起到商业桥梁作用。在硅谷，律师的密度大约是10个工程师对应一个。此外高级会计师的数量超过律师，总体上说，每5个工程师就有1个会计师。

（6）其他服务机构。像物业管理公司、保安公司等一些机构，不提供技术性的服务，但为创新企业提供所需的其他服务。

加利福尼亚大学伯克利分校著名学者安纳利·萨克森宁对硅谷的成功作了深入研究，得出的结论是，硅谷之所以有如此的竞争力，最为重要的一点就是它营造了一个社群网络，打破了公司之间以及公司与金融、教育、法律服务组织等各类机构之间的界限。从她的研究中可以看到，中介服务体系不仅是技术创新体系的一部分，而且在整合各创新要素、提高技术创新能力方面起着极其重要的作用。

（五）以主体之间密切联系和互动维护产业紧密度

创新型产业集群区别于低成本型产业集群的特征之一，就是各要素主体的互动及知识共享。创新是一种社会活动，不同学科、不同产业需要密集互动，在此基础上形成良好创新环境，才能源源不断产出创新成果。本地企业之间以及企业与其他组织之间高度互动，形成一种真正的知识流通环境，促进了本地的企业创新，这才是名副其实的创新型集群。

因此，构建创新型产业集群不能单纯看园区内有多少家企业，有多少个跨国公司，而应该关注哪些企业之间有合作、有联系。通过园区构建的产业集群只能算是完成了硬件条件，下一步必须要做的是创造各种平台和制度环境，促进主体之间合作互动，加强正式和非正式联系，形成一种彼此信任、共同创新、共享创新的氛围，从而提高集群紧密度。

专栏五：奥地利促进集群内主体互动的经验

在奥地利的集群发展中，政府为促进企业互动提供了很多公共服务：信息通信平台（数据库、企业访谈、企业名录、期刊）；培训；资助合作项目；发展营销和公共关系；为有兴趣参与合作者召开圆桌会议；促进集群的国际交流与合作等。

奥地利在利用组织和引导方法促进相关企业互动方面也提供了成功的经验。其首都地区集聚了大量研究机构和技术密集型企业，但由于从属于不同政治党派的区域，促进企业合作需要机构的推动。维也纳市政厅和环境保护局推行了维也纳生态商业计划。该计划受到维也纳经济议院的支持，将维也纳的环境保护技术成功地应用到当地企业，如减少废水、减少对气候变化影响等。市政府每年组织一次喜庆活动，表彰和奖励成功通过环境检查的企业。为了加深企业之间的交流和互动，当地政府还成立了生态商业俱乐部。促进主体互动的机构经常定期或不定期地举行多种多样的交流和交易活动，使企业之间技术信息和知识能够通畅地流动。

四、辽宁培育创新型产业集群的目标

当今世界日新月异的技术进步和技术革命正在不断淘汰传统的生产模式，新兴战略性产业风生水起，站在国际技术前沿已经成为产业具备生命力和竞争力的基本特征。因此，对装备制造、生物、新能源、新材料等新兴产业发展，创新型产业集群的发展模式确实起到推波助澜的作用。近年来，国外产业发展历史和实践表明，凡以创新型产业集群模式发展的产业都具备极强的竞争力和生命力，因此，在构建辽宁产业集群的过程中，必须把创新型产业集群建设作为工作重点。

根据辽宁产业集群建设与发展情况，以及相关学科建设与科研基础条件，"十二五"期间，可重点培育 10 个创新型产业集群，占全省大型产业集群总数 2/3 左右，率先激发其活力。目前，辽宁初步具备创新型特征的产业集群包括：沈阳铁西机床及功能部件产业集群、沈阳铁西电气及配件产业集群、沈阳国家航空高技术产业基地、沈阳沈北新区光电信息及先进制造产业集群、大连湾临海装备制造产业集群、大连软件和服务外包产业集群、大连电子信息产业集群、长兴岛船舶和海洋工程产业集群、辽宁（本溪）生物医药产业集群、盘锦石油装备制造产业集群。与此相对应，省内高校针对每个产业集群至少应建设 1 个相关学科，至少成立 2 个相关领域研究所，产业集群研发投入占销售收入的比重达到 5% 以上。

同时，应积极培育其他产业集群，并引导有一定基础的产业集群向创新型产业集群升级，如阜新的液压件产业集群、丹东的仪器仪表产业集群、盘锦的石油装备产业集群、葫芦岛的船舶产业集群等。进一步加强这些产业群相关技术的大学学科建设，促进集群内部企业与外部科技资源按市场机制、产权纽带构建研发机构，逐渐把这些低成本型产业集群培育成创新型产业集群。

五、辽宁培育创新型产业集群的对策

产业集群的发展壮大，最终决定因素仍需依靠市场力量。政府及相关部门在其发展的关键时期积极培育扶持，创造良好的外部环境和相关必要前提，可迅速推动这一进程，并获得明显成效。创新型产业集群的核心要素是主机企业（龙头企业）、零部件配套企业群、相关专业的大学学科、大学研究院所及独立研究机构，各项政策的着力点应围绕这四个核心要素资源的聚合，有针对性实施。

（一）强化政府部门间协调联动

创新型集群的形成和发展涉及企业、大学和科研院所、各类中介等多个主体，这些主体归属于发改委、经信委、科技厅、教育厅、中小企业厅等不

同的政府职能部门管理。因此，要构建创新型产业集群，必须完善大学学科、科研院所、各类中介主体等集群缺失的要素，需要由这些政府管理部门共同行动，形成联动机制，共同推进创新型产业集群的发展。目前，在产业集群的发展中，教育部门的参与力度不够，相关学科建设滞后，因此，必须把教育系统纳入集群建设体系中，形成学科教育和技术研究支撑。建议由省经信委牵头，会同省发改委、教育厅、科技厅、中小企业厅成立集群建设指导小组，统一制定发展规划，学科教育、科研机构、配套企业等要素建设分别由教育厅、科技厅、中小企业厅负责实施。

（二）科学规划产业发展

创新型产业集群的结构比较复杂，有生产不同产品的龙头企业，为各龙头企业配套的零部件企业群，输出人才的大学，提供技术支撑的研究院所和各类服务机构。因此，对每一个产业集群都应制定科学、细致的规划，重点健全集群体系各类要素，将大学和科研院所纳入其中。同时，注重产业链建设，对缺失的零部件，应通过招商引资，给予土地及税收等优惠政策，鼓励本地企业、境外企业参与配套。产业集群在不同发展阶段特征不同，建设重点也不同。应根据每个集群的特点，制定短期和中长期的阶段性规划。按照不同时期发展目标和市场定位，采取相应扶持鼓励政策，建设配套服务体系。

（三）大力培育相关配套企业

产业集群的精髓不在于"堆"而在于"链"。目前，辽宁大多数产业集群多是主机企业"聚堆"在一起，通常被形象地称作"块状经济"，属于产业集群的早期雏形，普遍的特征是产业链不完整。因此，构建产业集群应重点规划产业链建设。政府主管部门应根据每个集群的产业特征，制定"产业链目录"和"产业链短板目录"，并向社会公布。由省政府有关部门组织，每年召开一次配套产业洽谈会，邀请供需双方与会，沟通信息，签订配套协议。通过政府搭台、企业唱戏，有计划招商招标，引导本地企业介入产业链各环节，吸引更多外地企业或其他组织机构充分参与，弥补集群中的关键环节和关键功能。

（四）及时调整和增设相关学科和专业方向

辽宁高校现有的专业设置和人才培养明显不能适应辽宁产业发展的需求，缺乏辽宁若干支柱产业所需要的机床、透平机械等学科专业。一些与功能零部件相关的专业，如滚珠丝杠和滚动导轨这样的专业目前基本没有，而是设在轴承这个大专业里，学生学得广而不精，到企业后不能马上胜任工作，增加了企业的培训成本。另一些符合辽宁产业需求的航空制造、生物技术、电子信息等学科，其学科水平也不高，不能为辽宁相关产业提供高水平创新人才。因此，政府及教育部门应根据辽宁产业发展需求，参照一些大学设立"航空工程学院"、"汽车工程学院"、"船舶工程学院"、"软件学院"的做法，尽快补充辽宁缺失的，并与辽宁支柱产业密切相关的本科学科及专业；在省内研究型大学设置与产业集群相关的研究所，培育集群产业相关专业的硕士、博士研究生。通过各种渠道、采取各种激励措施，从国内外招聘学术带头人、学术骨干、有潜力的青年教师，为产业集群建设提供人才支撑。

（五）整合研究型大学科技资源

科技体制改革以后，除中科院外，原有部委所属的行业技术研究院所都转制成了企业，不再承担为行业提供技术支撑的责任，因此，企业的外部技术来源多通过企业与大学的研究合作来实现。但由于大学和企业处于不同的体制内，大学侧重于知识创新，企业则需要应用技术，两者难以实现对接，制约了大学与企业的合作效果。应结合辽宁重点产业集群的技术需求，选择那些专业水平较高、关联学科齐全的大学，建设大学专业研究所或实验室，也可以与企业合作建立。例如，整合东北大学的机械设计与制造、自动化、信息与软件等专业人才资源，也可以面向国内外招募机床行业顶尖人才，筹建机床研究所，从事机床领域高端技术研究活动，为沈阳机床产业集群提供技术支撑。筹建的方式可以是政府、大学和企业共同出资，并共同监督把研究机构办好。

（六）推动集群各主体间联系合作

创新型集群发展的关键之一是各主体之间的联系，包括正式联系和非正式联系。首先是大学、科研机构与企业的联系少，大学和科研机构不了解企业的技术需求，企业得不到大学和研究机构的技术外溢。其次是集群内企业关联差。由于产业价值链没有充分延展，产业关联度水平低，产业内企业之间产品结构趋同，企业彼此之间内在联系较少，缺乏应有的专业化分工协作，使得多数企业都是独立作战，缺乏协作优势，难以形成本地化的产业优势。为此，应采取有效措施，建立集群内产学研联系，协调三方、促进合作。利用政府科技部门每年确定的技术资助课题，指定企业、大学和科研机构合作研发或三方组建技术研发联盟；或以政府投资的形式，在10个重点培育的创新型产业集群内建立公共技术研发平台，引导大学、科研院所和企业在这个平台上进行合作研发，建立这些主体间的密切联系。

（七）完善金融服务体系

创新型产业集群的发展离不开强大、高效的金融服务体系，该体系包括金融机构体系和信贷制度、风险投资制度、资本市场制度等。一是引导银行加大对产业集群的支持力度，特别是对集群产业链上的中小企业提供信贷支持。二是建立和完善风险投资服务体系，为集群中小企业注入创新资金，定期举办面向国内外的风险投资公司的项目推介会，吸引省外风投资金助力辽宁产业集群。三是规范资本市场和产权交易市场，拓宽风险投资退出机制，积极推动企业直接上市融资。最终形成以企业为主体、以政策为引导、金融机构作支持、社会各界共同参与的多渠道的投融资体制，从根本上解决融资困难。

第二节　机床产业集群的国际比较
——以德国斯图加特和我国沈阳为例

　　辽宁机床产业位居国内机床行业中竞争力第一，其典型的代表沈阳机床集团在 2009 年世界机床行业中排名第三，并将可能在未来一两年内成为产值排名世界第一的企业。2010 年"新五类"产品的推出，大大缩小了与国际前沿技术水平的差距。沈阳机床集团的快速发展，已经开始吸引了国内外知名机床功能部件企业前来沈阳建厂配套，沈阳机床产业集群正在孕育之中。德国斯图加特拥有全球规模最大、技术实力最强、产业链最完整的机床产业集群，通过对该机床产业集群的产业链结构、产业外围的大学和科研院所的技术分工协作关系的分析，研究机床产业集群的体系结构，为沈阳机床千亿元产业集群的形成和发展提供一些有益的借鉴。

　　国内外大量理论研究和实践表明，产业集群对产业以及区域经济发展具有很强的带动作用。产业集群具有一系列传统产业业态无法比拟的优点，如降低交易成本、激发技术创新、提高劳动生产率、降低投资门槛、推动核心竞争力形成等，是一种高效、先进的产业组织形式。联合国《2001 年世界投资报告》中也提出，产业集群优势已经超越低成本优势，成为吸引外资投向的主导力量。很多国家都认识到产业集群对于提升产业和区域经济竞争力的强大推动作用，纷纷把产业集群的培育和创新作为重要的公共政策。

一、集群发展提升产业竞争力

　　一般而言，制造业相关的产业集群有两种模式：一是以价值链分工为主导的产业集群和以竞争互补为主导的产业集群模式；二是竞争互补为主导的产业集群。

　　在以价值链分工为主导的产业集群内，企业之间有比较明确的专业分工，区域内一般有若干具有较强技术能力的大型企业进行技术集成和创新，此外还有直接配套的企业、二级以下配套企业以及服务企业、客户以及相关中介机构。企业之间通过产业链和价值链形成密切的上下游关系，共同分享区域内的生产要素。这种模式的产业集群具有典型的装备制造业的产业特征：产品复杂、集成度较高，核心制造企业的规模优势明显，配套企业一般作为供应商分散在周围。其中，区域内大型企业在集群中发挥着难以替代的作用，带动各级供应商技术能力的提高，并促进集群整体技术能力的提升，推动集群的结构升级。这已从国内外大量成功的装备制造业产业集群发展中得到证实，如德国的斯图加特机床产业集群以及辽宁的瓦房店轴承产业集群等。

在以竞争互补为主导的产业集群中，企业之间往往不是"供应商—客户"的关系，表现为"竞争—合作"的关系。企业生产的产品相似，相互之间存在一定程度的竞争，同时每个企业都有自己的优势产品和技术专长，存在优势互补的可能性和内在动力。企业之间的差异主要体现在处于同一价值链环节上的企业之间的技术能力差异。这种产业集群整体竞争能力的提升有赖于各企业的技术创新，提高产品的技术含量和质量，以避免同区域内其他企业的价格竞争。

产业集群对产业竞争力的影响一般从产业集群组织结构和产业集群内的企业行为两个方面体现。不同产业集群组织结构对产业竞争力的影响呈现出差异。不能简单地说哪种组织结构下的产业竞争力更高，不同产业组织结构的形成与产业本身的特性有一定的关系，需求特征和规模决定了有些产业适合以小企业为主，有些产业则需要垄断的市场结构。发达市场经济国家或地区产业组织结构演进规律显示，决定一个国家或地区国际竞争力的是大企业。同时，由于专业化分工的发展和需求多样化，尤其是信息技术的快速发展，生产方式正逐渐从单个企业刚性生产方式向企业网络柔性分散生产方式转变，这为中小企业提供了很大的生存空间。如德国机床产业的"中型化"趋势就是这种转变的例证，斯图加特机床产业集群内有世界机床企业排名第2的通快，还有大量同样技术先进的中小企业。因此，我们在运用产业集群政策促进产业发展的过程中，应充分考虑产业特性，并采取相应的措施，更有效地促进产业集群的形成和发展。

二、斯图加特机床产业集群的成功经验

斯图加特机床产业集群是比较典型的装备制造业产业集群，我们以其为例分析装备制造业集群的内在机理，为集群政策选择提供有益的借鉴。

世界主要机床生产国（地区）的机床产业大多集中在特定的地理区域：美国机床产业60%集中在五大湖地区，意大利机床产业集中在米兰，中国台湾机床产业85%集聚在台中市方圆1.5公里的范围内，德国机床产业主要集中在巴登符腾堡州，其首府斯图加特市周围更是形成了国际领先的机床产业集群。2008年，巴登符腾堡州聚集着德国46.4%的机床企业、53.7%的就业人员、54.7%的产值，仅其首府斯图加特市周围就聚集了100多家机床企业。德国是机床生产强国，尽管遭受到金融危机的严重冲击，2009年机床产量比2008年下降了30%，但仍占全球产量的20.8%。这里需要说明的是，在全球主要机床生产国产量下降的2009年，中国机床产量却在增长。中国是全球最大的机床消费国，占全球消费总量的29.1%，其次是德国，为10.8%。同

时中国也是德国机床最大的消费国，而且对中国的出口量逐年上升如图 4 - 2 至图 4 - 4 所示。

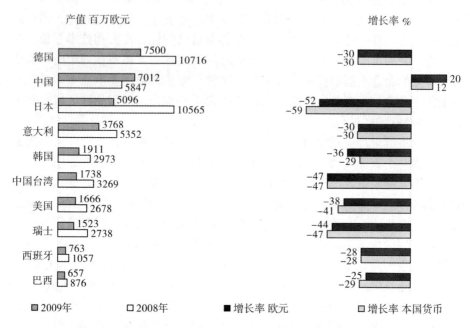

图 4 - 2　世界机床产量前 10 位国家（地区）的产值和增长率

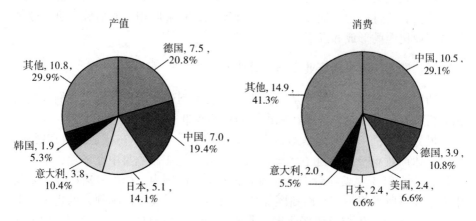

图 4 - 3　世界主要机床生产国和消费国

提出产业集群概念的美国哈佛大学商学院教授迈克尔·波特，他的钻石理论认为，构成钻石体系的生产要素，需求条件，企业战略、企业结构、同业竞争、相关与支持性产业四个因素共同形成国家竞争优势的动力系统。在

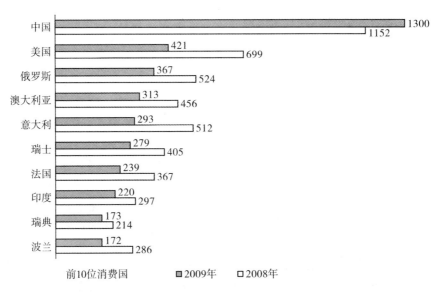

前10位消费国　　■2009年　　□2008年

图4-4　德国机床的主要销售市场

资料来源：德国机床产业协会。

国家经济中，钻石体系会形成产业集群。因此，我们也从四个方面来分析斯图加特的机床产业集群，如图4-5所示。

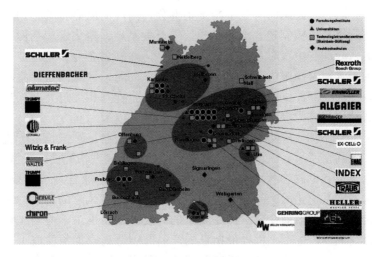

图4-5　巴登符腾堡州及斯图加特机床产业集群

资料来源：德国巴登符腾堡州经济部（注：深色大圆点代表相关研究所，三角代表大学，正方形代表技术转化中心，菱形代表高等职业专科学校，浅色小圆点代表集群内主要机床企业）。

（1）生产要素。初级生产要素对于现代机床产业竞争力的提升的作用越来越小，真正的竞争优势必须借助高级、专业型、具有创造和提升动力的生产要素才能达到。①坚持把创新作为提升生产要素的重要手段。巴登符腾堡州是一个资源并不丰富却以制造业为主体的经济体，该州一直把创新能力作为最重要的资源并将其放在促进未来发展的中心位置，也使得该州的创新能力一直排在欧盟第 1 位。②围绕产业调整相关专业设置。在巴登符腾堡州与机床相关的研究所有 18 个，其中包括斯图加特大学的机床研究所在内的 12 个研究所在斯图加特附近。同时，巴登符腾堡州与机床相关的 5 所综合大学还设了 13 个相关专业，仅斯图加特大学就有 4 个。区域内 13 所高等职业专科学校共设了 33 个机床相关专业。8 所职业学校共设了 10 个机床相关专业。③加强技术转化。在巴登符腾堡州有 24 个机床行业技术转化中心。④重视技能的"双元制"职业技术教育，为机床产业培养了大量的高技能的技术工人。

（2）需求条件。需求状况是另一个影响专业型生产要素的来源。当国家或区域市场对某项产品具有大量超额的需求或需求态度特别挑剔时，往往导致社会对相关领域的投资，因此产生高级而专业化的生产要素。德国的一般消费者和产业客户执着于质量，并且对不满意的产品毫不保留地批评，导致德国产业标准一直是世界各国中最严格的，德国政府还因此制定了产品标准和相关环境法律。

（3）相关与支持性产业。相关与支持性产业的发展，可以促进该产业竞争力的持续增强。德国的产业呈高度集群化，南部的巴登符腾堡州和巴伐利亚州是德国著名机械制造、汽车、通信等产业基地，聚集着包括西门子、宝马、奥迪、曼和空中客车在内的众多装备制造业知名企业，正是他们对高质量机床的需求使得德国机床产业越来越强大。同时，区域内还聚集着大量技术能力很强的零部件供应商，主机企业与配套企业互相促进并共同进步，使得斯图加特逐步成为世界领先的机床产业集群。

（4）企业战略、企业结构、同业竞争。德国企业特别擅长生产流程复杂的领域，尤其在产品、流程与服务需求复杂或要求高度精确性的机械等方面，企业的竞争重点也放在技术能力上。大多数的德国企业管理层有技术背景，比较喜欢发展系统化的产品，改善流程并避免尝试高风险的竞争，使得德国企业的技术导向逐渐演变成对产品质量的高度重视。也由于德国比较高昂的工资和材料成本，生产全世界最精良的产品并创造高附加值就成了德国企业唯一的出路。德国企业尤其是机械制造企业更愿意同顾客密切合作，以便实现创造高附加值的目标。而且，德国企业不像日本等国的企业那样重视整体市场占有率，而是专注于主导产业的精密环节，获取可观利润。因此，尽管德国机床行业有通快这样的大型企业，但是在国际市场竞争中获得成功的也有很多是中小型企业，呈现出一种"中型化"趋势。这些中小企业，更倾向于将自己有限的资源最大限度地集中于某一特定细分市场或产品，提供中场产品或专门从事某种工艺加工，这在一定程度上避开了市场竞争压力，使得包括机床企业在内的很多德国中小企业在某些细分领域市场上占有世界大部分份额，成为世界级中小企业。德国机床产业有许多技术领先的中小企业的另一个很重要的原因，就是德国政府持续地投入巨额资金资助那些没有足够自有资金进行自主研发的中小企业，资助重点是机床结构优化等7个领域。

表4-9　2006年德国机床企业规模情况

单位:%

员工数（人） 年份	企业比重		员工数比重		产值比重	
	2006	2005	2006	2005	2006	2005
1～50	15.7	15.9	1.2	1.3	1.1	0.9
51～100	22.4	21.7	6.4	6.1	5.2	5.3
101～250	25.4	26.1	15.6	15.5	14.8	13.8
251～500	21.6	21.7	27.5	28.0	27.5	27.6
501～1000	10.4	10.1	24.0	24.1	26.8	26.4
1000以上	4.5	4.3	25.3	25.1	24.7	26.1
全部	100.0	100.0	100.0	100.0	100.0	100.0

从上述分析我们可以看出：不断提升的专精生产要素，精致的国内需求，独特的企业战略、企业结构和良性的同业竞争，强大的相关与支持性产业的支撑，再加上政府宽松的政策环境以及持续的创新投入，这些因素相互作用提升了区域机床产业的竞争力，也使得斯图加特逐步成了世界领先的机床产业集群。

除了上述产业集群的四个构成要素外，斯图加特机床产业集群内部产业及主要企业构成还呈现这样的特点：区域内的机床企业组织结构多样，有股份公司、有限责任公司还有完全的家族企业。通快（Trumpf Group + Co. KG, Ditzingen）是德国最大的机床生产企业。舒勒和米勒·万家顿（Schuler and Müller Weingarten）在2010年推出了新一代伺服驱动机械压力机，成为金属成型技术的全球领导者，可以为整个金属加工业提供各种机床、生产线、模具、工艺诀窍和服务。巨浪（Chiron - Werke GmbH）主要生产数控立式加工中心，其生产的机床是世界上换刀最快的，仅此一点，单台机床每年可比其他同类机床多出800个小时的加工时间。公司不仅销售机床，还提供整套加工解决方案，从前期的项目设计、方案论证、设备制造、客户试机验收，直至完成全部工程。我国汽车零部件制造商浙江万象集团购买了28台巨浪机床用于生产汽车动力系统。因代克斯（INDEX - Werk）公司是全球自动切削机床研发和生产的领先者，戴姆勒、奔驰、博世集团等企业都是因代克斯的长期客户和合作伙伴。多轴自动车床是因代克斯的主打产品，在世界机床领域极具竞争力。迪芬巴赫（Dieffenbacher）公司主要为家具建筑、汽车制造企业生产液压机及全套生产线，是家族企业，有 1200 名员工，2009 年销售额达 3.3 亿欧元。Schunk GmbH 是德国最大的机床精密夹具和自动抓取系统生产厂。Mimatic 是著名数控机床刀具动力刀座生产厂，得到世界顶级机床厂和汽车制造商的信任。IBS 机床公司生产数控磨削和抛光机床，其客户有德国西门子、英国罗曼、美国通用、法国阿尔斯通等公司。哈默公司是中小型五轴精密加工领域专家，其五轴立式加工中心在国际市场上处于领先地位，在德国中小型模具制造五轴机床市场上占有率位居第 1，其产品被用于许多领域，包括有特殊要求的部门，如医药科技、光学工业、航空航天、汽车、赛车以及其他行业。

机床产业不仅能与上下游产业一起构成装备制造产业链，而且机床产业也有自身的产业链。以数控机床为例，数控机床基本上由五部分组成：床身、高级数控系统、高速精密主轴单元、高速滚动部件和数控动力刀架等。目前，后四个部分的功能部件已成为衡量机床水平的重要标志，也是数控机床整机价格的主要组成部分，据有关数据，机床功能部件价格已占整机成本构成的70% 左右。从上述主要企业来看，斯图加特机床产业集群内形成了完整的机床产业链。

三、沈阳机床产业集群的缺陷

国外的产业集群大多是自发形成的，对产业集群的研究也是建立在产业集群自发形成和演化的基础上。我国的产业集群既有自发形成的产业集群，也有通过政府规划发展起来的产业集群，以及由政府和民间两种力量混合作用发展起来的产业集群。一般地，自发形成的产业集群内在功能上比较完善。政府规划下发展起来的产业集群，形成和发展更多地依靠招商引资，产业链条往往不完整。而政府和民间两种混合作用发展起来的产业集群，则一般既具有较完善的功能，又能在政府的推动下使集群竞争力得到提升。

振兴战略实施以来，国家和省政府都把发展装备制造业产业集群作为提升辽宁区域竞争力的重要内容，尤其是辽宁提出要打造几个千亿元产业集群，建设具有国际竞争力的先进装备制造业基地。机床产业是辽宁最具竞争力的产业，沈阳机床集团是我国最大的机床制造企业，铁西区是我国最大的机床制造基地。我们以铁西区的机床产业为例，剖析以沈阳机床集团为核心的铁西机床产业是否已经形成了产业集群，如果还没有，存在哪些制度缺陷，政府应该如何推进产业集群的形成，以及进一步完善产业集群政策。

（一）一个真正的产业集群，区域内一般聚集着大量该产业企业以及上下游企业，从而产生外部规模经济和范围经济效应

铁西区内现有机床企业 39 家，其中主机制造企业 6 家，代表企业有沈阳机床集团、沈阳菲迪亚、沈阳百大精密等；功能部件制造业有 33 家，代表企业有沈阳田中精密机械、SEW 传动、沈阳联合液压、沈阳晟威、沈阳施博达等。区内在建企业 17 家，其中 5 家整机企业，其余为零部件企业，代表企业有为沈阳机床集团配套的安川电机（生产机床伺服电机及驱动器）和日本精工 NSK（生产机床精密丝杠）。在沈阳机床集团的带动下，已经陆续吸引了为其配套的企业落户铁西，区域吸引力逐渐增强。从区域内现有建成和在建机床企业数量来看，虽然与斯图加特市周围 100 多家机床企业的规模相比还有很大差距，但是已经初步显出了一定的规模经济效应。

（二）某个区域的产业形成产业集群，在该区域内的企业之间会围绕某一种或某一类产品形成从原料加工、产品到销售、服务等各个环节，形成明显的专业化分工

铁西区的机床产业是以沈阳机床集团为龙头，以及若干主机企业和零部件企业共同构成的产业体系。2009 年，铁西区机床产业销售收入 140 亿元，其中沈阳机床集团为 120 亿元，占 86%。这种以一个大型企业为主体的产业，一般可以形成围绕大型企业，以价值链分工为主导的产业集群，通过产业链和价值链形成密切的上下游关系，共享区域内的基础设施。

沈阳机床集团的产品采用自己配套和社会化配套两种方式。机床尤其是普通机床的基础部件如床身、横梁、立柱、主轴箱等通过主机厂的加工车间完成，由菲迪亚（同时提供整机产品）、数控刀架分公司、电装分公司等下属公司提供内部配套服务。部分专业性非常强的功能部件和配套件直接从外部采购配套。外部配套企业主要提供数控系统、传动组件（滚珠丝杠）、伺服系统、刀库系统，主要配套企业包括西门子公司、SAUTER 公司、威腾斯坦公司、日本精工株式会社等国际知名企业。2009 年，机床集团外埠主要配套件有数控系统、轴承、导轨、卡盘、自动刀库和铸锻件等，采购金额达 14 亿元。其中，轴承、数控系统和自动刀库（这三项占外埠主要配套件采购金额的 83%）主要来自日本、德国和瑞典，卡盘和导轨主要来自中国台湾，铸锻件主要来自国内企业。根据机床集团的数据统计，2009 年主要外配企业 87% 来自国内（辽宁占 70%，北京和山东地区各占 10%，其他地区占 7%），国外占 13%。尽管从配套企业数量来看，国内企业占 87%，但是占采购额 80% 多的配套件来国外企业。随着沈阳机床集团的快速发展，铁西逐步吸引了一些功能部件等配套企业来这里建厂投资，如生产机床伺服电机的安川电机和生产机床精密丝杠的精工 NSK、台湾百大精密、大连维乐等。

再如沈阳机床的销售和服务，目前的销售渠道一部分是由自己建立的集销售、服务、维修、备品备件为一体的 4S 店完成，此外有 87 家代理商。公司的物流等生产性服务由市场和服务部委托外部运输完成。

由于配套企业的缺乏，使得区域内的机床产业还没有完全建立起专业化的分工体系，有待于进一步完善。

（三）强大的中场产业对提高装备制造业竞争力起到基础性作用

高级数控系统、高速精密主轴单元、高速滚动部件和数控动力刀架等数控机床功能部件，直接关系到数控机床的发展水平。我国数控机床的发展普遍存在"重主机、轻配套"、"重洋轻土"的现象，使得功能部件的发展速度滞后于主机产业。同时，进口功能部件的高价格又削弱了国产机床的竞争力。目前，从铁西的配套企业来看，尽管已经有若干零部件企业给沈阳机床配套，但是大量关键零部件尤其是数控机床的关键零部件由来自域外包括国外企业配套。因此，区域内无法形成围绕机床产品的加工、产品到销售、服务等完整的产业链。也正是由于区域内缺乏中场产业，沈阳机床还需自己生产若干零部件，也使得沈阳机床至今保留着"大而全"的组织结构。如果能剥离非核心生产环节，集中力量进行核心业务的专业化生产，将有助于区域专业化分工、社会化协作生产体系的构建。而且，发达的中场产业可使最终产品的生产企业能根据不同的需求，便利选择专业性强的零部件，迅速完成生产，以满足客户多样化、个性化的需求。从一定意义上说，中场产业的缺乏也是沈阳机床更专注于通用机床生产的原因之一。在产业链上，生产最终产品或服务的龙头企业和提供关键零部件的核心企业占据价值链高端，代表中场产业核心企业的缺乏，影响了区域内产业竞争力的提升。

如何建立沈阳机床产业集群的中场产业，是一个值得我们认真思考的问题。机床属于战略性基础产业，沈阳机床集群未来的发展定位必须是自己掌握机床核心技术。目前，沈阳机床集团的高端数控加工中心的 70% 以上的零部件由于不掌握核心技术而需要进口，技术空心化特征十分明显，而真正用于尖端领域机床的高端功能部件根本买不到，国外企业也不会在沈阳建厂生产这些高端功能部件。因此，在鼓励国外企业来沈建厂配套功能部件的同时，沈阳机床产业集群一定要以沈阳机床集团为依托主体，强化自主创新，坚持自主开发关键功能部件，以合资的方式建立自己的功能部件配套企业，拥有自主核心技术，这样方能提高沈阳机床产业集群的核心竞争力并承担国家的战略性使命。

（四）集群所在区域内企业存在既竞争又合作的关系，形成一个既有分工又有协作的共同体，共同实现区域产业创新

铁西机床企业之间的合作关系主要表现为沈阳机床与外部配套之间。作为区域机床产业的龙头企业，沈阳机床集团很注重对外部配套企业的技术支

持与帮助，要求配套企业按照公司标准提供产品和服务。同时，通过技术，管理交流和外部评价等方式，促进配套企业对其生产管理体系进行优化，并要求配套企业对技术及流程上的不足进行必要的调整，保证配套企业满足配套需求并与沈阳机床同步发展，为配套企业提供必要的技术数据、人员培训、现场指导以及技术交流。但是，这只是沈阳机床按照自己的产品要求给予配套企业以某种程度的技术支持，而并非技术合作。沈阳机床认为，与竞争对手技术创新合作的重要性为一般，公司也并不经常与竞争者合作开发新产品。实际上，与沈阳机床集团进行技术合作的企业大多来自区域外尤其是国外，其中尤以与日本精工株式会社、德国 SAUTER 公司等企业合作最为突出。因此，从产业集群的角度看，区域内的机床企业之间还没有形成一个既有分工又有协作的共同体。

铁西机床产业的创新动力主要来自沈阳机床集团。振兴战略实施后，沈阳机床集团发展迅速，企业规模由 2000 年世界排名第 9 上升到 2009 年的世界排名第 3。尤其是从 2002 年开始，沈阳机床集团走自主创新道路，从研发、生产、销售、管理到资本运作进行了企业各个环节的创新。研发以沈阳为研发总部，以北京、上海及德国阿瑟斯勒本为研发分中心，建立了面向企业内部、面向市场和客户、面向未来的三个层次的创新，并逐步形成了以企业为主体、产学研结合、开放式的社会化创新体系。在生产上不仅进行机床产品的全面升级、生产与制造技术的提升，还创新了生产方式，利用沈阳机床的品牌优势采用 OEM 方式实现普通产品在区域内的转移，从而专注于数控机床的生产，实现从产品经营到品牌经营。在销售上采用创新的 4S 店模式。在资本经营上，除了并购德国希斯公司，还计划并购欧洲企业，欲在欧洲建立一个分集团并掌握自动刀库、数控系统、电主轴等核心技术，实现机床功能部件技术突破。在沈阳机床集团的带领下，区域内的配套企业也随着沈阳机床产品的升级进行产品、技术和管理上的调整。

（五）在产业集群的形成和发展过程中，相关研究所、技术转化中心以及职业技术学校发挥重要的作用

以德国为例，仅在斯图加特市就有包括斯图加特大学机床研究所在内的 12 个机床相关专业的研究所，在巴登符腾堡州有 24 个机床相关技术转化中心，以及若干机床相关专业的职业技术学校提供人力资源支持。我国的机床产业在发展过程中，很少得到相关研究机构的技术支持。主要原因是，在由计划经济转向市场经济过程中，原来在国家层面建立的支持机床行业发展的"七所一院"以及在骨干企业建立的若干专业产品所（行业二类所）绝大部分转制，成为科技型企业或并入企业内部，为行业提供技术来源的作用基本丧失，分行业的二类产品为子行业提供产品和技术共享机会也无可能。同时，相关大学的学科设置比较宽泛，基本上是以机械制造为主，沈阳以及辽宁的

相关高校也没有与机床紧密相关的专业设置及机床研究所，企业基本上不能从相关高等院校获得高水平机床专业研发人才及直接的技术支持，使企业在研发人才支持和外部技术支撑方面处于孤立无援的境地。此外，辽宁高校和科研院所的成果主要集中在论文发表，导致相关的技术转化中心的缺乏。

目前，铁西装备制造业工程技术学校对区域企业支持较大。以沈阳机床为例，机床相关专业的学生半天学英语半天学专业，学生在校最后一年，工程师给学生授课，学生也在企业进行实习，学生毕业后可以很快进入工作状态，公司定期对员工进行技术培训，然而这种支持也仅仅局限于提供生产操作的技术工人。

（六）结论

通过上述分析，我们可以看出：铁西装备制造业集聚区的机床产业没有形成真正意义上的产业集群，区域内机床产业竞争力与国外相比还有较大差距。

存在的主要问题有：①区域内尚缺乏一定数量的整机企业和关键零部件企业，企业之间无法形成专业化的分工，规模经济效应难以扩大。尤其是占据价值链高端的高性能的关键零部件企业的缺乏，使得机床产业的整体竞争力无法得到有效提升。②龙头企业沈阳机床集团的技术创新受制于高端技术供给，技术水平与国际领先企业相比还有一定差距。虽然沈阳机床集团建立了一套创新体系，与相关高校和研究机构开展产学研合作，但是高校和科研机构的高端技术能力不足。尽管企业也承担了国家设立的重大专项，并牵头组建了产业技术创新联盟，但由于数控机床涉及数控、机械、电子和材料等多个学科，重大专项的项目选择和考核标准主要以技术先进性为导向，项目组织分散不持续，导致数控机床的系统解决方案不足，很多成果难以在企业集成和应用。③中小企业创新难度较大。很多中小企业自身研发能力有限，相关研究机构和技术转化机构的支持不足，政府的科研经费支出更倾向于大型企业，中小企业的研发创新难以开展，导致中小企业生产零部件的技术水平和稳定性难以达到高档机床的技术要求，主机厂转而进口国外关键部件。④高校和科研机构对机床产业的支持不足。在经济转型过程中，我国的科研院所大多改制为科技型企业或并入企业内部，机床企业无法从机床相关研究机构获得技术支持。由于国内高校的发展方向制约了专业设置，仅设置了通用类的机械工程专业，都没有设置与机床密切相关专业课程，大学也没有专业的机床研究机构，既不能培养机床专业研究生也没有开展机床相关技术研究，导致企业既得不到专业人才也得不到高端技术。

目前，铁西区政府和机床企业都意识到机床产业发展的问题。沈阳机床集团计划在产品、营销、并购及合资合作、管理、生产与制造技术、人力资源管理、资本运作等方面采取重大举措，实现他们制订的"既大又强、世界第一"的企业发展目标。铁西区政府也正逐步采取各种措施，解决机床产业集群存在的缺陷问题，营造机床产业集群发展所需环境。如计划建设一个专门为各中小企业提供专业化的机床检测、试验、展示、展销、技术改进和管理提升、信息化交流等服务的沈阳铁西机床企业技术服务中心。从沈阳铁西机床制造业发展规划和措施上看，铁西机床产业正在向集群目标迈进，但与国外机床产业集群相比，我们在产业内的产业链配套、产业外的人才及技术供给等方面距离真正意义产业集群仍有较长的路要走。

四、对策与思考

（1）建议国家建立持续的以企业为主导的数控机床科技计划项目立项和执行机制。组织数控、机械、电子和材料等多学科领域的联合攻关，针对若干关键环节，进行系统、整体的规划设计，形成明确的技术目标或技术路线，并以机床系统解决方案为重点，实现机床产业技术的整体突破和产业化，以解决机床产业的高端技术供给问题。

（2）支持创新型中小企业技术创新。建立服务于中小企业的公共研发平台，资助中小企业的产学研合作，培育"专精特新"的功能部件和关键零部件企业。

（3）深入推进国有机床企业改革。机床产业属于竞争性行业，现在又进入竞争优势升级的关键阶段，建议推进国有机床企业开展股权激励，调动管理层和技术骨干的积极性，提升企业发展和创新的动力；对机床企业的技术研发、海外并购、资本融资及引进海外人才等重点项目给予政策和资金支持，推动企业做大做强。

（4）紧紧围绕大型企业进行产业链招商，吸引功能部件企业投资建厂，增强区域的配套能力。对关键功能部件应强化自主研发和配套生产，主机厂至少应具备关键功能部件如电主轴、伺服系统、自动刀库的技术及生产能力。

（5）依据区域产业发展需要，调整高校相关学科设置。省政府应协调省内高水平大学设置机床相关专业并建立机床研究所，鼓励高校教师创业，推动高校成果产业化。

几点思考。辽宁装备制造业由于产业布局等原因，虽然一些支柱产业都有全国的领军企业，但零部件配套率不高，大量从省外或国外采购，表现出技术和核心零部件"空心化"的特征，与机床产业表现出来的特征极其相似。我们应该针对装备制造业各行业特征，梳理出一整套系统的产业集群政策，包括对行业公共技术研究的支持、对领军企业的支持、对中小企业的扶持，涉及相关行业的学科建设，对行业研究机构与技术转化机构支持，对以产学研合作的支持，职业技术学校的建设等，逐步建立一套能持续提升高生产要素的机制，促进产业集群形成和发展。

第三节　推动辽宁装备制造业集群向更高层次迈进

一个国家或地区的产业竞争优势，来源于彼此相关产业的集群，科学合理地选择产业进行集群培育，是提高产业竞争力、促进经济增长的有效手段。2009 年以来，辽宁开始大力实施"产业集群"工程，在各级政府和产业界的共同努力下，产业集群的发展取得了一定成效。其中，装备制造业集群数量最多，规模最大，分布范围最广，对辽宁经济发展的影响力也最大。通过对全省重点装备制造业集群的实地调研发现，无论是集群自身发展状况还是政府对集群的管理方面，都存在一些亟待解决的问题。只有解决了这些问题，辽宁产业集群才真正具备内生升级的动力，并走上科学发展的道路。

一、正确认识产业集群内涵是培育集群的前提

（一）产业集群的概念和特征

理论界和实际工作部门对产业集群概念的理解有一定偏差，理论界认为：产业集群是集中于一定区域内特定产业的众多具有分工合作关系的、不同规模等级的企业，以及各种相关机构、组织等行为主体，通过纵横交错的网络关系紧密联系在一起的空间经济组织形式。产业集群的形成是在要素禀赋、产业特色与分工、专业化市场、共生技术平台、专业服务体系、政府引导作用等各种关键要素的共同作用下，产业链上下游关联企业从空间集聚到形成有机整体的动态演化过程。

按照理论界的定义及内涵，产业集群不但要求企业集聚，更重要的是企业间的协作配套，并通过协作配套网络提升产业竞争力和促进经济增长，是产业集群的精髓。而我们实际工作部门往往把现有企业聚堆的产业园区或产业集聚视同为产业集群，实际效果只是换了名称、面子上好看而已，对发展经济毫无作用。产业集群形成和发展的根本动因是市场调节，政府在培育和引导产业集群发展的过程中，在尊重和发挥市场决定性作用的同时，给予政策引导和扶持，才能实现科学发展。

（二）培育产业集群必须正确界定产业集群

产业集群的概念应从三个层面来界定和理解：一是产业层面，二是区域层面，三是经济层面。

1. "产业"层面宜在小类层次上界定

产业的界定不宜过大或过小。按照国民经济统计分类的标准，产业分类由大到小分为门类、大类、中类、小类或产品四个层次。例如在制造业领域，"制造业"是门类，"通用设备制造业"是大类，"金属切削机械制造业"是

中类，"金属切削机床制造业"是小类（产品）。通常意义上说，按照产业集群定义，强调的是产品生产的配套和分工协作，某个产品或小类可以形成配套关系，有些中类下的产品产业链也有交叉，但在大类或大行业（如装备制造业、机械工业）项下的中类或小类行业不能形成配套关系。因此，产业集群的产业界定一般在小类或产品范围内界定，如汽车产业集群（产品）、机床产业集群（小类），个别的可以在中类上界定，但不宜在一个门类或大类层次上界定产业集群，"装备制造业集群"、"机械制造集群"的说法是不科学的。

2. "区域"层面宜在合理配套半径范围内界定

"集群"涉及的区域，不是行政区划的概念，而是经济区域概念。在生产和运输条件既定条件下，不同产业有不同的最佳配套半径，汽车制造业的最佳配套半径就远小于手机制造业的。集群的区域应界定在最佳配套半径范围内，虽然由于技术等因素，某些配套可以延伸到全国乃至国外，但在最佳配套范围内，应该实现集群大部分的配套。

因此，集群的地理范围应该界定在合理的配套半径范围内，不宜过大，也不宜过小，要综合考虑配套企业及配套半径，市辖区域的相关配套产业都应划入一个产业集群。如果市内各区都有配套产业存在，而只在某区划定该产业集群，割裂了产业关联，这种做法也极不可取。

3. "经济"层面宜在产业链意义上界定

从经济上看，产业集群的核心内涵实际上是产业链中各个环节之间的有机互动和组合。龙头（主机）企业、（零部件）配套企业和生产性服务业企业构成产业链条的不同环节，每个环节又由多个同类企业构成，从而形成了集群内部既竞争又合作的互动环境。更进一步，涉及产业链条各个环节的企业合作交流平台、政府公共服务、诚信文化等"软件"，则构成了产业集群发展的润滑剂。总之，一堆彼此之间没有关联的企业扎堆在一个区域，地理意义远大于经济价值，因此失去了产业集群的本质。

4. 集群与园区和集聚区内涵和发展方式不同

产业集群与产业园区和产业集聚区概念有别，发展方式也不一样。集群主要是经济概念，而园区主要是行政区划概念，集聚区主要是地理概念。

产业集聚是指同一类型或不同类型的产业及相关支撑机构在一定地域范围内的集中和聚合，从区位角度反映产业的空间分布态势，容纳产业从分散到集中的空间转变的全过程。典型的产业聚集区如美国东北部新英格兰地区的"锈带"，中国的"长三角"、"珠三角"地区，再如沈阳铁西装备制造业集聚区等。集聚区中的企业在空间上集聚，彼此之间可以有联系，也可以没有联系。最初"聚堆"形成的产业集聚区经过一段时间发展后会形成产业集群，同样，多个产业集群也可以共同构成一个产业集聚区。

产业园区是行政区划概念，指由政府或企业为实现产业发展目标而创立的特殊区位环境。园区是集聚或者集群的最佳载体，可以是以某个产业为主的专业化园区，也可以是包含了多个产业的多样化园区。一个产业集聚区或者集群内可能包含一个或者多个园区，而一个园区内也可能存在一个或者几个产业集聚区或者集群。

二、装备制造集群建设成效与进展

辽宁从 2009 年开始实施产业集群工程，出发点是通过政府推动产业集群建设，延长包括产品链和研发链在内的产业链，实现提高产业竞争力、优化产业结构和扩大经济总量等系列目标。经过几年的努力，辽宁产业集群建设取得了一定进展。

（一）产业空间布局得到优化

一些地方借发展产业集群的契机，重新规划了当地产业发展，使得产业在空间布局上更加合理、更加集聚。如铁西专门规划建设机床产业基地，并制定了优惠政策，鼓励支持机床产业类项目进入该基地投资建厂。对于当地新兴的产业，比如沈北手机产业集群、鞍山的激光产业集群、沈抚新城智能装备产业集群等，地方政府都有意识地按照产业集群的思路进行规划和招商。以集群思路发展产业，改变了"低、散、小"的工业发展模式，推动了资源节约集约利用，也利于政府为产业发展提供更高效优质的服务。

（二）产业配套能力略有增强

经过近几年省市政府的强力推动，产业链上的配套企业有所增多。铁西为了提高机床产业的当地配套能力，引进了日本安川电机，后者又吸引来 2 家供应商。沈阳大东汽车产业集群已经吸引了 30 余家零部件企业建厂配套。鞍山的激光产业集群从一开始就注重全产业链的建设，培育从激光材料、激光元件、器件、激光加工成套设备到激光应用的全产业链，同时也在发展精密加工、钣金、喷涂、注塑、铝合金成型加工等方面的配套产业。在政府部门和企业的共同努力下，一些产业集群的内部配套有所完善。

（三）支撑平台建设取得进展

在省政府的政策扶持下，产业集群公共支撑平台建设进展较快，多数产业集群正在规划或建设研发平台、检测平台、人员培训平台、金融服务平台、企业家交流平台等各种支撑平台。这些平台采用了不同的建设模式。一是依托企业现有的机构，为集群内企业提供有偿服务，这是目前大多数公共服务平台的模式。如沈北手机公共检测服务平台。二是成立专门的企业性质或事业性质的服务机构。如瓦房店轴承检验测试有限公司，辽宁专用车基地研发中心有限公司，辽宁省换热设备产业基地公共技术服务中心，辽宁陆海石油装备研究院有限公司等。三是政府、高校或科研院所及企业共同出资建设。

如阜新高新技术产业开发区与浙江大学国家电液控制工程技术研究中心共同组建"阜新浙大液压装备技术创新中心"，构建了全国最大的液压产业研发检测平台。在这些公共平台的支持下，辽宁产业集群的整体创新能力必将不断提升。

（四）部分空白产业得到填补

一些地区通过招商引资，在辽宁原来空白或薄弱的产业领域形成了产业集群雏形，其中不乏一些技术含量较高的产业，如沈北手机和互联网产业、鞍山的激光产业、浑南的 IC 装备产业等。

沈北手机产业集群截至 2013 年引进 124 家智能终端与移动互联网企业，其中有 28 家整机生产企业和 96 家配套企业，产品涵盖物联网通信模块、手机整机、手机外壳、手机背光模组、手机摄像模组到医疗手机、高端智能机、行业应用手机及通信系统集成工程终端等。估计 2014 年可生产移动终端5000 万部，产值超过 400 亿元。

鞍山激光产业集群是 2011 年才开始建设的，该集群重点发展激光通信、激光加工、激光医疗、光机电一体化 4 大产业板块，现已获批科技部国家火炬特色产业基地和沈阳经济区城际连接带主导产业园区。截至 2013 年，入园注册企业 154 户，预计 2014 年实现总收入 16 亿元。

其他如 IC 装备、新能源装备、节能环保装备领域都出现了一些亮点，有望形成新的增长点，促进全省工业结构升级。

三、装备制造产业集群建设方面存在的问题

（一）集群自身存在的问题

辽宁装备制造集群涵盖门类众多、地域分布广泛，但普遍存在着集聚动力不足、基础要素缺失、产业发展质量不高、创新能力不强等共性问题，表明辽宁集群仅仅处于发育雏形阶段和建设起步阶段，只有正视问题和现状，推进工作才能有的放矢。

（1）产业结构不合理，低附加值集群较多。装备制造业虽然已成为辽宁第一支柱产业，但这些产业集群普遍存在行业影响力小、结构不合理、附加值低等问题。一是具有全国影响力的集群少。在辽宁产业集群中，只有汽车产业、船舶制造及海工装备行业影响力较大。机床行业虽然有世界著名的龙头企业，但集群效应还未发挥出来。工程机械类整体规模还可以，但没有任何一家集群对所在行业有大的带动力，而且这些产业大多位于辽宁经济欠发达地区，人才技术支撑力较弱。二是一些行业只有知名产品，没有形成集群效应。辽宁诞生了一批填补国内空白和替代进口的产品，如大型压缩机、特高压输变电设备、盾构机、机器人等，但却没有在这些重大成果的带动下形成集群。三是低技术、低附加值行业占比较高。在所调研的 40 余个集群中，

属于低端简单加工并依靠外省关键部件配套的集群约占30%，这些集群多处于产业链的最低端，多是原材料初级制造、简单机械加工、改造加工等环节，附加值低，虽看上去产值很大，但地方获益却很少。

（2）龙头企业带动作用不强，集聚配套企业的动力不足。对于装备制造业集群而言，典型的组织模式为一个或几个大型龙头企业带动数量众多的关联企业。辽宁装备制造业集群中龙头企业带动作用普遍较弱。一是无龙头企业。突出表现在一些以基础件、零部件生产为主的集群中，包括特种机床、改装车、铸锻件等行业集群。虽然有些企业有一定规模，但与集群内其他企业几乎没有产业关联，谈不上龙头带动作用。二是有龙头企业，但规模小、数量少，带动力不足，辽宁大部分集群属于此类。集群中有一两家龙头企业，也在集群内或省内有配套关系，但这些企业形成的整体规模小，体量甚至还比不上为其配套的零部件企业，不足以吸引省内外有影响力的配套企业。如起重机集群、矿山机械集群等，由于整机规模不够，与其配套的电机企业就不会来。三是龙头企业实力较强，但不起带动作用或起到负面作用。这主要体现在一些以国企为龙头的集群中，如沈阳机床、渤船重工等。由于体制机制和客观的产业环境因素以及企业转型升级的特殊发展阶段，这些企业效益不尽如人意，资金链比较脆弱，以致不但没能带动反而抑制了配套企业的发展，损害了整个集群的发展环境。

（3）内部配套率较低，集群要素建设进展没有突破。在我们调研的40余个省重点产业集群中，零部件配套率（按价值计算）达到50%的集群仅有2个，占4%；90%以上的集群，其配套率低于10%。原则上来说，配套率低于50%的集群，都不能称其为合格产业集群，仅仅可以视作产业集群的雏形期。同时，集群内产业配套层次较低，配套大部分属于原材料、简单的机械加工、铸锻造等初级层次，价值较低，而技术含量较高的零部件，特别是核心零部件，很多需要省外或国外企业配套。

（4）创新能力弱，整体技术水平偏低。辽宁产业集群仍处于培育阶段，产业集群特有的技术创新优势还没有形成或难以形成。一是集群内企业自身研发机构建设不完善。据调研数据估算，这些装备制造业集群中有独立研发机构的企业不足15%。企业研发投入也较低，整体上研发投入占销售收入比重低于2%。最高的是海洋工程和新能源电容器，超过10%，而最低的只有零点几个百分点。沈阳铁西和大连金州两个创新水平较高的集群，研发投入占销售收入的比重也不足3%。二是公共创新平台建设还有待加强。这几年，省里对集群公共平台建设抓得很紧，许多集群公共平台从无到有、从小到大，取得了一定的成绩。但是，一些公共平台有名无实，或者不能满足需要，或者运行机制不顺畅，尤其是研发类平台的建设还有很大提升空间。三是集群内企业之间的创新交流与合作较少。由于集群内企业之间的经济关联非常松散，所以企业在创新方面的交流与合作也就很少。这不利于形成一种的创新的氛围，形不成互相借鉴、互相促进的合力。

（二）政府管理方面的问题

（1）集群的产业界定不合理，不利于集群培育。所考察的40余个集群中，60%以上集群所确定的产业范围不合理，或者太大，或者太小。例如，装备制造业在统计上包含了七大类产业，不同产品之间差异极大，所需要的配套产业也不同，因此，"装备制造业集群"是个不合理的概念。再如超级电容器，作为一个具体产品本身没有多少上下游关联产业，作为一个集群包含的产业范围太小。其他大多数产业集群都存在类似的问题，将不相关的产业"扒堆"、"凑数"，偏离了集群发展的核心。一些地区为凑集群规模，将几个没有什么内在关联的集群合并为一个，有的区把原有的机床、汽车、输变电设备和透平设备等几个集群合并为一个装备制造业集群，合并后虽然规模大了，但给补齐集群内部的配套企业、健全产业链带来了很大困难。一些地方没有充分考虑财政实力、产业基础、生态环境，选定或承接了低端产业，给予企业土地、财税等各种优惠，导致政府债务过高。结果，要么一些项目虎头蛇尾，有园区无产业；要么招来的产业与原来规划不符，鱼龙混杂，拉低了产业档次。这些集群享用了地方许多优惠政策，但对地方经济、财政贡献不多。

（2）集群的区域界定过小，不利于衔接集群产业链。行政区划分割导致地方之间竞争，与集群发展所要求的跨区域协调合作之间存在矛盾。一是地理上邻近且属于同一个产业的企业却不属于同一个集群。如沈阳的大东区、铁西区、沈北新区均有汽车及零部件产业，无论从地域距离、产品类型，还是产业链状况考虑，都应作为一个集群来发展，却因行政区划问题而不被界定为一个集群。沈阳航空产业有很好基础，属于高端装备制造业，发展前景也不错，但沈阳民用航空产业集群因涉及浑南、法库、沈北多个地区而没有被定为重点集群。二是行政分割导致地区间同质竞争，损害了产业链形成，局部短期受益带来全省长期受损。不同地方的恶性招商竞争屡屡发生，使得原来产业基础较好的地区难以更上一层楼，后发地区也丧失了自己的比较优势。更有甚者，有些地方政府为争取企业进驻而许诺的资金补贴等优惠政策根本无力兑现，最终导致政企不欢而散，政府公信力严重下降。三是按行政区划分割，导致有些地方政府同时扶持好几个集群项目，分散了有限的财力，对每个雏形期集群的扶持力度均达不到应有水平，不能实现量变积累到质变的效果。

（3）产业链配套进展缓慢，工作重心与发展规划有偏差。虽然大多数地方认识到产业集群的关键是完善产业配套体系，但由于管理体制、考核指标、政绩观等因素的影响，实际工作中往往偏离了产业集群发展的重心，偏重项目引进数量，从而忽视了产业集群的要素培育和发展质量。许多地方的集群发展规划都非常好，产业配套、服务平台等方面都有考虑，但在落实项目时却把规划放到了一边，考虑更多的是怎样招来产值更高的项目。同时，政府对促进企业之间的交流互动方面做得不够。调研中发现，一些属于同一地方的企业之间本来可以互相配套，却因为互不知晓而舍近求远。这反映出政府在创建信息交流平台、促进企业之间合作方面还有许多工作要做。新项目是生产力，而降低企业之间的信息成本、提高已有企业的效率也同样是生产力。

（4）考核指标高于承受能力，不利于产业提质升级。目前，对集群的考核中存在一些不合理的地方。一是对集群增长率考核指标过高。在集群由小到大、由弱到强的逐步成长过程中，成长速度或快或慢，甚至出现一定程度的倒退均属于正常现象，政府硬性规定增长率指标，常常逼得基层工作人员弄虚作假。二是重规模轻质量，数字难以反映真实的发展情况。一些集群单纯从产值规模上看很大，但大部分零部件都是从外部购进，对当地产生的增加值和税收等效益极小。据有关部门数据，2013 年辽宁确定的 40 余个重点装备制造业产业集群的产值总和超过 1.2 万亿元，根据统计公报数据估算，其占全省装备制造业总产值的比重接近 80%。这相当于辽宁全部的装备制造业都已经形成了产业集群。换句话说，所谓的集群，不过是各地区给原来已有的产业重新命名，没有实际意义。三是考核过于频繁。每个月都要对各个集群进行考核，甚至还要排名，不但给基层管理者带来很多没有意义的负担，而且一定程度上扰乱了企业的正常运营。

四、促进装备制造集群科学发展的建议

发展产业集群，应正确认识产业集群发展规律，正确处理政府和市场关系，科学界定和划分集群，实施分类扶持和滚动培育，发挥市场配置资源的基础性作用，发挥龙头企业的牵动作用，强化产业链配套，提升研发实力，建立科学的指标考核体系。力争用 5 年时间，培育 30 个装备制造优势集群；用 10 年时间，培育出 10 个具有国际影响力的高端装备和新兴产业集群；同时培育一批潜力型集群，作为后备力量重点培育。

（一）科学界定产业集群的产业内涵和区域范围

培育和发展产业集群，首先必须科学合理确定产业集群的产业内容和区域范围。针对辽宁集群产业范围过大，以行政区域确定集群范围的不科学做法，应将集群的产业内涵细分到产业小类、区域聚合到市级范围。一是根据经济内涵对现有集群进行重新审视和归类，将其界定到汽车、机床、船舶等产业小类，剔除类似于"装备制造业集群"等产业内容不合理的集群。二是合理考虑配套距离，在市级层面规划集群范围。作为副省级城市的沈阳和大连，原来确定的区级产业集群，直接割裂了与其他区的产业配套联系，不利

于产业集群发展。应将这部分集群聚合为市一级的汽车、航空、船舶等产业集群，避免各区县恶性竞争。甚至可以突破市级限制，临近城市的产业按配套关系，也可以整合到龙头企业集群，如抚顺、铁岭、辽阳邻近沈阳，其汽车零部件为沈阳整车配套，可纳入沈阳汽车产业集群范畴，与沈阳企业享受同等政策。

（二）按集群成熟度分类扶持，实现批次滚动培育

为促进辽宁产业结构升级，必须从省级层面搞好顶层设计，实施分类扶持和滚动培育。分类扶持就是综合考虑现有集群的作用和成熟度，目前首批重点扶持发展前景明确、集群特征明显的约30个集群。一是优先发展高端装备制造业集群，包括沈阳的航空、机器人、机床产业等集群，大连的船舶、海洋工程、轨道交通装备、机床产业集群。二是适度扶持优势集群，包括沈阳的汽车、输变电设备、手机（光电）、电子信息产业集群，大连的汽车、电子信息、瓦房店轴承产业集群。三是发展一批特色产业集群，包括辽阳铝业、盘锦石油装备、阜新液压、营口汽保、锦州光伏、朝阳电容器、昌图换热设备产业集群。此外，各市可根据具体情况，重点扶持1~2个具有比较优势的集群，如鞍山工业及自动化控制设备、辽阳重型机械、铁岭工程机械、抚顺煤机、朝阳矿山机械、葫芦岛船舶及海洋工程产业集群等。滚动培育就是在上述30个左右重点集群逐渐成熟后，再遴选一批有一定成熟度、具备培育潜质的集群进行第二批次重点培育。

（三）正确处理政府市场关系，发挥龙头企业带动作用

龙头企业的配套协作需求，是集群发展的内在动因，是集群培育的"牛鼻子"，是政府发展产业集群强有力抓手。做大做强龙头企业，能有效撬动市场力量。一是推进地方国有企业改革，沈阳机床、华晨集团、大连机床、瓦轴集团等都是地方国企，都是集群的龙头企业，应尽快推进经营管理体制改革，使其在产品创新、规模生产、企业盈利等方面不断进步，这样才能吸引更多的企业参与集群配套以及参与分工。二是积极与央企建立紧密合作，切实贯彻国务院新一轮东北振兴战略中"研究中央企业和地方协同发展政策，支持中央企业与地方共建产业园区"的重要政策，从地方经济长远利益出发，主动加强与中航工业、中船重工等军工央企沟通合作，借助央地结合、军民融合项目推动集群发展。三是着力吸引国内外具有先进生产技术的大型装备制造企业到辽宁设立分支企业，增强龙头企业整体实力，力争使每个集群拥有2~3家龙头企业，并具有良性竞争合作关系。

（四）找准工作着力点，强化产业链建设

产业集群竞争力的首要来源是集群内企业围绕产业链展开的紧密合作。辽宁装备制造业集群普遍缺乏竞争力的主要原因是集群内企业之间缺少有机联系。因此，下一步工作的重中之重，是要强化整机企业龙头拉动作用，大

力发展零部件配套产业，提高集群配套率。一是在吸引新企业、新项目落户时，将产业关联性强弱作为首要标准，考察其是否适合进入现有集群，是否对完善产业链具有积极作用，切忌来者不拒。二是对零部件企业进行重点招商，由省、市两级政府相关部门联合出面，召开配套企业专项招商会，为本地整机企业与配套企业合作提供机遇。制定专门针对配套企业的优惠政策，对新入驻配套企业，给予优惠地价，实行"免3减3"税收政策。三是加强信息平台建设，依托行业协会，以网络为载体，搭建产业信息平台，定期发布宏观经济发展、产业发展、企业并购等相关信息，促进企业广泛深入合作，为完善产业链奠定基础。

（五）完善集群研发平台，着力提升集群创新能力

为了从根本上解决辽宁低附加值集群多、竞争力弱的问题，必须贯彻习总书记在听取辽宁工作汇报时的指示精神，集中精力抓好创新能力建设。一是推进技术研发，完善技术平台分类服务模式，以政府为主体、财政出资运作的公益性平台，集中力量突破关键核心技术，着力提高基础零部件、基础工艺、基础材料、基础制造装备研发和系统集成水平，促进科技成果转化。二是加强人才队伍建设，结合产业发展目标，加强职业教育和技能培训，扩大应用型、复合型、技能型人才培养规模；引进创新型人才，重点领域急需紧缺专门人才和海外研发团队，促进技能型人才合理流动；培育支撑中国制造、中国创造的高技能人才队伍，推动职业教育、就业促进和经济结构调整、产业结构升级相得益彰。三是构建产学研用有机结合的科技研发体系，在企业、学校、科研院所间构建良性互动关系，以生产实践指导理论研究，再将研究成果应用于生产实践。

（六）围绕集群要素培育，建立科学考核体系

产业集群培育是一个长期、复杂的经济过程，必须建立科学合理的考核评价体系。一是摒弃"以规模论英雄"的观念，从单纯追求千亿、百亿规模向重效益、可持续发展转变，从自上而下"压指标"向自下而上"定目标"转变，集群产值和生产总值目标和增速指标要考虑可实现。二是为不同类型集群"量身定制"不同考核指标体系，针对高端装备制造业集群，应着重考察技术创新能力和配套率提高情况；针对优势型集群，应着重考察产业链配套率提高；针对特色型集群，应着重考察其产品市场竞争力及配套率。对这三类集群，要定期考察配套率提升数量，力争在三年内将上述集群配套率提升至50%以上。三是确定适度的考核周期，鉴于产业集群发展的长期性，既要从思想上高度重视产业集群发展，并利用产业政策加以积极鼓励和大力推动，力争抢占市场先机，又不能急功近利、急于求成。对集群考核周期应改为每季度或半年一次。

第五章　以兼并重组优化产业组织结构
——上海电气重组对辽宁的启示

　　振兴装备制造业的一个重要途径是培育大公司、大企业集团，因为装备制造企业只有达到一定规模、形成自己的品牌，才能在市场竞争中赢得主动。美国、德国、日本等装备制造业强国都培育并发展了一批世界级装备巨头，如美国的通用电气、德国的西门子、日本的三菱重工等。对中国而言，装备制造业综合实力最强的当属上海与辽宁，装备制造企业又以国企为多。因此，改革国有企业，培育大企业集团，是中国装备制造业需要同时解决的问题。上海通过将原市机电工业管理局所属的机械电子行业（除汽车制造行业外）的千余家企业整合到一起，成立了上海电气集团总公司，不但成功完成了国有企业的股份制改造，实现了国有资产的保值增值，更重要的是形成了国内最大的多元化装备制造企业集团，逐步显现出世界性的影响力。辽宁应借鉴上海电气的重组改造经验，探索自己的大企业集团发展之路，组建多元化的装备制造龙头企业，推动辽宁装备制造业跨越式发展。

一、上海电气的改革历程

　　（一）局部整合，分拆出部分优质资产进行组建企业集团的尝试

　　1987年，按照中央"抓大放小"的战略方针，上海将包括闵行区"四大金刚"（上海汽轮机厂、上海锅炉厂、上海电机厂、上海重型机器厂）在内的9家大型国企从上海市机电工业管理局（以下简称机电局）划出，重组为以电站设备为主业的国有大集团，即上海电气（集团）总公司，成为全国首批计划单列的57家试点大集团之一。

　　（二）整体整合，机电局所属企业全部注入电气集团，并授权经营

　　为解决出资人人格化、出资人到位的问题，推进政企分开和政资分开，1995年5月，上海机电局整体"翻牌"，改制为上海机电控股（集团）公司，1996年又与上海电气（集团）总公司联合重组，成立新的上海电气集团。这一阶段明确了上海电气的三大功能（即管战略、管资产、管干部），相继建立了八大事业部（即电站、输配电、机床、通用、重机、工程动力、基础件、家电），制定并实施了财务监管的五项措施（全面预算、财务总监、信息监控、一头结算、随机稽查），承担起国有资产保值增值的核心使命。

　　（三）重组上市，彻底实现了投资主体多元化，完成了股份制改造

　　2003年下半年至2004年，上海电气在集团层面实施了以核心资产上市

为目标的整体改制改组，以总公司充当出资人，股份公司发展核心产业，管理公司整合存续企业。2004 年 3 月，上海电气集团有限公司成立；2004 年 9 月，引入 5 家战略投资者，有限公司变更为股份公司，迈出了上市进程的重要一步；2005 年 4 月，上海电气集团股份公司在香港挂牌上市，2008 年 12 月，又在上海证券交易所挂牌上市，成功实现了 A 股回归。

二、上海电气重组改造过程中遇到的问题及破解对策

（一）理顺了体制、产业和管理三个核心矛盾

（1）彻底破解了困扰企业的体制机制性障碍。上海电气集团总公司通过核心资产重组，首先组成了有限责任公司，引进了战略投资者，建立了具有激励机制和约束机制的现代企业制度，之后变更为股份公司并成功上市，打通了企业的融资渠道，壮大了资本实力和融资能力。两个阶段的重组过程科学合理，即"先内后外、先私后公"（先境内后境外，先私募后公募）。

第一步：2004 年 3 月，上海电气集团有限公司成立，原始投入 57.1 亿元，引入 5 家外来战略投资者（福禧投资控股有限公司、广东珠江投资有限公司、申能集团、汕头明光投资有限公司、西门子公司），私募资金 27.5 亿元，实现了存量对接增量、国资对接民资、长三角对接珠三角，以多元、混合的产权结构取代了国有资本一股独大的产权结构。

第二步：2004 年 9 月，为实现上市融资目标，有限公司转变为股份公司，2005 年 4 月在香港联交所挂牌上市，首次招募 H 股 29.7 亿股，每股发行价 1.7 港元，共计公募资金 53.5 亿元。2008 年 12 月开始了 A 股回归，在上交所以每股 4.78 元的价格，招募 6.16 亿股，又募集资金 29.5 亿元。

（2）优化了产业结构，突出了核心主业。在产业结构调整上，上海电气以"符合国家产业导向、能发挥集团现有优势、体现国内先进水平、具有一定国际竞争力"为标准，通过反复研究，筛选出"电力设备、机电一体化设备、交通运输设备（城市轨道交通等），以及环保设备"四大核心业务板块，明显提高了产业集中度。这四大核心板块均由其股份公司经营，其中电站集团销售收入占股份公司的 50% 以上，是集团四大核心产业板块的重点和龙头。集团目前核心产业定位于电站成套设备，发展目标直指电站工程总承包能力（EPC），包括工程设计（Engineering）、材料和设备采购（Procurement）、工程施工（Construction）等环节，由此带动相关配套产业。集团在重点发展电站设备生产及服务能力的同时，根据比较优势，培育其他优势产业，形成产业经营与资本经营互动、装备制造业与生产性服务业互补的产业发展新格局。

（3）解决了大企业的组织管理难题。上海电气组织运作架构分为三个层面：第一层面是总部层面，简称"三总部"，即总公司、股份公司、管理公

司。总公司负责战略管理、预算管理和班子建设。股份公司囊括了集团总公司的核心产业，包括电站设备、输配电设备、机床、轨道交通、环保设备、印包机械、重工、电梯等生产企业集团。管理公司主要负责未纳入股份公司的其他企业存续资产、债务和人员等历史遗留问题的整合工作。第二层面是"产业集团＋管理部"，逐步形成产业集团管控工厂（成本中心），管理部管控企业（利润中心）的运作格局。目前，上海电气初定11个产业集团作为集团主业和发展主体，其中属于股份公司的有8个（电站、重工、输配电、机床、电梯、印包机械、轨道交通、环保设备），属于管理公司的有3个（集优股份、海立股份、自动化仪表股份）。另外，管理公司还设有3个平台型的管理部，是管理公司内部按下属企业的相关性和管理的便利性划分的非独立法人分支机构，代表管理公司对划定范围内的企业群实行整合、消化和管理。第三层面是企业实体，负责具体的生产、经营。这些企业通过不断深化企业改革、转变发展方式，提高企业健康程度，增强了竞争能力和盈利能力。

改造重组后上海电气集团管理架构如图5-1所示：

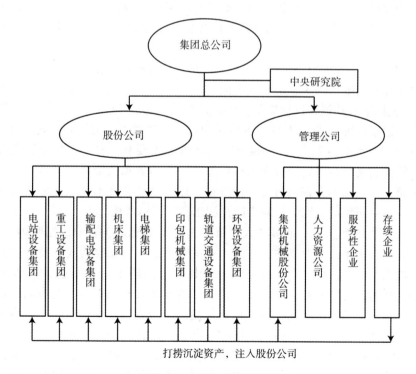

图5-1 上海电气管理架构

（二）破解了资金、债务、人员三大历史遗留问题

上海电气将核心产业重组上市后，存续企业的整合由管理公司全权负责。在整合过程中，重点解决的是国企改革普遍存在的"钱从哪里来"、"人往哪里去"、"债务怎么办"三大问题。

（1）放开产权链，破解"钱从哪里来"的难题。①资本运作，股权转让。对股权多元化合资企业和部分经营状况尚可的国有企业，经过管理业绩提升和"主辅分离、精干主业"式的整合后，将股权转让。一部分由上海电气集团股份有限公司定向收购，另一部分进行市场化转让。其中，仅股份公司就收购了20户企业，股权变现收入10多亿元。②行业重组，上市募资。将行业特点鲜明、产品配套能力强的机械基础件行业的8家企业（如上海工具厂、上海轴承厂等4家轴承企业以及上海标准件进出口有限公司等）进行重组，组建了上海集优机械股份有限公司，经业绩提升和整合包装后，于2006年4月在香港主板市场成功上市，共募集资金15亿元。③产权交易，资产变现。对资产规模小、整体资产质量较差，但部分产品有市场的国有中小企业，放开产权、"国退民进"，由民营资本并购、控股，共引资20.3亿元。④盘活存量，开发资源。对所有土地、房产、设备等资源统一进行集约化经营、租赁、管理和开发，降低了成本、提高了效益，共实现收入44.3亿元。

（2）整合资产链，破解"债务怎么办"的难题。①企业破产核销。对列入国家计划内破产的3家企业（上海轴承公司、上海大隆机器厂、上海砂轮厂），积极争取政策，进行规范操作，共核销坏账约51.4亿元。②债务重组清偿。通过各种方式，以25亿元的重组成本，清理了金融债务总额达101亿元（平均清偿率为24.7%）。债务重组的方式主要有三种：一是由管理公司以集团的名义与金融资产管理机构对原债转股债务和政策性剥离债务进行协议重组；二是与商业银行通过诉讼终结、以物抵货和还本免息等方式进行重组；三是对压缩应收账款、减少库存积压实行严格考核。

（3）重组产业链，破解"人往哪里去"的难题。①企业改制吸纳一批。规定在国有中小企业改制中，任何一家民营企业出资来收购或控股（包括经营者收购），都必须至少吸纳原国企40%以上的职工（实际达70%以上），并以此作为国有产权转让的必备条件。②技能培训转岗一批。上海电气人力资源公司一手抓岗位开发、一手抓转岗培训。举办各类培训班，提高离岗职工就业技能；先后与多个用人单位进行合作，吸纳了1000多名离岗职工；组织了数十场招聘会，推出了2万多个就业岗位，录用数千人。③发展服务业安排一批。如发挥上海电气特有的设备安全监测资源的优势，创办了"立足业内、面向市场"的生产性服务业新载体——上海电气安全生产监测中心，为转岗职工提供新的就业岗位，已安排了数百名职工上岗。④自谋出路放走

一批。对自谋出路的职工,在经济补偿上给予优惠政策,鼓励职工走向市场。

（三）更加突出了技术创新这个企业发展的核心战略

上海电气特别强调,核心竞争力是不可复制的,关键技术是核心竞争力的关键,是企业盈利的关键。解决技术人才问题是解决技术来源的关键,而加大技术投入是解决技术人才和技术来源的关键。基于这种理念,上海电气不断加大研发投入,从 2004 年起,每年的研发投入都超过 15 亿元,占销售收入的比重一直保持在 4% 以上。2009 年,上海电气集团股份公司计划投入研发资金更是多达 30 亿元。在加大研发投入的同时,上海电气也加强了创新管理。一是重点项目推进的统一计划。上海电气围绕提高设计技术和集成技术研发能力,各有关单位在集团战略规划部的统一组织下,实施了专人负责、专门攻关的研发管理模式,技术领军人才和广大职工共同参与,形成了很强的创新合力和执行力。二是资金的统一平衡管理。通过实行统一的科技项目预算管理体制,进一步发挥股份公司和管理公司的作用,加强了集团研发资金筹措和资金使用的统一管理。三是资源的统一配置。在集团统一部署下,上海电气打破产业板块之间、企业之间的壁垒,按照有利于项目推进的原则,进一步加强了研发、试验、人才、成果的共享,实行统一的资源配置机制。四是科技成果的统一管理。上海电气中央研究院作为集团科技服务管理平台,承担着为企业科技项目提供支持和服务、深化细化知识产权工作、实行专利、技术资格认证等科技成果管理任务。

在创新路径上,上海电气不拘一格,引进技术二次创新、集成创新（产学研相结合）和自主创新三条路同时走。在引进技术上,以海外并购提升核心技术能级:收购了日本秋山国际,使印刷包装机械进入世界一流行列;收购德国沃伦贝克机床、控股日本池贝公司,大大提高了机床的国际竞争力。在产学研合作上,通过与高校和科研院所合作研发、联合培养研究生、与海外研究机构合作以及设立院士工作站等项目,取得了良好的创新成效。自主创新方面,组建"中央研究院",以共性、关键、超前技术的开发研究为主攻方向,并与各产业集团及各下属企业的技术研发机构一起,逐步形成了"三位一体"（集团总公司战略性技术研发 + 产业板块的技术研发 + 企业技术中心）的自主创新体系。

三、上海电气集团重组对辽宁的启示

上海电气重组过程是我国国企改革的缩影,也是国有企业由分散到集中、由单一所有制到混合所有制转变的成功尝试,对辽宁的国企改革具有很强的示范意义。

（一）启示一：集中改革，整体重组，从根本上破解政府与企业的关系难题

上海电气的改革重组一直是沿袭机电工业局管理下的集中式改革和整体重组。市机电局整体"翻牌"成为机电控股（集团）公司，实现了由政府主管部门向企业的身份转变，紧接着与原来的电气集团联合重组为上海电气集团总公司，随后进行整体改制重组，成功实现主业上市。在上海市装备制造业的地方企业中，除上海汽车公司外，几乎所有的装备制造企业都重组到上海电气集团中，这样，政府就可以集中精力，扶持发展好上海电气一个企业，就等于管好了整个上海装备制造业。

近年来，辽宁的部分企业也实施了重组与整合。如沈鼓集团凭借品牌和管理优势对沈阳水泵股份有限公司、沈阳气体压缩机股份有限公司进行了战略重组和重大技术改造，组建了新的沈鼓集团。沈阳重型机械集团和沈阳矿山机械集团合并重组成北方重工集团。大连重工·起重集团是由我国重机行业两大重点骨干企业——大连重工集团和大连大起集团重组而成。沈阳将原来的三大机床企业合并为沈阳机床集团，并将核心资产实施了上市融资，行业整合重组取得了初步成功。沈阳变压器厂被新疆特变电工股份有限公司收购并控股，形成了多元化的产权结构。

从总体上看，辽宁的企业整合目前呈现出分散重组的特征，大都局限于同一行业内的、小范围的重组，且重组后在所有制上的变化并不大，比如北方重工仍然是国有独资企业。辽宁的企业重组还更多着眼于企业规模、产品结构上，一些深层次的体制问题并未触及，现代企业制度尚未建立，企业的股份制改造及上市融资进展较为缓慢。这种一家一户式的改革虽然取得了一定成效，但并未从根本上理顺政府与企业之间的关系。一家一户的改革不但极大浪费了政府的资源和精力，也疲惫了企业的神经。同时，分散于各行业、各企业间的技术力量也得不到整合，不能形成技术集成创新能力，制约了大型成套设备以及新产品的研制开发，特别是制约了工程总承包能力的形成。因此，从技术集成能力角度看，企业整合重组的好处是不言而喻的。

目前，沈阳、大连两市都各有很多处于不同行业的装备制造企业，在原来政府的各行业管理部门撤销以后，统一归口国资委管理，但面对众多的国有企业，国资委也仅仅能做到配备干部和充当出资人的角色，没有能力从全局的角度筹划企业的发展。从上海电气的重组效果看，合并重组最直接的效果是减少了企业数量，更重要的是减轻了政府管理国企的负担。通过重组，企业建立了现代企业制度，形成了激励机制和约束机制，政府可以更多地授权于企业。这样，企业管理层可以根据市场经济规律和公司发展需要自主决策，提高决策能力和效率。

（二）启示二：大企业集团的组建壮大了企业综合实力，形成了国际品牌，塑造了一个地区产业的整体形象

品牌是软实力的重要构成部分，是企业综合实力的标志。世界一流的企业正是通过品牌以及品牌战略创造商业神话的。一个成功的企业品牌会在很大程度上代表国家或地区的产业形象，如通用电气、西门子和三菱重工分别是美国、德国和日本装备制造业的典型标志。

辽宁号称中国的装备工业部，一些企业已经在国内外有了一定的知名度，如沈阳机床、大连机床、北方重工、大连重工·起重、大连船舶重工、沈阳鼓风机、瓦轴集团等，这些企业在各自的行业内都具备了一定的国际影响力，但仅属于产品品牌。这些品牌目前尚无一个称得上世界级，而且是分散的产品品牌，只是一些"点"在闪光，还未形成代表辽宁装备制造业整体形象的品牌。

上海电气在这方面又已先行一步。如果说提到中国的装备制造，就会想到辽宁和上海，那么提到上海的装备制造就一定只会提到上海电气一家，而想到辽宁的装备制造业，则是一个个似乎彼此不相关的企业。上海电气正是通过塑造公司的整体品牌来扭转各种产品品牌的劣势，在整体装备制造业方面创造持续的不可模仿的竞争优势。通过上海电气这一整体品牌，竖起上海整个装备制造业的旗帜。

辽宁已经拥有了一批在行业内举足轻重的装备制造企业和著名的装备产品，如今需要做的正是进一步整合有形资产，提炼无形资产，打造出能代表辽宁装备制造整体形象的品牌标志。

（三）启示三：重组合并带来了产业结构的优化，激发了企业的发展潜力和动力，规模和效益都实现了高速增长，效益增速高于规模增速

上海电气将符合国家产业导向、处于国内先进水平、能够体现集团优势的产业作为主营业务注入股份公司，目标直指产业的国际竞争力。上海电气整合了集团总公司旗下与电力设备、机电一体化设备、轨道交通设备、重工设备等相关的几十家生产企业，组成了几大核心产业集团，形成了设备的成套能力，避免了内部竞争，降低了交易成本，提高了产品的市场竞争力，主要产品价格上升、成本降低，直接导致规模和效益双双高速增长。公司的电力工程总承包能力初步形成，根据麦克劳·希尔公司（McGraw – Hill）发布的 2007 年度 ENR 全球最大 225 强国际承包商排名，公司位列第 148 位。

从规模上看，上海电气营业收入从 2002 年的 121 亿元增加到 2008 年的589 亿元，六年间增长了 3.9 倍，年均增长 30%；从效益上看，营业利润从2002 年的 7.57 亿元增长到 2008 年的 107.5 亿元，6 年间增长了 14.2 倍，年均增长 55%，实现了规模和效益都快速增长，且效益增速快于规模增速的大好局面。产生这种局面的主要原因是重组带来的产业结构优化，具体表现为

产业链条长、产品成套能力强、技术水平大幅提升、产品市场竞争力增强。

2008 年虽然遭受国际金融危机的巨大冲击，上海电气仍然取得了历史上最好的经营业绩，其中：电力设备板块实现营业收入 340 亿元、营业利润 63.4 亿元，毛利率达到了 18.6%。汽轮发电机、汽轮机、锅炉三大主设备产量分别实现 28680 兆瓦、27030 兆瓦、24860 兆瓦。工程总承包 EPC 业务继续得到快速发展，报告期内实现收入逾 100 亿元。承接的海外发电设备订单总金额逾 200 亿元，海外市场竞争力不断显现。

机电一体化板块维持了稳步的增长，实现营业收入 130.7 亿元，营业利润 24.8 亿元，毛利率为 19%。电梯业务继续领跑中国电梯市场，公司子公司上海三菱电梯有限公司成为全球率先实现单一工厂年产销 3 万台电梯和累计销售 20 万台电梯的企业。电梯出口业务再上新台阶，整机出口量同比增长超过 30%。

重工设备板块已进入快速发展阶段，实现营业收入逾 51.43 亿元，同比增长逾 50%，利润 7.16 亿元。公司与德国 KSB 公司合资后，成功进入了核电泵阀设备制造领域，核电核岛设备产业链已经基本形成，市场竞争优势将逐步显现，囊括了国内市场所有的堆内构件及控制棒驱动机构核电设备订单，同时承接了红沿河、宁德、方家山、阳江、海阳等核电百万千瓦级蒸汽发生器、压力容器、稳压器项目的订单。

交通运输设备板块实现营业收入 44.78 亿元，利润 7.4 亿元，毛利率为 16.4%，其中城市轨道交通车辆销量为 148 辆，上海市场占有率约为 27%。同时，公司在重庆、深圳等地已经获得城市轨道交通机电工程业务订单。环保系统板块实现营业收入 31.1 亿元。面对金融危机的负面影响，公司积极调整板块业务结构，夯实产业基础，并继续培育垃圾焚烧、污水处理等业务领域的运营能力。

毫无疑问，上海电气在短时间内取得如此成就，与其整合重组带来的产业结构优化直接相关。主业突出，相关业务又相互配套，使得企业综合实力和效益迅速提高。辽宁装备制造业虽然门类比较齐全，但众多相互关联的产品却分散在不同企业中，难以形成系统集成能力和成套优势，导致整体效益不高。因此，辽宁装备制造业需要在产业发展方向和企业组织形式上重新进行审视，借鉴上海电气整合经验，选择若干具有战略性的产业，将分散的优势资源汇集到几个主导方向上，通过重组再造形成合力，从而优化结构、提高效益。

（四）启示四：通过重组合并，解决了人才不足，特别是优秀企业家严重不足的问题

人才是公司做大做强的根本，包括开拓型经营管理人才、创新型研发设计人才和高级技能人才。中国的装备制造企业普遍面临人才不足的问题，特

别是高级人才缺乏。由于区位等原因，与上海相比，辽宁在吸引人才方面还存在一定劣势。高级人才已经成为稀缺资源，为各个企业所争夺。上海电气作为一个整体，在吸引、招纳和使用人才方面，无疑更能集中力量和节约资源。这也正是企业合并重组带来的好处之一。与其让各个企业为他们共同都需要的高级人才进行竞争，不如将这些企业合并为一个整体，集中力量吸引高端人才。在人才的使用和管理上更节约资源，也给了人才更广阔的施展空间，从而达到企业和人才之间的"双赢"。

辽宁在人才方面的严峻问题是特别缺乏能够使企业做大做强的优秀企业家。鉴于这种形势，与其多个企业配备多套领导班子，倒不如学习上海电气集团，组成一个大企业，这样就可以优中选优，组成一套有战略眼光和进取心的领导班子，管理好这个企业，实现"1 + 1 > 2"的效果。同时，由于组建大企业集团整合了省内（国内）的企业，企业的整体实力增强，那么企业就会减少内耗，将主要精力用于参与国际竞争，这样更有利于培育或招募最优秀的企业家。

（五）启示五：通过重组上市，改善了资产质量，做到了国有资产的保值增值，解决了困扰企业发展的资金问题

国企改革的一个目标是要做到国有资产的保值增值，只有如此，国企才能生存和发展。任何一个企业，要做大做强，都需要源源不断地开发新产品或进行规模扩张，需要注入资金，而资金的来源渠道必须依靠自身的利润积累或外部筹措。企业自身盈利有限，外部筹资渠道不通，是阻碍辽宁装备制造企业做大做强的主要因素之一。

上海电气在这方面的改革则尤为值得借鉴。重组核心产业，引进外来战略投资者，把国有独资的所有制结构转变为多元的、混合的产权结构，再将有限公司变为股份公司，在香港和上海挂牌上市。这一改革，不但从根本上解决了企业的深层次体制性矛盾，增强了国有资本的控制力和影响力，而且也打通了国际国内融资渠道，为企业的一系列重大扩张举措筹集了充足的资金，为企业进一步的改革注入了强大动力。同时，两次在证券市场IPO都是溢价发行，以57亿元资本引入81亿元外部资本，上海电气集团总公司实现了55.7%的绝对控股地位，实现了国有资产的大幅度增值。有了资金保障，公司上市当年就投入15亿元研发资金，研发项目覆盖了100亿元的销售收入，研发投入占销售收入比重达到4.3%，接近国际知名企业的标准。目前辽宁装备制造企业中还有很多企业没有通过上市融资，如北方重工、沈鼓集团、大连机床、大连重工·起重等企业，由于其产品技术水平低于国外企业，企业盈利水平普遍不高，资产负债率居高不下，影响了企业的授信能力，改变这种被动局面的有效办法就是尽快推进企业上市融资。IPO的溢价发行将大大增加企业的实收资本，降低资产负债率。另外，一旦上市成功，意味着

彻底打开了融资渠道，可以通过配股和增发等手段进行二次融资。

（六）启示六：整合了技术研发资源，破解了应用科学、基础技术、共性技术研发的难题，有利于核心竞争力的培育

技术创新能力是反映企业软硬实力的重要指标。上海电气在重组改造过程中，花大力气整合了属下的技术资源，形成了多层次分工明确的研发体系。上海电气的创新体系，可分为集团总公司层面的"中央研究院"、产业集团层面的研发中心、企业层面的技术中心三个层面。"中央研究院"作为总公司的研发机构，一方面充当科技管理平台，统一管理和引导集团的创新；另一方面也进行长期的、超前的共性技术以及集团急需的应用技术研发。同时，还负责协同社会上的研发资源，如各种形式的产学研合作等。产业集团层面，侧重于加强设计技术和集成技术等应用技术的研发，提高技术集成能力，以推进产业集团向设备集成供应商地位的转变，提高在设备成套和工程承包领域的竞争优势。在企业层面，侧重于围绕主导产品，积极解决技术发展中的"瓶颈"问题，进一步提高产品的技术含量和质量水平，向精、专、特、优发展，以推进企业成为主设备供应商和零部件供应商；集团各层面研发机构以形成核心技术和核心专长为目标，力争在某些方面超过竞争对手，占据本行业技术前沿。

上海电气多层次互补的创新体系，很好地解决了企业长期、中期和短期多方面的技术需求，覆盖了应用科学、基础技术、共性技术和产业应用技术等各个层次科学和技术的研发活动。

研发投入不足，技术创新能力不强，特别是不掌握一些产品的核心技术和共性技术，严重制约了辽宁装备制造企业核心竞争力的形成。要解决这一问题，最需要的是"中央研究院"这类进行长期和超前研究的机构。根据这一需求，进一步推动辽宁企业的重组，无疑会整合各个企业的研发资源，从而集中力量解决一些共性核心技术难题。

（七）启示七：专门成立资产管理集团公司，负责剥离出来的人员、债务和资产，妥善解决了遗留问题

国企改革不可避免地要处理比较沉重的包袱问题，如富余人员的安置、历史债务的清偿、改革中剥离出来的业务的处置等。上海电气通过对集团的整体改造，将核心业务重组上市，对于其余的存续企业以及改革过程中产生的人员安置、债务偿还、资产增值等问题，则由专门的资产管理公司，并联合政府、金融等有关机构，进行统一处理。通过产权改革、资产整合、产业重组、技能培训等手段，不但根本性地解决了这些问题，而且为公司创造了新的价值，维护了社会稳定。

辽宁国企改革所面临的此类问题要比上海大得多。一家一户的改革会遇到这些问题，整体改革也同样会遇到。与其每重组一个企业都处理一次这类

问题，不如另辟蹊径，通过推进大企业集团的组建，将各企业面临的共同问题归类合并，通过整体性、系统性的方案彻底予以解决。

（八）启示八：实施由制造业向"制造业＋服务业"的产业模式转变，主营业务由装备制造向装备系统解决方案过渡

装备制造业的做大做强，已不仅仅是这一产业本身的问题，现代制造服务业对装备制造业发展具有越来越突出的促进和保障作用。国务院颁布的《装备制造业调整和振兴规划》明确将发展现代制造服务业作为转变产业发展方式的一项重点工作。

鉴于此，上海在大力推进国资国企改革中，已将现代服务业的发展考虑在内。如上海市国资委监管的企业主要是制造企业，但他们却在努力探索这些工业集团如何做服务业，如何在先进制造业和现代服务业之间寻找"接口"。上海电气这一大企业集团的组建，一方面，可以在装备制造领域将其核心产业做大做强，依托这些核心产业，进一步在工程承包、系统集成、设备租赁、提供解决方案等方面提供增值服务，由生产型制造向服务型制造转变；另一方面，可以将一些辅业剥离出集团，在全市寻找同类企业进行整合，从而创造更多、更大、更强的专业化的生产性服务企业。

辽宁也已经提出要大力发展现代服务业，其中重要的一块就是制造服务业。装备制造企业的整合重组不仅利于集中优势资源做强优势产业，而且还能为现代服务业向专业化、大规模的发展创造巨大的空间。

四、辽宁装备制造业整合的必要性及建议

（一）整合的必要性

近年来，辽宁在企业整合重组方面有了良好开端，如沈阳机床、北方重工、大连重工·起重、沈鼓等企业都实施了小规模重组。但这种重组的范围和规模都不及上海电气的力度，我们的重组仅限于行业内生产同类产品企业的合并，合并后的企业产品结构比较单一，各企业自成体系，协作性较差，对大型项目工程总承包能力较弱。重组后企业的销售收入一般都在100亿元左右，与上海电气集团总公司这样销售收入近800亿元的超大型综合性企业集团相比，规模还是太小，难以形成整体合力，更无法与国际上的大企业集团对等竞争。

综观几个主要世界级装备制造业基地，都有几个世界500强的大型装备制造企业集团作为支撑。近些年，国内的一些省份也在纷纷加大企业整合力度。山东为打造千亿"巨象"，将潍柴控股集团、山东工程机械集团、山东省汽车工业集团等大型企业进行整合重组，成立了山东重工集团有限公司。这个多元化的大企业集团，已经引起国内众多省市的瞩目。

辽宁拥有众多地方国有装备制造企业，这些企业由于受到资金、技术和

市场等因素的制约，都在寻求与国内同行业或产品用户进行纵向重组，如沈鼓集团引进了中石油和中石化，北方重工引入了中国建材集团，沈阳变压器厂已经被新疆特变电工收购控股。随着这种纵向重组的不断进行，关联方将越来越多，产权结构日趋复杂，则更不利于辽宁装备制造企业的横向重组。作为国内装备制造大省，辽宁必须有自己的标志性企业，不能任由别人来重组辽宁，当务之急是必须主动开展横向重组，将辽宁地方装备制造企业整合出一两个多元化、国际化的大企业集团。

（二）辽宁装备制造企业重组的建议

（1）先以沈阳、大连两市为试点，由各市政府推动企业重组，各组建一个装备制造集团。如何组建综合性的大企业集团，有两种思路可作为参考，一是由沈阳和大连两市政府推动，按市场机制，选取具有行业代表性、资产状况较好的重点装备制造业企业，以企业现有资产为股本，同时吸收战略投资合作伙伴，组建大型集团股份公司，然后争取上市。二是由省政府推动，在全省层面上对装备制造企业进行整合，组建超大型集团股份公司。根据上海电气的重组经验，考虑到辽宁主要装备制造业资产仍隶属于沈阳、大连两市政府，我们认为首先由沈阳、大连两市各自整合较为稳妥，各自依托自己的装备制造业优质资产，再引进 5 个以上的战略投资者，分别组建大型、多元化的装备制造集团公司，争取率先打造出进入世界 500 强的中国装备制造企业。

（2）借助振兴东北和辽宁沿海经济带上升到国家战略的机遇，重组要一步到位，方法分两步走：第一步吸收战略投资者，组建股份公司；第二步推动企业上市。在重组的路径上，可以借鉴上海电气"先私募，后公募"的资本运作理念，借助辽宁沿海经济带上升到国家战略和新股发行重启的有利时机，分两步进行辽宁装备制造企业重组。第一步，成立集团股份公司筹备机构，集中核心资产和优质资产，以私募方式吸收外部国有资本、外资、民资等战略投资者，组建集团股份公司。考虑到辽宁一些装备制造企业战略地位的特殊性，这一私募过程应保持辽宁国有资本 60% 左右的控股地位。第二步，股份公司申请上市，公开募集资金。这一公募过程将形成股本稀释，最后应保持辽宁国有资本 51% 以上的控股地位。

（3）在重组的做法上，优势资产和不良资产分离，分开运作，统筹管理。可以借鉴上海电气成立三总部的办法，用核心业务等效益较好的优质资产组成主营业务集团股份公司（主营业务经营总部），准备整体上市；依托剩余资产，组建另一个管理公司（存续资产管理总部），统筹规划解决重组后的存续资产、待岗人员、债权债务等历史遗留问题。主营业务经营总部和存续资产管理总部由集团总部统一协调和管理。

第六章 打造沈阳航空城

第一节 全球四大航空城的产业特征

航空制造业和汽车制造业一样，均属组装型产业。飞机的主要部件有机头、机身、机翼、发动机、起落架、机载设备和客舱内饰等部分，飞机总装厂除制造部分主要部件外，还要对上述部件进行装配、测试、喷涂和试飞。由于航空部件非常庞大，考虑到降低运输成本，并便于技术交流，航空制造寡头一般要求主要部件的子承包商靠近总装厂，由此引发了航空产业集聚。集聚发展导致各项成本降低，带动相关科研、人才、教育、文化、商业等各产业的繁荣，最终形成以航空制造为主体，航空维修、培训、运营为补充，相关产业竞相发展的航空城。目前，全球形成规模的航空产业集群分布在美国、法国、加拿大、英国、巴西、俄罗斯、中国等国家的几十个城市，其中规模最大的威奇托、图卢兹、西雅图、蒙特利尔集群被称为航空城，其发展的要素特征也最具有代表意义。

一、"世界航空之都"威奇托

威奇托市是美国堪萨斯州最大城市，位于堪萨斯州中部，人口约30万。主要工业当属飞机制造业，是美国航空工业集聚度最高的区域之一，享有"世界航空之都"的美誉。飞机生产量约占西方国家生产量的60%，通用飞机制造份额全球第一，军用飞机和商用飞机制造方面也占有举足轻重的地位。

（一）全球最大的通用飞机制造基地

这座百年老城与飞机的不解之缘起源于20世纪初，当时克莱德·赛斯纳（Clyde Cessna）和华特·比奇（Walter Beech）等航空器制造业先驱在威奇托市开始进行飞机制造。20世纪20年代后期至30年代初期，斯蒂尔曼、赛斯纳、穆尼和比奇等飞机制造公司相继在这座城市成立。从此，威奇托迈开了走向世界航空之都的步伐。第二次世界大战期间，威奇托成为波音公司B-29轰炸机的主要生产基地，以每天4架的速度进行生产，航空工业出现了爆发式增长。从此，威奇托成为美国重要的军用航空生产基地，生产了几乎全部B-47轰炸机和大量现役的B-52轰炸机，以及大部分美国空军的教练机。

如今的威奇托已成为全球通用航空制造业的中心。雄厚的技术力量、优秀的专业人才、完善的产业配套服务再加上政府营造的良好产业氛围使得威奇托形成了一个健全、发达的通用航空产业生态圈，为通用航空技术与制造能力的持续领先奠定了坚实基础。

（二）航空制造业成为所在州主要支柱产业

根据美国经济普查数据，2007 年，威奇托（统计大区）航空制造业产值为 154.72 亿美元，约合 1160.4 亿元人民币（按当时汇率），实现增加值78.35 亿美元，约合 587.6 亿元人民币，占堪萨斯州 GDP 的 6%，是名副其实的支柱产业。同时，威奇托航空制造业就业总人数为 4 万人，占全美航空制造业就业人数的 1/6，占全州制造业就业人数的 19%。目前，威奇托是世界最重要的通用航空制造基地。据统计，2007 年威奇托地区总共生产飞机近1000 架，全美国 1/5 的民用航空器生产于威奇托。

（三）众多世界级通用飞机制造商集聚"航空之都"

目前，威奇托的航空总装企业主要有 3 家，分别是赛斯纳、庞巴迪里尔和豪客比奇公司，2000 年，3 家公司在威奇托生产的喷气式公务机占据世界市场 2/3 的份额。威奇托地区还聚集着波音威奇托公司，以及超过 350 家世界级的航空零部件生产企业。同时，波音公司、庞巴迪宇航公司和空中客车北美公司等行业巨头也在威奇托做了大量投资并建立了生产基地、试飞基地和研发中心。

在威奇托的通用航空制造商中，最有代表性的是赛斯纳飞机公司。赛斯纳拥有世界上最大的公务机机队，主要设计制造轻、中型公务机，还有涡桨飞机及单发活塞式发动机飞机，该公司大部分公务机机型都在威奇托的总部完成生产和交付。另一个具有代表性的通用航空制造商是庞巴迪的里尔喷气公司，它主要负责里尔喷气系列飞机的总装和内装。此外，庞巴迪所有飞机的试飞工作也都在这里的飞行中心进行。目前，庞巴迪共有 9 个直属服务中心（包括新投入使用的位于阿姆斯特丹史基普国际机场的服务中心在内），其中一个服务中心就设在威奇托。这些服务中心主要为飞机提供定期维护、检查及翻修、过站维修、到场维修和紧急停飞（AOG）支持等服务。

（四）航空产业带动了专业人才培育体系

威奇托市有各类综合性大学和高等专科学院 14 所，其中 9 家高等专科学院最有特色的专业是航空制造类专业。2010 年 8 月，美国联邦政府、州政府和威奇托市政府共同出资在威奇托市成立了国家航空培训中心（NCAT），由威奇托技术学院负责具体运作并为参训人员提供航空制造应用科学、航空电子技术、航空复合材料学和航空喷漆等专业的培训。目前，有包括国外留学生在内的 1500 多名学员，有 2 万多平方米的培训与训练场地。由于国家航空培训中心的学员一毕业就能走进生产线，而且收入很高，因此这类培训项目很受制造商与学生的欢迎。当然，也有一些航空制造业的在职工人利用业余时间参加国家航空培训中心的培训，从这里毕业之后就可以在收入更高的技术岗位工作。

（五）公立研发机构为飞机制造商提供技术支撑

由国家和地方组建的公立研发机构是威奇托航空产业的主要技术供应者。例如1985年在威奇托州立大学建立的国家航空研究所（NIAR），是一个由联邦政府、州政府与大学、通用航空业界共同支持的国家级航空研究机构。国家航空研究所主要为航空制造业和政府提供研发、设计、测试和验证研究，设有先进航空复合材料实验室、坠毁试验室、风洞实验室和老龄飞机实验室等10多个航空专业实验室。此外，该研究机构还为赛斯纳、波音、里尔、比奇等制造商和美国政府提供科研支持。因此，国家级航空研究机构被美国联邦航空局授予"通用航空研究卓越中心"和"复合及先进材料卓越中心"的称号。美国航天航空局（NASA）也在国家航空研究所建立了"国家先进材料研究中心"。目前，国家航空研究所的研究预算连续在全美航空研究机构中名列前茅，也是全美最大的高校航空研究机构。

（六）地方政府的政策支持功不可没

为了促进制造产业的发展，威奇托市政府制定了一系列扶持通用航空制造业发展的政策，如威奇托的产业收益债券（IRBs）和可免除贷款计划。具体地说，这两项政策是在企业购买土地、建筑和设备以开展或扩展业务时，为其提供资金支持或免除贷款的利息。州、市政府还建立了三种资助计划，分别为企业新雇员、在职雇员的培训以及企业技术升级时的人员培训提供资助。此外，州和市政府建立了各种制造业减税政策，包括制造业投资建厂可以减免5~7年的税收，甚至企业工资超出州平均工资也有相应的减税措施，从而激励企业将高技能人才留在当地。经过州和市政府的多年努力，威奇托为制造业尤其是高技术制造业提供了一个优越的经营环境。2011年，商业投资评估机构将威奇托列为航空制造厂的"最佳投资城市"。2012年商业评估机构将威奇托市列为美国提供制造业工作"最佳城市"第一位。

此外，美国联邦航空管理局为威奇托市的通用航空制造业发展也提供了很多直接的政策便利。为支持该地区航空制造业进行适航认证的需求，美国联邦航空局小飞机指导委员会（SAD）的主要分支机构设在了堪萨斯州的堪萨斯市和威奇托市，其中威奇托飞机认证办公室下属五个分支，分别是：持续运行安全管理；维修、系统和推力；飞行测试与项目管理；机身与服务；电子系统及航电。该办公室与制造商保持着直接的联系，在飞机设计、生产、测试过程中对制造商进行技术咨询支持，减少制造商与FAA适航部门之间沟通和交流的成本，有效控制制造商在飞机研制和适航认证过程中的投资损失。

在威奇托，与产业发展相适宜的人文氛围相当浓厚，悠久的航空文化已渗透到这个城市的每一个角落。1991 年，威奇托在原奥古斯塔城市机场候机楼和办公楼建立了堪萨斯航空博物馆，其他以航空为主题的公园、餐厅、酒吧在威奇托也很常见，城市纪念品也以航空为主。因此威奇托市民都对航空有深入的理解和爱好。

二、图卢兹航空航天谷

法国航空航天谷指的是以图卢兹为中心，包括南特、波尔多、马赛和比利牛斯山麓地区的波城、巴荣纳等地的航空航天工业聚集区。它位于阿列日河与加龙河汇合处以下数公里处的加龙河两岸，距巴黎 730 公里，是空中客车、达索战斗机的生产基地，以及众多实力雄厚的电子和制造业公司的所在地。航空产业带动了图卢兹区域经济飞速发展，使图卢兹的世界知名度和国际竞争力得到飞速提升。

（一）起步于战斗机生产，后成名于民用航空制造

图卢兹航空航天谷最初兴起于"一战"后，第二次世界大战期间陷于停顿，20 世纪 50 年代进入高速发展期。图卢兹—波尔多—南特地区的航空工业在第二次世界大战中处于维希傀儡政府管辖内，基本没受到战争破坏，纳粹德国在这一地区建设了一批生产车间进行战斗机组装和零部件生产。同时，许多来不及逃往英国的航空工业技术人员，纷纷逃到图卢兹地区，在这一地区形成较好的航空技术人才储备。良好的产业基础和人才会聚，使得这一地区自然而然成为法国航空工业复兴的重要基地。1950 年，法国政府开始执行第一个"航空工业发展五年规划"，重启军用飞机的生产和研发。政府兴办的南方航空公司（负责生产运输机和直升机）、新成立的民营企业达索公司、国有控股的斯奈克玛飞机发动机公司纷纷在这一地区建立生产基地、试飞中心以及科研院所，进一步健全和完善了这一地区的航空科研生产体系。在1950 ~ 1960 年，"神秘"战斗机、"幻影"战斗机、"云雀"直升机、"三叉戟 II"超音速截击机、"兀鹫 II"试验机、环形翼 C. 450 垂直起降飞机等一批世界著名军机从这里飞向蓝天。在军用飞机的带动下，图卢兹航空航天谷的民用飞机也得到快速发展，超音速"协和"飞机、空中客车大型民航客机、达索公务机在 20 世纪 70 年代先后出厂。目前，图卢兹航空航天谷航空民品产值已经达到航空军品产值的 3 倍。

（二）在图卢兹及法国经济中占有重要地位

20 世纪 70 年代，空中客车公司将总部落户图卢兹，航空工业成为这座城市最发达的产业，并持续创造着巨大财富。空客公司每年生产的产品 50%用于出口，因此，航空产业在图卢兹甚至整个法国的外贸创汇中都位居第一位。该区域内有 1200 余家公司和机构，员工总数有 9.4 万人，占法国航空业

从业人数的 1/3。2006 年，法国航空航天谷创造了 100 亿欧元的销售收入，位居全球航空制造业集聚区规模前列。

（三）空客公司是航空产业集聚的主要推动者

目前，图卢兹地区拥有四家飞机总装企业，分别是目前世界干线飞机份额最大的空客公司、ART 公司（40~70 座涡轮螺旋桨飞机的世界领导者）、达索航空（世界公务飞机 Falcon 的领导者，军用飞机制造商）、EADS Socata（欧洲民用和军事轻型飞机领导者）4 家企业。空客公司对该地区产业集聚的作用最大，公司主要研制、生产和销售 100~555 座商用飞机，包括单通道系列飞机 A318/A319/A320/A321，宽机身系列飞机 A300/A310，远程系列飞机 A330/A340，最新的 A350 系列飞机和超远程 A380 系列飞机。此外，公司在欧洲大型军用运输机 A400M 计划中，承担 A400M 的研制任务，还为企业重要人物和政府研制专用飞机，研制了运输空中客车飞机大型部件用的绰号为"大白鲸"的 A300 – 600ST 超级运输机。

2012 年，空中客车公司销售收入达到 386 亿欧元，与波音公司并称为世界两大干线飞机制造商。目前，空中客车公司的制造、集成基地主要分布于法国、德国、西班牙和英国 4 个国家，共有 16 个制造厂，负责制造飞机机身段和主要结构件。最大的总装基地设在图卢兹，另一个设在德国的汉堡，第三个设在天津滨海新区（见表 6 – 1）。由于空中客车公司的总部及总装基地设在图卢兹地区，吸引了一批航空企业和子承包商、分系统承包商纷纷到这里开设工厂，并逐渐形成世界主要航空产业集聚区。

表 6 – 1 空中客车欧洲工厂地区分布

任务	分工	地点
总装	A320	图卢兹
	A300/310、A330/340	图卢兹
	A380	图卢兹
部件	航舱内饰	德国
	前机身、后机身	德国和图卢兹周边地区
	机头、中机身	图卢兹周边地区
	机翼	英国
	起落架舱门、发动机短舱	图卢兹
	水平尾翼	西班牙
	垂直尾翼	德国

（四）拥有一批具有国际竞争力的子承包商

图卢兹航空航天谷内的公司和机构主要有三种类型，即航空航天和机载系统领域的总装企业、航空设备的子承包商、培训和研究中心。其中，培训和研究中心响应前两类技术研发和航空训练的需求，为它们提供技术研发和培训服务；航空设备子承包商则主要为第一类以及世界其他知名的航空航天公司生产各类航空器部件和子系统。

法国航空航天谷 1200 余家公司和机构中，83% 是从事分包生产的子承包商。这些公司拥有各项技能和创新工艺，如工具制作、精密机械加工、航空电子、合成材料、塑料加工、铸造、航空金属板材、快速样机制作、表面处理、机载电子设备、布线、螺丝类、空气和冷却系统、内部布置、工程学、设计和施工、制造黏合等。它们的集聚使法国航空谷形成了以航空制造业总装企业为龙头的完善产业链，最大限度提高了生产效率。

（五）高水平航空人才培育能力和技术研发实力

图卢兹航空工业中心的形成也主要得益于其充足的教育培训资源。图卢兹是仅次于巴黎的法国第二大大学城，是法国航空航天人才的教育培训基地。法国最重要的 3 所航空航天大学图卢兹国立高等航空航天学院、图卢兹国立民航学院和图卢兹国立高等航空工程师学院均设于此，可培养航空器和运载工具领域的设计制造工程师、航空安全系统电子工程师、航线驾驶员，卫星通信、航行和监视专业硕士、飞行安全/飞行操作等专业人员、航空维修专业硕士和直升机工程学专业硕士。

航空航天谷地区的科学技术实力是法国政府在此建立世界级竞争点的主要动力，也是该地区持续发展的主要动力。创新与技术开发在航空航天谷地区得到广泛支持，成为竞争点大多数参与者成功的手段和主要支柱。航天谷中拥有 8500 名从业人员进行公共和私有研究，公立的专业研究中心超过 80 个，集中了全法国航空、航天和机载系统领域 45% 的研发工作人员。国家航空及宇宙航行研究局、法国宇航环境工程试验中心、图卢兹航空试验中心、导弹试验与发射中心、原子能公署/阿基坦科学技术研究中心、国家空间研究中心、法国科研中心等研究机构聚集这里。图卢兹还拥有 400 多所科研单位，以航空航天、信息、生物技术和经济学研究著称。此外，众多的试验中心可以为航空航天领域的中小型企业、大型工业集团、民用军用企业提供技术支持，保证了其材料、加工过程或被测试机器性能的安全性和可靠性。

三、西雅图航空城

20 世纪 80 年代起，受益于航空产业的发展，西雅图的城市经济开始由重型制造业向服务业和高科技产业转变，其中航空产业在城市经济总量中居于绝对主导地位。航空产业又带动相关高科技产业、配套产业以及现代服务业的全面发展，成为世界著名的航空城。

（一）依靠战争兴起的航空城

第一次世界大战前，西雅图只是一个小渔港，第二次世界大战以后波音公司总部和总装基地的落成，使西雅图成为一座重工业城市，并发展为航空城。据统计，第二次世界大战期间，为了满足美国政府的巨大需求，波音公司在西雅图制造了7000架B-17轰炸机和2766架B-29轰炸机。1944年生产顶峰时期，西雅图工厂以难以置信的速度每天生产16架B-17，雇员数达到4.6万人。此后，西雅图又生产出投放核弹的B-47，以及至今仍是美国空军主力战略轰炸机的B-52。1951年，在美国新型运输机竞标中，洛克希德公司的C-130大力神运输机中标，波音公司只好将设计的运输机改为民航客机，并于1954年成功试飞波音707客机，1965年民机销量超过军机销量，全球市场份额达到80%。

（二）航空产业成为西雅图和华盛顿州的支柱产业

1950~1980年是西雅图航空产业的黄金时期，此后，波音公司总部和部分工厂迁出华盛顿州，加上以微软和亚马逊为龙头的信息产业在该地区崛起，航空航天产业的地位有所下降，但如今的西雅图仍然是美国航空航天产业最为集中的城市。根据美国制造业年度普查数据，2011年，西雅图大都会区航空航天产业产值达到388亿美元，约合2444亿元人民币，实现增加值229亿美元，约合1449亿元人民币，占全华盛顿州GDP的6%。航空航天产业从业人员6.9万人，占全华盛顿州整个制造业就业人数的1/4。

（三）以波音公司为龙头形成产业集聚

西雅图是原波音公司总部所在地和主要生产研发基地，目前，波音公司7个业务部门中的5个位于西雅图地区（见表6-2），包括波音商用飞机部、波音公共服务集团（提供售后服务和安全、训练服务）、波音联通公司（为空中旅行者、航空公司和飞机操作人员开发高速、宽频数据通信的技术）、波音空中交通管制部（开发安全、全球通用的空中交通管制系统）、波音资产公司（为客户提供全面的融资支持）。波音公司的业务涉及各种类型的军用和民用飞机、导弹武器、卫星、载人航天、通信、航空管理与服务以及金融和房地产等诸多领域，目前波音公司主要产品和在研项目包括：航空类、航天类和导弹类产品。波音公司在民用飞机方面的产品主要有：波音737、747、767、777和787客机五大系列喷气式民用客运及货运飞机，波音公司生产的喷气式公务机包括私人用、商务用和政府用的BJJ、747VIP、777VIP、787VIP四个系列，可根据客户需要定制，波音707、717、727和757系列现已停产，原麦道公司的品牌MD-95型机在合并之后改为波音717~200系列。

表6－2 波音公司工厂分布

任务	分工	所在地	工厂
总装	737、757、公务机	西雅图	伦顿
总装	717	加州	长滩
总装	747、767、777	西雅图	埃弗雷特
制造	717－737、公务机	堪萨斯州	威奇托
制造	机械制造、机翼、飞机系统、内饰	西雅图	奥本
民航服务	客户服务、维护、改装和培训	西雅图	西雅图
客机改货机		全国各地	

商用飞机部在西雅图地区的两个总装厂分别位于伦顿市和埃弗雷特市，前者依托伦顿机场负责737、757、波音公务机这类单通道飞机的最后装配，后者依托波音试验场负责747、767、777、787这类双通道飞机的最后装配。波音总装基地的存在，吸引了波音全球1000多家配套商落户于西雅图，形成了以波音公司制造装配基地为核心的航空产业集聚。

（四）顶尖研究型大学支撑了航空新产品开发

西雅图地区从事航空航天技术研究的高校主要是华盛顿大学，该校位居美国10所顶尖研究型大学之列，美国国家研究委员会对美国顶尖大学研究水平总排名第9位，美国大学研究所科学研究水平美国顶尖大学排名第8位。华盛顿大学2012年度财政预算57亿美元，研究经费预算17亿美元，华盛顿大学长期保持世界大学财政支出和研究经费前三位，一直高于哈佛大学、麻省理工学院和剑桥大学。该大学对西雅图的航空制造业提供了很强的技术支撑，主持设计了月球轨道飞船、哥伦比亚航天飞机，主导设计了世界最大的投掷日本广岛和长崎原子弹的B－47、B－52重磅轰炸机和世界上最大的波音747客机。同时，该地区凭借发达的航空制造业需求优势，吸引了大量来自全美乃至全世界的专业技术人才为其服务。美国《福布斯》杂志评选出全美"最适合高科技类工作"的51个城市中，西雅图成为最佳地区。据统计，西雅图居民的受教育水平高于全美的平均水平，36%的人有硕士或以上学位，93%的人口高校毕业。此外，由于西雅图IT产业的崛起，大量IT从业者、软件工程师来到此地工作，也间接促进了航空产业的人才向高端化发展。

四、蒙特利尔航空城

与图卢兹和西雅图不同，加拿大的蒙特利尔不是因军机而兴，而是依靠民机逐步发展起来的全球著名航空航天大都市。

（一）航空产业在蒙特利尔地区占有举足轻重的地位

航空航天业作为蒙特利尔的第一支柱产业，有130余家航空企业和机构，约 4 万名航空航天从业人员，2006 年航空航天业销售总收入为 114 亿加元，其中出口额占 80%，占加拿大航空航天制造业总产值的 62% 及从业人员的 50%。

蒙特利尔航空航天产业不但能组装整机，而且能够生产电子组件、引擎等几乎所有的飞机部件，在 30 公里半径内就可以找到生产一架飞机所用的几乎所有必要零部件，产业配套能力为全球所罕见。

（二）七大航空企业聚集蒙特利尔

全球航空制造业领域的 7 个总承包商在蒙特利尔地区设有总部、生产基地和维修中心，员工人数为 3.14 万人，占该地区航空航天从业人数的 79%。庞巴迪宇航公司是世界第三大民用飞机制造商以及全球领先的支线喷气飞机制造商，占据全球 44% 的支线客机市场和 37% 的公务机市场，总部设在蒙特利尔地区的圣劳伦，在多佛尔和米拉贝尔设有生产基地，员工人数为 1.48 万人。普拉特—惠特尼加拿大公司是全球领先的民用飞机、通用飞机、支线飞机和直升机发动机制造商，总部设在蒙特利尔地区的朗奎尔，同时在圣劳伦设有生产基地，员工人数为 5510 人。加拿大航空电子设备公司是全球领先的飞行模拟器供应商，占有 80% 的飞行模拟器世界市场份额，同时它还是世界上第二大独立民用航空训练服务提供商，总部设在蒙特利尔地区的圣劳伦，员工人数为 4000 人。加拿大航空公司技术中心位于蒙特利尔地区的多佛尔，主要从事发动机、辅助动力装置、电池、飞机组件的维护和修理，员工人数为 3700 人。德事隆贝尔加拿大直升机公司是大型直升机制造商，位于蒙特利尔地区的米拉贝尔，员工人数为 1550 人。罗尔斯罗伊斯加拿大公司位于蒙特利尔地区的拉新，主要从事包括庞巴迪全球快车公务机发动机、湾流 V 型飞机发动机、波音大型运输机发动机等在内的各种飞机发动机的维护和修理，员工人数为 1500 人。越洋航空公司维修中心位于蒙特利尔地区的米拉贝尔，主要业务是为各类飞机发动机的维护和修理服务，员工人数为 310 人。

（三）总装企业带动机载设备制造商和子承包商集聚

蒙特利尔地区共有 7 个设备制造商，员工 3340 人，占蒙特利尔地区航空航天业从业人数的 8%。CMC 电子公司是全球领先的航空电子设备专业商之一，主要为航空领域设计、制造、销售并支持高技术电子产品，包括全球定位系统、视景增强系统、飞行管理系统等，公司总部设在蒙特利尔地区的圣劳伦，员工 1070 人。EMS 技术加拿大公司是全球领先的无线电、卫星和宽带通信产品及解决方案提供商，公司在蒙特利尔地区的圣安娜贝尔维尤，员工 800 人。霍尼韦尔宇航公司是航空电子设备、发动机及系统和服务方案提供商，向国防部、国家航空航天局提供技术服务和航天器跟踪支持，在蒙特利尔地区的圣劳伦设有生产基地，员工 410 人。赫鲁—鼎泰科技公司是起落架设计、开发、制造、完整维护及修理的全球领先公司，总部设在蒙特利尔地区的朗奎尔，在蒙特利尔地区的拉瓦尔设有生产基地，员工人数为 550 人。洛克西德·马丁加拿大公司位于蒙特利尔市区，主要业务为复杂电子系统的集成与管理、导航控制系统的集成、加拿大空军雷达监测系统的提供，员工 200 人。梅西埃—道蒂公司是全球领先的起落架制造商，占有起落架系统的 40% 全球市场份额，总部位于蒙特利尔地区的米拉贝尔，员工 220 人。

蒙特利尔地区的航空产业子承包商有 100 多个，主要从事扣件、切割刀具、舱室、复合材料的生产、金属处理、部件加工、航空电子设备制造等业务，从业人员 5000 多人，占蒙特利尔地区航空航天业从业人数的 13%。

（四）教育和研发机构集中

为满足航空产业的人才需求，蒙特利尔地区的 4 所名校都设立了航天与航空工程、工业与管理工程等与航空航天相关的专业，培养航空产业专业技术人才。此外，该地区还有多家学院提供航空领域技术培训，包括蒙特利尔航空专业学院、国家航空技术学院等。

蒙特利尔集中了全加拿大 70% 的航空航天研发人员，除企业内部的研发中心外，蒙特利尔地区还有 10 余个世界著名的航空航天的公共和半公共研究中心，包括加拿大航天局、航空航天制造技术中心、工业材料研究所，以及魁北克航空航天创新研究联合体。

第二节　沈阳航空产业的比较优势

美国的威奇托和西雅图、法国的图卢兹、加拿大的蒙特利尔是世界四大著名的航空城。其共同特征是总装企业对子承包商和二级配套商的强力带动，高水平研发机构和人才培养体系，便利的区位条件，良好的政策支持等，构成航空城发展必不可少的软硬件环境。沈阳是全国航空产业基础最雄厚、制造体系最完整的地区之一，已经初步具备世界航空城的一般特征。

一、悠久历史奠定坚实的产业基础

新中国成立后，苏联援建我国的 156 个重点项目中，航空工业的 112 厂（沈飞）、410 厂（黎明）在沈阳落户，随后建立的 601 所、606 所和 626 所，又进一步加强了沈阳的航空科研实力。1956 年，新中国自己制造的第一架喷气式歼击机——歼 5 在沈飞诞生，标志着中国航空工业进入喷气时代，沈阳成为"歼击机摇篮"。"三线建设"时期，沈飞根据国家安排先后包建、援建十几个航空工厂，向外输送技术、管理干部和技术工人 2 万多人。1964 ~ 1968 年，为成都 132 厂复制了一套"歼 7"模线样板和标准样件，分批向该厂移交"歼 7"的全套设计资料、工艺资料等。1965 ~ 1970 年，包建贵州

011 基地的 8 个厂和设计所等，并提供了"歼 7"、"歼 6"型飞机的全套技术资料和机床设备等大量物资。这种航空工业的传统和基础，与世界航空城的历史十分相似。

二、龙头整机企业对产业发展牵动作用明显

龙头整机企业在世界四大航空城发展过程中，扮演了"种子企业"的角色，是产业集聚核心和形成动力。威奇托拥有塞斯纳和豪客比奇，图卢兹拥有空中客车，西雅图拥有波音，蒙特利尔拥有庞巴迪。正是由于龙头整机制造企业的存在，这 4 座城市才会吸引航空产业的集聚，从而降低交易成本，带动相关科研、人才、教育、文化、商业等方面整体发展。沈阳拥有两个中国最大、实力最强的整机企业，即沈阳飞机工业集团和沈阳黎明发动机集团。从新中国成立到现在，我国批量生产和正在研发的歼击机型有 10 种，沈飞负责其中的 8 种。

三、配套企业聚集构成比较完整的航空产业链

沈阳聚集着中航工业集团若干企事业单位，包括两大主机厂、兴华航空电气有限公司、"3 厂 3 所"，构成产业链的核心环节。沈阳还聚集了中航工业系统外的配套企业 40 余家，其中国有企业及集体企业 20 家，非公有制企业 20 余家，包括沈飞民用飞机有限责任公司、中一太客商务航空有限公司等。沈阳及其周边还拥有一批为航空制造企业服务的研发机构和院校，这些高校和科研院所在材料、电子和仪器仪表等领域的成果也为航空企业所用。此外，沈阳的冶金、石化、装备制造业基础雄厚，为主机企业提供了大量原材料和加工设备。

四、雄厚的研发设计实力是产业发展的助推器

沈阳飞机设计研究所（601 所）主要从事飞机总体设计与研究，共有 158 个设计专业，涉及 54 个重点专业领域，涵盖飞机设计、试验验证和技术支持三大类。设有飞机总体气动、强度、结构、飞行控制、机电系统、航空电子、飞机保障、产品数据管理、无人机、航空产品研发等专业研究部；建立了覆盖全所的计算机网络系统，建设了飞机数字化设计、工程分析、型号管理、协同办公的应用系统，实现飞机全数字化三维设计。全所现有职工 2000 余人，其中专业技术和管理人员 1300 余人，研究员级的 100 余名，高级工程师级的近 400 名，院士 3 名，博导 6 人，博士后 5 人，有 70 多位专家享受政府特殊津贴。

沈阳发动机设计研究所（606 所）创建于 1961 年 8 月，是新中国第一个航空发动机设计研究所，在空气动力、流体力学、工程热物理、强度、控制

等近40个专业领域拥有工程经验丰富的科研队伍，是国家批准有权授予博士、硕士学位的单位，是中国大中型涡喷、涡扇航空发动机的研发基地，同时还承担燃气轮机研发任务。全所在职职工2500余人，工程技术人员1400余人，其中硕博士学历人员近500人，专业技术人员占62%。626所是我国成立最早的航空空气动力实验研究机构，拥有雄厚的技术实力，集空气动力学基础理论研究、飞行器先进气动布局研究和高低速风洞相配套的空气动力试验技术研究于一体，开展计算空气动力学研究以及相关的测控仪器设备研制，在国内外享有较高声誉，是我国航空空气动力学研究与试验中心。

此外，沈飞、黎明公司也都设有企业技术中心和技术研究机构，并拥有一大批研发设计人才，仅沈阳从事飞机和发动机设计研究的科研人员就达7000名以上。客观地说，沈阳地区的航空研发体系堪称全国最强，甚至可以和世界四大航空城相媲美。近年来，辽宁人才外流依然严峻，而航空产业却成为汇聚高端人才的一个载体，各大企业和研究院所每年吸引大批来自全国各地著名院校的优秀人才。

五、完善的人才培养体系是产业发展的必要支撑

沈阳及全省在航空工业发展所需的机械、电子、材料等学科领域拥有很强实力，大连理工大学、东北大学、沈阳航空航天大学等高校都有航空设计制造相关学科。此外，北京航空航天大学、西北工业大学、南京航空航天大学等培养的航空专业人才，每年都大批充实到沈阳地区的航空企事业单位。另外，沈阳的飞机设计所、发动机设计所、空气动力所、飞机制造公司、黎明发动机公司等单位，依托国内领先的研究能力，为人才提供了广阔的发展空间，每年都能吸引国内名校的各种高学历人才加盟。

六、丰富的转包生产经验有助于深化国际合作

沈阳航空工业在军机方面承担总装任务，在民机方面与世界航空巨头建立了紧密合作关系：为空客生产A320机翼前缘、A330/340前后货舱门、ECD应急舱门；为波音生产B737飞机尾段、B787飞机垂尾前缘、B747/757/767客改货配套结构组件；为庞巴迪生产冲8-Q400全机机身及结构组件、C系列桶段试验件；与美国塞斯纳公司合作完成了轻型运动飞机LSA162、SAC-10的设计生产。同时为国产大飞机生产后机身、APU门、吊挂、尾端等；为国产支线ARJ21生产机尾段、电源中心、无线电架、吊挂、方向舵和全机电缆。

通过项目的合作，沈飞已建立了大部件设计的管理体系和设计数据库，使我国航空工业在设计验证、新材料制造应用、机身装配集成等方面取得了实质性进展。随着合作项目增多、合作领域拓宽，沈飞的技术实力和生产能

力不断提高，逐渐向更高级的供应商迈进。

第三节 借力军机发展民机

国际经验表明，没有民机项目，任何一个地区都不能成为真正的航空产业聚集区。美国的威奇托和西雅图、法国的图卢兹、加拿大的蒙特利尔这四大航空城都是因为民机的爆发式发展而兴起的。沈阳未来航空工业的主要潜力是民机制造，若发展得好，完全可以成为沈阳的支柱产业。

一、军机和民机技术、设备相通，可借力军机发展民机

在一个地区或一个企业内，军机和民机并行发展是国外航空制造业的普遍趋势，有利于充分发挥技术的效果和价值，实现技术外溢和企业效益的最大化。四大航空城的经验告诉我们，军机技术往往可以直接应用到民机制造业中。法国图卢兹地区是达索战斗机公司和斯奈马尔航空发动机公司最重要的生产基地，这两家公司利用其在喷气式战斗机和发动机方面的技术优势，开发出达索系列喷气式公务机，目前已经成为世界六大公务机制造商之一。美国西雅图地区是波音公司最大的轰炸机生产基地，第二次世界大战后直接转产波音系列干线客机，不用新建厂房，也不用雇用新的产业工人，就地实现军机生产转民机生产。

沈阳的军机技术和生产能力在全国名列前茅，尤其是歼击机生产能力堪称全国第一，目前的军机生产任务虽然非常繁重，但军机市场存在天花板效应，这个规律决定了沈飞不可能持续进行满负荷生产，生产线和产业工人会逐渐闲下来。面对这种情况，沈飞完全可以根据军机生产基础，利用民机与军机技术相通的特点，开发民机产品；同时在不需要进行大量投入的情况下，进行民机产品生产。

二、巨大市场需求拓展了沈阳民机发展空间

航空工业包括军用飞机、专用航空（干线客机、支线客机和运输机）、通用航空（公务机及从事工业、农业、林业、渔业、矿业、建筑业的作业飞行和医疗卫生、抢险救灾、气象探测、海洋监测、科学试验、遥感测绘、教育训练、文化体育、旅游观光等方面的飞行器）三个板块。据统计，四大航空城军机和民机制造业产值比例大致为1:3，而国际上军机与民机产值构成大约为3:7。例如2010年，世界航空工业产值为1237亿美元，其中军用飞机制造业342亿美元，占航空制造业产值的27.6%，民用飞机（包括专用航空和通用航空）产值为895亿美元，占航空制造业产值的72.4%。而沈阳军机

和民机制造业产值比例为 9:1，民机产值占航空总产值比重不足 10%。若按照国际一般的军民品结构，沈阳民机产业有巨大发展空间，国内巨大的民机市场也提供了空前的发展机遇。

专用航空方面，中国将成为全球最大民用飞机需求市场，对沈阳发展民机产业十分有利。据中国商飞公司预测，2012～2031 年，中国机队规模将不断壮大，达到目前的 3 倍以上，在全球机队规模中占比将明显上升。未来 20 年，中国市场将接受新机 4960 架，占全球需求量的 16%，新机交付价值为5634 亿美元，占全球比例的 14%。除了干线客机的庞大市场外，我国还有价值巨大的支线飞机需求。沈阳航空制造技术实力强，是世界民机领域重要的零部件供应商，未来在国内外干线、支线飞机制造领域将会越来越重要。

通用航空发展较快，近年来我国通用航空快速发展，飞行总量年均增长10% 以上。据业内专家预测，到 2020 年，我国通用飞机保有量将达到 10000架，与 2012 年底仅保有 1350 架相比，市场潜力巨大。始自 2010 年的低空空域管理改革，目前已进入实质性阶段，使通航产业发展获得更为宽松的外部环境，进入"黄金时期"。沈阳在通用飞机生产上已经有一定基础，如何以其为种子，培育通用航空产业森林，是关键问题。

三、沈阳民机制造业已经具备扎实基础

沈飞在辽宁民用航空产业中起步最早，已经形成产业雏形，目前形成了转包生产和自主生产两大板块。

转包生产方面，沈飞以其过硬的技术实力，已经与波音、空中客车、庞巴迪、塞斯纳等国际航空巨头建立良好的合作关系。随着中国航空产业的发展，国际航空会进一步向中国转移，沈阳有望更广泛深入地参与到全球航空价值链中。

通过项目的合作，沈飞已建立了大部件设计的管理体系和设计数据库，使我国航空工业在设计验证、新材料制造应用、机身装配集成等方面取得了实质性进展。随着合作项目增多、合作领域拓宽，沈飞的技术实力和生产能力不断提高，逐渐向更高级的供应商迈进。

四、突破重点领域和产品，实现沈阳民用航空高速发展

国际四大航空城中，西雅图和图卢兹均以干线客机制造为主，军机和通用飞机制造为辅；蒙特利尔以支线客机为主，军机和通用飞机为辅；威奇托以通用飞机制造为主，军机和干支线客机转包生产为辅。目前，上海已经被国家确定为干线客机和支线客机生产基地，并给予资金和政策扶持。西安则为运输机和支线客机生产基地，支线客机已形成一定基础。在通用飞机制造领域，国内正处于起步阶段，还没有形成产业集聚区。沈阳应以威奇托作为

发展样板，定位于以通用飞机研发制造为主，军机制造和客机转包为辅。沈阳的通用航空、专用航空和军机都已经建成了厂区。沈飞通用航空部以法库通用航空产业园为依托，生产通航飞机；沈飞主厂区主要负责军机的研制和生产；沈飞民机公司在浑南航高基地，与中航工业、庞巴迪和波音公司合作，进行干线和支线客机的转包生产。未来 5～10 年，沈阳应该由浅入深，循序渐进，逐步将民用航空制造业做大做优。

第一步（2013～2014 年），实现两座小型运动飞机的批量生产。目前，沈飞通航与赛斯纳合作的 LSA162 项目进行得非常顺利，双方已经达成互信，正在洽谈沈飞整体购买 LSA162 品牌的事宜。受美国消费市场萎缩的影响，赛斯纳的 LSA162 两座运动飞机在美国的销售遇到困境，已经成为公司的包袱。而中国通航市场刚刚起步，这种两座运动飞机正好可以充当教练机，极为符合中国现阶段的市场需求。一旦双方达成协议，沈飞在 LSA162 的生产上将具备更大的自主权，可以将大部分零部件分包给民营企业生产，自己负责集成和总装，成本将大大降低。

因此，本土化供应商体系建设和专业人才队伍建设就成了当前工作重点。省、市、区（县）政府应该与沈飞沟通，积极引进一批零部件生产企业，打造一个供应商体系。推进西子航空在沈北建成了通用飞机的复材、机加件的生产能力和部件装配能力；扶持沈飞建立起落架、风挡玻璃、焊接、钢索等通用飞机关键件的生产线；推进天津汽模落户沈北，建设钣金件制造专业企业等项目的实施。

第二步（2015～2017 年），引进新项目做大做优法库通航产业园。重点产品包括公务机、运动飞机、农林飞机、小型货运飞机和多用途飞机。推动美国远航（Quest）公司的大棕熊 100 型涡桨飞机项目、意大利泰克南（Tecnam）公司四款轻型飞机和新研 10 座双发通勤飞机项目引进，使园区内产品种类更加丰富，建成批量较大的轻型活塞类与涡桨类飞机的总装、调试、试飞、维修和运营基地。

在引入 4 座轻型飞机、多用途飞机、轻中型公务机的基础上，初步形成沈阳市通用飞机谱系化发展；着力营建战略合作者同盟，着力塑造及拓展市场，推动飞行培训学校、航空俱乐部和通航运营公司等市场运营平台建设，积极参与中航工业和辽沈地区通航产业发展项目，以运营拉动制造，以制造促进运营，推动构建区域内"研发、制造、运营和服务"一体化发展格局。

第三步（2018～2023 年），向更高端的领域进军，发展喷气式公务机和支线客机。通航方面，在各类活塞、涡桨通用飞机发展起来并形成产业基础后，可以开发最高端的通航机型，即喷气式公务机。目前国际市场上，喷气式公务机的均价在 2 亿元左右，被湾流、庞巴迪、豪客比奇、达索、波音和巴西航空垄断。沈阳具备喷气式战斗机的生产能力，而通用航空经过多年发展形成产业基础，培育出一批人才队伍后，喷气式公务机的研制和生产也将成为可能。加之沈阳多年的国际合作经验，也可以与国外公务机制造商共同开发自己的机型。同时，浑南航空基地在承接空客、波音、庞巴迪等世界航空巨头的转包生产领域也要进一步向产业链上下游延伸，政府部门要大力支持沈飞、沈飞民机及有关配套企业，即使做不了总装，也要成为世界一流的供应商。

第四节　合资合作助推民机"起飞"

一般来说，发展民机产业有三种途径：一是沿技术体系发展，先搞预先研究，做好技术储备，再发展型号；二是沿型号谱系发展，先做支线飞机，再做窄体干线飞机和宽体飞机；三是沿供应链发展，从零件生产到部件装配，从一般供应商到主要供应商、到唯一供应商，到包括开发和生产的风险共担伙伴。就整个中国而言，民机的发展是上述第二、三条道路的结合。对一个地区而言，可行的路径是第三条，辽宁民机产业正是沿着这条道路不断前进的。

一、中国民机的发展历程及启示

中国民机经历了从测绘仿制、改型研制、国际合作到自主研制的发展过程。由于技术、市场、管理等原因，在历经自行研制、国际合作上的失败后，终于探索出一条以我为主、风险共担的国际合作之路。

（一）中国民机发展历程

（1）测绘仿制。中国民机是从仿制起步的。1956 年，国家要求南昌飞机厂制造安 2 飞机，即国产运 5。该飞机是苏联 20 世纪 40 年代的产品，由苏联提供图纸仿制。1958 年设计定型，随后转入批生产。1966 年，西安飞机设计研究所和西飞公司按照安 – 24B 参照设计的任务开始设计运 7 飞机，1970 年首飞上天，1982 年设计定型。运 7 飞机最后定型机是按照苏联 20 世纪 60 年代生产的安 – 24B 进行测绘设计的中短程客机，基本上保持了样机外形，完全达到了设计定型的指标，而且其高温、高原起落性能还优于样机，在我国航空史上谱写了光辉篇章。此外，1968 年开始，西飞公司还参照安 12 设计研制运 8 飞机，于 1980 年设计定型。中国航空工业就是通过这几个运输机的研制和使用，逐步掌握了民机的设计制造、销售和服务，为今后发展打下了初步基础。但测绘仿制的最大弱点是产品市场竞争力不强，因为仿制别国的飞机型号，到形成商品，已经落后别国若干年，而别国的新一代产品已经出来。所以，仿制有可能获得一个能使用的飞机产品，但不可能在激烈的市场竞争中获得商业成功。而且，一支长期进行仿制的技术队伍还可能产生缺乏创新精神和忽视基础科研特别是预先研究的弊病，所以民机产业不可能通过仿制而成功。

（2）改型研制。典型代表是新舟60，它是西安飞机工业公司研制生产的运7飞机的衍生机型。新舟60飞机原型机曾被称为运7-200A型，研制始于1988年，1991年完成图纸设计，1993年完成首飞，1998年试验型飞机取得适航当局颁发的型号合格证，之后又进行多项重要改进，2000年取得型号合格证。飞机的改进改型研制，为科技人员提供了一次难得的实践机会，使科研人员在较短的时间内，掌握飞机研制程序，经历了从改进改型的方案论证、设计、生产到试飞和取证的飞机研制全过程。新舟60广泛吸收当代世界先进技术，大量采用国外技术成熟的先进产品，却忽视了商业运作，没有建立一套关系到民用飞机生存的营销体系，特别是缺少完善的售后服务体系，从而影响到飞机的市场开发，也影响到用户的正常使用。

（3）国际合作。1985年，我国制定了发展民机"三步走"的战略计划。第一步是部分制造和装配MD-80/90系列飞机，由美国麦道公司提供技术，提高生产制造能力；第二步是与国外合作，联合研制100座级飞机，提高设计技术水平；第三步是自己设计、制造180座级干线飞机。但到1998年秋，这些目标全部落空。在此期间，中国共有三次国际合作经历，但都以失败告终。

1）中美合作组装、生产MD-82/-90飞机。MD-82飞机是由美国麦道公司研制的MD-80系列飞机中的一种中短程型民用客机，属国际20世纪80年代先进水平的代表机型之一。双方的合作可追溯到1978年，经过多次谈判，于1985年正式签订合作生产MD-82及其派生型飞机、联合研制先进技术支线飞机等协议。该协议首期有效期为12年，是当时中美两国之间规模最大、内容最为广泛、技术先进、有效期最长的一个合作项目。按照制造计划，中美将合作生产25架MD-82飞机，分五批交付。后来中国决定研制自己的干线飞机，型号选定为麦道公司正在研制的150座级新型客机MD-90，但对其起落架进行改造。1992年签订协议，规定中美在第一阶段中合作生产40架干线飞机，第二阶段合作在1994年继续商定。但由于国内外客机供求形势的变化，导致这个合作协议没能执行。1996年，波音并购麦道，宣布2000年关闭MD-90等系列飞机生产线。这一系列的变故给项目的实施造成了难以预料的巨大冲击，导致MD-90最终只生产2架，即于2000年停产。从1985年到2000年长达15年的合作中，中国航空工业最终得不偿失。

2）与德国合作MPC-75飞机。中德联合研制的MPC-75飞机，是70座级的支线客机。1985年在北京正式签署合作研制备忘录，开始进行可行性研究，1988年正式成立MPC-75股份有限责任公司（MPCA）。MPC-75项目根据中德双方的分工，中方承担的 20% 预发展阶段的设计工作和生产任务，其中强度、结构、气动力、重量、舱门等专业已应用了转让技术和转让软件开展工作。但在项目进入第二个决策点时，由于政治、经济、市场以及资金、发动机选择、第三方合作伙伴等因素的影响，项目无法决策，德方提出项目暂缓。又因为资金、空客公司要发展 A319 飞机和其他种种原因，最终迫使德方放弃了 MPC‑75 项目。

3）与空客合作 AE‑100 飞机。1994 年开始，中韩两国决定联手共同研制亚洲的"空中客车"AE‑100 中型客机。后来中航总考虑到中、韩都是亚洲国家，在民用飞机研制领域技术水平有限，为提高项目公司的知名度，提高飞机型号的声誉，减小项目的技术风险，扩大市场占有率，特别是为较容易地获得国外权威机构的型号合格证，经韩方同意，决定以中韩为亚洲一方，再寻求技术实力雄厚、研制经验丰富、公司知名度高且影响大的非亚洲民用飞机公司作为 AE‑100 飞机项目的合作伙伴，最终选定空客公司为合作伙伴。但由于国内、国际多种因素影响而谈判未果，后来空客公司决定开发 A318 飞机，AE‑100 项目宣告结束。

4）自主研制支线飞机。1970~1985 年，中国自行研制运 10 干线客机，并且成功试飞，但最终由于管理体制、市场问题、经费限制等多重因素而停止。总结几十年来我国民机发展的得失，借鉴国外先进民机发展经验后，我国终于做出研制 ARJ21 新支线飞机的重大抉择。2002 年，原中航一集团采用新的运行机制和管理模式，实行国家和企事业单位共同投资、共担风险的市场运作机制，由集团公司、西安飞机设计研究所、上海飞机研究所、西飞公司、上飞公司、沈飞公司、成飞公司、中国飞行试验研究院、中国飞机强度研究所等 15 家单位作为股东成立中航商用飞机有限公司，作为 ARJ21 新支线飞机项目的法人责任单位正式开始运作。鉴于中国航空工业在 20 多年国际合作中的沉痛教训和巨额代价，新支线项目立项之初就形成共识：ARJ21 要以我为主，要拥有自主知识产权。同时，ARJ21 项目效仿包括波音、空客在内的飞机制造商通用的风险共担的国际合作模式，中国一航第一次作为主承包商向世界招标，吸收包括 GE、罗克韦尔·柯林斯、霍尼韦尔、汉胜公司、帕克公司以及利波海尔公司等 20 多家风险合作伙伴参加研制、设计和生产，开创了我国按国际惯例和市场规则研发民机的先河，在理解市场和关注客户等市场运作方面迈出了关键一步。

（二）中国民机发展的启示

中国民机的发展历程充分证明了两点：第一，民机产业必须立足于自主发展；第二，中国的民机必须借助国际资源。总之，立足于以我为主基础上的国际合资合作是我国民机发展的最佳选择。

（1）合资合作是获取民机产业技术和发展经验的有效手段。作为典型的高技术产业，飞机制造业的高端和核心技术仍然牢牢掌控在美欧等少数国家的少数公司当中。中国在民机产业中仍然是新手，不但核心技术缺乏，而且完整地走完民机研制整个过程的项目更少，在管理模式、市场运营、售后服务等各个环节都没有太多的经验。与国外企业合资合作，从加工组装开始，到共同研制新型机，再到完全熟悉、掌控整个产业链条，是发展民机制造业的一条捷径。

（2）合资合作是迅速占领民机市场的快捷途径。未来 10～20 年，中国民机制造业将迎来快速发展期，大型客机在加紧研制的同时，支线飞机、通用飞机也将实现大规模产业化发展。虽然市场前景巨大，但抢夺市场的时间也就在 3～5 年，如果在此期间不能完成自己的产业布局，一个地区就将失去发展民用航空产业的最好时机。由于中国在民机发展上整体比较落后，各地区基本都处于同一起跑线，要想快速在民机特别是通用航空领域占领一席之地，最佳选择就是与国外企业合资合作。

二、国内航空业兴起合资潮

改革开放以来，作为吸引外资的一个重要手段，我国合资企业迅猛发展，但在航空制造业，中外合资企业一直较少。随着国内外航空产业发展局势的变化，这一局面正在改变。航空工业全球化程度不断加深，国际合作趋势持续加强，我国航空工业也有条件地放宽了对外资的限制。在这种双重力量的推动下，国内航空领域的合资合作呈现蓬勃发展之势。

（一）国际国内环境为航空业合资合作提供了条件

（1）国际航空企业寻求与中国的合作。未来中国航空市场需求巨大，西方主要航空公司出于培育、开拓市场和降低制造成本的需要，纷纷将制造业向中国转移。国际著名的航空企业，包括飞机制造、发动机等零部件企业，纷纷在中国开展各种形式的商贸及技术合作。

（2）国家鼓励外资进入飞机制造业某些领域。飞机制造业在我国是军民两用产业，民营和其他非公资本进入门槛较高，而且国家对外资进入飞机制造业限制较为严格。但近年来国家逐步出台政策推动民资及其他非公所有制企业进入该领域，而且逐步对外资开放一些领域（见表 6-3）。这些政策对地方通过合资合作方式发展民机产业提供了便利条件。

表 6-3　最新《外商投资产业指导目录》中飞机制造业准入条件

领域	产品	要求
民用飞机设计、制造与维修	干线、支线飞机	中方控股
	通用飞机	合资、合作

领域	产品	要求
民用飞机零部件制造与维修	—	允许进入
民用直升机设计与制造	3吨级及以上	中方控股
	3吨级以下	合资、合作
民用直升机零部件制造	—	允许进入
地面、水面效应飞机制造	—	中方控股
无人机、浮空器设计与制造	—	中方控股
航空发动机及零部件、航空辅助动力系统设计、制造与维修	—	合资、合作
民用航空机载设备设计与制造	—	合资、合作

（二）国内航空合资合作方兴未艾

随着中国大飞机项目实施，以及受到民机特别是通用飞机行业市场前景的诱惑，国内各地掀起发展航空产业的热潮。但我国航空工业受历史布局影响，真正有技术和产业实力的地区并不多。在这种情形下，合资成为许多地区发展航空工业的首选之路。

中航工业集团旗下许多子公司与国际航空制造业建立了合资合作关系。巴西航空工业公司与哈尔滨航空工业集团公司、哈飞航空工业股份有限公司合资建立哈尔滨安博威飞机工业公司，巴中双方股份分别占51%和49%，制造畅销世界的ERJ134/140/145支线飞机系列，取得良好市场业绩。其他合资企业主要集中在飞机零部件领域，产品为国外飞机和国产C919大飞机配套。如中航工业机电系统有限公司与美国汉胜公司各以50%的出资比例成立电源系统公司，是中国商飞的一级供应商，如表6-4所示。

表6-4　中航工业系统部分合资案例

国内公司	国外公司	合作项目
中航宏远	空客	参与空客的A380、A340、A320NEO等主力机型的产品研制生产
中航工业	波音	商用飞机客舱座椅、厨房、盥洗室、机载娱乐设备等产品
贵州华阳电工有限公司	美国埃斯特莱集团的控制系统集团公司（ECS）	飞行控制系统产品
中航工业雷电院	美国罗克韦尔·柯林斯	成立中航雷华罗克韦尔柯林斯航空电子系统有限公司，生产综合监视系统

国内公司	国外公司	合作项目
中航工业陕飞	美国诺丹公司	G450 项目
中航高科智能测控有限公司	KUKA 系统公司	工业机器人航空制造系统集成合资公司
中航工业沈飞民机	美国霍尼韦尔公司	C919 飞机辅助动力装置（APU）的集成尾锥消声器系统
中航工业东安	霍尼韦尔公司	C919APU 齿轮箱研发协
中航工业发动机	美国汉胜公司	辅助动力装置（APU）项目公司
中航工业哈飞	空客	哈飞空客复合材料制造中心
中国航空研究	荷兰宇航院、德国－荷兰风洞	签署了长期研发合作的合作协议备忘录
中航工业	波音民机集团	"中航工业－波音制造创新中心"，为波音提供高质量的飞机零部件，如 737 的方向舵
中航工业飞机起落架有限责任公司	德国利勃海尔公司	各占 50% 的合资公司，C919 起落架系统及后续项目的研制、生产、取证和售后服务
哈尔滨航空工业集团公司、哈飞航空股份	巴西航空	组装生产 ERJ145 系列涡扇支线飞机、莱格赛 600 和莱格赛 650 喷气公务机
中航工业机电系统有限公司	美国汉胜公司	C919 电源系统合资公司，为中国商飞该项目的一级供应商，中外出资比例各占 50%
中航工业	美国通用电气（GE）公司旗下的航空集团	组建中航－通用电气民用航电系统有限公司，合资双方各持股 50%
中航工业	法国 SNECMA 公司	转包生产与合作

国产大飞机和支线飞机必须依靠国家的力量，而且布局已定，各地方则瞄准通用航空领域纷纷与国外企业进行合资合作。这些合作中有一些仍然是中航工业主导的，另一些则是地方政府和地方企业的自主行为。如哈尔滨飞机集团有限责任公司于 20 世纪 90 年代即与法国、新加坡联合研制 EC120 直升机。最近几年，中航工业集团与赛斯纳分别在珠海、石家庄、成都建立合资公司，组装生产不同型号的通用飞机。江苏航宇飞机制造有限公司是民营企业杭州振宇实业有限公司与美国全制航空股份有限公司合资设立的，中方控股 51%，主要生产小型直升机、固定翼机。山东滨州滨奥飞机制造有限公司由滨州大高航空城有限责任公司与奥地利钻石飞机制造有限公司合资成立，主要生产钻石 DA40 型飞机，市场表现优异，如表 6-5 所示。

表6-5　通用飞机领域一些合资案例

企业名称	主要产品	企业介绍
哈尔滨飞机（工业）集团有限责任公司	Y-12，直-9，EC120直升机	隶属AVIC，EC120为中国与法国、新加坡联合研制
石家庄中航赛斯纳飞机公司	凯旋208多用途涡桨飞机	中航通飞华北飞机工业有限公司与美国德事隆远东私人有限公司共同出资
珠海中航赛斯纳飞机公司	组装桨状XLS公务机	中航通飞华南飞机工业有限公司与塞斯纳公司合资
成都	喷气公务机	中航工业、成都市政府以及赛斯纳公司合资
南京轻型飞机股份有限公司	AC500	江苏省创业投资公司、南京航空航天大学、南京市投资公司、上海兴江房地产综合开发公司等单位共同投资
上海西科斯基飞机有限公司	活塞式直升机"申3A"、"申2B"和涡轴式"4T"	和西科斯基公司合资，中美双方分别占股份51%和49%
江苏航宇飞机制造有限公司	航宇001B/D型直升机 小型固定翼机	杭州振宇实业有限公司与美国全制航空股份有限公司合资设立，中方控股51%
湖州泰翔航空科技有限公司	轻型直升机	浙江锦江药业有限公司、无锡先迪微电子有限公司和美国Aitas Enterprise Corporation直升机制造公司合资
沈飞公司	超轻型飞机LSA1162	沈飞与美国塞斯纳合作
亚盛泰格通用飞机有限公司	LNYX，CHEATA	亚盛和美国"老虎"公司中国代理美国星火集团合资，亚盛占57%，美方占43%
吉林5704厂	M18农用机	隶属AVIC，项目为5704厂与波兰米勒斯公司合作
滨州滨奥飞机制造有限公司	钻石DA40	滨州大高通用航空城有限责任公司与奥地利钻石飞机制造公司合资

三、以合资合作壮大民机产业

沈阳在民机产业的国际合作上起步并不晚，沈飞1985年即开始转包生产，之后逐渐从一般供应商发展到主要供应商、唯一供应商，直至国际航空企业的风险共担伙伴。应以此为基础，进一步扩大国际合作，同时通过投资、政策等手段提高地方政府和地方企业的话语权，以合资为跳板，实现沈阳及辽宁民机产业的自主发展。

（一）沈阳民机已拥有合资合作的产业基础和经验

沈阳是我国航空生产基地，沈飞、黎明在飞机、发动机领域有较好的设备、技术基础，在相关领域积累了丰富的经验，拥有一定的软硬件实力，具备为世界航空市场提供高质量产品的能力。

沈飞民机成立于 2007 年 8 月，由沈飞公司、西飞国际、中航投资有限公司共同出资组建，属于国有控股的合资企业，目前主要进行国际转包生产，与波音、空客、庞巴迪等世界航空公司建立了稳定的供应商关系，生产规模日益壮大。

2007 年，沈飞公司与赛斯纳公司开始 L162 轻型运动飞机项目的合作，沈飞公司成为该项目的唯一供应商，负责原材料采购、工装设计和制造、零件生产、装配和飞机试飞。L162 项目是中国与国外先进航空企业合作的首个整机通用飞机生产项目，是中国的通用飞机整机生产的开端。从 2009 年 9 月实现首架交付至今，沈飞已累计向美国赛斯纳公司交付 L162 飞机 300 多架。

2010 年 5 月，沈飞国际商用飞机有限公司在沈阳成立，负责沈飞与庞巴迪合作的 C 系列飞机项目。该公司由庞巴迪、中航（沈阳）投资管理有限公司、沈阳达锐投资有限公司（沈阳市政府的投资平台）共同出资。C 系列项目是中国第一次以研制伙伴身份进行的合作项目。根据双方签订的合同，沈飞公司承担 CS100 和 CS300 两个机型的前中机身、尾锥和舱门（共 8 个，其中货舱门、登机门、服务门、应急门各两个）共 3 个工作包的设计、制造、装配、相应的试验和售后服务等工作，并支持飞机的适航取证工作。此项目于 2013 年底进行首架交付运营。

民机研制生产技术和管理水平进一步提升，为进一步融入世界航空产业链，进一步拓宽中国民机与世界合作领域奠定了基础。

（二）以自主发展为目标进一步扩大国际合资合作

（1）突破整机项目。沈阳民机产业虽然已有合资合作的基础，但迄今为止，在整机方面仍然没有大的突破。沈阳民机应在目前与赛斯纳、庞巴迪的合作基础上，寻找更多的国际合作者，争取以风险合作伙伴关系发展更多的机型。

（2）在合资中争取控股权。对于某些飞机制造领域的合资，国家明确要求中方控股，而另一些领域没做要求，但在合资中，中方企业要尽力争取控股。中方控股不但可以自主决定企业的发展方向，也可以积累更多资金用于扩大生产规模。中方既控股，又引进先进技术，不是不可能的事。关键是要寻找恰当的合资伙伴，而且在谈判过程中，要最大限度协调、实现双方的预期利益。

（3）企业要始终有自主创新意识。利用国际合资合作虽然是进入民机市场的快速途径，但从长远的持续发展来看，必须依靠自主创新，掌握从预研到销售的完整产业链环节。通过合资合作一般能获得一些技术成果，但不能换来技术创新能力。所以，合资企业不能只满足于产品的加工和组装，必须将自主创新意识贯穿始终，不仅要对引进技术消化、吸收，更要加强自主开发能力。

（4）政府要引导企业提高自主创新能力。政府部门不仅要为合资企业的技术进步与创新提供良好的外部环境，而且要通过具体政策引导企业逐渐提高技术自立、自创能力。例如，对合资企业的国产化有明确要求。政府要认真研究国际资本市场状况，通过经济利益诱导与具体政策的约束来刺激外商在进入中国时的竞争，同时提高中方合作企业的实力，加强中方企业之间的团结与联合。

第五节　打造独立的民机产业发展平台

航空产业研发周期长，投资规模大，持续性强，风险较高，但一旦研制成功并打开市场，利润将十分丰厚。沈阳要在现行航空工业管理体制下发展民机制造业，既要积极与中航工业集团合作，更要发挥地方政府和地方企业的作用，打造独立的民机产业发展平台，整合各领域优质资源，出台配套的扶持政策，将民机制造业打造成支柱产业。

一、当务之急：搭建民机产业发展实体平台

我国航空工业体制是以军用航空为基础建立起来的，绝大多数生产资源由中航工业集团集中控制。目前，中航将航空工业区分为防务、飞机、发动机、直升机、机载设备与系统、通用飞机、航空研究、飞行试验、贸易物流、资产管理、工程规划建设、汽车等多个板块，在全国范围内统一布局。沈阳飞机设计研究所（601 所）和沈阳飞机集团（112 厂），作为中航集团的全资子公司被指定承担军机研制生产任务，有限的民机转包业务由沈飞民机公司负责也受制于中航集团，很大程度上限制了沈阳发展民机产业的自主权和积极性。

在这种体制下发展民机制造业，必须加强与中航集团的沟通协调，建立密切的协作关系，构建民机产业发展体系，打造独立的民机制造实体平台。国内部分省市已经利用这种模式步入了民机产业发展的快车道。天津市政府与中航合作成立中航直升机公司；广东省政府联合珠海格力集团与中航合作成立中航通用飞机公司；上海市政府会同上海电气集团与中航合作成立中航商用发动机公司和上海航空电器公司；湖南省政府会同株洲市政府与中航合作成立中航湖南通用航空发动机有限公司，株洲市政府每年拨款 4000 万元，

专门用于支持株洲中小型航空发动机研发制造基地建设；江西省政府组建了直升机产业投资管理有限公司，并与比利时 Dynali 公司签订大中华区总代理协议。

在其他省市想方设法发展民机产业之时，沈阳由于缺少独立的民机发展体系和民机制造业发展平台，面对巨大的民机市场潜力几乎束手无策，近百年的航空产业基础优势无从发挥，在国内民机制造业发展中陷入被动和落后境地，在世界民机市场分割过程中被严重边缘化。要在国内外竞争激烈的民机制造领域抢占一席之地，沈阳应积极借鉴国内外成功经验，由政府注资引导，吸引社会资本跟进，组建地方有更多自主权的民机制造公司，作为产业发展的主要平台，引领和支撑全省民机产业加快发展。

二、核心任务：协调整合资源，引领产业发展

民机产业发展平台的主要任务是作为牵头者，贯彻省市的航空产业发展战略，整合技术、资本、人才、信息等优质资源，引领全市逐步形成以民机整机的研发设计、制造为主，并涵盖上下游产业环节的民用航空产业集群。

现阶段国内外市场潜力巨大，应本着"客观分析、准确判断、严谨规划、果断行动"的总体原则，有计划地进入民机市场。民机产业争取以年均20%的速度稳定增长，到 2015 年，实现民机转包产值翻一番，技术开发同步推进；到 2020 年，实现转包产值突破 100 亿元，自有技术趋于成熟，新产品进入试飞阶段；到 2050 年，成为国内最大的民机转包生产基地，自有产品国内市场占有率超过 50%，并在国际市场上产生一定影响。

民机平台要围绕这个目标，协调整合优质资源，实现强强联合。协调省内已有的民机制造企业和研究机构，形成产业发展联盟。又因民机产业尚处于发展初期，自有资金、人才、技术力量均相对短缺，自主发展较为困难。为获得较高的起点和强大的发展后劲，民机平台应在全球范围吸纳和整合相关资源，包括吸纳优质资金、网罗优秀人才、汇集先进技术、招募专业子系统供应商等。

民机平台要选择合理发展路径，引领民机的"沈阳智造"。当前世界民机市场基本被四大企业垄断：空客和波音共同分割干线客机制造业务，庞巴迪和巴西宇航则将支线客机制造业务瓜分殆尽。以沈阳民机产业现状，与上述企业展开合作、参与民机转包生产是风险较小的理性选择。因此，民机平台要与上述企业沟通协调，争取在主要零部件、高附加值领域参与转包。同时，必须认识到，转包生产利润很低，而且垄断企业技术封锁能力超强，通过转包获得技术外溢的可能性微乎其微。因此，从长远看，民机产业应借鉴中国商飞 C919 和 ARJ21 的发展模式，立足于以我为主，同时开展广泛的国际合作，利用已积累的技术实力，逐步开发出属于自己的民机产品。

三、运营模式：多方筹资，现代管理，延伸环节

为了促进民机产业快速起步、健康发展，实体平台必须尽量做到投资主体多元化，以实现风险有效分摊；努力实现经营管理现代化，以保证企业运营高效有序；逐步推进制造业服务化，以获取更高附加值。

首先，多方筹集资金，组建股份公司。民机产业是典型的资本密集型产业，特别是总装制造环节，项目启动初期的厂房、设备等固定资产投资数额巨大，一般企业的实力很难支撑。因此，可借鉴中国商飞组建模式，由地方政府（省、市）、有实力的地方国企或民企、中航集团共同出资，组建股份制企业。

其次，采用现代制度，塑造精英团队。为在遵循市场规律的前提下实现资源配置效率最大化，民机平台必须采用"产权清晰、权责明确、政企分开、管理科学"的现代企业制度，遵照《公司法》要求，形成由股东代表大会、董事会、监事会和高级经理人员组成的相互依赖又相互制衡的公司治理结构，以激励相容的管理制度，促进产权所有者和企业经营者利益的有效融合。同时，应在全球范围内挖掘和开发人力资源，组建一支涵盖研发、设计、生产、经营、销售等各领域的高素质、高技能、高度专业化的人才队伍，以期为企业长远发展提供不竭动力。

最后，确定发展模式，拓展产业环节。民机平台应根据自身发展阶段调整运营模式：起步阶段，采用以转包制造为主、研发设计为辅的发展模式，通过全球采购获取关键原材料和发动机等核心部件；成长阶段，采用研发设计为主、转包制造为辅的发展模式，沿着"微笑曲线"向产业链上游拓展，逐步减少外购部件比例，争取实现关键部件自主研制，以提升产品附加值；成熟阶段，在研发和制造实力基本稳定后，尝试向租赁、维修、服务等下游产业环节延伸，构建"全产业链"发展模式。

四、政策体系：为民机产业发展保驾护航

国际民机产业发展经验表明，政府扶持对产业发展至关重要，有时甚至具有决定性作用。空客公司的民机业务，得到法国政府持续10年的资金扶持，最终研制成功的空中客车系列客机，抢占了近50%的全球市场份额；波音公司在美国政府扶持下兼并麦道公司，并持续获得政府拨付的大量研发经费。组建民机发展平台只是一个起点，只有辅之以对行业的强力政策支持，这个平台才能不断壮大，才能发挥其作用。

第一，加大财政补贴力度。通过提供开发基金、资本投入、开发及生产成本补贴、经营损失补贴等具体形式，对民机产业加以直接扶持。可借鉴法、德、英、西班牙等国对空客公司实施的"启动援助"计划，即可在约定期限

结束时收回本金和利息的特许权投资，既能够为民机项目增加启动资金，又能够提高资金利用效率，而且有助于减轻财政负担，可谓一举多得。同时，可对民机项目提供低息贷款、贴息贷款或贷款担保，并通过强化金融服务支撑、发展投资基金等途径，加强对民机产业的金融支持。

第二，采用扶持性税收政策。通过税率优惠、税费减免、税收抵扣、再投资退税、加速折旧、延期纳税、税收返还、税收奖励等多种形式，支持民机产业发展。可参照上海市对民用航空产业的税收优惠政策，前两年免征、第三年至第五年按照25%的法定税率减半征收企业所得税，购进或自制固定资产发生的进项增值税额从销项增值税额中抵扣，对销售的新支线飞机整机、部件等免征增值税。

第三，提供土地支持。通过用地指标倾斜、减免土地出让金和使用费等方式，实现对民机产业的用地支持。可借鉴西安市政府对阎良航高基地的支持政策，调整土地利用总体规划，保证民机产业相关基础设施和生产性建设项目用地需要，对民机及相关项目减收新增建设用地有偿使用费和土地出让金等。

第四，合理规划机场建设，完善基础设施配套。一是做好机场建设规划。机场对民机产业发展至关重要，据统计，辽宁现有23个军用、民用机场和若干个起降点，为满足未来民机产业加速发展需要，在规划建设新增机场时，应本着军地兼顾、军民两用原则，既要挖掘和利用现有机场资源，将闲置军用机场尽量投入使用，又要加快推进新增民用机场和起降点建设，以期充分利用有限的土地资源；二是加强相关航空产业园区基础设施建设，除完成基本的"七通一平"外，要特别注重环境保护，加大对节能减排设施的投入力度，尽量实现园区内"自循环"。

第五，加强"软环境"建设，降低交易成本。一是以切实解决企业问题为宗旨，开辟"绿色通道"，尽量减少审批环节，组建专门服务小组，为民机企业提供"一条龙"服务；二是搭建企业信息共享平台，实现相关企业供需信息互通共享，充分利用省内现有资源，为民机生产配套；三是在户籍、子女就学、住房等方面提供保障，并适当减免个人所得税，以吸引全国各地的航空人才集聚。同时，加大对航空院校和科研院所的投入力度，提高航空领域的研发设计能力。

第七章　发展高端造船业

第一节　做大做强辽宁海洋工程装备制造业

海洋工程装备（以下简称"海工装备"）是指用于海洋资源勘探、开采、加工、储运、管理及后勤服务等方面的大型工程装备和辅助性装备。海工装备是造船行业的新兴领域，具有技术密集、附加值高、吸纳就业能力强的特点，又兼有保障国家石油供应安全的战略性特征。因此，海工装备被列为战略性新兴产业的重点领域。发展海洋工程装备既是辽宁造船业重塑辉煌的主要途径，也是辽宁发展高端装备制造业的必然选择。

通过对世界市场格局的分析，总结国内外企业发展规律和特征，做大做强辽宁海工装备应该具备以下五个关键要素：一是要有国际知名建造企业，二是要有设计研发的基础支撑；三是要与海工装备需求业主建立长期合作关系；四是要有具备总成总包能力的企业；五是要有关键核心配套部件的设计和制造企业。辽宁应充分发挥既有优势，以招商引资和并购海外研发设计企业为突破，打造海洋工程装备全产业链发展模式，重点发展大连、盘锦和葫芦岛三市海工基地，主要产品逐步向深海工程装备领域进军，形成错位发展的总体格局。

一、并购国际知名设计公司，提高研发设计能力

海工装备研发包括方案设计、详细设计和生产设计三个阶段，我国与世界海工装备强国的技术差距主要体现在不具备方案设计能力。2000 年以来，我国建造完成和在建钻井平台 40 余座中，70% 以上为欧美公司设计。其中自升式平台的设计公司主要有美国 F&G 公司、荷兰 GustoMSC 公司；半潜式钻井平台的设计公司主要有美国 F&G 公司、挪威 GM 公司、SEVAN 公司、意大利 Saipem 公司等。

辽宁海工装备制造起步较早，企业规模和生产条件已经具备一定实力。大连船舶重工集团是国内最早生产自升式钻井平台的企业，也是我国第一个交付半潜式钻井平台的企业，具备建造自升式钻井平台、半潜式钻井平台、钻井船、FPSO（浮式生产储油船）等各类海工装备的能力，每年可承建交付

8～10个海工装备项目，已成功跻身世界高水平海工装备制造企业行列。大连中远船务公司作为"中国第一大FPSO改装厂"，承接了世界首艘浮式钻井生产储油船（FDPSO）建造项目，价值5.6亿美元，是迄今为止世界上在建的最大钻井储油船，标志着大连中远船务已经成功介入海工装备的高端领域。STX（大连）海洋重工有限公司主要生产自升式钻井平台、半潜式钻井平台、海上钻井船和浮式生产储油船等海工装备，2010年11月，首艘深海钻井船和海洋铺管船同时成功下水，代表了STX顶端造船科技水平。辽河石油装备制造总公司是中石油集团的三大海工基地之一，造船业产值40亿元，产品以陆地、海洋石油装备为主，目前正在建造浅海自升式钻井平台、海上风电机组安装船等海工装备。葫芦岛渤船重工刚刚进入海工装备领域，为挪威EIDE公司建造的2500米超深水双体修井完井船为首个海洋工程项目，可用于海上油田的维护，也可用于集油束的安装和拆卸等海上石油工程，具备高技术含量和附加值。

从研发设计能力来看，辽宁企业目前生产设计能力已经成熟，详细设计能力目前还仅局限于半潜式钻井平台，进一步掌握方案设计能力和其他船型详细设计能力是辽宁企业提高竞争力必须要越过的技术门槛。借鉴上海振华重工并购美国F&G公司的经验，辽宁应鼓励大连船舶重工集团、大连中远船务集团和渤海船舶重工等企业并购国外知名的设计公司和建造公司，如荷兰GustoMSC公司、美国Diamond Offshore公司、挪威Aker Kvaerner公司和Ulstein公司等。这些公司拥有丰富的海上石油开采装备的设计经验，是海工装备设计领域的翘楚，在承接订单、配套设计上的优势明显。如果能够成功收购此类设计公司，有利于迅速做大做强辽宁海工装备制造业。按照上海振华重工收购美国F&G公司的经验，1.2亿美元的收购价格也仅仅是建造2艘钻井船的利润。因此，收购国外设计机构在经济上绝对合理可行，辽宁应在"双百工程"鼓励资金中给予大力支持。

二、建设公共研发平台，加强海工装备的技术储备

辽宁在船舶制造和海工装备制造领域科研基础雄厚。大连船舶重工集团拥有自己的核心设计团队，其海洋工程设计研究所被认定为国家级企业技术中心，该研究所有1000多名工程技术人员，由中国工程院沈闻孙院士领军，通过自主开发及与国际知名公司合作，海工装备设计与研发技术达到了国内先进水平。大船重工的母公司中船重工集团的科研力量更为强大，拥有28个科研院所和7个国家级企业技术中心，其科研成果可以根据需要在大船重工进行产业化。

辽宁高校在船舶和海洋工程方面的科研实力同样居于全国前列。大连理工大学在船舶与海洋结构物设计制造等关键技术、船舶与海洋工程结构安全

和海洋工程水动力学等方面研究居于国内领先水平，组建了深海工程技术与装备研究团队，目前正在承担国家"863计划"重大专项"深水半潜式钻井船设计与建造关键技术"、国家"863计划"海洋技术领域"深水立管工程设计关键技术研究"等课题研究任务。雄厚的科研实力为辽宁发展海工装备提供了坚实的基础，同时还担负着为辽宁培育海工装备人才的任务。

做大做强海工装备，辽宁需要在基础共性技术研究领域再向前迈进一步，建设公共研发平台，加强技术储备，通过政策引导，整合省内高校和企业的研发资源，重点围绕关键设备的核心技术和海工装备的共性技术，包括深水海工装备开发，总体设计研究、水动力性能分析、模型试验技术研究等。针对深水化、大型化等趋势，开展总体建造方案优化、巨型总段制造、模块化建造、特殊防腐技术等共性建造技术研究。加强海工装备管理技术研究，引进消化国际主流的海工装备项目管理思路，建立现代海工装备管理模式，掌握项目总承包管理技术。利用大船重工和大连理工大学在海工领域的科研优势，以公共研发平台为载体，联合两家单位共同承接国家重大科技专项，建设高水平研发中心并申报国家级工程技术中心。在建设公共研发平台的基础上，实施海外高端人才引进计划，鼓励企业、高校和科研院所引进海工装备的高端设计人才和管理人才，进一步提高公共研发平台的技术能力。

三、加强与央企的合作，积极承接海工装备业务

加强与中直企业合作，对于海工装备企业的发展具有积极的促进作用。山东在这一方面的经验值得辽宁借鉴。通过打造良好的发展环境，山东积极吸引国内外知名企业，中船重工、中海油、中石油和中集集团及韩国大宇、三星等企业已经在山东建设了海工装备制造基地。其中，中集集团通过收购烟台来福士海工装备有限公司（新加坡方控股的中外合资企业）成功进入海工装备制造领域，并一跃成为国内该行业一流企业，订单数量全国居首。山东造船基础较上海、辽宁相对落后，但借助良好的沿海条件，通过吸引央企投资建厂及并购国外海工企业，做大做强了海工装备制造业。

辽宁与中石油、中海油、中船重工和中远船务等央企的合作已经具备一定的基础。中船重工下属的大连船舶重工是国内知名的海洋工程装备制造企业；大连中远船务也开始介入海工装备领域，发展势头迅猛；中石油在盘锦建立了海工装备制造基地，是中石油"十一五"期间重点建设的三大海工基地之一。目前的问题是，辽宁与中海油的合作略显不足。中海油下属的海洋石油工程股份有限公司是国内唯——家承揽海洋油气田开发工程建设的总承包公司，海油工程公司在国内海洋工程装备领域具有支配地位，对国内海工装备发展态势具有重要影响。今后，辽宁应加强与中海油和海油工程公司的合作，尤其是海洋石油开采和海工装备领域的深度合作，积极承包中海油的

海工装备制造业务，扩大国内市场份额；同时，积极承包石油开采业务，为建设总成总包基地奠定基础。鼓励和扶持中石油集团盘锦海洋工程基地建设。中船工业集团公司同中船重工集团公司一样，拥有很强的海工装备设计制造实力，辽宁应积极与之沟通，吸引该央企到辽宁发展海工装备制造业。中远集团船务公司总部已迁入大连，并在大连建立了集团海工装备研发设计中心，但目前在辽宁海工装备制造规模不大，应进一步鼓励中远船务公司利用辽宁优越的海工装备发展条件，扩大海工装备制造业规模。

四、积极并购海外先进承包商，建设总成总包基地

从海工项目产业链来看，最高层次是项目总承包，总承包商掌握着海洋油气田开发方案设计、装备设计和油气田工程建造的主导权。目前，辽宁的企业尚无海工项目的总承包实力，还无法抢占海工装备的制高点。总成总包能力同样是国内其他省份面临的普遍问题，如果辽宁能够抢占先机，势必将成为国内海工装备的引导者。由于海工装备技术密集，自主创新成本大、周期长，很难在较短时间取得突破，这需要辽宁通过海外并购和与央企合作的方式发展总成总包能力。

2010 年，上海振华重工以 1.25 亿美元收购了全球著名海工装备设计公司——F&G 公司，该公司是全球领先的海上钻井平台设计服务和装备供货商之一，持有多项钻井平台设计的专利，包括非常成功的桩腿锁定系统和起重系统。目前全球完工的钻井平台中，由 F&G 设计的升降式、半潜式钻井平台分别超过 10%、20%，新建的钻井平台中，由 F&G 设计的升降式、半潜式钻井平台分别超过 35%、25%。众多造船企业购买使用 F&G 的工程设计，并使用 F&G 供应的成套设备。海洋工程总承包商拥有丰富的海上石油开采装备的设计经验，科研实力强，资金雄厚，在承接订单、配套设计上的优势明显。目前，只有中石油等央企具备这种收购能力。辽宁应积极联合中石油等企业并购国外先进承包商，如美国 Transocean 公司、TSC 海洋公司、荷兰 SBM 公司和挪威 Prosafe 公司等。

五、发展核心配套产业园区，提高产业丰厚度

海工配套设备及其技术落后也是制约我国海工制造水平的关键要素。与普通船舶相比，海工装备的功能系统和各种配套设备要复杂很多，配套设备占整个装备的价值比例也更高。目前，只有欧美等第一集团企业具备海工关键配套设备的技术及制造能力，我国大部分海工装备的关键配套设备和系统都依靠进口。比如在上海外高桥造船有限公司为美国康菲石油公司建造的 30 万吨浮式生产储备油船中，国内生产的关键配套产品所占比例不到全船产品的 5%，其价值在整个海工产品总价值中所占的比例更低。目前，国内海工

装备企业都是以建造船体为主，采购的国外配套模块和装置占总造价的比重高达70%，其中价值最高的钻井模块占到了20%～50%，国产关键设备配套率不足5%。

发展海工配套模块（零部件）是掌握核心技术、具备总成总包能力的第一步，也是提高装备附加值、壮大海工装备制造规模的必然路径。辽宁应大力发展核心配套模块，提升辽宁海工装备的整体竞争力，不仅为省内海工装备企业配套，还将为国内其他省份的企业配套。应坚持错位发展、重点培育的原则，扶持和培育大连、盘锦和葫芦岛3个城市的海工装备配套产业园。以大连船用柴油机厂为龙头，重点发展钻井平台推进系统和大功率中压柴油发电机组；引导大起大重集团等企业发展平台起重系统；鼓励沈鼓集团实现空压机等辅助动力系统的海工平台配套；依托大船重工和大连理工大学船舶学院，重点突破动力定位系统的控制技术和试验验证技术"瓶颈"，开发具有自主知识产权的动力定位控制系统，实现与自主研发的大功率推进器的集成应用；突破深水锚泊定位设备和升降系统的核心技术，打破国外垄断。依托盘锦石油装备产业的基础和优势，重点发展钻井模块和采油模块；依托葫芦岛船舶制造和配套产业园，重点发展平台上层生活模块和其他零部件配套产业。除了加强自主研发和创新外，还应采取"引进、消化、创新"的方式，通过人才引进和技术购买，获得关键配套设备的制造技术，逐步提高关键模块及设备的配套比重。

第二节　推动辽宁游艇经济驶入黄金水道

随着经济高速增长及国民财富积累，消费结构逐步升级已成为必然趋势。我国已经进入汽车消费时代，按照发达国家消费结构升级规律，人均GDP达到3000美元，游艇产业开始萌芽；人均GDP超过6000美元，游艇产业将快速发展。2010年，我国人均GDP为4500美元，辽宁等东部沿海省市已超过6000美元。可以预见，中国游艇消费时代即将到来，游艇产业将成为下一轮全国各省市追逐的热点，前景诱人，商机巨大。在中国游艇经济即将起航之际，提前研究和部署游艇产业，有助于辽宁捕捉新的经济增长点，推动未来经济的持续快速发展。

一、游艇产业及其特点

（一）游艇产业内涵

游艇是一种水上娱乐用高级耐用消费品，集航海、运动、娱乐、商务、休闲等功能于一体，用以满足个人及家庭享受生活的需要，少部分也作为港监、公安、边防等工作船。游艇种类繁多，按尺寸和价值大致可分为中小型钓鱼艇（18 米以下，价格在十几万元至几十万元之间）、大型豪华游艇（18 ~ 24 米，价格在上百万元和上千万元之间）和超级豪华游艇（24 米以上，价格在千万元以上）三个档次。目前，中小型钓鱼艇需求最大，数量上占 90% 以上；豪华游艇数量虽不多，但销售额可观。

游艇产业又被称为"游艇经济"，是指与游艇研发设计、制造、销售、维修保养和旅游使用等相关的一系列经济活动的总合，可简单划分为游艇制造业和游艇服务业两个部分。

游艇制造业包括设计、原材料加工、船体成型、发动机及其他设备安装、舾装等几个环节。相对于钢制运输船，游艇制造比较简单，但用料考究、制作精细、设施豪华；船体包括玻璃钢船体和铝合金船体，制作费工费时；舾装要求很高，必须精雕细琢，发动机一般是从美国和欧洲进口。此外，与游艇结构和制作过程相同的公务艇（包括各类监管船、巡逻艇、引航艇）通常也由游艇制造企业制造，属于游艇制造业。

游艇服务业的各项功能主要由游艇俱乐部承担，包括星级酒店服务、游艇码头存放、航行申请、驾照培训、船检、维修保养等综合服务功能。游艇俱乐部通常以收取会员费方式经营，国内各城市游艇俱乐部由于位置和环境差异，会员费收费标准有高有低，通常为游艇价值的 10% 左右。此外，游艇服务业较大的收入来源是保险费（约占游艇价值的 6%），以及油料消耗、目的地住宿餐饮等费用。服务业直接收入约占游艇制造业收入的 25%。

围绕游艇活动还有其他间接服务业，如海洋旅游业和滨海房地产业、公共游艇码头和景观水域建设等产业。这些间接消费要远远高于购买游艇或其他直接费用。

（二）游艇产业特点

游艇产业被誉为"海上房地产"，对经济发展具有重要作用，同时也是一个地区经济和社会发展的名片。国内外研究表明，发展游艇经济能够有效拉动经济增长，促进产业结构优化调整，创造大量就业机会，同时也能明显改善区域形象。

（1）增加值贡献率超高。游艇产业具备高附加值、高技术的特征。钓鱼艇等低端游艇通常是小批量生产或按要求单件生产；中高端的豪华游艇一般是按用户要求单件定制，除船体外，内部空间布局、设备材料选用、整体制作装修等都是按个性化需求进行单独设计制造，要求制造商具备一定设计能力和生产能力。这种个性化的设计制造特点，决定了游艇产业的高附加值。目前，国内游艇制造业平均利润率约在 40%，辽宁多数企业利润率为 45%，相当于钢制运输船的 5 倍多（2009 年辽宁钢制运输船利润率为 8%）。从增加值贡献看，如果未来 10 年辽宁游艇制造业、服务业各形成 500 亿元、200 亿元产值，就能增加值 350 亿元，成为一个大产业。

（2）对区域经济带动作用强。国外研究显示，游艇制造业每 1 美元的产值能够拉动相关产业链 10 美元产出。游艇本身价值不菲，围绕游艇制造业所形成的游艇产业链可以带动新型材料、涂料、电子仪器、仪表、动力、推进系统等几十个配套产业的发展，产生巨大的牵动效应。游艇服务业除带动游艇会展、金融保险、研发设计、物流运输等高端服务业外，还能拉动泊位停靠、维护保养、燃料器材和装备，以及游艇俱乐部所需要的一系列基础设施建设。游艇码头建设是一项综合性工程，与滨海地产开发、游艇码头技术服务区建设以及休闲娱乐设施开发有机结合，对周边地区完善基础和配套设施建设具有广泛带动作用。

（3）有效促进产业结构调整。游艇制造业是技术密集、知识密集和文化密集的"三密集"产业。发展游艇产业可以促进整个船舶制造业从低成本、低层次的粗放型向集约化和精细化方向发展，促进船舶产业升级。辽宁沿海地区传统的海洋第一产业已经开始逐渐萎缩，而沿海经济带建设的产业园区大多布局工业项目，服务业项目相对较少。发展游艇经济可以促进沿海经济带服务业快速发展。根据国外经验，传统的渔港和码头可以发展为游艇生产基地或游艇俱乐部码头，而渔民可以凭借自身的航海经验直接进入游艇服务业中的驾驶培训、船舶维护等工作岗位，也可以进入相关的旅游和餐饮行业。

（4）创造大量就业机会。多数游艇都是按客户个性化需求定制，通常需要单独设计，对设计人员需求量较大。制造过程的手糊法成型、打磨、封釉、舾装等工艺过程都要求手工进行，特别是豪华的内部装修，多以手工操作为主，生产过程难度大、周期长，属典型的劳动密集型产业。据估计，制造一艘 12 米左右的中型游艇需要 10 人一年的工作量，售出一艘价值 20 万美元的游艇平均可以解决 5 个人的长期就业。美国有 1100 家游艇企业，就业人员多达 50 万人。此外，游艇服务业也需要大量的俱乐部营销、游艇维护保养及餐饮等行业从业人员；兴建俱乐部基础设施也将创造大量就业机会。

（5）显著改善区域形象。游艇俱乐部大致可分为城市中心区游艇俱乐部和远郊乡野游艇俱乐部两种形式。城市中心区游艇俱乐部多位于城市滨水中心区，尤其在欧美城市旧港区改造的规划建设中非常多见，已成为城市公共景观、公共设施的一部分，与陆上的各类宾馆、写字楼、水族馆、影剧院、商店街道成为体现城市公共空间质量的积极因素。远郊乡野游艇俱乐部是一种比较典型的高档游艇俱乐部形式，多处于远离闹市尘嚣的风景优美地段，管理上多采用会员制，各类休闲、住宿、娱乐设施自成一体，与外界来往较少。以上两种形式相互辉映，在城市与乡村共同构建出美丽的风景。试想，未来辽宁 2920 公里海岸线上，大连、丹东、营口、盘锦、锦州、葫芦岛等城市陆地高楼林立，海上游艇成片；广阔的乡村海岸，大小游艇码头星罗棋布，宾馆、会员公寓和商业设施风格雅致，高尔夫球场和沙滩游乐场分布左右。这样的场景出现在辽宁，才能真正体现社会和谐进步、人民富裕安康。

二、游艇产业面临历史性发展机遇

（一）全球游艇需求居高不下

目前世界游艇制造业年销售额约 400 亿美元，游艇服务业产值 100 亿美元，整个游艇产业产值约为 500 亿美元。游艇消费主要集中在北美、欧洲、大洋洲及中东石油输出国等经济发达地区。据统计，2008 年，美国拥有游艇 1693 万艘，平均每 14 人拥有一艘游艇；欧洲几乎每 10 人就拥有 1 艘，新西兰等地每 8 人拥有 1 艘。从产量上看，美国是全球最大的游艇生产国，每年建造休闲游艇 20000 艘左右，占世界 1/3，销售额近 200 亿美元。法国和英国年产量分别为 7900 艘和 3300 艘，分居二、三位。日本和中国台湾地区紧随其后。

（二）国外游艇制造业加速向中国转移

游艇的制造工艺比较传统，制造过程劳动力密集。居高不下的劳动力成本，推动了游艇制造业从美国、欧洲、日本、中国台湾等国家和地区向劳动力成本低廉的亚洲国家转移。相对于其他亚洲国家，我国劳动力具备成本较低、技能较高的双重优势，对国外游艇制造企业有较强的吸引力。近年来游艇制造业向中国内地转移呈加速之势，台湾游艇业向内地转移加速了各地游艇专业区的建设。目前华南地区正规划至少 3 处游艇专业区，厦门思明区规划 1 个游艇码头区，并已有 2 家台湾游艇厂商进驻。法国欧伦游艇公司在大连独资设立制造企业，意大利等国游艇企业在江苏靖江投资建厂，美国一些游艇企业也在珠海建立独资、合资企业。国内船舶企业瞄准这个机会纷纷进入游艇行业，进行海外并购，游艇产业出现了"中国制造"苗头。

（三）国内游艇需求将面临井喷式增长

国外游艇需求增长保持稳定，而随着经济快速发展，未来游艇的最大需求将来自中国市场。从游艇需求与经济发展关系上看，当一个地区人均 GDP 达到 10000 美元时，将出现对游艇的井喷式需求。2010 年，我国东部沿海省份人均 GDP 都超过 6000 美元，个别发达省份已达上万美元。按照目前速度发展，游艇进入大众化消费时代已为期不远。就中期需求看，游艇消费者主要是个人可投资资产 500 万元以上的富裕阶层。统计和调查显示，2010 年全国高净值（个人可投资资产超过 1000 万元）人群达到了 50 万人，群体中的半数人有购买游艇计划，人数比 2009 年增加了 22%。按照这个增速，2015 年，我国高净值人数将达到 110 万人，即使其中仅 10% 的人购买单价 100 万元级别的游艇，需求额就将达到 1100 亿元。此外，中高净值（可投资资产在

500 万~1000 万元）人群更为庞大，具备消费价值 20 万~50 万元钓鱼艇的能力，需求额至少在 1000 亿元左右。预计未来 5 年我国游艇消费总量将超过 2000 亿元，并呈逐年梯次增长的趋势。从远期需求来看，当我国进入发达国家行列后，如果每 30 人拥有一艘游艇，每艘游艇按 15 万元计算，则全部需求为 6.5 万亿元。游艇的使用寿命约为 15 年，意味着每 15 年一个周期轮回，都会有 6.5 万亿元游艇需求，由此计算出未来我国远期年均需求量将达到 4300 亿元。

（四）各省市紧锣密鼓谋划布局游艇产业

游艇产业已经得到国家高度重视，有关部门正在加大扶持游艇产业的力度。游艇业已经被列入旅游业"十二五"发展规划；国家发改委近日发布的鼓励发展产业目录中，游艇设计被纳入鼓励支持产业；交通部正在对中欧游艇运行环境进行对比研究，未来可能启动相对宽松的管制政策。面对这千载难逢的发展机会，各省市纷纷开始关注游艇产业，全国有 17 个省市将游艇产业列入地方"十二五"发展规划，并开始规划布局。同时，一批数亿元甚至上百亿元游艇制造及服务项目在沿海各省市陆续上马。上海将游艇制造业集中布局在奉贤游艇工业园，目前已初步形成产、销、研一体化产业链和游艇产业综合服务中心，未来将建设 10 多座游艇码头，点线结合，构筑上海水上旅游带。广东围绕"打造世界游艇制造业基地"目标，以珠海为重点，培育引进游艇制造企业 30 多家，同时布局 6 个游艇码头和 10 个游艇俱乐部，已经形成一条完整的产业链。山东游艇服务业主要布局在青岛，从 2005 年至今，抓住青岛承办奥运会水上项目的契机，累计投资海上高端旅游项目超过 300 亿元，建成游艇俱乐部专用码头近 30 个，游艇泊位超过 5000 个。江苏已经建设连云港市海州湾（石桥）游艇产业园和靖江游艇产业园，目前共有游艇制造业 63 家。海南已建成三亚鸿洲、海口美源、海口港 3 个游艇码头，共有 212 个泊位，正在建设和规划建设的游艇码头 13 个。浙江规划将杭州打造成为长三角乃至全国最重要的游艇产业聚集地和制造中心之一。天津确立建设"中国北方游艇产业的中心"的目标，近两年，游艇服务业项目总投资已超过百亿元，预计要建设 10 多个游艇俱乐部，规划游艇泊位上万个。

三、辽宁发展游艇产业的比较优势

总体来看，我国游艇制造业仍处于刚刚起步阶段，全国游艇制造企业仅有 325 家，已注册的游艇俱乐部 99 家，真正形成规模的仅 10 家。辽宁和东南沿海各省份相比，都是站在同一起跑线上，在产业基础与区位条件等方面具有一定优势，特别是辽宁沿海经济带上升为国家战略、滨海公路建成通车，这些都为辽宁游艇制造及服务提供了政策和基础设施保障。

（一）游艇制造业初具规模

目前，辽宁共有游艇制造企业 26 家，全省游艇产值约为 2.5 亿元，企业数量和产值均居全国前列。其中，大连游艇制造企业已超过15家，年产值约2亿元。

大连松辽玻璃钢游艇有限公司是辽宁最大的游艇生产企业，年均销售收入6000万元。最初与加拿大著名豪华游艇品牌斯莱博蒂合资，主要产品是4～32米的豪华钓鱼艇和休闲艇，其15米以下的游艇已经具有自主知识产权，产品已经出口到世界各地。

大连欧伦船业有限公司是一家法国独资企业，可以为客户定制46米以下的铝合金游艇。2010年，企业实现销售收入6000万元，预计2015年销售收入可以突破亿元。

大连海若船舶科技有限公司是一家中外合资游艇生产企业，成立于2008年，主要生产大型双体豪华游艇。企业聘请多位新西兰籍设计人员，船体生产采用国内少有的真空注入工艺，制造周期短、效率高，目前正处于试生产阶段，产品主要出口到大洋洲。该企业的设计、制造水平居国内前列，未来可形成数亿元产值规模。

葫芦岛七星造船有限公司于2009年收购澳大利亚亿湾路森豪华游艇公司，开始介入游艇制造业。2010年该公司在"天津国际游艇展"上推出了四款价值1000万～2000万元的超级豪华游艇，13天内全部售出。该公司正常经营后产值规模达到数亿元。

此外，大连还有恒达玻璃钢船艇、明岛游艇、朝阳艇业、伟创快艇、长美游艇、环球国际船舶、费勒游艇、万盈游艇、飞跃游艇、飞驰游艇、铭远船用发动机等游艇制造及配套企业。沈阳亚德船艇也形成了小规模生产。

(二) 具备较好的产业基础和技术储备

辽宁造船行业经历几十年的发展，在钢制运输船领域具有国内领先的设计制造能力。2010年，辽宁造船业产值超过1000亿元，居国内前五位。游艇制造业是造船行业的分支，船体结构与运输船相近，制造工艺比运输船简单，运输船领域的设计人员经过短期转行培训，都可以胜任游艇设计工作。

在技术储备方面，大连松辽玻璃钢、海若船舶、欧伦船业、葫芦岛七星造船等企业都有设计团队。其中，海若船舶设计实力较强，具备按用户要求进行概念设计和生产设计的能力，可以为省内其他企业提供游艇设计服务，具备成为辽宁游艇设计研发公共平台的基础条件。

(三) 得天独厚的服务业发展环境

辽宁拥有2920公里的海岸线，占全国11.5%，海湾众多，岛屿密布，沙滩连片，自然风光宜人，具备发展游艇所需的自然条件。辽宁是东北地区唯一临海省份，游艇服务业将面向黑龙江、吉林、内蒙古东部及北京等内陆省市，而作为全国第一条滨海公路的"辽宁滨海大道"，也为辽宁发展游艇产业提供了便利交通和优美景观。

（四）游艇俱乐部国内知名

大连星海湾国际游艇俱乐部拥有 79 个国际标准浮动游艇泊位，以及近 2000 平方米俱乐部会馆等设施。港区陆域占地面积 7 万平方米，水域面积 8.5 万平方米。俱乐部二期码头正在建设中，规划将建成 270 个大小不同的游艇泊位。俱乐部会馆位于游艇港东岸，建筑面积近 2000 平方米，具有休闲、餐饮、娱乐、承办商务活动等功能。该俱乐部代理销售国外 8 个品牌的游艇及钓鱼艇，可为购艇者提供办理船检、船籍港手续、船舶证书，驾驶培训、保险、物业管理等"一条龙"服务。同时，俱乐部还开展游艇及帆船代理销售、租赁、停泊、展示、保养维修等业务。

四、辽宁如何分享游艇产业盛宴

面对未来国内每年 4000 多亿元的需求，游艇产业必将成为下一个拉动经济增长的动力。我们必须抓住这个不可多得的战略机遇，凭借得天独厚的产业基础和区位优势，早下手、狠下手，尽情分享游艇产业盛宴。

（一）制定产业发展规划，高起点谋划产业布局

目前，辽宁游艇产业规模与做大做强这一产业的要求仍不相适应，全省游艇制造企业仅 26 家，产值均未超过亿元。在全省范围内，缺乏整体规划与协调，整个产业基本处于无序发展状态。因此，需尽快制定产业发展规划，明确产业定位、区域布局和发展目标。力争到 2015 年，全省游艇产业实现规模实力的跨越提升，主要经济指标年均增长 40% 以上；培育 10 家 10 亿元产值企业、20 家 5 亿元产值企业，发展 10 个名牌产品；创建 5 个研发设计平台，自主创新能力显著提高；重点发展大连、营口、葫芦岛 3 个制造业集群，形成比较完整的产业链，本地化配套率达到 40% 以上；沿海岸线建设 10 个服务业集群（游艇俱乐部），完善码头、景观、住宿、餐饮、娱乐等基础设施，把辽宁打造成国际知名游艇制造基地和中国北方游艇旅游基地，游艇经济总量占据全国 1/5 以上份额。

（二）出台产业发展指导意见，强化企业的组织与服务

政府的大力扶持，对一个行业的快速崛起非常关键，辽宁应尽快出台《促进游艇产业发展指导意见》，明确下一步工作内容和重点，提供政策支持。今后工作应围绕以下"着力点"：一是坚持高端定位，瞄准国际游艇制造业发展前沿，着力发展高端高质高效产品集群。二是坚持抓大扶小，抓好骨干企业发展，促进做大做强；扶持特色小企业快速成长，实现提质增效。三是坚持引进创新，瞄准游艇研发设计制造等关键技术，引进国外企业和收购国外企业，提高自主创新能力。四是坚持品牌制胜，加强产品质量管理，扩大产品认证范围，开展品牌宣传营销，培育一批国内外知名的品牌产品。

应成立省游艇产业协会，协助政府制定产业政策、指导产业发展。一方

面，游艇产业协会能够全面推动辽宁游艇产业发展，为省内 20 多家游艇企业提供信息咨询服务，及时研究解决发展中遇到的问题，形成加快发展合力；另一方面，可以开展游艇企业的技术培训和信息交流工作，协调各管理部门加强俱乐部的资格审验、航行安全、游弋区域等管理工作，办理游艇检验、登记和驾照培训等业务，促进行业健康发展。

（三）规划建设制造园区，培植游艇配套企业

在产业基础较好的大连、营口、葫芦岛 3 个城市，各规划建设一个游艇制造园区，纳入沿海经济带优惠政策范围内。按照"瞄准高端、招大引新、互惠互利、共同发展"的思路，积极吸引国内外优势项目、资金、技术、管理、品牌和高端人才进入三大园区，同时鼓励本地企业进驻园区发展。

加快发展游艇动力设备、附属设备、电子设备、室内器具、原材料和移运设备等配套产业。游艇动力设备重点发展游艇发动机、发电机、舵机等；游艇附属设备重点发展搜索照明设施、淡水压力泵、排污泵及各类仪表；电子设备重点发展 GPS 导航定位系统、雷达、甚高频电话；游艇配套原材料重点发展蜂窝板材、焊接材料、铝材、装饰板材、玻璃纤维、树脂、胶粘剂；游艇移运设备重点发展游艇叉车、吊车、拖车等。力争到 2015 年，实现发动机、发电机、泵类、仪表及主要原材料的省内配套，省内配套率 40% 以上。

（四）依托滨海岸线，发展服务业集群

游艇服务业的布局和规划是一项系统工程，不仅要对滨水区域进行规划，同时更要考虑不同区域的地理位置和辐射范围。目前，辽宁游艇服务业规划还处于市一级层面，缺乏宏观视角，无法将辽宁沿海经济带作为一个规划整体，容易导致游艇服务业布局失调。根据辽宁实际，应在全省范围内选择绥中、兴城、葫芦岛、锦州、盘锦、营口、瓦房店、大连、庄河、丹东等地区，规划建设 10 个游艇服务业集群。大连到丹东一线的滨海旅游带旅游环境相对优良，可承接与韩国和朝鲜的游艇旅游往来，游艇俱乐部布局可相对密集。绥中和兴城邻近北京、天津，已逐渐成为两市市民的夏季休闲胜地，这一线的游艇俱乐部可以吸纳北京、天津的游艇消费者入住，同时该区域还可作为环渤海巡游的中转站。

（五）加强学科和设计平台建设，建立产业技术联盟

一是支持有条件的高校、职业学院设立游艇设计制造专业，培养一批游艇设计人才、技术人才和服务人才，并开展技术工人培训服务。二是鼓励国有造船企业分立出专业游艇设计机构，提供市场化服务。三是通过设立科技专项基金，鼓励企业自主研发新产品、新技术，支持重点企业与跨国公司、科研机构及高等院校在辽宁设立服务全省的研发平台或开展产学研合作。四是落实有关鼓励政策，企业为开发新技术、新产品、新工艺发生的研究费用，可按有关规定进行税前扣除。

（六）加大政策扶持力度，优化产业发展环境

各级财税部门要充分发挥职能作用，积极研究制定财税配套政策，促进游艇制造业发展。国土管理部门在制定土地和海域使用规划时，应考虑游艇产业需求，对重点项目所需土地、岸线、海域纳入新一轮土地利用总体规划和海域使用规划；经批准开山填海整治土地、改造废弃土地用于发展游艇产业的，应依法享受各种优惠政策；对入驻沿海经济带园区的游艇企业，给予土地、税费减免政策。在游艇服务业方面，要建立集边防、海事、港务等部门的统一办事平台，简化游艇出游审批程序，打开海上旅游通道，首先要实现省内沿海各城市游弋。下一步由省有关部门出面协调河北、天津和山东等省市，共同开放环渤海游艇游弋，使游艇真正"游起来"。

第八章　建设机器人产业
研发和制造中心

同计算机、网络技术一样，工业机器人的广泛应用正在日益改变着人类的生产和生活方式。美国政府希望通过发展机器人技术等人工智能技术，重新回归制造业。在我国，"刘易斯拐点"已露端倪，人口红利正在弱化，引发工业机器人应用数量和范围超出预期，机器人制造有望形成数千亿元规模的大产业。辽宁机器人产业起步较早、基础良好，在民族工业中居领先地位。面对未来机器人产业的重大发展机遇，应从战略高度加以重视，从健全产业链入手，充分发挥龙头企业作用，牵动上中下游协同发展，将机器人产业培育成辽宁经济新的增长点。同时，机器人制造作为高技术产业和战略性新兴产业，其发展对辽宁产业结构优化升级具有关键作用和特殊意义。

一、受益于需求拉动，机器人产业盛宴正待分享

机器人分为两大类，即工业机器人和特种机器人。工业机器人是能够实现自动控制、可再编程、多功能多用途、具有 3 个以上的可编程轴、位置可以固定或移动的工业自动化设备。依用途而言可以细分为搬运机器人、焊接机器人、组装机器人、一般加工机器人及清洁机器人等。特种机器人则是除工业机器人之外、用于非制造业并服务于人类的各种先进机器人，包括服务机器人、水下机器人、娱乐机器人、军用机器人、农业机器人、机器人化机器等。就目前看，工业机器人先期进入制造业领域，我国市场需求强劲；再往前看，随着我国人口老龄化不断加剧，服务机器人需求将越来越大；水下机器人和军事机器人也将随技术不断成熟，替代人类进入不能适应的空间和危及生命的战场。

（一）机器人应用优势：成本低、效率高、工作领域广

机器人代替人工，已广泛应用于制造业领域。我国是制造业大国，尽管劳动力资源丰富，但目前已难以适应"中国制造"需要，人工成本正在逐渐升高，大规模的机器人代替人工操作，正在珠三角、长三角全面展开。目前，市场上 1 台焊接机械手价格在 25 万元左右，可替代 3 ~ 4 名流水线工人。按照国家统计局的数据，2013 年规模以上单位制造业生产相关人员的年平均工资约为 3.8 万元。那么，购买机器人的一次性投资可在 2 ~ 3 年回收，此后，机器人将不需要"工资"，继续为企业"无私奉献"。

在国内一线城市，1 个工人年成本约 6 万元，1 台机器人可以代替两个工人进行三班作业，工作量相当于 6 个工人，而 6 个工人的成本约为 36 万元。承担复杂工作的进口机器人价格通常在 100 万元，如果以 6 年折旧期算，机器人使用成本为 18 万元，仅为雇用 6 个工人的一半。著名代工企业富士康公司宣布启动"百万机器人战略"，主要目的是控制成本。未来随着工人工资不断攀升、机器人价格逐年下降，使用机器人的投资回收期在 2016 年将达到 2 年，综合使用成本仅为人工的 30% 左右，低成本、高技能将驱动企业应用更多的机器人，并且应用产业领域也将越来越广，机器人制造业发展的机遇期和加速期已经到来。

工业机器人的广泛应用不仅可以提高产品的质量与产量，而且对保障人身安全、改善劳动环境、减轻劳动强度、提高劳动生产率、节约原材料消耗以及降低生产成本等方面有着十分重要的意义。基于这些因素，以机器人为主导的自动化设备会越来越受欢迎。

（二）国内市场需求：10~15 年后，需求超过数千亿元

从机器人使用密度看，目前我国工业机器人使用密度仍然远远低于全球平均水平，与日本、韩国、德国等发达国家更有很大差距。韩国是全球工业机器人使用密度最高的国家，每万名工人拥有机器人 347 台，日本以 339 台居次，德国 251 台位居第三，国际平均水平 55 台，中国为 21 台，仅为国际平均水平的 40%，未来需求空间极为可观。

随着我国人口老龄化加重，新增劳动力逐年下滑，人口红利逐渐消失，劳动力成本激增已经成为当代中国不容忽视的问题，这为我国机器人产业的发展提供了广阔的市场空间。据国际机器人联合会统计数据显示，我国工业机器人应用从 2004 年 3493 台的年装备量，增长到 2010 年的 14978 台，年复合增长率达到 27.5%。从 2011 年开始进入高速期，增长率超过 30%，2013 年装备量迅速上升到 27000 台，销售额 80 亿元，约占全球销量的 1/5，成为全球第二大机器人消费市场，2014 年成为全球第一大机器人消费国，汽车领域占到机器人应用的 50%。

随着生产自动化需求的不断增加，工业机器人以更精确、更高效、更低成本的优势，应用领域正逐渐从航空航天、汽车、电子信息等高端制造领域，向食品饮料、3C 消费电子品、家具木制品、铁路轨道交通、太阳能、风能等一般加工制造业延伸。从事焊接、搬运、装配、喷涂、修边、拾料、包装、堆垛和上下料等工作。据业内预测，未来 30 年，中国机器人市场将至少保持 30% 以上的高速增长，2020 年销售额将达到 1000 亿元，最终年需求将有望达到 3000 亿~6000 亿元。如此巨大的产业盛宴早已令各省市垂涎。

（三）国内市场供给：国外产品占绝对优势

我国机器人产业总体上还处于起步阶段，品牌缺乏认知度，规模最大的

制造企业年产量仅几千台，机器人市场基本被外资企业和品牌占据。统计数据显示，2012 年国产品牌机器人销量仅 1112 台，而独资及合资品牌销量高达 25790 台，市场占有率分别为 4% 和 96%。其中，瑞典 ABB、德国库卡、日本发那科、日本安川机电四大寡头 2012 年机器人销量为 14470 台，占比 53.8%，仅发那科在我国机器人市场比重就高达 23%。同时，国外机器人企业纷纷将我国作为生产基地，自主品牌生产企业的市场空间将进一步被压缩。

（四）国内发展态势：各地纷纷抢抓产业发展机遇

面对这一重大发展机遇，各地纷纷布局机器人产业，上海、江苏、浙江、广东、重庆、青岛等地将机器人制造作为当地重点发展产业。

上海已将工业机器人列为战略性新兴产业发展重点，成立了上海机器人产业联盟及上海机器人行业协会，提出 2015 年产业规模达到 200 亿元，2020 年争取达到 600 亿～800 亿元规模。上海机器人产业园获批，计划到 2017 年要引进国内外机器人制造相关企业机构 600 家，打造以机器人为主的智能装备制造产业集群。江苏省机器人研制企业超过 50 家，拥有埃斯顿、华恒焊接、天奇物流、澳昆、绿的、振康等一批国内知名机器人整机和零部件品牌，以及一批专业化特征明显的中小型机器人创新企业。

天津重点支持工业机器人、警用机器人、安全机器人、矿山机器人、水下机器人、医用微创机器人的研发及产业化，到 2015 年，形成年产各类机器人 5000 台的生产能力，产业规模达到 200 亿元。青岛规划建设国际机器人产业园，重点吸引日本、韩国、欧美以及中国国内的优秀机器人研发制造企业以及配套企业入驻。2013 年安川电机、海尔集团、橡胶谷公司、雷霆重工、硕泰科技等一批机器人产业重点项目落户产业园。重庆于 2013 年 4 月成立机器人与智能装备产业发展联盟，该联盟将成为重庆市主推产业链形成和政企沟通的重要平台，首期吸纳了 53 家企业。重庆将机器人产业作为重大战略产业加以推进，奋斗目标是成为国内重要的机器人生产基地，规划到 2020 年重庆机器人产业规模达到 1500 亿元。

在国家层面，已将机器人制造业列入战略性新兴产业并给予重点扶持。工信部《智能装备制造产业"十二五"发展规划》提出，到 2015 年，传感器、自动控制系统、工业机器人、伺服和执行部件为代表的智能装置实现突破并达到国际先进水平，重大成套装备及生产线系统集成水平大幅度提升。到 2020 年，建立完善的智能制造装备产业体系，产业销售收入超过 30000 亿元，实现装备的智能化及制造过程的自动化。

二、上游受制于零部件，辽宁产业链中下游具备优势

我国机器人产业起步较晚，无论从控制水平还是可靠性等方面，与国外公司还存在一定的差距，特别是伺服电机、减速机等核心零部件差距更大，

大部分需要进口，国内机器人市场的96%被国外产品占领。国内企业以辽宁新松公司份额最大，其机器人整机及控制器、伺服电机等零部件居国内领先水平。

（一）我国机器人产业受制于国外核心零部件

整个机器人产业链主要分为上游核心零部件、中游机器人本体制造和下游自动化系统集成应用三个层面。工业机器人成本结构大致如下：上游的伺服系统占25%、减速器占38%、控制系统占10%，中游的本体占22%、其他约占5%。工业机器人是一种典型的实践性技术，而应用是技术进步的动力。目前，我国已经能够生产具有国际先进水平的平面关节型装点、搬运、码垛机器人等系列产品，不少品种已经实现了小批量生产，但从技术指标比较看，机器人无故障运行时间、定位精度、定位速度以及精度保持度等与国外产品还有差距。造成差距的主要原因在于核心零部件技术不达标和加工工艺不完美两个方面，加工工艺方面的差距主要在于国内厂商的热处理技术不过关，不仅使得零部件在短时间内就生锈报废，而且会直接影响工业机器人的控制精度。国产的减速机、伺服电机、控制器等制造技术不达标，大都靠国外进口，这增加了成本，削弱了价格竞争力。

上游的控制器、伺服电机和减速机被称为三大核心部件。控制器相当于机器人的大脑，配合控制系统，实现机器人的运行操作。近几年，沈阳新松、广州数控等企业在控制器研制上取得了进展，但其技术仍落后于国际先进水平，导致机器人功能受限。同时，国内机器人使用的减速机、伺服电机仍以进口为主，其中日本为最大的减速机出口国，占据全球75%以上的市场份额，纳博特斯克、哈默那科两家企业分别占据60%和15%。国内研制减速机的公司有秦川发展和华恒焊接，其他如上海机电、苏州绿的等企业正在谋求以合资或自主研发的方式进入精密减速机领域，但质量都还没有过关。RV减速机和谐波减速机是附加值最高的核心技术，两家日本企业不会转让技术，我国只能通过自主研发的方式加以解决。

（二）国内企业退缩于产业中下游

中游机器人本体制造是制造机器人躯体和四肢并组装成机器人。由于上游关键部件受制于国外，特别是减速机，国内还没有可靠的产品，但进口价格是国外四大机器人寡头企业的3~5倍，直接导致国产机器人成本高于国外同类产品，竞争力被严重削弱。对国内企业而言，机器人本体制造和组装是整个产业链中价值最低的环节。

下游自动化系统集成指的是将批量的机器人、网络系统以及其他辅助设备组成一个生产线。这个环节技术含量不如上游高，但利润很可观，因为集成商可以收取方案设计费、服务费，因此国内95%的企业都集中在下游系统集成这环节。如表8-1和表8-2所示。

表 8 - 1　国外四大生产厂商的产业链情况

	控制器	伺服电机	减速机	机器人本体	自动化系统集成
发那科	自产	自产	外购	自产	自产
安川电机	自产	自产	外购	自产	自产
库卡	自产	外购	外购	自产	自产
ABB	自产	外购	外购	自产	自产

注：伺服电机供应商有发那科、安川电机、西门子；减速机供应商为日本的纳博特斯克、哈默那科两家企业。

　　由于采购量小及需求不稳定，国内企业进口的伺服电机和减速机价格比四大机器人寡头的采购成本高出很多，导致国内企业机器人本体价格竞争力低下，仅有沈阳新松、广州数控、博时股份等少数企业，尚能在中游本体制造领域立足，其他国内企业被迫转入下游机器人自动化集成领域。从覆盖领域来看，新松公司是内资企业中销售量最大的本体制造及自动化系统集成商，哈尔滨博实自动化公司的机器人系统集成业务居第二，如表 8 - 2 所示。

表 8 - 2　国内机器人产业主要公司及业务分布

	控制器	伺服电机	减速机	机器人本体	自动化系统集成
沈阳新松	自配	部分自配	外购	国内排名第一	国内第一
广州数控	自配	外购为主	外购	高性价比产品	应用普通制造业
安徽埃夫特	—	—	—	国内重要厂商	应用于奇瑞汽车
东莞启帆	—	—	—	往复机机械手	—
博实股份				实力较强	国内第二
新时达	自配	外购	外购	2014 年有望量产	—
上海机电	—	—	与纳博特斯克合资		
苏州绿的	—	—	谐波减速机量产		
南通振康			减速机处装机测试阶段		

（三）江苏上海借助外资形成规模优势

　　江苏通过招商引资，积极争取众多国际知名机器人厂商在本地投资建厂，安川电机正在常州建造世界最大的机器人生产工厂，那智不二越等日资企业也陆续在江苏建立生产基地。依托这些国外知名厂商，2013 年江苏机器人产业（包括自动化产品）销售收入达到 450 亿元，近 3 年发展速度年均超过20％。产业化应用方面，该省成功研制了工业机器人自动化系统、大型构件机器人焊接系统、高速机器人智能化包装成套设备、重型桁架式机械手等一批首台套重大装备。

2012 年，上海机器人产业规模已达 60 亿～70 亿元，产值居国内第二。ABB、发那科、库卡等机器人制造巨头均已在上海设立了制造基地。ABB 上海康桥基地是瑞典 ABB 公司全球两大生产基地之一，累计生产机器人超过 2 万台，其在中国销售的机器人，90% 产品实现了中国本土生产；2009 年日本发那科公司与上海电气集团合资建立的发那科上海机器人有限公司，一期生产任务饱满，二期工厂正在建设；德国库卡公司上海工厂于 2012 年 10 月奠基，2013 年实现投产，当年组装能力达到 3000 台，2015 年组装能力将提升至 5000 台；国内机器人领军企业——沈阳新松在上海设有子公司，本地企业上海沃迪自动化装备公司在搬运码垛机器人领域国内领先。同时，上海交大、上海大学、上海电气 ZY 研究院等机构长期从事机器人相关技术研究，为产业发展积蓄能量。

（四）辽宁机器人产业发展潜力居国内领先

辽宁机器人产业主要集中在沈阳新松机器人公司，产业规模虽不及江苏和上海等以外资为主的省市，但拥有自主知识产权和核心技术，产业技术水平、产业链完善度及产值规模均处国内领先，对我国民族工业显得尤为珍贵。相对于外资导入型产业，辽宁的机器人产业含金量更高，国家支持力度更大，产业发展潜力和空间更大。

新松公司作为中科院沈阳自动化所的成果转化平台，占据我国机器人产业的领头羊位置，不仅在机器人本体制造上技术实力最强，在系统集成业务上也首屈一指。公司的机器人产品线涵盖工业机器人、洁净（真空）机器人、移动机器人、特种机器人及智能服务机器人五大系列，其中工业机器人产品填补多项国内空白，创造了中国机器人产业发展史上 88 项第一；洁净（真空）机器人多次打破国外技术垄断与封锁，大量替代进口；移动机器人产品综合竞争优势在国际上处于领先水平，被美国通用等众多国际知名企业列为重点采购目标；点焊机器人成功打入一汽集团德系汽车生产线；特种机器人在国防重点领域得到批量应用。在高端智能装备方面，已形成智能物流、自动化成套装备、洁净装备、激光技术装备、轨道交通、节能环保装备、能源装备、特种装备的产业群组化发展。

在上游三大核心零件方面，新松公司也取得了可贵进展，自主研发的控制系统开始应用，但在精度、速度、运行稳定等方面与国外产品略有差距；伺服电机研发也取得突破，产品性能与日本发那科、安川电机及德国西门子相比仍有一定差距，高端机器人用伺服电机还需要进口；减速机是新松公司及我国的最大短板，全部需要进口。目前，公司以近 150 亿的市值成为沈阳最大上市公司，是国际上机器人产品线最全厂商之一，也是国内机器人产业的领导企业和行业标准制定者。2013 年，公司机器人系统集成业务完成销售收入4.2亿元，工业机器人4亿元。

三、打通机器人产业链，构建辽宁经济发展新动力

工信部《关于推进工业机器人产业发展的指导意见》提出"建立以工业机器人主机企业、系统集成企业为牵引，零部件及产业服务企业协同发展的产业发展格局，实现工业机器人全产业链的可持续发展，同时培育3~5家具有国际竞争力的龙头企业"。辽宁是我国民族机器人产业的代表和旗手，做大做强机器人产业应着眼于整个产业链，聚焦优势企业，聚拢相关企业，鼓励新进入企业，实施突破上游、强壮中游，做大下游的产业发展策略，把机器人产业大发展作为辽宁结构升级突破口和经济新增长点，力争在2020年，把新松公司培育成为销售收入超百亿元，并具备国际竞争力的龙头企业，带动全省机器人产业销售收入超过500亿元。

（一）整合省内相关资源，大力发展三大核心零部件

控制器、伺服电机和减速机是制约我国机器人产业发展的主要障碍。从长远看，要做大做强辽宁机器人产业，必须在三大核心零部件上取得技术突破。

控制器领域。沈阳新松机器人、沈阳机床高精数控、大连机床、沈阳蓝天数控、大连光洋数控等企业都从事控制系统研发，并且实力不俗。在控制器研发能力方面，辽宁居国内前列，应通过重大项目联合攻关或建立技术联盟等形式整合上述资源，形成研发合力，尽快开发出高端控制系统。

伺服电机领域。新松机器人已经拥有自主研发产品，并成为唯一使用于机器人行业的国产产品，在国内处于领先地位。此外，国内机床行业排名前两位的沈阳机床集团和大连机床集团，所生产使用的伺服电机也与机器人用伺服电机类似，都有较强研发实力。应鼓励新松机器人、沈阳机床、大连机床与省内的电机生产企业组建产业创新联盟，共同发展本地伺服电机产业。同时，借助机器人和机床产业优势，吸引国外企业设厂配套。2010年，日本安川电机曾经在沈阳设立独资企业，目标是为沈阳机床集团配套。但由于沈阳机床集团采购量多为低端伺服电机，对安川公司高端电机需求不大，导致该项目最终搁浅。对此，沈阳市应加大引资力度，吸引安川电机重新回到沈阳发展。

精密减速机领域，又称关节减速机，是机器人产业中最关键、最核心的零部件，其价值约占机器人整机的38%，是控制成本的关键环节，对材料、设计和加工有较高要求。国内减速机产品尚处于起步阶段，产品的可靠性、稳定性存在较大的不足，尚无法应用于机器人本体。辽宁虽有几家中大型减速机生产企业，但都没有进入精密减速机领域。新松公司多年来一直使用进口减速机，其工作原理和图纸设计已不成问题，攻关的难点主要是材料热处

理及高精度数控加工。在这些方面，辽宁既有金属材料及热处理研究领域的中科院金属研究所，也有从事金属精密切削加工的众多大型国有企业，可以说，具备研发精密减速机的基础条件和比较优势。建议设立省减速机重大科技专项，选择省内机械行业研发实力最强的企业为主体，联合从事设计、工艺、材料研究的大学和科研机构，进行联合攻关，力争尽早研制出自己的减速机，掌握机器人产业发展的主动权。同时，减速机本身发展空间很大，也可形成另一个优势产业。

（二）积极培育和扶持新松机器人做大做强

沈阳新松机器人公司依托中科院沈阳自动化研究所，是国内最大的机器人产业化基地，公司连续被评为"机器人国家工程研究中心"、"国家认定企业技术中心"、"国家 863 计划机器人产业化基地"、"国家博士后科研基地"、"全国首批 91 家创新型企业"、"中国名牌"、"中国驰名商标"，起草并制定了多项国家与行业标准。目前，该公司机器人领域技术能力和生产规模居国内第一，但与国外四大寡头企业相比，生产规模还有很大差距，还需要大力扶持。发展沈阳机器人产业，离不开新松公司的龙头牵动作用，建议省和沈阳市两级政府，对新松公司发展给予资金和用地支持，鼓励新松公司在沈阳扩大研发和生产规模，使其尽早进入全球机器人制造企业的领先行列。

（三）提前布局特种机器人产业

近年来，人类的活动领域不断扩大，机器人应用也从制造领域向非制造领域发展。像海洋开发、宇宙探测、采掘、建筑、医疗、农林业、服务、娱乐等行业，都开始应用机器人。这类机器人统称特种机器人，其中包括用于海洋石油开采、海底勘查、救捞作业、管道敷设、电缆敷设及维护、大坝检查等工作的水下机器人，用于太空及外太空行星探测的空间机器人，用于核工业放射性环境下清理、操作、监测与故障诊断的核工业用机器人，用于地下管道和石油、天然气等大型管道检修的地下机器人，用于辅助骨科手术、介入微创手术和康复治疗等领域的医疗机器人，用于高层建筑抹灰、预制件安装、室内装修、地面抛光、擦玻璃等高空作业的建筑机器人。此外还有采用自主控制方式，完成侦察、作战和后勤支援等任务，具有看、嗅和触摸能力，能够自动跟踪地形和选择道路，实现自动搜索、识别和消灭敌方目标功能的军用机器人，如美国的 Navplab 自主导航车及 SSV 半自主地面战车、法国的自主式快速运动侦察车（DARDS）、德国 MV4 爆炸物处理机器人等。

根据权威估计，全球特种机器人的产值将由 2010 年的约 170 亿美元，增加到 2025 年的 520 亿美元。在家庭服务机器人需求方面，随着我国人口老龄化趋势加快，预计到 2015 年，60 岁以上的老龄人口将达到 2 亿；有残疾人的家庭共 7000 多万户，涉及 2.6 亿家庭人口。老龄化家庭和残疾人家庭比重的不断增加，将使我国在未来不长时期内，成为全球规模最大的服务机器人需求及制造市场。

为了及早应对潜在需求并转化为发展机遇，应借助中科院沈阳自动化所作为发展平台，开展辽宁与中科院及相关大学的产学研战略合作，组织省内有基础企业与相关科研单位的搭建战略联盟，大力发展特种机器人产品，并在辽宁进行成果转化和生产，力争将沈阳打造成国内机器人产业重要集聚区。

（四）鼓励相关企业切入机器人制造领域

目前，国际上几乎没有一家机器人企业能自己生产所有零部件，四大国外寡头企业中的 ABB 和库卡公司，仅仅自己生产控制器；日本发那科和安川电机生产数控器和伺服电机；国内机器人企业多为生产控制系统企业，其他零部件通过进口解决。因此，具备控制系统的企业大都可以进入机器人制造领域。

数控机床与机器人在技术上相通相关，日本发那科就是集控制系统、伺服电机和数控机床于一体的多元化企业。原来数控机床控制系统为主业的广州数控公司，成功转型进入机器人制造领域，2013 年销售机床 500 台，销售额 3000 万元。除沈阳新松外，辽宁还有一些企业具备进军机器人制造领域的能力。大连机床集团和沈阳机床集团都具备控制器生产能力，也熟悉或生产伺服电机。大连机床集团在近两年数控机床市场需求不旺的形势下，利用自己拥有的数控技术，正在尝试进入机器人制造领域，生产了 6 台工业机器人，已交付用户。沈阳机床集团在控制器领域具备较强研发实力，历时 5 年成功研发出飞阳数控系统，并耗时 1 年进行了严格测试和修复，在系统稳定性方面获得了极大改善。控制器和伺服电机等核心零部件的发展，不仅促进机器人产业，也会提升数控机床行业技术能力。因此应引导和鼓励省内产业技术相关的企业，在做强主营业务的同时，顺应机器人行业需求趋势，发展机器人产品，实现主辅并进的发展格局。也可以与新松公司加强合作、协同创新。

（五）强化招商引资，吸引国外制造企业投资建厂

目前，国际四大工业机器人生产寡头已经分别在上海、江苏投资建厂，完成了全球最大机器人需求市场的生产布局。但还有一些实力较强的企业仅在中国设立了办事机构或销售机构，如日本的 OTC 公司、松下电气、川崎重工，德国的 CLOOS、REIS 公司，以及意大利的 COMAU 等几家机器人企业，还没有在中国建厂。辽宁在沈抚新城规划建设了 5 平方公里机器人及智能装备产业基地，在技术和产业基础非常薄弱的情况下，可以采用积极的招商引资策略，吸引那些尚未在华投资建厂的外国企业到抚顺投资，尽快集聚机器人制造企业，形成产业体系。

（六）通过人才聚集打造智力高地

辽宁具备机器人领域人才集聚的载体，中科院沈阳自动化所是国内机器人研究领域水平最高的科研机构，新松公司是国内技术实力最强、生产规模

最大的机器人研发制造的领先企业，要依托这两块招牌，培养工业机器人高层次人才和领军人才，吸引海外专业人才来辽宁创业。对符合条件的高端人才按规定给予相关待遇，对引进国外高端人才的科研院所和企业给予资金扶持。鼓励大连理工大学、东北大学、沈阳工业大学、沈阳航空航天大学等工科院校，建立机器人研究团队，开展机器人领域共性技术、产业技术研究，培养机器人领域的研究人才。

第九章　提升汽车产业集聚力

第一节　整车产能扩张带动产业集聚

汽车产业对区域经济发展具有重要支柱作用，对关联产业发展具有显著带动作用，近年来发展十分迅猛。据保守估计，产能总量已近市场饱和"天花板"，为争夺不足 1000 万辆的潜在市场需求量，广州、武汉、上海、长春等城市均在加紧扩张，竞争十分激烈。沈阳要想在最后一轮市场分割中获取优势地位，就必须审慎思考汽车产业发展问题，尽快提出行之有效的应对策略。

一、汽车产业：经济发展的重要支柱产业

无论是在美、日、法、德等发达国家，还是在作为汽车工业后起之秀的韩国、巴西、西班牙等国家，汽车产业对经济发展的引领和带动作用都十分显著，汽车产业增加值占国民生产总值的比重高达 10%～15%，占工业增加值的比重甚至超过 20%，是名副其实的支柱产业。同时，汽车产业还享有"1:10 产业"的美誉，即对后向关联产业拉动效应极强，每创造 1 单位的产值，就能够拉动关联产业产值增加 10 单位，因此，汽车产业是现代经济增长的重要引擎。统计数据表明，汽车产业是广州、武汉、沈阳 3 个城市的第一支柱产业，汽车产业产值占工业总产值比重接近 20%，为区域经济增长做出突出贡献。

（一）广州汽车产业：三大支柱产业之首

广州汽车产业起步于 1998 年引进的标致汽车项目，真正取得长足进展则是在 2000 年成立广汽集团（市属国有企业）之后。自 2004 年汽车产业成为第一大支柱产业以来，汽车产量从 27.6 万辆迅速增至 150 万辆，年均增速达 20.7%，目前已成为全国三大乘用车生产基地之一，生产能力仅次于上海、长春，2012 年轿车产量占国内同类产品市场份额高达 9.7%。尽管受国际政治环境变化影响整车产量大幅下降，但汽车产业增加值占全部工业增加值比重仍高达 15.0%，占三大支柱产业（汽车、石油化工、电子产品制造）增加值的 38%。

2013 年 1 ~ 12 月，广州规模以上工业累计实现总产值 17310.2 亿元，同比增长 12.9%，其中，汽车制造业累计实现产值 3346.8 亿元，同比增长 24.0%，占工业总产值的 19.3%，占三大支柱产业总产值的 41.4%。

（二）武汉汽车产业：两年倍增，一枝独秀

武汉汽车产业"零"的突破始于 1989 年东风汽车公司与法国雪铁龙公司的合资项目，但快速发展则是在 2003 年东风汽车集团总部从十堰迁至武汉之后，在这 10 年的时间内，武汉汽车产业实现了"完美蜕变"，成为第一大支柱产业。得益于"工业两年倍增计划"，武汉汽车产业产值占工业总产值的比重从 2011 年的 10% 骤升至 2012 年的 18.5%，位列六大支柱产业（汽车、装备制造、电子信息、能源环保、食品和烟草、钢铁和深加工）之首，在钢铁、船舶等传统支柱产业全军覆没的情况下，实现了一枝独秀，对经济发展起到强劲拉动作用。

2013 年 1 ~ 11 月，武汉规模以上工业累计实现总产值 9382.6 亿元，同比增长 18.4%，其中，汽车及零部件制造业累计实现总产值 1860.2 亿元，同比增长 21.8%，占工业总产值的 19.8%，占六大支柱产业总产值的 25.4%。

（三）沈阳汽车产业：新近崛起的经济支柱

沈阳汽车产业发展最早可追溯至 1929 年，在张学良支持下，民生工厂利用两年时间研制出中国第一辆民生牌 75 型 2.5 吨载货汽车，但随后爆发的"九一八"事变摧毁了民族汽车工业发展的全部希望。1949 年 9 月，国营东北公路总局汽车修造厂成立，陆续生产了"巨龙"牌载货汽车、特种保温车、二号载重汽车、电源起动车、无轨电车、132 型轻型载货汽车、130 型汽车等。1988 年，金杯汽车股份有限公司成立，为沈阳汽车产业翻开了新的历史篇章。1992 年，金杯股票在上海上市，同年，华晨汽车控股有限公司在美国纽交所挂牌，成为全国第一家在海外上市的企业。2005 年上海国际车展，中华骏捷轿车荣获自主品牌新车大奖，2006 年，中华 M3 荣膺"最佳自主首发新车"奖项，2009 年，中华品牌获得 J. D. Power 汽车销售满意度排名第十位，是首次进入前十名的唯一的中国自主轿车品牌。

2012 年，沈阳汽车产业增加值占工业增加值比重为 18.9%。2013 年，沈阳汽车产量已突破 100 万辆，汽车产业已成为第一大支柱产业。2013 年 1 ~ 11 月，沈阳五大优势产业（汽车及零部件制造、建筑产品制造、农副产品加工制造、化工产品制造、钢铁及有色金属冶炼及压延业）累计实现工业增加值 1665 亿元，同比增长 10.6%，其中，汽车及零部件制造业累计实现增加值 412.2 亿元，同比增长 20.3%，成为沈阳最具活力和发展潜力的产业。

二、整车规模化：汽车产业进入良性轨道的必然选择

根据世界汽车产业发展的普遍规律，规模扩张是产业竞争力的重要源泉，是拉动汽车零部件配套产业集聚的关键力量，因此，整车规模化和零部件集聚化发展模式，是产业进入良性轨道的必然选择。在国内汽车市场潜在需求量不足 1000 万辆的紧迫形势下，国内各大汽车主产区均在加紧扩张步伐，力争利用 2~3 年时间，将整车产销量扩大到 300 万辆左右，最后一轮市场分割已然进入关键时期。

（一）整车规模化、零部件集聚化：汽车产业发展的必然趋势

汽车产业是典型的规模经济型产业，每辆整车的平均成本曲线呈"L"形，只有总产量达到一定规模，才能实现平均成本最低。一般来讲，当整车生产规模在 100 万辆以下时，很难拉动零部件配套产业集聚；当整车生产规模在 100 万~200 万辆时，仅能拉动发动机、变速箱等核心零部件配套集聚；当整车规模在 200 万辆基础上继续扩张时，零部件配套产业集聚效应日趋显著，最终零部件配套产业产值将达到整车产值的 1.16 倍，如果本地生产的零部件能够为外地整车生产提供配套，零部件配套产业甚至面临更大发展空间。当零部件产业集聚到一定规模，将吸引新的整车企业落户，从而最终实现汽车产业良性发展。因此，整车规模化是汽车产业发展的必然趋势，也是零部件配套产业集聚发展的重要前提。

（二）国内汽车产业竞争态势

据专家预测，我国汽车市场饱和临界值约为 3000 万辆，而 2013 年汽车产销量约为 2200 万辆，市场潜在需求量已不足 1000 万辆。即使如工信部专家的乐观估计，汽车市场"天花板"为 5000 万辆，如果产销率达到 80%，市场容量为 4000 万辆，那么市场潜在需求量也不足 2000 万辆，按目前的发展速度估算，极有可能在 5 年内达到饱和状态。

面对有限的潜在市场空间，为了稳固市场地位，在新一轮市场分割过程中占据优势，广州、武汉、长春、上海等国内主要汽车生产基地均开展了紧锣密鼓的产能扩张。2013 年，广州在既有 173 万辆整车产能基础上，新增了 100 万辆在建产能，其中包括北汽华南基地 10 万辆、广汽本田增城工厂 24 万辆、东风日产扩能 20 万辆、广汽丰田扩能 24 万辆、广汽乘用车扩能 10 万辆。同时，日产和本田合计 120 万台发动机项目也在建设。预计到 2015 年，广州汽车产能将实现 260 万辆，约占国内市场份额的 9%。2013 年，武汉在 135 万辆既有产能规模基础上，新增了 165 万辆在建产能，其中包括上海通用 60 万辆、东风雷诺 30 万辆 SUV、东风本田第三工厂的 25.6 万辆，其他商用车和专用车 50 万辆，到 2016 年将形成整车 300 万辆规模，约占国内市场份额的 10%。2012 年，长春汽车产量为 186.9 万辆，同比增长 14.5%，据此发展速度保守估算，预计 2015 年可实现产能 280.6 万辆，约占国内市场份额的 9.4%。2013 年 1~12 月，上海汽车产量累计 226.9 万辆，同比增长 15.5%，据此发展速度保守估算，2015 年可实现产能 302.7 万辆，约占国内

市场份额的 10.1%。

三、追求规模: 广州、武汉主动出击, 沈阳需奋起直追

(一) 广州: 积极鼓励扶持, 集聚效应显著

自广汽集团成立之日起, 各级政府的扶持政策始终伴随其左右。2009年, 广州市政府以增资方式对广汽集团注入 3 亿元资金, 专门用于扶持自主品牌"广汽传祺"轿车建设。在各种政策鼓励和引导下, 广汽集团综合实力和核心竞争力迅速提升, 2010 年已成为中国汽车行业继"一汽"、"东风"、"上汽"之后第四家工业总产值和销售收入双超千亿的大型汽车集团。2012年, 广东省政府公布的《珠三角规划纲要》中提出 18 个大项目, 广汽超千亿元重大项目位列其中。2013 年, 广汽以 241.4 亿美元营业收入, 成为中国大陆第 16 家跻身《财富》世界 500 强的企业, 居第 483 位。广汽的发展壮大, 又进一步吸引了更多资本和人才, 从而使广州汽车产业拥有更大发展空间。

由于具有经济实力强、发展潜力大、辐射范围广、交通便利等显著优势, 广州得以与日系车企顺利展开合作, 建立了广汽本田、广汽丰田、广汽三菱等合资企业, 加之广汽集团, 目前广州共有四大汽车企业总部, 负责合资企业的发展决策、研发设计、生产制造、销售等核心业务。

(二) 武汉: 倾力服务支持, 完善软环境

武汉汽车产业快速发展的关键动力, 来自于市政府对央企东风集团的倾力扶持, 以及总部经济效应的拉动和产城融合策略的引导。武汉尽最大可能对东风集团的发展提供优惠政策, 创造了很多独特的方式。一是对口服务, 对东风集团的发展始终给予政策允许范围内的最大限度支持。2009 年国际经济危机的影响刚刚在国内显现, 武汉市政府立刻与东风协商, 专门制定了五个大方面共计 18 条规定, 除承诺为企业提供每年 1000 万元 (市、开发区政府共同出资) 的拨款外, 还在供地、税收、人才队伍建设、销售等方面, 为企业提供便利, 帮助企业抵御经济危机影响。二是贴身服务。对于东风发展过程中遇到的问题, 武汉市政府会召开由分管副市长亲自主持、相关部门参加的不定期联席会议, 当场或限期予以解决。三是高效服务。对东风的新建项目, 一旦确定合作意向, 政府立刻着手园区基础设施建设, 使企业充分感受到政府的合作诚意、切实体会到政府的工作效率。

总部经济为武汉汽车产业集聚式发展创造了重要条件。武汉因工业基础雄厚、门类齐全、与四大经济圈 (京津冀、长三角、珠三角、成渝) 距离近、交通便利等优势, 与法系、日系、美系、德系车企展开了多方合作, 建立了东风神龙、东风雷诺、东风本田、东风日产等合资企业总部, 加之东风乘用车公司, 目前武汉已拥有五大汽车公司总部, 承担着企业发展决策、研

发、制造、销售等核心业务。企业总部的入驻，吸引了大量配套企业和相关生产要素的集聚，为整车企业提供了便利的生产条件和相对低廉的生产成本，从而推动汽车产业发展进入良性循环。

通过产城融合塑造软环境是武汉汽车产业发展的基本模式。武汉在汽车产业集聚的经济技术开发区新建了武汉市最好的幼儿园、小学、初中及高中，提供了最好的基础设施、配套服务设施及城市生态环境。武汉经济技术开发区已不是单纯意义上的产业园区，而是成了集生产、生活于一体的多功能新城区，既为企业提供了便利的生产条件，又为员工营造了舒适的生活环境，从而实现了工业区和居民区的完美融合。正是基于这种软环境建设，武汉吸引并留住了东风集团的大部分乘用车企业。

（三）沈阳汽车产业：亟须奋起直追

从生产规模上看，沈阳汽车产业扩张步伐明显滞后。2013 年，沈阳汽车产量为 104.1 万辆，仅为全国的 5% 左右，华晨宝马、通用北盛和华晨金杯的在建项目将增加约 100 万辆整车产能和 120 万台发动机产能，全部建成投产后整车产能也不过 200 余万辆，占国内市场份额不足 7%，明显落后于广州、武汉、长春、上海等城市。

从发展模式上看，沈阳汽车产业总部少、集聚效应差。沈阳具有重工业基础雄厚、地处东北亚经济圈和环渤海经济圈中心、成为国家新型工业化综合配套改革试验区、陆路和空路交通便利等条件，但目前仅有华晨宝马和华晨集团 2 个企业总部，对生产要素的集聚作用及对区域经济的拉动作用和贡献程度十分有限，仍有很大发展空间。

从扶持政策上看，由于缺少省级层面的汽车产业发展协调机制，仅靠沈阳市相关机构，对省属国有企业华晨的监管扶持如同隔靴搔痒，始终无法到位。

四、合力推进：统筹考虑整车产能扩张和零部件产业发展

在国内汽车大省（市）争相扩张整车生产规模、拉动零部件配套产业集聚，以稳固市场地位的严峻竞争态势下，沈阳必须明确目标、强化扶持、合理布局、扩大合作，促进汽车产业又好又快发展。

（一）理性分析产业趋势，明确规划产业发展目标

面对已不足 1000 万辆的汽车市场潜在需求量，各省市正在想方设法扩张产能，沈阳要在激烈的竞争中占据一席之地，应分两步走。一是明确整车产能目标。按照现在的发展速度，到国内汽车市场基本饱和时，沈阳汽车产量尚不足国内总产量的 7%，明显缺乏竞争优势。要争取利用 4 年时间，完成两个跨越：到 2015 年末，将整车产能扩张至 200 万辆；到 2017 年末，进一步扩张至 300 万辆，力争抢在国内汽车市场饱和之前，将国内市场占有率提

高到10%。二是撬动汽车零部件配套产业集聚发展。以目前情况看，沈阳汽车零部件配套产业发展相对缓慢，要以现有发展规划为基础，以200万新增整车产能为依托，引导和培育零部件配套产业发展，也要利用4年时间，完成两个跨越：到2015年末，实现发动机、变速器等核心零部件配套基本自给；到2017年末，实现大部分零部件配套基本自给。

（二）加强政策扶持力度，为产业发展营造良好环境

广州和武汉两个城市汽车产业的快速崛起，得益于政府扶持得力和政企合作密切，要实现沈阳汽车产业的进一步发展，需要省、市、区三级政府在以下方面共同努力。一是成立以主管省长亲自担任组长、相关部门负责同志参与的省级汽车产业协调推进领导小组，针对汽车产业发展过程中遇到的具体问题，会同沈阳市汽车产业领导小组、区汽车工业办公室等部门，随时召开联席会议。二是由各级财政共同出资或从工业发展资金中划拨出一部分，设立汽车产业发展专项资金或引导资金，专门用于扶持自主品牌汽车升级改造，以及鼓励发动机、变速箱、高科技电子元器件等核心配套产品发展，以增强配套企业发展积极性，鼓励零部件产业集聚。

（三）合理规划产业布局，推进产城融合发展

在顺应产业趋势、完善城市布局的前提下，以城市为基础承载产业发展、以产业为保障驱动城市进步，推进产城融合，是武汉建设产业园区的重要经验。沈阳应合理规划汽车产业整体布局，明确各自功能定位，以实现产业、城市、居民之间的和谐和可持续发展。目前，沈阳汽车产业发展特点是"一个载体、两大基地"，即以省属国企华晨为载体发展起来的大东和铁西两大汽车产业集聚区。东部汽车城主要包括华晨宝马大东工厂、上海通用北盛、华晨中华、华晨金杯生产基地及为整车配套的零部件企业；西部装备制造业集聚区汽车产业园主要包括华晨宝马铁西工厂、广汽日野客车、黄海客车、其他专用车生产基地及配套零部件企业。在未来发展过程中，应抓住两个工作重点。一是进一步明确两大产业集聚区的功能定位，做好产业园区整体规划，为今后的整车及零部件项目预留出足够的发展空间。如有必要，可考虑再吸引一些国际知名零部件企业落户，并逐步强化零部件配套企业与整车企业之间的沟通联系，争取尽快实现宝马、通用汽车专用零部件配套本地化。二是借鉴武汉的成功经验，以"产城一体、融合发展"的原则为指导，设法打造以先进汽车产业为核心、以现代服务业为补充的集生产和生活设施为一体的新型城区，除具备基本的水、电、气、暖等生产条件外，还应充分考虑到企业员工的生活需要，通过建设医院、幼儿园、学校、商店甚至公园等配套设施，提供最佳的城市服务，更好地留住现有企业，吸引新企业入驻园区。同时，增强企业及其员工对汽车产业和产业园区的归属感，吸引高端人才、外地人才流入沈阳汽车产业。

（四）挖掘企业合作潜能，促进汽车产业集聚

广州和武汉汽车产业的快速发展，在很大程度上归功于本地企业与国际知名企业的多元化合资合作，依托合资企业发展的总部经济，通过产业集聚效应、产业关联效应、投资乘数效应、技术外溢效应等，为汽车产业发展创造良好外部条件。沈阳应加大国际合作力度，以华晨集团为合作平台，再引入 1 ~ 2 家整车企业在沈建立合资企业总部，扩张汽车整体产能，促进汽车产业集聚式发展。针对国家发改委对新增汽车产能的限制性规定，沈阳可借鉴武汉通过大力支持三江公司发展和将武重送给兵器集团等方式，使三江集团将股份无偿转让给东风公司，从而获得东风雷诺生产许可证的方法，由政府出面协调，将国内唯一未利用的生产许可证——沈阳中顺汽车制造有限公司尽快盘活，实现产能扩张。

在合资合作对象选择上，应着重考虑法国雷诺和日本斯巴鲁两家企业。法国雷诺汽车公司刚刚与东风集团签约，在武汉设立合资企业，首批将生产 30 万辆科雷傲 SUV，但其轿车系列还没有在国内合资生产。按照有关规定，雷诺公司还有资格在华建立第二家合资企业，其旗下也还有四款极具市场竞争力的优势产品，包括三种售价在 20 万 ~ 30 万元间的中级车型（塔利斯曼、纬度、拉古那）和一种售价在 15 万 ~ 20 万元间的紧凑级车型（风朗）。我们可通过省市政府和华晨集团的共同努力，设法吸引雷诺公司来沈发展，建立华晨雷诺合资企业，主要承担轿车和发动机生产任务，初期可以规划 30 万 ~ 60 万辆整车、40 万 ~ 80 万台发动机的生产规模。斯巴鲁是日本富士重工业株式会社旗下专业从事汽车制造的一家分公司，是多种类型、多用途运输设备的制造商，其 SUV 和轿车两大系列产品已经得到中国消费者认可，但由于生产许可证等各种原因，尽管与奇瑞有合作意向，其对华合资业务却迟迟未能得到国家发改委批准。我们应抓住这一机遇，积极探讨引入斯巴鲁汽车的可能性，利用沈阳中顺的生产许可证，以华晨为合资平台，成立华晨斯巴鲁合资企业，一期规划建设 30 万 ~ 60 万辆整车、40 万 ~ 80 万台发动机生产基地。华晨雷诺和华晨斯巴鲁两家合资企业成立后，将有效弥补沈阳在紧凑级、中级和高端车型生产能力方面的不足，使整车产能至少增加 60 万辆、发动机产能至少增加 80 万台，从而实现产业结构和产业竞争力的本质提升。

第二节　深化国企改革　做大做强领军企业

国企改革推进多年，但弊端仍大量存在，老牌省属国企华晨集团也不例外，随着汽车市场竞争日趋白热化，深化改革已是势在必行。借鉴广州汽车集团和东风集团在企业经营管理等方面的成功经验，应通过加强政府监管、

完善治理结构、采用目标责任制、健全内部管理体制、与外资平等合作等途径，落实现代企业制度，为提升企业经济活力和核心竞争力提供制度保障，以取得市场优势地位，并引领沈阳汽车产业步入规范化发展轨道。

一、深化改革是国有企业重获生机的唯一出路

国有企业经过 20 余年分阶段、分层次的改革，已基本建立现代企业制度，企业效率也得到一定程度提高。但在政府监管、决策机制、绩效考评、合资企业建立等方面，国有企业仍存在一些问题亟待通过深化改革加以解决。

（一）国有企业"痼疾"缠身

随着国有企业改革不断深入，国企大多逐步构建了法人治理结构，董事会、监事会等机构一应俱全，企业重大决策都由董事会讨论决定，因此，从表面上看，现代企业制度已经建立，改革进程已取得阶段性成果。但从客观上讲，这种成果并不显著，国有企业诸多"痼疾"依然存在，所有权虚置、"拍脑门"决策、委托—代理问题、内部管理效率低下等现象，仍旧困扰着企业发展。

（1）国有股东所有权虚置，政府对企业监管不力。所有权虚置是国有企业"通病"，华晨也不例外。作为政府参与投资和管理的企业，国有资本在国有企业资本构成中所占比例通常要超过 50%，在股份制企业中，政府即为控股股东，其表决权能够对股东大会决定产生重要影响。由于国有资本由公众共同所有，而政府只是公众的代表，这个代表既不是追求个人利益最大化的自然人，也不是追求利润最大化的企业，从而必然导致政府对国有企业的监管行为缺乏明确目标，并进一步造成监管不力的后果。

（2）"两权"高度集中，决策机制不健全。"两权"合一是国有企业普遍存在的问题，华晨集团这一问题尤其突出。国有企业建立初期，所有权和控制权都由政府掌控，作为政府代表的国有企业董事长，往往兼任企业总经理。然而，随着市场化改革不断深入，国有企业所有者日趋多元，但国有股在企业中仍"一股独大"，从而国有股东在股东会、董事长在董事会上都最有话语权，加之同时掌握最高管理权，难免出现"一手遮天"、"一言堂"等问题。在这种决策机制下，即使是"拍脑门"决策也能得以通过和落实，企业决策失误可能性明显增大，经营风险显著增强。

（3）管理层激励约束机制缺失，委托代理问题普遍存在。受"大锅饭"体制的遗留影响，国有企业普遍缺乏对管理层的激励约束机制，从而造成管理者机会主义行为频发。对于企业而言，作为国有资本出资人的政府是委托人，管理者则是代理人，受政府的委托管理国有资本，原则上，代理人要代替委托人追求利益最大化。但由于管理者报酬与企业业绩不直接相关，导致管理者利益与企业利益存在严重错位，当二者发生冲突时，必然理所当然地

追求个人利益，从而产生"委托—代理"问题。

（4）内部管理体制不合理，缺乏有效的绩效考评体系。国有企业内部管理体制在很大程度上具备着行政化特征，在用人机制上体现得尤为明显。国有企业用人机制相对僵化，流动性较差，常常是"能进不能出、能上不能下"，而且，缺少行之有效的绩效考评体系，考察员工工作成绩时常以非经济因素作为标准，员工的成长阶梯是参照行政系统设立的，不同职级对应着不同行政级别。在这种管理体制下，很难实现人尽其才，企业经济效率低下在所难免。

（5）平等合作流于形式，通过合资受益有限。国有企业与外资合作组建合资公司，目的在于通过合资合作，引进国外先进工艺技术、高效管理方法和人才培养模式，推进国企现代化改革，从而逐步提升国有企业的市场竞争力。然而在实际操作过程中，很多国企只是获得了股权红利，其他方面并未真正受益，华晨集团正是如此。遵循我国汽车行业合资的基本原则，2003年华晨和宝马各出资50%组建了华晨宝马合资公司，董事会6席中，双方各占3席，其中财务、行政、销售权利均由中方控制，在形式上约定了合资双方的平等权利和对等地位。然而实际上，华晨并未在与宝马公司合资合作中学习到更多的制造和管理技术。但由于当时华晨的产品只有金杯客车，相对于宝马而言相当于"小学生"，因此，华晨宝马的关键职位全部由来自宝马的员工担任，合资公司的全部决策，大到高级经理的任免、新车型引进，小到市场推广活动，均由宝马方面统一制定，华晨完全没有话语权。2007年起，宝马将合资公司销售权全部划归宝马大中华区，华晨宝马彻底成为宝马在中国的"加工车间"。尽管在与宝马共用生产线的阶段，华晨中华骏捷和尊驰两款车型的质量曾一度提高，市场销售也曾取得短暂辉煌，但并未形成持久效果。华晨与宝马从源头上就是不平等合作，最终违背了"学习制造技术和管理经验"的初衷，除了获得收益分成，中方在技术和管理方面收获甚微。

（二）继续深化改革势在必行

在市场经济不断成熟、民营经济活力显著提升的环境下，国有企业要有效应对日益增强的竞争压力，必须继续深化改革，祛除痼疾。党的十八届三中全会通过的《中共中央关于全面深化改革若干重大问题的决定》中，对国有企业分类分层改革与监管问题做出了一系列新的论述，提出"要准确界定不同国有企业的功能"。按照功能国有企业大体可分为三类：一是公共政策性企业，即处于自然垄断行业、提供重要的公共产品和服务行业的企业；二是特定功能性企业，即处于涉及国家安全的行业、支柱产业和高新技术产业的企业；三是一般商业性企业，包括其他处于竞争性行业的国有企业。

按此分类法，华晨集团作为辽宁汽车行业的领军企业，对国民经济具有重要支撑作用，应属特定功能性企业。对于这类企业而言，由于其所在行业不具有垄断特征，必然不可避免地要面对市场竞争，而市场的基本准则是"优胜劣汰"，在这一严酷的准则下，没有竞争优势的企业，即便是在一定程度上能够得到政府扶持的国有企业，也迟早难逃被市场淘汰的命运。作为省属国有企业，华晨集团能够在国内汽车市场上与大型央企、合资企业同场竞技，并取得目前的经营业绩，实属不易。但国有企业的多数弊病在华晨集团内部也都存在，若不及时加以革除，其与东风、广汽等企业的差距将进一步拉大，从而更不利于在未来激烈的市场竞争中获取优势地位，因此，华晨的改革已经迫在眉睫。

二、提高企业管理效率：广汽、东风先行一步

（一）广汽集团：积极借鉴合资企业经验，充分利用技术外溢效应，实现技术、管理"双提升"

广汽集团最成功的经验，是利用合资企业管理模式实现了自我提升。广汽集团在与多家国外汽车企业展开合作时，十分注重中方的地位和作用，不仅在资本构成层面体现了平等原则，获取了应有的收益，还通过借鉴和汲取本田、丰田生产模式的先进经验，创立了研发、技术、制造、质量水平业内领先的广汽 GPS 生产方式，使得制造成本降低了 35%，而且将从合资企业学到的技术和经验尽可能地用于自主品牌汽车的研发制造。

在合资企业日常运营管理过程中，广汽本田公司核心岗位基本上由中外双方并列领导，董事长和总经理由双方交替任职，企业内部重要岗位中的财务、技术、销售等部门由中外双方各派一名部长，决策性文件必须双方共同签发，当双方意见发生冲突时，无条件以合资公司利益最大化为首要原则，其他岗位则由中方派出一名部长，如生产部长等岗位。这种管理模式使得广汽在合作过程中受益匪浅，学到了很多生产工艺技术和管理经验，并且培养出一大批人才。

此外，广州的几个整车合资工厂内部都包括发动机制造企业，广汽本田的发动机企业就在整车厂区内，也是中外各 50% 比例合资，中方也一样承担企业的生产管理任务，也学习到类似发动机等关键零部件生产工艺技术。

（二）东风集团：广泛合作实现强强联合，利用合资企业生产模式，实现技术、产品"双对接"

东风公司的突出特点是采用"融入发展、合作竞争"的强强联合发展战略，借助与跨国公司的广泛合作推动企业发展。东风公司合作伙伴遍布法系、日系、韩系、德系四大车系：与法国雷诺公司合作生产轿车，与日本日产进行全面合资重组，与日本本田不断拓展合作领域，与江苏悦达、韩国起亚整合重组东风悦达起亚，在国内还与重庆渝安创新科技集团和台湾裕隆集团展开合作，生产微型车、SUV、MPV 等车型。通过全面合资重组，东风体制机

制发生深刻变革，特别是整体上市后，由于理顺了产权结构、引入了战略投资者、实现了股权多元化，更是获得了强大的生命力和竞争力。

在自主品牌产品开发方面，东风公司借鉴日系合资企业制造体系完善严谨的运营特点，创造了更加优化的"东风风神生产方式（DFPS）"和质量保证体系，使得风神系列汽车从研发、设计、生产、制造各环节与国际品牌标准实现了全面对接。

三、构建市场化管理体制的几点思路

当前，华晨集团所处情境如逆水行舟，如不尽快调整，不仅会拉大与"第一梯队"（一汽、上汽、东风、长安）和"第二梯队"（北汽、广汽、奇瑞、重汽）的距离，甚至无法应对来自其他企业的竞争。因此，必须从宏观和微观两方面同时入手，尽快对国有资本管理体制和华晨集团内部治理机制加以改革，以期在市场竞争中获取主动和优势地位。

（一）组建国有资本投资运营公司，明确政府监管模式

国有企业所有权虚置问题，必须通过转变监管主体加以解决。国际通行做法是成立一家或多家具有独立法人资格的国有控股公司，本着利润最大化原则，代表政府对国有资本控股经营状况进行监管。在国有企业运作过程中，凡重大决策和人事任免行为，需国有控股公司批准，其他事宜均由市场加以考量。在这种管理体制下，政府职责明确而单一，仅负责制定和执行相关法律法规即可。

中共十八届三中全会已经为国有企业的下一步改革指明了"由管资产向管资本转变"的大方向，上海作为试点已提出了"构建科学合理的国资监管体系"的目标，并为"履行出资人职责的机构"指定了"参与制定公司章程"的主要任务。辽宁应抓紧谋划，从顶层设计角度，筹备组建国有资本投资运营公司，代表政府履行出资人职责。但鉴于国情不同，在借鉴国际经验时要把握好尺度，不宜过度放松监管，初步确定职责范围为在不干预企业市场化经营自主权的情况下，以确保国有资产保值增值为原则，从宏观上掌握国有企业整体战略、发展目标、布局结构、管理层绩效考核等方面的问题。

（二）健全法人治理结构，落实现代企业制度

与大多数国有企业一样，华晨集团从形式上已建立了现代企业制度。集团董事会共设董事10席，其中有2席来自华晨旗下的上海申华控股股份有限公司，其余均来自华晨内部。同时，董事会和企业管理层由同一团队担任：集团董事长兼任总裁和党组副书记，其余7位董事分别兼任集团党组书记、党组副书记、副总裁等职务。正是由于这种所有权、经营权、实际控制权高度集中统一的机构设置模式，造成了华晨集团的一些决策失误，如开发年销量仅为5辆的低端跑车。因此，从经营管理效率角度讲，华晨的企业制度还

有很大改进空间。要改变这种"一言堂"的决策机制，必须尽快调整治理结构，实现"两权"分离。一是改变董事会成员构成，在维持董事会成员席位不变的情况下，至少设立 3 席独立董事，由企业管理专家和学者担任，以保证董事会决策的客观性和民主性。二是设置股东会领导下的监事会（或称公司监察委员会），作为常设监察机构，独立地行使对董事会、核心管理人员、高级职员及整个公司管理的监督权，以防止滥用职权，保障股东权益。三是明确界定董事会职能，包括选聘职业经理人担任高层管理者，组建中层以上管理团队，参与企业重大经营决策（如投资、并购等）和人事决策，监管高层管理者目标完成情况等，将具体的管理职能下放给管理团队，赋予其根据市场状况选择经营方式自主权。

（三）建立健全目标责任制，避免委托—代理问题

由激励约束机制缺失造成的国有企业委托—代理问题，必须通过全方位的制度变革加以解决。一是调整国有企业管理者任命方式，由董事会负责根据企业具体要求选聘职业经理人（如果现任管理者愿意继续留任，也可平等参与竞争，但必须放弃公务员身份），并与之签订目标责任书，以是否完成目标作为考核和是否继续任用的首要条件。二是建立激励相容的薪酬制度，在管理者报酬中，赋予经营业绩较大的权重，绝不能"干多干少一个样，干好干坏一个样"，甚至"干和不干一个样"；也可同时采取股权激励制度，将管理者自身利益与企业利益紧密相连，从根本上杜绝机会主义行为倾向。三是建立合理、适度的约束机制，对于任何形式的决策失误，管理者都必须承担相应责任。

（四）推进内部管理体制改革，完善绩效考评体系

绩效考评体系是保证现代企业制度有效运转的重要保障，也是深化国有企业内部管理体制改革的关键环节。一是建立严密的绩效考核评价体系。建立一整套以工作业绩为中心的绩效考评体系，对员工关键业绩指标、计划完成情况、工作能力和态度、部门协作情况等进行全方位考核和评价。二是要明确绩效考评的作用。绩效考评是以激发员工工作积极性和上进心、挖掘员工个人潜能、提高工作效率为目标，而考评本身不是目的，因此，切忌为考评而考评，或为惩罚而考评。三是确立考评基本原则。考评过程要以公平、严格、公开、客观为原则，并将考评结果与员工物质利益紧密联系在一起，切实做到有赏有罚、赏罚分明、能者上、庸者下。四是培育员工对企业的归属感，以经济手段树立其主人翁责任感，可参照对企业管理者采取的股权激励制度，无论技术骨干抑或普通员工，均赋予其在一定期限内以一种事先约定的价格优先购买公司股票的权利，实现员工个人利益和企业利益的高度一致。

（五）强化合资双方平等主体地位，学习外方先进技术和管理经验

华晨应充分利用与宝马、通用等企业合作的契机，设计建立实质平等的

合资企业运营机制，学习和借鉴其先进技术和管理经验，用以实现自我提升。一是在华晨宝马新厂建设运营时，特别是在未来引进新的合作伙伴、成立新的合资公司时，坚持核心管理岗位中外双方共同管理的原则，重要文件由双方本着企业利益最大化原则联合签署，非核心岗位管理人员主要由中方委派。二是借鉴德系企业严谨、严格的管理风格，从每一个细节入手，对企业发展模式、人力资源管理制度、产品设计和生产流程等进行改造，将"精益求精"作为企业的发展宗旨和原则。三是为企业员工做好职业生涯规划，为其设计完善的"成长阶梯"，使其能够通过进步获取更高层次的学习机会，从而为企业乃至沈阳的汽车产业培养出各个层次的人才。

第三节　打好营销策略和品牌形象两张牌

随着汽车产业不断发展，国内汽车市场逐渐由卖方市场转变为买方市场，作为需求方的消费者对市场主导作用逐步增强。为了更好地满足消费者需求，巩固优势性竞争地位，广汽、东风、长城、奇瑞、吉利等汽车企业在自主品牌产品质量提升、营销策略创新等方面做出了积极探索和大胆尝试，并取得显著成效。华晨集团受市场判断不准、质量管理体系不健全、产品结构偏离市场主流、营销不力等因素影响，出现诸多问题，品牌形象和市场业绩均面临严重危机，必须尽快加以调整和解决，才能重振民族品牌雄风，再创辉煌。

一、买方市场已现端倪，消费者话语权增强

受市场驱动，国内汽车企业数量和汽车产量大幅增加，消费者选择空间随之增大，汽车市场已由卖方市场转变为买方市场，消费者话语权逐步增强，汽车消费也逐渐趋于理性。

质量是理性消费者考察的首要指标。根据专业机构的调查结果，与之前的更看重品牌和外观不同，目前消费者在购车时普遍关注的五大因素排序发生显著变化：第一，要考察汽车的质量，比如做工、故障率及异响等情况；第二，要考虑汽车的价格，12万元左右的乘用车仍是需求热点；第三，要关注汽车的安全配置情况，比如气囊、并线辅助、疲劳检测及其他安全配置等的安装情况；第四，要分析用车成本（比如维修/保养费用、油费等）；第五，才关注汽车的外观。很多合资品牌汽车，正因质量过硬、安全耐用，单款车型年销量均在10万辆以上，有些畅销车型年销量甚至突破30万辆（如福特福克斯、大众朗逸等）。如果国产自主品牌汽车继续奉行低质低价竞争策略，注定是要失败的，只有根据消费者的理性购买需要，适时适度调整产品策略，才能够在与合资品牌汽车竞争过程中站稳脚跟。

二、重质量、抓主流，广汽、东风等自主品牌争夺市场

（一）广汽传祺：严控配套零部件质量，创新营销策略

广汽集团借助其旗下合资企业研制生产轿车和 SUV 的成功经验和成熟模式，设计开发了"传祺"品牌汽车，依靠高品质零部件和有效的营销模式取得良好的市场反响。根据其 2013 年销售业绩，3 款车型中的 2 款已具备与合资品牌汽车竞争的实力。

为保证产品质量，广汽传祺品牌系列乘用车采用的是欧美系占 40%、中资占 40%、日韩系占 20% 的高品质供应链，配件不合格率仅为 2%，而且构建了以广汽研究院为中心、整合国际优势供应商和研发机构的广汽全球研发网，为保持和提升产品质量提供了重要保障，在 2013 年 J. D. Power 中国新车质量研究报告中获得 97 分，排名第十五。

在营销策略上，广汽传祺以"一心中国梦，世界传祺车"为宣传口号，通过加强渠道建设、担任高端盛会用车、与《变形金刚 4》合作等途径，迅速扩张了国内外市场，销量从 2011 年 1.7 万辆迅速扩大到 2013 年 8.5 万辆，实现爆发式增长，并成功入围解放军总装备部、公安系统、中央直属机关、国管局四个最具影响力的公开招标，还荣膺"2013CCTV 中国年度品牌"大奖。

（二）东风风神：借力品质管理模式，改善品牌形象

东风公司以其多年积累的技术和能力为基础，开发出东风风神自主品牌系列轿车凭借过硬质量和抓住消费者心理的宣传，2013 年，东风风神仅凭 3 款紧凑级车型即实现销量 8 万辆，2014 年 1 月月销量突破 1 万辆。

为了严格控制产品质量，东风风神品牌系列乘用车，在全产业链品质管理模式和"大质量观"发展理念的指导下，集结了日本 JATCO、德国 BOSCH 等全球顶级供应商，并在冲压、焊装、涂装、总装四大车间配备了与合资企业相同的进口设备，全方位保证了产品质量，其新车型 A60 在 J. D. Power 中国新车质量研究报告中以 95 分的优异成绩进入自主车型中级车市场前 7 名，荣膺 2013 年自主品牌质量冠军。

在营销策略上，东风风神在深入揣摩消费者心理后，确定了"好看、好开、好用、好大、好省"的"五好"广告定位，在此基础上，为其新车型 A60 提出了"超大空间、超低油耗、超多配置、超强安全、超级好开"的"五超"优势，从而在消费者心目中树立了良好的品牌形象。

（三）长城哈弗：以优质低价产品，稳居 SUV 市场冠军

长城公司以其强大的发动机、变速箱、前桥、后桥等核心零部件配套能力为基础，借助长城技术研究院的自有研发队伍，自主研发了哈弗系列 SUV，并与国际顶级零部件企业合作，构建了一整套独特的质量保障体系，加之针

对性极强的营销策略，受到消费者普遍欢迎，连续多年摘得国内 SUV 市场桂冠。2013 年，哈弗实现销量近 40 万辆，2014 年 1 月月销量已突破 4 万辆。

在产品质量方面，哈弗系列汽车 2006 年首家开发电控高压共轨技术，并采用与德国 BOSCH 联合开发的高科技发动机，实现了低油耗、低噪声的目标。其自主定位的城市多功能车（CUV）在配置上采用了排量 2.4 升的三菱发动机，德尔福多点电喷系统，排放达到欧Ⅲ标准，最高时速不低于 160 公里，同时，还在底盘技术、车身设计、外观做工、内部空间等方面做了细致处理，提升了汽车的操控性、安全性、舒适性和美观性。

在营销策略上，哈弗以 "HAVAL" 为其品牌 LOGO，寓意 have all（无所不能），并以集休闲、运动、SUV 的越野性、轿车的舒适性于一体的城市多功能车（CUV）为主打产品，将目标消费群体锁定为大中城市中工作繁忙又希望将生活空间延展到城市之外的白领阶层，连续多年保持自主品牌 SUV 国内销量冠军，并多次荣膺 CCTV 年度最佳自主品牌 SUV 车型大奖，2006 年开始批量出口意大利，开创了自主品牌汽车批量出口欧盟的先河。

（四）奇瑞、吉利：坚持自主创新，借力国际合作，走 "自己的" 发展道路

奇瑞公司和吉利集团分别是安徽和浙江的汽车企业，都在 1997 年进入汽车市场。尽管二者成功经历各不相同，但都因坚持自主创新的发展思路和成功的经营策略，逐步取得了市场地位，赢得了消费者的信任和认可。

奇瑞公司是安徽省属国有汽车企业，以 "安全、节能、环保" 为根本宗旨，逐步与国际接轨，建立了完整的技术、产品研发体系和品质保障管理体系，开创了一系列国内知名产品，成为我国第一个将整车、CKD 散件、发动机以及整车制造技术和装备出口至国外的轿车企业。目前，奇瑞已具备 90 万辆整车、90 万台发动机和 80 万台变速箱的生产能力。截至 2013 年，累计实现销量 430 余万辆，累计出口 89 万余辆，居中国乘用车企业首位。在产品品质提升方面，奇瑞在全产业链范围内与跨国公司展开合作，已与 16 家世界 500 强企业进行了合资合作，实现了在全球范围内整合优势资源。在发展战略方面，奇瑞集团的品牌 LOGO "CHERY" 由英文单词 CHEERY（欢呼地、兴高采烈地）减去一个 "E" 而来，表达了企业努力追求、永不满足现状的理念，并将打造 "国际品牌" 作为发展目标，确立了 "技术奇瑞" 的品牌战略，并发布了多年自主技术积累、导入国际领先标准打造的 "iAuto" 核心技术平台，实现了从追求速度和规模的发展模式向追求 "品质、品牌、效益" 转变的深层次战略转型。2013 年，奇瑞各款车型销量总额近 40 万辆，在国内在售品牌中占有 2.3% 的市场份额，排名第 14 位。

吉利集团自进入轿车市场起，凭借持续的自主创新和灵活的经营机制，取得快速发展，连续 10 年进入中国企业 500 强，并已成功入围中国汽车行业

十强。2010 年，以 18 亿美元总资金，成功完成了对瑞典沃尔沃轿车公司 100% 股权收购，成为中国企业对外国汽车企业最大规模的收购项目。2012 年，首次进入世界《财富》500 强，成为唯一入围的中国民营汽车企业。为保证产品品质，吉利集团在"时刻对品牌负责，永远让顾客满意"质量方针的指导下，采取了以自主创新为主的发展路径，成立了自己的技术中心和研究院，并通过收购全球第二大自动变速器公司——澳大利亚 DSI，进一步提升了核心零部件设计生产能力。目前，其产品已通过了国内诸多质量管理体系认证，并已展开海外认证。在营销模式上，吉利以"造老百姓买得起的好车"为根本定位，在国内建立了完善的营销网络，拥有近千家品牌 4S 店和近千个服务网点，在海外建立了近 200 个销售服务网点，并投资数千万元建立国内一流的呼叫中心，为用户提供 24 小时全天候快捷服务。2013 年，吉利各款车型销量总额达 54.9 万辆，在国内在售品牌中占有 3.1% 的市场份额，排名第 10 位，居自主品牌之首。

三、华晨自主品牌产品发展战略亟待改进

与广汽传祺、东风风神、哈弗、奇瑞、吉利等市场表现良好、消费者认同度高的产品相比，华晨自主品牌系列汽车存在质量和性能较差、主流产品比重低、市场业绩不佳等问题，亟待调整和改进。

（一）配套零部件档次普遍偏低，产品质量问题频发

与国内消费者普遍认可的自主品牌汽车相比，华晨中华系列轿车质量相对较差。由于在设计思路上，尤其看重产品外观和生产成本等消费者认为比较次要的问题，比如仿制华晨宝马的造型、选择出价最低的零部件供应商等，导致对质量、性能等消费者最关心的问题重视程度明显不够。在产品品质控制方面，尽管选用了中档水平的核心零部件（如三菱发动机），但散热器、水箱、车门、内饰等其他配件档次普遍偏低，而且很多细节设计得不够人性化，导致汽车整体可靠性低、舒适性差、维修次数多、养护成本高。因此，华晨自主品牌系列产品在消费者心目中印象非常不好，甚至越来越差。

（二）主流车型比例偏低，产品结构偏离市场需求

目前，汽车市场上的主导产品是乘用车，销量占全部汽车销量的 81.6%。根据功能不同，可分为基本型乘用车（轿车）、多功能乘用车（MPV）、运动型多功能乘用车（SUV）和交叉型乘用车四大类。轿车销量始终份额最高，2013 年已近 70%，MPV 和 SUV 则是汽车市场上的"新宠"，尽管销量份额不高，但发展势头迅猛，2013 年同比增速分别达到 66.8% 和 34.0%，有可能成为未来车市的新主流。在轿车中，根据排量不同，可区分为微型轿车（排量小于 1L）、紧凑级轿车（排量为 1.0 ~ 1.6L）、中级轿车（排量为 1.6 ~ 2.5L）、中高级轿车（排量为 2.5 ~ 4.0L）和高级轿车（排量

大于 4L）五种类型。其中，排量在 1.0~2.5L 之间的紧凑级和中级轿车更受消费者青睐。特别是中级车，由于价格较高、市场销量较大，常被视为代表企业技术实力和品牌形象的"中流砥柱"，历来是汽车企业的必争之地。

　　然而，以 2013 年数据为例，华晨自主品牌汽车的产品结构却偏离了消费者需求偏好：最受欢迎的中级轿车，只有中华尊驰一款车型，销量仅为 809辆；其次，紧凑级轿车，包括中华骏捷系列五款车型，销量共计 8.4 万辆；市场"新贵"SUV，也只有中华 V5 一款车型，销量为 4.8 万辆；商用车市场上，共有金杯海星 X30 和阁瑞斯两款车型，销量共计 5.6 万辆。另外，华晨还开发了一款跑车（酷宝）和一款旅行车（骏捷 Wagon），产销量均为 1位数。

　　（三）市场表现不佳，销量大幅低于自主品牌同类产品

　　与合资品牌汽车相比，国内自主品牌汽车产销量普遍稍逊一筹。但华晨中华系列汽车在自主品牌同类产品中，市场表现更加不容乐观，显然不具备竞争优势。2013 年，华晨中华各款车型销量总额为 18.24 万辆，在国内在售品牌中占有 1.04% 的市场份额，名列第 28 位，与自主品牌业绩最好的吉利系列产品 54.9 万辆、市场占有率 3.1%、名列第 10 位的市场表现差距很大。

　　在中级车型中，吉利帝豪 EC8 和北汽绅宝销量略高于 1 万辆，一汽奔腾B90、B70，广汽传祺 GA5，长安睿骋，上汽荣威 950、750 等车型，销量从8346 辆至 3109 辆不等，分列销量榜第 30~38 位，但均高于以 809 辆销量居于第 40 位的华晨中华尊驰轿车。

　　在紧凑级车型中，市场表现最好的当属吉利帝豪 EC7、长城 C30 和上汽荣威 350，销量均超过 10 万辆，均已进入第一梯队，分列第 11、18、21 位，可与合资品牌汽车同场竞技；长安逸动、长城 C50、一汽奔腾 B50、众泰Z300、东南 V3 菱悦、奇瑞 E5 等车型，销量均超过 5 万辆，进入第二梯队，分列第 27、33、35、36、41、43 位，从一定程度上讲也具备了与进口车竞争的实力；吉利英伦 SC7、力帆 620、江淮和悦、吉利全球鹰 GC7、吉利全球鹰远景、东南 V5 菱智、铃木天语等车型，销量也在 3 万辆以上，市场表现均好于华晨的几款紧凑车型，华晨中华骏捷 FSV、H330、H530、骏捷 FRV 和骏捷五款车型销量分别为 3.0 万、2.6 万、1.7 万、0.6 万和 0.5 万辆，仅分列第 60、64、69、84 位和第 88 位。

　　在自主品牌 SUV 车型中，哈弗 H6 和长城 M4 均以上佳的市场表现进入第一梯队，销量分别达 21.8 万辆和 12.8 万辆，分列榜首和第 5 位；奇瑞瑞虎、长安 CS35、广汽传祺 GS5、哈弗 H5、力帆 X60、吉利全球鹰 GX7 等车型，销量均在 5 万辆以上，进入第二梯队，分列第 13、14、16、17、20 位和第 22 位；相比之下，华晨中华 V5 销量为 4.8 万辆，居于第 24 位，尚未进入第二梯队。

四、多措并举，打造消费者满意的民族品牌汽车

华晨自主品牌系列汽车在产品质量、产品结构、市场业绩等方面出现的问题背后，反映出的是其企业整体发展思路和产品战略的偏颇，即对市场把握不准、对消费者认知不足、对产品质量重视不够、营销手段不成熟等。

（一）分析需求心理，明确目标消费群体

由于国内汽车市场逐步转变为买方市场，消费者主权日益凸显，需求已成为市场的主导力量。作为供给方的汽车企业必须尽快转变观念，以需求为导向，下大力气研究分析消费者购买行为特征和消费心理，顺从甚至迎合消费者需求，投其所好，设计制造出最贴近消费者需要、被消费者认可的汽车，才能逐步扩大销量、占领市场。

由于不同类型消费者购买心理存在显著差异，要对消费者进行细分。有研究表明，汽车消费者可分为5种类型：精明消费者（25%）——崇尚民族文化、追求生活品位的高知识白领阶层，注重实效者（22.2%）——追求个性和时尚的青年阶层，追求奢华者（17.7%）——讲排场、重享乐的富裕阶层，汽车爱好者（17.6%）——阅历丰富、事业有成的企业家阶层，低预算购买者（17.5%）——经济能力有限的风险规避型消费阶层。

相比之下，追求奢华者宁愿一掷千金购买品牌跑车或高端乘用车，以满足其炫耀心理；汽车爱好者倾向于购买高端、大型乘用车，以实现其对品质的追求；低预算购买者则更有可能选择微型乘用车或小型货车，以满足其单一的购车目标。这三类消费者对华晨汽车的偏好都相对有限。因此，华晨应主要定位于精明消费者和注重实效者，这两类消费者的共同特点是具有一定文化品位、注重生活感受、关注汽车的实用性、不太关心技术细节、没有明确的品牌偏好，换言之，其消费决策主要依据产品本身性能而非其附加特点。

（二）强化供应链控制，坚持精品策略

汽车产业是典型的总装产业，产品质量直接由零部件决定，因此，比肩合资企业的供应链控制策略成为广汽、东风、长城、奇瑞等自主品牌汽车品质管理的重要手段。可靠的产品质量，略低于合资品牌的价格，凸显民族车性价比，正在成为自主品牌汽车企业的新追求、新策略。

要全面提升产品质量，华晨应做到"三管齐下"。一是调整和转变发展思路，放弃低质低价的失败策略，转而实施优质精品战略，本着"价可降、利可让，品质不能放"的原则，即使损失短期利润，也要坚持将"质量是产品的生命线"作为贯穿生产过程始终的指导思想。二是坚决采用中高端零部件，从源头上切实保证产品质量，采取从精从严的供应链控制模式，在全球范围内选择汽车零部件供应商，以品质为首选条件，设定两年考察期，将包含发动机等核心零部件在内的全部配件不合格率控制在2%以下。三是加强

产品细节管理，坚持为消费者提供可靠、安全、舒适的精品汽车，摒弃粗线条设计思路和生产模式，尽量将产品做细、细节做精、精益求精，争取利用3年时间，打造出几款能够与广汽传祺、东风风神、长城哈弗等民族品牌精品相媲美的、广受消费者欢迎的经典车型，实现以品质求销量。

（三）优化产品结构，开发主流车型

华晨各系列车型产销量普遍偏低，与5万辆保本、10万辆规模收益递增的标准相去甚远，在"没有规模就没有竞争力"的汽车市场上，极易被边缘化，甚至可能被淘汰。

要扭转这一不利局面，在市场竞争中占据主动地位，华晨必须在两个层面上同时做出调整。一是明确发展战略，确定发展重点，把主要精力放在市场占有率高、广受消费者欢迎的主流车型开发上，而不是把资金和时间浪费在设计生产跑车和旅行车上，何况华晨的酷宝跑车动力和操控都不具备跑车标准，只是改造成跑车外形的尊驰车，而WAGON旅行车只是改装加高了后备厢的骏捷车。二是通过加深与宝马合作，对现有中华骏捷和尊驰的几款车型进行升级改造，尽快在轿车市场上获得消费者认可，争取实现主流产品销量在两三年内突破10万辆，进入国内中级车型及紧凑级车型生产企业第一梯队。同时，进一步借鉴宝马SUV的技术，全面优化中华V5，使其产品系列化，提升市场占有率，尽快实现10万辆以上的销售规模。此外，要密切关注未来巨大的农村市场需求，适时发展适合农民需求的"皮卡"等车型。

（四）完善营销策略，重塑品牌形象

广汽传祺、东风风神、长城哈弗、吉利、奇瑞等自主品牌汽车，均因明确的目标定位和独特的营销理念，获得了消费者的广泛认可和普遍接受。华晨未能获得消费者认知和认可，在很大程度上，可归咎于其宣传定位不准确和营销手段不力，应从三个方面加以改进。一是明确宣传定位。华晨系列汽车主要面向精明和务实两类消费者，根据这一产品定位，应确定相应的宣传策略。对于中华轿车而言，应以个性稳重、品位出众、经济实用为宣传定位；对于中华SUV而言，应以设计时尚、高效节能、宽敞舒适为宣传定位。二是打造具有"中华"特色的广告作品。作为辽宁的自主品牌汽车，中华的广告创意可充分利用"老工业基地"、"装备制造业摇篮"、"共和国长子"等名片效应，进行广告创意。三是启动多元化营销手段。华晨应效仿传祺、吉利等自主品牌，加强渠道营销策略，利用1～2年时间，完善营销网络，在国内各地陆续建立4S店，创建在线服务中心，为消费者提供及时、准确、全方位的售前、售中、售后服务。同时，积极参与各类赛会用车竞标，利用一切机会提升品牌知名度。

第三篇　培育新兴产业

第十章　新兴产业发展的
路径和关键环节

新兴产业从萌生到产业化，一般可划分为市场培育下的内生式、政府培育下的外推式、市场选择与政府扶持的推拉结合式三种发展路径，前两种路径各有其优势和不足。根据辽宁的实际情况，第三种路径更为适合辽宁的新兴产业发展。

第一节　新兴产业发展的路径

新兴产业是与传统产业相对而言的，是利用科技革命和重大技术创新成果建立起来的有望成为支柱产业和对区域经济具有战略意义的产业。当前，全球正孕育着新一轮技术突破与产业更替，辽宁又已进入人均 GDP 5000 美元以上的经济转型升级的关键时期。此时，传统特色产业的改造提升固然十分重要，但能否发现、培育和加快发展若干个新兴产业，形成新的产业竞争优势，将决定辽宁未来的产业层次、在国际产业分工格局中的地位以及辽宁在全国的战略地位。可以说，新兴产业发展决定着辽宁经济的未来。

从新兴产业发展的驱动因素角度，国内的一些研究将新兴产业形成与发展的路径大致划分为三种：市场培育下的内生式路径、政府培育下的外推式路径、市场选择与政府扶持共同作用的路径。

一、市场培育下的内生式发展路径

市场培育下的内生式发展路径是指新兴产业依靠自身的素质和优势，在与其他产业的市场竞争中优先获得生产要素、经济资源和市场份额，并逐渐赢得有利条件，博得市场自发的倾斜式支持和拉动，从而逐渐形成并发展的方式与过程。从产业的构成主体——企业的角度看，是企业根据千变万化的市场需求，通过长期的自主研发或技术引进消化，推出适应市场需求的新产品，并将新产品规模化生产，最终形成新的产业的过程。其实质是新产业在自然市场环境下依靠自身力量进行生存竞争，并在市场拉动作用下成长的过程。因此，该路径又可称为市场拉动式路径。其主要特点如下。

市场拉动式路径的特点，一是内生性，即新兴产业形成与发展是在经济系统内部各产业相互竞争、相互作用下市场选择的结果，是经济系统内生的产业；二是自主性，即新兴产业形成与发展是在市场竞争中依靠自身力量形成与发展的，并没有过多依赖于政府政策；三是客观性，即新兴产业的市场选择、形成与发展是一定阶段一定条件下，未受外界干扰的情况下市场竞争客观选择的结果。

这种发展路径的长处表现为：一是新兴产业在形成与发展的过程中经历了严酷的市场竞争，得到了锻炼，因而产业素质比较高，竞争力较强；二是新兴产业在形成与发展的过程中经历了市场的严格选择，其固有优势得到了固化和加强，因而产业的抗外界干扰能力、应变能力和自我发展、自主创新能力比较强。其不足之处主要是形成与发展的速度比较缓慢，从萌芽到市场地位的确立所需时间比较长。产业发展会有一定程度的盲目性、波动性。

二、政府培育下的推动式发展路径

政府培育的新兴产业形成与发展路径是指新兴产业在政府政策的倾斜式扶持下，获取必需的生产要素、经济资源和市场份额，并逐渐赢得有利的市场条件，从而逐渐形成、成长和发展的方式与过程。在这种路径下，政府通过明确而强烈的政策指向以及对新技术的产业化所给予的扶持，提供给新兴产业优厚的财税政策，使新兴产业在与其他传统产业的竞争中获得优势地位，引导企业介入新兴产业领域。其实质是产业在政府推动下进行竞争并逐步谋求发展的过程。因此，该路径又可称为政府推动式路径。

相对于市场拉动式路径，该路径体现出一些截然相反的特点：一是外生性，即新兴产业形成与发展是政府选择的结果，是外部力量干预经济系统的结果；二是依赖性，即新兴产业在资源、政策等各方面都对政府的支持、保护政策存在很强的依赖性；三是主观性，即产业选择是基于政府对产业结构升级调整的认识与把握，而产业的产品能否被市场所接受或容纳，并没有明确的验证。

该路径的主要长处：一是在政府的强力推动下，新兴产业形成与发展的速度比较快，产业从萌芽到市场地位的确立所需时间比较短；二是政府培育新兴产业的目的性比较明确，前瞻性强，确定性程度比较高，政策不易波动，产业发展的不确定性因素较少。不足之处是没有经历市场竞争的严酷考验，因而产业素质与市场自发方式相比可能会比较低；产业是在政府的政策推动、刺激下发展起来的，产业的自我发展、自主创新能力还没有得到固化和加强，产业和企业的抗风险能力和可持续发展能力相对于市场培育下的内生式发展路径要弱。

三、市场培育与政府扶持共同作用的发展路径

对于新兴产业的形成与发展而言，纯粹的市场自发模式或纯粹的政府培

育模式在现实经济中都是少见的。通常情形是新兴产业在市场机制与政府政策共同构筑的环境中形成与发展，因而在不同程度上受到市场机制与政府政策的共同作用和影响。也就是说，现实中新兴产业的形成与发展是市场选择与政府政策扶持共同作用的结果。新兴产业的这种形成与发展模式，是一种市场拉动与政府推动相结合的模式——推拉结合模式。

推拉结合模式是新兴产业形成与发展的一种重要模式，它可以在很大程度上克服单纯市场形成模式和单纯政府培育模式的不足，而把两者的长处结合起来，形成市场拉动与政府推动的合力，从而更有利于新兴产业的形成与发展。当然，从理论上讲，市场机制与政府政策相结合的具体方式也有两种：一是先让市场自发选择，然后政府力量再介入进行培育、扶持。二是政府先进行选择、培育、扶持，然后再接受市场的选择与检验。这两种方式究竟孰优孰劣不能绝对地判断，要视情况而定。无论哪种方式，最终都应以能否通过市场的检验为准则，因而，市场在新兴产业形成与发展中似乎起着更为基础的作用。

四、各种发展路径的适用条件

从上述三种理论路径的形成机理看，市场培育下的内生式发展路径仅出现在自由经济时代的完全市场经济的国家或地区，如美国的硅谷。由于市场化程度较高，对来自外部的产品及产业信息比较敏感，再加上具备较强的博弈意识，在未来市场预期还不明朗的情况下，敢于把新兴产业作为企业的战略性产业加以培育和发展；而在市场化程度还不完善的区域，由于体制机制不灵活，外部的产品及产业信息不畅，对新兴产业的市场需求不敏感，企业或产业很难介入尚处于培育阶段的新兴产业。因此，市场化程度还不完善的区域适合于政府培育式的新兴产业形成与发展路径。辽宁的数控机床、燃气轮机等产业属于这种政府推动型路径，但由于缺乏自主性、内生性和客观性，产业的发展速度不够快，产业规模不够大，竞争力还不够强。

目前在国内外最为成功的是市场培育与政府扶持共同作用的发展路径，这种路径综合了市场培育和政府拉动两种路径的长处，又克服了这两者的缺点。其典型代表是江苏世界级光伏产业基地的形成案例。2000年前后，在江苏光伏产业还是一片空白的时候，从海外留学归来的太阳能专家施正荣，带着14项专利技术和25万美元，开始创办无锡尚德太阳能公司，起步阶段政府支持了尚德公司9个科技计划项目，对尚德公司的起步和发展起到了"催化剂"的作用。到2005年，该公司产量就达到67.7兆瓦，销售收入2.26亿美元，利润0.69亿美元，销售利润率达到30%以上，被誉为"暴利标签"。2008年，该公司产量达到500兆瓦，占全国的1/3，名列世界光伏行业第二；实现销售收入19.24亿美元，利润3.43亿美元。

　　施正荣创办无锡尚德太阳能公司后不久，引起了江苏众多民营企业的关注。2005 年前后，在"暴利标签"的感召下，一批本省民营企业纷纷介入光伏产业，先后建立了 300 多家相互配套的关联企业，形成了从高纯多晶硅、硅片、电池、组件、集成系统设备到光伏应用产品较为完整的产业链。与此同时，江苏光伏产业区域布局基本形成。在南京、镇江、常州、无锡、苏州、扬州、泰州、南通等沿江地区形成了在国际光伏产业界享有盛誉的"长江下游光伏产业带"。徐州、连云港等沿海及苏北地区光伏产业也已全面起步。

　　一家光伏生产企业的示范效应，激活带动了一个省的光伏产业，2008 年江苏光伏产业实现产值 900 亿元，约占全国的 70%，产业规模稳居世界第一。涌现出一批领军型企业，无锡尚德太阳能公司、常州天合太阳能公司、苏州阿特斯光伏公司、南通林洋光伏公司等 6 家光伏企业在海外成功上市。6 家企业市值（2007 年 7 月 1 日）总额已达 49.53 亿美元，平均每家企业市值为 14.75 亿美元。如果只有一个施正荣，只有一个尚德，也许没有今天的江苏光伏产业。在积极引进高端人才的战略引导下，施正荣、赵建华等一批知识型企业家脱颖而出，国际光伏一流人才纷纷涌入江苏省，形成了强大的研发力量，组建了江苏省太阳光伏能源工程技术研究中心和产业技术研发国际转移中心。江苏把光伏领域作为向海内外引进高层次人才计划的四大重点领域之一，每年用于光伏领域的人才经费达 2000 万元以上，加速了光伏产业人才的集聚。

　　开发一个产品是企业的事，造就一个产业就是政府的事。政府要从扶植产品向培育产业转变，不光是扶持一个企业，而是扶持多个企业形成产业链。江苏的光伏产业发展始于无锡尚德太阳能公司，正是这个企业首先自发地将产业发展目标指向新兴产业，并创造了"暴利标签"，才引起了其他民营企业的纷纷介入。这时候，政府出面适时引导省内各市企业沿产业链配套，徐州、扬州和连云港重点发展硅材料产业，无锡、常州、苏州、南京和镇江等地重点发展光伏垂直一体化产品，而苏州、南通等地则重点发展新一代薄膜太阳能电池。在产业初步形成规模后，政府适时出台了产业布局和区域布局等引导措施，围绕几个龙头企业，引导配套企业沿产业链上下游集聚，形成了世界上最大的光伏产业集群。

　　与江苏等东南沿海省份相比，辽宁的市场化程度尚不完善，新兴产业的发展应该采用市场培育与政府扶持共同作用的发展路径，这样可以避免单纯政府推动所带来的产业素质低、自我发展能力不强、抗风险能力和可持续发展能力差的弊端，同时也可以借助政府"看得见的手"的推动作用，降低新兴产业的发展成本，缩短产业的成长时间，使新型产业快速成长起来。在这方面，某些国家和地区已经制定了较为科学的扶持政策，可供辽宁学习和参考。

五、美国加利福尼亚州支持新兴产业发展的政策措施

加利福尼亚州（以下简称加州）是美国科学技术最为发达的州之一，新兴产业发展基础良好，在软件信息、新医药和先进装备制造业等方面的发展水平居世界前列。金融危机之后，加州政府进一步加大了对新兴产业发展的支持力度。

（一）地方财政支持

在 2009~2010 年财政年度，加州政府预算中与新兴产业相关的经常性项目就达 35 个（见表 10-1），预算总额高达 57.5 亿美元。新增新兴产业相关支出项目 17 个（见表 10-2），预算总额 6.4 亿美元。两项合计 63.9 亿美元，占本财政年度预算总额的 4.74%。

（1）政府直接采购新兴产业产品。本财年加州政府直接采购新兴产业产品的项目就有 15 个，总计支出 18.717 亿美元。主要用于政府自身消费，包括为提高政府办公大楼节能效率和办公自动化水平而采购的产品，主要涉及物联网、信息互联网服务等领域，加州大批高技术公司在项目中受益。

（2）公共事业服务拉动新兴产业发展。本财年加州政府用于提高公共事业服务水平、间接带动新兴产业发展的项目 25 个，总计支出 38.72 亿美元。主要用于民生、交通、环保和能源等基础设施建设和升级。这些投入拉动了该州信息和互联网、物联网、新能源、新材料、新医药等新兴产业领域的发展。

（3）政府直接资助新兴产业研发。加州政府本财年设立了新兴产业研发资助项目 8 个，资助金额 4.03 亿美元。这些资金分别划拨给加州大学及州内所属科研机构，主要用于新医药、新能源以及环保产业等领域的基础研究和应用技术研究。

（4）政府对新兴产业进行消费性补贴和政策性奖励。奖励补贴性投入包括 4 个项目，总计 2.43 亿美元。主要用于新能源和海洋资源开发利用两个领域。对购买新能源产品，尤其是购买新能源汽车的个人和单位给予一定的补贴，其中每台混合动力汽车的现金补助为 2000 美元。同时，对海岸资源开发及生态环境保护方面的活动也给予一定的政策性奖励。

（二）争取联邦政府的财政支持

加州政府积极争取《美国经济复兴计划》（以下简称《复兴计划》）中的联邦财政拨款。在未来 5~10 年中，加州政府将获得来自联邦政府《复兴计划》中投资的 10%，金额达 113 亿美元，同时还将获得各种税收抵免和补贴。这些投资和扶植政策直接支持了该州许多以新能源为代表的新兴产业项目。

（1）项目拨款。加州政府将 113 亿美元联邦拨款用于下列新兴产业，19

亿美元用于健康和医疗信息技术开发；25 亿美元用于扶持环境保护相关产业发展；20 亿美元用于今后几年州内太阳能电站的财政补贴；10 亿美元用于智能电网的研发投入；8 亿美元用于现代化城市轨道交通和高速铁路建设；7 亿美元用于公安和司法部门的信息化、现代化建设；24 亿美元用于其他技术研发项目。

（2）税收优惠。加州地方政府争取到联邦政府数额可观的税收减免额度，用于支持企业研发及购置先进设备，在企业应用联邦政府红利折旧优惠政策时，可以将最近几年内"校正性最低税抵免"和"研发投入抵免"的 20% 转化为现金（退税），一次可申请的现金数额最高可达 3000 万美元或占总补贴额的 6%。在基础设施方面，全部免除高速铁路专项基金的所得税；对包括对新能源生产、高效能源传输、碳减排等领域的固定资产投资税收给予 30% 的抵免，今后 5 ~ 10 年抵免金额可达 23 亿美元。

在联邦政府出台的财税扶持政策中，支持力度最大的是新能源产业，共有 12 项政策。包括对风电设施、生物质能设施、地热发电设施、小型水电设施、垃圾发电设施和潮汐发电设施实施 3 年期免征所得税；开征生产税，免征投资税，以鼓励对新能源产业的投资；放宽对新能源产业融资的政策限制；废除某些新能源税收抵免的上限；发放总额为 16 亿美元的"清洁可再生能源国债"；发放总额达 24 亿美元的"合格能源保存债券"；对家庭提高能源利用效率实行消费税抵免，购置节能产品将享受最高达 1500 美元的消费税抵免，以促进家庭对新能源产品的消费；对安装了"替代性能源"（如氢气、天然气）输送管道的企业（如加油站），给予最多 3 万 ~ 5 万美元的税收抵免；对混合动力汽车驾驶者给予最大额度可达 2500 美元的税收抵免；规定企业的二氧化碳减排税收抵免额度为 10 美元/吨；提高企业雇主为雇员提供公共交通补助的额度；将购买或投资清洁能源的单位或个人的税收抵免转化为现金。

表 10 - 1　2009 ~ 2010 财政年度加州政府支持新兴产业的项目

单位：百万美元

领域	相关行业	项目	投入
教育	信息和互联网技术	州立图书馆信息技术应用	0.7
加州大学	新医药	健康研究	126.5
加州大学	新医药	农业研究	90.1
加州大学	新医药	烟草引起的疾病研究	14.5
加州大学	新医药	乳腺癌研究	13.5
加州大学	信息和互联网	加州电子图书馆	8.2

续表

领域	相关行业	项目	投入
健康和医疗	新医药、互联网	药物和酒精治疗	48.0
健康和医疗	新医药、医疗器械	精神疾病治疗设备和设施	83.2
健康和医疗	信息和互联网	全州健康和医疗系统资源共享	236.1
健康和医疗	信息和互联网	健康保障分析和反馈系统	6.4
健康和医疗	信息和互联网	健康保障信息系统	9.9
健康和医疗	新医药、医疗器械	慢性病治疗和预防	317.0
健康和医疗	新医药、医疗器械	传染病治疗和预防	665.3
健康和医疗	信息和互联网	健康信息和战略计划	26.0
健康和医疗	环保产业	健康环境保护	277.1
健康和医疗	医疗器械、先进装备	实验室和科研运转	10.6
健康和医疗	医疗器械、先进装备	健康服务设施建设和更新	32.7
健康和医疗	信息和互联网	社会服务办公自动化系统	1336.2
交通	物联网、先进装备	高速公路发展计划	77.2
环保	环保产业、新能源	汽车尾气污染治理	560.8
环保	环保产业	固定污染源治理	58.4
环保	环保产业、新材料	固体垃圾处理	262.1
环保	环保产业、新医药	农药污染治理	73.5
环保	环保产业	垃圾处理土地清理和回收利用	111.1
环保	环保产业	环保科研	19.7
水利	地质勘探、互联网等	水利设施工程和服务	9.7
能源	互联网、物联网	能源企业数字化监管	14.9
能源	物联网、新能源	高效能源工程评估和协助	46.8
能源	新能源	新能源汽车补贴	119.6
能源	新能源	新能源和高效能源产品研发	120.1
能源	新能源	新能源产品补贴和宣传教育	70.3
资源	海洋工程	海岸生态拓展计划	6.7
政府服务	信息和互联网	政府服务信息技术支持	239.8
政府服务	3G通讯、物联网	全方位通信系统建设	638.7
法制	信息和互联网	法律信息系统	16.1
合计35项			5747.5

表 10 - 2 2009～2010 财政年度加州政府新增的新兴产业预算项目

单位：百万美元

领域	相关行业	项目	增加
法制	信息和互联网	首席信息官教育数据库	5.7
政府服务	信息和互联网	工商执照信息共享	3.1
政府服务	信息和互联网	企业收入数据库并网工程	3.9
政府服务	信息和互联网	企业客户、资产、收入和退税系统	1.3
政府服务	物联网	指纹识别系统	5.8
政府服务	物联网	政府建筑节能方案	7.2
交通运输	物联网、信息、先进装备等	高铁和城铁	123.4
交通运输	物联网	高速公路计算机调度辅助系统	11.9
环保	环保	水污染防治试点工程	2.9
环保	环保	轮胎回收管理和设备购置	8.6
健康和医疗	新医药	艾滋病协助计划	86.1
健康和医疗	信息和互联网	性侵犯者注册登记技术协助	3.5
健康和医疗	新医药	抗成瘾药物和方法计划	365.5
健康和医疗	新医药、先进装备	移动医院建设	0.4
教育	信息和互联网	纵向教师教育信息数据库	2.2
教育	信息和互联网	纵向学生成绩信息数据库	10.7
教育	信息和互联网	幼儿监护财务信息数据库	0.7
共计 17 项			642.9

第二节　辽宁新兴产业发展的关键环节

新兴产业中具备先导性核心技术、规模发展空间大、具备发展的可持续性、能够带动一批产业的兴起并在后危机时代拉动经济发展的产业是新兴产业的核心和精髓，也被称为战略性新兴产业。据此，新能源、新材料、生物医药、信息网络、高端制造等领域有望成为国家层面的战略性新兴产业，而中短期内的主攻方向则集中在新能源、新材料领域。对于区域来说，产业基础、产业分工有所差别，其战略性产业也不尽相同。目前，辽宁已基本确定先进装备制造、新能源、新材料、新医药、信息产业、节能环保、海洋产业、生物育种、高技术服务业，为重点支持和发展的战略性新兴产业。在这 9 个领域中，最强的是先进装备制造业，新材料中的金属材料较强；医药产业、高技术服务业中软件业有一定基础，信息产业只有大连略强；新能源、节能环保、生物育种、海洋产业基本上处于起步阶段。

通过对新兴产业发展路径的分析，可以看出，领军企业拉动力、产品竞争力、品牌效应、技术人才、研发能力、产业集群、财税政策支持等，是新兴产业发展的关键环节，必须将这七个关键环节作为"总抓手"。

一、抓领军企业，带动新兴产业发展

辽宁的先进装备制造业已经发展起一批区域性及至全国性的行业领军企业，如机床、飞机、汽车、机车等行业中的一些企业。新材料行业中的鞍、本钢和忠旺铝材等具有一定知名度。高技术服务业中的东软是我国软件行业的杰出代表。另外一些企业如沈阳远大、大起大重等通过跨业经营，发展迅速，这些企业为辽宁新兴产业的发展奠定了良好基础，如表10-3所示。

表10-3　辽宁新兴产业领域的企业

行业	代表企业
先进装备制造业	沈阳机床、沈鼓、北方重工、沈阳远大、沈阳机车、沈变、三一重装、新东北电气、大连机床、大起大重、冰山集团、大连船舶重工、中远造船、大连机车、大森数控、光洋数控、金川重型、沈飞、黎明发动机、航天新光、华晨汽车、上海通用北盛、大连客车、天元电机、森谷科技、新阳高科、天阳新能源、沈阳先进制造、新松机器人、科仪、丹东东发、丹东思凯电子、辽阳新风、中际海洋工程
新能源产业	朝阳森有限公司、新世纪石英玻璃、阳光能源、日鑫硅材料以及朝阳电容器生产企业、锦州的光伏生产企业
新材料产业	大连兴科碳纤维、大连振邦氟涂料、大连三科、天邦膜技术、沈阳星光陶瓷、沈阳远大、沈阳东大冶金、沈阳东大先进材料、沈阳合金材料、沈阳钛业公司、沈阳化工、沈阳新世纪化学公司、沈阳三聚凯特催化剂公司、辽阳石化、葫芦岛北方锦化聚氨酯公司、华锦集团、康泰塑胶、杰事杰新材料、鞍钢、本钢、东北特钢、鞍山中船重工、中冶德龙、忠旺铝材、青花集团、金龙集团、奥镁集团
新医药产业	东北制药集团、三生制药、辽宁成大、沈阳协合、沈阳东软、辽宁依生生物制药、沈阳安斯泰来、沈阳兴齐制药、大连辉瑞制药、大连美罗大药厂、大连珍奥、大连美罗中药厂、东芝大连公司、欧姆龙大连公司、大连JMS医疗器具公司、本溪好护士药业、祥云药业

续表

行业	代表企业
信息产业	辽宁万家数字技术产业基地、沈阳通信产业基地、营口富士康、阜新电子工业园、辽阳电子信息材料产业园、大连国家软件产业园 大连 LED 光电产业群：晶田科技、九久光电、山西光宇半导体照片、台湾晶源光电、台湾唯昌
节能环保产业	沈阳静脉产业示范基地 大连海事大学、凯宏科技、万鑫粉煤灰公司、大起大重、丹东宝华集团
海洋产业	大连美罗药业、大连珍奥、獐子岛集团、棒棰岛集团、玉璞企业集团、海晏堂海洋生物公司、万嘉源食品公司、大连振邦氟涂料、大连海藻工业公司、大连雅威特生物工程公司、大化集团、大连北方氯酸钙厂、国家海洋研究所、大连理工大学、大连海事大学
生物育种	国家海洋研究所、中科院化物所、大连水产学院、大连医科大学、大连轻工学院、大连理工大学、辽宁师范大学
高技术服务业	东方软件、东软、华信、海辉、日本大宇宙、日本共兴达、日本沛麒、上海晟峰、上海晨讯

在新能源、节能环保和海洋产业等领域辽宁多数企业处于起步阶段，但是与全国同类企业相比发展水平也大体相当。也就是说，辽宁这些行业的发展在起步阶段并未落后，其中的若干企业能否发展成为行业的领军或龙头企业，需要企业和政府的共同努力。

领军企业通常占据产业链两端（即研发和销售），这两端都是价值链高端，利润空间比较大，竞争力也很强。因此，要促进新兴产业的发展，就要抓产业中的领军企业。领军企业可以分为两类，一是龙头企业，面向终端市场提供完整功能产品或服务；二是核心企业，为龙头企业提供某些关键零部件或关键服务。

辽宁已经具备较好基础的领军企业（主要是一些装备制造业企业），在规模、资金、技术、人才资源和品牌等方面都具有较强的优势，与新兴产业中的一些领域都或多或少有纵向或横向联系。这些企业利用自己的优势完全可以在新兴产业领域有所作为。大起大重集团在国内率先进军风电行业并取得佳绩就是其中的成功范例。其不足之处是集成创新能力和市场开拓能力有待进一步加强，一些产品受制于关键零部件。解决的办法：一是企业要从整个产业链的全局出发，解决资源融合整合、行业跨越的战略问题；二是企业联合政府、科研院所，通过重大项目的合作，解决集成创新的技术问题；三是通过市场途径解决企业的高层管理人才问题。有了好的企业家，才能加速企业的发展。

二、抓产品，实现新兴产业规模化发展

衡量新兴产业发展规模的指标是产品种类及其规模，就产品种类的全国比较看，辽宁新兴产业产品种类仅先进装备制造业较多，其他八大产业的产品种类都不多，全系列产品更少。新能源产业中，风电为全系列产品，核电只有少量组件；光伏产业只有多晶硅提纯和硅锭，电池封装、配套组件制造再到光伏太阳能整体解决方案都不多见。生物质发电和燃料电池辽宁几乎空白。新材料产业中，仅先进金属材料产品种类较多，纳米材料、先进陶瓷材料、膜材料、节能新材料、先进复合材料等行业的产能都很小。新医药产业中，生物制药、化学新药品及现代中药等行业的产品在全国都处于较弱地位。电子信息产业，辽宁的集成电路、数字视听、通信产品、光电产品、基础电子等行业虽被列入发展重点，但产品种类较少，规模不大。在其余的几个产业中，辽宁的产品数量更少。

从产品的规模上看，辽宁仅先进装备制造业的一些产品规模较大，国内市场的占有率也比较高，但国际市场占有率又很低，这说明其产业国际竞争力的培育仍然是迫在眉睫的任务。除装备制造业外，在其他 8 个新兴产业近 30 个行业中，行业产值仅为数十亿元，而上海的集成电路、江苏的光伏太阳能、广东的数字视听和通信、北京的生物制药、吉林的现代中药等行业的产值都为数百亿元甚至是数千亿元的规模，规模上的差距十分明显。

因此，发展新兴产业首先要增加产品种类，其次要扩大产品规模，这样才能形成有竞争力的产业。

（1）支持重点产品发展。依据辽宁新兴产业现状和市场需求，确定辽宁重点发展的产品。新能源装备中的核电装备和风电机组，新材料中的先进金属材料，新医药中的生物医药和现代中药，高技术服务业中的服务外包产品，先进装备制造业中的数控机床、盾构机、石化装备、轨道交通装备、海洋工程装备，这些产品发展基础很好，应进一步做强。

（2）鼓励开发新产品。目前，辽宁新兴产业的许多行业还处于空白或刚起步状态，如传感和物联网、太阳能光伏、新能源汽车、通信和电子产品等。也有一些行业缺乏系列产品，定制能力和灵活性不强。为促进这些行业的发展，政府相关部门应该制定鼓励新兴产业产品开发政策。对于能带动相关产业发展的重大产品，通过设立科技重大专项，鼓励企业开发新产品。对于其他新兴产业产品，制定包括直接参与研发、加强产研合作以及鼓励企业自己研发的财政和税收政策。

（3）加强政府采购。政府对新兴产业产品的采购，既能满足政府机构对新兴产业产品的需求，又有利于新兴产业企业开拓市场和资金回笼。结合辽

宁实际，尽快研究出台"政府采购目录"，并对以下两类产品优先进行政府采购。一是企业自主研发的重大技术产品。如高档数控机床、水下机器人、医疗器械、生物医药产品等。二是可直接纳入政府一般预算支出的新兴产业产品。如政府办公自动化和电算化（数据库和资源共享系统）、节能环保市政设施（垃圾回收、污水处理、节水灌溉、新能源汽车）、司法和公共安全（刑侦设备和鉴证实验室设备）、教育和培训（多媒体和数据库）等。

（4）创造新兴产业的产品需求。在政府采购的同时，政府也可以通过其在基础设施和公共事业领域的管理职能，实施各种有利于新兴产业发展的项目建设，培育市场需求，促进新兴产业产品的消费，间接地推动新兴产业的发展。可考虑实施农村电气化、城市太阳能屋顶计划、新能源发电基地、智能电网建设、海上科考和勘探、近陆海洋工程、智能交通网络、城市电气化交通、城市基础设施升级和更新换代、远程教育和医疗等新兴产业项目，并争取国家支持以及民间资本的进入。

三、抓品牌，培育新兴产业

品牌是企业最重要的无形资产。可口可乐的总裁说过这样耐人寻味的话，"即使把可口可乐在全球的工厂全部毁掉，我们还可以东山再起，其原因就在于可口可乐作为无形资产，其重要性已经超过土地、货币、技术和人力资本等生产要素。"新兴产业生产的主要是新产品，因此，在营销阶段品牌的培育更为重要，只有建立起品牌，企业的生产能力才能得到释放，才能规模化生产。产品品牌形成后，通过带动产业链上下游配套产业的集群发展，区域的新兴产业更容易扩大规模，更能提升区域的产业竞争力。

（1）重视产品质量。目前，辽宁新兴产业中的很多产品已经得到了消费者的认可，如先进装备制造业中的数控机床和加工中心、盾构机，新能源行业的风电机组等。这些产品虽然已经在市场上占据了一席之地，但是还未能达到塑造一个品牌所需要的质量要求。不同的产业对产品质量的解读有所区别，先进装备制造业对产品的可靠性、使用寿命有很高的要求；新材料行业则对材料本身功能有特殊的需要；信息产业对产品的要求侧重于产品能否使工作更方便、更高效；新医药产业的关键问题是产品的安全性。因此，必须根据各类新兴产业的不同特点，分别建立一个长期的产品质量管理机制，使辽宁的新兴产业向品牌产品的方向发展。

（2）重视售后服务。新兴产业产品进入市场的初期，人们对其产品的价值认识并不明确，售后服务就成了除产品成本以外唯一可见的价值。因此，建立完善的售后服务机制，将成为产品向品牌发展的一个重要内容。辽宁现有新兴产业产品相对其他省市的新兴产业产品，向来存在售后服务跟不上的问题，产品质量虽然不错，但是人们对其印象却是"傻和粗"。售后服务的缺失导致生产者和消费者沟通不畅，市场反馈相对滞后，产品品牌无法在消费者心中形成良好的形象。因此，企业必须借助这轮新兴产业发展，一开始就推出一批售后服务完善的新兴产业产品，在消费者心中"先入为主"。新能源、先进装备产品要增加安装、定制、维护保养等服务环节；信息、物联网产品要加强技术支持、培训、具体解决方案等环节；新材料、新医药产品要进行实时的跟踪和反馈，增加产品灵活性等。

（3）宣传内在价值。宣传内在价值就是向消费者推介品牌的灵魂、核心价值观以及文化底蕴。消费者在认识一个新产品时，对该产品所体现的内在价值有一个认识。而这些无形的价值必须借助某种宣传手段，使其视觉化、形象化。通过对辽宁新兴产业产品的调查发现，我们的新兴产业产品缺乏必要的宣传策略。大部分企业没有完整的视觉识别系统（如商标、标语）；广告宣传缺乏深度，忽略产品文化内涵和企业核心价值观，停留在对企业现状和产品功能的介绍；宣传手段古板、单一，不具备"软硬兼施"的宣传手段。辽宁新兴产业，一方面要加强企业文化建设，将辽宁众多历史悠久、底蕴深厚的产品塑造成品牌；另一方面要在企业和企业、政府和企业之间建立类似"品牌电脑—品牌组件"、"政府项目指定产品"的品牌战略联盟，从而通过多种渠道、多种手段，潜移默化地对新兴产业产品的内在价值进行宣传。

（4）孕育品牌发展的外部环境。一个品牌的成长离不开一个健康良好的市场环境。一个地区政府的优惠政策、鼓励措施、法律法规等都对一种产品能否形成自己的品牌具有重要推动作用。目前辽宁的新兴产业市场的外部环境较好，省政府和各级地方政府都十分重视新兴产业发展，兴建了许多相关基础设施、给予了很多优惠政策，但对比发达国家和国内先进省份，管理还显僵化、政策不够细致。首先，应明确对新兴产业品牌的优惠政策和鼓励措施，通过这些政策推动企业实施品牌战略，即提高产品质量和售后服务，加强内在价值的挖掘。其次，政府应针对新兴产业品牌的特殊性，制定相关法律法规，对新兴产业品牌的知识产权进行保护，使"幼稚"的新兴产业在一个安全舒适的摇篮中成长。

四、抓研发，支撑和引领新兴产业发展

国内外不同时期新兴产业发展历程表明，凡是能够形成核心竞争力的新兴产业，都是依靠原始技术创新发展起来的。如美国硅谷的电子信息产业，至今仍然在计算机芯片、操作系统和互联网技术方面保持全球的垄断地位，其原因只有一个，就是他们掌握这方面技术，并进行了严格的技术封锁和保密，其他企业得不到该项技术，不能进入这个领域。我国江苏多晶硅光伏太阳能产业基地，也是依靠国外归来专家带回的光伏技术转化为产业的。随着未来几十年全球不可再生能源的耗尽，未来能够能对世界经济带来革命性影

响的产业肯定是新能源产业。而在新能源产业中，未来成本最低、最具竞争优势的可能是薄膜太阳能光伏产业。目前，该领域最前沿的技术仅被美国第一太阳能公司及日本的一家公司掌握，我国还不掌握该领域的核心技术，导致薄膜光伏产业几乎空白。因此，"先有技术，后有产业；没有技术，就没有产业"是新兴产业发展的普遍规律。自金融危机爆发以来，许多国家为了寻找带动下一轮经济增长的战略突破口，抢占未来产业和经济的制高点，都把新能源、新材料作为新兴战略性产业，并持续加大这些领域的研发投入。奥巴马在美国国家科学院第 106 届年会上宣布，把美国 GDP 的 3% 投向研究和创新。为了发展辽宁的新兴产业，我们必须把研发作为发展新兴产业的第一要务来抓，并以直接和间接、短期和长期相结合的政策，鼓励和支持研发活动。

目前辽宁研发投入占 GDP 的比重不到 2%，企业的研发投入占销售收入的比重普遍低于 3%。要发展辽宁的新兴产业，就必须加大研发投入，形成多元化的研发投入体系，力争辽宁新兴产业的研发投入占销售收入的比重提高到 5%。一是通过政府补贴以及税收优惠等政策，鼓励企业加大研发投入。二是加大政府财政资金直接投入的力度，建议将"本级财政应用技术研究与开发资金总额"和"本级财政应用技术研究与开发资金占当年本级财政决算支出比例"作为各级领导班子和主要领导干部工作绩效考核的重要指标。三是政府直接设立风险投资基金以及鼓励各种经济成分设立风险投资基金，引导风投资金投入到研发、中试研究、产业化研究等环节。

公共技术研发平台一般由政府来做。对于绝大多数无力设立研发机构的中小企业，政府可以通过不同方式搭建公共技术服务平台，为新兴产业中小企业提供研发支持。一是依托不同的新兴产业企业建立本行业的公共技术服务平台。二是依托产业园区的不同产业集群建立服务于本集群的公共技术服务平台，如大连高新技术产业园区管委会投资近 4000 万元建设了动漫游公共技术服务平台（包括动作捕捉平台、音频采集平台等），用于大连动漫走廊内企业的研发。三是依托高等院校或科研院所建立若干既服务于本机构又能为企业研发提供支持的公共技术研发平台，如可依托沈阳工业大学建设风电研发平台，依托东北大学能源学院建设薄膜光伏研发平台，依托锦州光伏产业基地和辽宁工学院建设多晶硅光伏研发平台，依托沈阳金属研究所建设纳米材料和碳纤维材料研发平台，依托东北大学建设先进陶瓷材料和先进金属材料研发平台，依托沈阳药科大学建设生物生化制药研发平台。

必须承认，新兴产业领域的技术成果多数掌握在发达国家，我们的技术仍远远落后于国际前沿水平。近年来，随着企业资金实力的不断增强，辽宁很多企业已经有能力并购国外科技型企业和引进国外研发团队，或有能力委托国外研发机构为我研发。本次金融危机对发达国家造成了较大冲击，为我们利用国外优秀研发资源、引进智力和技术提供了便利，我们必须抓住这个机会，大力实施智力引进，广泛利用国外优秀科技资源。同时，在一些新兴产业领域，出于战略的需要，发达国家的技术输出方不会输出技术。而国内的科研机构为跟踪国际技术发展，往往拥有这些领域的实验室成果，只是这些成果未经过中试研究和产业化研究，还没有达到产业化的成熟程度，其真正价值还没有被企业所认识。因此，政府应定期举办科研机构的成果推介会，挖掘国内科技成果，鼓励企业以产学研合作方式实施成果转化。

五、抓人才，为新兴产业提供智力保障

新兴产业的特征决定了新兴产业是依托技术发展起来的，而技术的提供者是研发人才，因此，研发人才是发展新兴产业的第一要素。国内外新兴产业的实践表明，一个优秀的技术人才可以将技术转化为一个新产品并形成产业。辽宁虽人力资源丰富，但发展新兴产业所急需的人才尤其是企业高端人才仍很短缺。从某种意义上讲，抓新兴产业，首先抓的是人才。

教育系统担负着为经济发展提供技术人才的重任，诸多新兴产业涉及学科交叉，属于边缘学科，目前还很少列入大学的专业设置和学科设置，如光伏发电技术、复合材料技术等专业学科，还不能为新兴产业发展提供急需的专门人才，特别是辽宁省院校，新兴产业学科专业几乎没有设置。目前比较有效的办法是针对新兴产业的技术特征，增加有关新兴产业方面的课程设置，如在强电专业下设置"风力发电技术"课程和学科，在弱电专业下设置"光伏发电技术"课程和学科，这些学科一方面可以培养人才，另一方面也可以开展应用科学和应用技术研究，为辽宁省新兴产业提供技术支撑。教育系统应该根据辽宁省新兴产业的重点领域，加强相关学科建设，设置有关专业和研究机构，开展关键产业技术的竞争前研究。在这方面，省外大学已经进行了成功的尝试。华北电力大学早在2006年就设置了风能与动力工程专业，每年招生30人，为国内培养了不少风电技术专业人才。辽宁省的沈阳工业大学也在2010年刚刚新增了风能与动力工程专业。类似的新兴产业学科设立宜早不宜晚，省教育厅应根据新兴产业的需求，制定省属院校专业的调整方案。此外，为了支持新兴产业学科建设，建议把每年财政一般预算支出教育经费增量的若干比例用于新兴产业的相关学科建设方面。

辽宁省在人才引进方面出台了许多政策和措施，"双百工程"、省"十百千高端人才引进工作工程"、"海外高层次人才'千人计划'"、"博士后培养工程"、"科技企业家培养工程"、搭建国际国内人才合作交流平台等，已经逐步搭建了一个较为完整的政策框架。为促进新兴产业发展，建议这些人才引进措施向新兴产业倾斜，重点引进新兴产业发展所需的各类人才。同时，跟踪和分析实施过程中遇到的新问题、新情况，及时反馈信息，调整完善相

应细则，满足发展新兴产业面临的人才需求。

六、抓产业园区，促进新兴产业集群式发展

产业园区是新兴产业发展的有效载体。新兴产业是以高科技为基础的产业，而国际上高科技产业的发展呈现出"集中布局"的空间结构，国内外大量高新技术园区所取得的成就也证明了这种发展模式的有效性。所以，建设新兴产业园区，促进新兴产业集群式发展是新兴产业发展的快速而有效的途径。在适宜的地区建设产业园区，不仅为产业发展提供了基本的空间载体，更为重要的是大量同类或相关企业聚集在一起，彼此之间在经济方面的交易和非经济方面的联系都更加便利，从而大量节约交易成本，最大限度地利用规模经济，发挥集聚效应。

园区的发展分成四个阶段，即要素集聚阶段、产业主导阶段、创新突破阶段和财富凝聚阶段。要素集聚阶段主要通过优惠政策、低要素成本等外力的吸引，导致人才、资本、技术等要素的聚集。产业主导阶段，在政府和市场的双重驱动下，园区内的企业数量增多、规模变大，对各种要素重新进行整合，形成稳定的主导产业和具有上、中、下游结构特征的产业链，具备较强的经济实力。创新突破阶段，园区内产业及其骨干企业的研发能力大大加强，大量风险资本涌入，各类创新活动对园区的发展质量和水平起决定性作用，园区发展主要动力是技术创新和市场竞争。财富凝聚阶段，园区内聚集着高价值的有形与无形的品牌，拥有高素质人才，运作着高回报的金融资本，从而形成了园区新一轮发展的全新"要素"，使得园区对地区经济发挥巨大的牵引作用，也使园区进入新一轮的发展循环。

对照上述发展过程可以发现辽宁新兴产业园区的发展主要存在如下问题：企业数量少，园区实力弱，资源集聚较慢。从辽宁已有或正在规划的支撑新兴产业发展的园区可以看出，除了装备制造和材料产业等少数几个园区正处于产业主导向创新突破的转换阶段外，其他的产业园区或生产基地不仅数量少，而且实力较弱，大多数还未完成要素集聚阶段的任务；智力资源短缺，创新效率较低。辽宁虽是教育大省，且拥有庞大的产业工人队伍，但发展新兴产业需要的高端技术人才和企业家人才却很缺乏；投融资体制建设步伐缓慢，风险投资机制尚未建立起来；管理模式不完善，企业还未建立起发达的开放型、网络化的创新体系和生产体系，产学研创新互动局面远未形成；孵化功能与社会科技服务体系不健全，技术中介服务市场发育不全；创新文化范围不浓厚，适宜创新、创业的文化还需要进一步确立、弘扬和发展。

为使这些园区真正支撑新兴产业的发展，政府、企业以及社会组织应共同努力，做好以下几方面的工作：

(1) 积极招商引资，引进项目，促成产业集聚。招商时要考虑产业链整

体，考虑产业内和产业间的分工、协作，利用企业之间的关联促使园区内的产业尽快形成集群。园区形成了分工合理、配套完整、协作灵活的产业群，才能真正发挥园区的集聚和辐射功能，才能对区域外的企业有更大的吸引力，从而形成良性循环。

（2）园区要整合各方力量，提升自主创新能力。园区或基地的建设不应只关注生产企业，还应联合教育科研机构、中介服务机构、政府服务等各方力量。园区在建设之初就应考虑靠近教育、科研资源集中的地区。园区还要恰当利用条件和创造条件吸引科研机构、中介、金融等服务机构进入园区。此外，园区内企业也要加大与园区外科研机构及其他服务机构的联系与合作，从而提高创新能力，开发出适用的、有市场前途的、科技含量高的产品。

（3）理顺风险投资渠道和退出机制。建立和完善多元化投资机制，建立以政府投入为引导、企业投入为主体、科技贷款为支撑、社会集资为补充的多元化、多渠道风险投资体制。不可过分依赖政府资金，要广泛吸引海内外和社会资金，形成国内外风险投资共舞的局面。拓宽资金来源渠道，加快建立各种风险投资机构，完善风险投资基金的运作，并采取有效的退出机制。

（4）建立规范、高效的园区管理体制。转变政府职能，规范行政行为，建设服务型政府，提高行政效率。改变传统的自上而下的垂直型管理架构，适当向以人为本、以事为本的扁平化组织管理模式转变。要使园区的管理体制适应园区的发展和市场环境的变化，从而构筑起良好的软环境。

（5）建立和完善各种专业化服务体系。新兴产业园区应发展多种类型的科技企业孵化器，大力发展服务于创新和产业化的中介机构，制定和实施相关政策以调动社会力量兴办服务机构，努力构筑精细的专业化分工协作体系。

（6）营造良好的创新文化氛围。应从文化层面为园区提供深厚的积淀，营造良好的人文环境。培养企业和从业人员的冒险精神和创业精神；培养诚信、尊重知识、遵守创新游戏规则的理念。要加大宣传教育，使创新文化深入人心，营造适合园区长远发展的创新文化。

七、抓财税政策，形成新兴产业发展的洼地效应

不同新兴产业领域以及不同企业处于不同的创新形态和创新阶段。因此，应从财政、税收、金融等方面完善支持政策，形成具有差别性、动态性的政策支持体系。

（1）直接财政扶持政策。对辽宁经济发展有重大战略意义的新兴产业领域，可对率先进入该领域的龙头企业进行直接的研发投入扶持，依托其进行重大技术攻关并进行产业化；依托辽宁的若干重点实验室，集中力量对辽宁新兴产业发展具有战略意义的关键技术进行竞争前研究，提高辽宁应用基础研究能力；对重大装备产品的首台套进行政府采购或补贴；培育新兴产业的

市场需求。对可应用于公共领域的新兴产业产品进行政府采购，如节能工程、节能产品等惠民工程等；结合现有高等院校和科研机构以及辽宁产业特点，支持若干院所加强学科建设或建立新学科和新专业，谋求未来竞争力。

（2）间接财政扶持政策。建立辽宁新兴产业创业投资引导基金。由省财政出资各相关部门配合并吸引社会资金建立新兴产业创业投资引导基金，重点向本省注册的创业期中小企业投资；建立新兴产业人才培养基金，用于培养熟练技术工人、工程师和科学家等。

（3）财政政策工具的选择与整合。适应区域经济特点和产业发展规律的财政政策体系，能最大限度地发挥政策的统筹调控作用。支持新兴产业发展的财政政策也应该适应新兴产业不同的创新形态和创新阶段，进行组合应用，如表 10-4 和表 10-5 所示。

表 10-4　财政支持新兴产业发展方式

扶持方式	短期扶持	长期扶持
直接扶持	重点企业、重点技术、重点产品	应用基础研究及其机构
间接扶持	创业投资、人才培训、科技咨询	公共服务技术平台、中小企业孵化平台

表 10-5　对不同创新阶段新兴产业支持方式

创新阶段		支持方式
产品生命周期	萌芽期	加大对研发项目的税前抵扣
	成长期	引导风险投资、创业担保
	成熟期	对技术研发项目的税收优惠
企业生命周期	初创期	财政补贴奖励、创业投资引导基金投资、创业担保
	成长期	税收优惠政策、风险投资
	扩张期	研发项目税收优惠、再投资激励、金融扶持

（4）政策工具整合。据可查的辽宁涉企财政政策中，关于税收优惠的有10 项，关于中小企业发展的有 7 项，关于技改的有 9 项。其中，技改类的财政政策包括产业技术研究与开发资金、促进中小企业发展的政府采购、自主创新产品政府首购和订购、技术贴息资金、"五点一线"沿海经济带园区产业项目贴息、科技专项资金、科技型中小企业技术创新资金、专利技术转化资金、企业技术中心专项资金 9 项。这些政策体系比较分散，无法形成政策合力。因此，建议对各种财政和税收优惠政策进行整合，对包括新兴产业在内的辽宁高技术领域产业协调支持，重点倾向新兴产业。

确定辽宁新兴产业基地范围，建议以 2009 年为基数，对新兴产业基地上缴地方的增值税、营业税、企业所得税、个人所得税和房产税，省财政可考虑一定程度的优惠返还。对于新兴产业企业，给予一定所得税优惠。建议对新兴产业企业实施包括研发加速折旧等税收优惠政策。

（5）金融政策。对于利用资本市场进行融资的企业给予奖励。鼓励银行信贷向新兴产业倾斜。省中小企业信用担保中心对符合条件的中小新兴产业企业贷款优先提供担保。鼓励并支持申请中小企业发集合债。

第十一章　光伏产业的发展前景及辽宁的优势与潜力

　　光伏产业具有经济效益好、投资回收快、市场前景广阔等特点，备受瞩目与关注。作为辽宁未来重点扶持和发展的战略性新兴产业之一，省委、省政府提出到"十二五"末期，将光伏产业打造成为具有千亿元产值规模的先导产业。根据已有基础和优势，以及对未来发展趋势的分析，可以认为，只要能够在重点领域和关键环节取得突破，坚持以政策效应激发市场活力，不断促进产业快速集聚与升级，那么实现千亿元光伏产业的目标是可能的。

一、光伏产业前景广阔

（一）发展势头方兴未艾

　　目前，煤、石油和天然气等传统能源日益枯竭，我国已探明的煤炭、石油储量仅够开采几十年，难以支撑作为二次能源的电力生产。2011 年 3 月，由于日本地震和海啸引发的核电站安全危机给能源行业敲响了新的警钟，安全的可再生清洁能源应该成为未来能源的首要选择。太阳能兼具可再生和使用安全等特点，将逐步替代传统能源，迎来新一轮快速增长如图 11 - 1 所示。

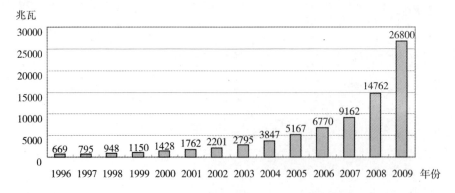

图 11 - 1　1995 ~ 2008 年全球光伏市场装机容量

　　最近 10 年，世界太阳能电池产量平均增长率为 40%。专家预测，到 2030 年太阳能光伏发电将替代传统能源的 10%，到 2040 年替代 20%。截至 2009 年底，世界光伏系统累计安装容量已经达到 26.8 吉瓦（1 吉瓦 = 1000

兆瓦）。预计到2015年，全世界光伏太阳能电池的装机容量可达50吉瓦，如图11-2所示。

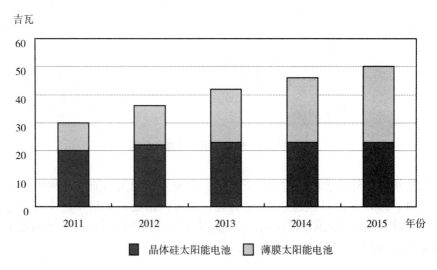

吉瓦

图11-2　全球太阳能电池需求预测

　　国家已经开始重视光伏太阳能发电对传统能源的替代作用，加大了光伏太阳能电站的建设力度，并推出一系列扶持政策。根据《国家可再生能源发展规划》，我国光伏发电的装机容量规划到2020年将达到20吉瓦，国内市场的需求也将面临急剧增长。此时，省委、省政府提出打造千亿元光伏产业集群的目标，具有重要的战略意义。

　　（二）产业格局"两头在外"

　　光伏产业链从上游到下游，主要包括金属硅、多晶硅、单晶硅、硅片、电池及电池组件等生产环节，以及电站应用等市场应用环节。在生产环节，从上游多晶硅到下游电池组件，技术门槛越来越低，利润则主要集中在多晶硅生产环节。目前，我国光伏产业链呈现"两头在外"的发展格局（见图11-3，图中阴影节点是外国垄断的生产及应用环节）。

　　一方面，光伏产业链前端多晶硅提纯过程在国外进行，其生产技术掌握在美、日、德3个国家的7个公司手中，形成技术封锁和市场垄断。我国虽有丰富的硅石资源，但缺乏提炼技术和装备，只能将硅石出口到国外，由外国企业提炼成多晶硅，再出口到国内。多晶硅提炼过程利润占整个光伏产业链利润总额的52%，硅片、电池、电池组件的利润分别占13%、17%和18%，产业链利润大部分被国外企业获取。

　　另一方面，光伏产业链末端的电池组件大部分被国外购买，市场波动和

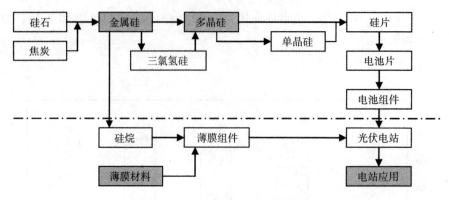

图 11 - 3　光伏太阳能电池产业链

产品价格被国外需求市场控制。近年来，我国生产的太阳能电池 90% 以上销往国外，2009 年出口额超过 71 亿美元，而国内市场需求量不足全国产量的10%。欧洲是光伏太阳能电池的主要消费地区，其中德国和西班牙的装机容量最大，如图 11 - 4 所示。

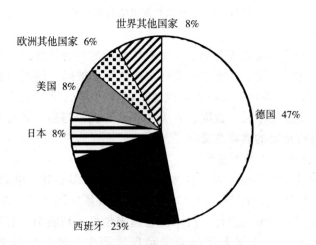

图 11 - 4　2007 年世界光伏系统安装市场情况

"两头在外"的产业格局为辽宁发展光伏产业提供了重要启示：一是充分利用辽宁多晶硅提炼技术的研发优势，攻破提炼技术，大力发展多晶硅产业，将辽宁打造成为中国多晶硅生产基地，解决整个中国光伏产业面临的"瓶颈"问题；二是针对外向型市场需求的现状，应大力推广省内光伏产品的应用工程，解决企业受制于外的问题，为做大辽宁光伏产业提供市场牵动力。

（三）三种技术各具优势

太阳能光伏可分为单晶硅、多晶硅和非晶硅薄膜 3 种技术，各种技术分别具备不同特点，如表 11 - 1 所示。

表 11 - 1　不同类型太阳能电池的特点

电池类型	转换效率	成本	用途	市场	技术成熟度
单晶硅	最高	最高	电站	主导地位	技术成熟
多晶硅	居中	居中	电站、光电建筑	潜力大	技术刚起步
非晶硅	较低	最低	电站、光电建筑	潜力巨大	技术刚起步

单晶硅太阳能电池转换效率最高，技术也最为成熟，目前的转换效率达 15% ~ 19%，其生产和应用规模在三种晶硅电池中占据主导地位。但由于单晶硅原料价格高，大幅度降低成本非常困难，为节省硅材料，发展多晶硅薄膜和非晶硅薄膜电池作为其替代产品。

多晶硅薄膜电池成本和转换效率比单晶硅电池低，高于非晶硅薄膜电池。目前，规模化生产的产品转换效率约为 10%。因此，多晶硅电池技术升级的方向是提高其转换效率，如能将转换效率再提高一些，加上自身低成本优势，能以较高的性价比在太阳能电池市场上占据主导地位。

非晶硅薄膜电池能耗最少，成本最低，生产工艺最简单，具有极大的发展潜力。但受限于材料，稳定性不高，转化效率一般，直接影响到实际应用。目前，非晶硅薄膜电池的研发已经取得一系列进展，并开始积极推进生产线和示范项目的建设。其中，碲化镉薄膜电池实验室效率最高达 16.9%，硒镓铟铜薄膜电池实验室效率最高达 19.9%，但工业生产中的转换效率远低于实验室。如果能进一步解决稳定性和转换效率问题，非晶硅薄膜电池无疑是光伏产业发展的替代性产品。

随着非晶硅薄膜电池技术逐渐成熟，预计未来几年薄膜太阳能电池需求增长速度将快于晶体硅电池，形成与晶体硅电池平分市场份额的状况，如图 11 - 5 所示。

我国薄膜太阳能电池的研发刚刚起步，技术尚不成熟，产业化规模很小。江苏尚德、晶澳、常州天合、CSI 阿特斯等国内的几个龙头企业，全线主攻的都是成熟的晶硅太阳能电池组件。涉足（CIGS、晶硅及非晶硅、碲化镉）薄膜太阳能电池制造领域的企业很少，其生产规模也不大。

光伏太阳能电池的产品特征和市场需求趋势为辽宁光伏产业发展提供了方向，即在单晶硅和多晶硅电池领域继续扩大生产规模，抢占市场份额，以满足日益增长的国内外市场需求；积极培育和研发薄膜太阳能电池，抢占光伏市场的制高点，以便技术成熟后迅速占领市场，实现辽宁光伏产业的跨越

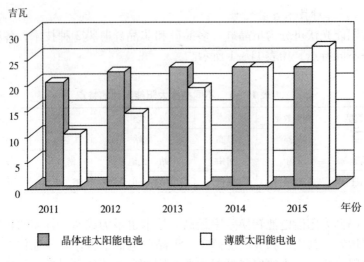

图11-5　全球不同类型太阳能电池需求预测

式发展。

（四）产业潜能有待挖掘

逆变器是将光伏电池产生的低压直流电转变成220伏交流电的电子设备，是光伏产业中最后一个规模巨大且没有被充分挖掘的富矿。据测算，逆变器目前市场规模为430亿元，主要被SMA等欧美大企业把持。2015年，即使考虑价格下降的因素，市场规模也在千亿元左右，是光伏零部件中为数不多的能够超千亿元的细分子行业，将催生数个超百亿元的大型企业。目前，国内逆变器产业刚刚起步，发展机会均等。辽宁在招商引资和产业规划中，应抓住这个机遇，重点发展逆变器行业，力争占据全国1/5的市场份额，即达到200亿元的产值规模。

二、辽宁具备发展光伏产业的基础条件

与其他省份相比，辽宁具备发展光伏产业的基础，在技术、人才和资源等方面有比较优势。大连拥有丰富的硅石资源，是晶体硅提纯的主要原料，也是光伏产业链的"源头"。位于庄河北部的蓉花山镇，已探明的硅石资源储量为1.2亿吨，硅含量高达99.8%，硅石储量和含量均居全国第一位。

（一）集群态势业已显现

锦州是辽宁光伏产业发展的龙头，市政府将光伏产业作为支柱产业来发展和扶持。已经开始建设的锦州龙栖湾光伏产业园是辽宁发展光伏产业的主要基地，园区规划面积为13.6平方公里，位于辽宁沿海经济带，享受"五点一线"的优惠政策，为光伏产业发展创造了有利条件。目前，全市共有光伏企业及相关配套企业32家，其中具备生产能力的企业24家，2010年实现产

值 100 亿元；新注册光伏企业 8 家，分别从事晶硅太阳能光伏电池及配套产品的生产。锦州还引进了光伏玻璃、TCO 镀膜玻璃、非晶硅薄膜电池、聚光电池、CIGS 薄膜电池等生产企业，初步形成全系列太阳能电池同步发展的良好态势。

另一个产业集群位于庄河光伏产业园，园区规划面积 20 平方公里，一期规划 10 平方公里，已经有大连华原光伏科技等企业参与园区规划，将形成从太阳能电池片、封装到系统集成、组件产品应用等一系列的产业链。大连市正在启动《太阳能光伏产业发展的三年行动计划》和《太阳能光伏产业发展"十二五"规划》编制工作，明确大连太阳能光伏产业发展的空间布局、技术选择和发展方向。同时，大连市政府还确定了发展规划、组织协调、空间布局、产业政策、融资机制、技术创新、人才机制和重大项目八大任务。

（二）产业规模迅速扩张

"十一五"期间，辽宁光伏产业取得了较大的发展。光伏企业数量逐年增加，产能持续扩大，行业产值由 2005 年初的 5 亿元增加到 2010 年底的 100 亿元。锦州光伏产业主要产品的产能为多晶硅 4000 吨、单晶硅 4000 吨、硅片 1.6 亿片、太阳能电池 200 兆瓦、电池组件 250 兆瓦。2011 年，锦州推进重点项目 17 个，其中产业项目 15 个，应用电站项目 2 个，项目总投资 200 多亿元，全部达产后，可新增产值 512.2 亿元，利税 87.6 亿元。

大连光伏产业发展呈现良好态势，上游特种气体的生产已经形成规模，TCO 特种导电玻璃进入产业化阶段，电池组件项目进入试生产，光伏应用产品开发和配套产业已经起步，产业园区规划和建设工作开始着手进行。另外，由大连华原光伏科技有限公司出资建设的国家光伏中心东北产业化基地项目，也已正式落户大连长兴岛工业园区，一期投资 3.4 亿元。

（三）"源头"技术国内领先

辽宁光伏产业技术进步迅速，已经拥有一批自主创新的专利技术。在诸多创新成果中，以高温熔炼法（即物理法）提纯多晶硅技术的意义最为重大，市场前景最为广阔。如果该技术实现产业化，将解决辽宁乃至全国光伏产业发展的瓶颈问题。

近几年，辽宁在高温熔炼法提纯多晶硅领域已经取得令人瞩目的技术突破，多项技术成果达到国际先进水平。锦州新世纪石英公司与中科院合作研发的"物理法生产太阳能级多晶硅生产工艺"，率先采用国际先进的能量束手段对多晶硅进行物理提纯，有效地降低了硼磷含量，生产的多晶硅产品纯度在物理法提纯领域已经达到国际先进水平，转换效率达到 17.5%，与传统的西门子方法相比具备明显的成本优势，获得了国家发明专利，具备完全的自主知识产权，设备全部实现了国产化。

大连理工大学谭毅教授是国内高温熔炼法制备高纯多晶硅方面的专家，

他运用物理法制备的 5N 级多晶硅（N 表示多晶硅的纯度，N 越大多晶硅的纯度越高，电池的转换效率越高），已完成实验室阶段，正准备进行成果产业化。该创新成果使得辽宁在多晶硅提纯领域处于国内领先地位。

在其他技术研发方面，辽宁已形成了低成本物理法炼硅、超薄硅片切割、大功率逆变器等一批国内领先的核心技术，同时还引进了完整的非晶硅高效薄膜太阳能电池生产技术、聚光电池生产技术、TCO 基板玻璃成套工艺技术等一批核心技术，打破多年来国际市场的垄断，初步形成"多个研发中心齐聚，多条技术路线并进，多种产品产出"的格局。

（四）创新体系初步形成

辽宁光伏产业的科研实力和基础居于全国前列，是辽宁加快产业发展、提高产业竞争力的根本保障。在科研基础方面，大连理工大学于 2008 年 12 月成立辽宁省太阳能光伏系统重点实验室，主要研究方向为物理法（也叫冶金法）制备太阳能多晶硅、薄膜材料电池研发、染料敏化电池制备、材料分析检测等。实验室拥有固定资产 1200 万元，自行研制了国内首台双电子束熔炼设备、真空感应熔炼设备、真空碳管炉、多晶硅镀膜设备等关键设备。以该实验室为基础的大连太阳能电池研发中心（包括公共技术创新平台和公共测试平台）已经开始启动建设，该研发中心立足于科学研究和技术攻关，为行业进行技术研发和人员培训，承担国家重大技术攻关课题，并将研究成果和专利向企业转让。此外，辽宁工业大学光伏学院和渤海大学新能源学院，也将不断为辽宁光伏产业发展提供人才输出。

在产学研合作方面，锦州阳光能源公司与大连理工大学合作成立的太阳能技术研发中心，主要研究工作围绕光伏材料的制备与沉积机理研究、硅基光伏电池研究、GaSb 热光伏电池研究、有机柔性薄膜电池研究、光伏材料与器件的表征与分析技术等方面展开。2009 年，辽宁省教育厅与锦州市政府签订高校与产业集群对接合作框架协议，形成人才培养、科技开发及其他服务的长效合作机制。锦州建立了光伏产业研发中心，鼓励省内高校向锦州光伏企业进行成果转让，并在技术研发和市场开发等领域开展合作。锦州市政府与中科院电工所经过深入洽谈和沟通，联合申报先进能源技术领域"智能电网关键技术研发"重大项目课题——"高密度多接入点建筑光伏系统并网与配电网协调关键技术"示范基地项目，还与中国建筑设计研究院合作申报重大项目课题——"建材型光伏构件制造与测试关键技术及装备"示范基地项目，这两个项目已经列入国家"863"重大科技专项。

三、坚持抢占先机、突出重点的推进策略

今后五年是辽宁光伏产业发展的关键时期，能否及时抢占产业发展制高点，有效释放辽宁在光伏产业发展中的潜能，既取决于我们的决心，更取决

于政策支持的力度。应尽快出台辽宁"十二五"光伏产业发展专项规划，制定光伏产业发展指导目录，针对目前辽宁产业链中薄弱的多晶硅提炼、逆变器、多晶硅电池和非晶硅薄膜电池等生产环节进行重点招商和培育。

（一）坚持项目带动，提高招商效率

项目是产业发展的核心。锦州和大连应分别成立专门的招商小组，建立招商协调联动机制，统筹协调招商工作。实施定向招商、以商招商，吸引国内外大型光伏企业入驻光伏产业园区。按照产业链的布局，引进不同生产环节的龙头企业和研究机构。

受到国外市场需求变动和原材料价格周期性变化影响，光伏产业新建项目必须要抓住市场时机，保证及时开工和按期产出。一旦错过进入市场的最佳时机，将会给企业的经营发展带来极大困难。目前，一个新建光伏项目大概需要几十个审批环节，审批时间至少在半年以上，难以满足产业发展需求。因此，必须简化审批流程，提高项目审批效率，为光伏项目招商引资和项目建设开辟"绿色通道"，需要市级政府相关部门审批和评估的环节，实施企业基本信息一次提交，由市主管部门统一协调，集中进行流程化办理；需要省政府相关部门审批的项目和环节，统筹安排，优先办理。

（二）鼓励自主创新，加大重点技术的科技攻关

"十二五"期间，政府每年从节能资金和科技资金中分别安排部分专项资金用于扶持光伏产业发展，重点资助产业科技攻关和重大技术开发项目，奖励重大科技成果，尤其是加大产业链"源头"多晶硅提纯技术和非晶硅薄膜电池的科技攻关力度。支持大连理工大学和新世界石英玻璃公司联合建设"辽宁省多晶硅提纯重点实验室"，每年给予经费支持，将辽宁打造成为中国多晶硅生产和研究基地。充分利用大连理工大学光伏太阳能重点实验室、太阳能电池研究中心、中科院大连化学物理研究所太阳能科学利用研究部的基础和优势，通过科技立项和产学研合作，为非晶硅薄膜电池的培育和发展提供科技支撑。

（三）优化产业布局，力争形成"三个生产基地"

辽宁光伏产业链以单晶硅生产最强，其他环节如多晶硅提纯、电池组件、生产装备等产业链环节规模较小，产业布局也仅仅有辽南庄河和辽西锦州两个基地。从构建全产业链角度看，两个基地有些势单力薄。下一阶段，应遵循错位发展、打造全产业链的思路，在加快锦州龙栖湾光伏产业园和大连庄河光伏产业园建设的同时，以葫芦岛和朝阳为重点发展多晶硅提炼、逆变器、电池封装组件等配套产业，在辽西一带形成更大规模的光伏产业集聚，从而在全省范围内建立三个主要生产基地，即太阳能电池生产基地、高纯多晶硅原料生产基地和光伏逆变器生产基地。围绕"三个生产基地"开展招商引资和产业布局，力争到2015年，分别实现500亿元、300亿元和200亿元的产

值规模。

与江苏、山东等省份规划的生产基地不同，辽宁三个生产基地都处于产业链中高技术、高附加值的生产环节，属于创新型产业集群的范畴。因此，在每个基地内，鼓励高校和科研院所与企业成立至少 1 个以上的研究所和研发平台，政府给予资金和项目支持。

（四）强化市场拉力，实施"四项应用计划"

实施阳光屋顶计划。选择有条件的居民小区、工业区以及政府投资的公共建筑，开展太阳能屋顶并网发电示范应用工程，以沈阳为试点，同时鼓励其他各市进行推广。

设立光伏产品应用示范计划。选择政府机关、省高速公路，使用太阳能照明和户用电源系统产品，扩大太阳能商业应用市场。商品住宅、商业建筑安装太阳能设备及光伏产品的企业，可以获得政府补助，包括减免税收和补贴安装成本。

建设太阳能光伏电站计划。积极承建"国家光明西部无电乡通电工程"等，建设不同功率的光伏电站，建立光伏发电标准。省财政和市财政拿出一部分资金，用于补贴光伏电站并网发电项目。

建立半导体发光工程计划。以大连庄河为试点，利用大连拥有中国长江以北唯一的国家半导体照明工程产业基地的有利条件，积极开发和生产太阳能路灯、庭院灯、草坪灯、户外电源等应用太阳能照明和户用电源系统产品。

第十二章　天然气分布式能源在辽宁的应用前景及工作建议

天然气分布式能源具有能效高、清洁环保、安全性好、削峰填谷、经济效益好等优点。国家《关于发展天然气分布式能源的指导意见》提出，在"十二五"期间建设1000个左右天然气分布式能源项目，到2020年，在全国规模以上城市推广使用分布式能源系统。辽宁应把握时机，提前规划，支持天然气分布式能源发展，促进经济发展与生态环境和谐共生。

一、天然气分布式能源的内涵及其优势

（一）天然气分布式能源的内涵

《关于发展天然气分布式能源的指导意见》（发改能源〔2011〕2196号）指出："天然气分布式能源是指利用天然气为燃料，通过冷热电三联供等方式实现能源的梯级利用，综合能源利用效率在70%以上，并在负荷中心就近实现能源供应的现代能源供应方式，是天然气高效利用的重要方式。"具体而言，燃气热电冷三联供系统，是以天然气为燃料，利用小型燃气轮机、燃气内燃机、微燃机等设备将天然气燃后获得的高温烟气首先用于发电，然后利用余热在冬季供暖，在夏季通过驱动吸收式制冷剂供冷，同时还可提供生活热水。这充分利用了排气热量，实现能量的梯级利用，大量节省了一次能源，因此提高了能源的综合利用效率。

（二）天然气分布式能源的优势

（1）显著提高能源利用效率。我国目前的能源利用效率仅为33.4%，而世界平均水平为43%，发达国家高达52%~55%。大型燃煤超超临界发电机组热效率最高也不超过45%，燃气轮机联合循环热效率不超过57%。天然气分布式能源系统能源利用效率一般可以达到60%~80%，最高的接近90%。

分布式能源另一个节能效应体现在输配电方面。在传统的集中式能源系统中，以8%~10%的输电线损计算，我国每年输电线损达3个三峡水电站全年的发电量。而分布式能源系统建在用户附近，大大减少供电线路损失，减少了大型管网和输配电的建设和运行费用。对用户而言，比向电网购买高价电力和单纯使用高价天然气供热有更好的经济效益。

（2）大幅减少污染物排放，净化环境。我国以煤为主的一次能源结构造成了严重的环境污染，二氧化硫排放总量的90%都来自于燃煤。天然气分布

式能源二氧化硫和固体废弃物排放几乎为零，二氧化碳排放量减少 60% 以上。随着西气东输二线广州—深圳段支干线的贯通，土库曼斯坦天然气已成功抵达深圳。按相关测算，"十二五"期间，40 亿立方米的天然气到达深圳后，仅仅通过电厂和工业燃油锅炉的"油改气"工程和汽车油改气，深圳每年减少的二氧化碳排量就超过 700 万吨。

天然气分布式能源站还可美化环境。燃煤热电联产供热机组需要修建 210~240 米高的烟囱，影响城市美观和居民生活，而燃机天然气机组的排气烟囱仅为 40 米左右，还可在外形设计上进行美化装饰，成为独特的城市景观，提高民众接受度。

（3）双重削峰填谷，降低运营成本。天然气分布式能源系统能够轻松实现天然气管网和电网双重削峰填谷作用。夏季和冬季电力负荷高峰期，采用天然气分布式能源系统可解决冬季供暖、夏季供冷的需要，减少空调电耗需求，同时可提供一部分上网电量，减少电力设施的峰值装机，降低电力峰荷，具有电力调峰作用。分布式能源因起停快速、安全、可多次起停机的特点，也可以用于电力日调峰。此外，夏季天然气消耗处于较低水平，天然气分布式能源系统可以缓解天然气供应的季节性，增强供气系统的安全性，降低初期设施的投资及天然气管网的运营成本。

（4）应对突发事件能力强，保证能源安全。目前的供电系统是以大机组、大电网、高电压为主要特征的集中式单一供电系统，电网中任何一点的故障都会对整个电网造成较大影响，严重时可能引起大面积停电甚至全网崩溃。分布式能源系统可弥补大电网在安全稳定性方面的不足。直接安置在用户附近的分布式发电装置与大电网配合，可大大提高供电可靠性，在电网崩溃和意外灾害情况下，可维持重要用户的用电。另外，在电网无力覆盖的边远地区和其他公用事业领域，分布式能源系统可在很大程度上减轻发电和输配电部门的压力。

（5）使用成本较低，凸显效益优势。天然气分布式能源系统不仅节能、高效、环保，与其他能源相比，还能体现出低成本的优势，间接贡献经济效益。一是它能够就地选址，靠近负荷，占地小，初次投入相对较低，且不用很长的输电线，减少能量输送损失。二是分布式能源系统实现了冷热电的综合高效供给，与从外部购买热能、冷能和电能相比，成本较低，节省的开销则可视为用户投资建设分布式能源系统的回报。例如，四川成都花园酒店热、电、冷三联供分布式能源站，每年为酒店节省 420 万元。

二、国内天然气分布式能源将迎来快速发展期

（一）国外分布式能源发展状况昭示了其潜力远景

自 20 世纪 80 年代以来，由于分布式供能技术在能源利用效率、环境保

护等方面的优势，逐渐被发达国家所接受。政府通过规划引导、技术支持、优惠政策以及建立合理的价格机制和统一的并网标准，有效推动了分布式能源发展。美国分布式能源系统非常普遍，已建成6000多座分布式能源站，年发电量约为1600亿千瓦时，占全国总发电量的4.1%。计划到2020年，50%新建商用建筑和15%的现有商用建筑将采用微型热电冷联产系统（Combined Cooling Heating and Power，CCHP），分布式发电装机容量占全国总用电量的29%。欧洲的丹麦、荷兰、芬兰等国，分布式能源发展处于世界领先水平，其发电量分别占到国内总发电量的52%、38%、36%。整个欧盟的分布式能源占比约10%。

（二）天然气管网建设为发展天然气分布式能源提供了基础支撑

由于中国天然气储备和分布的原因，天然气的利用曾受到很大限制。目前，这种尴尬局面大有改善，天然气分布式能源系统发展的基本条件已相对成熟。第一，常规与非常规天然气（煤层气/页岩气）储备充足。中国是继俄罗斯、加拿大之后的第三大煤层气储量国，与陆上常规天然气资源量相当，开发利用前景极为广阔。第二，随着西气东输、川气东送等一系列工程的建设，国内天然气管网基本形成。源自中亚、缅甸、俄罗斯等的天然气进口管道也正在加紧建设。第三，LNG接收站快速建立。截至2012年，在我国沿海城市建立12个LNG进口接收站，总量3500万吨，相当于两条西气东输管道的总量。

（三）国家政策大力支持，各项制约正在消除

2011年，发改委、财政部、住房和城乡建设部、国家能源局联合下发《关于发展天然气分布式能源的指导意见》（以下简称《意见》），提出"到2020年，在全国规模以上城市推广使用分布式能源系统，装机规模达到5000万千瓦"，之后，国家能源局油气司委托相关协会制定《意见》的实施细则。《分布式发电管理办法（征求意见稿）》和《分布式发电并网管理办法（征求意见稿）》近期有望完成初稿修改，上报国家能源局。同时，今年我国将开展竞价上网和输配电价格改革试点等改革内容。国家有关政策的出台，将在很大程度上消除体制机制障碍，释放天然气分布式能源的发展潜力。

（四）国内各省市纷纷布局分布式能源

全国已建成40多个天然气分布式能源项目，受国家政策鼓励，在建项目众多。广东、上海、北京等地在国家《意见》出台之前，已经对天然气分布式能源的优势和发展前景给予了充分重视，并采取了一定支持政策。广州大学城分布式能源站是目前国内最大的天然气分布式能源项目，2009年即投入使用，在亚运会期间发挥了重要作用。2012年1月，清远华侨工业园、江门沙堆两个分布式能源项目双双获得广东省发改委批复。上海2004年便开始推进天然气分布式能源，2005年将浦东机场、华夏宾馆等作为分布式供能系统

的试点单位。截至 2010 年，全市建成以及在建的分布式能源项目有 20 多个。北京是最早推广使用燃气冷、热、电三联供的城市之一，近几年先后完成了蟹岛生态园等 10 余项三联供项目。2012 年 2 月，北京燃气能源发展有限公司成立，标志着北京将广泛应用分布式能源。

自国家意见出台之后，各地区纷纷将发展天然气分布式能源提上日程。天津、河北、山东、江苏、浙江、广西、湖北、江西、陕西、辽宁等省市区都与华电等公司签订了分布式能源项目的开发协议。目前华电新能源公司在江西九江城东港区、河北迁安、天津北辰、南宁华南城的项目已取得核准并开工建设。

（五）广泛的应用领域为分布式能源提供了发展空间

天然气分布式能源站因其诸多优势而有广泛的应用领域，归纳起来主要是两大类，即区域式和楼宇式。区域式（Combined Cooling Heating and Power，CCHP）是在大型企业群或商业等集中区域建立的分布式能源站；楼宇式（Building Cooling Heating and Power，BCHP）是在用户附近或者直接与建筑物集成在一起所建的能源站。典型用户如城市商业中心、公用事业单位（如机场、医院、大学）、各类产业园区、新开发的城区和房地产小区、替换小型柴油机电站、替换燃气轮机电站、替换城区内以燃煤为主的热电厂等。广州大学城项目和北京燃气集团大楼项目分别代表了区域式和楼宇式两类典型应用，均取得了良好的经济效益和环境效益。广州大学城项目与同规模常规燃煤发电厂相比，氮氧化物排放减少了 80%，二氧化硫总悬浮颗粒物（Total Suspended Particulate，TSP）的排放几乎为零；二氧化碳排放减少了 70%。北京燃气集团大楼项目节能率为 20.4%，年减排二氧化碳 77.8 吨；中心大楼所在区域市网数次停电，但大楼仍正常运行。

三、辽宁发展天然气分布式能源的意义重大

（一）为"气化辽宁"战略增添新保障

辽宁与辽河油田合作实施了"气化辽宁"工程，先后建设了北京—秦皇岛—沈阳、大连—沈阳的天然气管道，沈阳—铁岭—哈尔滨的天然气管道也正在建设中，形成的"人"字形的架构已经搭起了辽宁省天然气的主干网络。"气化辽宁"工程规划建设 60 多条主线、支线输气管道，总延长里程达3000 多公里。工程完成后，天然气将送到全省各个区域，不但方便居民生活，而且从根本上降低污染排放，提升空气质量。分布式能源是利用天然气的最好途径，恰与"气化辽宁"的目标相契合。目前，沈阳正在实施燃煤锅炉改造工程，环保部门也积极倡导沈阳市工业、商业项目以燃气能源为主，这与发展天然气分布式能源相吻合。如果全省推广天然气分布式能源，必将大大提升全省人民的生产生活质量。

（二）降低能耗，优化能源消费结构，保障能源安全

中国的一次性能源以原煤为主，而辽宁的能源消费中原煤所占比重更大（见表12-1），这使得辽宁能源消费结构十分脆弱，对可能发生的原煤、原油紧缺和价格上涨等风险缺乏抵抗力。近年来，辽宁煤炭供需缺口越来越大，调入量逐年增加（见图12-1），已成为辽宁经济持续发展的重要制约因素。

表12-1　2009年中国与世界能源消费结构的比较

单位：%

	原煤	原油	天然气	其他
世界	29.4	34.8	23.8	12.0
中国	70.0	17.8	3.9	8.3
辽宁	73.3	23.7	1.8	1.2

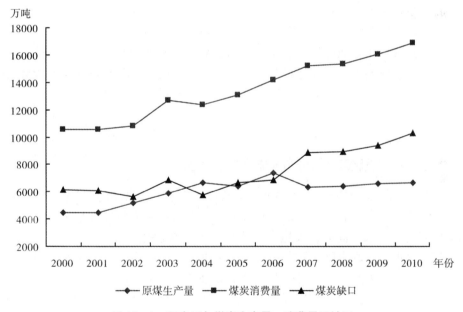

图12-1　辽宁历年煤炭生产量、消费量及缺口

辽宁GDP能耗较高，2010年每万元GDP消耗1.38吨标准煤，高于全国1.03吨的水平，在全国排在第22位。国家要求辽宁到2015年单位GDP能耗比2010年下降17%。要优化辽宁能源消费结构，完成节能目标，必须提高能源利用效率，推广高效节能的天然气分布式能源为此提供了保证。

（三）减少污染排放，实现经济与自然和谐共生

按国家要求，辽宁到2015年，化学需氧量和二氧化硫排放总量分别比

2010 年下降 9.2% 和 10.7%；氨氮和氮氧化物排放总量分别比 2010 年下降 11% 和 13.7%，但辽宁制定了高于国家规定的减排目标，即化学需氧量、氨氮、二氧化硫下降 12%，氮氧化物下降 15%。还要从根本上控制 PM2.5 超标和城市降尘量超标等大气污染现象的发生，中部城市群 8 个城市将开始对 PM2.5 浓度进行监测并对外发布数据，可见辽宁"十二五"期间环保任务艰巨，而天然气分布式能源在减少二氧化硫、二氧化碳、氮氧化物、烟尘、固体废弃物排放以及节约用地和用水方面效果显著。根据华电新能源公司的一项实验数据，在沈北新区建 5 台 6FA 燃机天然气机组，就可以达到 2 台 350 兆瓦超临界热电联产供热机组的效果，每年减少的能耗相当于 40 万吨标准煤。2 台燃煤机组每年排放的二氧化硫、氮氧化物、烟尘分别为 798 吨、1359 吨、198 吨，二氧化碳为 215 万吨，而 5 台燃机天然气机组的排放物仅为水蒸气、少量二氧化碳，氮氧化物年排放量仅 270 吨。可见，在全省推广天然气分布式能源，对于完成国家规定的节能减排目标有重要意义，还会使环境质量从根本上改观。

（四）带动新能源产业发展，促进产业结构优化升级

天然气分布式能源系统不仅是一场能源技术和能源利用方式的变革，也是新能源产业的组成部分，其发展还会带动高端能源设备产业和能源服务行业的兴起。新能源产业是辽宁战略性新兴产业发展的重点之一，天然气分布式能源不仅为辽宁经济发展提供能源支撑，提高经济的"绿色"程度，而且其本身也会成为重要增长点，为辽宁产业结构优化做出贡献。

四、辽宁发展天然气分布式能源的制约因素

（一）天然气供应量和价格直接影响天然气分布式能源发展

天然气分布式能源系统以天然气为主要原料，对天然气供给量、供给稳定性有较高要求。同时，天然气的供给价格直接决定了供暖、供电、热水、蒸汽、冷水、空调冷风的成本和售价，这决定了居民用户和工业用户能否承担，进而影响天然气分布式能源能否顺利推广。目前，许多省份都在积极设法利用天然气，例如吉林也提出"气化吉林"战略，计划到 2015 年末，各县及县级以上城市，天然气管道（管线）笼罩率将到达 100%。对天然气资源的争夺，必然影响天然气价格。辽宁必须早做准备，在已有基础上继续完善天然气管网建设，加强与中石油的合作，增加天然气供给量和储备。

（二）对天然气分布式能源认识不足

过去因国家政策等因素制约了天然气分布式能源的发展，但一些地区确实在国家出台指导意见之前就已先行先试。这既取决于地方经济社会需求，也与政府的观念和认识有关。一是对天然气分布式能源的内涵、特征和作用不了解或认识不充分，耽误了发展。二是在园区建设、项目引入中，多顾眼

前经济利益，忽略长远综合效益，为了快上项目，而仍然采用传统能源供给方式，缺乏长期、系统、综合性的规划。

（三）缺乏政策支撑

这不仅是辽宁的问题，而且也是全国的问题。国家虽然出台了《意见》，但配套的实施细则尚未出台。我国天然气分布式能源发展仍处于起步阶段，与单纯的燃煤发电相比，建设成本和运营成本相对较高。从国际经验来看，在这个阶段，政策扶持对产业发展至关重要，而相应的政策不到位，天然气分布式能源具有的诸多优势就难以充分体现，产业就难以尽早突破发展瓶颈，进入快速发展阶段。

（四）并网困难

这一问题直接影响了项目的经济效益和投资的积极性，制约了分布式能源的快速发展，究其原因主要是分布式能源侵蚀了电网企业的利益，表现在对其优质市场的替代，同时导致电网设施负载率的降低，尤其在当前电力体制和电网业绩考核机制下，电网企业支持分布式能源发展的内在动力不足。在国家《意见》出台之后，这一情形有所改变，各大电力企业对分布式能源的态度由消极转变为积极，但国家有关分布式能源的并网、上网政策尚未出台，各地区难有所行动。

（五）相关配套产业不发达

天然气分布式能源涉及许多行业，除了主要的电力、燃气等行业外，还涉及诸多设备生产行业、专业的能源服务行业等。在相关设备领域，如各类燃机、发电机、余热锅炉、溴冷机等，市场大多被南方企业所占领。

天然气分布式能源等新能源产业也为节能服务业提供了巨大发展空间。目前，中海油、中国华电、中广核、北京燃气等中央和地方企业均成立能源服务公司，涉足天然气分布式能源产业。未来节能服务业是现代服务业中非常重要的一块，但在辽宁尚未受到重视。

五、关于辽宁发展天然气分布式能源的建议

（一）加强对天然气分布式能源的认识和推广

虽然燃气要比燃煤贵，但如果考虑到其能源利用效率高、污染排放少、用户成本低等特点，则燃气的综合效益要远高于燃煤。天然气分布式能源系统是未来的一个发展趋势。国家已经出台了指导意见，且有关的政策正在制定中。目前许多地区也已行动起来，与有关公司签订天然气分布式能源方面的合作协议。辽宁应重视这一发展趋势，各级政府应加强对天然气清洁能源的认识和学习。

发展天然气分布式能源，更有利于招商引资。随着国外公司更加重视节能环保，很多外资在投资时，对于基础设施方面的要求也提高，不但注重经

济效益，也注重当地的生态环境条件，而公司的环保也利于提升自身形象。一个地区良好的生态环境条件更利于吸引国际大公司。

（二）统筹规划分布式能源，予以积极的政策支持

发展天然气分布式能源关涉多个部门、多个利益相关方，需要许多配套的基础设施，必须要有科学的规划来推进和保证其实施及推广。应尽快责成有关部门专门负责天然气能源的推广工作，对辽宁发展天然气分布式能源进行可行性研究。在调研基础上，制定《辽宁天然气分布式能源发展规划》。同时，应跟踪国家相关政策，根据辽宁实际情况适时制定配套政策。如对天然气分布式能源项目予以奖励或补贴，对有关工程予以贷款优惠，对上网电价予以补贴等优惠措施。

（三）加强与电力等能源企业的合作

由于国家的重视，各大电力公司及燃气等能源企业已开始积极抢占全国天然气分布式能源市场。天然气分布式能源的发展必须依靠各级政府的大力支持，必须依靠电力公司与地方燃气等相关企业的合作。华电集团是中国天然气分布式能源领域的领先者。其参与建设的广州大学城分布式能源站作为国内目前最大的分布式能源站，受到国家能源局和各级政府的高度重视。在辽宁，华电新能源公司已与营口市、沈北新区、锦州市经济技术开发区签订了天然气分布式能源项目开发协议。其中营口项目已完成了"初可研（初步可行性研究报告）"内审，沈北新区和锦州开发区"初可研"正在编制。辽宁必须继续加强与这些电力集团的合作，支持其在辽宁建设天然气分布式能源项目，对已签订的合作项目给予鼓励和支持。

（四）选择试点示范项目，有序有力推广

国家《意见》中提出在"十二五"期间建设 1000 个左右天然气分布式能源项目，并拟建设 10 个左右各类典型特征的分布式能源示范区域。目前，一些地区正在积极争取国家示范项目，如江西九江城东港区和广西南宁东盟物流城两个项目已经由江西发改委和广西发改委分别上报国家能源局，申请列入国家分布式能源示范项目，以期获得国家支持。

目前，由于华电新能源公司已经与沈北新区和锦州经济技术开发区签订了有关合作协议，辽宁可考虑先以这两个地区为试点建设天然气分布式能源项目。沈北新区成立之时即被确立为辽宁综合配套改革实验区，后又被确立为沈阳经济区新型工业化综合配套改革的先导区，承担着"先行先试、率先突破"的重任，寄托着整个沈阳经济区的希望。发展天然气分布式能源也符合沈北建立生态新区的目标。锦州经济技术开发区是辽宁沿海经济带重点发展区域之一，是国务院批准的国家级经济技术开发区，享受辽宁及国家许多优惠政策。开发区临海，生态环境保护十分重要。辽宁可以这两个地区为切入点，发挥其体制机制优势。同时，省市区政府要大力扶持，协调电力监管、

电网公司等各方力量，开辟绿色通道，突破天然气分布式能源发展中的体制机制制约，如电网接入瓶颈等，积极促成这两个地区试点项目迅速建成，为发展天然气分布式能源探索一种崭新模式，争取列入国家示范项目。

此外，2009 年，国家电力监管委员会和工信部下发了《电力用户与发电企业直接交易试点基本规则（试行）》和《关于工业企业参与大用户直购电试点有关问题的通知》，鼓励用电大户向发电企业直接购电。辽宁可在这些政策基础上，支持电力企业建设分布式能源站为工商业用电大户进行冷、热、电三联供。

（五）优先在新建产业园区、新市镇推广使用

能源系统是生产、生活中重要的基础设施。随着沿海经济带、沈阳经济区、突破辽西北三大战略的深入推进和县域经济的快速发展，各类产业园区和新城新市镇将迎来新一轮快速建设期。但在大多数项目建设中，仍主要采用传统的能源利用方式，这可能在短期内抢得一点经济利益，但同时也会带来严重的生态环境问题。因此，对于已具备条件利用天然气的地区，应严格限制燃煤锅炉项目的审批。同时，对于新建园区、新城镇建设项目，在规划初期，就应该根据用能特点和规模，科学设计天然气分布式能源，以满足园区内企业对电能、供暖、热水、蒸汽、冷水、制冷等多方面的综合需求。

（六）依托产业优势，发展分布式能源设备制造业

根据国家《意见》，预计到 2020 年，将在全国规模以上城市推广使用分布式能源系统，装机规模达到 5000 万千瓦，初步实现分布式能源装备产业化。分布式能源装备主要包括燃气轮机、蒸汽轮机、发电机、余热锅炉、溴冷机等，其中最主要的且市值最大的是中小型、微型燃气轮机。燃气轮机不仅是分布式能源系统的重要设备，也是船舶、军舰、飞机等领域的重要设备，应用领域广阔。目前，我国燃气轮机技术还比较落后，主要是引进美国、德国、日本等国家的产品，或是与国外公司合资、合作生产。例如华电集团与美国通用电气公司在上海合资成立了"华电通用轻型燃机设备有限公司"，所产燃气轮机已用于国内一些天然气分布式能源站。

辽宁在燃气轮机的研发、生产上已经有一定基础，例如沈阳黎明航空发动机（集团）有限公司已经具备一定的燃气轮机研发、生产能力，且在 2004 年与美国通用电气动力系统集团合资组建了"沈阳通用电气黎明燃气轮机零部件有限公司"。燃气轮机与航空产业有密切联系，沈阳是国家批准的民用航空基地，浑南、沈北均积极发展航空产业，辽宁可依托这些航空产业基地，充分挖掘、整合辽宁燃气轮机的研发、生产力量，引进国内、国外有实力的公司，大力发展燃气轮机或其零部件产业。该产业若能做起来，不但能支撑分布式能源的发展，而且会提升辽宁高端装备制造业的实力。

（七）鼓励和支持省内能源服务业的发展

由于节能日益受到重视和新能源的采用，能源服务行业应运而生。天然

气分布式能源的发展离不开各种专业的能源服务公司，这不仅对于天然气分布式能源本身的发展壮大有重要作用，而且其本身即是一种新兴产业，具有广阔的市场前景。正因看到了这一商机，许多电力、能源等行业的企业已经开始建立自己的能源服务公司。例如，北京市燃气集团专门成立了致力于天然气分布式能源发展的专业公司——北京燃气能源发展有限公司。能源服务行业既是新能源产业的有机组成部分，又是现代服务业的一种。辽宁必须把握时机，积极扶持该行业发展，在掌握辽宁的能源服务市场的同时，也抢占其他地区的市场。

（八）调整学科结构，加强人才培养

发展天然气分布式能源需要多方面的人才，由于这是一个新领域，在技术、管理、商业模式等方面都不同于传统能源供给方式，现有的专业设置和人才培养还跟不上发展的步伐。因此，在辽宁大专院校与电力、能源乃至机械等相关院系，应酌情新增或加强与分布式能源相关的专业，培养各层次、各领域的专门人才，鼓励高校与有关企业或地方政府以共同办学等方式，建立供需对接的人才培养长效机制。

第四篇　提升传统产业

第十三章 延伸产业链 发展精细化工

第一节 国外精细化工行业基本情况

20世纪90年代以来，基于世界高度发达的石油化工向深加工发展和高新技术的蓬勃兴起，世界精细化工得到前所未有的快速发展，其增长速度明显高于整个化学工业的发展速度。据美国斯坦福研究院咨询公司出版的专业研究报告CEH（Chemical Economics Handbook）分析，2005年，全世界化工产品年总产值约为2.2万亿美元，其中精细化学品和专用化学品约为1万亿美元，精细化率约为45.0%。2010年，随着全球经济复苏，世界化工产品年总产值达到3.4万亿美元，较2009年增长8.8%，精细化学品的市场规模近1.5万亿美元。

一、世界主要精细化工生产国

精细化工最发达的国家和地区是美国、西欧、中国和日本，其精细化工生产规模分列前四位，中国在2005年排名第四，2009年已排名第三。2005年，上述4个区域的总销售额曾占全球销售额的85.7%，到2010年下降至80.0%。其中欧洲下降得最严重，由33.0%降至25.0%，美国由28.2%降至27.0%，日本由13.5%降至12.0%，而中国的占比由2005年的11.0%上升至2010年的16.0%，其他地区由14.3%上升至20.0%，产业转移的趋势更加明显。

按有关数据推算，2009年，美国精细化工产业销售收入约为3350亿美元，欧洲为3750亿美元，中国为2400亿美元，日本为1800亿美元。

二、国外大型精细化工生产企业

国外大型精细化工企业主要有美国的杜邦公司和陶氏化学公司，德国的巴斯夫公司、赫斯特公司和拜尔公司，日本住友化学工业公司和瑞士的汽巴精化公司等。

（一）杜邦公司

杜邦公司成立于1802年，是目前世界上最大的化学公司，拥有多项发明专利。该公司 1980 年前后才从石油化工产业大幅度地转向精细化工产业，起步较晚，发展速度却很快。该公司对通用化学品以提高质量、降低成本和提高市场竞争力为目标，20 世纪 80 年代以来，扩大了农药、医药、特种聚合物、复合材料等专用化学品的生产。2004 年初，杜邦公司卖掉了仍能获取巨额利润的石油业务和莱卡，着重发展电子和通信技术、高性能材料、涂料和颜料技术、农业与营养、安全防护五大业务范畴，通过不断追加科研投入，开拓跨业务生产领域，实现可持续发展。

（二）陶氏化学公司

陶氏化学公司成立于 1897 年。20 世纪 70 年代末，通过调整产品结构，加强了医药和多种工程用聚合物的生产，在汽车涂料和黏合剂方面有所特长。该公司 1991 年开始采用"反向研发法"，即先进行实地调查，了解顾客实际需要什么产品，然后再进行研发，这种方法可以降低研发成本，缩短研发周期，并促使新产品以更快速度进入市场。该公司每年用于研发方面的经费为 10 亿美元，但自从采用"反向研发法"后，研发成本已从占总收入的 7% 下降到 2003 年的 3%。该公司将可持续发展融入公司发展理念，致力于通过创新提高产品环保标准，使化工企业成为低碳经济的发动机，自 2000 年开始，陶氏被道琼斯全球可持续发展指数评为全球化工业界中的"可持续发展领导者"。

（三）巴斯夫公司

巴斯夫公司创建于 1865 年，是德国大型化工企业。该公司产品种类涵盖石油、天然气、保健及营养品、医药、化学品、塑料、特性产品、作物保护产品等，其中特色产品是涂料和感光树脂等。自创立伊始，该公司即将开发新技术、新产品作为发展生产和取得竞争地位的推动力。该公司每年投资于世界各地科研开发工作的经费逾 20 亿马克，为巴斯夫致力于未来发展的路向提供有力的支援。近几年，该公司侧重发展石化一体化，进一步实现了低成本优势。作为全球化工行业领导者之一的巴斯夫，是全球首个任命"气候保护官"的工业公司，也是第一个公布公司各项业务碳足迹综合报告的企业，"可持续发展"是巴斯夫战略中不可或缺的有机组成部分。

（四）赫斯特公司

赫斯特公司成立于 1863 年，目前是德国化学工业的巨头，在世界化工企业中仅次于杜邦公司排名第二，其科技创新能力很强，1990 年的科技投入为 26.87 亿马克，1995 年为 34.79 亿马克，为年度销售额的 6.67%，1996 年增至 38.80 亿马克，该公司研究成果相当多，目前拥有有效专利 3 万多件。该公司经营范围十分广泛，包括基础化学品、化学纤维、塑料、医药、农药和专用化学品等，其中医药和农药是该公司的两大支柱性行业。随着原油提价和原料费用增加，该公司将其在德国本土的生产逐步转向能耗和物耗较低且技术密集的高附加值产品，将大宗石化产品移至国外生产。

（五）拜耳公司

拜耳公司创立于 1863 年，1899 年即取得了"世纪之药"阿司匹林的注册商标。目前拜耳公司是德国最大的产业集团，产品种类超过 1 万种，其中医药保健、材料科技和作物科学是该公司的三大支柱产业。该公司一直拥有专门的科学实验室，第二次世界大战后又建立了制药实验室，在这些实验室中研制出的大量产品，在该公司的扩张过程中发挥了重要作用。在该公司发展过程中，研究与开发扮演重要角色，其产品大部分为自行开发，约 50% 的营业额来自于过去 15 年间的研发成果。该公司在全球有 12000 名研发人员，每年投入研发金额均超过营业额的 7%，截至目前，该公司共拥有 18 万个专利及 6 万个注册商标。

（六）住友化学工业公司

日本住友化学工业公司成立于 1913 年，是日本具有代表性的综合化学企业之一，目前在日本化学业内排名第二位，在国际上排名第十九位。该公司 1983 年即形成了一元化的研究开发部门运营体制，1989 年又建立筑波研究所，强化新材料的研究开发，1994 年为提高成本竞争能力和经营水平，再次机构重组，形成经营、生产和研究开发的一元化体制，加快从研究开发到工业生产的进程。

（七）汽巴精化公司

瑞士的汽巴精化公司成立于 1757 年，目前是瑞士最大的化工公司和世界重要的精细化工企业，其精细化工率高达 80%，居世界首位。该公司每年用于研发的资金占总资金额的 7% ~ 10%。该公司是世界上唯一全部外购原材料发展精细化工的大企业，2008 年已被德国巴斯夫集团收购。

表 13 -1　国外大型精细化工企业研发投入情况

研发投入／企业	投入金额	占销售额比重（%）
美国杜邦公司	20 亿美元	5
美国陶氏化学公司	10 亿美元	3
德国巴斯夫公司	13.8 亿欧元	2
德国赫斯特公司	39 亿马克	7
德国拜耳公司	31 亿欧元	9
日本住友化学公司	9.7 亿美元	5
瑞士汽巴精化公司	2.88 亿美元	7 ~ 10

三、近年来全球精细化工产业升级的重点领域

美国、欧洲和日本长期以来控制全球精细化工的生产，三者总消费占全球总消费的七成以上。近几年，三者的纺织化学品、橡胶加工助剂、感光化学品的发展基本处于停滞甚至下滑状态，其原因是发达国家由于人力成本高而退出纺织品生产、服装加工、橡胶加工等劳动密集型产业。但以电子化学品、食品添加剂、饲料添加剂、表面活性剂、黏合剂和造纸化学品等为代表的专用化学品仍呈快速增长态势。全球精细化工发展较快的几个领域如下。

（一）电子化学品

日本、美国及欧洲是全球电子工业最发达的生产和消费集中地，三者电子化学品消费占全球总量的八成。但随着全球电子工业逐渐向东南亚及中国转移，全球电子化学品市场也在移动，而且这些国家不仅对电子化学品的需求在增长，并开始进入电子化学品的生产领域，因此，未来东南亚及中国将是全球电子化学品消费和生产增长最快的地区。

随着电子工业制造水平的提高，对电子化学品提出了更加精细化要求。如当集成电路集成度达到4G时，要求高纯试剂的技术水平达到0.13微米；高性能印刷电路板需要双马来酰亚胺与氰酸数值合成的基板材料——BT树脂，高密度、多层化和低价格印刷电路板需要新型业态光致抗蚀剂等。此外，处于高速成长的平板显示不仅增加了电子化学品的用量，也提出了新的技术要求。

（二）食品添加剂

食品添加剂是食品加工所需的重要化学配料，随着人们对食品安全和健康要求的提高，未来全球食品添加剂的发展方向：一是更趋天然化，如天然的色素、防霉抗氧剂；二是具有保健作用，如葡糖胺、辅酶Q10、大豆异黄酮、卵磷脂等；三是低热值，如糖醇类产品和高安全性的人工合成甜味剂等；四是脂肪替代品、酶制剂以及具有生物活性的添加剂。

（三）饲料添加剂

发展配合饲料可以有效减少畜牧业对粮食的需求，解决人畜争粮的矛盾，并大幅度增加肉蛋奶的供给，从而降低人们对粮食的直接消费。预计全球饲料生产将随人口和生活水平的提高而逐年提高，因此作为配合饲料的核心——饲料添加剂将得到进一步发展。未来饲料添加剂的发展重点：一是氨基酸需求不断提高，蛋氨酸、赖氨酸及苏氨酸以外的氨基酸应用逐步普及；二是维生素生产的复合化，单一的维生素生产将被多产品和复配方式生产取代，便于用户采购；三是酶制剂的应用普及化；四是药物性饲料添加剂的使用将进一步受到限制，因而促进氨基酸、酶制剂以及酸化剂需求的增长，同时催生生物制剂生产的发展。

（四）塑料添加剂

随着塑料应用范围的拓展和消费量的持续增加，全球塑料助剂消费将继续提高。预计今后 5 年全球塑料助剂消费增长速度为年均 3% ~ 5%，其中增长较快的产品种类是抗氧剂、发泡剂、阻燃剂、光稳定剂、抗冲改性剂和加工助剂。

塑料助剂发展的重点产品：一是无氯和溴阻燃剂，以保护臭氧层；二是无镉和铅的热稳定剂，以满足人的健康需求；三是塑料制品多次回收利用所需的添加剂，以节约资源；四是高温塑料加工所需的添加剂；五是满足 FDA 标准的添加剂，如柠檬酸酯类增塑剂；六是低游离的添加剂以及新型的挤冲改性剂等也具有很大发展潜力。

（五）胶粘剂

胶粘剂具有密封和链接功能，几乎已应用于国民经济的所有部门，因此发展与经济增长密切相关，特别是建筑和包装工业部门。经过长期发展，发达国家的市场已进入成熟期，发展中国家的消费正处于上升阶段，其增长速度高于发达国家，预计在 5% 以上。根据国外有关机构分析，今后全球的平均增长速度为 4% 左右。

胶粘剂产品发展方向如下：一是环保型胶粘剂成为行业主流，重点发展水基和热熔型等无溶剂胶粘剂；二是满足更高要求的黏结力，产品专用性更加突出，固化速度更快，使用时间更长；三是为减少环境污染，需要开发压敏包装带的回收处理技术；四是满足更加严格 VOCs 标准的胶粘剂产品。

第二节　我国精细化工产业发展现状

精细化工是当今化学工业中最具活力的新兴领域之一，具有产品种类多、附加值高、单位能耗低、技术密集度高、用途广、产业关联度大，直接服务于国民经济的诸多行业和高新技术产业的各个领域等特点，是当今主要经济体大力推动发展的战略产业。发达国家在 20 世纪 60 年代精细化率（精细化工产值占化学工业总产值的比重）已达 60%，化学工业产业结构和产品结构实现了重大调整。我国从"六五"开始将精细化工列入国民经济发展计划中，经过 20 多年的努力，精细化率已从 1985 年的 23.1% 提高到 2009 年的 45%。

一、国内精细化工行业概况

（一）行业定义及分类

精细化工是精细化学工业的简称，是化学工业中生产精细化学品的经济领域。精细化学品指一些具有特定应用性能、合成工艺中合成步骤较多、反应复杂、产量小、品种多、产品附加值高的商品。欧美一些国家把产量小、按不同化学结构进行生产和销售的化学物质，称为精细化学品；把产量小、经过加工配制、具有专门功能或最终使用性能的产品，称为专用化学品。中国、日本等则把这两类产品统称为精细化学品。目前，中国精细化学品大体上包括医药、农药、染料、涂料、颜料、信息技术用化学品（包括感光材料、磁记录材料等）、化学试剂和高纯物质、食品添加剂、饲料添加剂、催化剂、胶粘剂、助剂、表面活性剂、香料等。

精细化工与基础化工（如基本有机化工、无机化工）不同，后者多生产基本化工原料，而前者生产的产品，多为各工业部门广泛应用的辅助材料或人民生活的直接消费品。按照国民经济分类标准，精细化工分为农药制造，涂料、油墨、颜料以及类似产品制造，专用化学品制造和日用化学品制造4个子行业，如表13-2所示。

表13-2　精细化工行业子行业分类

行业及代码	子行业及代码	行业描述
化学原料及化学制品制造业（26）	农药制造（263）	指化学农药制造、生物化学农药及微生物农药制造
	涂料、油墨、颜料及类似产品制造（264）	指涂料制造，油墨及类似产品制造，颜料制造，染料制造，密封用填料及类似品制造
	专用化学产品制造（266）	指林产化学产品制造，炸药及火工产品制造，信息化学品制造，环境污染处理专用药剂材料制造，动物胶制造
	日用化学产品制造（267）	指肥皂及合成洗涤剂制造，化妆品口腔清洁用品制造，香料、香精制造，其他日用化学产品制造

（二）行业地位：国民经济的重要产业

精细化工行业是国民经济的关键产业，是关系国计民生的重要行业。作为化学制品制造工业，在国民经济中占有不可或缺的地位。精细化工工业作为一个化学制品的生产和加工部门，处于产业链的中间位置，是其他行业发展的重要保证。它的发展关系着国家的经济建设以及工业的发展速度。

精细化工的发展，促进了其他行业如农业、医药、纺织印染、皮革、造纸等与人们生活相关的衣、食、行、用水平的提高，同时提高了这些行业的经济效益。精细化工的发展，为生物技术、信息技术、新材料、新能源技术、环保等高新技术的发展提供了保证。精细化工的发展，直接为石油和石油化工三大合成材料（塑料、橡胶和纤维）的生产及加工、农业化学品的生产，提供催化剂、助剂、特种气体、特种材料（防腐、防高温、耐溶剂）、阻燃剂、膜材料、各种添加剂、工业表面活性剂、环境保护治理化学品等，保证和促进了石油和化学工业的发展。精细化工的发展还提高了化学工业的加工深度，提高了大的石油公司、大的化工公司的经济效益，提高了国家化学工业的整体经济效益，增强了国家的经济实力。

2011年，在复杂多变的国内外经济形势下，我国精细化工行业整体平稳运行，生产稳步增长，市场需求相对旺盛，产品结构不断调整，技术指标持续改善。

（三）精细化工行业发展态势

（1）产业转移是行业发展助推器。随着经济全球化的不断推进，全球范围内的分工合作日益明显。精细化工行业由于具有产业链长且复杂的特点，具备全球化分工合作的基础。国际行业巨头为了抢占利润的制高点，纷纷调整发展战略，集中精力于研发及终端产品，而将中间体及原药、单体等生产环节向外转移，这样，全球化的分工模式已经形成。中国、印度等发展中国家凭借着各自的比较优势具备了承接全球产业转移的良好基础。随着中国精细化工技术水平的持续提升，中国承接产业转移的产品种类与市场份额呈现逐步增大趋势。

（2）新领域精细化工起步晚、潜力大。新领域精细化工作为精细化工的重要组成部分，在消费升级、产业转型和工业化水平提升的过程中起着无可替代的作用。全口径有30多个行业，总产值约5500亿元。与农药、染涂料等传统的精细化工产业相比，新领域精细化工的起步较晚，行业内公司普遍较小，技术实力和国外企业相比差距较为明显。主要体现在：第一，新产品的开发能力较弱、产品更新速度慢、产品基本以仿制国外产品为主；第二，技术水平落后，产品档次较低，价格低于国外同类产品；第三，企业数量多，同质化竞争严重，产品利润率较低；第四，多数企业规模小，环保设施不完善，面临提升整改压力。

（3）电子化学品行业是一大发展方向。电子化学品是指为电子工业配套的精细化工产品，其特点之一是品种繁多，具有质量要求高、用量少、对生产及使用环境洁净度要求高和产品更新换代快等特点。主要产品有为集成电路（IC）配套的光刻胶、超净高纯试剂、特种气体、封装材料、硅片磨抛材料；为印刷电路板配套的基板树脂、抗蚀干膜、清洗剂等；为平板显示器配套的液晶、偏振片、荧光粉等；为集成电路配套的电子化学品。

我国是全球最大的电子、电器产品制造国，计算机、手机等电子信息产品和电视机、电冰箱等家用电器产量均位居世界第一位，但是电子化学品的生产却远远落后于发达国家。并且，国内的电子化学品正处于从初级产品向中高级产品过渡阶段，在这一过程中，逐步实现进口替代，是该领域的一大发展方向。

（4）"定制化"成为精细化工中间体较为成熟的模式。在全球分工合作深化的过程中，国际大型化工、医药企业逐渐将中间体环节加速向中国、印度转移，中间体企业与国际大客户合作日益紧密，"定制化"合作模式逐步成型。定制生产适应了全球产业链专业化分工的发展趋势，最终实现了产品价值链中各环节的互赢。通过定制生产，中间体厂商不仅可以节约和控制运行成本，强化业务重点和核心竞争力，分散风险和共享全球产业链利益，而且通过与国际跨国公司的合作，中间体厂商亦可塑造公司的国际品牌和商誉；可以掌握国际新产品研发的最新进展，积蓄和提升公司的研发实力。同时，可以利用客户的市场网络拓展自身产品市场，利用客户的产品专利保护自身产品。

二、精细化工行业发展的一般特征

（一）多品种、小批量

从精细化工的范畴和分类中，可以看出精细化学品具有多品种的特点。一方面，精细化学品的应用面窄、专用性强，特别是专用性品种和特质配方的产品，往往是一种类型的产品可以有多种的牌号，另一方面，同一化学组成的产品，通过不同的功能化处理赋予的各种特性，使其具有明显的专用性，逐渐形成产品的多规格、系列化、更使产品品种日益剧增，如活性碳酸钙是轻质、重质碳酸钙经活化剂表面处理后的产物，且产品的更新速度快，用量又不是很大，必然导致精细化学品具有多品种、小批量的特点。多品种不仅是化工生产的一个特征，也是评价精细化工综合水平的一个重要标志。

（二）技术密集型行业

一种精细化学品的研究开发，要从市场调查、产品合成、应用研究、市场开发甚至技术服务各方面来全面考虑和实施，解决一系列的技术课题，渗透着多方面的技术、知识、经验和手段。同时，精细化工产品更新换代快、市场寿命短、技术专利性强，而新产品技术开发的成功率低、时间长、费用高，其结果必然是造成高度的技术垄断。如按目前统计，开发一种新药约需 5~10 年，耗资可达 2000 万美元。又如合成染料新产品的开发，成功率为 1/6000~1/8000。

技术密集还表现在生产过程中的工艺流程长、单元反应多、原料复杂、中间过程控制要求严等各个方面。如制药工业中，除采用合成原料外，还要采用天然原料，或用生化方法得到的半人工合成中间体。在分离过程中，还要用到异构体分离技术以及旋光异构体的分离技术等。由于反应步骤多，对反应的终点控制和产品提纯成为精细化学品合成工艺的关键之一。为此，在生产上常大量采用各种先进仪器和测试手段，如薄层色谱（TLC）、气象色谱（GC）以及高压液相色谱（HPLC）等。一般认为，化学工业是高技术密集的工业，而精细化工又是化学工业中技术密集度更高的部门。

（三）产业链长，有助于提升企业盈利能力

精细化工普遍具有产业链长的特点，企业作为个体一般承担其中的部分环节。随着公司产业链向上下游的纵向延伸，企业的盈利能力会逐步地增强。如著名的联化科技实现农药中间体向原药的延伸，并收购原料光气企业；永太科技收购萤石资源，从源头上保证公司氟精细化工的原料供应，同时液晶中间体向单体延伸，产品升级提升公司盈利水平等。

（四）市场规模结构以小型企业为主

从我国精细化工行业的市场规模结构来看，截至 2011 年 12 月，全国共有 12511 家精细化工企业。其中，大型企业占比 0.51%，中型企业占比 8.12%，小型企业占比 91.37%。大型、中型企业数量较少。小型企业的销售收入、利润总额均排在首位，盈利状况最好。大型企业在销售收入和利润总额上排名最后，利润总额较低，仅为 9 亿元，但销售利润率最高，达到 9.41%，高于中小型企业。按不同所有制类型划分，私营企业占比 54.26%，为主要的所有制形式，外商和港澳台投资企业其次，国有企业和股份合作企业占比最小，分别为 1.62% 和 1.01%。

（五）综合生产流程和多功能生产装置

精细化工产品的小批量、多品种特点，决定了精细化工产品的生产通常以间歇式反应为主，采用批次生产。反映在生产上则为经常更换和更新品种。企业为了增强其随市场需求调整生产能力和品种的灵活性，必须摒弃单一产品、单一流程、单用装置的落后生产方式，广泛采用多品种综合生产流程和多功能生产装置。也就是说，一套流程装置可以经常改变产品的品种和牌号，有相当大的适应性。这样就可以充分利用现有设备和装置的潜力，大大提高经济效益。但同时对生产管理和工作人员的素质，也提出了更高、更严格的要求。

三、国内精细化工行业分布情况

（一）企业分布：山东、江苏、广东、湖南和浙江省为主要分布区域

从企业数量分布来看，沿海地区和中南地区是我国精细化工行业的主要分布区域，截至 2011 年 12 月，山东、江苏、广东、湖南和浙江 5 省的企业数量总数占比达到 58.91%。其中，山东省企业数量最多，达到 2033 家，占比 16.25%，如表 13 - 3 所示。

表 13 - 3　2011 年精细化工行业企业分布情况

	企业数（个）	比重（%）	累计比重（%）
全国	12511	100.00	—
山东	2033	16.25	16.25
江苏	1786	14.28	30.53
广东	1550	12.39	42.91
湖南	1111	8.88	51.79
浙江	890	7.11	58.91
上海	528	4.22	63.13
河南	519	4.15	67.28
辽宁	515	4.12	71.39
江西	372	2.97	74.37
河北	370	2.96	77.32
四川	370	2.96	80.28
安徽	328	2.62	82.90
福建	324	2.59	85.49
湖北	319	2.55	88.04
广西	284	2.27	90.31
天津	225	1.80	92.11
北京	161	1.29	93.40
吉林	146	1.17	94.56
重庆	122	0.98	95.54
内蒙古	104	0.83	96.37
陕西	83	0.66	97.03
黑龙江	78	0.62	97.66
云南	70	0.56	98.22
山西	65	0.52	98.74
新疆	39	0.31	99.05
贵州	31	0.25	99.30
甘肃	26	0.21	99.50
宁夏	18	0.14	99.65
海南	10	0.08	99.73
青海	8	0.06	99.79

（二）规模分布：江苏、山东、广东等地区规模领先

江苏、山东和广东名列资产总额和销售收入的前三名。其中江苏资产总额为2989.34亿元，占全国化工行业总资产的18.07%，居于首位；其次是山东和广东，3省资产总额累计占比45.58%。3省的销售收入占到全行业53.5%，表明其行业集中度较高，如表13-4和表13-5所示。

表13-4　2011年精细化工行业资产分布情况

	资产总额（亿元）	同比增长（%）	比重（%）	累计比重（%）
全国	16544.01	21.55	100.00	—
江苏	2989.34	21.10	18.07	18.07
山东	2916.63	25.10	17.63	35.70
广东	1634.04	16.01	9.88	45.58
浙江	1633.18	19.87	9.87	55.45
上海	984.56	11.29	5.95	61.40
江西	729.93	16.03	4.41	65.81
四川	622.19	20.61	3.76	69.57
河南	577.06	49.15	3.49	73.06
辽宁	537.31	19.79	3.25	76.31
湖南	405.33	22.45	2.45	78.76
河北	402.52	16.02	2.43	81.19
湖北	357.27	28.59	2.16	83.35
天津	318.32	25.70	1.92	85.27
安徽	317.91	25.31	1.92	87.20
福建	306.98	30.80	1.86	89.05
广西	256.17	34.11	1.55	90.60
陕西	207.67	20.68	1.26	91.85
内蒙古	206.24	30.02	1.25	93.10
北京	200.78	15.65	1.21	94.31
重庆	180.71	25.09	1.09	95.41
山西	143.58	15.33	0.87	96.27
云南	122.66	8.81	0.74	97.02
甘肃	109.04	6.69	0.66	97.68
吉林	97.63	35.42	0.59	98.27
宁夏	81.07	25.55	0.49	98.76

	资产总额（亿元）	同比增长（%）	比重（%）	累计比重（%）
青海	53.90	49.17	0.33	99.08
黑龙江	51.57	17.43	0.31	99.39
新疆	44.94	26.82	0.27	99.66
贵州	40.61	22.96	0.25	99.91
海南	12.77	15.98	0.08	99.99

表 13-5　2011 年精细化工行业销售收入分布情况

地区	销售收入（亿元）	同比增长（%）	比重（%）	累计比重（%）
全国	25761.09	31.23	100.00	—
山东	6348.78	33.56	24.64	24.64
江苏	4382.54	30.99	17.01	41.66
广东	2935.96	26.79	11.40	53.05
浙江	1757.66	18.93	6.82	59.88
湖南	1132.79	36.33	4.40	64.27
上海	1114.15	13.06	4.32	68.60
江西	1067.53	44.17	4.14	72.74
河南	999.96	44.28	3.88	76.62
辽宁	832.57	31.36	3.23	79.86
四川	675.76	38.79	2.62	82.48
河北	606.85	26.40	2.36	84.84
湖北	565.86	55.89	2.20	87.03
安徽	527.38	43.85	2.05	89.08
福建	454.65	30.49	1.76	90.84
广西	375.05	29.82	1.46	92.30
天津	344.44	24.15	1.34	93.64
内蒙古	286.03	46.89	1.11	94.75
重庆	217.09	47.60	0.84	95.59
吉林	201.01	48.23	0.78	96.37
陕西	191.86	31.16	0.74	97.12
北京	187.93	8.36	0.73	97.84
云南	119.98	24.83	0.47	98.31
山西	108.02	33.38	0.42	98.73

地区	销售收入（亿元）	同比增长（%）	比重（%）	累计比重（%）
甘肃	91.31	10.56	0.35	99.08
黑龙江	79.90	46.19	0.31	99.39
新疆	43.64	25.46	0.17	99.56
宁夏	43.17	33.90	0.17	99.73
贵州	33.28	8.22	0.13	99.86
青海	25.05	6.96	0.10	99.96
海南	9.48	17.18	0.04	99.99
西藏	1.40	—	0.01	100.00

（三）效益分布：江苏、山东遥遥领先

精细化工行业利润总额排名前五的依次是山东、江苏、广东、浙江和河南，与销售收入区域分布情况基本一致。其中，山东利润总额为481.69亿元，同比增长41.46%。江苏利润总额为384.52亿元，同比增长41.30%。从销售利润率来看，西藏销售利润率最高，达到30.05%，如表13-6所示。

表13-6　2011年精细化工行业盈利分布情况

	利润总额（亿元）	同比增长（%）	比重（%）	销售利润率（%）
全国	1995.08	25.58	100.00	7.74
山东	481.69	41.46	24.14	7.59
江苏	384.52	41.30	19.27	8.77
广东	257.47	10.02	12.91	8.77
浙江	133.37	-2.24	6.68	7.59
河南	111.84	49.07	5.61	11.18
江西	73.07	4.48	3.66	6.84
上海	69.40	-17.31	3.48	6.23
湖南	58.75	27.29	2.94	5.19
河北	45.47	-2.28	2.28	7.49
辽宁	45.31	23.95	2.27	5.44
四川	39.87	13.14	2.00	5.90
安徽	39.15	70.66	1.96	7.42
湖北	37.61	84.29	1.89	6.65
福建	37.08	24.73	1.86	8.16

	利润总额（亿元）	同比增长（%）	比重（%）	销售利润率（%）
天津	31.27	36.98	1.57	9.08
广西	27.57	57.61	1.38	7.35
内蒙古	20.80	82.97	1.04	7.27
陕西	17.52	55.56	0.88	9.13
北京	16.14	-8.37	0.81	8.59
重庆	16.07	8.01	0.81	7.40
云南	14.45	7.57	0.72	12.04
吉林	9.10	56.87	0.46	4.53
山西	8.15	903.21	0.41	7.54
新疆	6.39	26.31	0.32	14.64
黑龙江	4.83	38.39	0.24	6.05
贵州	2.92	-1.82	0.15	8.79
宁夏	2.70	41.42	0.14	6.26
青海	1.91	-53.20	0.10	7.63
海南	1.05	-23.50	0.05	11.07
西藏	0.42	2.98	0.02	30.05
甘肃	-0.80	-118.55	-0.04	-0.88

2011年，我国精细化工行业亏损情况有所恶化，精细化工行业较为集中的上海、山东、广东和江苏等亏损总额均有一定幅度的增长，且亏损面也有所扩大。与此同时，也有部分地区亏损状况有所好转，如湖北、安徽、广西和贵州等地亏损总额均出现了负增长，如表13-7所示。

表13-7 2011年精细化工行业不同区域亏损情况对比

	企业数（个）	亏损企业（个）	亏损面（%）	亏损额（亿元）	同比增长（%）	比重（%）
全国	12511	973	7.78	78.66	35.31	100.00
上海	528	89	16.86	13.26	—	16.86
山东	2033	77	3.79	10.18	—	12.95
广东	1550	162	10.45	9.43	—	11.99
江苏	1786	133	7.45	7.76	79.05	9.86
四川	370	19	5.14	7.16	152.96	9.10

	企业数（个）	亏损企业（个）	亏损面（%）	亏损额（亿元）	同比增长（%）	比重（%）
浙江	890	101	11.35	5.43	114.45	6.90
湖北	319	24	7.52	3.43	-46.01	4.36
辽宁	515	39	7.57	3.30	26.78	4.20
河北	370	31	8.38	2.70	—	3.43
甘肃	26	8	30.77	2.03	—	2.59
北京	161	28	17.39	1.81	24.23	2.30
江西	372	8	2.15	1.39	—	1.77
重庆	122	12	9.84	1.36	—	1.72
云南	70	22	31.43	1.23	—	1.56
吉林	146	10	6.85	1.09	—	1.39
天津	225	29	12.89	1.04	0.19	1.32
河南	519	16	3.08	0.91	—	1.16
安徽	328	23	7.01	0.86	-31.09	1.09
湖南	1111	17	1.53	0.71	—	0.91
广西	284	32	11.27	0.57	-0.50	0.73
青海	8	4	50.00	0.57	—	0.72
宁夏	18	6	33.33	0.49	—	0.62
福建	324	25	7.72	0.44	41.42	0.56
山西	65	13	20.00	0.43	—	0.54
内蒙古	104	8	7.69	0.37	—	0.47
陕西	83	9	10.84	0.35	—	0.45
黑龙江	78	17	21.79	0.18	—	0.23
贵州	31	6	19.35	0.10	-66.62	0.12
新疆	39	4	10.26	0.05	—	0.07
海南	10	1	10.00	0.02	—	0.02

（四）布局现状：向下游消费群体和沿海港口、原料产地聚集

经过数年的快速发展，精细化工业产地趋于集中，表现出一定的规律。整体而言，产地分三类。第一类，靠近下游消费群体。珠三角、长三角地区聚集较多的医药、农药生产企业，也聚集了较多的精细化工企业。第二类，靠近沿海主要港口。国内精细化工中间体出口较多，所以以江浙地区等沿海大港聚集了较多的中间体生产企业，形成较为成熟的产业基地。第三类，靠近

原料产地。如大型石化、煤化工企业。比如山东淄博是齐鲁石化所在地，该类地区也容易诞生较多的精细化工企业。山东省石油资源丰富，且石化企业众多，积聚了较多的精细化工企业，因此，山东省精细化工企业数量全国最多。

目前，各沿海省份纷纷开始建立精细化工工业园区，广东虎门港全面启动立沙岛精细化工园建设，江苏泰兴成为全球精细化工产业集群合作基地，首个精细化工技术创新示范中心落户江苏圣奥，上海华谊投资 200 亿元打造精细化工产业基地，中海油投资 83 亿元的海南精细化工项目破土动工，盐湖资源开发迈入精细化工时代等等，精细化工行业发展潜力巨大。

第三节　我国精细化工行业重点区域竞争力分析

江苏、山东、浙江和广东为我国精细化工的四大重点区域，行业集中度较高，发展特色各异。

一、江苏：规模带动型

从行业规模来看，2011 年，江苏精细化工企业数量为 1786 家，排名全国第二，仅次于山东。而资产总额为 2989.34 亿元，占全国化工行业总资产的 18.07%，居于全国首位，如表 13－8 所示。

表 13－8　2007～2011 年江苏精细化工行业规模情况

时间	企业数量 （个）	从业人员 （人）	资产总计 （亿元）	增长率 （%）	负债总计 （亿元）	增长率 （%）
2007 年 1～11 月	1870	215567	1196.65	16.64	695.30	14.83
2008 年 1～11 月	1950	230635	1460.44	18.14	816.55	13.57
2009 年 1～11 月	2448	250340	1841.19	10.98	1009.00	8.99
2010 年 1～11 月	2534	280104	2326.83	23.14	1257.55	22.51
2011 年 1～12 月	1786	293551	2989.34	21.10	1625.36	21.29

2011 年，江苏精细化工销售收入为 4382.54 亿元，同比增速达到30.99%。实现利润总额 384.52 亿元，同比增速为 41.30%。总体来看，江苏精细化工行业销售收入位于全国第二位，利润总额位列全国第二位，经营效益在全国名列前茅，如表 13－9 所示。

表13-9　2007~2011年江苏精细化工行业经营情况

时间	销售收入（亿元）	增速（%）	利润总额（亿元）	增速（%）	亏损额（亿元）	增速（%）
2007年1~11月	1616.96	28.69	95.89	34.41	3.26	-14.91
2008年1~11月	2029.28	25.92	130.23	43.74	6.82	-3.81
2009年1~11月	2376.50	10.43	148.44	3.76	8.82	-1.20
2010年1~11月	3100.60	29.51	212.27	38.09	5.72	-38.60
2011年1~12月	4382.54	30.99	384.52	41.30	7.76	79.05

国家质检总局2012年2月发文，批准在江苏泰州市质检所的基础上筹建国家精细化学品质量监督检验中心。目前，该中心已具备1286种产品、323项参数的检测能力。质检中心建成后，将成为专业从事精细化学品检验的国家级质检中心，能够力推精细化学品产业的科技创新和新产品、新材料的发展，同时为打造泰州千亿元精细化学品（药业）基地发挥重要作用。

二、山东：资源优势型

山东具有十分丰富的化工原料和矿藏。拥有兖矿、新矿、淄矿、枣矿、肥矿等丰富矿藏，且拥有一大批实力雄厚的化工企业和化工集团。资源优势推动山东精细化工行业规模迅速扩张，最近几年，山东精细化工行业的资产总额和经济效益一直居于全国第二位，仅次于江苏。截至2011年12月底，山东共有企业数量2033家，是精细化工企业数量最多的省份。资产总额为2916.63亿元，仅次于江苏，居于全国第二，如表13-10所示。

表13-10　2007~2011年山东精细化工行业规模情况

时间	企业数量（个）	从业人员（人）	资产总计（亿元）	增长率（%）	负债总计（亿元）	增长率（%）
2007年1~11月	1778	282278	1297.83	33.65	657.57	33.77
2008年1~11月	2020	292244	1516.89	22.85	827.24	19.23
2009年1~11月	2382	323600	2020.03	17.83	1073.23	14.34
2010年1~11月	2536	352104	2590.85	21.83	1411.01	21.96
2011年1~11月	2033	344995	2916.63	25.10	1507.16	22.58

近年来，山东精细化工行业销售收入和利润总额不论在绝对值上，还是在增速上均实现了快速增长。2011年，山东精细化工行业销售收入总额达到6348.78亿元，位居全国首位，增速为33.56%。利润总额为481.69亿元，

排名全国第一，增速为 41.46%，如表 13 - 11 所示。

表 13 - 11　2007~2011 年山东精细化工行业经营情况

时间	销售收入（亿元）	增速（%）	利润总额（亿元）	增速（%）	亏损额（亿元）	增速（%）
2007 年 1~11 月	2379.39	33.90	167.72	28.09	1.31	46.36
2008 年 1~11 月	2873.41	27.56	171.23	10.21	11.65	905.24
2009 年 1~11 月	3796.29	22.31	239.62	29.09	6.61	-44.42
2010 年 1~11 月	5148.42	32.07	333.91	38.32	5.17	-29.52
2011 年 1~12 月	6348.78	33.56	481.69	41.46	10.18	—

　　山东省内丰富的石油资源为精细化工产业发展提供了较好的资源基础，而省内数量众多的精细化工企业则为精细化工行业发展提供了雄厚的资金、技术和人力基础。由山东默锐化学有限公司发起，联合天津科技大学、青岛科技大学、山东省海洋化工科学研究院等 18 家高校、科研院所和企业成立的技术创新合作组织——山东省卤水精细化工产业技术创新战略联盟应运而生。联盟成立至今，突破行业关键技术 37 项，研发创新产品 26 个，形成 35 项核心知识产权，新增产值 54 亿元。联盟引领了卤水精细化工行业的发展，在带动行业及区域经济持续快速发展中的作用日益凸显，为国家蓝色经济战略的实施提供了强力支撑。

三、浙江：区位优势型

　　浙江具有先天的临海区位优势，凭借沿海优势，可以减少运输成本，提高运输效率，发展临海精细化工业。同时，江浙一带发达的纺织行业为精细化工提供了巨大的消费市场。2011 年，浙江精细化工行业实现了稳步增长，企业数量达到 890 家，资产总计为 1633.18 亿元，增长率为 19.87%，如表 13 - 12 所示。

表 13 - 12　2007~2011 年浙江精细化工行业规模情况

时间	企业数量（%）	从业人员（人）	资产总计（亿元）	增长率（%）	负债总计（亿元）	增长率（%）
2007 年 1~11 月	1201	130868	897.93	25.36	504.50	25.81
2008 年 1~11 月	1294	135288	990.79	22.06	512.97	14.00
2009 年 1~11 月	1495	145349	1160.44	13.33	614.25	15.29
2010 年 1~11 月	1606	157915	1459.19	22.92	743.24	18.19
2011 年 1~12 月	890	137079	1633.18	19.87	831.22	24.04

2011 年，浙江精细化工行业销售收入和利润总额分别实现了 1757.66 亿元和 133.37 亿元。但两项指标的增速均同比下降，其中利润总额增速下降较多，亏损额明显增长，如表 13-13 所示。

表 13-13　2007~2011 年浙江精细化工行业经营情况

时间	销售收入（亿元）	增速（%）	利润总额（亿元）	增速（%）	亏损额（亿元）	增速（%）
2007 年 1~11 月	982.37	28.39	70.23	22.92	1.81	97.96
2008 年 1~11 月	1099.23	25.36	88.58	28.60	3.14	72.46
2009 年 1~11 月	1082.58	-4.61	80.97	-10.68	3.57	16.97
2010 年 1~11 月	1396.32	29.34	116.01	43.33	3.33	-11.31
2011 年 1~12 月	1757.66	18.93	133.37	14.95	5.43	114.45

"十二五"期间，浙江省政府致力于鼓励国际创新资源向浙江集聚，推出"十二五"国际科技合作交流计划，以促进整个石油化工行业发展。政府将从六个方面着手进一步促进国际科技合作，提出将更加注重引进国际科技资源、突出企业的主体地位、强化引进消化吸收再创新、推动科技创新活动走向国际、推进政府科技计划的开放和改革。在合作对象上，浙江将加强与欧美发达国家的科技合作。省政府大力推进国际合作的举动将有利于引进欧美发达国家的新技术，为浙江精细化工行业发展提供契机和支撑。

四、广东：发展潜力型

2011 年，广东精细化工行业规模发展迅速，资产总计达到 1634.04 亿元，增长率为 16.01%，较 2010 年增长率提高了 5.36%，如表 13-14 所示。

表 13-14　2007~2011 年广东精细化工行业规模情况

时间	企业数量（个）	从业人员（人）	资产总计（亿元）	增长率（%）	负债总计（亿元）	增长率（%）
2007 年 1~11 月	1551	185441	1043.44	16.03	514.42	16.70
2008 年 1~11 月	1706	210080	1212.74	13.49	610.89	14.34
2009 年 1~11 月	2121	238556	1348.28	7.78	665.74	2.87
2010 年 1~11 月	2153	255841	1485.39	10.65	754.30	14.29
2011 年 1~12 月	1550	249632	1634.04	16.01	842.24	17.84

从 2007~2011 年广东精细化工行业的经营情况可以看出，2011 年广东

精细行业销售收入增长较快，同比增速达到 26.79%。利润总额占全国的比重较高，但增速放缓，同比下降了 0.64 个百分点。总体来看，广东精细化工行业发展较好，如表 13-15 所示。

表 13-15 2007~2011 年广东精细化工行业经营情况

时间	销售收入（亿元）	增速（%）	利润总额（亿元）	增速（%）	亏损额（亿元）	增速（%）
2007 年 1~11 月	1422.10	22.44	150.52	27.36	5.13	-25.88
2008 年 1~11 月	1685.43	17.31	164.06	7.86	7.99	87.10
2009 年 1~11 月	1818.65	6.96	185.36	11.99	6.77	-23.95
2010 年 1~11 月	2204.28	21.79	203.55	10.66	6.33	-8.19
2011 年 1~12 月	2935.96	26.79	257.47	10.02	9.43	—

广东把今后发展的重点放在建设精细化工园区，推动产业集聚。南雄市精细化工园位于南雄市区西南郊，总体规划面积 6070 亩，进入园区的精细化工及配套企业有 86 家，投资总额超 30 亿元，全部投产后预计年产值约 90 亿元，年创税 6.9 亿元，产品涉及树脂、特种涂料、特种油墨等。

中海油精细化工园项目日前正式落户广东珠海高栏港经济区，首期项目投资约 13 亿元。中海油精细化工园项目预计总投资 150 亿元，将依托高栏港终端油气伴生资源、LNG 接收站冷能资源以及碳三、碳四相关资源，主要从事包括凝析油深加工、丙烷脱氢及丙烯深加工利用、润滑油调和、冷能空分等项目在内的大型化工综合及配套项目，最终将打造成精细化工产业的龙头。

五、精细化工行业其他区域分析

表 13-16 精细化工行业部分区域发展情况

	发展环境	企业结构	产业政策	发展特点
天津	精细化工行业发展基础较好	以大国企为龙头，中小企业为主力	通过兼并重组扩大行业规模	提升行业集中度，调整产业结构
山西	能源大省，煤炭资源丰富	以私营、中小企业为主	节能减排，兼并重组，淘汰落后产能	大力发展精细化工中间体行业
四川	精细化工科研能力较强	分布部分科研院所，市场主体为中小企业	提升精细化工科研能力	注重技术创新
河南	煤炭资源优势	私营企业众多	兼并重组，清洁生产和节能减排	发展精细化工基地，建设工业园区

续表

	发展环境	企业结构	产业政策	发展特点
湖南	受资源及区位条件约束	中小企业为主	推进行业结构调整	大力推广"定制化"生产模式
福建	海运条件优越；下游消费需求旺盛	外商及港澳台企业较多	发展临海精细化工业	临海区位优势明显，运输成本较低
广西	行业规模小，但外运条件优越	小企业众多	促进行业兼并重组，防治污染	通过兼并重组扩大行业规模
江西	具有沿江优势，但精细化工基础薄弱	小企业为主	规划建设工业园区	发挥沿江优势扩大精细化工消费市场
内蒙古	精细化工行业被列为非资源型产业发展重要领域	中小企业为主	走大型化、专业化、高端化的发展之路，构建绿色低碳特色产业集群	规模化发展精细化工行业，提升行业集中度
吉林	老工业园区，汽车产业发达	国企为主导，私企快速发展	推动精细化工行业技术升级	依托汽车产业扩大需求，加快行业改造，提升技术水平

第四节 辽宁精细化工基本情况

在辽宁工业经济中，精细化工是规模较小的行业，总量居全国第九位，2011年精细化工完成总产值875.98亿元，销售收入实现832.57亿元，行业资产总计为537.31亿元。在精细化工的主要子行业中，辽宁的专用化学产品制造规模最大，涂料、油墨、颜料及类似产品次之，日用化学产品与农药生产规模较小。总体而言，与辽宁具有的精细化工原料优势、发展精细化工的区位优势等相比，辽宁精细化工产业的规模和结构都存在较大差距，当然，所蕴藏的潜力也很大。

一、主要指标及其分析

（1）产值：保持快速增长态势。2011年，辽宁精细化工行业完成工业总产值同比增长 31.18%，增速虽然较 2010 年度回落 11.63 个百分点，但仍保持快速增长态势，如表 13－17 所示。

表 13－17　2007～2011 年辽宁精细化工行业工业总产值

时间	工业总产值（亿元）	增长率（%）
2007 年 1～11 月	247.74	43.37
2008 年 1～11 月	344.10	35.91
2009 年 1～11 月	458.47	26.09
2010 年 1～11 月	670.49	42.81
2011 年 1～12 月	875.98	31.18

（2）产量：主要产品产量出现分化。化学农药原药和化学试剂产量累计同比出现下降，涂料和合成洗涤剂、合成洗衣粉等产品产量累计同比则出现不同程度的增长。而化学农药原药中，杀虫剂原药和杀菌剂原药实现快速增长，除草剂原药则同比下降。各主要产品产量中，以杀菌剂原药增速最快，达 65.1%，而除草剂原药同比下降 38.57%，降幅最大，如表 13－18 所示。

表 13－18　2011 年 1～12 月辽宁精细化工行业主要产品产量

时间	12 月产量（万吨）	同比增长（%）	全年产量（万吨）	累计增长（%）
化学农药原药	0.31	106.67	1.87	－20.43
杀虫剂原药	0.0187	94.99	0.17	26.04
杀菌剂原药	0.0277	5458.6	0.31	65.1
除草剂原药	0.26	91.87	0.95	－38.57
涂料产量	3.75	40.45	36.39	11.59
化学试剂	1.68	－70.28	34.58	－2.87
合成洗衣粉	0.21	－78.73	8.58	13.95
合成洗涤剂	0.68	－52.78	13.51	16.37

（3）销售收入：增速回落但仍在较高水平。2011 年，辽宁精细化工行业销售收入同比增长 31.36%，增速较 2010 年同期回落 10.37 个百分点，但仍保持在较高水平，如表 13－19 所示。

表 13 – 19　2007 ~ 2011 年辽宁精细化工行业销售收入情况

时间	销售收入（亿元）	增长率（%）
2007 年 1 ~ 11 月	232.65	41.10
2008 年 1 ~ 11 月	329.60	36.76
2009 年 1 ~ 11 月	438.73	22.72
2010 年 1 ~ 11 月	630.21	41.73
2011 年 1 ~ 12 月	832.57	31.36

从行业产销率来看，截至 2011 年 12 月，辽宁精细化工行业的产销率为
95.04%，即需求略小于供给。行业产销率相较于 2010 年产销率有所提高，
意味着 2011 年供需矛盾在 2010 年的基础上有所改善，如图 13 – 1 所示。

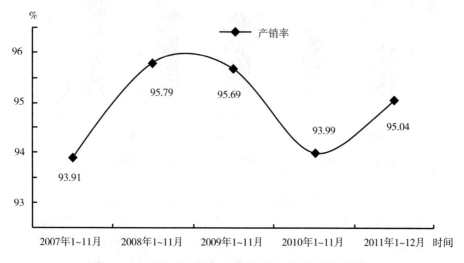

图 13 – 1　2007 ~ 2011 年辽宁精细化工行业产销率情况

（4）行业规模：企业数量缩减但资产规模有所扩张。辽宁精细化工行业
企业数量 2011 年为 515 家，较 2010 年同期减少 270 家，行业从业人员也出
现下降，但行业资产规模仍继续扩大。截至 2011 年 12 月底，行业资产总计
为 537.31 亿元，同比增长 19.79%。从负债来看，行业负债总额随着行业资
产规模的扩大继续上升，为 27.62%，负债增幅达到近 5 年的最高水平，如
表 13 – 20 和图 13 – 2 所示。

表 13 – 20　2007～2011 年辽宁精细化工行业企业数量和资产变化情况

时间	企业数量（%）	从业人员（人）	资产总计（亿元）	增长率（%）	负债总计（亿元）	增长率（%）
2007 年 1～11 月	554	49175	229.87	19.49	125.51	13.79
2008 年 1～11 月	576	54710	287.99	24.99	152.88	22.93
2009 年 1～11 月	734	68033	361.44	11.51	202.39	14.07
2010 年 1～11 月	785	74793	468.31	24.36	243.07	19.32
2011 年 1～12 月	515	73390	537.31	19.79	260.52	27.62

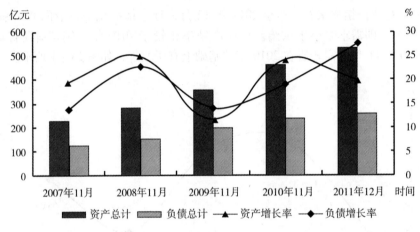

图 13 – 2　2007～2011 年辽宁精细化工行业资产及负债变化趋势

（5）经营效益：总体保持良好运行态势。2011 年，行业销售收入同比增长 31.36%，虽然增速较 2010 年同期回落 10.37 个百分点，但仍处于较高水平；行业实现利润 45.31 亿元，利润增长 23.95%，虽明显低于 2010 年同期 118% 的增速，但剔除 2010 年的高基数，增速仍处于高位。从亏损情况来看，2011 年精细化工行业的亏损总额为 3.3 亿元，增速从负转为正，亏损情况有所恶化，如表 13 – 21 所示。

表 13 – 21　2007～2011 年辽宁精细化工行业经营效益指标

时间	销售收入（亿元）	增长率（%）	利润总额（亿元）	增长率（%）	亏损额（亿元）	增长率（%）
2007 年 1～11 月	232.65	41.10	8.62	22.76	2.32	20.86
2008 年 1～11 月	329.60	36.76	15.79	48.25	2.72	17.41
2009 年 1～11 月	438.73	22.72	14.29	– 3.10	5.62	62.42

续表

时间	销售收入（亿元）	增长率（%）	利润总额（亿元）	增长率（%）	亏损额（亿元）	增长率（%）
2010 年 1～11 月	630.21	41.73	31.22	118.00	2.75	-50.87
2011 年 1～12 月	832.57	31.36	45.31	23.95	3.30	26.78

（6）总体评价：稳中有升。精细化工行业在盈利能力、营运能力和偿债能力上均有小幅增长，而发展能力略有减弱，如表 13 - 22 所示。

表 13 - 22　2007～2011 年辽宁精细化工行业主要财务指标对比分析

时间	2011 年	2010 年	2009 年	2008 年	2007 年
盈利能力					
销售毛利率（%）	14.32	14.06	13.86	16.43	15.20
销售利润率（%）	5.44	4.95	3.26	4.79	3.70
资产报酬率（%）	9.60	8.52	5.61	7.35	5.39
偿债能力					
负债率（%）	48.49	51.90	56.00	53.08	54.60
亏损面（%）	7.57	11.34	15.67	16.15	17.15
利息保障倍数（倍）	8.21	6.84	4.33	5.37	4.14
发展能力					
应收账款增长率（%）	21.37	13.86	10.79	12.18	22.55
利润总额增长率（%）	23.95	118.00	-3.10	48.25	22.76
资产增长率（%）	19.79	24.36	11.51	24.99	19.49
销售收入增长率（%）	31.36	41.73	22.72	36.76	41.10
营运能力					
应收账款周转率（次）	12.76	12.34	9.38	8.80	7.18
产成品周转率（次）	23.36	22.50	12.47	10.92	9.15
流动资产周转率（次）	2.99	2.86	2.63	2.44	2.25

二、专用化学产品制造行业发展情况分析

（1）行业规模：行业内资产进一步集中。专用化学产品制造行业是辽宁精细化工行业中规模最大的一个子行业。截至 2011 年 12 月末，专用化学产品制造行业企业数量为 323 家，相较于 2010 年同期大幅减少 148 家，但从业人员和资产总额均有增长，这意味着行业内结构调整已取得了初步成效，行

业内资产进一步集中，如表 13 - 23 所示。

表 13 - 23 2007 ~ 2011 年辽宁专用化学产品制造行业主要规模指标统计

时间	企业数量（个）	从业人员（人）	资产总计（亿元）	增长率（%）	负债总计（亿元）	增长率（%）
2007 年 1 ~ 11 月	332	27223	122.04	23.77	63.62	19.30
2008 年 1 ~ 11 月	338	29373	160.31	34.93	80.21	30.66
2009 年 1 ~ 11 月	448	39482	217.89	9.59	125.41	17.28
2010 年 1 ~ 11 月	471	44359	286.54	27.58	150.46	19.77
2011 年 1 ~ 12 月	323	47470	349.92	18.81	174.64	28.76

（2）供求状况：供需关系逐步改善。2007 ~ 2011 年，辽宁专用化学产品制造行业工业总产值逐步上升，截至 2011 年，工业总产值达到 605.03 亿元，同比增长 34.68%，增速相较于 2010 年同期有所回落，但仍处于较高水平，如表 13 - 24 所示。

表 13 - 24 2007 ~ 2011 年辽宁专用化学产品制造行业工业总产值情况

时间	工业总产值（亿元）	同比增长（%）
2007 年 1 ~ 11 月	150.37	48.59
2008 年 1 ~ 11 月	214.75	42.06
2009 年 1 ~ 11 月	300.48	25.29
2010 年 1 ~ 11 月	442.84	46.13
2011 年 1 ~ 12 月	605.03	34.68

2007 ~ 2011 年，辽宁专用化学产品制造行业工业总产值增速显示出先降后增再降的趋势。2007 ~ 2009 年，增速从 48.59% 下降到 25.29%，2010 年回升到 46.13% 后，2011 年再次回落到 34.68%，但仍高于 2009 年的最低水平，如图 13 - 3 所示。

2011 年辽宁专用化学产品制造行业销售收入绝对值为 580.52 亿元，同比增长 35.91%。整体来看，行业销售收入实现了稳定增长，但增长速度较 2010 年有所放缓，如表 13 - 25 所示。

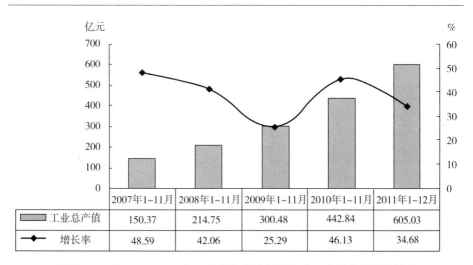

图 13 - 3　2007～2011 年辽宁专用化学产品制造业工业总产值及其增速

表 13 - 25　2007～2011 年辽宁专用化学产品制造行业销售收入情况

时间	销售收入（亿元）	同比增长（%）
2007 年 1～11 月	145.15	46.18
2008 年 1～11 月	204.36	40.81
2009 年 1～11 月	286.41	23.70
2010 年 1～11 月	420.13	46.80
2011 年 1～12 月	580.52	35.91

　　从产销率看，2011 年行业产销率为 95.95%，较 2010 年同期回升 1.08 个百分点，行业供需状况改善，如图 13 - 4 所示。

　　（3）发展趋势：行业需求稳定，定制化生产成为走向。在复杂的经济环境下，专用化学产品制造行业表现较好，未来该行业的市场需求将继续健康发展，随着经济的渐趋复苏，行业的扩张增速将会继续维稳在较高水平。并且，专用化学产品行业未来兼并、联合、重组将再起，其目的是增强竞争实力、发展优良资产、提高盈利能力、优化资本结构，以实现持续发展。同时，未来该行业的定制生产不断加强，一站式销售（One - stop Shopping）更受欢迎，对于用户来讲，专用化学品的使用量小，相对价值较低，因此为达到使用的效果，用户对于产品的性能更加关注，因此更趋向选择定制生产。

三、涂料、油墨、颜料及类似产品制造行业发展情况分析

　　（1）行业规模：仍呈现小幅扩张。涂料、油墨、颜料及类似产品制造行业在辽宁精细化工行业中规模相对较大。2011 年，企业数量为 124 家，同比

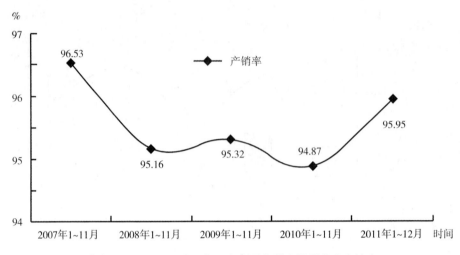

图 13 - 4　2007 ~ 2011 年辽宁专用化学产品制造业产销率

大幅减少 83 家，从业人员也随之减少。资产总计 123. 27 亿元，略高于 2010
年同期，且同比增长率高于 2010 年同期 5. 02 个百分点。总体来看，行业规
模仍呈现小幅扩张的趋势。

表 13 - 26　2007 ~ 2011 年辽宁涂料、油墨、颜料及类似产品制造行业主要规模指标统计

时间	企业数量 （个）	从业人员 （人）	资产总计 （亿元）	增长率 （%）	负债总计 （亿元）	增长率 （%）
2007 年 1 ~ 11 月	142	12620	61. 75	19. 54	32. 43	8. 72
2008 年 1 ~ 11 月	155	15397	74. 61	13. 06	38. 17	11. 16
2009 年 1 ~ 11 月	193	17730	82. 52	6. 69	44. 70	10. 55
2010 年 1 ~ 11 月	207	17412	103. 62	21. 81	53. 97	18. 22
2011 年 1 ~ 12 月	124	15314	123. 27	26. 83	57. 66	34. 54

　　（2）供求状况：供需有所恶化。2011 年，辽宁涂料、油墨、颜料及类似
产品制造行业实现工业总产值 177. 85 亿元，同比增长 24. 90%，较 2010 年同
期回落 12. 04 个百分点，行业供给增速下降，如表 13 - 27 所示。

表 13 - 27　2007 ~ 2011 年辽宁涂料、油墨、颜料及类似产品制造行业工业总产值情况

时间	工业总产值（亿元）	同比增长（%）
2007 年 1 ~ 11 月	56. 20	32. 82
2008 年 1 ~ 11 月	81. 87	31. 66

续表

时间	工业总产值（亿元）	同比增长（%）
2009 年 1 ~ 11 月	105.43	25.99
2010 年 1 ~ 11 月	150.50	36.94
2011 年 1 ~ 12 月	177.85	24.90

综合 2007 ~ 2011 年涂料、油墨、颜料及类似产品制造行业产值和增速来看，行业总产值增速在 2009 年达到波谷后在 2010 年回升到 36.94%，2011年降为 24.90%，低于 2009 年时的低谷，如图 13 - 5 所示。

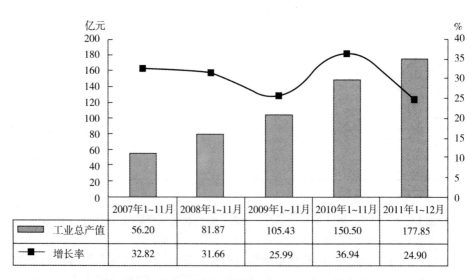

	2007年1~11月	2008年1~11月	2009年1~11月	2010年1~11月	2011年1~12月
工业总产值	56.20	81.87	105.43	150.50	177.85
增长率	32.82	31.66	25.99	36.94	24.90

图 13 - 5　2007 ~ 2011 年辽宁涂料、油墨、颜料及
类似产品制造业工业总产值及其增速

2011 年，辽宁涂料、油墨、颜料及类似产品制造业销售收入绝对值为161.28 亿元，增长速度为 20.22%。整体来看，行业销售收入实现了稳定增长，但增长速度较 2010 年同期放缓了 11.02 个百分点，如表 13 - 28 所示。

表 13 - 28　2007 ~ 2011 年辽宁涂料、油墨、颜料及类似产品制造行业销售收入情况

时间	销售收入（亿元）	同比增长（%）
2007 年 1 ~ 11 月	51.67	33.25
2008 年 1 ~ 11 月	79.05	34.13
2009 年 1 ~ 11 月	100.71	23.37

时间	销售收入（亿元）	同比增长（%）
2010 年 1～11 月	137.28	31.24
2011 年 1～12 月	161.28	20.22

从产销率来看，2011 年，行业产销率为 90.69%，较上年同期继续回落 0.53 个百分点，行业供需有所恶化，如图 13-6 所示。

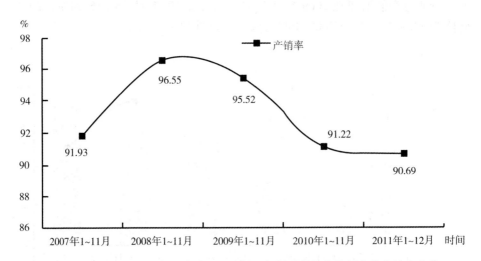

图 13-6　2007～2011 年辽宁涂料、油墨、颜料及类似产品制造业产销率走势

（3）发展趋势：抓住机会实现整合升级。2011 年涂料行业整体运行态势良好，有力地支撑了精细化工行业以及整个国民经济的平稳健康发展。但辽宁的涂料企业规模普遍较小，不足以与国外涂料巨头竞争。同时，品牌竞争加剧、人才管理难度加大、运营成本增加，都将对涂料企业的利润形成巨大压力。如何借助资本的力量快速发展、走兼并重组联合的道路，打造出能够站在世界涂料产业制高点的民族品牌，是涂料企业需要思考的问题。以民营企业为主体的辽宁涂料行业，改制上市是企业转变运营机制、改善人力资源结构、借助资本外力突破发展"瓶颈"的重要选择。涂料行业应该抓住时机，以建立行业标准为基础，以资本运作为契机，以品牌建设为先导，全面促进全行业的快速可持续发展。

四、日用化学产品制造行业发展情况分析

（1）行业规模：行业集中度有所提高。日用化学产品制造行业是辽宁精细化工行业中规模较小的一个子行业，截至 2011 年 12 月，辽宁日用化学产品制造行业企业总数为 46 个，从业人员 5508 人。对比 2010 年，企业数量和从业人员均有减少，但资产规模有所扩张，资产总额为 33.86 亿元，增长率为 24.20%，单个企业资产规模增加，如表 13-29 所示。

表 13-29 2007~2011 年辽宁日用化学产品制造行业主要规模指标统计

时间	企业数量（个）	从业人员（人）	资产总计（亿元）	增长率（%）	负债总计（亿元）	增长率（%）
2007 年 1~11 月	46	4682	14.88	9.59	7.60	4.20
2008 年 1~11 月	51	5281	15.89	10.35	8.23	22.76
2009 年 1~11 月	55	5223	18.54	29.25	8.32	24.23
2010 年 1~11 月	65	6344	28.33	22.63	13.37	47.29
2011 年 1~12 月	46	5508	33.86	24.20	14.35	4.47

（2）供求状况：总体平衡。2011 年，辽宁日用化学产品制造行业工业总产值为 51.26 亿元，同比增长 24.58%，增速较 2010 年回落 28.14 个百分点，如表 13-30 所示。

表 13-30 2007~2011 年辽宁日用化学产品制造行业工业总产值情况

时间	工业总产值（亿元）	同比增长（%）
2007 年 1~11 月	20.69	48.47
2008 年 1~11 月	22.41	13.78
2009 年 1~11 月	22.72	15.99
2010 年 1~11 月	36.74	52.72
2011 年 1~12 月	51.26	24.58

2007~2011 年，辽宁日用化学产品制造行业工业总产值增速起伏不定，2007~2010 年，增速先降后增；2011 年接着又下降到 24.58%，波动起伏不定，如图 13-7 所示。

2011 年辽宁日用化学产品制造行业销售收入为 51.01 亿元，同比增长 22.60%，增速较 2010 年同期回落 33.81 个百分点，如表 13-31 所示。

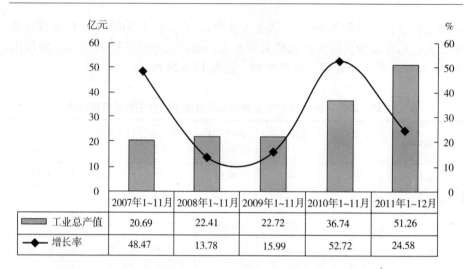

图 13 - 7   2005 ~ 2011 年辽宁日用化学产品制造业工业总产值及其增速

表 13 - 31   2007 ~ 2011 年辽宁日用化学产品制造行业销售收入情况

时间	销售收入（亿元）	同比增长（%）
2007 年 1 ~ 11 月	17.86	35.22
2008 年 1 ~ 11 月	20.31	8.51
2009 年 1 ~ 11 月	22.44	13.16
2010 年 1 ~ 11 月	36.44	56.41
2011 年 1 ~ 12 月	51.01	22.60

从产销率来看，2011 年，行业产销率为 99.50%，较 2010 年略有提升，行业供需总体平稳，如图 13 - 8 所示。

（3）发展趋势：提升品牌优势。目前，中国日化行业的产业集群主要集中在珠三角和长三角地区，但企业层次参差不齐，真正有规模、成气候的并不多，而多数是来样加工和来料加工，真正在中国和国际有影响的专业日化企业并不多，国内高端日化产品市场大多被国外品牌占领，而国内日化产品多在中低端市场发展。要想在国际竞争中提高自己的地位，未来我国日用化学品行业必须将更多的精力放在产品研发、品牌打造、产品质量提升等方面，这就决定了日化行业未来会有重组和兼并的趋势。

五、农药制造行业发展情况分析

（1）行业规模：集中度进一步提高。农药制造行业是辽宁精细化工行业中规模最小的一个子行业。截至 2011 年 12 月，辽宁农药制造行业企业总数

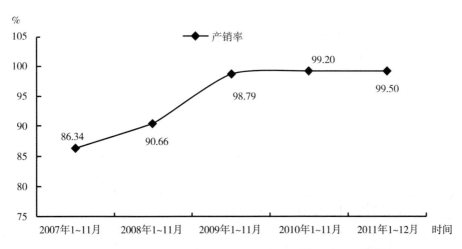

图 13 - 8　2005～2011 年辽宁日用化学产品制造业产销率走势情况

为 22 个，从业人员 5098 人。对比 2010 年，企业数量和从业人员均大幅减少，且资产、负债规模亦有缩小，行业发展更为健康、合理，如表 13 - 32 所示。

表 13 - 32　2007～2011 年辽宁农药制造行业主要指标统计

时间	企业数量（个）	从业人员（人）	资产总计（亿元）	增长率（%）	负债总计（亿元）	增长率（%）
2007 年 1～11 月	34	4650	31.20	9.34	21.86	10.12
2008 年 1～11 月	32	4659	37.17	19.13	26.27	19.79
2009 年 1～11 月	38	5598	42.49	26.43	23.97	2.59
2010 年 1～11 月	42	6678	49.82	13.68	25.27	8.17
2011 年 1～12 月	22	5098	30.27	2.41	13.85	16.40

（2）供求状况：供给增速回落，需求增速提升。2011 年，农药制造行业工业总产值为 41.84 亿元，同比增长 19.66%。增速较 2010 年回落 4.75 个百分点，如表 13 - 33 所示。

表 13 - 33　2007～2011 年辽宁农药制造行业工业总产值情况

时间	工业总产值（亿元）	同比增长（%）
2007 年 1～11 月	20.48	33.37
2008 年 1～11 月	25.07	24.55

续表

时间	工业总产值（亿元）	同比增长（%）
2009 年 1 ~ 11 月	29.85	45.47
2010 年 1 ~ 11 月	40.42	24.41
2011 年 1 ~ 12 月	41.84	19.66

综合 2007 ~ 2011 年农药制造行业产值和增速来看，工业总产值逐年增长，而增速在 2008 年下滑 2009 年明显回升后又开始逐渐下滑，到 2011 年增速下降为 19.66%，低于 2008 年增速，且降幅放缓。这意味着农药制造行业仍有较大的发展空间，如图 13 - 9 所示。

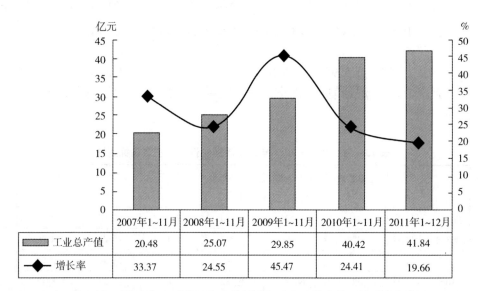

图 13 - 9　2007 ~ 2011 年辽宁农药制造行业工业总产值及其增速走势

2011 年以来，辽宁农药制造行业销售收入和同比增长速度均平稳增长，需求状况较好，为 2012 年行业在复杂的经济环境下平稳增长打下了坚实的基础，如表 13 - 34 所示。

表 13 - 34　2007 ~ 2011 年辽宁农药制造行业销售收入情况

时间	销售收入（亿元）	同比增长（%）
2007 年 1 ~ 11 月	17.97	32.16
2008 年 1 ~ 11 月	25.88	41.98
2009 年 1 ~ 11 月	29.17	18.98

续表

时间	销售收入（亿元）	同比增长（%）
2010 年 1～11 月	36.35	19.01
2011 年 1～12 月	39.77	28.51

从产销率看，2011 年行业产销率为 95.05%，较 2010 年同期回升 5.12 个百分点，行业供需状况得到改善，如图 13-10 所示。

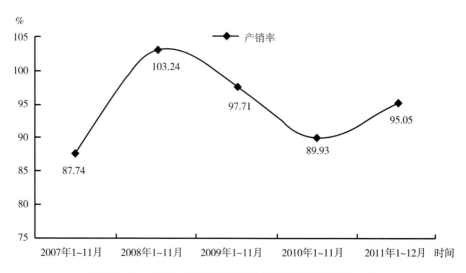

图 13-10　2007～2011 年辽宁农药制造行业产销率走势

（3）发展趋势：农药环保助剂将迎来广阔发展空间。高效、低毒的水基化、颗粒农药制剂已经成为我国农药工业未来的发展方向。国家正在逐步限制芳烃类助剂和其他安全性较差的助剂的使用，并进行农药制剂产品的综合性安全评价。2011 年登记的农药产品中，高效、低毒的水基化、颗粒制剂的登记数量已经超过当年总登记数量的一半。预计到 2015 年，中国农药制剂产品的需求量将上升到 230 万吨，环保制剂将备受青睐。因此，必须开发环境相容性好、毒性较低的新型溶剂和助剂以代替目前使用的传统溶剂和助剂，必须开发环境友好型新剂型替代原来以挥发性芳烃为溶剂的乳油，以适应新形势发展的需要。

六、小结

截至 2011 年 12 月，辽宁专用化学产品制造业企业数量为 323 家，占比 62.72%，是企业数量最多的子行业，其资产总额为 349.92 亿元，占比

65.12%，也是资产规模最大的子行业。而农药制造业企业数量仅为 22 家，资产总额为 30.27 亿元，占比 5.63%，行业规模最小。

从销售收入来看，辽宁专用化学产品制造行业的收入占比达到 69.73%，占比最高，同比增速也最快。从利润总额来看，专业化学产品制造业利润总额最高，达到 30.50 亿元，占比 67.32%，其次为涂料、油墨、颜料及类似产品制造业，占比 22.35%。综合来看，专用化学产品制造行业实力最强，而农药制造行业无论在企业数量、资产规模、销售收入和利润总额上都排名最后，实力最弱。

第十四章　打造民族品牌和世界级企业：辉山乳业考察报告

辽宁老工业基地的全面振兴，需要一批具有国际领先地位的世界级企业，引领产业发展未来，重塑高端制造领域的整体形象。辉山乳业作为中国牛奶十大品牌、中国放心食品信誉品牌、国家级农业产业化重点龙头企业，已经成为中国乳业奶源质量建设的领军企业，正在稳步向世界级企业迈进。辉山乳业的全产业链模式、对高品质产品的追求、高度的社会责任感，不仅是全省农事企业的典范，同时对于其他行业企业的转型升级也具有重要的示范意义。

一、数字辉山：辉山乳业的昨天、今天和明天

辉山乳业的前身是 1951 年由苏联援建的辉山畜牧场。经过半个多世纪曲折发展，1998 年，在整合有关资源基础上，成立了沈阳乳业有限责任公司。三年后，企业已跻身中国区域乳业前列，成为消费者信赖的品牌，并引来国内外多家农产品制造业企业的争相并购。2002～2004 年，企业完成改制，国有股全部退出，从而开启创造奇迹的历程。2003 年，辉山乳业制定了对企业发展具有深远影响的 2004～2008 年五年发展规划，据此建立起从牧草种植、饲料加工、奶牛养殖、产品加工到冷链运输的新型液态奶产业链，实现经济、生态、社会三大效益的有机融合，使辉山乳业的自营牧场模式获得成功，为企业发展奠定了坚实的产业基础。2009 年，辽宁辉山控股集团成立，进一步树立以打造乳品全产业链为核心、实现企业规模扩张的战略目标，此后在沈阳、抚顺、锦州、阜新等地投资建设了良种奶牛繁育及乳品加工产业集群项目。

企业转制后的 10 年，是辉山创造奇迹的 10 年。10 年间，辉山集团自营牧场数量从 7 个扩大到 52 个，主要粗饲料苜蓿草从全部进口到拥有自己的 13 万亩草场，用于粗饲料的青贮玉米种植面积达到 23 万亩，存栏奶牛数量从 3800 头增加到 12 万头，自有奶牛数量位居全国第二。

10 年间，辉山集团的资产总额从 4 亿元增加到近 100 亿元，销售收入从 3.4 亿元增加到 30 亿元，年净利润从 0.3 亿元增加到约 10 亿元，其主要经济指标增速居行业领先水平。

10 年间，辉山为中国乳制品行业创造了全新的自营牧场模式，当别人把

80%的精力和资金用在营销上时，辉山则把80%的财力和物力用在以牧草和奶牛饲养为主的全产业链建设上，从而成为中国乳业奶源质量建设的领军企业。

这10年里，面临伊利、蒙牛等奶业巨头的夹击，辉山乳业不但没有萎缩，反而壮大了；这10年，中国奶业受到三聚氰胺等食品安全事件的冲击，辉山乳业不但没有垮下，反而凭借自己一流的产品逆势而上，发展更顺了。这10年，辉山乳业的发展速度也许不是最快的，发展质量却是最好的；辉山乳业的规模不是最大的，产业链却是最健全的。目前，辉山乳业已建成和在建的产业集群项目包括70个现代化奶牛养殖场、5个乳品加工厂。2014年项目全部达产后，自营牧场奶牛存栏达25万头（包括自主繁育和每年引进数万头育成牛），每年提供优质原料奶120万吨，液态奶年产能达70万吨，乳粉加工年产能达20万吨，年综合产值达200亿元。

不仅如此，辉山还有更大的雄心和目标。2013年，公司在香港地区上市。据多家国际著名投行的估计，按辉山乳业的盈利水平，上市后合理市盈率应为30倍，公司的市值将接近1000亿元。募集资金到位后，预计到2015年，公司将建成100座现代化奶牛养殖场，优质奶牛存栏量达到30万头，年产优质原料奶150万吨，建成6座现代化乳品加工厂，年产婴幼儿配方奶粉24万吨，年产液态奶80万吨，年产值达300亿元。届时，辉山集团将成为全球唯一实现奶源完全自供的乳业公司，在全产业链创新的道路上，创造三项世界第一和两项中国第一：世界最大的奶牛养殖基地；世界最大的牛粪沼气提纯压缩气生产基地；世界最大的有机生物菌肥生产基地；中国最大的娟姗牛种群繁育基地；中国最集中的苜蓿草种植基地。辉山乳业将一跃成为全球乳业的佼佼者，其中销售收入位居全球业内三甲，成为辽宁为数不多的世界级企业。

二、以生产世界一流的乳制品为己任

近年来，我国乳制品企业食品安全问题频出。2008年三聚氰胺污染乳品事件爆发，各大媒体先后曝光了30多家违规乳制品企业，包括当时位列全国乳制品行业前四名的伊利、蒙牛、光明、三鹿，而辉山乳业的产品经过国家质检总局严格检验全都合格，其中的原因归根到底是原料奶的质量。辉山乳业通过自营牧场模式，由企业自己控制饲料源头和牛奶的产出及加工，将所有的质量隐患和安全隐患一一排除，并且做出"每一滴牛奶均高于欧盟标准的承诺"。世界各国中，欧盟的原料奶安全标准相对较高，不仅远高于我国的相关标准，而且高于美国标准，而辉山原料奶的参数全部达到并超过欧盟标准，如表14-1所示。

表14-1 辉山乳业与国内外牛奶质量参数比较

	欧盟	澳大利亚	美国	中国	辉山
菌落总数（TBC）	<10万/毫升	<25万/毫升	<50万/毫升	<200万/毫升	<5万/毫升
体细胞数（SCC）	<40万/毫升	<40万/毫升	<75万/毫升	无规定	<20万/毫升
采集温度	<6°C	<5°C	<10°C	无规定	<5°C
抗生素、农药残留检测周期	一月数次	一年数次	一年数次	一年数次	批次检测
设备清洁用水检测周期	一年	无规定	无规定	无规定	一个月
奶牛是否进行检验检疫	是	是	是	是	是

菌落总数（TBC）和体细胞数（SCC）是决定牛奶品质的两项最重要标准，国内原料奶与发达国家的质量差距主要体现在这两个指标上。菌落总数越大，牛奶对人体的健康风险越大。挤奶过程中，牛奶与空气的接触时间、挤奶设备的卫生消毒情况、清洁用水的质量直接决定原料奶中的菌落总数。体细胞数被称为牛奶质量的"黄金标准"。一般认为，牛奶中体细胞含量超过100万/毫升，将会对奶牛养殖、乳品生产、饮食健康等造成明显的负面影响。奶牛的健康条件、乳头的卫生情况直接决定原料奶的体细胞数。

辉山乳业的原料奶全部来自公司自营牧场，通过一系列内部质量控制措施，辉山的原料奶从源头上实现了质量和食品安全可控。

第一，质量保证从饲料源头抓起。辉山乳业首选紫花苜蓿草作为奶牛产奶期粗饲料。紫花苜蓿草是所有草类植物中蛋白质含量最高的，含粗蛋白质15%~26.2%，相当于豆饼的一半，比玉米高1~2倍；赖氨酸含量1.05%~1.38%，比玉米高4~5倍，是保证原奶品质的关键饲料。辽宁地处北纬38~43度，大部分面积处于"黄金牧草种植带"上。辉山乳业利用这些得天独厚的自然条件，建设了13万亩苜蓿草种植基地，确保优质饲料的供应，尤其是辽河源头地区开展规模化的苜蓿草种植，在保持生态可持续发展的同时，解决了一般乳品企业无法控制奶农饲料品质的问题。

第二，高品质奶牛产出高质量原奶。辉山乳业的奶牛都是从澳洲引进的纯种荷斯坦奶牛和原产地为英国的娟姗奶牛，为保证奶牛的品种血统，公司专门从北美进口冻精并进行繁育，确保了奶牛品质。目前，公司每年仍从澳洲进口数千头奶牛，已经形成国内数一数二的纯种荷斯坦奶牛种群。

第三，实施科学化、精细化管理。公司投资数百万元建立了DHI化验室，在国内率先引进世界顶尖的体细胞检测仪。奶牛的电脑信息采集覆盖辉山乳业的所有牧场，每一头奶牛每天的采食量、运动量、榨乳量和医保卡等生活信息和健康信息全部实行"电子登记注册"，时刻掌握奶牛的全面信息。同时，辉山对每个批次的原料奶都进行化学和农药残留的检测；清洗生产设备的用水也做到每月检测一次。自营牧场中所有奶牛每个月都经过全面"体检"，几百吨牛奶全部进行特殊的检测，检测员与营养师们会根据检测的结果和历史数据分析，重新调整奶牛第二天的"菜谱"。

第四，严格采用冷链生产流程。辉山乳业全部采用机械化作业，每座牧场都配备价值 300 多万元的自动化挤奶生产线，使原料奶从奶牛体内到储奶罐，从储奶罐到巴氏杀菌车间，从生产车间到包装车间的各个环节全部与空气绝缘，最大程度降低牛奶与空气中细菌接触的风险。同时，原料奶在挤出和转运过程中温度保持在 5℃ 以下，控制细菌的生长繁殖，从而实现总菌落数优于欧盟标准。

三、首创从田间到餐桌的全产业链生产模式

面对国际金融危机和国内乳品行业危机的双重影响，为求得生存和更好发展，辉山乳业积极努力探索从田间到餐桌的全产业链乳制品生产模式，主要包括从牧草种植、饲料加工到牧场经营、良种奶牛自主繁育，再到液态奶加工和乳制品深加工、产品配送，以及粪污处理五个环节。

（一）牧草种植和粗饲料加工

饲料成本是奶牛养殖成本的主要组成部分，占比通常可达 75%。在奶牛的不同成长周期，营养需求不同，从而饲料构成中粗饲料和精饲料的比例不同，粗饲料占比在饲料总量的 50%～70% 波动，因此，粗饲料成本对饲料总成本具有决定性影响。辉山乳业租用农地集中连片种植 13 万亩紫花苜蓿，并组织牧场周边 23 万亩青贮玉米订单农业种植，年产量分别为 11 万吨和 80 万吨，并进行机械化收割、打捆和储运。同时，自建青贮窖，自行加工青贮饲料。辉山乳业采用这种集约模式种植牧草和加工粗饲料，基本实现了粗饲料的自给自足，大幅降低了外购饲料费用及运输成本。

（二）自营牧场和奶牛自主繁育

辉山乳业从 2002 年起涉足牧场经营，2009～2012 年集中从澳大利亚、新西兰、乌拉圭等国引进 8 万头纯种奶牛（其中，荷斯坦奶牛 7.4 万头，娟姗奶牛 0.6 万头）。目前其自营牧场已拥有奶牛 12 万头（荷斯坦牛 11.2 万头，娟姗奶牛 0.8 万头），年产原料奶 40 万吨，其中用于加工液态奶和其他乳制品的有 30 万吨，出售给其他乳制品企业的有 10 万吨。目前辉山乳业已掌握良种奶牛繁育技术，通过引进性控冻精控制犊牛性别，使母牛犊的比重达到 70% 以上。目前，市场上母犊牛的销售价格为 1 万元/头，以年繁育 4 万头（按照繁育计划，每年将递增 15% 以上）折算，扣除购买冻精的成本

（平均每支175元），企业因此获得近4亿元的生物资产增值收益。

（三）液态奶加工和乳制品深加工

目前，国内普通液态奶（包括袋装纯牛奶、酸奶、乳酸菌饮料、杯装酸奶、盒装纯牛奶、乳酸菌饮料等）的生产工艺和市场环境已基本成熟，但普通液态奶附加价值较低，因此各大乳品企业均已涉足具有较高附加价值的高品质液态奶（如巴氏杀菌奶、高营养纯牛奶、牛初乳制品等）和深加工乳制品（如奶酪、奶粉等）的生产领域。辉山乳业生产的高品质液态奶和深加工乳制品主要包括巴氏杀菌奶、盒装娟姗牛奶、牛初乳制品和婴儿奶粉。巴氏杀菌奶最大限度保留了牛奶的活性成分，最具新鲜性，尽管售价高于普通纯牛奶，仍广受消费者欢迎；新上市的盒装娟姗牛奶，其原料奶产自有"金黄后"美称的纯种娟姗牛，因娟姗牛身体条件特殊，娟姗牛奶具有乳质浓厚、乳脂率高和乳蛋白率高的特点；牛初乳制品由母牛产仔后72小时内采集的原料奶加工而成，产量相对较少，营养价值相对较高；从瑞典引进的利乐牌奶粉生产设备所生产的高品质婴儿奶粉具有较高利润率。上述四种高附加值产品已逐渐成为辉山乳业终端产品的主要利润来源。

（四）完善的营销渠道及增值的配送服务

在当前市场环境下，乳制品销售的成熟途径是通过商场或超市代售，部分乳品企业在其产地也采取直营模式销售。辉山乳业除采取商场、超市代售外，还结合了直营、送奶上户和校园营销的组合销售模式。辉山乳业现有直营店165家，牛奶上户配送人员340人，校园营销目标客户群体为辽宁省100所高校100万在校学生。辉山集团自建的全方位乳制品配送服务体系依托东北三省紧密相连的高速路网，可以在4个小时内送遍全省，8个小时内送遍东北三省，确保消费者尽可能便利地享受到最新鲜的乳制品。

（五）粪污回收处理生产沼气

奶牛的粪污处理方式主要有三种：直接还田、沼气发电及浓缩和固液分离生产有机肥。辉山乳业采取的是沼气发电及浓缩，并将余料转化为有机肥的方式。如果仅按常年存栏量25万头计算，年产粪污可达315万吨，如将其全部投入沼气转化流程，可生产沼气1亿立方米，实现发电总量2亿千瓦时/年，总装机容量为30兆瓦。牛粪发酵后的余料还可生产固态有机肥63万吨、液态有机肥252万吨，相当于一个超大型化肥厂产能，每年可改良土地200万亩。目前，辉山乳业投资2亿元的法库牛粪沼气发电项目已基本完工，每年可以发电4000万千瓦时，或可生产沼气浓缩气1200万立方米，可满足周边地区对天然气需求，同时产出有机肥12万吨。按照浓缩气每立方米4元、有机肥每吨900元计算，扣除运营成本后，辉山乳业从法库沼气转化项目中年获利超过1亿元。

四、辉山乳业带给我们的启示

国际经验表明：要形成具备全球竞争力的产业，必须要有世界级企业的引领；经济发展方式的转变，必须要靠企业发展模式的创新；经济结构的优化升级，实际上是企业产品和效益的升级。辉山乳业的体量目前虽然还不够大，但已具备世界级企业的潜能和雏形。辉山乳业全产业链、立体化的发展模式，必将引导辽宁农业产业结构调整和企业的开拓成长。

（一）调结构、转方式，根本在于企业发展模式的转变

改革开放以后，中国农业以分散的家庭经营模式为主，并成为农业增产、农民增收的组织和制度保障之一。但随着经济社会和科学技术的发展，这种以家庭为基本单位的分散式经营方式已经阻碍了农业向更高水平发展。规模化、组织化、高级化、科技化成为农业未来发展的大趋势。辉山集团的发展恰恰顺应并引领了这一发展潮流。通过租赁农户的土地将零散经营转变为统一的规模化经营，通过为农民提供就业岗位，将分散的农民纳入有组织的产业分工。实现规模化以后，原来单个农户因条件所限，不能发展的高效优质农业变得可能，原来难以采用的现代农业设备和先进的农业技术，也由于公司化经营和机械化作业而变得可能，企业统一监控整个产业链也更能确保和提高农产品的质量。由此，土地得到集约利用，农业效率得到提高，农业劳动力得到转移，产业结构得到调整。

辉山乳业的模式不仅是现代大农业产业结构调整的典范，而且对工业结构升级转型具有启示作用。辽宁工业结构调整中一个重要问题是产业链关键环节薄弱，许多重要部件和设备受制于人，这正如乳产品质量决定于奶源一样。辉山乳业将别人扩展市场的财力和精力放在奶牛养殖上，补足了乳品产业链的核心环节。虽然短期内牺牲了一些发展速度，换来的却是核心竞争力的提升和可持续发展。辽宁工业结构的优化升级，也必须找到这些关键环节，集中人力、财力、物力予以弥补，这些短板补足将使辽宁工业发生质的飞跃。

（二）质量型增长才是通往世界级企业的根本之道

食品安全关乎国民健康，生产安全食品是企业的根本使命，保证食品安全是企业义不容辞的责任。辉山乳业在食品安全建设的投入不遗余力，深刻认识到，只有生产让消费者放心、满足消费需求的产品，企业才能真正获得持久的发展，实现永续经营。近年来，由于乳品市场的迅速膨胀，乳品企业迅速扩张，很多乳品企业没有随着自身的发展壮大而提高对自身的要求，提高企业的管理水平，出现了诸多问题。比如三聚氰胺事件，是众多乳品企业长期疏于对奶源的管理而集中爆发的质量安全事件。而同一时期发展起来的辉山乳业却独辟蹊径，以"种好草、养好牛、出好奶"的全产业链发展模式，以生产高品质的百姓放心奶的口碑和形象，在众多乳品企业中脱颖而出。

正是由于辉山乳业以自营牧场所提供的放心原料奶，才使得企业以一流品质的牛奶，博得广大消费者尤其是辽沈消费者的青睐，这也是企业承受蒙牛、伊利、光明等乳业巨头的前后夹击，在激烈竞争中求得生存和发展的关键因素。目前，虽然蒙牛、伊利、光明等国内乳业巨头都在辽宁建厂，但辉山乳业仍然以良好的质量口碑，在辽宁市场赢得50%以上的占有率，在沈阳市场，更是击败了数家乳业豪强，实现了85%的市场占有率。

为保证食品安全，辉山乳业从源头就开始控制，从饲料、奶牛选取、奶牛饲养、牛奶生产、包装、运输到销售等每一个环节，都收缩到企业内部进行，彻底避免了"公司＋农户"模式下由于利益分配不协调导致人为添加各种化学成分的行为，也避免了农户由于生产规模较小而多采用手工操作所带来的细菌污染问题，大大降低了原料奶菌群数量。

规模化的自营牧场能够控制奶源质量，监控每个批次原料奶的品质，堵住了生产各个环节的漏洞。这样的管理模式，企业放心、监管部门放心，最重要的是消费者放心。这种管理模式如果在整个行业得以推广，将能确保奶制品质量优异、安全放心，推动中国乳品行业摆脱信任危机，进入一个良性发展的轨道。现在，辉山又同具有百年历史的瑞士英雄乳业集团合作，生产高品质放心奶粉，以辉山高品质牛奶为原料，生产适合婴儿及各类消费者的奶粉，按照辉山全产业链的生产模式及内部质量体系，辉山乳业的奶粉将完全能够与国外发达国家的产品媲美，重塑国人对国产奶粉的信任。

（三）全产业链的产业组织形式，也是核心竞争力

辉山乳业首创的从田间到餐桌的全产业链生产模式使之成为国内产业链环节最完备的乳制品企业。国内的伊利、蒙牛、三元、光明等乳业企业都在向上游的牧草种植和奶牛养殖延伸其产业链，但还远远不能实现原料奶完全自供。辉山乳业的全产业链生产模式将从牧草种植到粪污处理的上下游五个产业环节加以整合，既延伸了产业链，拓宽了经营范围，实现了规模经济效应，降低了生产成本，提高了资源利用效率，又形成了乳制品质量内部控制体系，保证了乳制品质量的可溯源性，并因外部成本内部化而减少了交易成本。从田间到餐桌的全产业链生产模式，对农产品（特别是生鲜农产品）生产加工产业具有较强的借鉴意义。

（1）产业链上游集中体现规模经济效应。规模经济效应在农产品生产加工领域体现得尤为显著，这是因为相对于小规模分散种植、人工耕作而言，大面积集中种植、机械化耕作能够大幅度减少劳动力投入，提高劳动分工专业化程度，并提高生产效率，从而有助于降低平均生产成本。辉山乳业采取集约模式种植和储运牧草、养殖奶牛和收储运原料奶，在最大程度上实现了机械化作业，提高了劳动生产率，节约了生产成本。

（2）产业链上、中游衔接紧密，保证产品质量可溯源。对食品加工企业

而言，产品质量是决定企业存亡的关键要素。产品质量不能只靠外部的监督检查，必须靠企业内部的自觉和对各个环节的严格监控。只要散户供应原料奶的现象依然存在，原料奶的质量就无法得到根本保障。而且来自散户的原料奶在加工环节必然混合，当最终产品质量出现问题时，企业将无法追溯问题的源头。辉山乳业通过自种牧草、自营牧场的整合产业链经营模式，构建了全产业链产品质量控制体系，特别是对最容易产生问题的上游产业环节（牧草种植、奶牛饲养、原料奶采集和运输等）加以控制，从根本上杜绝奶牛饲养过程中添加剂滥用现象，避免了原料奶采集储运过程中可能产生的污染。同时，当最终产品质量出现问题时，能够有针对性地追溯问题的根源，实现了乳制品质量的可溯源性。

（3）产业链末端实现了资源有效配置和充分利用。废弃排放物处理通常是生产性企业成本的重要组成部分，而废弃物再利用技术则变废为宝，化成本为收益。农产品加工企业的废弃物处理不当（如秸秆焚烧）将会直接污染环境。辉山乳业将奶牛粪污直接制成沼气，再进行发电或做燃料，促进了新能源产业发展，减少了对不可再生能源的消耗。生产沼气的余料制成有机肥再还田，既避免了污染空气、河流和土壤，节省了治污成本，又创造了新增产值。

（4）全产业链各环节衔接整合，实现了外部成本内部化。当市场经济发展带来的分工细化导致交易成本上升时，将促使企业的生产范围向上下游产业链延伸，以实现上下游产业之间的联结整合，从而将买卖双方之间的搜寻、签订契约、彼此监督约束等行为转化为企业内部行为，降低交易成本。辉山乳业所采用的全产业链生产模式是通过自种饲料、自营牧场、自主繁育奶牛、自有配送渠道等途径，实现上下游产业的联合，将采购牧草、引进奶牛、收购原料奶等企业间外部行为转化为企业内部行为，从而最大限度压缩了可能产生的交易成本。

（四）人才是企业长盛不衰的最重要资本

做一流的企业，需要一流的人才。选拔人才、培育人才、用好人才、留住人才，是任何追求卓越的企业要解决的首要问题。辉山将人才看作最重要的资本、最宝贵的财富和企业发展的核心竞争力。基于这样的人才观，集团构建了科学合理的人员招聘体系、人才培养晋升体系及考核激励体系，逐步形成了"以人为本"的人才选、用、育、留机制，吸引和留住了大批优秀人才为辉山服务，对企业科学快速发展提供了有力支撑。

高端管理人才和专业技术人才是企业发展的支柱。解决人才问题，需要企业领导者具有大气魄，进行大投入。对此，辉山管理层树立了高定位、高起点、高薪酬、高期权激励的人才吸纳理念，通过多种渠道网罗人才。目前已吸引在中国乃至全球具有一定影响力的顶尖人才10余名，多数为欧洲和中国香港专业人士或在国际专业公司工作多年的外籍华人，形成了辉山企业国际化的管理团队。这不仅铸就了辉山过去 10 年的辉煌，更将引领集团在国际化发展道路上快速迈进。

雄厚的后备人才是企业可持续发展的重要保证。为适应企业未来的高速发展及进入全球乳品第一方阵的需要，辉山十分重视后备人才体系建设，与国内各高校建立深层次校企合作关系，目前已与 15 家专业院校签订深层次校企合作协议，建立了 10 个专为辉山培养人才的"辉山班"。同时，公司从北京、上海等一线院校招聘硕士学位、博士学位应届毕业生，由副总裁以上领导亲自选拔并直接培训，在集团各产业链条充分轮转锻炼成熟后，直接输送到中层领导岗位，为五年后的辉山发展，提前储备优秀人才资源。2013 年度高端管理培训计划已经启动，目前已有 35 名硕士学位博士学位毕业生于年初进入集团实习。

科学合理的制度是吸引和留住人才的关键。辉山建立了以员工与企业共同成长为导向的人才培养机制，为员工提供广阔的发展平台。公司经过对员工入职后一段时间的考核和观察，即为员工量身定做职业发展规划，同时提供丰富的培养计划，包括"高端管理培训生计划"、"畜牧技术类培养计划"、"生产技术类培养计划"、"营销类人才培养计划"、"牧业高端管理人才研修班"等 10 余项，涵盖从新员工到中高级专业技术人员、中高层管理干部的各阶段培训内容。

辉山建立了以绩效为导向的考核机制。从企业整体经营绩效、个人绩效、个人能力提升三个方面对员工进行综合考评，考核结果与个人薪酬调整和职务升降严格挂钩，实现了企业与员工共赢，保证了长期利益与短期利益相协调。为保证对核心员工的激励力度和长期激励效果，公司在上市前制定《股权激励方案》，公司的中高层管理干部及核心专业技术人员均参与其中，这些人才的身份从雇员转变为股东，使他们更加关注公司的整体利益，从长期上保证个人利益与公司利益得到有机统一。

（五）承担社会责任，带动农村转向工业化并实现农民致富

任何一家企业都承担着一定的社会责任，智慧的企业会主动履行其社会责任，并使其与企业效益相统一。反之，牺牲社会利益的企业终究会被社会抛弃。辉山乳业生产高质量的、让消费者放心的乳制品，既是提高经济效益的需要，也是履行社会责任的直接体现。更重要的是，辉山乳业使企业的发展与农民致富统一起来、与生态文明建设统一起来。

（1）企业经济效益与农民致富相统一。解决农民的温饱问题，靠的是分散的家庭化经营的小农经济；而解决农民的致富问题，则要靠组织化的企业化经营的大农经济。

辉山乳业的模式不仅实现了企业的发展，解决了农村剩余劳动力的就业，

更重要的是提高了农民的收入。与辉山乳业签订土地租赁合约的农户有多种收入来源：一是土地租金，农户将土地转租于辉山，所获租金高于一般的土地出让价格；二是工资收入，有工作能力的农民受雇于辉山乳业，获取劳动报酬；三是五险一金，辉山乳业为受雇的农民缴纳保险，且不与其享受的新型农村合作医疗相冲突；四是土地增值收入，辉山集团所租用的土地，其每年的增值可通过农民参加的农业合作社按一定比例分配给农民。此外，辉山集团还引导农民科学种植青贮等饲料作物，与玉米相比，每亩青贮可增收500元以上。在辉山集团的带领下，农民收入大幅提高，年户均增加收入2万元以上。

（2）企业发展与建设两型社会相统一。由于企业生产而导致生态破坏和环境污染，甚至危害到人们健康和生命的事件，屡有发生。因此，使企业发展与生态环境和谐共生，也是企业承担社会责任的重要方面。为保护生态环境，杜绝养殖污染，辉山采用先进的新能源环境工程技术——沼气发电技术，以沼气发电工程系统为纽带，通过沼肥的综合利用，从根本上解决环境保护与畜禽养殖污染、化肥施用污染之间的矛盾。辉山自养奶牛规模可产生沼气1亿立方米/年。同时，可生产有机肥315万吨，每年可改良土地200万亩。辉山这种模式也将成为中国农业循环经济发展的典范。

辉山乳业的发展模式有效地实现了经济效益、社会效益和生态效益的高度统一，为辽宁企业树立了一面旗帜。在未来很长时间内，随着工业化和城镇化的深度推进，任何行业任何企业的发展都面临转型升级问题、与农民打交道的问题、生态环境的压力问题，非农企业在解决这些问题时，可能会有更大的困难，但解决不好，不仅阻碍企业的持续发展，更影响社会和谐与生态环境的美好。从这个意义上说，辉山乳业的发展理念和模式值得所有行业思考、借鉴和再创造。

第十五章　重视辽宁包装印刷业的培育和发展

近年来，包装印刷业迅速走进人们的视线，从烟、酒、糖、茶到食品、药品、化妆品，人们在日常生活中几乎每时每刻都在感知包装印刷品的存在。精美的包装刺激着人们对所需产品的购买欲望，也直接影响着产品的附加值。在印刷业的六大子行业中，过去的出版物印刷的统治地位，如今已被包装印刷所取代，包装印刷早已跃居印刷业的第一大行业。2011 年，全国包装印刷业营业收入和增加值占印刷业的比重分别达到 72.5% 和 65.2%。而且由于包装印刷业所体现的服务性和生产性兼容并包的特质，决定了制造业越是发达的国家和地区，越是重视包装印刷业的发展，包装印刷已经或正在影响着制造业的效益和水平。"十一五"以来，辽宁制造业步入快速发展期，尤其是农产品深加工及食品、药品、保健品产业发展令人瞩目，客观上为包装印刷业的发展提供了巨大的市场空间。我们应抓住时机，充分利用现有基础，进一步促进辽宁包装印刷业上规模、上档次、上水平。

一、包装印刷业的基本特征及发展趋势

（一）包装印刷业概念

包装印刷是指在商品包装物上印刷标志性、装饰性及广告性的花纹、图案和文字。包装印刷的精美程度，对提升产品附加值、提高产品知名度和吸引力，具有不可低估的作用。

包装印刷业主要为其他生产行业（如农产品加工业、医药行业、烟草行业、电子行业等）提供配套的包装印刷服务。因此，包装印刷业的发展与一个国家或地区整体经济运行状况高度相关。以"十一五"期间为例，我国包装印刷业增加值在 GDP 中的比例保持稳定，行业增长率总体略高于 GDP 增长率，与 GDP 增长率的变化趋势基本吻合（见图 15－1 和图 15－2）。由于包装印刷需求大多来自于轻工业，因此，其发展受轻工业的影响更大。

（二）包装印刷业产业链构成

随着各种生产环节和要素不断融入，包装印刷业的产业细分程度不断提高，内容逐渐丰富，开始由单纯的印刷包装生产向创意设计、数码制作、印包生产、维修服务四大板块构成的产业体系转变。

创意设计是指利用个人创意、技巧及才华，通过对知识产权的开发运用

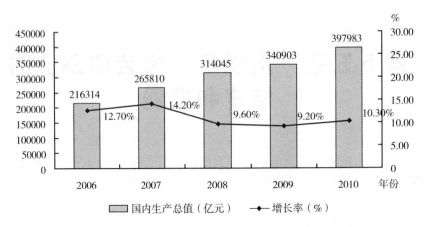

图 15 - 1　2006~2010 年全国国内生产总值及增长率

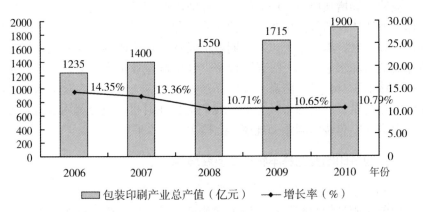

图 15 - 2　2006~2010 年包装印刷产业总产值及增长率

说明：2006~2010 年包装印刷产业总产值不含金属、玻璃等包装印刷。

所产生的理念、构思和技术等，在获得市场认可后，进而在生产和销售环节上获得增值的一系列创新活动，主要包括工业设计、包装设计、平面设计和形象设计等内容。创意设计与文化产业密切相关，处于包装印刷产业链上游，是具有高附加值的高端生产环节。

数码制作是指计算机技术在包装印刷领域的具体应用，如通过软件设计及编程、计算机辅助设计、样品模拟与制作等，对平面设计、印刷排版等进行电脑数码合成。数码制作具有动态性、时效性和多样性的特点，给包装印刷业带来了巨大冲击。目前，专门从事该项工作的企业还较少，随着专业化程度提高，数码制作必将会发展壮大成为一个新兴产业。

印包生产包括印刷生产和包装生产两个环节。印刷生产是指利用某种设备对介质（纸、塑料、金属等）进行印刷活动，以及关于这些印刷设备和介质的制造活动。包装生产是指利用某种包装物对产品进行包装活动，以及关于包装物和包装设备的制造活动。从印刷工艺上划分，包装印刷可分为数字印刷、凹版印刷、柔性版印刷、丝网印刷、平版胶印等。数字印刷是指使用发光二极管对感光鼓进行电子成像，将数码化的图文信息直接从电脑进行快速印刷的一种全新印刷方式。后面四种属于传统的印刷方式，即使用印刷或其他方法将原稿上的图文信息转移到承印物上的工艺技术。传统印刷方式具有质量好、速度快、成本低等特点，适合大幅面、大批量印刷，尽管印前制版、晒版等程序复杂，目前仍是市场上的主流印刷方式。

维修服务是包装印刷业的下游环节，虽然总体规模不大，但对包装印刷企业平稳、快速生产具有重要作用，是包装印刷产业链中不可或缺的重要环节。

（三）包装印刷业的基本特征

（1）产业关联度强。包装印刷业涉及很多关联行业，上游涉及包装印刷设备和包装印刷材料。包装印刷设备分为印前设备、印中设备和印后设备三类。印前设备包括数码打样机、柔性制版机、CTP（计算机直接制版技术）制版系统、晒版机、烤板机、冲版机等。印中设备包括胶印机、彩印机、商业轮转机等。印后设备包括折页机、切纸机、UV上光机、覆膜机、打孔机、模切机、胶装联动机、骑马钉联动机、打捆机等。包装印刷材料主要分为两大类，一类是承印物和包装材料，主要有纸张、金属、塑料、玻璃、服饰等；另一类是感光材料，主要用于印版上涂布的一类材料，如油墨、胶片、软版、菲林片等。包装印刷业中游是产业体系的核心环节，主要包括各类包装印刷企业。包装印刷业下游主要是出版发行、物流、维修、仓储等服务性行业，除设备维修外，大多从属于其他产业。

（2）装备水平决定行业发展水平。多年来，我国包装印刷设备行业一直存在着企业规模小、创新能力弱、低档设备生产能力过剩、高档设备生产能力不足的问题。以单张纸胶印机为例，世界先进水平普遍达到1.6万～1.8万张/小时，最高已经达到2万张/小时。我国的单张纸胶印机速度最高仅能达到1.5万张/小时，而且实际使用时的速度更低。卷筒纸胶印机的世界先进水平已经达到15～18米/秒，而我国卷筒纸胶印机的最高速度一般只有7米/秒左右，只有少数产品能达到11米/秒。海德堡、曼罗兰、三菱和秋山等国际知名印刷设备制造商几乎垄断了国内所有高端包装印刷设备的供应。因此，我国包装印刷企业都采用引进国外先进设备和高端印刷管理人才的发展模式。这导致了国内包装印刷业的一个显著特征：即引进国外包装印刷设备的质量和技术水平决定了企业的产品竞争力。这种发展模式还决定了包装印刷业的进入壁垒主要是资金而并非技术。

（3）产品设计和服务创新是竞争力的核心。对于包装印刷企业来说，在为客户提供精致印刷品服务的同时，也可以开发包装纸、办公文具、礼品盒等纸制品，打造自主品牌，加强企业在市场的影响力，从而增强企业持续获得盈利的能力。产品创新还包括服务模式的创新。传统的来样印刷服务已经很难适应客户越来越多样性的服务要求，印刷服务模式的创新正在成为高端印刷的成功要素，利用印刷技术上的优势，包印企业正在向"为客户提供创意设计印刷包装全方位的包装解决方案供货商"的角色转变。包装印刷品将由现在的以印刷为主导，发展成为以产品包装设计为主导，包装印刷企业逐步由承接包装印刷品转向提供全面包装解决方案的方向发展。产品设计的著作权成为印刷企业追踪的热点，即谁拥有产品包装设计著作权，谁就决定了包装产品的印刷权。如果印刷企业拥有产品包装设计的著作权，那么就拥有这些产品包装的印刷业务。包装装潢印刷企业必须建立一个完整的产品包装设计部门，只有这样才能确保包装印刷业务的市场占有率。

（4）直接影响产品附加值，在制造业中举足轻重。随着消费者文化素质、审美情趣和品牌意识逐渐提高，对商品包装印刷也提出了更高要求。同时，厂商出于产品差异化考虑，对高、中、低档产品的甄别主要体现在包装上，导致产品外包装好坏将直接决定产品价值和利润。这一点在烟酒和化妆品等行业表现得尤其明显，比较典型的是酒类的洋河蓝色经典及香水类的香奈儿等产品，都以其精美的包装为原产品映衬出高贵的品质，创造了可观的附加值。此外，高端包装印刷业本身也因为较高的技术含量和稀缺的生产能力，具备较高的利润水平，占据了行业大部分利润。

（四）包装印刷业的发展趋势

（1）在印刷业中异军突起。在印刷业的六个子行业中（出版物印刷、包装印刷、商业印刷、广告印刷、票据印刷和标签印刷），包装印刷业发展速度最快，呈现出强劲的发展态势，其中柔印包装印刷贡献巨大。数据显示，2009年世界包装印刷市场规模为4400亿美元，占印刷业的62.5%。柔印包装印刷为2630亿美元，占包装印刷全部市场份额的六成以上，其中瓦楞纸箱印刷额为1250亿美元，占47.5%；软包装印刷额为810亿美元，占30.8%；包装标签印刷额为560亿美元，占21.3%；折叠纸盒印刷额为12亿美元，占0.5%。

国内包装印刷业的发展表现同样抢眼，产值增速高于其他印刷子行业。2011年，全国印刷业实现营业收入9305.4亿元，比2011年增长17.5%；实现增加值2324.9亿元，比上年增长9.6%。其中包装印刷业实现营业收入6747.9亿元，比2011年增长21.1%；实现增加值1517.1亿元，比2011年增长9.5%。包装印刷业在印刷业的占比持续增加。同时，包装印刷企业数量也呈现快速增长趋势。2009年，中国包装印刷企业数量达到44942家，比2008年增加1644家，占印刷企业总数的44.3%，增长速度远超其他类型印刷企业。

（2）集群化发展态势显著。目前，我国已初步形成三大包装印刷产业带：以广东为中心的珠三角产业带、以上海和江浙为中心的长三角产业带、以京津为中心的环渤海产业带。目前，大型高档包装印刷企业主要分布在珠三角，产业技术装备水平和集约化经营程度在国内居领先地位，高端产品比例最高；而长三角包装印刷企业大多以中小企业为主，规模普遍不高，以苍南和温州为例，一个镇里就有2000多家印刷包装厂，呈现中小企业集聚发展态势；环渤海产业带技术装备水平较低，多以中小企业为主，产品档次不高，产值规模也最小，但未来市场需求和发展空间最大。三大产业带集聚效应明显，企业门类齐全，包装印刷总产值占全国的76%，企业数量占全国的66%，包装印刷业主要指标排名靠前的省份都集中在三大产业带中。以珠三角为例，2010年，珠三角区域拥有包装印刷企业1.2万家，从业人员达57万余人，注册资金360多亿元，固定资产750亿元，工业总产值近1100亿元。

（3）产业梯度转移趋势明显。改革开放以来，中国包装印刷业呈现出从南向北逐渐推进的发展趋势，最初在广东的广州、深圳和珠海等地区开始起步和发展，20世纪90年代中期，随着长三角电子信息等轻工业的崛起，包装印刷业开始逐渐向长三角扩散和转移。最近几年，大量包装印刷业务和订单开始转移到环渤海地区。预计未来几年，环渤海地区将迎来包装印刷业的高速发展。同时，由于土地成本、劳动力成本和商务成本等不断增加，包装印刷企业将开始向成本相对较低的中西部地区和东北老工业基地转移。通过对上海部分包装印刷企业的调查显示：在企业成本构成中，原材料占50%～60%，劳动力成本占15%～18%，厂房成本占4%～8%。不同地区的劳动力成本和原材料成本差异很大，就上海和辽宁比较看，大约相差25%～40%，这对于企业的经营效果来说，是非常可观的盈利优势。辽宁胡台包装印刷基地内许多企业和一些新建项目，如雍达印业、国彩包装印务等都是从长三角地区转移过来，他们所看重的就是环渤海地区大量的包装印刷需求和当地较低的生产成本。

（4）印刷方式的升级换代方兴未艾。几种印刷方式中，平版胶印所占份额最大，特别是单张纸胶印，技术相对成熟，产品质量稳定，成本较低。近几年，CTP（计算机直接制版）和数字化工作流程等先进工艺在平版胶印中的应用更加成熟，普及程度不断提高，提升了单张纸胶印的质量和效率。从长期看，平版胶印、凹印、凸印、丝印等传统印刷方式的市场份额都将呈下降趋势。作为印刷市场的新生力量，以电子成像和喷墨技术为代表的数字印刷发展突飞猛进，如图15-3所示。

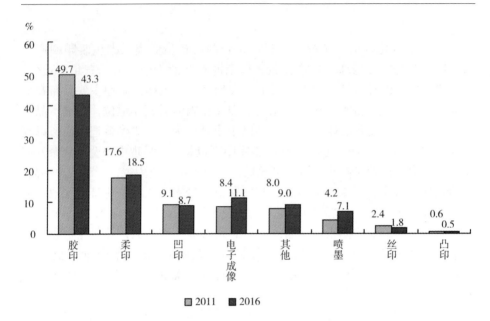

图 15 - 3　包装印刷方式发展趋势预测

CTP 和数字化工作流程是数字印刷的两个关键点。CTP 在欧洲的普及率已经达到 80%，在日本的普及率达 60%，而在我国 10 万多家印刷企业中，配备 CTP 3000 台，普及率仅为 3%，这个比例在包装印刷企业中同样很低。因此，CTP 迅速产业化的市场前景广阔，预计未来三年将是装机数量增长的高峰期。

从国内数码印刷机装机量来看，2006～2010 年，我国进口喷墨印刷机达到 43.6 万台；2007～2010 年，我国激光式数字印刷机进口量为 2.67 万台；截至 2010 年 7 月，国内生产型数码印刷设备的装机总量达 2825 台，单张纸高端彩色数字印刷机装机总量达到 455 台，连续纸高端彩色数字印刷机装机量达 24 台。这些数据都预示出我国数字化包装印刷的时代即将到来。尽管引进成本昂贵、相关耗材和配套设备不完善、缺乏成熟的商业模式等因素让包装印刷企业还不敢轻举妄动，但数字印刷还是吸引了几乎所有企业的关注，有的已经开始积极尝试小批量引进。

二、包装印刷业在辽宁的发展现状及前景

（一）市场需求潜力大，但包装印刷产业规模较小

伴随着制造业的不断发展，食品、药品、化妆品、鞋帽、电子产品等轻工产业对包装印刷需求越来越大，质量要求也越来越高。近年来，整个东北地区的乳业、酿酒业等农产品加工业及化学制药行业的发展开始进入快车道，

对包装印刷品提供了大量的需求，并为其快速发展提供了市场基础。据估计，东北地区包装印刷制品的需求正以每年15%~20%的速度递增。预计到2015年，整个东北地区对包装印刷产品的需求缺口将达2000亿元，这为辽宁大力发展包装印刷业提供了巨大市场空间。

近几年，辽宁包装印刷业发展较快，区域性产业集群业已形成，企业数量和印刷产量均有明显增长，产业发展速度一直领跑东北三省。2010年，全省共有包装印刷企业1206家，占印刷企业总数的33.2%，全行业实现产值152亿元，实现工业增加值20.1亿元，从业人员达3万人，进口印刷设备318台（套），如表15-1所示。

表15-1 2010年辽宁包装印刷业子行业经济指标情况

子行业	销售收入（亿元）	工业增加值（亿元）	产值（亿元）
纸包装印刷	54.0	11.5	60.0
金属罐包装因数	2.5	0.2	2.5
塑料软包装印刷	20.0	5.4	24.0
其他包装印刷	58.0	3.0	65.5

与巨大的市场空间形成强烈反差的是辽宁包装印刷能力不足，产业规模仍然偏小，2009年辽宁产值仅为广东的1/7、浙江的1/4、江苏的1/3，部分订单需要拿到南方省份印刷，尤其是高精尖包装印刷产品，如香烟、白酒的内外包装物等。专家介绍，在2008年以前，南方任何一个包装印刷厂都有东北客户的订单和产品，时至今日，全省尚有1/3的业务在南方进行包装印刷生产。包装印刷能力不足还表现在企业交货期较长：在南方一些包装印刷发达的地区，一本彩色说明书一星期交货，一张广告宣传单两天内就可以交工，而辽宁企业在相同的时间内仅能完成印前制版工作。

（二）有一定产业基础，但行业内部结构有待优化

由于缺乏强有力的引导和扶持，多年来，辽宁包装印刷业仍呈低水平发展态势，产业发展质量及素质一般，主要表现在两个方面：一是缺少高精尖产品的印刷能力，低端产品产能过剩。主要体现在产品结构单一，彩色高档印刷能力不足，胶印和散件印刷能力和增长幅度连续两年均低于全国平均水平。产品结构不合理导致企业利润率较低，行业整体平均利润仅为5%，企业缺乏足够的资金进行设备更新和技术改造，进一步制约了高端包装印刷的发展。二是产业组织不合理，规模以上包装印刷企业少，合作合资企业、民营企业比重较小，专特精并具有核心竞争力的企业少，龙头企业牵动作用不强。在1206家包装印刷企业中，固定资产在1000万元以上的仅占5%，年产值超过5000万元的只有20家，上亿元的不到10家。

（三）产业园区初步形成，但产业链有待完善

辽宁现有两个包装印刷产业基地，分别是沈阳胡台新区的中国包装印刷产业基地（东北）和盘锦数字印刷包装产业示范园。胡台印刷包装基地始建于 2007 年，总规划面积为 128 平方公里，中期规划面积 22.5 平方公里，目前园区占地 5 平方公里，共有 63 家企业，当年 8 月被中国包装联合会命名为国家东北包装印刷产业基地，现更名为中国包装印刷产业基地（东北）。2010 年实现产值 60 亿元，税收 4800 万元，实现就业人数为 2000 人，被评为辽宁省重点产业集群。园区内有新华恒彩印包装、铭城包装、辽宁教育传媒、美图印业、雍达印业等印刷企业。基地力争到 2015 年实现产值 300 亿元，税收 2 亿元，包装印刷企业数达到 100 家。盘锦数字印刷包装产业示范园正在加快建设步伐，园区规划占地 4 平方公里，规划总投资 50 亿元，到 2015 年末力争入驻企业达到 100 家，年产值达到 120 亿元，创税 10 亿元。以基地为载体的集群式发展已经成为辽宁包装印刷业的主要发展模式。

尽管辽宁包装印刷产业已经初步形成基地化发展模式，但在园区内，包装印刷业产业链还不完善。产业链上游创意研发设计能力较弱，尤其是缺乏高端创意研发设计能力，多数企业从事低端普通包装物的设计和生产；产业链下游缺乏设备维修服务等环节，当省内印刷企业设备运行出现问题时，零部件需要外地的设备生产厂家运输到本地，维修时间长达 3 ~ 5 天，而同样的维修服务在长三角只需要 1 ~ 2 个小时。维修服务不到位导致的停工停产，对企业的交货期和信誉影响巨大。

（四）普通设备制造国内领先，但高端设备引进不足

营口大族冠华印刷科技股份有限公司一直是国内胶印设备制造行业的龙头企业，从开发生产我国第一台小型胶印机开始，已经有 30 多年的生产销售历史。长期以来，大族冠华胶印机总产销量全国第一，综合效益指数在行业名列前茅，产品出口欧洲、南北美洲、亚洲、非洲等大部分国家和地区。企业拥有省级技术开发中心，在全国拥有 150 多家销售公司、销售中心和销售网点，有跨省跨行业的 60 多家配套企业组成社会化制造协作体系，主要产品有 GH664、GH524、GH474 等商业多色机系列，YK5200 系列单色印刷机，HD 系列计算机直接制版机（CTP），LD 系列印后装订联动系统等，能够为包装印刷企业提供全套的快速印刷解决方案。2011 年，大族冠华成功收购全球著名印刷机制造商——日本筱原公司，开始向高端大幅面印刷机领域进军。此外，企业还收购了上海豹驰数码长城有限公司，通过整合资源，实现了 CTP 产业规范化和产品系列化。

尽管辽宁在小型胶印机领域已经取得突出成绩，但高端包装印刷设备发展滞后，不仅缺乏高端设备的制造商，引进高端设备的企业也非常少，如正反八色轮转胶印机，整个辽宁只有 1 台，而北京已经达到 131 台。胶印机创

造的产值占辽宁包装印刷业总产值的 80%，但一直是以单张纸胶印机为主、卷筒纸胶印机为辅，而所有发达国家都是以卷筒纸胶印机为主。2004 年欧洲胶印印刷占整个包装印刷市场的 60.1%，其中卷筒纸胶印机占 38.9%，远高于单张纸胶印机的 21.2%；日本在 2008 年单张纸胶印机和卷筒纸胶印机所占市场的比例是 2∶8，并且单张纸胶印机的份额还在持续下降。辽宁在技术比较先进的机组式柔性版印刷机方面也比较落后，2010 年辽宁装机量仅为 8 台，排在全国第 17 位，与广东、浙江、上海等省份的差距非常大，而且这个差距还在不断拉大（见表 15 - 2）。在未来很长一段时间，辽宁发展高端包装印刷的主要途径应该是通过进口高端印刷设备来实现。

表 15 - 2　2010 年机组式柔性版印刷机装机情况

地区	排名	装机量（台）	装机增量（台）
广东	1	169	17
浙江	2	123	21
上海	3	120	16
江苏	4	76	12
山东	5	70	14
北京	6	41	5
湖北	7	35	7
云南	8	34	5
四川	8	34	7
辽宁	17	8	0

（五）基础人才尚能满足需求，但高端技术人才匮乏

在基础人才方面，辽宁有东北地区唯一一所以出版印刷专业为主的全日制省级重点中专学校——辽宁省新闻出版学校。该校受原国家出版署委托，负责为三北地区（东北、华北、西北）10 省市出版印刷行业培养专业人才。多年来，已经培养了数千名从业技术人员，大多数已成为企业技术骨干，还有部分人员成为企业领导。目前学校设置了印刷技术、计算机平面设计、电子出版发行、电脑美术设计、印刷计算机外设、印刷营销、装潢印刷等专业。其中，印刷技术和计算机平面设计专业被原国家新闻出版总署确定为全国新闻出版职业教育骨干示范专业。印刷技术专业被省教育厅确定为省级示范专业和省级品牌专业。

包装印刷领域的高端技术人才包含三方面人才：一是创意设计人才，二是印刷装备机长和印后操作工，三是进口设备的专业维修人才。一支稳定及

高素质的员工队伍对于印刷企业是十分重要的，包装印刷首先是图案图标设计及材料工艺选择，需要专业技术人员完成，其次印刷过程中的色彩控制、水墨平衡，还有印后加工中的 UV、覆膜、裱纸、模切、装订、糊盒等工序，对员工技能的要求都十分严格。就目前的情况看，辽宁不具备高水平创意设计能力的工作室或设计机构，高水平创意设计人才奇缺，高端创意设计等工业设计活动还不能开展。从高端印刷装备的操控技术人才的数量来看，也存在明显不足。目前，国内企业的先进装备多为从德国海德堡、曼罗兰及日本三菱引进的，装备的自动化程度较高，必须由熟悉装备的专业人才操控，这类人员通常被称为机长，辽宁现有为数不多的这类人才都是由珠三角企业回流的。同样，进口设备的专业维修人员及服务机构也十分短缺。因此，加速高端人才引进和培养已迫在眉睫。

三、力求辽宁包装印刷业在重点领域和关键环节取得突破

适应形势发展需要，充分利用已有产业基础，挖掘市场潜力，做大做强辽宁包装印刷业，必须采取强有力的促进措施，在重点领域和关键环节取得突破，从而带动产业集群的形成与发展，促进产业规模的壮大和整体竞争力的提高。

（一）明确总体战略目标，实施总体规划

在未来 5～10 年，力争将辽宁打造成为东北地区和环渤海地区的创意设计基地、技术创新基地、先进印刷基地和现代服务基地，并成为东北地区包装印刷业的设计生产中心。创意设计方面，在沈阳胡台和盘锦两个包装印刷产业基地内分别建立高端包装印刷技术和创意设计中心，吸引创意设计企业入驻园区，重点提高产品设计能力；技术创新方面，重点突破数字直接制版、大幅面胶印机、高速喷墨机、色彩管理系统、印后加工工艺等方面的研究；先进印刷方面，通过引进外资与自主创新相结合，加大激光制版机、柔性印刷机、彩色数字印刷机和商业轮转机等产品的开发和引进力度；包装印刷服务方面，加大技术人才培训力度，建立区域性包装印刷检测维修服务中心，积极发展包装印刷会展产业。

（二）重点扶持胡台产业基地，树立辽宁包印产业形象

沈阳胡台包装印刷基地已经形成了一定产业规模，其产品辐射力已经遍布东北三省，该基地位居沈阳，比较优势明显，既有庞大的市场需求，也有人才、资金等生产要素支撑。辽宁应把胡台产业基地作为做大做强包装印刷产业的突破口，到"十二五"末期，力争将沈阳胡台包装印刷基地培育成国家级包装印刷示范基地。重点发展高端包装印刷、创意设计印刷材料和包装材料等。继续完善物资供应、物流、印刷人才培训、展示等多种功能。加大包装印刷基地空间建设力度，集中人力、财力和物力，加快水、电、气、道

路等重要基础设施建设，提高硬件水平，增强空间吸纳能力。进一步加大招商引资力度，本着"缺什么招什么"的原则，针对包装印刷产业链发展中的薄弱环节，如高端印刷、印刷设备制造、维修服务等进行重点招商。继续发展和完善产业链的其他环节，使得上游研发设计、中游印包生产和下游检测维修等齐头并进。加大园区公共服务力度，完善服务机制。建立"一站式"行政审批服务制度，精简行政审批事项和行政事业性收费事项，缩短审批时间。

（三）设立技术改造专项资金，加快产业升级

20 世纪 70 年代，包装印刷业完全由政府投入来支持其发展，到了 80 年代，政府投入仍占较大比重。90 年代初，包装印刷业开始走市场化道路，然而在转制过程中，辽宁企业没有得到任何相关政策支持，包装印刷业没有被纳入技术改造的重点扶持行业，也没有向企业注入技改资金，再加上税收压力和印刷人才短缺，辽宁包装印刷企业向高精尖产品发展转型之路，显得困难重重。而南方省份在包装印刷产业转型过程中，政府出台了返税、贴息等若干扶持政策，极大地促进了包装印刷业的发展。辽宁应借鉴南方省份经验，设立包装印刷技术改造专项资金，用于扶持现有企业进行技术改造和设备升级。对于从事高精尖包装印刷产品（CTP、高速喷墨机、柔性印刷机、商业轮转机等）的企业以及现有企业进行改造升级的项目，政府应给予一定返税及贴息支持。

（四）推广数字化包装印刷技术，鼓励工艺创新

以数字化工作流程、CTP 和数字化管理系统为重点，在全省大力推广数字化包装印刷技术。鼓励规模以上包装印刷企业跟踪国际印刷技术、设备和工艺的最新进展，积极采用多色高速、柔印、自动、联动等先进技术；发展快速、按需、高效、个性化的数字印刷；建立完善基于网络的企业管理信息化系统和印刷电子商务系统。政府出面整合省内印刷科技资源，成立数字印刷、数字化流程和 CTP 等关键技术研究课题，采用政府立项、政府与企业联合出资、高校与企业联合攻关的官产学研模式，解决辽宁推广数字化包装印刷技术的关键问题。

（五）培育骨干企业，促进产业组织优化

重点培育一批具有一定规模和较强竞争力的包装印刷骨干企业，如辽美包装印刷、天泽包装印刷、美程在线和大族冠华等，作为关键技术攻关、技术改造升级和高端包装印刷转型的龙头示范企业。鼓励大型包装印刷企业实施兼并重组，帮助、扶持和指导有一定基础的企业率先上市。鼓励、引导规模以上重点企业挂牌成为国家印刷示范基地，给予文化产业发展专项资金等方面的扶持和倾斜。在重点培育本地企业同时，还要通过积极招商，引进一些世界先进包装印刷企业来辽宁发展，到"十二五"末期，力争产值超过 10

亿元的包装印刷企业达到 5 家，超过亿元的企业达到 60 家。

（六）加大人才培养力度，重点引进高端人才

加快辽宁新闻出版学校基础设施建设，加快新型印刷技术人才培养，对学校进行升格，扩大招生数量。根据产业特性安排好人才培养结构，针对高端创意设计人才不足的现状，依托沈阳鲁迅美术学院、大连轻工业学院的创意设计专业，加大人才培养力度。加强新闻出版学校学科建设，引进印机制造业专业，为辽宁提供印机维修、维护和实际操作人员。针对企业高端技术人才紧缺现状，辽宁应结合包装印刷新技术要求，对包装印刷企业法人和生产责任人开展培训，由企业和新闻出版学校联合进行。同时针对世界先进设备和工艺，将高端包装印刷人才列入辽宁人才引进指导目录，进行重点引进。

第十六章　推动矿产资源整合

矿产资源整合，即对矿产资源及其生产要素进行重新组合，是调整矿产资源开发结构、推动产业升级、促进资源高效开发利用的有效途径，是落实科学发展观、实现采掘业可持续发展的重要举措。近年来，通过整合，辽宁矿山数量从最高的 11000 多家下降到目前的 4600 多家，成效是明显的，但整合还没有完全到位，矿产开发主体企业数量依然过多，一个矿区多个开发主体混乱开发的现象仍然存在。因此，借鉴省内外整合经验，进一步推进辽宁矿产资源的整合工作，是保证未来经济健康可持续发展的一项十分重要而紧迫的任务。

一、矿产资源整合经验借鉴

近年来，国内矿产资源整合工作取得了不少有益的经验，省内企业通过几年的整合，也涌现出一批成功的典型及案例，总结这些案例与经验，有助于指导辽宁的整合工作实践，促进整合工作科学有序地进行。

（一）横向整合模式和经验

横向整合也叫水平整合，主要是指同种矿产资源开采中的矿井、矿企通过合并、收购等方式所进行的整合，比较典型的案例是山西煤炭资源整合和辽宁葫芦岛钼资源整合。

1. 山西省煤炭资源整合

山西煤矿存在诸多问题由来已久，为此，2009 年山西省政府开始进行历史上最大规模的整合，目前已经基本完成。具体做法如下：一是提高企业生产规模标准，规定煤炭企业必须在年产 300 万吨以上。二是提高单井准入门槛，矿井规模限定为年产 90 万吨，且全部实现机械化开采。三是规范矿区开采主体，实现有序开采，一个矿区确定一个开采主体。四是确立整合主体。同煤集团、山西焦煤集团、潞安集团、阳煤集团、山西晋城无烟煤集团、山西煤炭运销集团、山西煤炭进出口集团以及中央企业的中煤集团为八大整合主体。另外为了照顾地方经济，一部分地级市也确立了地方整合主体，包括地方国有及民营的企业。五是按市场机制进行整合，由小煤矿与八大整合主体按照资产评估作价，组成新的股份制企业；难以达标的小煤矿直接退出，退还该企业缴纳的剩余资源量的价款，并按照原价款标准的 50% 给予经济补偿。

通过整合，山西煤炭行业"多、小、散、乱"的产业格局发生了根本转变，煤炭行业生产规模化、经营集约化、技术现代化、产权多元化的格局已初步形成。具体表现为：一是产业技术水平明显提升。矿井数由2600座压减到1053座，70%的矿井规模达到90万吨/年以上，30万吨/年以下的小煤矿全部淘汰，平均单井规模由30万吨/年提高到100万吨/年以上，保留矿井全部实现机械化开采。二是产业集中度明显提高。煤炭企业由2200多家减少到130家，形成4个年生产能力亿吨级的特大型煤炭集团、3个年生产能力5000万吨级以上的大型煤炭集团。三是办矿体制明显优化。通过这次煤矿企业兼并重组整合，形成了以股份制为主要形式，国有、民营并存的办矿格局。从数量上看，国有企业占20%，民营企业占30%，股份制企业占50%。四是安全保障能力明显增强。兼并重组整合后的保留矿井将按照安全质量标准化矿井建设，矿井机械化、信息化和现代化水平将得到大幅度提升。五是集约发展和可持续发展能力明显增强。全省煤炭资源回收率和循环利用率、原煤洗选加工率、主要污染源治理达标率将得到显著提高，煤炭回采率由原来的平均40%提高至70%以上。

2. 辽宁葫芦岛杨钢钼资源整合

位于葫芦岛连山区的杨钢钼矿是我国重要的钼业基地，素有中国"钼都"之称，其钼产品产量占全国1/3，是连山区财税收入的主要支柱之一。1996年以后，随着钼产品价格的飞涨，杨钢钼矿在开采、后续加工和销售各个环节产生了严重的问题，乱采滥挖、非法承包和偷税漏税等现象十分普遍，矿区的生产秩序、安全及周边环境受到了极大的破坏。2005年，省委、省政府下决心整治该地区钼资源开发的混乱局面，成立专案组打击腐败问题，同时开展收矿、护矿、封堵坑口、打击违法犯罪的专项治理行动。经过2个月的治理，专案组收回全部222个矿坑中的214个，另外8个坑口按有关政策处理，共付给矿主坑口补偿费近3亿元，强力追缴税款3.8亿元。

在取得了一定进展之后，省政府责成葫芦岛市政府开始对杨钢地区钼矿实行全面整合。第一，成立连山钼业有限公司，将原矿区内53家采矿及选矿企业整合成7家采矿企业和1家选矿企业，都作为连山钼业下属的子公司，全矿区由连山钼业公司统一规划和开采。第二，连山钼业公司向社会公开转让了7个采矿子公司49%的股权，共获转让资金21.4亿元，为整个矿山整治提供了雄厚的资金保证。第三，连山钼业公司投资2.56亿元资金，实施大规模的探矿、采矿和选矿等环节的改造工程，特别是对整个采矿工程的原有设备、设施进行了改造与更新。整合后的杨钢矿区彻底解决了各类历史遗留问题：按照现代企业制度要求，完善和建立起公司法人治理结构，公有股权与民营股权相结合，既有利于执行国家的产业政策，又有利于更好地实现矿山经济效益；基本实现生产的规模化，矿区通过对矿坑的改造和生产设备的升级，提高了生产效率，形成了年产 180 万吨钼矿石的能力；矿区生产条件得到了极大改善，技术水平和安全生产水平得到了明显提高；矿区的生态环境得到了极大改善，一直威胁当地居民生命安全的尾矿坝问题及危及居民健康的饮用水污染问题，都得到了有效地解决。

（二）纵向整合模式和经验

纵向整合，也称垂直整合，主要是指在采、选、冶等产业链上下游企业之间进行的整合。

1. 云南主要矿产资源整合

云南是我国矿种最多的省份之一，其中铅、锌、锡、铟和磷等资源保有量居全国第一。整合前，该省矿产资源开发呈现混乱局面，"小、散、乱"特征非常突出，乱采滥挖状况十分严重，其直接结果是资源优势未能转化为经济优势，直接影响了云南的经济发展。从 2002 年起，云南省政府下决心对具有相对优势的铁、铜、铅锌、锡、煤、磷 6 大矿种进行资源整合，并在整合过程中创造了"个旧模式"等宝贵经验。

"个旧模式"主要指云锡集团对个旧地区锡矿的整合，云锡集团是云南省锡冶炼行业的大型国有企业，整合之前云锡集团缺锡矿石资源，而个旧地区的 15 个民营锡矿的开采十分混乱。对此，云南省政府以云锡集团为整合主体，全面整合包括个旧锡矿在内的云南主要锡资源。具体操作过程中综合运用了三种整合手段：一是运用法律手段，取缔了无证开采、资源枯竭、手续不完备的多座矿山；二是把个旧市属的"六矿两厂"的国有资产整体划转给云锡集团，把云锡集团的学校、公安等移交给地方管理；三是政府采取了"五统一"、"一独立"的措施，即统一规划布局、统一生产管理、统一技术管理、统一安全管理、统一产品流向和独立核算。由云锡集团对矿区内 15 个民营矿山企业实施整合后使其成为个旧矿区 90 平方公里矿带唯一的开发主体，目前该集团已成为世界锡行业排名第一的生产企业。

采用相同的依托产业链的纵向整合模式，云南省将全省主要的铜矿（集中分布于迪庆地区）、铅锌矿、铁矿等矿产资源，与省内的大型加工冶炼企业进行了对接和整合。目前，74% 的锡资源储量集中到云锡集团，60% 的铜资源储量集中到云铜集团，64% 的铅锌资源储量集中到云冶集团、金鼎锌业公司和祥云飞龙公司，71% 的铁矿资源储量集中到昆钢集团和禄丰德胜钢铁公司。通过产业链下游优势企业对上游企业的整合，矿产资源向优势企业集中，减少了矿山开发主体数量，增强了矿山企业发展的可持续性，使云南这个矿产资源大省的产业结构得到明显改善。

2. 鞍钢集团整合胡家庙子铁矿

辽宁在一些矿产行业采用纵向模式整合也取得了成功，如鞍钢集团对胡家庙子铁矿的整合。胡家庙子铁矿是一个资源量达 10 亿吨以上的大型铁矿床，2003 年底以前，该矿区具有合法开采权的民营和集体矿山企业有 23 家，设计年生产能力从 1 万吨到 20 万吨不等，其采矿证都是由市县两级国土资源管理部门批准的。这些企业规模普遍较小，技术装备水平低，受短期利益的影响，在开采过程中采富弃贫，导致资源浪费严重，最为严重的是对环境的破坏。那时候的矿山乌烟瘴气、满目疮痍，已经成了鞍山环保部门的最大心病。省、市国土资源管理部门抓住采矿证到期的契机，允许鞍钢集团控股的鞍千矿业公司出资实施了收购整合，鞍千矿业公司在成功整合胡家庙子铁矿后，对铁矿进行科学合理的规划和开采，将 23 个采区缩减为许东沟、哑巴岭和西大背 3 个采区，原小矿点形成的隔离带和低品位铁矿已建设成大型露天采场，做到了规范开采和资源合理利用。

目前，胡家庙子铁矿已经采用了国际领先的集采矿、选矿为一体的大型成套设备，仅用了同类企业 1/3 的用地，就建成了年产铁矿石 1000 万吨、铁精矿 300 万吨的现代化铁矿石采选生产线。同时，针对胡家庙子地区铁矿石的特点，攻克了 50 多道技术难关。如今，在同样开采深度的情况下，铁矿石的资源利用率比整合前提高了 50%。过去小矿开采的低品位矿、难选矿往往作为岩石被剥离废弃，如今几乎全部榨干吃净，仅采选低品位矿一项，每年就相当于增加矿石量 100 万吨，这样不仅增加了经济效益，而且减少了尾矿排放，大幅减轻了环境压力。

（三）混合整合模式和经验

混合整合，又称为复合整合，主要是指分属不同矿业领域，既无工艺上的关联关系，产品也完全不相同的矿业企业间的整合。该模式既包含同行业内的合并，也包括产业链上下游行业的兼并，最终的结果是形成集开采、冶炼、经营于一体的多元化企业集团，其较有代表性的是湖南有色集团对全省有色金属行业的全面整合。

湖南省政府在矿产资源整合方面确立了"三个一批"原则，即发展壮大一批、转制搞活一批和关闭破产一批的工作路线图。在有色金属行业整合过程中，第一步是将原央企下放到地方的株冶、株硬、水口山、锡矿山、黄沙坪、柿竹园、湘铝及长沙矿山研究院 8 家单位合并，以产权为纽带筹建了湖南有色金属控股集团，改变了湖南有色金属产业"大而不强"的局面，初步完成了湖南省原有的有色金属企业间的整合；第二步是以湖南有色金属控股集团为整合主体，全面整合湖南省内钨、锑、锡、稀土等优势矿产资源，同时开始打造上游勘探、采矿、选矿以及中游冶炼至下游精炼及深加工的纵向一体化完整产业链，铸就了"钻石"、"长城"、"火炬"、"水口山"、"闪星"、"湘铝"等一系列有色金属产品品牌，实现了省内多种有色金属资源的再整合。

为了实现跨行业、跨地区发展，该集团开始向其他有色金属领域扩张，利用黄沙坪矿的伴生矿种，又成功实现了铅、锌、钼、钨、铜等10多种有色金属的开发冶炼，并成功购买了柳塘矿区的探矿权和冷水江钨钼项目的探矿权。通过资本联动，湖南有色收购了中钨高新45.9%的股份，成为其第一大股东。斥资4亿元重组自贡硬质合金有限责任公司，并以80%的份额实现了控股。依靠株硬和自硬两大硬质合金生产商，该集团占据了国内硬质合金市场的50%份额。在境外扩张上，湖南有色集团收购了澳大利亚堪帕斯矿业公司约10%的股份，并与其签订了合作开发矿山的协议。至此，湖南有色集团已直接控股了湖南有色金属控股集团有限公司，间接控股了国内2家上市公司，并参股1家国外澳大利亚上市公司。

通过混合式资源整合，湖南有色集团成为我国产量最大的有色金属（铝除外）综合生产企业，铅锌产量居中国第一、世界第三，锑制品和硬质合金产量全球第一，重要战略资源钨的储量全球第一。未来的湖南有色集团将成为世界钨锑工业和铅锌工业的领导者、世界最大的中重稀土资源供应商和领先的稀土产品加工商，并在中国铜铝锡工业方面发挥重要作用。

二、辽宁矿产资源开发现状及存在问题

（一）中小矿山企业多，行业集中度较低

辽宁矿山企业以小型矿山为主，大型矿山企业较少。截至2008年底，共有各类矿山企业4675家，其中，大型矿山和中型矿山企业仅分别占矿山总数的1.2%和1.5%；小型以下矿山为4548座，占全部矿山企业的97.3%。同时，在全省矿山企业中，私营企业占60%以上，而在全部私营企业中，小型及以下矿山占到99.2%，表现出规模和所有制方面的比例严重失调。资源开发事关国计民生，对优势资源，从国家到地方一般都是由大型国有企业主导开发，而辽宁资源储量丰富的菱镁、滑石、硼、钼等优势矿产，都没有形成有实力的大型企业，未能为辽宁经济发展做出应有的贡献。中小矿山企业多，行业集中度低，是辽宁矿产开发方面的主要问题。

（二）采矿权设置不合理，"一矿多开"现象普遍存在

从矿产分布的特征看，有的矿产大量集中分布于一个区域，形成大矿床，有的矿产则以小矿床形式分散分布。无论是大矿床还是小矿床，减少矿产开发主体数量，都有利于进行资源的集约化开发和综合利用，一个矿床多个主体开发是资源破坏和浪费的主要根源，这种状况在辽宁矿山开采中普遍存在。以资源储量和现保有储量均居和世界第一位的菱镁资源为例，其矿产集中分布在海城、大石桥和岫岩一带，形成了世界上最重要的菱镁矿带，但仅在这一矿带上，就有30多家采矿企业共同开采，形成了"一矿多开、大矿小开"的混乱局面，各家为了追求利益，纷纷抢夺高品位资源，放弃低品位资源，破坏和浪费资源现象十分严重。

（三）小型矿山资源利用水平低

有关资料表明：辽宁大中型矿山企业大多具备完备的质量考核体系，技术实力强，管理水平高，为了保证矿产品的市场供应，获取最佳的经济效益，大都主动提高了矿产资源的开发利用程度。对矿区范围内的资源进行了综合开发利用，基本上实现了贫富兼采，有效降低了矿柱损失和回采损失，体现资源利用程度的采矿回采率、采矿贫化率、选矿回收率（以下简称"三率"）均处于较高水平。而多数小型矿山企业受利益驱动，不按照批准的设计施工，矿山开采不分层、不分段、不剥岩（少剥岩），采富弃贫、采整弃零现象突出，其"三率"水平明显低于大中型企业，资源损耗严重。同时，一些小型矿山企业的开采和矿产品加工技术落后，导致产品结构不合理，产品精深加工不够，附加值不高。特别是由于技术能力不足，大量伴生矿产品没能力分离，导致大量宝贵资源未能有效利用。

（四）资源开发利用的管理和监管不完善、不到位

在资源管理上，我国实行的是由国家、省、市和县四级管理部门颁发矿业权证的管理体制，各级管理部门有不同的资源配置职能。对某些矿种，省级管理部门很难从总量上对资源进行合理的配置，再加上一些历史遗留问题，导致了辽宁若干不合理的矿业权设置。在资源开发过程中，相关职能部门与资源管理部门缺乏有效配合，没有形成资源开发中共同履行管理、监管的机制，管理与监管不完善也使得辽宁矿产资源开发问题进一步突出。另外，大量分布于边远山区的民营小型矿山也给国土资源管理部门的管理、环境保护部门的环境监测监督带来极大困难，导致资源管理和环境监测难以到位。

（五）"小、散、乱"开采格局加重了生态环境破坏

小矿式开发及加工在"三废处理"方面不经济，多数小矿无力建设"三废处理"设施，导致违法排放，污染环境。从这个角度看，迫切需要通过矿产开发整合，在生产规模不减少的情况下，进一步压缩矿井数量和开采企业数量，通过规模化、集约化的开采、加工、冶炼，实现"三废处理"的经济规模，消除因"小、散、乱"开发引起的附加污染和生态破坏。另外，辽宁矿产资源开发的环境约束机制尚未建立，到目前为止，有一些矿产开发企业因安全生产问题被关闭，但还没有因环境污染、生态破坏原因导致的企业关闭，"小、散、乱"的开发模式加重了环境污染和生态破坏。比较典型的是在水库周边存在小型采石场，其在开采过程中产生的大量采石污染物排入水库，严重破坏了水库水质。

三、辽宁矿产资源整合的必要性

"粗放经营、资源浪费、无序开采、环境污染、管理缺位"是辽宁矿产资源开发工作存在的主要问题，因此我们必须对此项整合工作的重要性、必

要性有一个清醒的认识，下决心全力推进整合工作。

（一）整合是调整矿业产业结构的有效方式

除铁矿资源外，辽宁主要优势矿产如菱镁矿、钼铁矿等资源的精深加工产出率低，主要产品是初级矿产品或普通冶炼产品，产品附加值低、竞争力弱，产业链条得不到有效延伸，小企业经营粗放，资源优势未能有效转化为经济优势。实施矿产资源整合，通过大中型矿山及冶炼企业对小矿实施兼并、控股、联营等方式，组建大型矿业集团或集开采加工冶炼一条龙的大企业，利用大型矿业集团的技术优势及产业链配套优势，发展矿产品的精深加工，提高经济效益，能够促进矿业经济增长方式由粗放型向集约型转变。

（二）整合是实现规模开采和集约利用的根本途径

"矿产地相对集中，配套性好，便于规模开发"是辽宁矿产资源分布的突出特点，铁矿、溶剂灰岩、冶金用白云岩等资源主要分布在鞍山、本溪、辽阳、营口一带；锰、钼以葫芦岛、朝阳地区为主；硼、菱镁石、水镁石主要在丹东和大石桥；金刚石全部集中在瓦房店。这种资源的集中分布，客观上为我们规模开发、集约利用提供了可能和便利。然而遗憾的是，我们未能充分利用大自然提供的方便，而是采用了众多小矿竞相开采的方式，仅辽南的菱镁矿，至今仍有 36 家矿山和 30 家企业。小矿小企业的采选方法和工艺技术比较落后，加之因矿山设置多，相邻矿山之间留设边界矿柱多，致使大量资源浪费，资源平均利用率降低。从矿产开发的实际情况看，辽宁小型以下矿山的"三率"水平远比大中型矿山企业低是不争事实。因此，必须充分利用辽宁矿产资源分布相对集中的优势，通过矿产资源整合，将小型以下矿山企业整合到一起，以实现资源的规模开采和集约利用。

（三）整合是建立良好矿产资源开发秩序的治本之策

一个矿区多个开发主体，是造成乱采滥挖、超量开采等开发秩序混乱的根本原因。通过矿产资源整合，由一个主体统一规划、开发和管理一个矿区，可有效防止非法采矿、越界开采、乱采滥挖、争抢和破坏资源等违法行为的发生，是建立良好的矿产资源开发秩序的治本之策。外省在这方面已有成功做法，如云南省兰坪矿区是亚洲最大的铅锌矿区，过去由于矿区内存在多个开发主体，矿产开发秩序长期比较混乱。实施资源整合后，金鼎锌业公司收购了其他采矿权，云南省国土资源厅又将外围矿段采矿权有偿出让给该公司，实现了兰坪矿区由一个主体统一规划、开发和管理，矿产开发秩序得以根本好转。

（四）整合是保障安全生产的最有效措施

山西是我国煤炭资源储量和开采的第一大省，前些年在本省开发资金短缺的制约下，大量引进了民间资本参与投资煤矿开发，这些民间资本由于资金规模普遍较小，所建设的矿井多为 30 万吨以下的小矿井、小煤窑，导致山西全省形成了 2598 座矿井和 2200 多家开采企业。这些小矿井、小煤窑由于开采技术水平差、机械化程度低、安全生产装备缺乏，特别是私营矿主的逐利性观念导致的安全生产意识淡漠，造成矿难频发，被俗称为"带血的GDP"，为此两任省长都因煤矿安全事故而引咎辞职。整合后的矿井全部为年产 90 万吨以上的机械化综合开采矿井，其开发技术水平、机械化程度、集约化程度得到大幅度提升，安全生产意识得到加强，事故率明显下降。据测算，产业集中度每提高 1%，百万吨煤炭的人员死亡率就降低 0.58%。另据山西公布的数据表明，仅在整合工作取得突破进展的 2009 年，全省煤矿事故起数就下降 40%，原煤生产百万吨死亡率下降到 0.328 人，只相当于全国的 1/3。整合后的煤炭生产安全形势得到了根本改善。

（五）整合是降低生态破坏和环境污染的重要举措

矿产资源整合，既可以有效地减少矿产开发环节的矿井数量和开发企业数量，也可以通过资源集中带动下游加工冶炼企业合并。前者规模化、集约化的开发必然减少对生态植被的破坏；后者规模化、集约化的加工冶炼又进一步降低了污染治理的成本，有利于促进企业自觉进行污染治理，同时降低了环境监管的难度。因此，整合能够有效降低矿产开采和加工带来的生态破坏和环境污染。辽宁胡家庙子铁矿被鞍钢集团整合后，20 多个采矿区域被减少为 3 个，减少了矿区占用面积，降低了污染排放，恢复了部分生态植被，生产能力和生产规模反而得到了提高，昔日满目疮痍的矿山已经被改造成一座高效整洁的大型现代化铁矿。

四、辽宁矿产资源整合工作的对策建议

为又快又好地推进辽宁矿产资源整合工作，根据整合工作的要点和程序，我们认为要着力抓好以下几项工作：

（一）加强领导，明确责任，部门协作，全力推进整合工作

近年来，省、市矿产资源管理部门采取了各种手段治理矿山，但总体收效并不理想。其主要原因是，矿产资源整合是一项复杂的系统工程，涉及各种利益关系的重新调整，牵扯面广、政策性强、实施难度大。仅靠一个部门主导这项工作，很难取得全局性、突破性的进展。因此本次矿产资源整合必须突出相关部门的协同作用。辽宁已经成立了由主管副省长牵头，发改委、国土资源厅、财政厅、环保厅、公安厅等多部门组成的矿产资源开发整合工作领导小组，各市县也要成立由相关部门组成的矿产资源整合工作协调小组。为保障全面推进整合工作，必须对各部门明确分工、各司其职，又要加强配合、形成合力，避免出现以往各协办部门"名义上参与，实际上不作为"的现象。政府主要领导应亲自督办、分管领导要具体负责，确保整合工作顺利进行。

（二）摸清开发现状，明确整合目标，实施重点推进

要摸清全省矿产资源的分布及开采情况，建议针对重点矿种的重点矿区，组成专家工作组，在调查研究的基础上，确定整合的主体、模式和范围，制定科学合理的整合方案。对资源比较集中及矿床比较完整的菱镁、滑石、硼、煤炭、铁、钼等优势资源的整合，要进行重点推进，原则上一个矿区最终整合成一个开采主体。

从近年来辽宁矿资源开发整合的情况看，矿山数量已经由11000多座缩为目前的4675座，这其中还包含了2000多家沙石开采矿，这些沙石开采矿因运输经济性因素，不适宜进一步合并。尽管其他矿产的矿山数量压缩空间不大，也需要按集约化规模化原则进行整合。整合的主攻方向和重点应该是通过合并大幅度减少开采企业数量，引导资源向优势企业集中，提高行业集中度。

（三）结合实际，采取灵活适宜的整合方式

理论上的整合方式包括横向整合、纵向整合和混合整合三种模式，各省市在整合实践中，考虑整合主体、资源等内在因素，总结出下列6种具体操作方式：大中型矿业企业对小型矿业企业的整合（以大并小），小型矿业企业之间的整合（小小联合），同一矿种资源的整合（同类合并），不同矿种资源的整合（横向扩展），上游产业对下游产业的整合（向下延伸），下游产业对上游产业的整合（向上链接）。具体到整合实践中，各省市结合实际情况，使用了6种形式的交叉与组合。因此，应根据辽宁每种矿产资源的实际情况，参考3种模式和6种方式，选择最适合的模式、方式或创新模式。

（四）坚持"政府引导、企业为主、市场运作"原则

在整合工作中应尽量在企业自愿的基础上，通过企业协商、政府协调、优缺互补、互利互惠的方法去实现整合。整合工作的关键步骤是确定整合主体，明确"谁整合谁"。选择整合主体的标准是企业的资金实力、资产规模、技术水平以及以往是否环境友好，原则是"优进劣退、强进弱退、大进小退"，也就是挑选那些规模大、技术实力强、管理规范和履行社会责任的企业作为本次整合的主体，并优先从被整合矿区内的优势企业中选择整合主体，也可以选择产业链下游的优势企业，还可以引入央企及境外资金实力强、技术水平高的企业作为整合主体。

辽宁菱镁矿储量和产量居世界第一，镁金属被广泛应用于航空、航天、国防工业、汽车工业以及高档家电等高技术精密装备中，属重要资源。目前，镁在国内的消耗量较少，只能作为初级原料低价出口，是典型的资源出口型行业。多年来，辽宁菱镁资源行业无序竞争、低价出口现象比较严重。因此，菱镁资源的整合一直备受全省上下的普遍关注。借助此次整合工作，首先就应当解决菱镁资源开采的整合问题。建议组建辽宁镁业集团股份公司，并作

为镁矿资源的唯一整合主体，全面整合辽宁菱镁矿开采、加工、冶炼、深加工、经营等环节。操作上可以将镁矿开采冶炼行业中的各级政府国有资产划转给省镁矿集团，将省镁矿集团作为整合主体和最大股东，通过"以大并小、以资入股"的方式，全面整合分布于大石桥、海城、岫岩的矿山和冶炼企业，最终形成一个大型镁业集团股份有限公司。当然也可以另外选择或引进其他优势企业作为整合主体，全面整合辽宁镁资源开发及冶炼企业。

对辽宁众多的小矿、尾矿和私营矿，必须实事求是、区别对待。要正确看待和对待各种经济成分的矿山企业，通过鼓励性和扶持性政策，引导其在自愿的基础上，采取"小小联合"、"以大并小"等多种方式，对探矿人及采矿权人的生产要素进行重组，对于难以达成协议的重组，政府要采取强有力措施，推动重组进程。最终要在辽宁形成以跨地区、跨行业、规模化、集约化、股份制的大型矿业集团为主体，大中小型矿业企业协调发展的矿产开发新格局，增强矿产资源对辽宁经济社会可持续发展的保障能力，促进辽宁资源节约型和环境友好型社会建设。

（五）制定周密的整合保障政策及措施

矿产资源整合工作必然影响到各种主体的利益，牵扯面广、各种矛盾交织。部分被关闭的矿山企业需要给予适当合理的经济补偿；关闭矿山多、地方财政收入受影响较大的县区，需要加大财政转移支付力度；跨地区、跨行业的整合，必然导致大量的不同地区、不同级别的国有资产划转，必须制定有关国有资产划转的政策措施；整合主体大多需要银行重组贷款的支持来支付资产收购；被整合企业的职工需要适当安置，被整合矿区的群众也需要合理补助。因此，对上述重大问题省政府应组织专题调研，并由省整合工作领导小组出台配套文件，明确有关政策，加强工作指导，做到依法依规依程序办事，减少整合矛盾，提高整合效率。

（六）制定科学的发展规划，重新核发开发许可证

在规划方面，为保证资源的可持续利用，应该对优势、稀缺矿种实行统筹规划、总量控制、集约利用和综合利用。对辽宁储量居世界前列的菱镁、滑石、硼等优势矿产资源，要通过总量控制，增强在国际市场上的价格控制能力。总量控制规划的制定，既要考虑行业的可持续发展，又要为子孙后代保留部分资源。在管理方面，要加大执法力度，对整合后的保留企业重新核发采矿证，对关闭的矿山和企业予以坚决吊销。整顿矿业市场生产秩序，坚决取缔和杜绝无证采矿、乱采滥挖、采主弃次、采富弃贫、采易弃难等急功近利的短期行为，严格防范民营小矿的回潮现象，保证矿业开发有序健康发展。加强对矿产开发企业的环保监管，坚决实施环保约束和否决制度。加强政府各部门的沟通协调，不断提高相关管理部门的行政效率。

第十七章　海城菱镁产业的转型升级之路

海城是我国著名的菱镁产业基地，其菱镁资源保有储量26.4亿吨，占全国的61.8%，世界的25%，含镁46%以上的高品质矿石占总储量的一半以上。近年来，海城市力促菱镁企业实现从矿石原料、镁砂等低端产品的供给商，到镁耐火、镁建材、镁合金和镁化工加工制造商的转变，精深加工企业达到41家，占全市镁制品加工企业的24%，精深加工产品年产量达314万吨，占全市镁制品总产量的47%，一跃成为我国重要的高级耐火材料基地。2010年全市菱镁产业实现产值305亿元，利税33亿元，全市税收总额的30%来自菱镁产业。后英集团、西洋集团、华宇集团、中兴集团、牌楼镁矿、海城镁矿等一批我国镁制品行业的龙头企业悄然崛起。

一、海城菱镁产业发展的五大特色

（1）以园区建设促进产业集聚。从计划经济时期起，海城被赋予的产业定位就是以菱镁矿开采和产品初级加工为主，村村点火、镇镇冒烟、处处污染，发展格局非常散乱。为扭转这一局面，海城按照产业相对集聚、企业集中布局的思路，在开发区规划建设占地50平方公里的辽宁菱镁新材料产业基地，重点发展镁合金、镁建材和镁化工等新材料产业。为增强园区的承载力和吸引力，政府对园区实施统一规划、统一配建基础设施和环境。从2010年开始，园区基础设施投入4亿元，新建道路13公里，完成了电力改造、给排水、天然气管道铺设及绿化工程，调动了企业入园积极性，近两年新上项目入园率达90%以上，菱镁新材料产业基地也晋升为省级重点产业基地。

（2）以产业集群带动产品精深加工。依托菱镁新材料产业基地，海城采取走出去、请进来相结合的方式，加大招商引资力度，引进大项目，大力发展镁合金、镁建材、镁化工等新材料产业。全市共引进70多个重点项目落户菱镁基地，许多项目都已经建成投产或试生产，一大批重大项目正在开工建设，其中包括以投资35亿元的北京利尔公司镁合金和镁建材、投资25亿元的山东高速镁合金、投资5亿元的濮耐集团镁制品深加工为代表的上市公司，以投资15亿元的中国镁业集团镁合金制成品为代表的国字号企业，以总投资15亿元的张家港镁建材工业园、投资10亿元的苏州维德集团镁建材为代表的行业龙头企业，以总投资5.5亿元的后英集团玻镁板、总投资7.1亿元的华宇集团防火板为代表的本地民营龙头企业等。外部资本的源源涌入，开启了菱镁产业发展的新局面，海城菱镁基地被省政府授予"辽宁省示范产业集群"。

（3）以科技创新破解产业发展"瓶颈"。为加快菱镁产业转型升级步伐，海城坚持走科技创新驱动的道路，大力推进企业技术研发和科技创新，先后培育组建后英、西洋、中兴、精华矿业等 6 家镁制品企业技术研发中心，成功研发出电炉炉底捣打料、水泥回转窑镁钙砖、镁制高保温连铸保护剂、镁砂粉尘回收再利用等一批新技术和新产品，增强了企业的市场竞争力。为推进菱镁新材料的快速发展，海城市积极筹划建设菱镁基地研发大厦，已正式开工建设。同时，规划建设中试基地、镁制品产品检测中心和镁制品标准制定中心，力争把菱镁基地建设成为全国最大的菱镁新材料研发创新、企业孵化、产品检测和标准制定中心。中科院沈阳分院、中科院沈阳金属研究所、贵阳铝镁设计院、东北大学、沈阳工业大学和辽宁科技大学等研发机构已经与海城市签订战略合作协议，将陆续落户菱镁基地。

（4）以资源整合推进产业集约化。过去，海城菱镁资源分散开采和无序开发的现象比较严重。从 2006 年起，海城抓住国家、省市整顿和规范矿产资源开发秩序的有利契机，开展为期两年的矿山集中整治。通过打击非法盗采、整治违法生产、治理重烧镁污染等多项措施，菱镁资源开发秩序得到有效治理，一大批重大安全隐患得到彻底消除。通过大幅度推进菱镁资源矿山整合，全市具有菱镁采矿权许可的企业由 46 家减少到 30 家，到 2015 年，将继续减少到 26 家。目前，海城菱镁滑石资源开采布局基本合理，矿山安全生产状况明显好转，矿山生态环境明显改善，矿产品价格明显提升，镁资源开采全面步入集约化、规范化、规模化发展的轨道。

（5）以规范治理推动产业与环境和谐发展。按照新型工业化的要求，海城全面推进菱镁行业规范治理。在推进资源节约型建设方面，监督企业规范开采、惩治采富弃贫，积极引导企业新上低品位镁矿石综合开发利用、镁砂粉尘回收再利用等一批循环经济项目，提高了菱镁资源的利用率。在推进环境友好型建设方面，先后深入开展污染治理，封停 24 家重烧镁企业 155 座窑炉，全部新上除尘设备，使海城空气质量得到明显改善。海城采取政府牵头、企业参与、政府扶持、依法治理等多种形式，深入开展矿山复垦和植被恢复工作。近几年累计复垦矿山 700 万平方米，植树 2000 万株，恢复植被面积3000 万平方米。全市矿山地区植被破坏问题得到有效遏制，矿山周边地区生态环境明显改善。初步形成"低消耗、低排放、可循环利用、可持续发展"新型菱镁产业体系。

二、进一步释放菱镁产业的发展潜力

海城菱镁产业具有较大的发展潜力与上升空间，为此需不断完善产业发展环境，破除"瓶颈"制约，确保在"十二五"期间，菱镁新材料基地顺利实现千亿元产业集群目标。

（1）优化产业组织形式，建立现代企业制度。产业组织形式是制约海城菱镁产业发展的主要"瓶颈"，也是辽宁县域经济活力与浙江、江苏略有差距的主要原因之一。海城菱镁产业目前只有海镁总厂一家国有企业，后英集团、西洋集团等本地龙头企业都是民营企业，全市至今尚未出现一家上市企业。海镁总厂在矿石资源方面占据绝对的话语权，但由于体制因素制约，企业缺乏活力，盈利情况一般。本地龙头企业都是由过去个体户成长起来的家族式企业，缺乏现代的管理体系、经营理念和创新意识，企业之间的竞争主要还是建立在低成本的价格优势上，缺乏可持续性。改变现有产业组织形式，海城菱镁产业势必将迎来新一轮的高速增长。为此，需要加大力度继续完善镁资源保护的组织结构，吸引国内外战略合作者对海镁总厂进行规范的股份制改造，组建由海镁总厂绝对控股、各战略合作方参股的矿业有限公司，将8.3亿吨高品位镁矿资源牢牢掌控在国有手中。优化菱镁产业组织结构，引导培育企业走集团化道路，加快实现民营企业从传统家族式经营向现代企业制度转变，通过改制、整合、优化，使龙头企业迅速做大做强，在国际市场形成整体竞争力。同时，政府组织开展培训，在家族式企业中推广现代经营理念和管理模式，鼓励企业进行股份制改造，推进重点龙头企业上市。

（2）调整产品结构，促进产业高级化进程。菱镁产业深加工主要包括镁质耐火材料、金属镁和镁合金、镁化工、镁建材。目前，海城菱镁产业还是镁质耐火材料一家独大的局面，在菱镁产业产值中的比重高达80%，且半数以上都是初级加工产品。产品结构单一使菱镁产业容易受到市场供需变化的影响，如果钢铁、玻璃等下游市场受到冲击，直接导致镁质耐火材料需求紧缩。镁合金、镁化工和镁建材都是市场前景广、产品附加值高的新材料行业，应加大招商引资力度，提供完善的扶持政策，鼓励本地企业进军新材料行业，并协助申报高技术产业。省有关部门应统一制定菱镁新材料产业发展扶持政策，在土地出让金、税收和财政方面，向新材料倾斜。要积极促进产业高级化进程，淘汰镁质耐火材料中的生产落后的窑炉，解决初级产品产能过剩问题。

（3）加强基础研究，增强企业发展后劲。技术研发是一个产业持续发展的灵魂，海城菱镁产业在科技创新方面还有非常大的提升空间。目前，菱镁产业的科技创新活动主要围绕镁质耐火材料展开，在镁合金、镁化工和镁建材方面的研究不足。即使在掌握出口话语权的耐火材料行业中，海城大多数企业耐火砖的生产技术还是采用20世纪80年代海镁总厂自己摸索出的技术，只在某些生产工艺上小有突破，一些重要的生产技术和设备都是从国外进口。镁合金、镁化工和镁建材方面的自有知识产权技术基本都处于空白，主要依赖于国外引进的技术和设备。同时，海城菱镁产业的快速发展缺乏基础研究支撑，一些重要的生产工艺，如金属镁的工业化生产技术等，单独依靠一两个企业很难取得突破，需要整合科研院所、企业、大学的研发力量共同进行。要按照自主创新、重点突破、支撑产业、引领未来的方针，加强菱镁产业基础研究，瞄准国内外镁质材料的技术和产品最新发展方向，重点突破高性能耐火材料、镁水泥及其制品、镁化工材料与产品、金属镁生产技术等产业共性技术。以菱镁新材料基地内的研发大厦为基础研究平台，吸引国内知名的镁材料研究院所来海城设立研发机构。通过政府设立课题引导、企业提供资金支持、科研院所和大学提供技术服务的官产学研方式，加强科技与经济、教育的紧密结合。加快建立省级工程中心和企业技术中心，并积极申报国家重点工程中心和技术中心，建立企业自主创新的基础支撑平台。建立国家级的检测中心和制标中心，让海城引领中国菱镁产业发展。

（4）整合矿产开采企业，形成产业资源优势。经过几年时间的整合，海城现有采矿企业33家。对于菱镁矿这种面向国际市场的战略资源，企业数仍然偏多，矿产资源整合仍然任重道远。从澳大利亚铁矿石开采和中国煤炭、稀土资源整合中，可以看出，具有垄断性的战略矿石资源，开采企业越少，企业利润越高，在国际市场上的议价能力越强，并且还可以避免国家生产配额所带来的国际贸易摩擦。辽宁的菱镁资源在国际国内都占据重要地位，采矿企业数量应控制在5家以内，海城控制在2~3家，才是一个合理的矿产资源开采组织形式。这样海城才能牢牢掌控产业发展中最重要的资源优势，甚至可以为国家在菱镁国际贸易中规避政策性的贸易摩擦。为加大镁矿开采整合力度，以政策、法规、经济和行政等综合手段，促进镁资源的有序、高效开发和利用，应积极实施全省镁矿产能总量调控，采用行政手段淘汰效益低下、生产工艺落后、规模小、回采率低、损失率大的企业。鼓励龙头企业运用市场手段进行整合，提高矿山开采和使用效率。为提高海城和辽宁产品精深加工程度，应联合国土资源厅、省镁办和海城市政府等单位，对出省的初级产品征收镁资源保护费和矿山复垦费，提升辽宁资源优势，并促使省外优势资源向省内集聚。鉴于国外已经成功研究出海水电解来替代菱镁矿，矿山复垦费征收标准应保持在低于海水电解的成本之下。要认真执行省财政厅关于《辽宁省镁资源保护费使用管理暂行办法的通知》，确保镁资源保护费用于行业综合治理和环境恢复，杜绝镁资源保护费挪作他用，真正实现"以镁养镁"。

三、海城菱镁产业带给辽宁的启示

"十二五"期间，辽宁规划重点发展34个产业集群，海城菱镁产业发展，对辽宁发展产业集群和县域经济具有深刻的意义与启示。

（1）推进产品多元化，壮大产业规模。辽宁产业集群可分为两类：一类是产业起步早，具备一定产业基础，如沈阳铁西机床、大连湾临海装备等；另一类是产业刚刚起步，属于新兴行业，如长兴岛船舶和海洋工程、沈阳法库陶瓷、昌图换热设备等。海城菱镁产业属于第一类产业集群，在产业转型升级和探索新型工业化过程中，其产品由单一的耐火材料向镁合金、镁化工、镁建材多元化产品共同发展，这一思维方式的转变值得许多第一类产业集群学习。如铁西机床产业集群以生产车床为主，未来可以向镗床、铣床、刨床、磨床、钻床等方向发展；大连湾临海装备主要以造船为主，未来可以向海洋工程装备和特种船方向发展；锦州光伏以单晶硅电池为主，未来可以向多晶硅、非晶硅电池发展。

（2）加速技术进步，提升产业核心竞争力。海城市为支撑产业发展，高度重视基础研究及共性技术研究，投入巨资成立了菱镁技术研发大厦，不仅为辽宁菱镁产业发展服务，还将目标定位于国家级研发中心、检测中心和制标中心，这种理念值得在全省产业集群中推广。辽宁有一批产业集群如同海城菱镁一样在全国占据举足轻重的地位，如沈阳铁西机床、大连湾临海装备、长兴岛船舶和海洋工程、锦州光伏、盘锦石油装备等，这些产业集群都面临着基础研究不足的问题。可以说，解决辽宁的基础研究问题，相当于解决全国这些产业所面临的"瓶颈"。因此，应加强产业集群的基础研究，采用海城探索出的政府立项、企业出资、高校和科研院所提供技术服务的方式，政府为其搭建平台，集全国最强科技资源于辽宁，使辽宁成为行业技术的领军者和探路者。

（3）延长产业链条，促进传统产业升级。海城在探索县域传统产业升级方面，给辽宁县域经济发展带来许多有意义的参考。依靠资源起家，产业发展以低端产品为主，是辽宁县域经济的主要特征之一，也是困扰县域经济快速发展的一个突出问题。海城通过招商引资实现从矿石原料和镁砂等低端产品到镁耐火、镁建材、镁化工和镁合金等高附加值产品的转变，是传统产业升级的经典案例，值得在辽宁推广。应从全省层面提高认识，把县域传统产业升级作为一项重要工作，紧盯县域工业集群的发展前沿，将资源优势转化为产业竞争优势，加大高端产品的招商引资力度，从而加快产业发展和产业升级。

（4）完善企业制度，释放企业发展潜力。在现代企业制度方面，海城和全省其他县市一样，都面临企业制度不完善的情况。省主管部门可将海城作为推行现代企业制度的试点城市，鼓励本地民营企业家进一步解放思想，构建现代企业制度，积极推动家族式企业的股份制改造及上市工作。引入职业经理人，以更高的视野和更先进的理念经营管理企业，谋求企业的做大做强。省有关部门应组织全省县域民营企业进行现代企业制度培训和学习，并提供上市咨询服务。

第五篇　强化创新驱动

第十八章 辽宁科技创新能力评价

第一节 研究的背景和意义

一、提升科技创新能力是促进辽宁转变经济发展方式的主要手段

新中国成立以来，辽宁经济发展取得了辉煌的成绩。从经济发展的动力机制看，其发展历程可以归纳为两个阶段：第一阶段是新中国成立初期到2000年，特征是依赖资源投入拉动经济增长；第二阶段是2001~2009年，特征是投资驱动经济增长。

所谓资源依赖型发展模式主要是指依靠区域资源特别是矿产资源的比较优势，通过对自然资源的开采、初级加工并形成初级产品的经济增长模式。其主要特征是主导产业依赖相关资源而发展。这种模式发展经济的后果主要表现为：一是产业结构单一。资金投入集中于资源开采，造成其他产业因投资匮乏而发展缓慢。二是发展的不可持续性。由于矿产资源的有限性和不可再生性，随着资源被不断开采利用，可开发利用的资源将逐渐减少并最终耗尽，依资源而形成的产业链条就会断裂。三是对环境生态破坏严重。各种矿床的开采，严重破坏了地下结构，造成大片沉陷区；而对地表资源的开采剥离了地表植被，使环境生态恶化并难以逆转。矿产品的初加工造成的大量粉尘和有害气体，更加剧了环境恶化。四是资源依赖型模式的简单生产或技术单一的特点，往往造成人们对原有模式的路径依赖，忽视了技术创新能力的培育，伴随着资源的开发殆尽，其发展模式的转型将更加困难。辽宁的阜新、抚顺等地的发展实践就证明了这一点。

投资拉动型模式。在国民经济核算体系框架下，按照经济驱动要素，通常又将经济增长模式分为投资拉动、消费拉动和出口导向三种类型。纵观辽宁经济发展历程，投资对经济增长贡献率最大，表现为较强的投资拉动型经济增长模式。这种模式的本质是量的外延扩张，其主要弊端有：一是投资作为未来生产的要素投入，存在边际效益递减效应。如果技术水平不变，随着投资额的不断扩大，单位资本的产出效率是逐渐递减的，这种递减效应在投资积累的早期表现得不是很明显，但随着资本累积量的增加而逐渐突出。二

是投资对消费存在挤出效应。投资的扩大通常意味着当年 GDP 消费比例的降低,从而体现出对消费的挤出效应,因此,投资的扩大往往导致对消费的抑制。三是不断扩大的投资将大量增加未来的产能,必将造成供大于求和产品价格、生产效益的降低,效益降低的结果又导致居民收入增长缓慢,进一步恶化供求关系和生产效益,最终引发严重通货紧缩和产能投资的大量浪费。同时由于资源配置方式严重扭曲,导致资源定价错位,高投资的同时是高能耗、高污染,土地资源快速消耗。这种增长模式实际上是增量粗放型发展模式,不具备长期可持续性。

(一) 资源依赖和投资驱动的传统发展模式难以为继

迄今为止,辽宁经济一直延续了资源依赖和投资拉动为主的发展模式,原材料工业和装备制造业两大主导产业表现出明显的资源依赖和投资拉动的双重特征。近年来,随着经济发展水平的不断提升,矛盾与挑战也日益显现,既有来自要素资源和环境等方面的制约,也有因投资拉动伴随的发展动力弱化。具体表现在:

投资驱动已近极限,投资效益不断下降。发达国家和新兴工业化国家或地区的发展实践表明,随着经济发展,投资率都呈现出了一个由高到低的转换过程。"亚洲四小龙"在经济高速增长时期,投资率的高限也不过是 40%(也因此被称为是投资驱动增长模式的典型)。辽宁 2006 ~ 2009 年全社会固定资产投资分别达到 5689 亿元、7435 亿元、10019 亿元、13075 亿元,投资率为 61.5%、66.6%、74.4%、86.8%,投资对地区生产总值贡献率不断攀升,经济发展呈现典型的投资拉动的特征。而随之带来产能的大量增加,加剧了供给过剩,降低了产品附加值,同时盲目投资造成的投资损失也在增加。2000 年,辽宁万元固定资产投资新增 GDP 为 3942 元,2003 年、2006 年分别下降到 2622 元、2194 元。2006 年的万元固定资产投资新增 GDP 比全国平均水平低 747 元,比东部地区平均水平低 1035 元。总体上看,投资效益呈下降趋势。

低附加值产业难以支撑经济的持续增长。进入 21 世纪以来,体现全省工业运行质量的指标工业增加值率一直呈下降趋势,从 2001 年的 48.8% 降至 2008 年的 29.1%,下降了 19.7 个百分点,这说明低附加值产业难以支撑经济持续增长。

高新技术产业的发展缓慢。从产业结构的角度看,区域经济增长过程是新旧产业不断更替的过程。传统产业随着市场不断成熟,对经济增长的支撑贡献不断弱化,而高新技术产业对增长的贡献则随着其规模扩张和市场拓展而不断递增,因此,对于发展中的经济体而言,加快新兴产业和高技术产业的培育和发展,不仅是调整优化经济结构的需要,更是推动经济持续增长的需要。"十五"期间,辽宁高新技术产业增加值占 GDP 的比重一直在 6% ~

10%间徘徊，没有明显的提高，与创新模式的发达国家40%以上的水平相去甚远，而第三产业的水平更是与人均GDP接近4000美元经济社会发展阶段不相称。

资源和环境已经不堪重负。从资源方面看，2001年辽宁能源生产总量为5376.8万吨标准煤，能源消费总量10356.9万吨标准煤；2008年能源生产总量为6615.5万吨标准煤，而能源消费总量达到了17738万吨标准煤，7年间产量仅增长23%，而同期消耗量增长了71%；有色金属矿产资源接近枯竭，铁矿石资源虽然还可以维持，但多为贫矿，开采面积大且生态破坏性大。区域性缺水矛盾日益凸显，辽宁水资源总量342亿立方米，人均水资源量820立方米，为世界人均水资源量的1/12。全省人均土地面积0.34公顷，人均耕地面积0.1公顷，人均占有量低于全国平均水平。

（二）创新驱动是辽宁未来发展的必然选择

目前辽宁经济还是处于资源依赖、投资驱动的传统发展模式，尽管近年来辽宁在结构优化与产业升级上取得了一定成就，但还是浅层次的。随着经济发展阶段的深化和发展水平的提升，依靠科技创新促进区域经济从传统经济模式向现代经济模式转变，实现经济发展由资源依赖、投资驱动转向创新驱动，是区域经济发展阶段提升的必然结果，也是辽宁老工业基地全面振兴和实现可持续发展的内在要求。

创新驱动型发展模式。通常意义上它包括广义和狭义两种内涵。广义的创新包括制度创新、管理创新和技术创新等多重内涵，狭义的创新则重点指科技创新。这里所谓创新驱动型发展模式主要指在制度创新条件下，通过技术创新驱动经济发展的模式。从理论上看，影响GDP的三大因素——投资、消费、净出口中，由于技术创新引致的产品改进和产品创新，引发了有效供给，刺激了消费增长，由此拉动了消费和净出口，这便是供给学派常说的"有效供给创造自己的需求"。这种模式驱动的着力点作用在消费和净出口上，而前两种模式作用于投资上，因此必然产生截然不同的发展结果。从经济发展的实践看，技术创新一方面更新了传统产品，如数字成像技术的诞生，数码相机的出现取代了传统的光学相机，引发了几乎所有照相机消费者的换代更新；另一方面创新产生的新技术直接孵化出新产业，如网络通信技术的产生，直接转化为信息服务产业，更刺激了终端服务器——计算机的巨大需求，带动相关产业的发展。因此，创新驱动模式彻底摒弃了投资拉动模式的弊端。此外，创新模式也从根本上改变了资源依赖模式的负外部性。比如，通过技术创新改善了资源的利用效率，减少了资源开采，促进了资源合理有序开发利用；通过开发回收再利用技术，发展循环经济，大大降低了污染物排放；通过广泛运用现代高新技术，为解决和治理环境问题提供了有效的途径。

在上述诠释中，我们不难发现创新驱动具有丰富的三重内涵：一是创新驱动在推动经济发展的同时，不断减少资源消耗，提高生产效率，有效缓解了资源"瓶颈"；二是创新驱动通过加快实现比较优势的动态转换，并根据发展阶段和发展水平的提高，通过强化创新，提升产业和产品的技术含量和附加价值，从而构筑新的比较优势和竞争优势；三是创新驱动具有内生的经济增长动态适应机制，能够使区域经济结构、发展水平随着国际竞争环境的变化而进行相应的调整，能够适应快速变化的国际科技经济发展态势的竞争格局。与投资驱动为特征的传统增长相比较，创新驱动型的经济增长是一种结构性的增长，它消除了经济长期发展中普遍存在的要素报酬递减、稀缺资源以及负外部性等制约因素，从而为经济持续稳定增长提供了可能。人们在总结三次产业革命的经验时得出这样的结论：每一次产业革命都是由重大的科技进步和科技创新引起的，经济发展的历史实际上是伴随着科技创新引起产业革命的历程。这也许正是创新驱动型发展模式成为当今世界特别是经济发达国家发展的主流模式的诱因所在。

当然，在加速辽宁经济发展由资源依赖与投资拉动向创新驱动转变进程中，我们并不排斥资源和资金等要素的贡献，而是重点强调要将工作的着力点放在科技创新上，努力实现经济发展方式向创新驱动型为主的模式转变。为此，我们要认真贯彻十七大和省委十届五次全会的要求，在观念创新、制度和政策安排以及加大科技投入等诸多方面采取更加积极有效的措施。

二、提升自主创新能力是促进辽宁产业结构升级的重要推动力

提升自主创新能力、走创新驱动道路是辽宁进一步加快产业结构升级的需要。经过前老工业基地振兴以来的大规模投资推动，辽宁的产业结构并没有得到明显的升级和改善，与小康时期消费相对应的装备制造、钢铁、石化和农产品加工等传统产业的发展空间已日趋饱和，需要向与新的消费结构相对应的第三产业和高技术、高附加值产业进行转换。但由于缺乏产品创新、技术创新、制度创新和服务创新，供给与需求无法直接对应，总体边际消费倾向下降，新消费增长点缺乏，对扩大需求、保持经济稳定增长产生制约作用。而结构调整只能依赖于政府产业导向，致使产业发展面临较大的盲目性。若政府导向正确，经济就能继续上升。而一旦导向错误，就会出现停滞甚至倒退。尽管一些出口导向的国家和地区，由于市场空间较大，产业转换时间相应延长，在5000~8000美元阶段仍能保持快速增长，一旦国际市场饱和或出现动荡，同样会面临经济动荡。尤其是近年来辽宁战略新兴性产业发展速度缓慢，其主要原因是研发机构没有给产业系统提供足够量的能够转化为新兴产业的科技成果，科技创新能力与新兴产业发展呈现因果关系，因此，只有持续提高辽宁的科技创新能力，依靠科技创新改造传统产业、发展新兴战

略性产业，才能进一步优化调整辽宁的产业结构和经济发展的后劲。

三、提升自主创新能力是构建辽宁区域核心竞争力的主要途径

竞争力是指一个竞争主体在竞争过程中比其对手更有效地占据市场、获取利润的能力。波特认为，区域（或国家）的竞争力取决于创新机制和创新能力，竞争优势的根本在于经济资源和要素分工协作体系的系统化，在生产要素方面，体现技术创新能力的推进要素（包括科技人才资源、知识技术储备），比那些自然资源等基础要素更为重要。

如果一个地区具备较强的科技创新能力，则具备了科技上的比较优势，应用现代先进技术的直接成果是提高了劳动生产率，使得用于生产的活劳动和物化劳动消耗减少，提高了区域的产业活力及竞争力。同时，高技术的使用，直接提高了产品的技术含量和性能，提高了产品的竞争力，两方面因素使得区域产业具备潜在的竞争优势。由此看来，区域的产业竞争力是体现区域竞争力的核心要素。

分析辽宁的四大主导产业，冶金、石化和农产品加工业的技术壁垒不高，其竞争力主要体现在规模和管理效率上，谁占据规模和管理方面的优势，谁就能取得竞争优势。因此这三个行业属于资本推动型产业。与国内外其他区域相比，辽宁在资金和管理上不具备优势，导致上述三个主导产业难以形成突出于他人的竞争力。另一大主导产业装备制造业要求进入的技术壁垒较高，特别是一些包括机械、电子、仪器、计算机数字控制的一体化产品，如机床、航空器、工程机械、电气机械等产品，具备很高的技术能力要求，存在极高的技术壁垒，因此，装备制造业属于技术推动型产业。

辽宁的装备制造业企业大多是计划经济时期建设的国有大型企业，与其他省市相比，其技术创新能力略高于对手，通用设备领域的机床、轴承、压缩机、燃气轮机，专用设备领域盾构机、石化装备、冶金装备、石油装备，电器机械领域的输变电设备、风电设备，交通运输领域的汽车、船舶、航空器，这些装备制造业产品在国内具备较强的竞争力。但从国际经济一体化的角度看，今天我们面对的市场已经不是过去封闭的市场，我们的产品要面向全球市场，参与全球的市场竞争，与国外主要发达国家相比，辽宁的装备制造业内各个行业的技术能力要分别落后 5～15 年不等，在产品市场上还处于竞争劣势。以机床产品为例，2010 年一季度，辽宁省出口金属加工机床 7422 台，总金额为 3149 万美元，主要是锯床和普通车床；同期辽宁进口金属加工机床 3678 台，金额为 7166 万美元。近年来，我国已经连续几年是世界机床第一消费大国，2008 年我国机床消费 194.4 亿美元，占世界机床产值的 22.8%，进口 75.9 亿美元。调查显示，目前，我国航空航天、船舶、汽车、发电设备制造所需要的高档数控机床与基础制造装备 90% 依赖进口；普及型

以上的数控系统市场基本被日本发那科公司和德国西门子所垄断，与国内高档数控机床配套的国产数控系统市场占有率仅为2%。因此，作为我国的机床生产大省，拥有销售收入排名全国前两名的企业，提高机床国际竞争力的仍任重道远。

第二节　辽宁科技创新能力建设现状

辽宁科技创新能力在全国一直居于前列，2003年，辽宁科技创新能力全国排名第六。经过近几年的建设和发展，辽宁科技创新体系日趋完善，企业逐步成为研发活动的主体，产学研合作越来越密切，创新成果显著，科技中介发展迅速。然而，辽宁科技创新建设也存在一些不足，制约着创新能力的进一步提升。

一、辽宁科技人力资源丰富，但人才结构不合理

科技人力资源是指在企业、科研机构和高校中从事科技活动的人员，主要包括科学家、工程师、技术人员、科技管理人员等，是区域科技创新体系中的重要因素。辽宁科技人力资源丰富，数量和密集度指标在全国都名列前茅。2008年全省科技活动人员投入为19.5万人，在全国排名第九；其中科学家和工程师为14.2万人，在全国排名第八。然而辽宁科技活动人员总量增长缓慢，在全国中的人力资源名次不断下降。2000~2008年，辽宁科技活动人员仅增长18.2%，远落后于北京、上海、广东和江苏等省份，如图18-1所示。

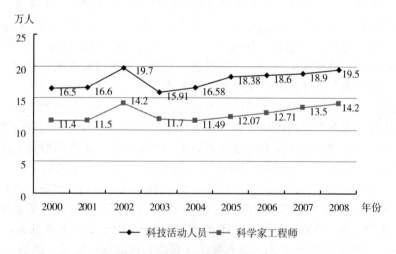

图18-1　2000~2008年辽宁科技人力资源指标变化趋势

由于体制原因和历史遗留问题，辽宁人才结构不尽合理，主要表现在两个方面：一方面，基础研究领域的科技活动人员少，而应用研究和试验发展科技活动人员较多。目前，在全省研究与实验发展（R&D）活动中，从事基础研究的人员占课题投入人员的比例仅为9%，而从事应用研究的占投入人员的18%，从事R&D试验发展的人员占73%。基础研究的薄弱严重制约着辽宁科技创新能力提升（见图18-2）。另一方面，高端人才稀缺。高端人才主要包括装备制造业、新材料和高新技术产业中的高端技术人才、战略性新兴产业中的核心技术人才以及高端服务人才。由于历史上的创新体制、创新环境及人才政策落后等原因，辽宁高端人才的供给不足。

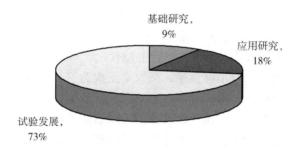

图18-2 全省研究与实验发展活动人员情况

二、企业研发力度不断加大，但技术创新效率较低

2003～2008年，企业研发活动的投入力度不断加大，R&D人员和R&D经费内部支出持续增长。2008年，规模以上工业企业的科技活动人员达到12.1万人，其中科学家和工程师达到8.2万人。规模以上工业企业科技活动经费筹资总额达到262.2亿元，其中企业资金、金融机构贷款、政府资金、国外资金和其他资金的比例分别为87.9%、3%、8%、0.1%和1%。

从图18-3中可以看出，企业是目前辽宁科技研发投入的主体，资金投入比例最大，其次是政府科技资金投入，可利用社会资金和金融机构贷款比例较低。辽宁科技创新资金来源还是以企业资金投入和政府扶持为主，社会资金和金融贷款机构资金利用不足，政府和企业对科技创新经费筹集的引导作用有限。

企业自主创新的成果增长缓慢，R&D活动的效果不明显。2008年，辽宁规模以上工业企业新产品产出为1982.4亿元，全国排名第九；专利申请授权数3678件，全国排名第十一。而辽宁2008年科技活动人员为12万人，科技活动经费筹集总额为262亿元，在全国分别排在第七和第六。规模以上工业企业新产品销售收入占主营业务收入比重为7.9，全国排名第十五。可以看

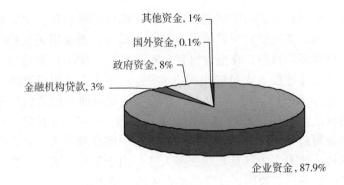

其他资金, 1%

国外资金, 0.1%

政府资金, 8%

金融机构贷款, 3%

企业资金, 87.9%

图 18 - 3　科技经费筹集金额比例

出辽宁企业科技活动投入较多，而产出较低。

导致企业技术创新效率低下的原因主要有：

（1）企业对自主创新不够重视，尚未真正成为科技创新的主体。微观层面，辽宁大多数工业企业属于国有企业，国有控股企业的工业总产值占到规模以上工业企业的 39.2%。由于体制原因，国有企业缺乏核心竞争力，主要依靠生产规模和成本优势参与市场竞争，核心技术和设备落后于国外。而企业本身对自主创新没有足够重视，将资金主要投入到扩大生产中。宏观层面，企业科技创新力量薄弱，省内的科技创新资源主要集中在高校和科研院所，以科技人员为例，2008 年辽宁规模以上工业企业中参加科技项目人员占科技活动人员的比例为 67.8%，其中具有高中级的科技人员占科技人员总数的比例仅为 42.6%。而高校和科研院所中，高中级的科技人员占科技人员总数的比例为 77%。如何充分利用高校和科研院所的科技资源，提高企业的科技创新能力，是促进企业成为科技创新主体的主要问题。

（2）企业研发经费支出结构不合理。辽宁企业重视试验发展研究，忽视应用研究和基础研究。辽宁规模以上工业企业 R&D 活动的人员和经费支出主要集中在试验发展研究上，应用研究和基础研究较少。其中，试验发展研究的 R&D 人员折合当时全量的比例为 97.7%，应用研究和基础研究分别为 2% 和 0.3%，如图 18 - 4 所示。

辽宁企业研发经费支出还存在重视技术引进、忽略消化吸收的情况。目前，企业的研发经费支出主要用来购买国外设备和引进国外先进技术，却忽视了对引进设备和技术的消化吸收。2008 年，辽宁大中型工业企业引进技术的消化吸收经费支出占引进国外技术经费支出的比例仅仅为 14.1%。设备和技术的重复引进导致企业研发投入效率低下，使得企业技术升级模式单一，缺乏核心竞争力。与引进与购买国外设备相比，消化吸收再创新的风险大、投资回收期长。同时，国内再创新的产品，无论是质量还是技术的成熟性都

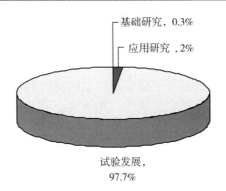

基础研究，0.3%

应用研究，2%

试验发展，
97.7%

图 18 - 4　规模以上工业企业 R&D 人员折合当时全量比例

无法与国外产品相媲美，企业缺乏消化吸收的动力。

（3）企业盈利能力较低，导致企业缺乏持续的创新投入。目前，辽宁的工业企业普遍存在着企业盈利能力差的现象，主要原因是由于企业在参与国内国际分工中，处在产业链价值创造能力低的环节，大部分利润被产业链上下游的企业所占据。企业利润低，导致研发和创新投入低。2008 年辽宁规模以上工业企业的利润总额占工业总产值的比例为仅 3.2%，大中型企业的利润总额占工业总产值的比例更低。利润低导致企业科技活动经费空间较小；2008 年辽宁规模以上工业企业科技活动经费中的企业资金占企业利润总额的比例为 29.5%。可以看出，工业企业的盈利能力是制约企业自主创新能力的主要因素。

三、科技创新基础比较雄厚，但科技创新资源需要进一步整合

经过几十年的培育和发展，辽宁逐步形成了完善的科技创新环境体系，包括政策环境、市场环境、人才环境和科研环境。辽宁现拥有各类科研机构 1363 家，国家重点实验室 9 个，普通高等学校 104 所，其中 985 高校 2 所，211 高校 4 所，在知识创造方面具有较强实力。然而，企业的科技资源相对薄弱，关键技术所需要的基础研究和理论研究不足，导致知识创造能力较低。辽宁有 45% 的科学家和工程师及 56% 的大型仪器设备集中于科研与技术开发单位，全省 64% 的研发人员集中于高校和科研机构。企业无论是科技人员素质还是基础实验条件，都落后于科研院所和高校。

企业、高校和科研机构之间缺乏良好的协作机制，导致科技资源集聚效应不明显，影响产业发展的重大技术专项没有重大突破，各创新主体之间缺乏联系和互动，没有形成有效的科技创新合作机制。尤其是在科研机构和企业之间，缺少长期稳定的合作，科研机构的研究成果很难应用于省内企业。同时，企业存在技术难题时，出于技术保密的原因，很少求助于科研机构。

因此,辽宁的科技创新资源需要进一步整合。

四、辽宁科技成果较多,但成果转化能力差

辽宁依托省内丰富的科技创新资源,包括科研机构、高等学校和企业研发中心,创造了大量的科技创新成果。2008 年,辽宁共发表科研论文 47606 篇,出版科技著作 2115 部,专利申请数为 6618 件,辽宁在 2007 年被国外主要检索工具收录的科技论文为 10318 篇,占全国第六位。

辽宁科技创新成果虽多,然而转化能力较低,有两方面原因:一是科技成果产业化机制不健全,新技术和新成果的产业化过程和孵化器还不能足以支撑省内的创新成果转化。辽宁省内的大学拥有科技园和科技孵化器的较少,高技术产业园区无论从规模上还是数量上都落后于科技强省。二是辽宁很多的科研成果都在省外转化。省内高校和科研院所每年都有大量的科研成果和专利,然而这些科研成果多是在省外的企业中进行产业化,并最终形成产品。辽宁的高校与省内企业缺少长期稳定的合作机制,合作通常以项目为纽带,项目结束了,合作关系也就随之终止。

五、高新技术开发区已经形成规模,但创新资源集聚效应有限

辽宁高新技术开发区经过 10 多年的建设和发展,在发展高新技术产业、促进区域经济增长、探索和实践新型管理机制和组织模式以及培养和造就优秀人才方面,做出了突出的贡献。目前,辽宁高新技术开发区的创新环境日益完善,已经成为科技自主创新的重要基地。2008 年底,沈阳、大连和鞍山 3 个城市的高新技术开发区共有企业数为 3079 家,净利润达到 175 亿元。已经初步形成电子信息、高端装备、新材料等新兴产业集群。辽宁高技术产业中的企业数有 933 家,实现工业总产值为 1209.4 亿元,实现利润总额为 60.6 亿元。高技术产业科技活动人员为 19894 人,其中科学家和工程师所占的比重为 69.7%,科技活动经费筹集总额为 36.8 亿元。2008 年辽宁高技术产业科技项目数为 1835 项,新产品产值为 246.3 亿元,比 2007 年增长了 14.2%;新产品销售收入为 301.3 亿元,比 2007 年增长了 55.6%。

辽宁的高新技术开发区对创新资源的集聚效应有限,并没有真正把高校、研发机构、科技中介、科技孵化器等创新资源和要素集聚起来,缺少完善的、成熟的运作模式,园区内的企业更多的是单独进行科技创新活动。创新要素流动不足、创新主体缺乏合作、创新资源效率低下,导致园区发展主要体现在企业数量的增加,而创新成果增长缓慢。

六、科技创新环境不断完善,但支持力度有待进一步加强

目前,辽宁已经充分认识到自主创新的环境建设在提升区域自主创新能

力中的作用，不断加大科技创新环境建设的投入。目前，辽宁已经建立了一系列鼓励创新的政策环境，如实施了鼓励政府购买自主创新产品、建立创新园区、发展科技中介机构等措施，然而，辽宁的自主创新环境建设与科技创新能力较强的省份相比，还有一定差距，需要进一步完善。

（1）鼓励自主创新的政策体系不完善。缺乏有效引导企业进行自主创新的产业政策，如设立鼓励自主创新的财政政策和金融政策，设立促进企业消化吸收再创新的引导资金等；吸引优秀科技创新人才的政策支持力度不够，尤其是引进具有突出贡献的专家和学者方面，没有足够的竞争力；对于科技成果的保护力度不强，直接影响了企业自主创新的积极性。

（2）科技中介发展较慢。科技中介对提升自主创新能力、促进科技创新成果转化、提升科技创新服务水平具有重要作用。辽宁科技中介机构数量少、企业规模小，一些跨国科技中介服务机构的总部大多设置在经济总量大、科技程度高的城市中，辽宁仅有大连和沈阳有跨国科技中介机构，其他城市的科技中介发展很难支撑城市科技创新的需要。因此，需要大力发展科技中介机构，尤其是科技认证、管理咨询、创新资源配置等科技中介服务。应促进各类创新主体与市场之间的知识流动和技术转移，降低创新成本、化解创新风险、加快科技创新成果转化、提高整体创新效益。

（3）科技基础平台建设难以满足科技与经济发展的需求。辽宁重点实验室、工程中心等创新平台数量少，基础设施与大型设备配置不足；行业共性技术研发平台几乎空白，科技服务平台建设力度不够。目前，辽宁有8个国家重点实验室和7个省重点实验室，重点实验室数量与科技强省相比，具有很大差距。同时，辽宁科研院所和高校的专业设置难以满足辽宁科技创新，尤其是重大科技课题的创新要求。辽宁主导产业包括装备制造业、钢铁、石油化工和船舶制造，然而，辽宁科研院所和高校在这些领域缺乏优秀学科带头人和优秀的研究团队。

第三节　辽宁科技创新能力评价的指标体系

一、辽宁科技创新能力的界定及影响因素

科技创新能力从本质上可以分为知识创新能力、技术创新能力和现代科技领域的管理创新能力。由于管理创新能力属于管理学范畴，目前主要是定性讨论，缺乏数据支撑和定量研究，因此本部分的科技创新能力仅包括知识创新能力和技术创新能力。知识创新能力是指通过科学研究，包括基础研究和应用，获得新的基础科学和技术科学知识的能力。知识创新的目的是追求新发现、探

索新规律、创立新学说、创造新方法、积累新知识。知识创新能力的主体主要是高等学校和科研院所，其创新成果主要表现为发表的论文、出版的著作和获得的科研奖励。目前关于技术创新的界定较多，所能达成的共识是技术创新包括新产品和新工艺，以及原有产品和工艺的显著技术变化。技术创新的主体主要是企业，其创新成果主要表现为专利、新产品和新工艺。知识创新能力是技术创新能力的基础，是促进科技进步和自主创新能力的革命性力量。在实际研发活动中，知识创新和技术创新经常同时发生，很难区分二者的界限，因此，在界定科技创新时，将知识创新和技术创新统称为科技创新。

　　科技创新体系是由政府、企业、科研机构和大学组成的创新主体和创新环境交叉作用的网络系统，主要由科技创新环境、科技创新投入、科技创新产出和科技成果转化四个部分组成，如图 18 – 5 所示。

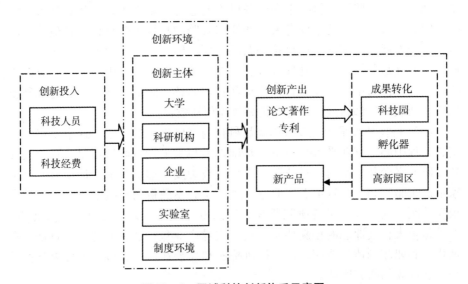

图 18 – 5　区域科技创新体系示意图

　　因此，从四个维度界定科技创新能力，即科技创新环境、科技创新投入、科技创新产出和科技成果转化。其中，创新环境为科技创新活动的基础，科技创新投入和产出用来衡量科技活动的效率，科技成果转化是创新活动的最终体现形式。

　　综合而言，辽宁科技创新能力的影响因素主要有以下几个方面：

　　（1）科技创新环境。科技创新环境是由影响科技创新的公共和私有部门及机构组成，通过各创新行为主体的制度安排及相互作用，为科技创新活动提供物质条件和基础保障。科技创新环境在增强技术创新活力，推动科技进步中有着至关重要的作用。创新是一种复杂的知识学习和创造实践活动，其活力来自于创新要素及其相互协调能力，这些要素只有在创新环境中才能有效地培育和展现出创新活力。科技创新环境主要包括实验室、国家技术中心、基础实验设备、高新技术产业园区、科技孵化器和科技政策等。

（2）科技创新投入。科技创新投入要素主要是科技人员投入和科技经费投入。科技人员是区域自主创新的核心，科技人员的素质和能力越强，区域自主创新能力越强。科技人员的素质可以从"量"和"质"两个方面衡量："量"主要表现在科技活动人员、R&D 人员折合全时当量；"质"表现在科学家和工程师占 R&D 人员比重、基础研究人员占 R&D 全时人员比重、科研机构中博士硕士占单位在职科技活动人员比重等。

科技创新活动的另一个投入要素是资金，包括购买仪器设备、技术引进、设备改造和消化吸收等研发活动的经费支出。科技经费筹集的主要来源有企业资金、政府资金、国外资金、社会资金和金融机构贷款等，其中企业资金和政府资金是目前科技创新投入的主体。科技创新资金投入也可以从"量"和"质"两个方面衡量："量"表现在科技经费筹集金额、R&D 经费内部支出等方面；"质"表现在基础研究和应用研究经费占课题经费内部支出比例、R&D 经费支出占主营业务收入比例、引进技术的消化吸收经费支出占技术获取经费支出的比例。

（3）科技创新产出。科技创新产出是科技创新活动的最终目的，是科技创新能力的主要衡量指标。科技创新产出表现在企业新产品产值、专利授权数、发表的论文和出版的著作等；高校和科研院所的专利授权数、发表的论文和出版的著作。

（4）科技成果转化。由于科技创新活动可以分为知识创新和技术创新，相应科技创新能力可以分为知识创新能力和技术创新能力，因此，科技成果同样可以分为知识创新成果和技术创新成果。知识创新成果主要是发表论文和出版的著作；技术创新成果主要是专利授权数和新产品产值。对于知识创新成果而言，要实现其价值创造的能力，必须在技术市场和产品市场上进行成果转化，成为现实中可以应用的技术成果。因此，科技成果转化是区域科技创新的一个重要衡量指标。科技成果转化主要表现在市场成交合同金额、高新技术产业中的企业数、国家产业化技术项目等。

二、指标选取的原则

（1）指标的系统性。在评价辽宁科技创新能力时，需要考虑到科技创新能力是一个完整的体系，几个创新主体之间相互联系、互相促进。因此，在指标中要能够反映出不同创新主体对自主创新能力的影响。同时，还要注意不同创新主体之间的指标具有独立性和不可替代性。

（2）数据的稳定性。自主创新能力的评价指标需要考虑数据的稳定性，由于统计对象具有复杂性的特点，导致某些统计数据中存在数据不连贯、波动较大的现象。因此，在选取指标中，需要选择一些比较平稳的数据，这样才能真实反映自主创新能力的大小。

（3）数据的可获取性。有些创新能力指标很难获取，或者获取数据的成本太高。在建立辽宁科技创新能力的评价指标时，尽可能地通过查阅统计年鉴和统计报告来获得数据，通过对数据进行加工处理，得到需要的指标。

（4）创新投入要素的效率。科技创新能力作为一种经济效益指标，反映的是创新活动的产出与投入之比。在指标体系中，不但要反映自主创新的投入，还要反映自主创新的产出。

三、辽宁科技创新能力的指标设置

为了反映指标的系统性，将辽宁科技创新能力的指标分为一级指标和二级指标。其中一级指标为科技创新环境指标、自主创新投入指标、自主创新产出指标和科技成果转化指标。具体指标如表 18-1 所示。

表 18-1　辽宁科技创新评价指标体系

一级指标	二级指标
科技创新环境指标	研究与开发机构数（个）
	高技术产业中的企业数（个）
	高等院校属研究及试验发展机构数（个）
	规模以上工业企业科技项目数（个）
自主创新投入指标	科技经费筹资总额（千元）
	从事科技活动人员（人）
	规模以上工业企业开发新产品经费（%）
	规模以上工业企业技术引进及购买国内技术经费（%）
自主创新产出指标	规模以上工业企业新产品主营业务收入（万元）
	高技术产业工业总产值
	国外主要检索工具收录科技论文数（篇）
	国内两种专利申请授权数（件）
科技成果转化指标	技术市场成交合同数（个）
	国家产业化计划项目落实资金（万元）
	技术市场技术流向地域合同金额（万元）

注：①课题数和科技项目数包括：研究与开发机构的课题数、高校的课题数与规模以上工业企业的科技项目数。②国外主要检索工具收录科技论文数采用 2007 年的数据，主要是由于《2009 年中国科技统计年鉴》和《2009 年辽宁科技统计年鉴》的论文数据都为 2007 年。

第四节　辽宁科技创新能力的评价

一、评价方法

本章采用客观赋值熵权法，熵在应用于不同决策过程的评价或案例的效果评价时是一个理想的工具，熵可以度量获取的数据所提供的有用信息量，从而能够确定该信息所占的比重。因此，熵权法非常适合用来评价辽宁省自主创新能力，在充分考虑创新环境、创新投入、创新产出和创新成果转化的基础上，得出一个全面、客观的评价结果。

信息熵可以定义为 $H(x) = -\sum p(x_i)\ln p(x_i)$，其中，$p(x_i) \in [0, 1]$，$\sum p(x_i) = 1$。信息熵可用于反映指标的变异程度，并用于进行综合测度，设有 m 个测度对象，n 项测度指标，形成原始指标数据矩阵 $X = (x_{ij})_{m \times n}$，对于某项指标 x_j，指标值 x_{ij} 的差距越大，该指标提供的信息量越大，其在综合测度中所起的作用越大，相应的信息熵越小，权重越大；如果该项指标的指标值全部相等，则该指标在综合测度中不起作用。

熵值法赋权的步骤如下：

（1）将原始数据进行标准化处理：（m 是省份，n 是指标）

$$x_{ij} = \frac{a_{ij} - \min(a_j)}{\max(a_j) - \min(a_j)}, \quad i = 1, 2, \cdots, m; \ j = 1, 2, \cdots, n$$

（2）将 x_{ij} 转化为比重形式 p_{ij}：

$$p_{ij} = \frac{x_{ij}}{\sum_{i=1}^{m} x_{ij}}, \quad i = 1, 2, \cdots, m; \ j = 1, 2, \cdots, n$$

（3）定义第 j 个指标的熵为：

$$H_j = -k\sum_{i=1}^{m} p_{ij}\ln p_{ij}, \quad i = 1, 2, \cdots, m; \ j = 1, 2, \cdots, n$$

式中，$k = \frac{1}{\ln m}$，公式中加上常数项 k 是为了保证第 j 个指标的各比重 p_{ij} 都相等时，即 $p_{ij} = 1/m$，满足 $H_j = 1$，这时该项指标不能提供任何信息，对综合测度不起任何作用。式中还假定，当 $p_{ij} = 0$ 时，$p_{ij}\ln p_{ij} = 0$，从而保证 $H_j \in [0, 1]$。

（4）定义第 j 个指标的熵权 $\omega_{\sigma j}$ 为：

$$\omega_{\sigma j} = \frac{1 - H_j}{\sum_{j=1}^{n}(1 - H_j)} = \frac{1 - H_j}{n - \sum_{j=1}^{n} H_j}, \quad j = 1, 2, \cdots, n$$

式中，$\omega_{\sigma j} \in [0, 1]$，且 $\sum\limits_{j=1}^{n} \omega_{\sigma j} = 1$。

（5）第 i 个评价对象的综合评价值为：

$$V_i = \sum_{j=1}^{n} \omega_{\sigma j} p_{ij}$$

对于综合评价结果而言，V_i 值越大，评价对象的效果越好。

二、样本指标数据及预处理

本章的数据都来源于《中国科技统计年鉴（2008）》和《辽宁科技统计年鉴（2008）》。

各指标算完之后的权重，如表 18 - 2 所示。

表 18 - 2　指标权重

一级指标	二级指标	Hj	Wj
科技创新环境指标	研究与开发机构数（个）	0.927887	0.027914
	高技术产业中的企业数（个）	0.773779	0.087567
	高等院校属研究及试验发展机构数（个）	0.919107	0.031313
	规模以上工业企业科技项目数（个）	0.869059	0.050686
自主创新投入指标	科技经费筹资总额（千元）	0.856108	0.055699
	从事科技活动人员（人）	0.888369	0.043211
	规模以上工业企业开发新产品经费（%）	0.816404	0.071068
	规模以上工业企业技术引进及购买国内技术经费（%）	0.844989	0.060003
自主创新产出指标	规模以上工业企业新产品主营业务收入（万元）	0.829693	0.065924
	高技术产业工业总产值	0.684852	0.12199
	国外主要检索工具收录科技论文数（篇）	0.820625	0.069434
	国内两种专利申请授权数（件）	0.825325	0.067614
科技成果转化指标	技术市场成交合同数（个）	0.795125	0.079304
	国家产业化计划项目落实资金（万元）	0.725244	0.106355
	技术市场技术流向地域合同金额（万元）	0.840037	0.06192

评价结果如表 18 - 3 所示：

表 18 - 3　评价结果

省份	综合评价值	排名
广东	13.01998	1

续表

省份	综合评价值	排名
江苏	12.46139	2
山东	9.436097	3
北京	8.668895	4
浙江	8.499377	5
上海	7.888396	6
辽宁	4.551255	7
天津	3.419291	8
四川	3.097599	9
湖北	3.081763	10
河北	2.648312	11
福建	2.43765	12
河南	2.372316	13
湖南	2.290059	14
安徽	2.248856	15
陕西	1.918065	16
黑龙江	1.641967	17
吉林	1.560036	18
重庆	1.414024	19
山西	1.299539	20
江西	1.241041	21
广西	0.806994	22
内蒙古	0.799781	23
甘肃	0.746483	24
云南	0.687423	25
新疆	0.512356	26
贵州	0.489898	27
宁夏	0.372026	28
海南	0.239	29
青海	0.150129	30
西藏	0	31

三、评价结果分析

从评价结果可以看出：

（1）科技创新能力保持稳定，提升缓慢。辽宁科技创新能力与2003年相比，名次下降了1位，而且与前面的几个省份科技创新能力的差距有加大的趋势，其主要原因是全社会科技创新投入总量、企业的创新成果（新产品和专利）不足及高技术产业规模偏小导致的。

（2）创新环境排名较高，但有待于进一步整合和完善。辽宁科技创新环境总体水平较高，但科技创新资源主要集中在高校和科研院所，企业科技创新资源相对不足。辽宁科技机构数和高等学校属研究与发展机构数在全国排名分别为第五和第二，而高新技术产业中的企业数和规模以上工业企业科技项目数分别排在第七和第十，如图18－6和图18－7所示。

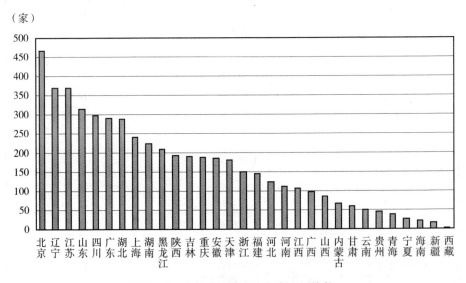

图18－6　高等学校属研究与发展机构数

（3）科技创新投入较低，严重制约了辽宁科技创新能力的提升。从评价结果看，科技经费筹资总额和从事科技活动人员在全国中排名分别为第八和第九。不仅如此，这两项指标与排在前面的广东、北京、江苏和浙江等省份的差距不断拉大。2008年，辽宁R&D经费内部支出占GDP比重为1.41%，尚未完成"十一五"规划2%的目标，如图18－8、图18－9和图18－10所示。

（4）创新成果较多，但企业科技创新活动的投入产出效率较低。从科技创新产出指标来看，辽宁科技创新成果较多，但是成果主要集中在高校和科

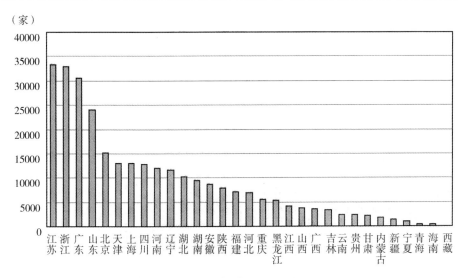

（家）

图 18 - 7　规模以上工业企业科技项目数

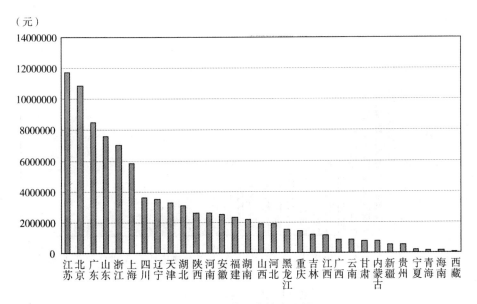

（元）

图 18 - 8　科技经费筹资总额

研院所，企业的科技创新成果少。高校和科研院所的成果主要集中在论文发表方面，专利授权数排名较低。辽宁的专利申请授权数排名较低，尤其是企业申请的专利数较少，可以看出辽宁企业科技创新活动的效率较低，如图 18 - 11 所示。

（%）

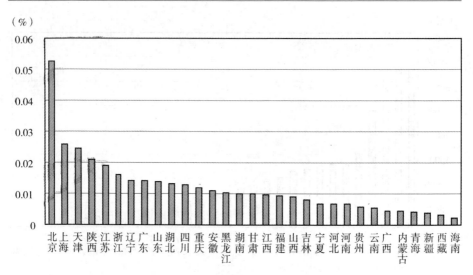

图18-9　R&D经费内部支出占GDP比重

（人）

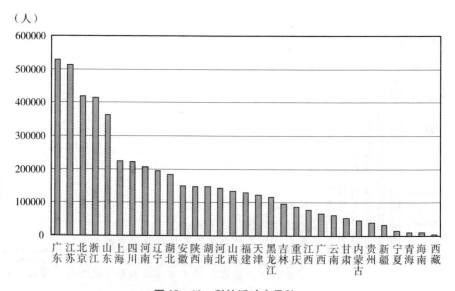

图18-10　科技活动人员数

（5）科技成果转化能力较低。辽宁科技创新成果转化能力指标整体排名较低，某些具体指标远远落后于科技强省。如辽宁高技术产业工业总产值排名第十，远远落后于广东、江苏和上海等省份。此外，技术市场合同成交额也比较落后，说明辽宁科技成果转化能力较低，如图18-12所示。

（件）

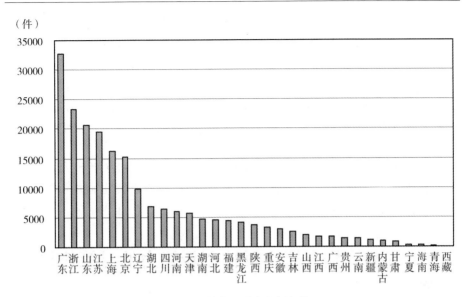

图 18 – 11　国内两种专利授权情况

（元）

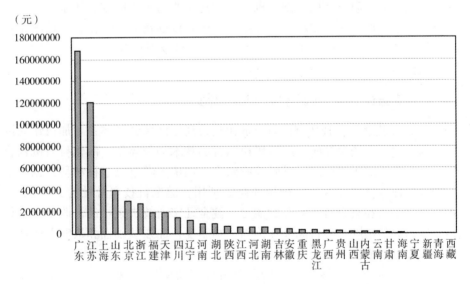

图 18 – 12　高技术产业工业总产值

四、评价总结

总体而言，辽宁科技创新能力在全国的地位保持稳定，科技创新环境不断完善，而科技创新投入较低，相对于科技强省的差距较大。科技创新成果较多，但转化能力一般。在创新主体中，高校和科研机构的创新能力较强，在全国占有优势地位，而企业科技创新能力一般，科技创新活动的效率较低。

制约辽宁科技创新能力的因素中，影响最大的是科技创新投入和科技成果转化，其次是创新环境建设和创新人才建设。

通过评价结果可以看出，政府在提升辽宁科技创新能力中的贡献比较大；高校和科研机构对提升知识创新能力的作用较大，但对技术创新的贡献较小；企业对科技创新能力的贡献薄弱。因此，提升科技创新能力过程中，企业应该是需要强化的环节。

根据辽宁科技创新能力的评价结果，可以把增强科技创新投入、改善科技创新环境、提高企业科技创新效率以及增强科技成果转化能力等作为主要的政策着力点。

第五节　提升辽宁科技创新能力的对策建议

通过对辽宁科技创新能力评价，以及辽宁科技创新能力的制约因素分析，建议应该从完善创新环境与创新机制、构建企业为主体的创新体系、培养科技创新人才、加强科技创新支持力度、促进科技创新成果转化和关键领域重点企业的科技创新突破六个方面入手提升辽宁科技创新能力。

具体对策框架如图 18 - 13 所示。

一、完善辽宁科技创新环境和创新机制

（1）深化辽宁科技体制改革，加快建设辽宁区域创新体系。加快建立以企业为主题、市场为导向、产学研相结合的技术创新体系。深化科研机构管理体制改革，加快建设现代科院所制度，加快大学重点学科和科技创新平台建设。促进科技资源优化配置和高效利用，健全科技资源社会共享机制，提高全省动员和整合科技资源的能力，健全辽宁科技决策机制，改革完善科技评审与评估制度、科技成果评价和奖励制度，加强基础性和战略性产业的统一规划，形成统一的战略部署。

（2）加强协调，形成有利于辽宁科技创新的政策体系。一是增加财政直接投入，强化企业投入主体地位，明确加大科技经费投入的法律和制度保障。调整和优化投入结构，加强对基础研究、前沿技术研究、社会公益研究以及科技基础条件等支持。二是实施促进科技创新创业的金融政策，建立和完善科技创新风险投资机制，建立健全鼓励中小企业技术创新的知识产权信用担保制度和其他信用担保制度。三是制定有利于科技创新的税收政策，加大企业研究开发投入的税前扣除等激励政策的实施力度，扩大税收优惠范围。减免企业与大学、科研院所联合开展研究开发项目的营业税，允许高技术企业

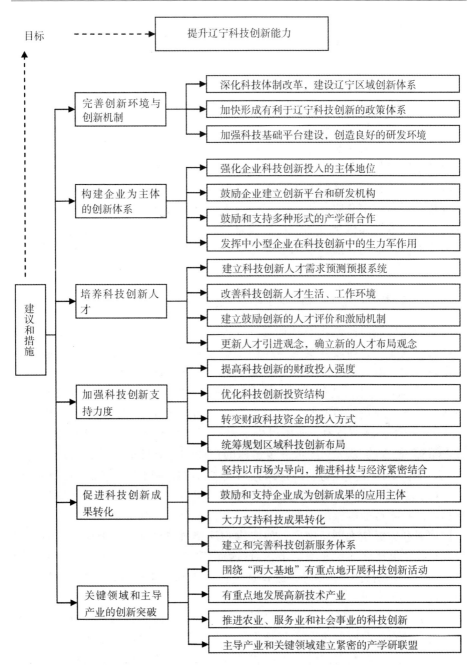

目标 ┄┄┄┄┄┄> 提升辽宁科技创新能力

完善创新环境与创新机制
- 深化科技体制改革，建设辽宁区域创新体系
- 加快形成有利于辽宁科技创新的政策体系
- 加强科技基础平台建设，创造良好的研发环境

构建企业为主体的创新体系
- 强化企业科技创新投入的主体地位
- 鼓励企业建立创新平台和研发机构
- 鼓励和支持多种形式的产学研合作
- 发挥中小型企业在科技创新中的生力军作用

培养科技创新人才
- 建立科技创新人才需求预测预报系统
- 改善科技创新人才生活、工作环境
- 建立鼓励创新的人才评价和激励机制
- 更新人才引进观念，确立新的人才布局观念

加强科技创新支持力度
- 提高科技创新的财政投入强度
- 优化科技创新投资结构
- 转变财政科技资金的投入方式
- 统筹规划区域科技创新布局

促进科技创新成果转化
- 坚持以市场为导向，推进科技与经济紧密结合
- 鼓励和支持企业成为创新成果的应用主体
- 大力支持科技成果转化
- 建立和完善科技创新服务体系

关键领域和主导产业的创新突破
- 围绕"两大基地"有重点地开展科技创新活动
- 有重点地发展高新技术产业
- 推进农业、服务业和社会事业的科技创新
- 主导产业和关键领域建立紧密的产学研联盟

建议和措施

图 18-13 提高辽宁科技创新能力的对策框架

将实际发放的工资总额计入应纳税所得额扣除，简化自主知识产权高技术产品出口纳税程序。四是建立健全鼓励创新的政府采购制度，尽快修改辽宁政

府的采购细则，增加省政府和地方政府采购自主科技创新产品与技术的规定，对具有国内外自主知识产权的省内重大首台首套装备实施优惠政策；明确规定政府对产品、工程和服务的采购中自主高技术产品的比例，对于省内具有自主知识产权的企业产品和技术给以价格优惠。

（3）加强科技基础条件平台建设，营造良好的研发环境。围绕辽宁主导产业和重大专项技术，建设若干队伍强、水平高、学科综合交叉的重点实验室和其他科学研究实验基地。建设若干大型科学工程和基于科技条件资源信息化的数字科技平台。建立完善的自然科技资源保护与利用体系。完善检测实验室体系、科技认证服务体系及技术性贸易措施体系。优化高新技术产业化环境，对科技中介服务机构开展的技术开发与服务活动给予政策扶持。建立有效的技术转移机制，加快科技成果转移步伐。支持面向行业的关键、共性技术的推广应用。加强技术工程化平台、产业化示范基地和中间试验基地建设。

二、构建以企业为主体的科技创新体系

企业在区域科技创新中具有无可替代的作用，只有使企业真正成为科技创新的投资主体、研发开发主体和科技成果应用的主体，才能坚持科技创新的市场导向，有效整合产学研的力量，加快科技创新成果的产业化。

（1）强化企业科技创新投入的主体地位。鼓励企业增加技术开发经费的投入。一般企业用于技术开发经费占当年销售收入不得少于3%，大中型企业不低于5%，高新技术企业不得少于8%，到2015年，企业R&D投入占全社会R&D投入的75%。技术进步迅速的产业和有条件的企业，要进入资本市场、加快折旧、直接将研发投入算入成本，以保证研发工作的实际需要。

（2）鼓励和支持企业建立创新平台和研发机构。全省要在装备制造、原材料、高技术产业等领域，选择一批重点骨干企业，加大支持力度，建设一批国家级和省级技术创新中心，使之成为辽宁科技创新的重要平台。省、市设立科技创新平台建设专项资金，对符合国家规定条件的企业技术中心、国家工程（技术研究）中心等，进口规定范围内的科学研究和技术开发用品，免征进口关税和进口环节增值税。

（3）鼓励和支持多种形式的产学研合作。创新体制机制，支持企业采取适合自身特点的分配制度，实行技术、知识、管理等生产要素参与分配，使企业真正成为创新利益的分配主体和科技成果转化的主体。鼓励和支持科研人员以技术入股、知识与管理能力折股等方式获得股权、期权。企业要充分利用国内国外两种资源开展产学研合作，同科研院所、高等院校联合建立研发机构、产业技术联盟等技术创新组织，提高重点产业、支柱产业的技术自给率，建立和完善产学研各方优势互补、风险共担、利益共享、共同发展的

良性机制。鼓励和支持企业与高等院校、科研院所联合培养企业急需的创新人才，联合申报国家、省、市级科技攻关项目和产业化项目。

（4）充分发挥中小型企业在科技创新中的生力军作用。增加对省内科技型中小企业技术创新资金投入，重点支持中小企业技术创新活动和为承担国家科技型中小企业创新基金项目提供一定比例的资金配套。加强创新创业服务体系建设，不断完善风险投资和信用担保机制，拓宽融资渠道，通过基金支持、创业投资、贷款贴息等方式，支持企业特别是中小科技型企业和民营科技企业加快发展，对已经进入中试阶段的成长性好的科技项目，给予资金支持和政策倾斜。

三、优化科技创新人才环境，提升科技人才素质

（1）建立人才需求预测预报系统。以人事系统为依托，构建人才需求预测预报网络体系。根据经济社会发展对总体及各方面各类人才需求情况，及其变动趋势进行阶段性、滚动式科学分析预测，搞好预测预报网络体系建设和人才需求信息数据库建设。有效解决人才需求变动性大于教育资源配置和教育结构刚性强的矛盾，使人才生产过程和周期及教育结构调整基本保持一致。

（2）改善科技创新人才生活、工作环境。要妥善解决好科技人员的生活待遇问题，优先安排家属工作和子女上学，真正解决他们的后顾之忧，促进人才队伍的稳定。改善科技创新人才工作环境，改善科研和创新的硬件条件，包括工作场地、仪器和设备等。搭建体现人才社会价值的平台，增加各类专家、学者担任各级政府参事、人大代表、政协委员、咨询委员的数量，建立各级领导与专家、学者沟通、交流对话机制，鼓励各类人才为辽宁发展建策献议。

（3）建立鼓励创新的人才评价和激励机制。建立鼓励创新的人才评价和激励机制，积极探索和完善学术自律与学术监督相结合，学术自由与学术责任相结合的科技管理和学术评价有效机制，改进专家、职称等各种荣誉称号的评审和聘用方法，拥有发明专利、取得显著经济社会效益的，优先评聘为相应技术职称。

（4）更新人才引进观念，确立新的人才布局观念。更新人才引进观念，对于有特殊贡献的科技人才，可适当放松录用标准或延长聘用期限，使得人尽其才。将人才工作的成效列入考核单位领导班子实绩的重要内容，以作为今后职务升迁的依据。建立于国际接轨的人才引进和自主用人机制，在符合辽宁产业政策的行业，优先引进一批海外高精尖人才到辽宁工作。确立新的人才布局观念，从振兴老工业基地、沈阳经济区和沿海经济带大视野来布局辽宁创新人才与创新团队建设。通过共建科研机构、成果转化实验基地，课

题合作研究等，实现对人才资源大规模有效开发利用。

四、加强对科技创新财政支持力度

（1）提高科技创新的财政投入强度。提高财政科技投入强度，通过政策制定和环境建设，将政府财政投入纳入法制化轨道，建立政策财政科技投入的稳定增长机制，提高财政科技资金投入规模和强度。加强科技投入法律法规的执行与监督，通过立法方式，确保财政科技投入增长率不低于一般性财政收入增长率。

（2）优化科技创新投资结构。转变财政科技资金投入方向，优化投资结构。树立政府引导型全社会科技投入新方略。根据辽宁中、长期科技发展战略在时间和空间上对科技资源分配和布局进行统一规划，使科技投入做到有计划、有层次、兼顾全局、突出重点。

（3）转变财政科技资金投入方式。转变财政科技资金投入方式，按照科技产品类型、技术类型、公益性程度、技术发展潜力、投资回报等，采取全额支持、补贴支持、后续支持和奖励支持等不同的投入方式，发挥财政资金的引导和鼓励作用，提高财政资金使用效率，对公益性科技项目应给予足额支持；对从事应用科技开发的企业和个人，为保证其开发投资的需要，实行补贴支持；对取得巨大科技成果和社会效益的科技项目，给予后续支持和奖励支持；对形成产学研结合的科技型企业，给予优先支持；激励和调动企业、金融界和社会其他主体加大科技投入，使科技投入向政府引导投入转变，同时，引入风险投资机制。

（4）统筹规划区域科技创新布局。沈阳、大连要充分发挥科技基础设施完善、科技队伍雄厚、科技创新能力强等优势，当好全省自主创新排头兵，率先建立科技创新型城市。沈阳要充分发挥中心城市的带动作用，重点围绕科技自主创新和原始创新能力建设，抓好前沿高技术和核心技术的研发及服务体系建设，努力成为全省乃至东北地区科技创新的主要策源地、聚集地和辐射中心。大连要充分发挥沿海城市和对外开放的优势，重点围绕东北亚国际航运中心和信息、软件产业、先进装备制造业及石化基地等建设，抓好技术创新，扩大对外开放，成为辽宁和东北地区科技对外开放的窗口。其他各市也要充分发挥各自的比较优势，努力推进高新技术产业发展。各地区特别是各经济区域要加强合作，形成合力，加强区域创新体系建设。各级高新技术开发区要以培植和增强科技创新能力为核心，通过再造新机制、新环境、新特色实现"二次创业"，引导高新技术产业向专业化、高集成、大基地方向发展。

五、大力推进科技创新成果向现实生产力转化

（1）坚持以市场为导向，推动经济与科技的紧密结合。重视市场信息，

关注市场变化，以市场需求引领创新、驱动创新，实现企业创新面向市场、向社会需求延伸，向创新要市场、要效益、要发展。充分发挥政府的主导作用，进一步完善适应社会主义市场经济发展要求的政府管理科技事业的体制机制，建立健全政策制度，完善科技开发项目，促进科技创新要素和其他社会要素有机结合，形成科技不断促进经济社会发展、社会不断增加科技投入的良好机制。

（2）鼓励和支持企业成为创新成果的应用主体。设立省级科技成果转化专项资金，对企业应用科技成果项目给予一定的资助和贷款贴息，并对成果所有者和转化实施者给予奖励。对经认定的科技成果转化项目所需进口设备及其关键零部件，按国家有关规定减免进口关税和进口环节增值税。对经认定的使用科技成果转化项目所组建的企业，在土地使用、人员工资、贷款贴息和融资等方面给予优惠。鼓励和支持企业运用高新技术改造提升传统产业，解决产业发展的关键技术和企业在技术装备改造、工艺改进创新、产品水平提高、减少能耗及环境污染等方面技术问题。对研究解决企业生产和研发中重大技术问题的项目以及企业建立的博士后科研工作站，政府各类计划及省风险投资资金和贷款担保资金给予优先支持。鼓励和支持企业在引进技术的基础上消化吸收再创新，对关键技术和重大装备的消化吸收和再创新给予引导性资金支持；对消化吸收再创新形成的先进装备和产品，纳入政府优先采购的范围；对订购和使用国产首台（套）重大装备的国家和省重点工程，要优先予以安排。鼓励企业开发名牌产品，对已获国家驰名商标、省著名商标和国家、省名牌产品称号的企业产品，优先列入技术改造、新产品开发等计划。对新创国家驰名商标和国家名牌产品称号的企业，按照有关规定予以奖励。

（3）大力支持科技成果转化。健全激励机制，调动科技人员的积极性，使有突出贡献的科研骨干和科研成果得到应有的丰厚报酬。职务科技成果以股权投入方式进行转化的，成果完成人可享有不低于该成果所占股份30%的股权；以技术转让方式将成果提供给他人实施转化的，成果完成人可享有不低于转化所得的税后净收入20%的收益；自行实施转化或以合作方式实施转化的，自项目盈利之日起5年内，每年可从税后利润中提取不低于5%的比例，奖励成果完成人。科技人员转化职务科技成果做出的贡献在职称评定、政府奖励中予以承认。支持科研机构、高等院校的科技人员兼职从事科技成果转化和产业化工作，所在单位应继续为科技人员从事应用研究开发提供科研实验条件。对外省市和中央各部委所属单位的科技人员带科技成果来辽宁实施转化的，可享受科技成果转化项目的资金支持、贷款贴息和融资担保，其产品优先列入政府采购目录；对其中要求来辽宁落户者及其配偶和未成年子女，有关市应准予调入并妥善安排。

（4）建立和完善科技创新服务体系。依托高校和科研机构，结合辽宁支柱产业发展需求，建设一批重点学科和重点实验室，初步形成具有辽宁特色的装备制造、精品钢材、石油化工、电子信息、航空技术、船舶及配套产品、新型医药、镁质材料八大研发创新体系。以"三网一库"为载体，建立科技信息共享平台。鼓励设立各类科技风险投资资金，拓宽风险投资的资金渠道，大力发展各类风险投资中介机构。建立知识产权交易中心、科技成果转化中心、技术转移和推广中心等，发展专业化、社会化和多层次的中介服务机构。鼓励企业、科研机构、高等院校、有关行业协会等单位建立行业性、专业性科技信息网络和网上技术市场。鼓励和支持社会力量兴办各类科技服务机构，支持海内外人士到辽宁设立科技中介机构，全面加强对企业科技创新能力的支撑。不断完善创业服务中心、创业园、大学科技园、产业化基地等各类企业孵化器，形成集群孵化、产业链孵化的新格局。

六、培育关键领域和主导产业的核心竞争力

（1）围绕"两大基地"有重点地开展科技创新活动。建设先进装备制造业和高加工度原材料工业基地，是振兴辽宁老工业基地的主要任务，也是科技创新的重点。在装备制造业领域，重点突破高档数控机床、重型装备制造、石化通用、冶金成套、船舶等十大类先进装备关键技术和相关产品，重点推广各种计算机辅助单元、微电机系统、虚拟制造、网络化制造和嵌入技术等10项先进制造技术，重点实施大型压缩机、大型重载精密轴承、大型船用曲轴、高档数控机床关键技术等10个重大技术研发专项。在原材料工业领域，要大力推进石化、冶金、建材等重点产业向集约化、高级化、系列化和深加工方向发展，开发优质板材、高品质石油化工产品、节能环保新型建材等一批产品，拉长产业链，带动下游产品和最终消费品的发展。以科技创新为主线，积极采用高新技术和先进适用技术改造提升传统产业，解决制约传统产业发展的重大关键技术，促进辽宁产业升级和技术创新。

（2）有重点地发展高新技术产业。以提高产业竞争力和培育新的经济增长点为目标，重点围绕先进制造、新材料、电子与信息、生物与医药、新能源与高效节能、资源与环境、民用航空、现代农业8大领域，组织一批重大关键技术的攻关项目，开发重型燃气轮机、机器人、高档汽车面板、半导体照明材料及器件、现代通信系统及终端设备等一批具有国际竞争力的高新技术产品，培育软件、精品钢材、精细化工、生物与医药等产业基地。

（3）推进农业、服务业和社会事业的科技创新。在抓好工业领域科技创新的同时，加大科技创新对农业、服务业和社会事业的支持力度，推进辽宁老工业基地的全面振兴。加速构建农业科技创新体系，为发展"高产、优质、高效、生态、安全"农业提供技术支撑；加强农业科技服务体系建设，

大力推广农村科技经纪人等行之有效的科技服务模式，为农民提供直接的科技服务；因地制宜推进县（市）科技信息服务网站建设，传递科技信息，普及科学文化知识；加快农业科技园区建设，实施县乡科技进步示范工程，振兴县域经济。大力推进信息技术等现代技术在服务业中的推广应用，推进现代服务业的发展。切实加强人口与健康、公共安全、城市发展、环境保护、资源开发利用等领域的科技攻关力度，为社会事业的发展提供有力支撑。

（4）主导产业和关键领域建立紧密的产学研联盟。建立政府主导下的产学研技术联盟形式，解决目前产学研合作松散、技术合作流于表面的问题。依托大连理工大学、东北大学、中科院自动化研究所、中科院化学物理研究所等高校和科研院所技术优势，以机床、集成电路装备、石油化工等一批骨干企业为龙头，带动鞍山、抚顺、营口等机械装备及其零部件生产企业，采取产学研技术联盟的模式，共建产业技术研发平台，强化装备制造业的研发能力，打造以沈阳、大连为研发集团继承总部，大型骨干企业为技术创新主体的自主创新研发联盟。

第十九章　提高辽宁科技创新能力的七个维度

作为曾经的"共和国长子"，辽宁创造了新中国无数个第一。在改革开放初期，即使辽宁经济发展速度落后于广东、江苏等省，但在体现国家竞争力的装备制造业上，辽宁仍然代表着当时中国最高的技术水平。近年来，借助振兴老工业基地的东风，辽宁经济一直处于快速发展状态，但经济发展过分依靠投资、创新驱动效应尚不明显的状况也有所显现。2009～2011年，辽宁投资率平均为82.6%，比四川平均高出5个百分点，但同期的经济增长速度却比四川低1.7个百分点。2010年，辽宁投资率位居国内前三位，但生产总值增速却位居国内第十五位。参考国内增速最快省份的发展实践和经验，在保持目前投资率的前提下，只要科技创新能够助力和支撑，辽宁经济增速至少可以提高3个百分点以上，达到天津、四川等国内最高增速水平。因此，重新审视和分析辽宁科技创新对经济增长的支撑作用，消除不利因素，努力加强和改善科技创新的要素供给和环境机制，就显得尤为必要。

一、加大科技创新投入，优化支出结构，形成多元化投入体系

科技创新投入是科技创新能力的最基本要素，科技经费投入是确立研发项目、汇集科技人才的必要条件。"十一五"期间，辽宁科技投入明显增长，但仍落后于生产总值和财政收入增长幅度。从全国的横向比较结果看，辽宁在研发投入强度、投入结构和政府财政的科技支出方面，在全国位次都不同程度地下降，科技对经济发展的支撑力度有所削弱。

（一）树立创新驱动发展理念，持续加大科技创新投入

2010年，辽宁R&D经费支出287.5亿元，居全国第七位，较2005年增长130.5%，年均增长19.5%；全省R&D经费支出占全国比重为4.0%，较2005年减少0.5个百分点；R&D经费占地区生产总值比重与2005年的1.56%持平，低于全国1.76%的平均水平，未能实现辽宁"十一五"经济社会发展规划确定的2.0%目标，在全国的位次也从第五位降至第八位，如表19-1所示。

表 19 - 1　部分省市 R&D 经费支出额占 GDP 比重

	全国	北京	上海	天津	陕西	江苏	浙江	广东	山东	湖北	辽宁
2010 年（%）	1.76	5.82	2.81	2.49	2.15	2.07	1.78	1.76	1.73	1.65	1.56
在全国位次	—	1	2	3	4	5	6	7	8	9	10
2005 年（%）	1.33	5.55	2.28	1.96	2.51	1.47	1.22	1.09	1.05	1.15	1.56
在全国位次	—	1	3	2	2	7	9	11	8	5

近年来，辽宁经济总量连续保持两位数的增速，财政收入增长更远远快于经济增长，两项指标都超出预期。但与此相反的是，研发投入增长缓慢，不仅低于全国平均水平，而且还落后于东部发达省份和中西部的湖北、陕西两省，仅排名全国第十。要真正实现辽宁经济社会发展从要素驱动到创新驱动的根本性转变，摆在我们面前的第一关键要务是加大创新投入，有多大规模的科技投入就会有多大数量的成果产出，只要我们科技投入上去了，持续的科技产出就强力驱动支撑产业升级和经济发展。创新驱动对经济发展具备双重效果，一方面是直接驱动经济规模的扩张，另一方面是提高经济增长的质量。因此，新经济学理论认为创新驱动对经济发展至关重要。"十二五"期间，应力争实现 R&D 投入占地区生产总值的比重达到 2% 以上，实现全社会 R&D 投入 300 亿元，其中企业研发投入达到 200 亿元以上。

（二）增加政府财政科技支出，牵动全社会科技投入

政府科技投入对科技创新能力建设具有重要引导牵动作用，可以促进企业和高校等创新主体增加科技创新投入，直接影响科技发展战略的执行和科技创新能力。2010 年辽宁财政科技支出为 68.90 亿元，居全国第七，较 2005 年下降三位；财政科技支出占地区财政支出的比重为 2.16%，较 2005 年减少 0.16%，在全国位次从 2005 年的第五位降至第八位。近年来，辽宁地方财政科技拨款占财政支出的比重始终在 2.5% 徘徊，而东部沿海省份基本上都超过 3%，以 3% 为标准，辽宁应至少增加 22 亿元财政科技拨款。同时，还应该使财政科技投入增幅明显高于财政经常性收入增幅。应将财政科技支出占地方财政支出比重作为地方政府考核的重要指标，制定年度增加科技投入特别是 R&D 投入的目标责任制，推动全省财政科技投入水平的提高。

（三）加大原始创新投入，优化科技投入结构

2010 年，辽宁纯基础研究经费占 R&D 经费内部支出比重较 2005 年上升 1 个百分点，应用基础研究所占比重则下降 5.9 个百分点（见表 19 - 2）。原始创新能力的逐渐走弱，与产业结构具有密切联系。辽宁四大支柱产业中，冶金和石化都属于传统产业，产业技术体系基本成熟，原创性的技术突破越来越难，大多数技术研发投入都属于试验发展类型。同时，辽宁高技术产业比重偏低，而高技术产业恰恰是基础研究和应用研究最活跃的产业领域，也

最容易衍生出新兴产业。

表 19 - 2　辽宁省 R&D 经费支出活动类型分类情况

单位：亿元

年　份	2005	2006	2007	2008	2009	2010
纯基础研究	2.96	6.38	5.48	5.14	6.24	7.30
所占比重（%）	2.4	4.7	3.3	2.7	2.7	2.5
应用基础研究	23.03	21.48	26.02	30.30	26.90	36.16
所占比重（%）	18.5	15.8	15.7	15.9	11.6	12.6
试验发展	92.68	107.93	134.50	154.63	199.22	244.01
所占比重（%）	74.3	79.5	81.3	81.4	85.7	84.9

优化科技投入结构，应将财政科技支出主要用于支持市场机制不能有效配置资源的基础研究、前沿技术研究、社会公益研究、重大共性关键技术研究开发、重大技术装备研制和重大引进技术消化吸收再创新等公共科技活动，以及用于支持对辽宁经济社会发展有重大影响的科技成果转化和科技人才队伍建设等，加大对制约辽宁经济发展的产业共性技术的投入力度；加大科技基础设施建设方面的投入，构筑科技创新基地；进一步加大新兴产业和高技术产业的科技投入力度，确立科技扶持的重点领域和重点项目，并在财力上给予积极支持。

二、以科技投入和研发项目为载体，加快高端人才的培养和引进，建设高水平的人才队伍

人才是创新活动的核心要素，也是衡量一个区域科技创新能力的主要指标。2010 年，辽宁研究与试验发展（R&D）人员 12.6 万人（见表 19 - 3），其中研究生以上学历有 2.9 万人，占 23.2%。

表 19 - 3　2010 年部分省市研究与试验发展（R&D）人员情况

排名	地区	R&D 人员（人）
1	广东	446579
2	江苏	406231
3	浙江	286751
4	山东	275360
5	北京	269932

排名	地区	R&D 人员（人）
6	上海	177488
7	河南	144025
8	湖北	142917
9	四川	130400
10	辽宁	126393

（一）以创新驱动会聚人才，重塑辽宁人才规模优势

近10年，辽宁科技人才占比逐年下降，人才规模优势正在弱化。2000～2008年，辽宁从事科技活动人员数占全国的比重从5.1%下降到3.9%，排在全国第九。科学家和工程师数从5.6%下降到4.1%；2010年，辽宁研究与试验发展（R&D）人员占全国比重仅为3.57%，排名全国第十。研发人才数量排名落后于经济总量排名，人数不足广东、江苏、浙江和山东等省的一半。这对支撑辽宁经济社会实现"稳中求进、稳中求快"的发展目标极为不利。培育和会聚研发人才的重要载体是企业，应重点培育一批科技型企业，鼓励从事传统产业的企业加速向科技型企业转型，通过政府的项目投入扶持及企业科技投入自觉性的提高，创造全社会对科技人才的有效需求，以此会聚和培育技术人才。根据辽宁产业发展需要，有针对性地引进海外创新人才和创新团队。

（二）加大"招才引智"力度，培育引进领军型人才

高端人才能够汇集研发资源，院士、"长江学者"、"百千万人才工程"国家级人才是高端人才的代表。近年来，辽宁两院院士数量已由2005年的53人减少到目前的48人，而全国院士由2005年的1407人增加到2010年的1430人。辽宁排名由全国第四位下降到第七位（见表19-4），院士平均年龄为73.2岁，70岁以上的超过总人数的70%，其中资深院士17人。

表19-4 2005年和2010年部分省市两院院士人数排名

2005 年			2010 年		
名次	所在省市	两院院士人数	名次	所在省市	两院院士人数
1	北京	653	1	北京	911
2	上海	152	2	上海	196
3	江苏	85	3	江苏	125
4	辽宁	53	4	湖北	67
5	湖北	43	5	四川	56

	2005 年			2010 年	
名次	所在省市	两院院士人数	名次	所在省市	两院院士人数
6	陕西	41	6	陕西	53
7	四川	36	7	辽宁	48

为加快高端人才队伍建设，辽宁应搭建院士工作室、科学家工作室、重点团队研发中心等平台，鼓励和支持企业、高校、院所引进以两院院士为代表的高端人才及国内外创新团队，对于设立院士工作室，或者有院士参与的科研项目，政府予以一定的资金扶持。积极培育省内高校和科研院所的优秀高端人才，做好高端人才储备和梯队建设。同时，加大人才引进和培养力度，以科技项目吸引人才，以人才提高科技创新能力，依托国家和地方重大科研项目、重点工程和重大建设项目会聚人才。

三、强化企业技术创新主体地位，增强企业核心竞争力

企业是科技创新的主体，在区域科技创新体系中处于核心地位。总体上看，辽宁企业科技创新能力较低，辽宁企业从事科技活动人员数占全国的比重从 2000 年的 5.5% 下降到 2008 年的 4.3%，企业科学家和工程师数占全国的比重也从 6.2% 下降到 4.4%。2010 年辽宁大中型工业企业 R&D 经费内部支出 191.3 亿元，位居全国第六位，但在企业研发机构和研发活动等方面仍存在明显不足。

（一）强化企业创新主体地位，推动企业充实研发机构

在全省 1505 家大中型工业企业中，设有研发机构的企业 217 家，所占比重为 14.4%，居全国第 28 位；开展研发活动的企业 229 家，所占比重为 15.2%，居全国第 26 位，如表 19－5 所示。

表 19－5　2010 年部分省市大中型工业企业中有研发机构企业所占比重

排名	地区	有研发机构企业所占比重（%）
1	浙江	54.4
2	安徽	38.2
3	江苏	36.2
4	宁夏	35.3
5	北京	34.4
6	湖南	34.3
7	贵州	31.5

排名	地区	有研发机构企业所占比重（%）
8	上海	28.2
9	湖北	28.1
10	山东	27.7
…	……	…
28	辽宁	14.4

2010 年，辽宁大中型企业 R&D 经费与销售收入之比，仅为 0.94%，低于 2009 年的 1.03%，与全国平均水平 0.93% 相当，位居全国第 12 位，下降 2 位，如表 19-6 所示。

表 19-6　部分省市大中型工业企业 R&D 投入强度

排名	地区	R&D 投入强度（%）
1	湖南	1.32
2	广东	1.15
3	重庆	1.12
4	山东	1.08
5	天津	1.07
6	江苏	1.06
7	浙江	1.04
…	……	…
12	辽宁	0.94

为扭转这一局面，辽宁应通过财税、计划专项资金等综合手段，引导和鼓励企业建立健全研发机构，提高企业自主研发能力和可持续发展能力。力争在"十二五"期间，一半以上的大中型工业企业建有研发机构。在装备制造、高技术产业和新兴产业等领域，选择一批有发展前景的企业，筹建研发机构并予以资金支持。

（二）培育科技型中小企业，大力发展新兴产业

从国内战略性新兴产业的发展特征看，众多中小企业特别是中小民营企业依托科技创新及成果转化，已经成为新兴产业发展主力军，并成为知识经济、创新驱动的重要推力。辽宁中小企业研发经费投入明显偏低，2009 年中小企业 R&D 经费占工业企业不足 8%。科技型中小企业发育不足，这一点从创业板上市企业数量也可见一斑。因此，应引导政策、人才、技术、资金、

管理和公共服务等创新要素向科技型中小企业集聚，推动其快速成长。对属于新兴产业领域的中小企业及孵化器，要给予积极的财政政策支持，加速成果转化为规模化生产的进程，积极培育企业通过创业板上市募集资金并发展壮大。

（三）组织实施重大企业科技专项，提高科技产出水平

从创新产出效果上看，2010 年，辽宁大中型企业专利申请数量排在全国第十五位，其中发明专利申请排在全国第十四位，分别比 2009 年下降一位和三位；拥有的发明专利数量排名全国第十三位；新产品产值排名第十二位，新产品产值率为 11.6%，低于 17.7% 的全国平均水平。同时，辽宁企业产品技术含量较低，掌握核心技术较少。冶金、石化、装备制造等行业中高新技术产品增加值比重普遍不足 50%，冶金行业仅为 18.8%。一批代表辽宁科技水平的大型装备如盾构机、五轴联动数控机床等均是数年前的产品，近几年有影响力的重大技术装备新产品屈指可数。为此，应组织实施重大科技专项，围绕高端装备制造、生物与新医药、新材料、新能源等容易出科技创新成果的重点领域，凝聚一批有一定基础、对产业发展牵动力强、填补国内空白或处于国际领先地位的关键技术，采取省部联动、配套支持、产学研合作、引进海内外人才团队方式，组织攻关。通过政府科技立项，引导企业加大科技投入，培育和发展战略性新兴产业。

四、加强高校科技创新，加大产学研合作力度，积极促进科技成果转化

高校是科技创新体系的重要组成部分，承担着知识创新和技术创新的双重重任。辽宁现有普通高等学校 87 所，其中本科学校 43 所，总数在全国排名第九位。拥有国家"211"工程院校 4 所，在全国排名第七位，"985"工程院校 2 所。现有国家重点一级学科 7 个、二级学科 24 个、重点培育二级学科 5 个。工学占辽宁各类重点学科的比重较大，总体实力较强，重点优势学科主要集中于力学、材料科学与技术、冶金工程、控制科学与工程、化学工程与技术、计算机科学与技术、机械设计、临床医学、管理科学与工程、经济学等学科。全省高校拥有两院院士 20 人、长江学者特聘教授 30 人。现有"973"首席科学家 5 人，国家自然科学基金创新群体 4 个，国家级科技平台 25 个。

（一）加强基础应用研究，提高高校整体创新能力

2010 年全省高校从事研发人员 3.04 万人，在全国位居第六位；研发经费 24.5 亿元，位居全国第十一位。"十一五"期间共获得国家科技奖励 34 项，占全省获奖总数的 59%。辽宁目前拥有国家级大学科技园 5 家（全国共有 86 家），位列北京、上海、江苏之后，全国排名第四位。从国家级科技项目、科技产出等衡量高校科技综合实力的指标看，辽宁高校整体实力在全国

排名处于全国第二集团中游，与北京、上海、浙江等第一集团尚有不小的差距。对此，应根据辽宁主导产业和重点企业的特点和需求，加强重点学科和重点实验室建设。鼓励、支持高校和科研院所根据辽宁经济社会长远发展需求，超前部署一批面向未来发展的基础研究和应用研究项目，集中攻克一批具有全局性和带动作用大的关键技术和产品，抢占科技制高点、形成科技储备和后续发展能力。

（二）探索产学研合作新途径，加强高校对产业的技术支撑

从全省技术市场交易额构成情况看，"十一五"期间，辽宁大学、院所的技术交易额占市场交易总额的30%左右，其中技术开发、技术转让类交易额又仅占市场交易份额的10%左右，其余70%为企业之间的技术交易额，说明辽宁技术市场的交易主体还是企业，高校并未成为提供技术成果的主体。为此，应进一步加强产学研结合工作协调指导力度，设立产学研合作及重大科技成果转化专项资金，支持企业与高校、科研单位建立各类创新载体，引导和支持主导产业和战略性新兴产业组建产业技术创新战略联盟，支持联盟搭建技术创新服务平台，在联盟内部构建完整的产业链条。

五、提高科技创新产出水平，促进科技创新成果本地转化

辽宁科技产出与辽宁科技投入大体适应，投入不足导致了科技产出不足。"十一五"期间，辽宁规模以上工业企业实现高新技术产业增加值从2005年的734.5亿元增至2010年的3125亿元，占GDP比重从2005年的9.2%提高到2010年的17.1%；重点攻克了600余项重大关键技术，开发出200余项重大装备和新产品；共获得国家科技奖项目58项，全国排名第七位。2010年，辽宁共申请发明专利9884项，排全国第七位；获得发明专利授权2357项，排全国第7位。

（一）促进科技成果供需对接，提升成果本地转化率

"十一五"期间，辽宁大学、院所在技术市场中有40%的技术开发、技术转让交易额流向外省；中科院沈阳分院系统、沈阳化工研究院的科技成果只有约20%在省内转化，沈阳药科大学和东北大学的本地成果转化率只有30%和25%，辽宁并不充足的科技产出，又有大部分流失到省外，一方面浪费了辽宁大量的科技投入，另一方面也直接促成科技对经济的支撑作用减弱。因此，必须采取有效措施，引导高校和科研院所科技成果在省内产业化，以大学科技园和科技孵化器为载体，促进企业和高校、科研院所的科技成果进行对接。鼓励和支持企业引进省外技术成果，对关键技术和重大装备的消化吸收和再创新给予引导性资金支持，并将产品纳入政府优先采购的范围。

（二）加大科技项目的支持力度，保证投入产出效率

辽宁专利申请量、授权量和保有量与发达省份相比都有差距。2010年辽

宁申请专利仅相当于江苏的 14.5%，发明专利申请仅相当于江苏的 20%；专利授权仅相当于江苏的 12.4%，发明专利授权仅相当于广东的 17.2%。按照投入产出的一般规律，一个原因是科技投入不足，特别是企业研发投入不足，导致研发活动开展不足，势必造成包括专利等科技成果在内的科技产出不足；另一个原因是研发效率不高，科技投入未按目标成功产出科技成果。因此，应加大科技管理的力度，监督科技经费用于研发项目及研发活动，提高研发效率，保证科技成果产出并转化为现实生产力。

六、以高新区和特色基地建设为牵引，完善科技创新基础条件

"十一五"期间，辽宁共拥有国家级科技企业孵化器（以下简称孵化器）19 家，排名全国第五位；孵化器面积 82.2 万平方米，排名第五位；在孵企业数 2300 家，排名第三位，如表 19 - 7 所示。

表 19 - 7　2009 年国家科技企业孵化器（创业服务中心）排序情况

	江苏	北京	山东	浙江	广东	辽宁	上海	四川
孵化器数量（个）	37	24	24	21	19	19	17	13
在全国位次	1	2	3	4	5	5	7	9
孵化器面积（万平方米）	179	58	140	82	105.8	82.2	35.7	100.4
在全国位次	1	9	2	6	3	5	10	4
在孵企业数（户）	3790	2044	2476	2207	2223	2300	1422	2086
在全国位次	1	7	2	5	4	3	10	6

（一）加强科技基础平台建设，积极承担国家重大科技工程专项

在已经实施和正在实施的 20 多项国家重大科学工程项目及重大科技基础设施项目中，除大多数分布在北京（8 个）、上海（3 个）外，近年还在广东、安徽、浙江、四川、贵州、湖北、甘肃等地布局实施。辽宁至今尚未承担过此类项目。应围绕主导产业和战略性新兴产业，建设一批以高水平人才为骨干、学科齐全交叉的重点实验室和其他科学研究实验基地，建设若干大型科学工程平台，加强技术工程化平台、产业化示范基地和中间试验基地建设，并以此作为承担国家重大科学工程项目的实施载体。

（二）加快高新园区和特色产业基地建设，为技术创新活动提供平台

把产业结构调整、机制体制创新、发展战略性新兴产业和科技金融结合作为二次创新的突破口。每个国家级高新区要集中发展 1～2 个战略性新兴产业，通过开展科技金融结合试点，探索科技金融结合的资本运作新路子，力争在较短时间内实现高新区经济总量倍增、产业集群效应显现、全国位次跃升，把高新区建设成为辽宁自主创新的战略高地。突出科技特色和集群特色，

加强研发中心、公共技术服务平台、孵化器建设，吸引国内外高水平的科研院所和创新团队入驻，提升基地主导产业的研发能力和水平。

七、推进创新政策的落实，构建科技中介服务体系，营造良好科技创新环境

科技政策是支撑创新能力建设的外部环境，辽宁已经在创新体系建设、财税金融支持、促进科技成果转化、加快高新技术产业发展和建立人才激励机制方面出台了一系列创新政策。省直相关部门又相继制定了 54 个具体实施细则，全省 14 个市制定了 89 个推进科技创新的政策措施，形成了比较完善的支持科技创新的政策体系。

切实落实科技创新政策，激发企业创新动力

由于缺乏协调督察机制，虽然省政府有关部门先后出台了政府采购、自主创新产品认定、企业研发经费加计扣除等主要政策的实施细则，这些政策的优惠幅度与国内科技发达省份并无两样，但执行的效果上却存在明显差异，特别是企业研发经费加计扣除政策落实情况，与发达地区有较大差距，如表 19-8 所示。

表 19-8　部分省市企业研发经费加计扣除政策落实情况比较

年度 地区	2008		2009	
	150%加计扣除后企业应纳税所得额（亿元）	享受到该政策的企业数（户）	150%加计扣除后企业应纳税所得额（亿元）	享受到该政策的企业数（户）
辽宁	14.4	79	12.7	82
江苏	75.1	3500	107	5100
广东	104	920	120	1000
上海	97	1810	120	2030

优惠政策虽然已经出台，但贯彻落实情况不尽如人意，很多企业没有受惠于鼓励研发的政策，研发经费不能 150% 抵扣，无疑制约了企业研发投入的积极性，这也是导致企业研发投入不足的重要原因。其中，既有税务部门执行不力的因素，也有企业对这项政策不了解等原因。对此，应进行一次有关科技政策的全面梳理，并由科技管理部门和税务工商部门进行广泛宣传和协调。重点做好企业研发经费抵扣、政府采购和自主创新产品认定等政策落实。

第二十章　不同所有制企业的创新比较

技术创新在经济和社会发展中扮演着核心角色，但我国目前的技术创新能力和水平还远远不能满足经济和社会快速发展的需求。因此，我国将"构建以企业为主体的创新体系，提高自主创新能力"作为一项重大战略。构建以企业为主体的创新体系，就不得不面对一个现实，即大部分行业在所有制上都形成了国有企业[①]、私营企业、外资企业并存的混合结构，甚至单一企业内部也可能多种所有权并存。因此，技术创新必然不能脱离这些国有企业、私有企业甚至外资企业。

本章首先分析工业经济中不同所有制的构成及特征，第二部分根据创新投入和创新产出指标分析不同所有制企业的创新特征，然后针对这些特征给出理论解释，最后提出提高自主创新能力的建议。

一、多种所有制并存：自主创新必须面对的现实背景

中国经济是一种典型的多种所有制并存的结构：既有国有、集体等公有制经济，也有个体、私营、外资等非公有制经济，还包括拥有国有和集体成分的合资、合作经济。本节分析工业行业中不同所有制经济的构成。

（一）国有及国有控股企业占有重要地位

2010 年全国规模以上工业行业中，国有及国有控股企业工业总产值比重为 26.6%，私营企业占 30.5%，外资及港澳台企业占 27.2%。三类企业的利润总额所占比重分别为 27.8%、28.5%、28.3%，从业人员比重分别为19.2%、34.7%、16.4%。可见，从总产值和利润总额看，国有及国有控股

---

① 我国的统计分类中，企业登记注册类型分为内资企业、港澳台商投资企业和外商投资企业三大类。内资企业包括国有企业、集体企业、股份合作企业、联营企业、有限责任公司、股份有限公司、私营公司和其他企业；港澳台商投资企业和外商投资企业分别包括合资经营企业、合作经营企业、独资经营企业和股份有限公司。国有企业，指企业全部资产归国家所有，并按《中华人民共和国企业法人登记管理条例》规定登记注册的非公司制的经济组织，不包括有限责任公司中的国有独资公司。联营企业包括国有联营企业、集体联营企业、国有与集体联营企业和其他联营企业。有限责任公司包括国有独资公司以及其他有限责任公司。

国有及国有控股企业，指国有企业加上国有控股企业。国有企业包括企业登记注册类型中的国有企业、国有独资公司和国有联营企业。国有控股企业是对混合所有制经济的企业进行的"国有控股"分类。它是指这些企业的全部资产中国有资产（股份）相对其他所有者中的任何一个所有者占资（股）最多的企业。

企业仍占有近 1/3 的份额，但吸纳的就业不足 1/5，如表 20-1 所示。

表 20-1 2010 年全国工业企业所有制结构

单位:%

类型	国有及国有控股企业比例	私营企业比例	外资及港澳台企业比例
企业数	4.5	60.3	16.4
工业总产值	26.6	30.5	27.2
资产总计	41.8	19.7	25.1
主营业务收入	27.9	29.8	27.0
利润总额	27.8	28.5	28.3
从业人员	19.2	34.7	16.4

资料来源:《中国统计年鉴（2011）》。

考察辽宁工业经济的所有制结构，可以发现：国有及国有控股企业比重下降，但仍三分天下有其一；私营经济发展迅速，占比接近四成；外资经济占比明显下降。2010 年，辽宁规模以上工业企业中，国有及国有控股企业的企业数、工业总产值、职工人数占比分别为 3.6%、31.0%、27.8%，均比 2006 年大幅下降。私营企业则发展迅速，企业数、工业总产值、职工人数比重分别达到 66.7%、39.1% 和 38.3%，比 2006 年各增加 14.4 个、18.8 个和 12.4 个百分点。港澳台投资企业工业总产值占比为 4.3%，略有增加，而企业数和职工人数有所下降。外资企业数、工业总产值、职工人数占比分别为 9.7%、14.7% 和 14.8%，与 2006 年相比均出现明显下降，如表 20-2 所示。

表 20-2 2010 年辽宁工业不同所有制结构

单位:%

企业类型	企业单位数		工业总产值		职工人数	
	2006 年	2010 年	2006 年	2010 年	2006 年	2010 年
中央企业比例	0.9	0.3	7.0	6.5	8.3	8.1
地方企业比例	5.2	1.3	4.6	2.0	7.9	4.3
私营企业比例	52.3	66.7	20.3	39.1	25.9	38.3
港澳台投资企业比例	3.8	2.5	4.0	4.3	4.2	4.0
外商投资经济比例	13.3	9.7	17.9	14.7	15.5	14.8
国有及国有控股企业	8.5	3.6	45.5	31.0	37.4	27.8

资料来源:《辽宁统计年鉴（2011）》。

辽宁工业另外一个特征是中央企业占比较高。在国有企业中，中央企业数目虽然少，2010 年仅占 0.3%，低于地方国企 1 个百分点，但工业总产值为 6.5%，高于地方国企 4.5 个百分点，职工人数占 8.1%，高于地方国企 3.8 个百分点，如表 20 - 2 所示。

（二）国有及国有控股企业拥有最多的资产，但产出与资产总量不相匹配

在全国规模以上工业行业中，国有及国有控股企业以最少的企业数量（占 4.5%）占有了最多的资产（41.8%）；外资及港澳台企业数量占 16.4%，资产占 25.1%，私营企业数占比 60.3%，但仅拥有 19.7% 的资产。参照其他指标可以发现，国有及国有控股企业拥有最多的资产，却生产了最少的产值、创造最少的利润、吸纳了远少于私营企业的就业。

以资产合计看，辽宁国有及国有控股企业的比重为 50.2%，显著高于全国平均水平，比其工业总产值比重、就业人数比重分别高出 20.2 个、22.4 个百分点。辽宁国有及国有控股企业的资产与其产出和吸纳就业的偏离程度比全国更为严重。

（三）国有及国有控股权企业规模普遍较大，而私营企业规模太小

全国工业企业中，无论按从业人数还是工业总产值，私营企业的平均规模均远小于国有性质的企业（见表 20 - 3）。以平均产值为例，私营企业的平均规模 49116.1 万元，不足国有及国有控股企业的 1/3。

表 20 - 3　全国不同类型企业的平均规模

注册类型	人员平均规模（人）	注册类型	产值平均规模（万元）
#大型企业	8303.7	#大型企业	776751.3
港澳台商投资股份有限公司	5237.9	国有独资公司	286451.2
国有独资公司	3874.6	股份有限公司	187830.9
国有及国有控股企业	2163.4	国有联营企业	184637.0
国有企业	1766.1	国有及国有控股企业	179507.7
股份有限公司	1728.0	外商投资股份有限公司	162390.5
国有联营企业	1654.5	国有企业	157301.4
外商投资股份有限公司	1642.3	港澳台商投资股份有限公司	155418.7

资料来源：《中国统计年鉴（2011）》。

辽宁不同类型的企业中，国有及国有控股企业的平均规模也是最大的（见表 20 - 4）。没有辽宁私营企业的详细数据，但从中国民营 500 强资料中可窥一斑。2011 年，辽宁仅有 11 家企业入选全国民营企业 500 强，而浙江 144 家，江苏 118 家，山东 46 家，广东 21 家，河北 20 家，四川 18 家，湖北 17 家。由此可见，辽宁民营企业整体上还很弱小。

表 20 - 4　辽宁不同类型企业的平均规模

注册类型	人员平均规模（人）	产值平均规模（万元）
总计	1476	110707
内资企业	1703	120472
港澳台地区投资企业	873	81154
外商投资企业	1008	91782
国有及国有控股企业	3508	285992

资料来源：《工业企业科技活动统计资料（2010）》。

二、不同所有制企业：谁更具创新性

本节根据大中型工业企业的创新数据，分析不同所有制企业的创新特征。

（一）国有及国有控股企业研发机构建设情况较好，这可能主要源于其规模较大

2010 年，全国大中型工业企业中有研发机构的企业占 27.6%。国有及国有控股企业该比重为 35.8%，私营企业为 26.3%，港澳台商投资企业为 22.2%，外商投资企业为 23.0%。国有及国有控股企业在研发机构建设上似乎表现更好，该类中的国有独资公司有研发机构的企业占比达 46.8%，国有企业该比重为 23.8%，国有联营企业为 13.3%。私营企业中的私营股份有限公司最高，为 35.5%。港澳台商投资企业中的港澳台地区投资股份有限公司最高，为 48.2%。外商投资企业中的外商投资股份有限公司最高，为 37.2%。在所有统计类型中，该比重最高的为股份有限公司，达到 53.2%，集体企业最低，仅为 11.2%，如表 20 - 5 所示。

表 20 - 5　全国各类企业创新投入情况

单位：%

注册类型	有研发机构企业比重	有研发活动企业比重	R&D 人员比重	R&D 经费/主营业务收入	R&D 内部支出中政府资金比重
总计	27.6	28.3	3.3	0.99	4.4
内资企业	30.2	30.2	3.7	1.08	5.2
国有企业	23.8	28.5	3.5	0.77	7.5
集体企业	11.2	11.2	1.2	1.03	1.7
股份合作企业	24.0	26.3	3.0	1.26	2.7
国有联营企业	13.3	26.7	4.6	1.40	0.6

注册类型	有研发机构企业比重	有研发活动企业比重	R&D人员比重	R&D经费/主营业务收入	R&D内部支出中政府资金比重
国有独资公司	46.8	51.4	4.5	1.62	5.6
股份有限公司	53.2	51.1	5.7	1.36	5.1
私营企业	26.3	25.1	2.2	0.69	2.9
港澳台商投资企业	22.2	23.6	2.1	0.81	2.0
外商投资企业	23.0	25.6	3.0	0.79	2.0
国有及国有控股企业	35.8	39.5	4.1	1.12	6.3

资料来源:《中国科技统计年鉴 (2011)》。

2009 年,辽宁大中型工业企业 1320 家,有研发机构的企业占 21.1%。国有及国有控股企业中有研发机构的占 40.8%,港澳台商投资企业、外商投资企业的该比重分别为 19.8%、11.8%。大型企业中有研发机构的企业比重达 51.9%,而中型企业仅有 17.7%,如表 20-6 所示。

表 20-6 辽宁各类企业创新投入情况

单位:%

注册类型	有研发机构企业比重	有研发活动企业比重	R&D人员比重	R&D经费/主营业务收入	R&D内部支出中政府资金比重
总计	21.1	23.2	3.1	1.10	6.9
内资企业	24.3	25.8	3.3	1.20	7.7
港澳台商投资企业	19.8	25.5	3.5	1.50	0.8
外商投资企业	11.8	14.5	1.6	0.50	4.3
国有及国有控股企业	40.8	32.4	4.1	1.30	8.3
大型企业	51.9	57.3	4.0	1.43	7.8
中型企业	17.7	19.4	1.8	0.56	3.4

资料来源:《工业企业科技活动统计资料 (2010)》。

从上述数据中可以看到,研发机构设立情况不仅与所有制有关,更与企业规模有关。总体上,股份有限公司中有研发机构的企业占比最高,而且在私营企业、港澳台资企业和外资企业各类型内部,也是股份有限公司最高。同时,比照企业规模数据可以发现,平均规模越大的类型,有研发机构的企业所占比重也倾向于更高,二者之间的正相关性超过了所有制与研发机构之间的相关性。这意味着国有及国有控股企业研发机构建设情况较好,可能主要是因为该类型企业规模较大，有能力建立自己的研发机构。

（二）各类企业研发投入均不足

全国大中型工业企业 R&D 人员占全部从业人员比重为 3.3%。国有及国有控股企业为 4.1%，其中国有企业为 3.5%，国有联营企业为 4.6%，国有独资公司为 4.5%。私营企业为 2.2%，港澳台地区投资企业为 2.1%，外商投资企业为 3.0%。股份有限公司最高，为 5.7%，集体企业最低，为 1.2%，如表 20 - 5 所示。

R&D 经费①占主营业务收入比重（R&D 强度），全国为 0.99%。国有及国有控股企业为 1.12%，国有企业为 0.77%，国有联营企业为 1.40%，国有独资公司为 1.62%。外商投资企业为 0.79%；港澳台投资企业为 0.81%，其中港澳台投资股份有限公司最高，为 1.82%；私营企业最低，为 0.69%。

辽宁大中型工业企业 R&D 活动人员占全部从业人数比重为 3.1%，国有及国有控股企业为 4.1%，港澳台投资企业为 3.5%，外资企业仅为 1.6%。R&D 经费占主营业务收入比重为 1.1%，仅略高于全国水平。国有及国有控股企业为 1.3%，港澳台地区资企业为 1.5%，外资企业仅为 0.5%。从研发投入看，辽宁与全国有一些差异：无论是 R&D 人员还是 R&D 经费的投入，全国都是港澳台投资企业最低，而辽宁则是外资企业最低。

可见，全国及辽宁各类企业 R&D 投入均不足，在 R&D 经费投入上表现尤其明显。国际上普遍认为，R&D 经费支出占销售收入比重达到 2.5% 时，企业方可维持生存；达到 5% 以上时，企业在市场上才具有竞争力。发达国家的比例一般是 3% ~ 5%，高新技术企业则达到 10%，有些企业甚至达到 20%，世界 500 强企业的研发经费强度一般达到 5% ~ 10%。R&D 投入上的巨大差距，自然导致创新能力、创新成果上的差异，最终表现为市场竞争力的巨大差距。

（三）国有及国有控股企业创新产出与创新投入不相称，创新效率较低

新产品销售收入占主营业务收入比重，全国总体为 16.8%，国有及国有控股企业为 18.3%，私营企业为 13.0%，港澳台投资企业为 14.3%，外商投资企业为 22.0%。总体来讲，外资企业新产品销售收入比重最高，私营企业最低。但从人均（按 R&D 人员平均）新产品销售收入来看，国有及国有控股企业为 384 万元，低于私营企业的 388 万元和外商投资企业的 700 万元，如表 20 - 7 所示。

---

① 本章计算 R&D 强度时所用 R&D 经费是指 R&D 经费内部支出与外部支出之和。

表 20-7　全国不同类型企业创新产出

注册类型	新产品收入/总收入比重（%）	新产品收入/R&D人员（万元）	百人专利申请（件）	百人发明专利申请（件）	百人有效发明专利（件）
总计	16.8	414.3	11.3	4.1	6.4
内资企业	15.5	357.1	11.0	3.9	6.4
国有企业	11.7	336.8	7.7	2.7	3.7
集体企业	21.1	1032.5	16.3	7.3	6.6
股份合作企业	15.4	372.3	9.6	3.2	3.3
国有联营企业	20.9	510.0	0.8	0.3	1.0
国有独资公司	17.9	316.6	5.8	1.9	2.5
股份有限公司	20.1	390.9	13.4	6.0	8.8
私营企业	13.0	387.8	18.1	4.1	6.0
港澳台商投资企业	14.3	351.4	13.0	3.9	6.9
外商投资企业	22.0	699.9	11.5	5.2	6.2
国有及国有控股企业	18.3	383.9	7.8	3.3	3.6

资料来源：《中国科技统计年鉴（2011）》。

每百名 R&D 人员专利申请数，国有及国有控股企业为 7.8，私营企业为 18.1，港澳台投资企业为 13.0，外商投资企业为 11.5。每百名 R&D 人员发明专利申请数，上述各类企业分别为 3.3、4.1、3.9、5.2。每百名 R&D 人员拥有有效发明专利数，各类企业分别为 3.6、6.0、6.9、6.2。国有及国有控股企业在每个指标上都是最低的。

再从各类企业创新投入与创新产出占全国的比重来看，2009 年，国有及国有控股企业 R&D 支出占中国总研发投入的 44.6%，新产品开发支出的 44.1%，技术改造支出的 69.7%。另外，国有企业还主导了对外购技术的吸收和本土化的投资，国有及国有控股企业的引进技术经费占全部引进技术经费的 51.2%，消化吸收经费占 73.7%，购买国内技术经费占 68.7%。然而，国有及国有控股企业创新的成果并不明显。例如，国有及国有控股企业专利申请数仅占全国总量的 31.3%，发明专利申请数占 35.3%，拥有有效发明专利数为 29.2%（见图 20-1）。可见，国有及国有控股企业创新投入所占的比重远大于其创新产出所占的比重。

辽宁也表现出类似的特征。辽宁大中型工业企业新产品销售收入占主营业务收入的比重为 16.1%，国有及国有控股企业为 17.6%，港澳台商投资企业为 20.3%，外商投资企业为 15.0%。人均新产品销售收入，全省为 398.3

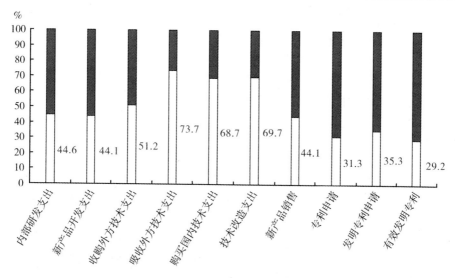

图 20 - 1　全国国有及国有控股企业创新指标

万元，而国有及国有控股企业为 362.4 万元，港澳台商投资企业为 561.2 万元，外商投资企业为 842.3 万元。每百名 R&D 人员申请专利数，国有及国有控股企业为 5.3，申请发明专利为 1.9，拥有有效发明专利为 2.1。港澳台投资企业分别为 7.7、2.9、1.5，外资企业分别为 7.5、2.5、3.4（见表 20 - 8）。很明显，几乎在各项指标上，国有及国有控股企业的创新效率都低于港澳台地区和外商投资企业。

表 20 - 8　辽宁不同类型企业创新产出

注册类型	新产品销售收入/总销售收入	新产品收入/R&D 人员数	百人专利申请	百人发明专利申请	百人有效发明专利
总计	16.1	398.3	6.4	2.4	2.7
内资企业	16.0	346.1	6.2	2.3	2.8
港澳台商投资企业	20.3	561.2	7.7	2.9	1.5
外商投资企业	15.0	842.3	7.5	2.5	3.4
国有及国有控股企业	17.6	362.4	5.3	1.9	2.0
大型企业	20.5	415.8	6.2	2.2	2.2
中型企业	8.8	344.0	7.1	3.0	4.6

资料来源：《工业企业科技活动统计资料（2010）》。

从占全省的比重看，国有及国有控股企业在创新投入上更是占有绝对主导地位，其 R&D 经费内部支出占 73.1%，新产品开发经费占 72.0%，收购外方技术经费、消化吸收经费、购买国内技术经费、技术改造经费均占 95% 左右的比重。但其创新产出所占比重则远低于投入的：新产品销售收入占比 67.4%、专利申请数占 61.3%、发明专利申请数占 58.2%、拥有有效发明专利数占 54.5%，如图 20 - 2 所示。

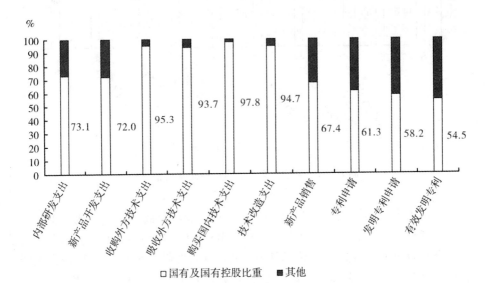

图 20 - 2 辽宁国有及国有控股企业创新指标

从以上数据可以看出，如果说国有企业在创新投入上还表现出一定优势的话（这种优势很大程度上在于其规模大），那么在创新产出上则明显不如其他类型的企业。创新产出与创新投入的不相称，反映出国有及国有企业的创新效率是比较低的。

（四）私营企业创新能力还比较低，但创新产出与创新投入地位相当

私营企业研发机构建设不健全，仅 1/5 强的企业有研发机构；R&D 人员占全部从业人员的 2.2%，R&D 经费占销售收入比重仅为 0.69%，在不同类型企业中都处于较低位置。这很大程度上是由于私营企业规模较小，以致创新投入乏力。

但是，数据表明私营企业的创新产出与其创新投入是相匹配的。全国私营企业 R&D 人员占全国的比重为 11.9%，R&D 经费内部支出占 10.3%，新产品开发经费支出占 11.6%，技术改造经费支出占 9.8%。从创新产出看，私营企业新产品销售收入占 11.1%，专利申请数占 19.1%，发明专利申请数

占 11.9%，拥有有效发明专利数占 11.1%（见图 20-3）。可见，私营企业的创新投入与创新产出的地位是相当的。①

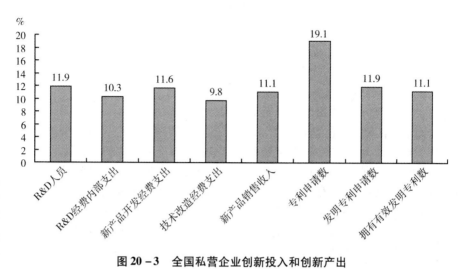

图 20-3　全国私营企业创新投入和创新产出

（五）港澳台投资及外商投资企业并不注重研发

引进外资目的之一是用市场换技术。但数据似乎表明，港澳台商投资企业和外商投资企业并不重视在东道国的创新。就全国而言，港澳台投资企业和外资企业有研发机构的企业比重分别为 22.2% 和 23.0%，均低于全国 27.6% 平均水平。R&D 人员比重分别为 2.1% 和 3.0%，低于全国 3.3% 的平均水平；R&D 强度分别为 0.81% 和 0.79%，也低于全国平均水平（见表 20-9）。相比较而言，外资企业比港澳台投资企业的创新投入更大一些。

表 20-9　港澳台投资企业和外资企业创新指标

单位:%

创新指标	全国		辽宁	
	港澳台商投资企业	外商投资企业	港澳台商投资企业	外商投资企业
有研发机构企业比重	22.2	23.0	19.8	11.8
R&D 人员占比重	2.1	3.0	3.5	1.6
R&D 经费/主营业务收入	0.81	0.79	1.5	0.5

资料来源:《中国科技统计年鉴（2011）》、《工业企业科技活动统计资料（2010）》。

---

① 没有辽宁私营企业的数据，但可以推测其结果应与全国类似，甚至私营企业创新产出的比重还高于其投入的比重。

　　辽宁的情况正好相反，港澳台投资企业表现要更好一些，虽然有研发机构企业比重为 19.8%，低于全省 21.1% 的平均水平，但 R&D 人员比重为 3.3%，R&D 强度为 1.5%，均高于全省平均水平。相反，外商投资企业在创新投入上很差，有研发机构企业比重仅 11.8%，而 R&D 人员比重为 1.6%，R&D 强度仅 0.5%，都远远低于全省平均水平（见表 20 – 9）。以上数据表明，在辽宁的外资企业可能大多都是从事低端环节的加工生产的，从创新角度而言，并未吸引到多少高质量的外资。

　　（六）政府资金偏向于国有企业

　　全国大中型工业企业 R&D 经费内部支出中的政府资金比重，全国总体为 4.4%，国有及国有控股企业为 6.3%，其中国有企业为 7.5%，国有联营企业为 0.6%，国有独资公司为 5.6%。私营企业为 2.9%，港澳台投资企业为 2.0%，外商投资企业为 2.0%。换言之，国有及国有控股企业的 R&D 经费中来自政府的资金比例最高。从政府资金在各类企业间的分配看，国有及国有控股企业得到了 66.0%，私营企业得到 6.9%，港澳台投资企业得到 4.1%，外资企业得到 7.7%。

　　就辽宁而言，总体上 R&D 经费内部支出中政府资金占 6.9%。国有及国有控股企业该比重为 8.3%，港澳台投资企业为 0.8%，外商投资企业为 4.3%。国有及国有控股企业获得全部政府资金的 88.5%，港澳台投资企业获得 0.9%，外资企业获得 4.6%。另外，无论全国还是辽宁，大型企业都获得了大部分的政府研发资金，而辽宁的大型企业得到了其中的九成，比全国水平高出三成（见表 20 – 10）。总而言之，政府对于创新的支持，过于偏重大型企业，尤其是国有及国有控股企业。数量较少的企业得到了大部分的政府资金，说明政府更多的是在锦上添花，而非雪中送炭。

表 20 – 10　R&D 经费中的政府资金

单位：%

注册类型	R&D 内部支出中政府资金比重		各类企业所得政府资金比重	
企业类型	全国	辽宁	全国	辽宁
总计	4.4	6.9	100	100
国有及国有控股企业	6.3	8.3	66.0	88.5
私营企业	2.9	—	6.9	—
港澳台商投资企业	2.0	0.8	4.1	0.9
外商投资企业	2.0	4.3	7.7	4.6
大型企业	4.1	7.8	60.6	90.1
中型企业	4.5	3.4	39.4	9.9

资料来源：《中国科技统计年鉴（2011）》、《工业企业科技活动统计资料（2010）》。

三、不同类型企业创新差异的解释

前面的分析得到两个主要结果。一是国有及国有控股企业的研发投入占了总投入的大部分。这并不是由于国有及国有控股企业的所有制性质使然，而主要是因为该类企业因历史原因而规模普遍较大，从而比其他企业更有能力投资于研发。二是国有企业创新产出与其巨大的创新投入不相称，表现出较低的创新效率。这两种现象意味着，从社会总效率的角度看，创新资源存在错误配置，导致了资源配置的无效率。本部分简单分析造成这两种结果的原因。

（一）为何规模大的企业更倾向于创新

虽然关于企业规模与创新之间的关系有很多争论，但本部分的数据分析显示大型企业创新能力特别是在创新投入上更占优势。创新具有不确定性和风险性，意味着只有资金雄厚、实力较强、对风险承担能力较强的企业才更可能进行创新。这正是大企业的优势：

首先，大型企业拥有资金优势。①创新不仅是技术问题，而是从研发到市场化的系统过程。即使小型企业有能力解决纯技术问题，也只有大型企业才有资金进行创新的市场化。②大型企业的资金和技术资源使研发可以大规模进行，成功和失败的项目可以互相弥补，从而分散了创新风险。③大型企业的生命周期更长，意味着它可以为一个研发项目的市场化等待很长时间，但小型企业只能涉足短期就有回报的项目。

其次，大型企业拥有较强的市场控制力，使其有机会进行长远规划，并有能力来获取创新的成果，因此研发投资的激励更大。

最后，大型企业具有较大的差异化特征，尤其是在产品和销售方面。这令大型企业拥有多个领域的丰富经验，从而可能在新的领域进行创新活动。同时，多样化投资的企业有更多的机会去开发大项目，由于经营范围的广泛，降低了这种投资的不确定性。

（二）为何国有及国有控股企业创新效率较低

国有及国有控股企业的创新产出与其投入不相称，表现出较低的创新效率，是由于创新收益权和创新控制权不对应造成的。

首先，创新具有不同一般生产的特殊属性：不确定性、风险性、异质性、长期性和人力资本密集性。创新的不确定性意味着，创新契约不可能明确规定要达到的目标和特征。创新的风险性意味着，创新失败概率高，创新者需要承担比生产者更大的风险。创新异质性使得不同创新项目之间难以比较，即使目的相同的创新项目之间也难以比较，这导致创新难以被监督。创新的长期性意味着，创新需要较长时间才能收获创新成果及其带来的收益，这加剧了创新的不确定和风险性。创新的人力资本密集性说明，创新主要取决于人力资本水平，而人力资本比物质资本更难以被监督。这些特征使得企业所有者在事前难以观察经营者的创新意识和创新能力、在事中难以监督创新的过程、在事后难以评价创新的效果，从而使得通常的监督机制失效。由于同样的原因，一般的激励机制也难以奏效。例如，让经营者报酬与企业绩效挂钩的机制，经营者受任期所限，又由于创新的长期性、不确定性和风险性，使得在经营者任期内，创新收益权和创新控制权无法对应，从而产生创新效率损失。

其次，国有企业的所有制特征决定了其不可能使国企经营者成为企业所有者。而且目前国企仍旧普遍缺乏股权激励等中长期激励计划。国企经营者无法合法地拥有企业所有权，导致其在职期间创新收益权和创新控制权的严重不对应，因此而产生严重的创新效率损失。事实上，国企经营者行为具有明显的短期化特征，他们所追求的往往是任职期间个人收益的最大化。

最后，我国国企经营者通常是上级政府任命，任期是短期的，这更加剧了国企经营者的短期行为。国企经营者只对上负责不对下负责，更加关注那些能满足上级官员偏好的目标，而不是追求企业的长期利益。创新的不确定性和风险性还增加了国企经营者在任职期间从事创新的成本，因为创新可能使企业经营业绩受损，进而影响到国企经营者的物质利益和政治晋升。

需要指出的是，上述因素并非只存在于国有企业当中，而是所有企业都面临的问题，私营企业也不例外。只不过国有企业因其特殊的所有制特征，使得所有者与经营者的分离更加严重，创新收益权与创新控制权更加不对应，从而导致了国有企业创新效率不如私营企业。

四、提高辽宁自主创新能力的对策

私营企业自筹资金、自由组合、自主经营、自负盈亏，因此具有很强的组织活力。而且私企产权清晰，有强大的发展动力和顽强的生命力。同时，国有企业先天性地控制了很多市场，而且掌握着巨额存量资产，有大批训练有素的产业工人，在很多领域积累了大量技术知识。政府要从消极、被动地保护国企转向鼓励竞争与政策支持相结合，推动国有企业和民营企业的通力合作。

（一）设立创新目标，使研发投入不低于东部地区平均水平

提高创新能力、走创新驱动内生增长的道路，应该是辽宁老工业基地全面振兴的重要的内涵和标志。因此，辽宁必须把创新作为硬性指标纳入振兴成绩考核体系中来。2010 年，辽宁 R&D 经费内部支出占地区生产总值的比重为 1.56%，不但低于全国 1.76% 的水平，更低于东部地区 1.99% 的水平。辽宁应该在现有的"不低于"目标的基础上，增加一个"不低于"：研发投入（R&D 经费内部支出占地区生产总值的比重）不低于东部地区平均水平。

（二）进一步深化国有企业体制改革，改善存量，提高创新效率

完善国企薪酬激励体系。在现代混合所有制企业中，虽然通常的监督机制和激励机制不能解决经营者的创新激励问题，但企业可以通过多种途径让经营者同时是企业所有者，其中一个有效方式是对经营者实施股权激励等中长期激励计划。因此，进一步深化国企改革，应当建设包括股票、股权、限制性股票股权、延期奖金机制等中长期激励手段在内的多元化薪酬体系。

完善公司治理结构。有研究证明，证券投资基金、QFII（合格的境外机构投资者）、保险资金等机构投资者持股能促进企业创新，因此应当引入外部股东和提高机构投资者持股比例，以完善国企的治理结构。

改革国企高管聘任制度。对国企而言，由于其经营目标多元化，经理人市场具有非竞争性，在公司治理中，非经济因素影响很大，机构投资者话语权有限，其创新效应难以有效发挥。因此，为了有效推进国企自主创新，国企要加快高管的聘任制度改革，弱化非经济因素在高管任命中的作用，加快竞争性国企经理人市场的建设。

（三）大力支持私营企业，壮大规模，鼓励上市

私企以营利为目标，经理人市场有较强的竞争性，持股较高的机构股东在公司治理中有较高的话语权，对成功的创新有共同的利益追求，整体而言对企业的自主创新有积极作用，因此要积极发展私营企业和鼓励私营企业上市。

政府创新资金要向私营中小企业倾斜。对于国有企业而言，已经具有较大规模，资金实力较强，融资渠道广泛，政府资金对于它们的研发起不到实质作用。但对于规模较小的企业而言，政府资金支持可能会起到关键作用。

（四）合理引进外资，注重外资的创新带动作用

严格选择外资，在引进外资时要更加注重其对地方创新的促进作用。特别鼓励和吸引外资企业把更高技术水平、更高附加值的研发创新、服务外包等活动转移到辽宁。吸引外资企业来辽宁建立研发中心。

鼓励本地企业、研究机构与外资企业进行合作。鼓励外资企业通过组建合资企业、合作生产、联合制造等方式向辽宁转移先进技术，促进外资企业与本地企业的技术交流。鼓励外资企业与本地科研机构、高等院校在科研和技术开发方面开展合作。

吸引外资企业来辽宁参加或举办商展、研讨、培训等活动，展示推介新产品、新技术、新工艺，拓宽信息外溢的渠道。

建立外资企业技术辐射效果的评价体系。研究设立技术辐射的指标，如雇用本地研发人员比例、在本地首次注册专利比例等。通过评选技术辐射优秀外资企业，引导外资企业重视发挥其对本地自主创新的积极作用。

（五）完善国企和民企之间分工协作

鼓励国有大型、特大型企业剥离非核心产品，集中精力搞核心产品的开

发与生产，把数量众多的零部件放开，通过竞争方式留给民营企业分散生产，最后由控制核心部件的企业统一组装，使国企、民企通过企业之间分工协作得到协同发展。

（六）鼓励国企与民企采用多种形式进行合作创新

国企和民企各具优势，应该加强在创新方面的合作。一是纵向合作，即同一条产业链上的各个环节的国企与民企合作，共同应对本产业链上的薄弱环节，争取自主创新的突破。二是横向合作，即同一个行业中有代表性的国企与民企共同合作，共同解决本行业中的重大技术问题和发展中的"瓶颈"问题。三是合资建立子公司，双方出资、出人建立子公司，把国企和民企的优势都吸收进来，从事研究、开发和推广。

第二十一章　加强引进技术的消化吸收再创新

第一节　技术引进消化及再创新系统论分析

技术引进消化再创新是一个系统工程，包含诸多子系统，从企业内部的角度看，按照时间顺序可以划分为引进前技术积累研究、技术引进、技术消化和再创新四个子过程。从开放系统看，政府的对技术引进和消化再创新研究的技术政策和财税政策、国际技术贸易环境、区域技术创新的社会氛围等因素则构成该系统的环境。技术引进后的消化再创新效果如何，将深受该系统中各子系统的状况以及系统环境的影响。因此，研究了解技术引进消化及再创新系统的内部构成、各子系统之间的关联、系统与周围环节的关系是极其必要的。本章主要从企业内部的角度对引进前技术积累研究、技术引进、技术消化和再创新的相互制约关系进行规范分析。

一、技术引进各过程技术能力提升的系统论分析

技术引进方和技术输出方存在的技术积累差距，使技术受让方对该技术知识知之甚少，导致消化吸收困难，甚至不能实现消化目的，如图 21 - 1 所示，"输出方技术轨迹"和"引进方原来的技术发展轨迹"两条曲线之间为技术差距。从引进消化再创新系统来看，缩小技术差距的方式有前期研究、技术引进、技术消化和技术再创新四个环节，这四个环节缺一不可，特别是受让方进行引进前期技术研究（以下简称前期研究），其目的是增加技术积累，提升技术能力，为后续的三个环节奠定所必需的技术基础。

前期研究过程。技术进步的特征是技术的连续性发展，即一项新技术或更高级的技术的产生必须建立在上一代技术的基础之上，而且只有技术供需双方的技术差距适宜时，受让方才能理解消化技术，因此，受让方在技术引进前进行较充分的技术积累研究，尽可能收集相关技术资料情报，还要有选择地深入研究有关的关键技术，使受让方的技术能力上一个台阶，缩小与输出方之间的技术差距，一方面有利于科学地选择技术，另一方面随着双方技术差距的缩小，有利于受让方实现技术消化。一些具备较强研发实力的企业

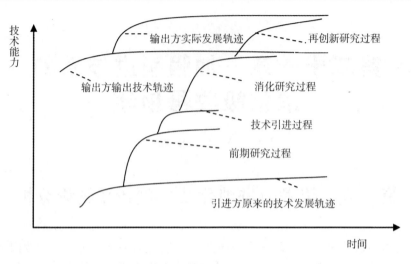

图 21 – 1　技术引进消化再创新系统各过程的相互制约关系

技术引进后，经过努力实现了技术消化，其技术积累是持续的、长期的。还有一些企业与科研机构合作进行技术积累和消化研究，同样取得了非常好的效果。因此，通过前期研究，缩小技术受让方与输出方之间的技术差距，对受让方实现消化和再创新是非常重要的基础性工作。

前期技术研究对技术引进中合理选择技术及消化技术的影响是非常明显的。沈阳重工集团在引进盾构机前两年，即从 2003 年开始，就组织专门的研发队伍涉足该领域，先后与德国维尔特、日本石川岛等国外公司进行接触和洽谈。2004 年 9 月，沈阳重工集团成立了全断面掘进机项目特邀院士工作站，开始了隧道掘进机的国产化开发研制工作，为尽快掌握全断面掘进机技术，集团分批派出 100 多人次的工程技术人员赴德国 Wirth 和法国 NFM 公司进行技术学习和培训。同时，又选派 11 名科技人员参加了由中国矿业大学举办的以隧道掘进机为研究方向的岩土工程力学硕士学位研究生班。2005 年以来，在国家发展重大技术装备政策和产业政策的支持下，沈阳重工集团采取以自己为投标主体、维尔特控股集团法国 NFM 技术公司和日本石川岛公司为技术支持方的合作研发方式，共同研发设计制造全系列盾构机。到目前为止，成为国内盾构机行业唯一在国内外工程中标的企业，前期技术积累研究为北方重工消化全断面掘进机技术奠定了坚实基础。

技术引进过程。这个过程包括选择技术引进载体和引进方式，技术的载体被归纳为人才智力、技术资料和机器设备，技术引进实践通常是以三种载体混合引进的形式进行的，只不过引进各种载体的侧重有所不同。根据三种载体引进的不同侧重和组合，构成了下列几种技术转移模式。

（1）以引进人才为主的引智模式。人才可以看作技术的主要载体，特别是研发人才，既掌握原理技术，也掌握方法技术和使用技术，因此，相对其他引进模式，人才智力引进被认为是最佳的技术引进模式。同时，这种模式的引进成本较低，形成技术知识的直接传播，有利于技术的消化吸收并具有减小技术引进消化的系统风险等优势。伴随着世界各国对技术高端人才的争夺，人才引进的条件也一直较为苛刻，发达国家的企业通常以丰厚的薪金及良好的发展环境，挽留和引进了大批优秀人才。这种模式实施得较为成功的是美国，美国在第二次世界大战后利用胜利国地位，从世界各地引进了很多技术移民，在很大程度上推动了美国的技术进步。我国近年来开始注重引进国外人才，一种渠道是引进发达国家的退休技术专家；另一种渠道是收购国外的研发机构，利用机构中的国外专家，直接从事技术研发及指导工作。

（2）以技术信息为主的软件模式。通常是引进图纸、工艺和操作说明等技术资料，因此，这种模式涵盖了引进使用技术和方法技术，但一般不包括原理技术。受让方通常可以借助图纸工艺已迅速地实施产品战略，而通过"反求工程"的消化研究方式，在对零部件相互之间的工作、运行等关系的研究中，探索出原理技术，大幅度提升了技术能力，20 世纪 60 年代到 80 年代，日本和韩国普遍采用了这种模式。但由于这种模式所转移的技术含量较高，往往会受到技术输出国和技术输出方的制约，首先是技术输出国政府通常限制输出前沿技术的图纸和工艺，其次是技术输出方也出于技术扩散的考虑，不愿意以这种方式输出自己的前沿技术。

近年来出现了从第三方技术源引进的模式，即技术输出方通常是国外独立、专业的研发机构，这些机构本身不参与产品的生产和竞争，对技术扩散的顾虑较少，转移的方式以合作研发比较常见。但这类机构的技术领域比较有限，多数领域的技术还是掌握在企业中，考虑到产品竞争，持有技术的企业一般不愿意和受让方合作研发。

（3）以设备为主的硬件模式。这种模式包含的技术通常只有使用技术，适用于在工业化初期迅速建立国民经济工业化基础的技术落后国家。这种模式下，转移的技术含量低，使受让方往往形成对输出方的技术依赖，并与技术输出方形成一定的技术差距，路径依赖导致技术创新能力提升缓慢，其经济只能是跟进式发展。这种引进模式主要发生在 20 世纪 60 年代的苏联，我国改革开放初期也按照这种模式进行了大规模的技术引进。实践证明，引进技术后，多数技术很快落后，消化吸收困难，对我国企业技术能力的提高作用极为有限。

（4）以吸收外商直接投资的引资模式。外商直接投资是技术领先企业最喜欢的技术输出模式，技术输出方的研发机构通常保留在本国，只是将图纸工艺等方法技术导入设在发展中国家的合资或独资企业中，并尽可能地将这些方法技术掌握在本国技术人员手中，而其原理技术仍然掌握控制在本国的研发机构中，这种技术转移又被称为垂直转移，是跨国公司在世界各地子公司内部的技术流动。而技术受让国则希望以技术溢出的方式获取技术，但从这几年我国外商直接投资转移技术的效果看，核心技术的扩散效果极为有限，而我国企业的市场份额却不断被侵蚀和剥夺，出让了市场而没有换取到技术。

就目前国际技术引进的实践看，技术引进多采用了上述模式的混合形式，只不过是在不同的时期，各国采用这几种模式的侧重点有所不同，技术能力较弱的欠发达国家多采用硬件为主的模式。具备一定技术能力的发展中国家，为了实现技术消化和技术再创新，多采用了引进技术资料的软件模式和引进人才的引智模式。

技术资料的形成过程伴随着完整的研发设计过程，一般经过概念设计、详细设计和生产设计三个阶段。第一阶段是概念设计（或称总体设计），确定产品最佳总体设计方案、主要技术性能参数、工作原理、系统和主体结构等。主要包括简略勾勒出产品基本外形、轮廓尺寸及主要部件的布局位置，并叙述主要部件的结构；并简略勾画出产品的原理图、系统图及说明书。第二阶段为详细设计，是在已通过概念设计（批准技术任务书）的基础上，完成产品的主要计算和主要零部件的设计，包括试验研究（新原理结构、材料元件工艺的功能或模具试验）报告、产品设计计算书、产品总体尺寸图、产品主要零部件图、系统原理图（如传动、电气等系统）等。第三阶段为生产设计，完成产品零件图、部件装配图和总装配图的绘制和生产工艺制定。

技术资料包括详细设计阶段和生产设计阶段的全部图纸和工艺，是上述研发设计过程形成的最终技术文件，因此，研究分析引进的图纸工艺，不仅可以研究分析设计者在详细设计阶段、生产设计阶段的思路和方法，还可以以此为依据，进一步反求其设计原理和设计方案，从而实现技术消化的目的，为再创新奠定技术基础。在这方面，辽宁企业有很多成功的实践。沈阳鼓风机集团就是完全依靠引进图纸工艺实现了技术追赶和技术跨越，1976 年，该公司从意大利斯比隆公司引进的三卡车技术资料，这些资料包括 MCL、BCL、PCL 三个系列离心压缩机的图纸工艺，该厂用了 8 年时间翻译消化这些技术资料，获得了很多设计知识和制造技术，从而奠定了沈阳鼓风机集团的技术积累及技术基础。此后，先后引进了丹麦诺文科公司的电站轴流风机制造技术、德国德马格公司的离心压缩机制造技术和日本川崎重工株式会社的 GM型系列离心鼓风机制造技术，从而实现了技术超越，使鼓风机、压缩机的设计制造水平进入世界前五名的行列，目前的竞争对手只有美国、德国和日本的四家企业。沈阳鼓风机集团的每一次技术引进都采用了引进图纸工艺的模式，为后期的技术消化提供了便利和可能。此外，辽宁的大连重工集团采用引进外国专家的方式，解决了大型船用曲轴的设计和生产技术问题。沈阳机床集团收购了具备很强技术能力的德国希斯公司，获得了希斯公司 17 个产品的全套技术以及数百名高端研发人才。

一般情况下，引进方技术能力不会在技术引进环节中得到明显提升。在技术引进实践中，购买设备及其使用技术是最常见的，购买处于成熟期或衰退期产品的图纸工艺等方法技术也比较容易，购买新产品的图纸工艺则比较困难，而原理技术基本不可能通过贸易方式引进。在引进过程中，通常技术输出方负责提供使用说明书、操作技术培训等服务，引进方在引进过程中仅能实现使用技术的消化，而方法技术和原理技术则需要在消化过程中经过深度地技术研究才能获得，与方法技术和原理技术相比，使用技术较低的技术含量，只能使引进方的技术能力得到较小幅度的提升，如图 21－2 所示中的技术引进过程曲线。

在引进环节中，对受让方来说，最大的制约是来自技术输出方的技术输出战略制约。技术作为高级生产要素，投入生产过程中不仅带来产品竞争力的提升，同时带来利润的增长，这是技术引进者追求技术引进的出发点。那么对于技术输出者来说，把自己拥有的核心技术或知识产权转让给他人，势必等于培育了竞争对手，丧失了自己基于核心技术上的竞争优势。因此，技术输出者面对技术转让费财富的诱惑时，既要得到技术转让的利润，又要避免合作者得到技术后对自己构成竞争威胁，这是每一个技术输出者必须考虑的问题。

按照弗农的产品生命周期理论，技术输出方是一般不会在开始本代技术和产品上市初期输出技术的，它通常会在技术成熟期后阶段或技术衰落阶段输出技术，以收回研发成本并获取一定利润。但下一代技术的研发早已经开始进行，一般在新技术即将成熟时，才开始输出技术，如图 21－2 所示的引进时点 A，一些技术垄断实力很强的企业，甚至将技术输出选择在新技术已经非常成熟的时候，如图 21－2 中的 B 点，在原技术输出后，输出者开始使用新技术。

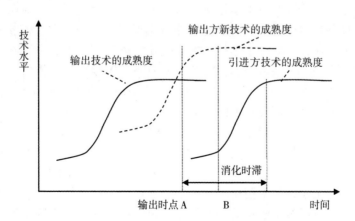

图 21－2 技术输出受让双方的技术水平发展变化

　　由于技术信息的不对称因素影响，技术引进方通常只能在产品市场发现技术，发现和引进的是技术输出方处于成熟期的技术，即图中输出技术成熟度曲线，而不了解新技术信息（图21－2中的输出方新技术的成熟度曲线）这是造成技术引进方落入"引进—落后—再引进—再落后"的外部原因。从经济学角度看，技术输出方企业不会把最新的技术转让给潜在的竞争对手，让对手用自己研发的技术与自己竞争，只有当企业的新技术完全成熟并时机合适时，才会让这个旧技术完成最后的使命——通过转让获取最后的利润，然后启用新技术，继续维持技术优势。

　　尽管技术经过一段时间总会由发达国家转向发展中国家，但转移的时间却受多方面因素的制约，发达国家力图将这一技术扩散规律的效用降至最低，以维持其技术垄断地位。因此，为了避免"追赶陷阱"的约束，引进方应研究技术转移规律，优化自己的引进策略，从引进过程看，从第三方引进技术，或与第三方合作研发，有利于获得最先进的技术，也能在合作中实现学习和消化目的；直接引进国外专家为我所用，将带来使用技术、方法技术或原理技术，且引进成本较低。从消化过程看，需要把技术引进作为自己消化的手段，通过引进技术资料和图纸，破译技术领先者的技术研发思路，提升自己的研发创新能力，追赶技术领先者的步伐。引进技术不能解决技术赶超问题，赶超战略只有通过技术消化后的再创新研究过程才能实现。

　　消化研究过程。引进方在技术引进后，通过对技术的学习、理解、整理和归纳，通常会形成一些规律性的知识，特别是通过"反求工程"，将物化技术知识转化为显性知识，再将显性知识内生化为引进方个人和组织的知识技能，技术消化给引进方带来了技术能力的跃升，其跃升幅度与引进方的前期技术积累深度和技术引进模式正相关，技术积累越多、引进的技术越软化，则引进方的技术能力跃升幅度越大。从图21－2中明确地看出，消化后技术能力形成于前期研究和技术引进两个过程的基础之上，因此，前期研究的技术积累程度和技术引进模式对引进后能否实现消化影响很大。一般来说，尽可能强化前期研究，有利于选择技术和优化引进模式，有利于提高技术能力（在这里体现为提高了技术消化能力），对具备一定程度技术积累的受让方来说，所引进的技术这时就像一层薄纸，一捅即破。我国某发动机生产企业，具有多年开发设计生产发动机的历史，在我国引进了国外整机而没有引进其发动机的背景下，在对该发动机进行大修时，通过对该发动机的分解研究，很快掌握了该发动机的核心技术，使自己的技术能力得到关键性的跃升，已经能够研发设计该水平的产品，其成功因素主要是前期技术积累积淀的结果。

　　对引进方来说，技术消化后其技术能力提升一般仅能到达输出方所转让的技术水平，按照技术转移的一般规律，技术输出方出于维持竞争优势的需要，只有在自己的下一代技术获得突破的时候，才会输出这项技术，这样，引进方和输出方又产生了新的技术差距，技术的输出与引进永远在这样的循环中进行，因此，引进方要缩小这些新的技术差距，必须在充分消化技术、形成技术积累并提升技术能力的基础上，依靠再创新过程来实现。

再创新过程。实际上是技术消化后的自主研发过程，技术引进者通过技术消化，总结出技术输出方的技术发展路线和流程，结合本国实际，利用输出方技术发展路径和流程，进行下一步的自主研发，最终基本上达到或接近技术输出方新一代技术水平，从而形成受让方独立的技术发展路径（如图21－2所示中的再创新过程）。从哲学的角度看，摆脱对技术输出方的技术路径依赖，是一个彻底的扬弃过程，在这过程中，既要学习掌握输出方的技术构思及发展路径，也要结合自己的技术积累和其他技术信息，探索适合于自己的技术发展路径，因此，从再创新的角度看，前期的技术积累与引进技术的"中西合璧"，对形成自己的技术发展路径又起到促进作用。因此，前期研究形成的技术积累作用于后续的引进、消化和再创新等所有过程，并起决定性作用。

在理论上，国内学者的研究对象主要集中于技术引进、消化和再创新各过程，没有把引进前研究视为系统的重要环节。在实践中，大多数企业都忽视了前期研究过程。企业通常的做法是，在市场及其他渠道发现技术信息后，不管自己是否具备该技术的技术积累，也顾及不到引进前技术研究，在利益驱使下，匆匆实施技术引进，为了能尽快投入生产，大量引进国外生产设备，导致阴性技术无法消化，技术能力没有实质性提高，产品水平和质量得不到保证，投入的引进经费难以收回，反而给企业增加了财务负担。因此，引进消化再创新系统的第一个事关成败的因素是前期研究中的技术积累程度。从上述关系模型可以看出，前期研究是整个系统的基础，决定着系统中引进、消化和再创新的绩效。实际上，前期积累研究相当于搭建了包括知识积累和人才积累的技术引进消化再创新运作平台，有了知识和人才，才有能力进行消化研究和再创新研究。从系统论的角度看，应该将各个过程的作用定位为：前期研究是基础、引进是手段、消化是过程、再创新才是目的，系统内容及目标主线贯穿着技术能力的提升。

二、技术引进过程资金投入优化的系统论分析

前面研究了引进消化再创新系统的各子过程制约关系及优化对策，本节将进一步研究系统中各子过程经费投入的优化对策。在本部分讨论中，为使研究分析更为准确，本部分内容所说的技术定义为软技术，引进技术经费也是引进软技术（剔除设备经费）经费部分，并且是通过技术贸易形式购买的技术，包括技术图纸工艺等技术许可证方式。

技术引进消化再创新四个子过程中，除技术引进外，其余三个过程都是

自主研发性质的活动，从这个角度看，引进消化再创新系统包含着内生技术发展和外来技术嵌入，引进技术仅仅是手段，获取技术需要在消化研究过程中完成，因此，从技术获取的角度看，消化过程比引进过程更为重要。一般来说，企业技术引进前的技术积累程度有两种情况，一种是购买的技术是受让方长期研究并应用的技术，这种情况下，受让方的研发机构通常持续地跟踪研究国际上前沿技术发展，其技术积累过程是持续的，不同的企业其技术进步的程度有所不同；另一种是企业从扩张型发展战略角度出发，以引进技术方式介入一个新的行业领域，这时，受让方的技术积累很少，在实施引进之前，对引进技术进行充分的了解和研究是十分必要的，前期研究深度直接影响技术的选择和引进后的消化，前期研究越充分，技术能力就越强，就容易识别技术并选择最合理的技术，技术消化起来越容易，消化成本也会越低；但如果前期研究进行过深，又会引起研发周期和研发经费的不经济，不能发挥技术引进的优势。因此，从这两个极端的角度看，推测会有一个前期研究深度的合理点，使得引进消化总成本最低。近年来，国内有的学者提出了前期研究、引进过程和消化过程的合理投入比例的经验推测值是 1∶1∶3，本部分将在这里以研究深度为自变量，研究前期研究投入、引进成本、消化成本随研究深度变化而改变的规律，并对上述过程的经费投入优化规律进行尝试性研究。

自主研发过程要经过技术信息收集、实验室研究、中试研究和产业化研究等几个阶段，而资金需求则按顺序呈几何级数增加。前期技术研究（技术积累研究）主要指前两个阶段。在技术信息收集阶段，主要是投入人力资本进行技术信息收集，成本增加比较平缓；实验性研究要投入部分人力和实验设备和材料，成本增加速度加快；到了中试研究阶段和产业化研究阶段，要大量投入人力和实验试验设备及材料，研发成本通常为实验室研究的 10 倍和 100 倍。因此，前期技术研究的投入成本随研究深度的关系曲线呈现图 21 - 3 的特征。如果前期研究持续到最终获得技术，就转化为完全自主研发形式。在成本加速上升之前，为缩短技术研发周期和节省成本，实施技术引进是合理的，如图 21 - 3 所示的前期研究投入曲线。一般情况下，引进前的技术研究内容主要是技术信息收集和少量实验室研究，特别是对于具备研发机构的企业，此前长期研发活动形成的技术积累，使企业形成了一定的技术能力。因此，前期技术研究阶段，其边际投入随前期研究深度的增加而缓慢增加。

引进技术成本通常来说是由贸易合同决定的，首先，按技术转移理论，技术的价值会随着技术转移双方的技术差距变化，技术差距越小，其技术的价值也会减低；其次，随着前期研究深化，有些技术会被引进者逐渐掌握，引进技术的数量规模也会逐渐减少；最后，引进方的技术积累缩小了技术转移双方的技术差距，有利于引进方在技术转移博弈中由被动向主动地位转化，

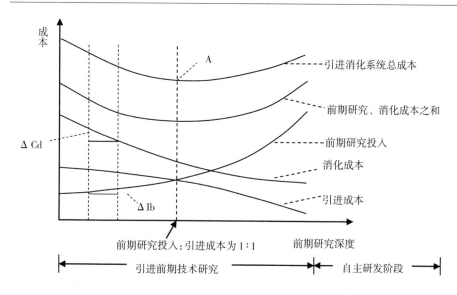

图 21 - 3　技术引进消化再创新系统的资金投入和成本关系

上述三因素共同作用，导致引进经费会随着前期研究开展程度提高而降低，如图 21 - 3 所示技术引进经费曲线。

随着前期研究深度和前期研究投入的不断增加，对技术掌握的程度也增加，那么消化研究的内容减少了，必然降低了消化成本，仅从这个角度看，前期研究增加的投入会在消化研究成本得到投入的相应数量的减少。另外，前期研究形成的知识积累和人才积累给后期的消化研究提供了精确的研究路径，避免了消化研究的盲目性，节约了消化成本；同时，前期研究后总结出的技术重点难点问题，受让方会利用技术交流的机会加以学习和消化，也会进一步节约消化成本。在这些因素的共同作用下，增加一个单位的前期研究投入，会在消化研究中节省多于一个单位的成本，如图 21 - 3 所示，ΔCd 大于 ΔIb，因此，边际消化成本是下降的，下降速率会比前期研究投入的上升速率要快，呈现加速递减状态，如图 21 - 3 所示的消化过程成本曲线。

如果用字母表示：

Ib——前期研究投入（Invest befor Introduction）。

Ci——引进成本（Cost of Introduction）。

Cd——消化成本（Cost of Digest）。

TCd——前期研究、消化成本之和（Total Cost of Digest）。

TCid——引进消化系统总成本（Total Cost of Introduction and Digest）。

则数量关系：TCd = Ib + Cd。

TCid = Ib + Cd + Ci。

根据上述分析，企业科学地开展前期研究，会同时降低引进费用和消化成本，按上述公式关系，将上述三条曲线叠加，我们会得到下凹的引进消化系统总成本曲线。也就是说，可能存在一个前期研究与引进费用的比例关系，会使引进消化系统总成本最低，如图 21 - 3 中 A 点，当前期研究深度小于 A 点，随研究深度的增加，前期研究投入需求平缓增加，引进成本平缓减少，消化成本的减少 ΔCd 大于前期研究投入的增加 ΔIb，形成了如图 21 - 3 的递减的引进消化系统总成本曲线；而在 A 点右边，随着前期研究进入中试研究及产业化研究阶段，需要投入设备和实验经费呈几何级数增长，边际前期投入快速增加，又形成了递增的引进消化系统总成本曲线。

国内有学者提出了"前期研究投入与技术引进成本比值约为 1∶1 时，其消化效果最好"的结论，这个 1∶1 的比值可能接近引进消化系统成本的最小值点。当然，1∶1 的估计值还是个估计经验值，其精确经验值还需要在大量统计企业的经验数据基础上才能总结出来。这个精确经验值与引进技术的复杂程度有关，技术越复杂，集成化程度越高，前期投入需要得越多，其精确经验值越大。根据我们对调研的 61 家企业的统计结果，有十余家长期从事研发设计制造并具备较强技术研发能力的企业，其前期研究是长期性的，前期研究投入也是持续的，其技术引进项目的前期研究投入通常是引进经费的 0.7 ~ 1.2 倍，虽然与所引进技术有 10 ~ 20 年的技术差距，但这些企业都能在较短的时间内，以较低的成本实现技术消化。而另外 51 家企业，前期技术研究投入不足，其前期研发投入为引进经费的 0.1 ~ 0.5 倍，导致消化能力不足或高额消化成本。调研数据支持了上述模型的数据关系，初步验证了对大多数项目来说，前期研究和技术引进的投入比例约为 1∶1 时，其消化吸收效果较好的判断。

需要特别说明的是，上述所讨论的技术引进是指常规状态下，通过技术购买方式进行的技术转移，本部分的结论不适用于聘用外国专家和合作研发等方式。因为聘用外国专家属于非贸易渠道，引进经费不能精确测定，通常是"零经费"，专家的工资不能认为是引进经费，因为工资不能代表技术的价值，只代表智力的价值，况且这种获得技术的方式常常有悖于知识产权保护。合作研发通常可以边研发、边消化，在这种方式下，前期技术研究投入即使少一些，但由于知识转移障碍很小，并且转移界面通畅，也可以实现技术消化，也不是常规技术的买卖关系。

第二节　辽宁省技术引进绩效的实证分析

本部分的评价依据为统计年鉴数据和问卷调查数据，统计数据出自历年《中国科技统计年鉴》，统计口径为大中型工业企业。以辽宁"十五"期间的数据为例，大中型工业企业占到全部工业企业的比例最低为 90.83%，最高为 98.72%，平均为 95.18%，消化吸收经费中，大中型工业企业占到全部工业企业比例最低为 85.29，最高为 92.18%，平均为 86.37%，因此，对引进消化经费来说，大中型工业企业的数据对全省工业具有较强的代表性，如表 21-1 所示。

表 21-1　"十五"期间辽宁全部工业企业与大中型工业企业技术引进情况对比

单位：万元

年份	大中型工业企业经费		全部工业企业经费		(大中型/全部)工业企业的比重(%)	
	技术引进	消化吸收	技术引进	消化吸收	技术引进	消化吸收
2001	83101	1642	91488	1905	90.83	86.19
2002	172515	2687	180193	3013	95.73	89.18
2003	167341	2469	178421	2660	93.78	92.81
2004	210967	10182	219403	11931	96.15	85.34
2005	92632	8344	93833	9782	98.72	85.29
合计	726556	25324	763338	29381	95.18	86.37

注：全部工业企业数据来自历年《辽宁科技统计年鉴》。

本部分实证研究的范围为"九五"和"十五"时期辽宁省大中型企业的技术引进绩效，选择这个范围一方面是由于样本处于我们调研能力的范围内，可以在省级层面上尽可能地收集数据；另一方面，以省级区域为单位，还可以与其他省进行横向比较研究。信息采集形式为问卷调查和企业实地调研，调研时间为 2007 年 3~7 月，内容主要是技术引进消化再创新现状及制约因素，问卷调查范围为全省 14 个城市的 61 家企业，实地调研范围为沈阳、大连、鞍山、抚顺等 8 个城市的 40 家企业，问卷调查得到了各市政府科技管理部门协助，问卷答案和实地调研结果均具备较高的可靠性。

一、辽宁省"九五"和"十五"时期技术引进绩效评价

(一) 引进前技术积累研究

技术积累既包括文本化知识的积累，也包括储存于技术人员大脑中经验类非文本化知识，因此，技术积累必然包括知识积累和人才积累。

1. 前期知识积累研究

问卷调查了 61 家企业的 125 个引进项目，由于这些项目引进的内容不同，有可操作性技术和方法性技术，其技术含量也有较大差别，在方法性技术中，也有单一技术和集成技术之分，这些技术的复杂程度不同，消化吸收难度也有很大差异，要求的前期经费投入也不同。简单的、单一性技术，要

求的前期投入较少，而复杂的集成技术所要求的前期投入经费较多，因此，我们采用相对量指标衡量，即引进前技术积累研究投入经费/引进技术经费，定义为项目前期研究投入强度，将获得方法性技术定义为技术消化的标准。按照这个定义和标准，61 家企业的 125 个引进项目中，引进前没有开展技术积累研究（前期研究投入强度 =0）的项目为 19 个，占 15.2%，这类项目基本没有实现技术消化；研究程度较浅（前期研究投入强度 <30%）的项目为81 个，占 64.8%，其中，仅有 6 个项目获得了方法技术；研究程度较深（前期研究投入强度 >60%）的项目为 25 个，约占 20%，有 23 个项目获得了方法技术，未获得方法技术的两个项目是由于引进设备造成的，其中的 9 个项目获得了原理技术，如表 21 - 2 所示。

表 21 - 2　125 个引进项目的调查问卷结果汇总

前期积累程度	基本未开展 19 个 (15.2%)	研究程度浅 81 个 (64.8%)	研究程度深 25 个 (20%)	
消化情况	全部未获得方法技术	6 个获得方法技术 6 个基本消化，占 7.4%	23 个获得方法技术，占 92% 9 个获得原理技术，占 36%	
各前期积累程度对消化效果影响	全部未实现消化	7.4% 基本消化	92% 基本消化 36% 完全消化	
整体消化效果	81.6% 未实现消化		18.4% 实现消化	
再创新情况	未实现再创新		8 个实现再创新	
整体在创新效果	6.4% 实现了再创新			
技术引进方式	技术购买 33 个	合资 16 个 样机引进 28 个	技术合作 32 个	收购企业 4 个 引进专家 12 个
消化吸收方式	委托校所 20 个，占 16%	企业与校所合作 42 个，占 33.6%	企业间合作 10 个，占 8%	企业独立 53 个，占 42.4%

2. 人才积累及研发平台

技术引进消化再创新活动，从经济角度看，是企业改进产品的经营活动；从技术角度看，是具备系统工程学特征的研发活动，研发活动的基本要求是具备研发平台，也就是我们常说的企业研发机构，其基本要素是研发人员和研发设备，研发机构是企业从事技术研究的基础。

研发机构情况。2000 年，在辽宁 857 家大中型工业企业中，有技术开发机构的企业为 236 家，占总数的 27.5%，有技术开发活动的企业为 383 家，占总数的 44.7％；2005 年，在辽宁 1013 家大中型企业中，有技术开发机构的企业为 176 家，占总数的 17.4％，有技术开发活动的仅为 301 家，占总数的 29.7％，不具备研发机构的企业从 2000 年占 72.5％ 上升到 2005 年的 82.6％。这中间还包括一些虽然有名义上的研发机构，但实际上不能进行较高层次（如技术消化吸收研究）的研究开发活动的企业。

研发人员情况。2000 年，全省 236 家具有研发机构的企业，平均每个企业研发机构有科学家或工程师 80 人，2005 年下降到 63 人。2000 年全省大中型工业平均每个企业有从事技术开发的科学家或工程师 55 人，2005 年下降到 27 人，且人才分布极不均匀，少数装备制造业企业拥有数百名研发人才，其余多数企业平均仅有十多名从事研发的科学家工程师。

从全省看，企业研发人才不足，企业缺失研发机构或研发机构不健全，也是导致企业前期研究不充分、技术选择和消化能力较弱的主要原因。

（二）技术引进现状分析

1. 技术引进总量分析

"九五"期间，辽宁大中型工业企业技术引进总额为 127.18 亿元，列上海、江苏之后居第三位，占同期全国的 10.37％，比重远高于 31 个省市比重的平均值。"九五"期间国内引进技术总额规模最大的省份依次是上海、江苏、辽宁、山东、浙江，年均技术引进金额分别为 26.60 亿元、25.73 亿元、25.44 亿元、24.28 亿元、21.13 亿元，从金额上看，辽宁技术引进总额居国内第三位，且与前两名金额相差不大。

"十五"期间，辽宁大中型工业企业技术引进总额为 72.66 亿元，列上海（257.27 亿元）、江苏（248.96 亿元）、山东（130.54 亿元）、广东（126.85 亿元）、浙江（108.67 亿元）、安徽（77.05 亿元）、天津（74.87 亿元）之后，占同期全国的 4.2％，仅仅略高于全国平均比重，居国内第八位。辽宁"十五"期间年均技术引进金额仅相当于"九五"的 57％，呈现引进总量下降、国内排名后移的现象。

从图 21 - 4 中可以看出，1996～2005 年，辽宁技术引进总额呈两个波浪下降态势，年均总额从 25.44 亿元下降到 14.53 亿元，而同期上海则从 26.6 亿元上升到 51.50 亿元，江苏从 25.73 亿元上升到 49.79 亿元，山东从 24.28 亿元上升到 26.11 亿元，浙江从 21.13 亿元上升到 21.73 亿元。在"九五"期间技术引进总量居国内前五位的省份，除辽宁总量大幅度下降外，其余四个省份都呈总量上升态势，辽宁与上海、江苏比，"九五"初期三省市引进总量基本相当，"十五"末期辽宁仅为上海江苏的 1/4 左右。

进入"十一五"的 2006 年，辽宁技术引进总额为 19.4 亿元，居上海（40.62 亿元）、天津（35.18 亿元）、江苏（34.28 亿元）、广东（29.66 亿元）、山东（23.34 亿元）之后，居国内第六位；2007 年辽宁技术引进总额

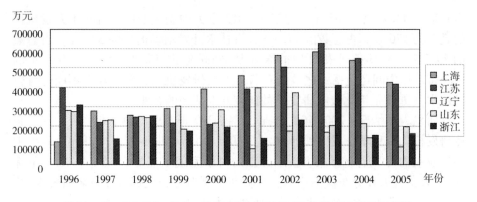

图21-4　"九五"、"十五"期间国内五地区企业技术引进总量比较

为20.6亿元，列广东（66.02亿元）、上海（61.18亿元）、天津（54.53亿元）、江苏（51.73亿元）、山东（33.96亿元）、河北（24.50亿元）、福建（21.97亿元）之后，居国内第八位，技术引进总量排位仍与辽宁GDP在全国排位名次相当。

2. 技术引进项目规模分析

"十五"期间，全国单个引进项目合同均额为205.10万美元，辽宁为126.11万美元，全国有14个省市的合同均额都超过了200万美元，从单个项目引进合同均额看，辽宁仅为全国平均均额的61.48%，项目平均规模列全国第二十二位。从总体上看，说明辽宁技术引进小项目居多，引进目标比较分散，或是单体局部技术引进多，集成成套技术少，重点目标不够明确。

3. 技术引进的技术资料比重分析

技术引进结构通常包括技术引进模式结构（人才、设备、资料比重）和各种水平技术的比重，但由于技术水平难以确定统一的标准来衡量，涉及的行业也比较多，无法进行统计分析，因此，重点分析技术引进模式情况。常规的技术引进一般包括技术信息和技术设备，技术信息表现为图纸工艺专利等，归类为方法性技术，而技术设备为操作性技术，从技术含量的角度看，前者明显高于后者。因此，通过分析图纸工艺专利占技术引进支出的比例，来说明引进模式情况。

"九五"期间，方法性技术（设计图纸工艺专利费用）所占全部技术引进支出的比重，全国平均为62.4%，辽宁仅为28.7%，引进技术总量较大的上海、江苏、山东、广东、安徽、天津都超过了60%，浙江也达到了43.8%，辽宁省的方法性技术比重仅排列全国第29位，如表21-3所示。

表 21 - 3　"九五"各地区大中型工业企业技术引进经费支出情况

单位：万元

	技术引进经费	设计图纸、工艺和专利费用	设计图纸、工艺和专利占技术引进费用比重
全国	12263572	7656522	62.4
上海	1329976	798621	60.0
江苏	1286537	856928	66.6
山东	1214100	906303	74.6
广东	759855	562708	74.1
安徽	392052	276905	70.6
天津	371051	263395	71.0
浙江	1056302	462727	43.8
辽宁	1271754	364656	28.7

注：设计图纸工艺专利数据中含有 2000 年引进的部分关键设备费用。

2001～2003 年（注：2000～2003 年，中国科技统计年鉴的统计口径发生了变化，取消了设计图纸资料专利费用指标，改为技术资料及关键设备支出，2004 年起不再统计前述指标），技术资料及关键设备（部分方法型技术）占引进经费的比重全国平均为 68.28%，辽宁为 66.4%，技术引进总量较大，上海、江苏、山东、广东、浙江、安徽、天津分别为 67.9%、83.1%、77.8%、61.6%、83.2%、80%、82.4%，有 9 个省市达到了 90% 以上，辽宁的技术资料及关键设备引进的比重排名国内第 25 位，仍处于国内省份的低位水平。

根据 1995～1999 年的统计数据，不同规模企业引进模式特征表现为：设计图纸、工艺和专利占引进经费比重，特大型企业占 7.5%，大一型占 49.61%，大二型占 54.66%；中一型企业占 69.01%，中二型占 39.55%，呈现"中间好、两头差"的局面。辽宁特大型企业主要分布于冶金石化行业，且为国有企业，技术引进偏重于设备。大一、大二和中一型企业主要为通用和专用装备制造业，产品的技术含量较高，引进经费的图纸、工艺和专利比重也较高，是辽宁技术引进模式略好的行业。

从不同行业引进模式来看，设计图纸、工艺和专利占引进经费比重较高的行业为：煤炭采选业占 78.69%，化学纤维制造业占 82.32%，医药制造业占 86.49%，有色金属冶炼压延业占 57.01%，金属制品业占 94.85%，通用设备制造业占 46.54%，专用设备制造业占 62.14%，电气机械器材制造业占 95.87%；较低的是黑色金属冶炼压延业占 4.64%，化学原料制品制造业占 17.57%，电子通信设备制造业占 23.57%。专用设备制造业和电气机械器材制造业是辽宁装备制造业中支柱产业，这两个行业的较好引进模式促进了辽宁装备制造业发展，其中的几个代表企业如沈阳鼓风机集团、沈阳重工集团、大连重工起重集团、特变电工沈阳变压器厂等企业，都通过引进设计图纸、工艺和专利技术，实现了不同程度的技术消化，带动了技术进步。如今，这些企业都是国内同行业的领军企业，其根本原因就是注重了引进相对容易消化的方法技术。

4. 技术引进的方式及可能性分析

125 个技术引进项目的技术引进方式为：企业购买技术的项目 33 个，占33.4%；与技术供应方合资的项目 16 个，占 15.2%；引进样机项目为 28 个，占 22.4%；与技术供应方合作的项目 32 个，占 25.6%；收购或兼并国外技术输出方的项目有 4 个，占 3.8%；有 12 个项目的方式是引进国外技术专家，占 9.6%。总体来看，技术合作、收购兼并和引进专家三种有利于消化吸收的引进方式仅占 39%，技术引进方式还有待改善。

按照技术转移选择论，技术领先企业为保持其技术竞争优势，通常采取在发展中国家建立独资企业的办法，保持其技术在跨国公司内部流动。技术输出时机论则揭示了技术领先企业通常在技术产业化后期输出的规律。近年来；国际技术贸易中出现这样的趋势，国外技术领先企业不输出核心技术，这种现象主要出现在辽宁的一些基础类的通用设备行业中，如高精度数控机床行业、轴承行业、工程机械行业和电力机械行业，这些行业的特点是，其技术进步水平普遍处于国际二流水平，而处于国际一流水平的国外企业为保持技术差距，拒绝转让其先进技术，导致这些行业引进不到先进技术。即使是输出方转让处于成熟期的技术，但除非迫不得已，也不愿意转让图纸工艺等技术资料，因为这种方式的技术转让往往会使受让方掌握技术，使输出方牺牲一部分技术优势，在这方面，国家层面的强制性保护政策优势起到强有力的作用，例如，"国内重大基础设施工程，投标的装备必须是中国企业参与制造的产品"，这条"市场换技术"政策迫使国外企业向辽宁企业转让了盾构机、高速内燃机车等先进技术。

(三) 消化吸收情况

1. 消化经费投入情况

"九五"期间，辽宁消化经费为 36.5 亿元，而同期与辽宁引进规模相当的上海、江苏和山东的消化经费都在 80 亿元左右，是辽宁的两倍多。从引进消化经费比例看（因为引进技术经费中包含非技术成分的设备，故将统计年鉴中的引进经费域消化经费的比值称为"名义引进消化经费比例"，这个比值因含有非技术成分的引进经费而造成"失真"，并且与国际上的指标不统一，为真实地反映引进消化比例，将设备经费剔除，用图纸工艺专利经费与消化经费的比例作为"引进消化经费比例修正值"），"九五"期间，名义引进消化经费比例，辽宁是1:0.02，全国是1:0.06，全国平均比例是辽宁的3倍，山东最高，是辽宁的7.5倍，上海、广东、安徽、天津的消化投入比例都是辽宁的两倍多，如表21－4所示。引进消化经费比例可以用来衡量消化经费投入强度及消化吸收开展程度，是一个很有意义的指标。引进消化经费比例修正值，全国为1:0.10，辽宁为1:0.06，其实际意义是：用100元引进技术，辽宁用6元钱搞消化，而山东用了20元，上海用了14元，广东用了11元。而有关资料研究结果表明，韩国的引进消化投入比例约为1:3，日本为1:3～1:7，这两个数据基本说明了技术受让方实现消化吸收目标所需要的消化成本。

表21－4 "九五"期间几个引进总量较大省市技术引进消化经费比例

单位：万元

	技术引进经费	设计图纸、工艺和专利费用	消化吸收经费	名义引进消化经费比重	引进消化比重修正值
全国	12263572	7656522	781559	1:0.06	1:0.10
上海	1329976	798621	115406	1:0.09	1:0.14
江苏	1286537	856928	69000	1:0.05	1:0.08
山东	1214100	906303	180901	1:0.15	1:0.20
广东	759855	562708	64020	1:0.08	1:0.11
安徽	392052	276905	24134	1:0.06	1:0.09
天津	371051	263395	14566	1:0.04	1:0.05
浙江	1056302	462727	31178	1:0.03	1:0.07
辽宁	1271754	364656	23857	1:0.02	1:0.06

从"十五"期间消化经费投入情况看，上海、广东、山东都超过了25亿元，江苏、天津、浙江分别为19亿元、18亿元和13亿元，安徽也超过8亿元，辽宁仅有2亿多元，从消化投入绝对量看，辽宁远远落后于上述7省市，仅排在国内第17位。从相对量看，名义引进消化经费比例仅为1:0.3，排名国内第26位，而几个引进总量较大省市均在1:0.8～1:0.24之间，其消化投入强度是辽宁的数倍，如表21－5所示。

表21－5 "十五"期间几个技术引进总量较大省市消化强度比较

单位：万元

	技术引进经费	消化经费	名义引进消化经费比重
全国	17284913	1958192	1:0.11

续表

	技术引进经费	消化经费	名义引进消化经费比重
上海	2572674	257401	1∶0.10
江苏	2489593	199884	1∶0.08
山东	1305422	251817	1∶0.19
广东	1268467	250675	1∶0.20
安徽	770539	86411	1∶0.11
天津	748669	181753	1∶0.24
浙江	1086676	138493	1∶0.13
辽宁	726557	25324	1∶0.03

　　"十五"时期辽宁大中型工业企业技术引进经费 72.65 亿元，消化吸收经费为 2.53 亿元；而同期全省技术引进 87.86 亿元，技术引进项目数为 1160 个；由于我们不能找到大中型企业的引进项目数，我们采用比例推算的方法，推算出"十五"期间，大中型企业的项目数约为 960 个，年平均 192 个引进项目，全省大中型工业企业平均每年消化经费仅为 5000 万元，平均每个引进项目的消化经费仅为 26.04 万元，这么微薄的经费也仅仅够 10 个技术人员的一年工资费用，难以满足企业开展深度的消化吸收研究的需要，从这个角度分析判断辽宁企业消化吸收开展程度，可以得出明确的结论：总体看辽宁企业引进后的消化吸收研究开展程度很低，多数企业没有开展消化吸收研究，更谈不上消化吸收效果和再创新。

　　2006 年和 2007 年，辽宁技术引进经费分别为 19.4 亿元、20.6 亿元，消化经费分别为 2.06 亿元、2.72 亿元，引进消化经费比例为 1∶0.11、1∶0.13，与前 10 年相比，均出现了明显的上升，而同期全国的引进消化经费比例上升为 1∶0.26 和 1∶0.24，同期几个引进规模较大的省市分别为上海 1∶0.41、1∶0.12，江苏 1∶0.27、1∶0.41，浙江 1∶0.45、1∶0.61，广东 1∶0.17、1∶0.11，山东 1∶0.27、1∶0.43，天津 1∶0.11、1∶0.06。尽管辽宁引进消化经费比例比前 10 年提高了，但与引进总量排名靠前的省份比，辽宁还是处于国内较低水平，2006 年仅为 1∶0.11，是上海、浙江的 1/4，引进消化经费比例仅排在国内第十九位；2007 年仅相当于江苏、浙江和山东的 1/4，引进消化经费比例仅排在国内第十八。

　　消化吸收投入的行业分析。通用设备和专用设备制造业、采掘业的引进消化经费比例比较高，达到 1∶0.14，但如果与国内横向比较，2005 年，全国通用设备制造业引进经费 3.97 亿元，消化经费 1.19 亿元，引进消化经费比例为 1∶0.30，是辽宁的两倍多。

　　制造业企业在技术引进过程中，都不同程度引进了一些关键专用设备，其本身仅作为设备用户，没有必要对这些装备进行消化研究，需要装备制造业企业消化。如果我们能够利用技术引进的手段，推进制造业引进企业与辽宁装备制造业的资源互补和联合消化，可以推进辽宁装备制造业的技术升级，也可以带动装备制造业中非优势行业的发展，这需要政府层面利用市场导向和行政手段的双重作用进行调控。

2. 消化吸收方式分析

在被问卷调查的 61 家企业 125 个项目中，企业采用了多种消化吸收方式。其中，委托过高校和科研所的企业有 20 个，占 16%；企业与校所合作 42 个，占 33.6%；企业间合作 10 个，占 8%；企业独立 53 个，占 42.4%。上述数据表明，有半数企业选择了产学研合作的消化吸收方式，说明企业正在广泛利用外部科技资源，面对自己技术能力不足的窘境，寻求消化吸收的产学研合作，无论是对企业或大学及科研院所，都体现"双赢"的效果，一方面企业可以借助大学和院所的技术力量和实验设备，进行技术消化研究，实现技术消化目标；另一方面，大学和科研院所也可以通过与企业的合作，了解和掌握国际前沿技术或先进技术。特别是在当今世界技术日趋集成化的趋势下，技术不仅在机械电子领域集成，而且向软件控制的智能化方向集成，如机床行业的数控加工中心，控制系统（主要是控制软件）通常不是机床制造企业自己能够消化的，在国外也是由专业的工业控制系统工程企业研发生产，如德国西门子、日本法纳克等专业数控生产企业。因此，对这些集成技术的消化，企业的能力是有限的和不足的，必须依靠深层次的产学研合作来实现。

3. 消化吸收效果分析

在 61 家企业的 125 个引进项目中，从生产的角度看，引进后全部达到引进技术生产能力的为 68 个，占 54.4%。从技术的角度看，116 个项目获得了操作性技术，占 92.8%；有 23 个项目获得了方法性技术，占 18.4%；有 9 个项目通过"反求工程"获得了原理技术，占 7.2%。如果以获得研发设计同类产品的技术能力作为消化技术的标准，则上述项目中，基本实现消化吸收的比率约为 18.4%。也就是说，约有 81.6% 的项目并没有将引进技术转化为自己的技术能力，出现这种局面的深层次原因是企业引进技术观念理念上的偏差。从我们调查的辽宁 61 家企业 125 个项目中，仅有 68 个项目（占 54%）把技术消化作为引进的出发点，其余项目均以替代进口或占据国内市场为引进技术的出发点，并没有把技术消化作为引进的目标。

辽宁技术消化效果较好的项目主要集中与装备制造行业，一些项目通过技术引进，提升了技术能力，开发了诸如 2300 毫米带钢热连轧机组、1700 毫米连铸连轧生产线、五轴联动数控加工中心、AN 系列子午风机、电站轴流风机、大直径全断面掘进机、1.5 兆瓦风电装备、大型船用曲轴、1.8T 涡轮增压发动机和高速内燃机车等产品，这些项目基本上实现了技术消化。

（四）再创新效果分析

在 125 个引进技术项目中，其中 9 个项目在消化技术的基础上，获得了原理性技术，这 9 个项目，首先都是前期研究较为充分的，前期投入强度超过了 60%；其次都是采用了引进软技术的模式，包括引进图纸工艺技术资料、引进外国专家和与国外第三方技术源合作研发三种引进方式。在这 9 个通过技术消化获得了原理性技术中，有 8 个项目实现了再创新（模仿创新），即全部 8 个达到再创新效果的项目都是建立在消化过程中获得原理性技术的基础之上，由此可以看出，消化后获得原理性技术是实现再创新的必要条件之一；而前期研究充分并且选择"软技术"引进又是获得原理性技术的另一个必要条件。因此，可以得出这样的系统性结论：只有在充分开展前期技术研究的情况下，且通过引进软技术及大力开展技术消化研究，获得了原理性技术，企业才能在大幅度提升能力的基础上，沿袭技术输出方的技术发展路线，进行技术的改进或模仿创新。更有极少数企业，在获得了原理性技术和提升技术能力的基础上，摆脱了技术输出方的技术发展路线，建立起属于自己的、全新的技术发展路线，依靠自主研发，实现了自主创新，如沈阳鼓风机集团的压缩机和风机等系列产品技术。

（五）环境系统分析

（1）宏观规划和管理状况。目前，从政府各职能部门的定位看，没有专门负责协调管理全省技术引进的部门。对外经济贸易合作厅科技发展和技术进出口处负责全省高新技术的技术进口工作，管理全省技术、成套设备及高新技术产品的出口工作。省发改委负责相关业务的是高技术产业处，其业务范围是：研究提出高技术产业发展和产业技术进步的战略、规划、政策、重点领域和相关建设项目；研究提出并组织申报国家高技术产业化重大项目，协调组织高新技术产业的国际合作等职责。省经济委员会科学技术处主要从管理全省企业的角度，负责企业技术进步和重大技术装备研制相关政策；组织推动技术创新和产学研联合工作；指导和推动企业技术中心和企业技术创新体系的建设；负责省级企业技术中心和园区外高新技术企业的认定工作；指导和协调重点技术创新项目的实施，重大产业技术研发，重大引进技术、成套设备的消化创新以及重大技术装备的研制等工作。从上面三个部门的业务涵盖可以看出，省外经贸厅和发改委主要负责高新技术方面的技术引进，省经委负责企业技术创新和技术中心建设和重大技术引进项目等工作。而传统产业及一般项目的技术引进则是无人管理状态，因此，作为承担宏观管理任务的政府部门，对全省技术引进状况无法全面掌握，也就谈不上制定相关政策调控技术、引进消化吸收再创新工作。从财税政策上看，技术引进的关税等税收政策比较明确，但各级政府一直没有鼓励技术引进消化再创新的财政政策。政府的宏观调控政策与美国的人才引进政策、日本的财政扶持补贴政策相比，其支持力度明显不足。

（2）中介机构状况。目前国内各类技术中介机构数目繁多，但普遍技术能力较差，从业人员技术素质较低，没有专业人才，不懂专业技术，只能勉强服务于国内技术成果转移，没有能力服务于国际技术转移，企业只能通过市场、大学、科研院所、政府以及展览会等渠道获取技术信息。特别是没有获得国外技术专家信息的渠道，给引进国外专家工作造成极大困难。总的看来，服务于国际技术转移的中介机构处于"缺位"状态。

二、问题和成因

根据统计数据、企业问卷和实地调研的分析结果，对引进技术消化再创新从主体和环境的开放性系统角度，总结归纳出辽宁企业和政府两个层面存在的问题。

（一）企业层面存在的问题

（1）企业技术引进前的知识技术积累研究不足，严重制约了系统中技术的引进、消化和再创新过程。问卷统计显示，前期研究程度较浅和未进行前期研究的项目超过了60%，由于知识积累不足和技术人才不足，技术能力低下，消化技术的信心不足，导致了为实现简单生产而大量引进实物设备的模式。其成因还在于企业的发展理念存在误区，企业仍然把自己定位于生产的功能，还没有把技术研发创新作为企业的生存之本，忽视了自主研发和技术引进的必然联系，导致了知识积累和人才积累不足。

（2）技术引进的技术含量和质量不高，全省技术引进总量逐年下降。辽宁"九五"期间引进的图纸工艺专利等技术资料仅占引进经费的28.7%，大大低于全国同期62.4%的平均水平。同时，引进成熟产品技术过多，125个引进项目中的89%是引进成熟产品技术，从技术的发展阶段看，技术是从实验室成果—中试成果—产业化成果—产业化成熟方向发展的，实验室成果的产业成熟度相对不高，但中试成果和产业化成果属于先导性技术，一般可以从国外研发机构引进，引进消化后将形成"核心技术"。而产业化成熟技术阶段，通常技术已经被转移至企业，企业一般只能在产业化生产后期（技术衰落期）才开始技术输出，因此，引进产业化成熟技术有落后之嫌。总体来看，企业的技术引进普遍存在"重硬技术、轻软技术；重使用技术、轻方法技术；重成熟技术、轻成长技术"的误区，引进的技术总体水平不高。

技术引进环节出现这些问题的成因，首先是受到了上一环节中技术积累不足的制约，技术能力不足导致无法判断选择技术，过多地引进了设备及成熟产品技术。其次是经营理念的问题，引进设备可靠性高、投产快，易于达到经济效果。此外，一些产品技术水平处于国际中上游的企业，受到了技术领先企业的技术封锁，买不到技术资料也是其中不容忽视的原因。

（3）一些重点行业的企业引进技术的渠道受阻。调研中得知，辽宁部分行业内的重量级企业随着技术能力的提高和国际竞争力的显现，已经引起了国外技术领先企业的重视和防范。在行业的核心技术和前沿技术方面，早已受到国外企业的技术封锁，如瓦轴股份公司、沈鼓集团、沈阳机床、大连机床、大连叉车等企业，都在不同程度上面临着这样的境遇。实际上，这些公司的技术水平与国际前沿技术水平还有不同程度的差距，以轴承行业和机床行业为例，我国的轴承产品以低价格抢占了国际低端产品市场，已经冲击了国外技术领先企业的市场占有率，尽管我国轴承行业与国外先进水平比还落后20多年，但这些国外技术领先企业考虑到竞争的需要，已经开始防范向我国技术扩散。机床行业亦是如此，沈阳机床和大连机床的最先进产品——五轴联动加工中心，仅相当于20世纪80年代的国际先进水平，尽管技术差距很大，但企业同样遭到了国外企业的技术封锁。

（4）消化吸收研究开展程度严重不足，消化效果不佳。"九五"、"十五"期间全国的"软技术"经费与消化经费（修正值）比例分别为1:0.10和1:0.24，辽宁仅为1:0.06和1:0.09，与韩国1:3、日本1:3~1:17的比例相比更是差距巨大。从绝对量看，"十五"期间辽宁平均每个引进项目的消化经费仅为26万元，这么微小的经费不足以支撑开展深层次的消化吸收研究，125个项目中，基本实现技术消化的比率约为18.6%。上述数据表明，近几年辽宁消化吸收研究开展情况不佳，并导致技术消化效果较差。

前期的知识积累和人才积累不足所导致的技术能力不足，是企业消化意愿不强、消化研究不足的客观原因之一；而技术能力不足导致企业在引进技术阶段，过多地引进设备等"物化技术"或使用（操作）技术，前者难以消化，后者消化意义不大，又制约了企业消化技术的积极性。而消化吸收工作需要投入较多的人力和资金，并且需要较长的研究周期，而且其消化效果也往往存在较大的不确定性，导致企业消化意愿不强，是企业消化研究不足的主观原因。

（5）技术消化效果不佳严重制约了再创新。在125个引进技术项目中，仅有8个项目实现了再创新（模仿创新）。技术消化是技术创新的基础和根基，只有在技术消化中获得方法性技术，并通过"反求工程"，探索出原理性技术，才能具备再创新的条件，实践中，81.4%的项目没有通过消化获得方法性技术，特别是超过90%的项目没有获得原理性技术，没有将引进技术真正转化为自己的技术能力，是制约再创新的直接原因。

（二）政府层面存在的问题

（1）宏观层面缺乏统一的规划和管理。在规划方面，缺乏全省引进技术消化吸收再创新的总体战略规划与政策体系，省中长期科技发展规划纲要已经制定颁布多年，但引进技术消化吸收再创新作为重要的自主创新战略之一，始终没有制定和出台专项的发展指导规划。造成认识上的偏差和行动上的混乱，以及政策体系建设的缺失。在管理方面，从目前政府各职能部门的分工结构看，各经济综合部门和行业主管部门在具体业务中，都从不同的角度、不同层面涉及技术引进和消化吸收再创新工作，都从不同角度对企业的引进技术消化吸收再创新予以了必要的政策、资金和资源等支持，但从全省范围看，这项系统性很强的工作仍然缺乏统一的协调与管理。这不仅造成政策、资金等有限的科技创新资源分配置分散，形不成合力，甚至无法从总体上把握全省引进技术消化吸收再创新工作的现状和态势。

（2）缺乏高效完善的协作服务体系。系统的复杂性决定了依靠企业自身能力，难以圆满完成引进技术消化吸收再创新工作，因此，借助高校和科研院所的力量则是必然的选择，但目前看来还不能满足企业的需求，特别是中小企业，由于自身创新能力不足而又缺乏有效的技术合作平台，影响了引进技术的消化吸收。科技中介机构建设的严重滞后，服务能力严重不足。根据问卷调查和实地调研，目前企业获取技术信息的最主要的渠道是产品市场，其次是大学及科研机构，企业从技术服务机构获取的信息极少。除技术信息外，企业还在人才引进、政策咨询、经验交流、成果推广、政策服务等方面，对中介服务或公共平台都有着强烈的需求，目前的科技中介服务平台建设任重道远。

（三）问题的系统性成因

从企业的技术引进消化再创新系统角度看，问题产生的原因还是企业的发展理念欠缺科学性和战略性，问题的根源还是出在决策层的企业家的发展理念和观念上。尽管现代企业制度已实施多年，但目前多数企业仍然把自己定位于生产功能，还没有把技术研发创新作为企业的生存之本，也没有把研发过程作为企业产业链的前端，致使企业知识积累和人才积累不足。技术积累不足直接制约了企业引进过程优化，使企业不具备科学合理地选择引进内容和方式的能力，较大的技术差距导致企业消化技术的信心不足，为减少技术消化风险，被迫采用了高比例引进设备的方式，进一步加大了消化技术的难度。在消化环节上，引进前期的知识人才积累的不足所导致的技术能力不足，以及难以克服的技术差距，又导致企业不敢于开展深层次消化研究，最终导致技术消化和再创新失败。因此，具有自主研发性质的引进前期技术积累研究是系统中的关键环节，是决定系统成败的关键因素，做好这个环节，则消化再创新目标可期，调研结果也充分支持了这个结论。需要说明的是，实践中个别企业自身没有开展前期积累研究，但采用了与技术研究机构合作消化的方式，也实现了技术消化，其实质上是利用技术研究机构进行了前期技术积累研究，这也间接说明了前期技术积累在引进消化再创新系统中的关键作用。从外部环境看，政府的宏观管理不到位，协调协作体系缺位，没有对企业技术引进活动构成支撑，也是技术引进效果不佳的系统环境原因。

第三节　进一步提高辽宁省技术引进绩效的对策

一、基本思路

贯彻科学发展观，提高对加快技术创新，提高企业与产业的核心竞争力的认识，切实实现经济增长由主要依靠增加物质资源消耗向主要依靠科技进步、劳动者素质提高、管理创新转变。要充分利用辽宁的后发优势，通过加强对引进技术的消化吸收，提高自主创新能力，走出一条成本低、周期短、风险小、效益高的技术创新之路。为此，必须尊重技术发展规律，摒弃重引进、轻消化；重引进环节、轻前期技术积累和研究，将技术引进消化再创新的系统过程割裂的习惯做法，要对技术引进消化再创新的全过程实行系统优化，包括加强企业前期技术积累和人才积累，优化引进内容与方式，加大引进技术消化吸收的投入，注重技术引进对自主研发的促进，为技术引进消化再创新创造良好的政策环境和社会环境。切实提高辽宁技术引进效果，不仅提高企业和地区的经济效益，也借此提高企业和地区的技术创新能力，实现区域经济可持续发展。

二、对策选择

在上述调查研究的基础上，借鉴国内外的成功经验，针对辽宁技术引进方面存在的问题及成因，从系统优化的角度，提出提高辽宁技术引进再创新效果的对策如下：

（1）引导企业加强引进前的技术积累及人才积累，鼓励企业建立健全研发机构。技术引进的前期工作至关重要，只有前期研究达到一定深度，才能选择出最为适宜的技术，也为后期的技术消化再创新提供知识和载体支撑。因此，企业在技术引进前，应建立相应的技术研究团队，充分利用企业内外部技术的资源进行适当程度的前期技术研究，提升技术能力，并体现为技术选择能力和技术消化能力，为后期的引进消化再创新打好技术基础。要加大前期技术积累研究力度，有关实践和本章研究表明，要实现消化吸收的目标，合理的前期技术积累研究投入与技术引进费用（纯技术引进，不包括设备）的合理比例应该为1:1左右，达到了这个投入规模，将对技术引进和消化再创新效果产生重大的影响。

（2）优化技术引进内容和方式。在引进内容上，图纸、工艺、技术专利等方法性技术带有直观性、知识性的特点，是最基本的技术文件，是经过多次设计和试验后确定的最优化结果。一般来说，通过对图纸和工艺文件等技术专利的分析和研究，可以大概追溯出设计者的设计思路和工艺制定依据，为引进者提供设计创意、思路和思想等信息，将这些信息总结起来，就会形成学习者自己的研发思路。因此，尽量引进图纸、工艺、制造技术和专利等软性技术，是消化吸收的基础，是技术引进过程中最重要的选择。据统计，20世纪60年代日本企业引进技术资料经费占全部引进技术经费达80％以上，新日铁公司只是择优引进不同国家的炼钢、轧钢方面的图纸、工艺、专利技术及少量关键设备，能自己解决的生产设备全部由自己制造，通过对世界上最先进炼钢轧钢技术的消化整合，创建了世界上最先进的冶炼连铸连轧生产线技术。韩国企业通常从有利于技术消化的角度选择引进模式，现代汽车发动机项目采用了与国外专业发动机设计机构技术合作方式，为了能够"干中学"，派遣了一个研发团队到国外研发设计机构，全程参与技术方案制订、技术路线制订、整体设计、详细设计、工艺制订、试制、试车等全部技术过程，通过"干中学"，全部掌握了某个排量发动机的原理技术、方法技术和使用技术，随后自主开发了其他排量系列的发动机。

在引进的方式上，还应该更多地引进国外智力人才和收购国外研发机构或研发型企业，在这方面，辽宁已经进行了成功的尝试。大型船用曲轴是船用柴油机的核心部件，长期以来，由于技术的制约，我国一直不能自己生产并依赖进口，国际上大型船用曲轴一直供货紧张，直接影响了我国船用柴油机生产数量，并制约了造船业的发展，形成了我国造船业"船等机、机等轴"局面。曲轴高负载工作条件要求铸造过程中采用定向凝固技术。同时，由于零件过于庞大，必须分段加工后，再进行热装配，其制造技术的复杂程度，成为衡量一国装备制造业技术能力的标志。因此，攻克大型船用曲轴研发制造难题，已经成为政府和企业的共识。辽宁某重工企业，面对技术积累严重不足的现状，采取了引进数名国外技术专家的方式，解决了这个技术难题，目前已经生产出为50厘米、70厘米、90厘米活塞直径配套的大型船用曲轴，正在开发当今世界上最大的108厘米船用曲轴。如果我们采用传统的技术引进方式，可能买不到技术，即使买到了技术，其技术转让费也是非常高昂的；同时，引进后的技术消化也将是一个漫长的过程。而这个企业通过引进数位国外专家，一举获得了设计工艺技术并实现了消化，既节省了经费又节省了时间，是辽宁技术引进消化的经典案例。目前，大连、沈阳、鞍山等城市的诸多企业都引进了国外技术专家，引进国外专家模式正在成为辽宁引进技术的最新趋势。

（3）重视技术消化和再创新，增加消化再创新研究投入。引进技术仅仅是得到了获得技术的机会，而掌握并获得技术必须通过技术消化过程才能实现。目前，辽宁消化投入严重不足，仅为引进经费的 0.06% ~ 0.09%，根本上制约了消化研究的开展，日、韩两国技术引进的实践表明，消化再创新经费一般应是引进经费的 3 倍以上，对消化过程来说，增加消化投入是确保开展技术消化研究的前提。对系统来说，在开展了适宜深度的前期技术研究和科学选择了引进内容后，技术消化研究过程是技术能力的第三次提升过程，是一个承前启后的过程，技术消化的绩效将直接影响再创新的绩效。因此，迫切需要企业家建立"以技术引进为手段、以消化吸收为过程、以提升企业技术能力为目标"的技术引进理念，多从技术上着眼，少在经济上奢望，只要实现了技术消化和再创新，将水到渠成地带来经济上的收益和核心竞争力的提高。

（4）处理好技术引进和自主研发之间的关系。从技术引进消化再创新的过程看，引进前技术积累研究、消化研究、二次创新研究都属于自主研发行为，引进前的积累研究直接决定了我们对技术的认知程度、接受能力和学习能力，消化吸收研究更是决定了消化效果，二次创新更是依靠自主研发实现原有技术上的突破。因此，企业必须既要重视外生的技术购买，又要重视内生的技术认知和突破，将外生技术内生化，需要实现技术引进和自主研发的有效融合，才能实现消化吸收和二次创新的目标。技术作为最高级生产要素，直接决定了企业的核心竞争力，企业要发展壮大，必须制定和坚持长期的技术发展战略，对于技术引进消化再创新活动，必须从系统工程的角度来对待，分别做好引进前、引进、消化、再创新四个技术环节的研究工作，安排好资金投入关系，组织好技术人员的研究工作以及外部科技资源协同等工作。

（5）创新引进消化再创新模式，加强产学研合作。从辽宁企业问卷和调研所揭示的情况看，受传统计划经济下企业分工的影响，企业研发体系缺失或薄弱，大学和科研院所一直致力于跟踪国外技术发展，也了解国内同类技术的现有水平。因此，在技术引进消化再创新过程中，必须实施深层次的产学研合作，这不仅可以克服企业技术能力不足的弊端，同时，大学和科研院所也能在合作中了解和学习国外先进技术。对于一些行业的外方技术封锁，可以采用新的引进模式，如从国外第三方技术源引进技术，直接引进国外智力，特别是引进国外退休技术专家，收购国外企业等形式，在这一轮国际经济危机影响下，许多国外技术实力很强的企业也面临生存困难，这正是国内企业收购国外技术人才的大好时机。辽宁引进技术的实践，也充分证明上述三种模式在破解国外技术封锁方面的有效性。

（6）宏观层面上要加强规划和管理，为技术引进消化吸收再创新缔造良好的外部环境。根据辽宁中长期科技发展规划纲要的目标任务，尽快出台专门针对引进技术消化吸收再创新的行动纲要及相关政策。针对目前辽宁技术引进工作多头分管的局面，建议省科技创新领导小组在全省范围内建立技术引进消化吸收再创新协调机制，对技术引进消化吸收再创新工作进行统一管理，包括对引进企业的资格审核、引进项目的审批、消化吸收的指导、监督等。明确各种鼓励技术引进的财税政策和产业政策，特别是加强财税政策对企业前期研究阶段和建立研发机构的支持力度。

建立健全引进技术消化吸收再创新服务平台，应在省科技管理部门建立技术信息服务平台、人才信息服务平台。前者通过组织国内各领域专家分析汇总国外各行业领域的先进技术信息和技术源，为企业提供引进技术提供必要的信息咨询和决策支撑。后者可以建立省海外学子、高级技术人才、高校资深教授以及国外的技术专家等人才信息库，为企业寻找、引进所需人才提供帮助和支持。

第二十二章　通过海外并购
提升产业技术水平

诺贝尔经济学奖获得者施蒂格勒在研究美国企业成长路径时指出："没有一个美国大公司不是通过某种程度、某种形式的兼并收购而成长起来的，几乎没有一家大公司主要是靠内部扩张成长起来的。"2008 年辽宁省委、省政府做出了并购海外科技型企业重大部署，5 年来，辽宁企业并购工作成效明显，但客观看，获取国际前沿的关键核心技术不多，有影响力和牵动力的项目很少。在当前全球经济乏力、并购商机较多的形势下，应进一步总结经验，找准下一步的着力点，使并购成为辽宁优化产业结构、实现经济稳中求进的有效抓手。

第一节　海外并购：企业实现外部扩张的捷径

2009～2012 年底，辽宁累计海外并购项目 177 项，海外并购项目平均投资额超过 1000 万美元。通过实施海外并购，一批企业获得了国际领先技术、企业知名品牌、先进管理经验和国际营销渠道，进一步增强了国际视野，企业综合实力和国际竞争力大幅提升，有效促进了全省工业经济结构调整和产业技术水平提升。

一、海外并购对辽宁的现实意义

（1）海外并购使企业迅速拓展要素市场和产品市场。并购是企业实现快速发展的重要方式，当代世界上著名的大公司大财团，都是通过持续并购其他企业而成长、发展和壮大的。并购有利于企业获取外部资源要素，实现生产能力、营销能力的扩张，进而产生经济上的协同效应，产生"1 + 1 > 2"的效果。海外并购有利于整合产业链，提高企业控制力，实现专业化、规模经济和范围经济，增强企业整体实力，扩大市场份额。

（2）海外并购快速提升企业技术创新能力。企业通过海外并购，直接控股或兼并境外企业，能够最大限度地获取发达国家技术集聚区所产生的溢出效应，将大量技术信息及时传递到国内公司总部，从而有助于中国企业及时了解世界前沿技术动态，增强国内企业研究与开发的能力。海外并购还有助于更好地培养高技术人才。在发达国家设立研究与开发性企业，可以使国内技术人员更便捷地进入技术创新源头地带，增强与国外技术人员的交流，进而提高自身的技术水平。

（3）海外并购促进产业结构调整升级。实施海外并购有助于辽宁企业在国际分工体系中占据有利地位。从世界范围来看，经济全球化必将伴随着国际产业链各环节区域分布的动态调整，凡是能够融入全球化生产网络的国家和企业都将大有作为，而游离在外则将被边缘化。主动实施海外并购，积极融入和利用国际分工体系，在更广阔的空间进行产业结构调整和资源优化配置，才有可能在国际分工体系中占据有利地位。

二、辽宁企业海外并购工作的主要成效

（1）企业低成本扩张和跨越式发展有所突破。通过对实施海外并购的76户企业调查，2012年底与并购前相比，企业资产总额从506.7亿元增加到781.3亿元，增长54.2%，销售收入从410.5亿元增加到613.6亿元，增长49.5%，民营企业通过并购获得快速发展的效果最为明显。大连远东工具通过并购德国维克刀具和美国格林菲尔德刀具公司，迅速成为全球高速钢刀具行业的龙头老大，企业资产由并购前的3亿元猛增到目前的25亿元，销售额由2007年的2.2亿元增长到目前的20亿元，高速钢切削刀具全球市场占有率达到40%，预计2015年将发展成百亿元企业，企业实现了跨越式发展。

（2）企业技术创新能力和核心竞争力有所增强。几年来，辽宁企业通过实施企业并购获得国际先进技术138项，省内企业拥有的专利数量增加了438个，有44个企业研发出新产品。并购企业在对技术消化吸收过程中，注重关键技术攻关，逐步掌握核心技术，获得了自主知识产权，增强了企业自主创新能力和核心竞争力。同时，一批企业并购后，在发达国家设立研发机构，吸引更高层次人才。例如，营口大族冠华印刷科技公司收购具备世界领先印刷机械生产技术的日本筱原公司，获得其全部产品专利和印刷设备生产技术，快速具备了与世界大印刷机企业相抗衡的能力。

（3）企业国外产销渠道有所拓展。海外并购使得一批企业获得了目标企业的销售渠道，实现了企业市场扩张，建立了自己的国际营销网络，在快速有效开拓国际市场的同时，有效规避了贸易保护壁垒。金杯车辆公司通过收购俄罗斯AMS集团罗斯拉达汽车厂，利用AMS现有的96家营销和售后服务网点，迅速建成了一个覆盖俄罗斯全境并辐射乌克兰、白俄罗斯、中亚五国、蒙古等周边国家的营销网络市场；东软集团通过控股和参股等形式，投入3.2亿元资金，实施海外并购项目5个，扩大了现有业务的市场份额，拓展了一系列国际化的产销渠道。

（4）品牌国际知名度有所提高。2009年以来，辽宁企业通过海外并购共

获得国际行业知名品牌 17 个，获得 15 个国际或行业知名企业的控股权。例如，葫芦岛兴城泳装产业集群的久隆集团、斯达威公司、德容公司，通过海外并购，获得了世界知名的"花花公子"、"皮尔卡丹"等品牌，实际控制了 200 多家位于欧洲、北美地区的销售直营店，产品由原来贴牌每套赚 50 美分，提升到目前每套赚 10 美元利润，产品迅速占领国际市场，出口创汇增长 5 倍，市场供不应求。

（5）部分资源的紧缺性有所缓解。辽宁企业通过并购获得了铁矿、镍矿、铜矿等 10 余种矿产资源的开采权，还有一些林木资源。宝贵战略资源的获得不仅为企业发展注入了活力，也缓解了辽宁工业经济发展资源短缺状况。抚顺罕王集团先后斥资 3700 万美元和 1400 万美元并购印度尼西亚两个红土镍矿项目，未来 10 年，罕王集团计划投资近百亿元，在印度尼西亚建设一个以镍矿资源为依托，以镍冶炼、加工产业集群为基础的新型国际化产业园区。

（6）在新兴产业领域有所收获。鞍山鑫普新材料通过三次成功海外并购，在发展自己主导产业镍氢电池负极材料生产的同时，围绕废旧电池回收、生产动力电池，再到最后建电站、运营新能源电池大巴，把产业链延长至服务业，使企业规模、效益大幅提升。沈阳敏像科技有限公司成功收购韩国韩郁信息技术有限公司 51.7% 股权，将对方的部分核心技术、设备和研发团队引进沈阳，组建 BLU 和 TSP 生产制造基地，填补了国内该技术领域的空白，使沈阳本土拥有手机制造产业链三大核心部件中的背光屏模组和摄像模组两个核心部件。

第二节　实行海外并购的主要问题和障碍

尽管辽宁企业在海外并购上取得了一些成效，但显然没有达到最初的预期，并购项目、并购主体，以及从并购前的准备到并购后的整合，都暴露出一些问题，各个层面的不利因素需要逐步消除。

一、辽宁企业海外并购中存在的主要问题

（1）项目规模普遍偏小，缺乏有牵动力的大项目。2009～2012 年底，全省累计完成的海外并购项目 177 项，投资额在 1000 万～3000 万美元的海外并购项目 31 个，投资额在 3000 万美元以上的海外并购项目仅 14 个。海外并购项目完成的数目确实不少，但有影响力和牵动力的大项目较少，缺乏像吉利并购沃尔沃、三一重工收购德国普茨迈斯特这样的"大象级"海外并购项目。既没有一次性的大规模并购，也缺乏多次连续并购的案例，企业难以迅速实现跨越式发展，形不成规模冲击。

（2）单项技术多，国际前沿的关键成套技术少。通过海外并购，辽宁许多企业的技术水平确实得到一定提高，专利数量也明显增多。但客观说，获得的国际前沿技术不多，尤其缺少辽宁工业发展所需的核心技术、关键技术，通过并购实现产业价值链高端突破的项目更是微乎其微，技术获取未达到预计效果。在87个并购科技型企业项目中，只有7个项目的技术水平达到了国际领先。在制约辽宁产业发展的关键技术方面，如海洋工程装备深水钻井平台的概念设计、详细设计技术，智能装备领域的高档数控机床核心技术，大型透平机械的设计及制造工艺技术，基础部件中的高性能轴承设计制造技术，液压件设计制造技术，大功率低速船用发动机设计技术，大功率内燃机设计制造技术，重型燃气轮机设计制造技术，IC装备设计制造技术，以及支撑装备制造业发展的特种结构钢（轴承钢、高温合金、粉末冶金）的冶金技术等等，都没有通过并购获取核心技术。

（3）战略性新兴产业项目少，技术含量不尽如人意。辽宁海外并购项目多属于传统行业，而且所在行业比较分散。装备制造、冶金、石化行业并购项目相对较多，其并购项目也多是传统或是一般的行业，并购多是已有业务的扩张或是某些环节的"堵漏补缺"，项目缺少超前性，尤其是代表未来产业发展趋势、能产生新的经济增长点的新兴产业项目不多，辽宁发展较弱的新材料、生物技术、新一代信息技术及节能环保等产业，尚没有对国外科技型企业的并购。

（4）重点国有企业缺乏并购积极性，行动相对滞后。在调查的76户进行海外并购的企业中，国有企业只有3个，仅占3.3%，国有企业参与度较低，国有重点企业更是寥寥无几。辽宁国有企业比重较大，尤其在装备制造领域，一些企业已经处于国内领先地位，但这些企业在海外并购上少有大的举动。如沈阳机床、北方重工等企业的海外并购是在2008年之前，在后金融危机时代和辽宁强力的政策支持背景下，这些代表辽宁工业实力的省属重点企业在海外并购上反而少有行动。

（5）企业并购缺乏目的性、战略性和科学性。一是在目标企业估值方面缺乏科学、有效的手段。多数并购项目凭企业老板的直观判断，并没有一个科学的估值体系帮助并购方企业定价。过于看重有形资产，而忽略无形资产（如品牌、市场和专有技术）的价值。二是风险意识不足，没有建立健全的风险管理体系。三是并购后疏于对目标企业的管理。并购后部分企业将目标公司的技术、资产、订单和技术研发人员转移到国内，对境外公司放任自流，导致省内企业丧失了利用境外公司熟悉国际市场和海外文化的机会。

（6）并购过程对外部资源利用不足。突出表现在获取信息和融资方面。一是信息渠道不畅通，掌握的行业资源不丰富。对一个意图拓展国际市场的企业来说，有目的、有计划地收集国际市场竞争对手的动态、行业技术的发展趋势以及市场情况是必备功课之一。但辽宁多数企业是通过客户、合作伙伴获知出售企业的信息的，只有少数企业是有意识寻求驻外机构和中介机构的帮助，这说明省内企业还没有学会如何利用中介力量获得有效信息和资源。二是融资难，没有打开海外融资渠道。辽宁企业融资渠道非常单一，这严重阻碍了企业的并购步伐。虽然有部分企业通过内保外贷和境外直接融资等方式解决了并购资金问题，但不具有普遍适用性。省内企业在融资手段选择上仍有很大局限性，没有更好研究和开发海外融资资源。

二、制约辽宁企业海外并购的主客观因素

（1）多部门审批导致管理低效。政府一直在努力放宽对外直接投资的限制条件，简化审批手续，提高政府工作效率，以更好地促进企业的对外直接投资。但总的来说，企业境外投资审批多部门负责、管理体制低效的弊端依然存在。审批手续需要经过多个部门，而各部门间的审批导向、审批内容、审批标准不尽相同，在一些领域又存在审批内容重叠、职能交叉的现象，导致审批程序混乱低效，贻误企业并购良机。此外，部分政策滞后于并购实践，也给并购增添麻烦。

（2）社会中介组织发展严重滞后。专业化的社会组织服务于企业的并购，可以有效降低并购的风险并提高并购的成功率。美国企业的并购基本是通过投资银行、会计公司等社会中介组织实现的，它们为企业并购双方提供信息、咨询、查账、评估、融资、制定并购方案等一系列服务。而反观辽宁，不但土生土长的专业化中介机构不发达，而且国际上著名的此类机构在辽宁的分支和子机构也很少，导致辽宁社会服务组织数量少、专业化水平低、国际化程度差，难以为企业提供高质量的法律、财务、风险规避、企业估值、融资等专业化服务。

（3）国企并购外部受限，内部动力不足。一是国企的政府背景使其对外直接投资的市场行为被收购方理解为政府行为，从而引发东道国对收购的政治目的和对自身利益的潜在影响的担忧，并进而对收购形成阻力。沈阳机床并购德国企业希斯后，核心技术却因政府限制不能拿到国内即是一例。二是辽宁国企的行业和技术特征使得其难以找到合适并购对象。辽宁工业国企大多是骨干企业，处于国内行业先进地位，主要竞争对手和并购对象已经是国外同行业顶尖企业，这些国际顶尖企业竞争力极强，给我们提供的并购机会不多。三是国企自身的体制机制问题也导致并购良机的丧失。海外并购过程周期长、风险大，国企负责人的选拔任命和考评机制，在某种程度上使其避难趋易，羁绊了其海外并购积极性。

（4）民企并购积极性高，但受制于实力不足。辽宁民营企业发展迅速，在海外并购上也表现出比国企更加积极的姿态，但辽宁民营企业实力不强也

是不争的事实。2012 年中国民营企业 500 强入围门槛为 65.69 亿元，辽宁仅有 16 家企业入选，排在第 13 位，浙江 142 家，江苏 108 家，山东 43 家，广东 23 家，可见，辽宁民营企业整体上还很弱小。众多弱小的民营企业在并购过程中，受资金支付能力、国际化视野、国外企业信息匮乏等外部因素影响，让人对海外并购望而生畏。即使是有一些民企勇气可嘉，成功实施了并购，但这类并购项目技术含量不高、规模不大。

（5）技术吸收再创新能力不足，缺乏海外并购底气。海外并购主要目的是获取国外先进技术，如果不能有效地消化吸收再创新，仍然避免不了落后的命运。并购双方的技术水平差距不太大，并购方才有信心和动力。2012年，辽宁只有 2.7% 的规模以上工业企业有研发机构，规模以上工业企业 R&D 经费与主营业务收入之比仅为 0.62%，低于 0.82% 的全国平均水平，与国际上公认的"有活力和竞争力企业应保持在 5% 以上"的标准存在很大差距。创新投入不足，创新能力不强，导致企业对并购海外科技型企业有畏难情绪。

第三节　把握重点：瞄准企业海外并购的主攻方向

从目前辽宁并购成功的项目看，并购项目与辽宁支柱产业和未来主导产业仍有偏离，下一步仍需围绕辽宁支柱产业和有希望成为主导产业的新兴产业领域，明确并购主攻方向和目标，使并购真正服务业工业结构的优化升级和产业竞争力的提升。

一、辽宁企业海外并购的有利因素

（1）新的并购浪潮提供了有利的国际大环境。19 世纪末到 2001 年，世界共经历了五次并购浪潮，当前的第六次并购浪潮大约开始于 2004 年。与前五次并购浪潮以发达国家绝对主导不同，这次并购浪潮的一个显著特征在于发展中国家的崛起，中国企业的海外并购尤其令世界瞩目，以新兴市场并购发达市场，以相对落后的产业去并购相对先进的产业，是此次并购浪潮最值得关注的趋势。辽宁企业也正是与此波浪潮同步进入海外并购的行列，目前，此波并购浪潮正处于高潮阶段。这一国际大环境客观上为辽宁利用全球资源、拓展外部发展空间、加快培育国际竞争新优势创造了条件。

（2）国际金融危机和人民币升值共同降低了并购成本。国际金融危机引发了世界性经济衰退，虽然世界经济已经开始复苏，但金融危机影响仍在。西方发达国家很多行业遇到困难，不少世界知名大企业、许多坐拥核心技术和专长的中小企业都面临前所未有的经营压力和资金短缺，一些企业需要剥离部分非核心资产，或者面临破产。这些行业很多属于装备制造业，或者新兴产业领域，这与辽宁产业的优势和未来产业升级方向是一致的。过去数年间人民币连续升值，一定数量人民币兑换外币数量相应增多，降低了中国企业偿还外债的压力以及企业的并购成本，也对辽宁海外并购创造了有利条件。

（3）中国的市场潜力是并购双方共赢的良好基础。金融危机的爆发使得本土市场需求不足的问题变得更加突出。欧美发达国家不论是汽车整车及零部件企业，还是机械电子企业，以及日用品企业，都遇到需求严重萎缩、产销急剧下降问题。中国庞大的人口决定了中国必然是全球最大的产品需求市场，选择中国企业作为并购方，成为海外被并购企业拓展中国市场、扩大企业规模的有效途径。辽宁的一些并购案例，例如东软并购德国一家软件企业，东软获得对方的技术和市场，而对方企业也成功进入我国市场。

（4）辽宁的并购扶持政策推动效果明显。为进一步推进海外并购，辽宁率先出台了一系列鼓励企业并购优惠政策，支持力度之大在全国绝无仅有。通过政府和企业的共同实践，辽宁初步形成了一支熟悉国际并购运作规则、熟悉国际财务、法律、技术知识的专业团队，初步构建了以信息对接、人才支撑、法律咨询、金融服务为主要内容的综合服务平台。

二、辽宁企业海外并购的主攻方向和并购目标

（1）明确并购主攻方向及重点领域。辽宁无论国企还是民企，无论是大型企业还是中小型企业，面临的共同的问题是缺乏关键技术和核心技术，导致缺乏持久的市场竞争力。所以，在短期内，辽宁企业海外并购还是以获取制约辽宁工业经济发展的瓶颈技术和产业升级的核心关键技术为突破口。

产业方向上，应以辽宁主导产业特别是高端制造业、信息产业和战略性新兴产业为主。装备制造、冶金、石化、农产品加工业都是辽宁的支柱产业，但冶金、石化企业多是央企的下属或是地方国企，并购或不能自主，或因各种障碍而主动性差。装备制造业无论是从规模上还是发展前景上，都是辽宁支柱产业，特别是先进装备制造领域，应是海外并购的重点。新兴产业中要重点关注新能源、电子信息和网络技术（包括硬件设备和软件服务）、生物医药、节能环保等领域，这些行业辽宁不但已经有一定基础，而且有广阔的发展前景。

（2）并购目标瞄准技术领先国家。并购区域上，辽宁海外并购要继续瞄准以下重点地区：一是德国。德国是全球制造业研发制造最发达的国家，有许多技术实力很强的中小型企业，是行业里的"隐形冠军"。二是美国。美国一直是世界上最具竞争力、最具创新和最开放的经济体之一，美国新企业的创造非常快，同样企业的"死亡率"也很高，留给我们很多并购机会。三是日本。日本在汽车、钢铁、电子、机床、智能制造、新能源等领域都有很

强的实力，但其经济长期低迷，许多行业受金融危机重创，濒临困境，辽宁企业应密切关注。四是韩国。韩国工业化程度较高，主要制造业部门的造船、电子、钢铁、汽车、石化和纺织等实力不俗。五是以色列。以色列虽小，科技创新能力却极强，被称为第二个硅谷，在电子技术、计算机软件、医疗设备、生物技术、信息和通信技术、钻石加工等领域达到世界尖端水平。辽宁企业可重点关注其中小企业，特别是新创企业。

第四节　进一步激发企业海外并购的内生动力

从海外并购的过程和特点看，并购需要等待时机，即等待海外企业经营出现困难时，才给我们提供机会。同时，并购也需要抓住机会，一旦并购机会出现，并购竞争者蜂拥而至，有的竞争者甚至是长期跟踪并购目标，意在抢先一步。因此，机会需要耐心等待，机遇也需要抓住，并购战略既要稳步推进，更需要我们长期坚持。

一、进一步转变政府职能，加强政府部门协调

作为辽宁"工业五项工程"之一的并购工程，目前主要由省经信委国际合作处负责，主要工作是对已完成并购且符合辽宁政策的项目给予资金奖励，同时还对企业并购进行一些前期指导等。但并购是一项复杂工程，涉及发改委、外经贸厅、财政厅、外汇管理局、经信委、驻外机构等多个政府部门，并购前期、并购过程到并购完成后的工作，需要分别与不同部门打交道，一些环节手续烦琐、政策滞后或脱离实际、服务效率低下，增加了企业并购的时间和资金成本。因此必须继续加大行政改革力度，加快政府职能转变，加强部门间协调。建议省经信委会同相关部门，制定涵盖并购前、并购中和并购后全环节的管理和服务办法，搭建一个能协调政府部门、能组织社会机构、能高效服务企业的政府平台。

二、制定并购项目指导目录，明确重点扶持领域

工业转型升级是辽宁加快转变经济发展方式的关键所在，也是实现工业大省向工业强省转变的必由之路，企业并购和技术引进则是促进工业转型升级的重要途径。要加强顶层设计，根据全省优先发展的主导产业和重点培育的战略性新兴产业发展规划，制定优先并购和引进海外先进技术指导目录，提出并购和引进的重点领域、重点方向，进一步增强企业并购和引进工作的方向性、主导性、支撑性和牵动性。为更加有效发挥政府资金的作用，应采取分类支持的办法，在目前重点支持科技型并购的基础上，对高端装备制造

业、新材料、新能源、生物技术、新一代信息技术等产业等战略性新兴产业，给予重点扶持。

三、强化政府与社会组织合作，加强服务平台建设

一是做好项目信息交流对接平台建设。依托辽宁"企业并购和技术引进信息网站"，与外国使领馆、商会、中介机构建立长期合作关系，为企业收集海外企业产权和技术转让信息。在海外重点地区，探索建立驻外办事机构或采取合同要约方式，选择有实力的机构，专门从事海外并购信息捕捉、筛选、交换和跟进工作。二是做好金融服务平台建设。加强与银行、基金、风投等金融机构的合作关系，定期召开企业并购融资对接会，为企业解决融资难题。探索财政资金"股权化"、"杠杆化"手段，建立辽宁海外并购投资基金，成立基金管理公司，发挥财政和中小企业融资担保平台作用。三是做好中介服务平台建设。积极培育外向型的金融、法律、会计、咨询等市场中介组织，吸引国际著名中介服务类公司在辽宁设立分支机构。四是做好人才平台建设。通过专业培养、委托培养、海外引进等多种形式，为企业提供懂得国际化经营与管理的复合型人才。

四、推进国企改革，激发国企发展动力

国有企业海外并购动力不足、热情不高，主要在于制度症结。国有企业法人治理结构不健全，出资人不明晰，现代企业制度尚未建立，企业经营者既不享受激励，也感受不到约束，自然对并购这样事关企业发展的重大战略迟疑不决。在政府层面，要尽快成立国有资本管理公司，承担出资人对国企的监管权利，实现由"管资产"向"管资本"转变；在企业层面，要尽快建立现代企业制度，加速国企的股份制改造，特别是吸收民营资本，在股东会、董事会、监事会、发展战略委员会的框架下，公开选拔经营管理团队。只有通过深化国企改革，企业内在发展动力才能形成，并购潜力才会释放，外部阻力才会减小。同时，国有资产管理部门也要对国企海外并购进行督促，以在国际市场上寻求发展商机。

五、引导民企苦练内功，鼓励民企海外并购

民企是海外并购的重要力量，支持和鼓励民营企业海外并购，是推进海外并购的重要举措。一是扶持民营企业，推进民营企业的重组和联合，做大做强民营企业，为海外并购创造实力条件。二是整合国内资源特别是金融资源，为民营企业海外并购提供资金支持。三是支持民企加强技术能力建设，在市场机制下，通过组织产学研合作，帮助民营企业树立并购信心、实现技术消化，为民企海外并购提供必要的技术支撑。四是完善民营企业相关政策，

鼓励和支持民营企业参与国民经济重点行业和领域的竞争，实现民营企业快速发展。

六、建立科学规范的项目跟踪考核评价体系

继续实行绩效考核制度，完善考核评价措施，根据各市工业经济实力、规模以上工业企业数量、利用外资、出口创汇等情况，调整确定各市企业并购工作任务指标，旨在提高项目的质量和水平。组织普华永道等有关专业机构，对已完成的项目进行跟踪评价，重点选取一些典型案例进行评价分析，总结成功经验，形成有价值的评价报告，为领导决策提供依据，为企业并购提供宝贵经验。

第二十三章　创新驱动高端装备制造业发展

　　高端装备制造业是典型的技术密集型产业，其发展水平强烈依赖于科技支撑体系的功能。振兴战略实施以来，辽宁装备制造业稳步发展，技术水平有一定提高，创造出一批国内领先甚至填补行业空白的产品。但整体来看，由于技术创新能力较弱，近年来，辽宁装备制造业在全国地位受到挑战，特别在航空航天等高端装备制造领域，一些国家级的重大项目辽宁所获有限。这在很大程度上是因为科技支撑体系功能不健全，能力不强大所造成的。辽宁高端装备制造业各行业具有不同的产业组织特征，这种特征决定了高端装备制造业的科技支撑体系与其他行业的不同。因此，应该根据各个行业的组织特点，构建合理的科技支撑体系，提高产业的创新水平。

第一节　辽宁高端装备制造业科技支撑体系的架构

一、科技支撑体系的含义和构成

（一）科技支撑体系含义和要素

　　科技支撑体系是从属于社会经济系统并为其服务的子系统，可以定义为：由科技资源投入、经过科技组织运作，创造符合经济和社会发展所需要科技产品的有机系统。科技资源是科技支撑体系的物质基础，主要包括人力（从事科技研究开发的专业人员及其他为科技研究与开发服务的人员）、财力（科技研究与开发即 R&D 经费）、物力（用于科技研究与开发活动的实验室、科研仪器、设备）；科技组织是科技支撑体系的实体或主体，是科技活动的实施者或承担者，包括政府科研机构、企业研发机构、高等院校及其研究机构、非营利研究机构、民营研究机构，以及进行信息采集加工和科技中介服务的机构；科技产品是科技支撑体系的产出成果，包括各种形式存在的科学理论和技术，如论文、专著、专利技术、生产设备、新产品样品、数据库、信息库等。

（二）科技支撑体系构成

　　具体地说，科技支撑体系可以分为七个子系统：①知识研究系统。以高等院校、重点科研所及实验室、中试基地、工程技术中心等机构为主体，重点跟踪国内外科技发展动态，结合区域资源状况和经济状况，研究开发出拥有自主知识产权的成果，为区域的主要行业、支柱产业、新兴产业提供技术储备和技术支撑。②技术创新系统。以企业为主体，产学研相结合，形成以应用技术及产品创新为核心内容的企业研发设计生产体系。③技术信息中介服务系统。包括各种信息网、数据库和文献中心。④科技资金保障系统。包括政府投入、企业投入和社会融资。⑤知识和技术传播系统。包括科普教育、职业培训和远程教育。⑥科技管理系统。由各级科技管理部门构成，主要管理科技项目、科技成果、科技资金、科技仪器及科技政策。⑦科技监督和监测系统。包括行政监督、制度监督、媒体舆论监督与科技资源监测、科技进步监测、科技产品质量监测等，如图 23－1 所示。

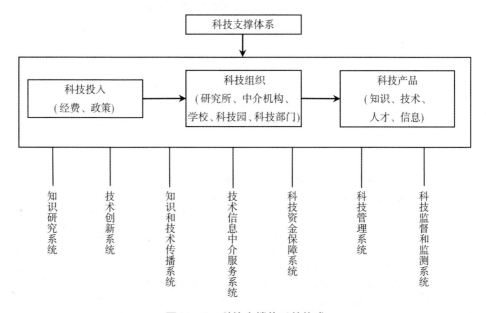

图 23－1 科技支撑体系的构成

二、辽宁高端装备制造业科技支撑体系的架构设计

我国高端装备制造业以大型国企为主导，从国家重点支持产业项目的执行企业来看，央企和地方国企占据了先导地位。辽宁高端装备制造业的重点企业也主要是地方国企和央企的下属单位。这种产业组织特点决定了高端装备制造业的创新系统与其他行业不同。

在国家确定的五大类高端装备制造业中，卫星及应用行业辽宁实力很弱，忽略不论。在航空装备、轨道交通装备、海洋工程装备、智能制造装备四个领域，辽宁在某些方面都有较强的实力。但这四大类行业也有不同的特点。航空装备、轨道交通装备、海洋工程装备都是央企领头，辽宁在这些领域的骨干企业都是央企的下属企业。在这三大领域中，基本都是以主机或总装企业为核心、配套企业为骨干的产业体系。智能装备领域，产业规模小，产业组织结构小、散、弱，缺乏具有国际竞争力的骨干企业。辽宁在智能装备制造领域主要是地方国企主导，众多高科技民企参与其中，产业组织更为分散。在一些领域中，辽宁有总装企业，在另一些领域中，辽宁企业主要是生产配套产品。总之，在开放式环境下，辽宁高端装备制造业的科技支撑体系要考虑不同的产业组织架构，如表 23 - 1 所示。

表 23 - 1　辽宁高端装备制造业组织特征

行业	企业	主要区域	龙头企业性质
航空航天	沈阳飞机研究所、沈阳飞机集团、沈阳发动机研究所、黎明发动机集团、沈阳空气动力研究所、沈阳兴华航空电器公司，航天新光集团、航天新乐公司、航天新星机电、北斗卫星运营服务有限公司	沈阳	央企
轨道交通	沈阳机车、大连机车、沈阳新松机器人、中船重工辽海装备、博林特电梯、北方交通重工、瓦轴	大连沈阳	央企、地方国企
海工装备	大连船舶重工、大连中远船务工程、渤海装备辽河重工、辽宁天意、大连华锐重工、盘锦辽河石油装备	大连	央企
智能装备	沈阳新松机器人、沈阳机床、大连机床、大连光洋	沈阳大连	地方国企、民企
基础装备	三一重装、沈阳鼓风机集团、北方重工集团、大连重工·起重、大连华锐重工集团、大连华锐重工、沈阳变压器集团、瓦房店轴承集团	沈阳大连	地方国企、民企

（一）航空制造业科技支撑体系架构

1. 辽宁航空制造业组织结构和科研实力

航空装备是高端装备制造业发展的重点方向之一。航空工业包括军用飞机、专用航空（干线客机、支线客机和运输机）、通用航空（公务机及从事工业、农业、林业、渔业、矿业、建筑业的作业飞行和医疗卫生、抢险救灾、气象探测、海洋监测、科学试验、遥感测绘、教育训练、文化体育、旅游观光等方面的飞行器）三个板块。航空产业的发展涉及众多产业，包括材料工程、仪表仪器、机械制造、电子技术、信息软件和自动控制等多个产业和领域。

辽宁航空工业的龙头企业属于央企，具备总装和配套能力。辽宁是航空工业大省，在我国航空制造业特别是军机研发和生产上占有举足轻重的战略地位，产业主要集聚在沈阳。骨干企业和研究机构都是中航工业集团的下属单位。沈飞集团在军机领域具有总装能力；在民用飞机领域主要进行转包生产，为国外航空巨头和国产民用飞机生产零部件；在通用飞机领域，沈飞与美国塞斯纳公司合作完成了轻型运动飞机 LSA162、SAC－10 的设计生产，而且沈阳成立了联合航空发展有限公司，作为沈阳未来通航产业发展平台。

辽宁航空工业的科研实力居于国内领先地位。沈阳飞机设计研究所（601 所）主要从事飞机总体设计与研究，共有 158 个设计专业，涉及 54 个重点专业领域，涵盖飞机设计、试验验证和技术支持三大类。设有飞机总体气动、强度、结构、飞行控制、机电系统、航空电子、飞机保障、产品数据管理、无人机、航空产品研发等专业研究部；建立了覆盖全所的计算机网络系统，建设了飞机数字化设计、工程分析、型号管理、协同办公的应用系统，实现飞机全数字化三维设计。

沈阳发动机设计研究所（606 所）创建于 1961 年 8 月，是新中国第一个航空发动机设计研究所，在空气动力、流体力学、工程热物理、强度、控制等近 40 个专业领域拥有工程经验丰富的科研队伍，是国家批准有权授予博、硕士学位的单位，是中国大中型涡喷、涡扇航空发动机的研发基地，同时还承担燃气轮机研发任务。

626 所是我国成立最早的航空空气动力实验研究机构，拥有雄厚的技术实力，集空气动力学基础理论研究、飞行器先进气动布局研究和高低速风洞相配套的空气动力试验技术研究于一体，开展计算空气动力学研究以及相关的测控仪器设备研制，在国内外享有较高声誉，是我国航空空气动力学研究与试验中心。

此外，沈飞、黎明公司也都设有企业技术中心和技术研究机构，并拥有一大批研发设计人才，仅沈阳从事飞机和发动机设计研究的科研人员就在7000 名以上。

辽宁有比较完善的航空人才培养体系。沈阳及全省在航空工业发展所需的机械、电子、材料等学科领域拥有很强实力，大连理工大学、东北大学、沈阳航空航天大学等高校都有航空设计制造相关学科。客观地说，沈阳地区的航空研发体系堪称全国最强。

2. 以沈阳为中心构建军民融合航空装备科技支撑体系

由上可知，辽宁的航空制造业比较特殊，在军机领域，有隶属中航工业的总装企业沈飞集团，而且在发动机等部分关键部件方面有很强的科研和生产能力。在干线、支线客机领域，辽宁企业主要是作为部件供应商。在通用航空领域，辽宁仍处于起步阶段，但不像军机和大型客机那样需要依赖央企，而是地方政府和企业具有较大的自主权。辽宁航空装备科技支撑体系的构建要充分利用军机方面的科技基础，使其向民机和通航领域转化和溢出，建立军民融合的科技支撑体系，如图23-2所示。

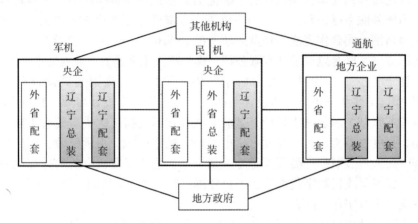

图23-2　军民融合的辽宁航空制造业科技支撑体系架构

（二）轨道交通装备制造业科技支撑体系架构

1. 辽宁轨道交通装备制造业的组织结构和科研实力

辽宁轨道交通装备制造业主要集聚在大连，龙头企业属于央企，具备总装能力，生产配套系统和零部件的骨干企业多是地方国企，也有一些民企。

辽宁在轨道交通领域有很强的科研能力，大连最为突出。大连以大连机车车辆有限公司为龙头，大连齐车轨道车辆有限公司、北车集团大连机车研究所、大连交通大学、大连现代轨道交通电车工厂以及为大连机车配套的47家企业等单位组成了大连现代轨道交通装备产业集群的骨干。其中，规模以上企业28家，重点企业有大连机车车辆有限公司、大连齐车轨道交通装备有限责任公司、大连机车东芝有限责任公司、大连内燃机车研究所等。

大连交通大学是东北地区唯一一所以轨道交通装备制造业为特色的大学。学校的专业在最初的蒸汽机车制造、车辆制造、焊接三个专业基础上，调整设置了热力机车、铁道车辆、机械制造工艺及设备、铸造工艺及设备、锻压工艺及设备、焊接工艺及设备等本科专业，整合设立了机车车辆系和机械制造工艺系，学校服务轨道交通装备制造业的学科体系初步确立。

北车大连电力牵引研发中心有限公司于2001年9月组建，是直属中国北车股份有限公司的高科技企业。电牵研发中心是大连市、省和国家知识产权试点单位，省轨道交通装备电传动及控制工程技术研究中心挂靠单位，动车组和机车牵引与控制国家重点实验室北车基地。电牵研发中心成立10余年来，始终致力于网络控制、变流技术和电传动系统集成三大核心技术领域的技术研究及产品开发，取得了大批技术专利和创新成果。自主研制的牵引与控制产品已批量应用于机车、动车组、铁路大型养路机械、地铁车辆、轻轨车辆、单轨车辆以及矿山、船舶和工业制造等领域，并成功走出了国门。

2. 以大连为中心构建轨道交通装备科技支撑体系

根据以上分析，辽宁在轨道交通装备领域有较强的科研能力，不仅有总装企业，而且在许多配套设备的研制方面技术实力雄厚。因此，辽宁要继续加强与北车集团的合作，围绕总装企业，加强关键配套的研发，打造核心—外围结构的创新体系，如图 23 – 3 所示。

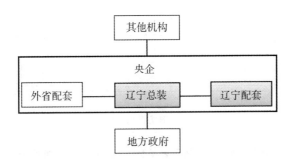

图 23 – 3　辽宁轨道交通装备制造业科技支撑体系架构

（三）海洋工程装备制造业科技支撑体系架构

1. 辽宁海工装备制造业的组织结构和科研基础

辽宁海工装备制造业以大连实力最为雄厚，葫芦岛、盘锦也有一定基础，龙头企业属于央企，地方国企和民企做一些配套。

辽宁在船舶制造和海工装备制造领域科研基础雄厚。大连船舶重工集团拥有自己的核心设计团队，其海洋工程设计研究所被认定为国家级企业技术中心，该研究所有 1000 多名工程技术人员，由中国工程院院士领军，通过自主开发及与国际知名公司合作，海工装备设计与研发技术达到了国内先进水平。此外，大船重工的母公司中船重工集团的科研力量更为雄厚，拥有 28 个科研院所和 7 个国家级企业技术中心，其科研成果可以根据需要在大船重工进行产业化。

辽宁高校在船舶和海洋工程方面的科研实力同样居于全国前列。大连理工大学在船舶与海洋结构物设计制造等关键技术、船舶与海洋工程结构安全和海洋工程水动力学等方面研究居于国内领先水平，组建了深海工程技术与装备研究团队，目前正在承担国家"863 计划"重大专项课题"深水半潜式钻井船设计与建造关键技术"、国家"863 计划"海洋技术领域课题"深水立管工程设计关键技术研究"等课题研究任务。雄厚的科研实力为辽宁发展海工装备提供了坚实基础，同时还担负着为辽宁培育海工装备人才任务。

2. 以大连为中心构建海工装备科技支撑体系

辽宁在海工装备领域的情况与轨道交通装备的情况类似，既有隶属央企的总装企业，也有大量的配套企业，但也有区别。在轨道交通装备领域，只有大连机车一个龙头，而在海工装备领域，则至少有大连船舶重工集团有限公司和大连中远船务工程有限公司两个龙头。二者应在共性技术领域合作的基础上走差异化发展道路，围绕总装企业构建核心—外围的科技支撑体系，如图 23-4 所示。

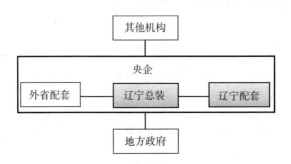

图 23-4　辽宁海工装备制造业科技支撑体系架构

（四）智能装备制造业科技支撑体系架构

1. 智能装备制造的组织结构和科研实力

智能装备制造涵盖范围广泛，辽宁比较突出的是机器人产业和数控机床产业。

（1）机器人产业。

辽宁在机器人研制领域具有重要地位，中国科学院沈阳自动化研究所、中国科学院计算技术研究所等单位是国内机器人研究领域的佼佼者，沈阳新松机器人自动化股份有限公司是中国机器人产业的领跑者。作为国内规模大、产业线全、最具影响力的高端装备产业集团，新松公司以独有技术、核心零部件、领先产品及完整的行业技术解决方案，形成了工业机器人、智能移动机器人、自动化成套生产线、智能物流、轨道交通、激光自动化装备、节能环保装备、能源装备、智能服务机器人九大产业群组。新松公司工业机器人产品系列既有常规通用型机器人，又有半导体加工领域的洁净及真空机器人，技术上处于国际先进水平，占据了国内机器人高端市场。新松公司生产的 AGV（无人搬运车）具有完全自主知识产权，填补多项国家空白，出口到美国、加拿大、俄罗斯、韩国、印度等国外市场。新松智能 AGV 产品已在汽车制造、机械加工、电子、港口、纺织、造纸、医药、食品、图书出版等行业得到广泛应用。

辽宁近年来不断加大力度发展高端智能装备产业。沈抚新城产业区已规划5千米作为机器人产业基地建设用地，重点发展机器人及智能装备产业。辽宁已推出一系列政策措施，吸引海内外机器人龙头企业前来投资落户。包括正在建设机器人产业化孵化器项目，为引进海内外机器人技术资源、智力资源、企业资源提供科研及办公用房，并给予一定税费和房租优惠；设立风险投资基金和产业发展引导基金等。

（2）数控机床产业。

近年来，辽宁从事数控机床研发、生产的单位呈逐年增加趋势，除沈阳、大连两个龙头生产企业外，还有10余家单位（包括企业、科研单位、大学）开发数控机床功能部件。沈阳机床集团、大连机床集团、大连大森、大连光洋、中科院沈阳计算所等单位都投入了大量的人力、财力从事数控系统、伺服单元等功能部件研发；大连大森、大连光洋、高精数控、大连高金等也在从事伺服系统、伺服电机和编码器开发。

辽宁高等院校可为数控机床产业发展提供强大技术支撑。省内大连理工大学、东北大学、沈阳工业大学、沈阳理工大学等院校在机床设计、高速磨削、有限元分析、网络制造、伺服驱动、永磁伺服电机、高速加工等多方面都有前瞻性的技术储备和技术集成优势。

2. 构建沈阳和大连双中心的智能装备制造创新系统

辽宁的智能装备制造主要集中于沈阳和大连，其他市在某些领域也有一些特色行业，如丹东的仪器仪表。在这些行业，不是央企主导，甚至也不是大型地方国企主导，而是集聚了大量的科技型民营企业。在此领域，辽宁既有总装企业，也有零部件企业，而且地方政府具有较大的自主权。但由于产业组织的分散性，也会导致过度竞争，造成资源的浪费。例如，在机床领域，沈阳机床集团与大连机床集团所开发的产品越来越趋同；沈阳机床集团、大连机床集团、大连大森、大连光洋、中科院沈阳计算所等单位都投入了大量的人力、财力从事数控系统、伺服单元等功能部件研发；大连大森、大连光洋、高精数控、大连高金等又在同时从事伺服系统、伺服电机和编码器开发，没有形成专业化分工合作的社会化、产业链化分工体系，这种局面必然造成力量分散，资源浪费。在这种情况下，要引导不同企业和单位之间的合作，使省内的企业联合起来，同时充分利用省外的科技资源，如图23-5所示。

基础装备制造业涉及领域比较广泛，辽宁的龙头企业多是地方国企和一些民企，产业组织结构与智能装备制造业类似，科技支撑体系的架构也类似。

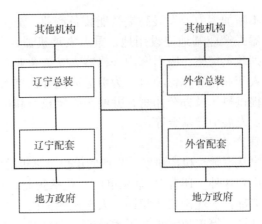

图 23 – 5　辽宁智能装备制造业科技支撑体系架构

第二节　实现创新驱动的措施

创新是企业在市场竞争中赖以生存发展的必由之路，也是产业发展的内生动力。作为技术高度密集的行业，高端装备制造业发展根本上依靠科技创新驱动，同时也需要相应的体制机制创新为其提供制度保障与政策支撑，充分调动各类创新主体的积极性，有效整合各类创新资源，最大限度释放创新潜能，为辽宁高端装备制造业崛起持续注入内生动力。

一、突出企业创新主体地位，增强产业发展原动力

实现创新驱动高端装备制造业发展，首先要突出企业的技术创新主体地位。辽宁航空装备、轨道交通装备、海洋工程装备领域的骨干企业都是央企下属企业，智能装备制造领域主要是地方国企主导，众多高科技民企参与其中。充分调动多方利益主体，努力提升各类企业创新能力，对于全省高端装备制造业发展意义重大。

（一）进一步强化与中直企业的联系，促进央地融合

《国务院关于近期支持东北振兴若干重大政策举措的意见》提出"中央企业和地方企业协同发展"、"支持中央企业与地方共建产业园区"、"设立军民融合发展示范园区"等许多促进央地融合发展的措施，辽宁应把握机遇，切实从战略上加强与中央企业的合作。高端装备制造领军企业多为中央直属，设在辽宁的科研单位和生产企业为数众多。作为装备制造业大省，辽宁在航空、船舶、轨道交通、智能装备、大型成套设备、基础部件等领域，均具有国内领先的生产企业和科研单位。充分利用这些优势，吸引央企加大对其在

辽企业和科研机构的投资力度，打破"条块分割"的制度樊篱，以市场化手段，建立以资本为纽带的紧密型央地企业联系，促进央企和地方企业之间创新合作，为辽宁高端装备制造业发展提供要素支撑。

（二）大力推进地方国企改革，激发企业创新活力与潜能

辽宁高端装备制造业的骨干企业很多是地方国企，其创新能力的高低，直接关系到全省装备制造业的整体竞争力。由于体制因素影响，国有企业内生发展动力不足已成为固有顽疾，依靠科技创新提升核心竞争力更是面临诸多制约机制。就目前来看，国企改革途径、重点等操作层面已不存在更多的疑难问题，关键在于实施时机与推进力度。同时，积极借鉴中关村、张江等国家自主创新示范区在科技成果处置权、收益权、股权激励等方面的政策，在辽宁地方国企和研究院所稳步推广，用体制和分配政策激发科技人员的科研活动热情，促进国有企事业单位自主创新和科技成果转化。

（三）积极创造条件，培育民营企业健康成长

在高端装备制造领域，辽宁拥有一批实力不俗的民营企业。大连光洋成功开发出应用于国产大飞机总装的串并混联控制系统，打破了国外对此类高档数控系统领域的技术垄断。大连四达高技术发展有限公司自主研发设计的大部件对接柔性装配系统，用于我国大飞机制造领域大部件自动化装配环节，成为国内唯一一家为国产大飞机数字化装配服务的民营企业。远大集团在装备制造多个领域具备与国际同行竞争的实力。相对于国有企业，民营企业产权清晰、发展动力更强。应不断加大对民营企业创新的支持力度，包括在财政政策方面予以扶持，还包括为有实力的民企争取更多的行业参与机会。例如，积极吸引并鼓励民营资本和企业参与航空制造业。在军机领域，充分利用国家有关政策，鼓励、引导和帮助民营企业取得武器装备研制的保密资格和许可资格，参与军机配套；在民机领域，帮助民营资本和民营企业参与国产大飞机、支线飞机的配套，进军通用飞机、直升机等的研究和生产领域。如果能不断涌现出像大连光洋、大连四达这样的民营企业，辽宁高端装备制造业创新能力乃至整个区域创新能力的提升将获得不竭的内生动力。

二、加强国际交流与合作，提升产业整体技术水平

高端装备制造业前沿与核心技术仍被少数发达国家所控制，必须善于利用国外科技力量和国外市场，通过引进来、走出去和各种形式的国际合作，不断缩小与世界先进水平的差距。

（一）加大引资引智力度

近年来，通过购买技术、引进外资、合作生产、聘用海外专家或研发团队等措施，辽宁通用航空、海洋工程、数控机床、盾构机等行业在技术和市场方面纷纷取得突破，明显缩小了与先进水平的差距，但在利用国外资金和

创新资源方面还亟待加大力度。例如,许多省市都在抢夺通用航空发展机遇,积极与国外航空公司展开合资合作,辽宁在这一领域起步较早,但发展势头存在被人赶超的风险;机器人产业面临空前的发展机遇,许多省市争先恐后借助国际著名机器人公司的进入做大这一新兴产业,辽宁虽有国内最强的机器人产业基础,但在利用国际资源方面却乏善可陈。

为此,应根据产业的关键需求和产业结构优化升级方向,修订辽宁外商投资产业指导目录,进一步优化利用外资结构和空间布局,重点引导和鼓励外资投向高端装备制造领域,适当限制在传统行业和非实体行业的外商投资;重点加大对发达国家和世界 500 强的引资力度,鼓励外资以参股、并购等方式参与省内装备制造企业的改组改造和兼并重组。加大海外技术人才、创业人才的引进力度;鼓励境外企业、科研机构、科技人才来辽宁设立研发机构;支持符合条件的外商投资企业与省内企业、研究机构合作申请国家科研项目;以论坛、研讨会、政策对话等形式加强辽宁与国外政府、企业和科研机构之间的对话、协商和沟通。在继续搞好"中国东北部地区国际科技合作活动周"的基础上,扩大活动所涵盖的国际区域,丰富合作形式,深化合作程度。

(二) 加快装备制造企业"走出去"步伐

在数控机床、轨道交通、基础装备等高端装备制造领域,辽宁企业正在通过产品出口、工程承包、海外并购、投资建厂等多种形式逐步走向世界,但相比于南方一些先进省市,辽宁走出去的步伐仍小、速度仍慢、保障仍弱。近两三年,由于世界经济增长乏力,国际环境动荡加大,辽宁企业走出去面临更加严峻的形势。

目前,辽宁企业走出去主要面临技术能力弱、融资困难、人才缺乏、贸易争端等问题,应以更敏捷的反应、更多元的手段、更强力的措施支持辽宁高端装备制造企业走向国际市场。提高对企业研发特别是重大技术创新的支持,降低企业的创新风险;支持有条件的企业到境外设立、兼并和收购研发机构,设立国际科技园和孵化器;鼓励装备制造高技术企业收购境外先进技术和知名品牌企业;积极支持企业参与国际重大前沿技术的研究开发和国际标准的制定;在不违反国际贸易规则前提下,增加对走出去企业的财政补贴额度,降低其运营成本;鼓励装备制造企业在境外投资设立营销网络、生产基地和经贸合作区;鼓励装备制造企业吸引国际风险投资,到海外上市,拓宽融资渠道;加大对走出去企业的信用担保和风险补偿力度;加强高校和企业的合作,共同培养精通专业知识、外语、国际贸易、法律、知识产权等方面的国际化人才;对企业人员出国,在办理护照、申请签证等方面,尽可能提供协助、简化手续,扩大一些证件如 APEC 商务旅行卡的覆盖范围;成立专门机构或建立长效机制协助企业应对国际知识产权、贸易壁垒和反倾销等贸易争端。

三、分类构建平台与载体，优化产业科技创新基础条件

高端装备产品作为众多共性技术和专门技术的集成，企业独自承担技术开发困难很大，必须运用合适的机制，将有关企业和科研机构联合起来，为重大技术研发和产业化提供平台和载体。

（一）建设和完善三大技术创新平台

根据《辽宁省产业技术创新体系建设方案》和《辽宁省产业技术创新平台建设管理办法》，着力建设高端装备制造业公共技术创新平台、专业技术创新平台和技术创新综合服务平台。

（1）建设高端装备制造业共性技术创新平台。高端装备制造业所需要的共性技术涉及智能化、数字化、绿色化、服务化等方向，包括数字化设计与制造技术、传感与检测技术、新材料及其工艺技术、光机电一体化技术、先进能耗监测技术与排放分析设备、信息技术与计算机应用、先进数控等众多领域。应围绕这些重点领域，整合现有优势产业资源，依托省内科研实力突出的高校、科研机构，以院士、长江学者等国内领军人才及其研发团队为核心，建设若干服务辽宁、面向全国的高端装备共性技术创新平台。

（2）建设产业专业技术创新平台。引导发展前景广阔的领军型企业自主选择高校和科研机构，联合建立企业主导的实体型产业专业技术创新平台，并以此为依托，深化产学研合作，实现技术需求与科技研发的无缝对接。同时，在高校、科研机构内形成一批长期为企业提供技术研发服务的专有研究人员和团队。

（3）打造产业技术创新综合服务平台。面向高端装备制造业技术创新需求，积极转变政府职能，延伸政府服务，引导支持建立产业技术创新综合服务平台，开展信息、金融、知识产权、财务、法律、培训等新型技术创新专业服务。

（二）围绕高端装备组建协同创新中心

协同创新中心是近几年涌现的产学研合作新模式，对于提高协作紧密度具有良好效果。目前，辽宁已经成立以大连理工大学牵头、其他高校和企业为成员的"辽宁重大装备制造协同创新中心"，依托沈阳航空航天大学组建了"先进航空装备设计与制造协同创新中心"。辽宁高端装备领域研发创新资源丰富，但这些创新资源分属不同部门，研发活动各自为战，研究领域低水平、低强度重复，迫切需要资源整合。应围绕高端装备制造业重点发展领域和行业特点，继续组建若干协同创新中心，包括"数控机床协同创新中心"、"机器人及自动化装备协同创新中心"、"海洋工程装备协同创新中心"、"轨道交通装备协同创新中心"等。

（三）探讨和筹划组建辽宁产业技术研究院

2005年，陕西与国家有关部委及中央企业合作，分别依托西安交通大学和西北工业大学成立了"陕西工业技术研究院"和"西北工业技术研究院"。2012年上海成立"产业技术研究院"，作为共性技术研发、成果转化和产业引领的平台。2013年，江苏成立民办公助性质的"产业技术研究院"，组织开展产业技术研究和集成攻关。2012年，武汉市人民政府和华中科技大学共同组建"武汉智能装备工业技术研究院"和"武汉光电工业技术研究院"两个行业性研究院。

为聚合创新资源、培育新兴产业、支撑传统产业升级，辽宁可借鉴外省市经验，组建"辽宁产业技术研究院"，组织框架为总院和专业技术研究所。总院由省级管理，主要开展研究所的遴选、业务指导、绩效考评、前瞻性科研资助以及重大项目组织和协调工作。专业技术研究所由产业技术研发机构申请加盟，其原有机构性质、隶属关系和对外法律地位均保持不变，工作任务是开展专业核心技术、共性技术研发，储备产业未来发展的前瞻性技术和目标产品。该机构的管理可借鉴西方成熟模式，实施理事会领导下的院长负责制，不设行政级别，实行项目经理制，由项目经理组织项目研发团队，组织研发和技术攻关。

辽宁高端装备制造几个领域都可设立专业研究所，吸收在辽宁的中科院研究所、中央直属企业研究所、大学研究机构、地方研究机构、企业研发机构，聚合各路研发资源，集中优秀人才，进行重大技术项目攻关。

四、建设成果转化体系，畅通科技与产业融通渠道

相对于科技生产体系，辽宁的科技成果转化体系更为薄弱，吸引外部高端科技成果少，省内经济效益巨大的科技成果多在省外转化。据调查，中科院驻辽五个研究机构的成果，在本省与外省（市）区转化之比为1:6；成果转化企业新增销售收入在本省与外省（市）区之比为1:9，无论是成果转化率还是成果转化效益都很低。转化能力不强，一方面是对引进技术的消化吸收不够，另一方面是本地企业不能转化本地的科研成果。例如航空制造业，辽宁在金属材料、发动机、燃气轮机、飞机设计等方面具有不俗的实力，而且很多技术是军民两用，一些单位也承担民品任务，但辽宁对这些资源的利用并不充分。

根据辽宁《关于加快推进科技创新的若干意见》和《辽宁省自主创新促进条例》，应尽快制定出台辽宁高校、科研院所科技成果转化的实施细则，明确如下政策。第一，将科技成果转化取得利税额度作为专业技术职务任职资格评审的重要依据。第二，简化、下放校所科技成果处置及审批权限，赋予科研机构自主处置权，由原来的主管部门审批制改为交易备案制。科技成

果转化由市场定价，公开交易。第三，明确科技成果转化收益和科技服务个人收益比例，包括明确成果完成人创办企业享有的股权收益比例，明确科技成果转让收益比例，明确与企业横向研发课题中科研人员个人劳务费的获取比例。第四，解决校所人员创办科技企业或以科技成果入股企业的政策界定，明确哪些人员、什么职级的教师和科研人员能够以科技成果、知识产权等离岗创办企业，或以技术入股企业。第五，加大鼓励科技成果转化的财政支持力度，设立科技成果转化专项经费，引导企业与校所共同开展科技成果转化。第六，促进校所科研与企业需求有效对接，科研管理部门在立项中要注意吸纳企业意见，采取纵向课题和横向课题相结合的方式，鼓励科研人员深入企业，面向市场、面向经济建设主战场，开展科技创新课题研究。

五、发展科技金融与服务，为产业发展提供多元化支撑

高端装备制造业的发展除了依靠央企、地方国企等龙头企业的引领外，还需要大批具备较强科技创新能力的民企、科技型中小企业共同参与。必须大力发展多种类型的科技服务业和多元化的投融资体系，以适应各类企业的创新需求。

（一）积极推进科技服务业快速发展

为解决科技成果转化效果差的问题，除了建设技术创新综合服务平台之外，还应大力发展科技服务业，依靠市场机制解决技术成果和市场需求的无缝对接。科技服务业主要包括科学研究、专业技术服务、技术推广、科技信息交流、科技培训、技术咨询、技术孵化、技术市场、知识产权服务、科技评估和科技鉴证等活动。2014年，国务院常务会议部署加快发展科技服务业的5项举措；北京、浙江、四川、青岛4省市成为首批科技服务业创新发展试点。辽宁于2014年出台《辽宁省科技服务业发展四年行动计划（2014～2017年）》，在继续加大实施力度基础上，争取尽早将辽宁或某个市列入科技服务业创新发展试点。

（二）促进装备制造和金融业的融合

（1）大力发展融资租赁业务。根据国际成熟市场的经验：装备制造企业作为设备供应方和技术掌握者，是融资租赁市场的重要推动力，直接贡献了融资租赁市场50%以上的业务量。对装备制造企业而言，融资租赁是服务转型和全球竞争的必备基础设施，也是提高定价能力、加快资金周转和保护信用评级有效的金融工具。近期，中央加大对东北地区的金融政策支持力度，特别提出"允许符合条件的重点装备制造企业设立金融租赁公司开展金融租赁业务"，要以此为契机，加快发展适合辽宁高端装备制造业的金融服务业。

（2）建立科技产业发展银行或中小企业创新银行，采取税款返还担保、股票股权抵押、保单抵押、债券抵押和其他权益抵押等多种贷款形式，发放

各种低风险的创新贷款，解决企业创新过程中出现的资金难题。

（3）重视融资环境建设，积极培育多元化、多层次资本市场，以科技信贷和科技保险为核心，设立科技创新风险引导基金，聚集各种创业投资和风险资金，形成以政府政策性投入为引导、企业主体性投入为主导、金融机构支持创业投资为支撑、社会多渠道投入为辅助的科技创新投融资体系。

（4）逐年提升年度研发经费所占 GDP 及财政支出的比例，逐步建立和完善科学技术发展基金、风险投资基金、重大产业技术攻关基金、技术创新和孵化基金，鼓励银行加强对科技创新体系的金融服务。

（5）支持符合条件的企业在中小企业板、创业板上市融资或发行企业债券、公司债券、短期融资融券和中期票据，支持中小企业发行集合债券、集合票据。

六、加强政策协调与体制机制保障

高端装备制造业创新涉及跨领域的基础科学和应用技术的集成，需要各类政策的扶持，需要跨部门甚至跨区域的协调合作。对高端装备制造业的支持要突破针对一点、一个环节的做法，构建跨部门、多层次的协调机制，形成政策互补、合力推动的强大效应。

（一）形成鼓励原始创新的政策合力

基础研究虽然不能取得短期效果，但对基础研究的重视和在该领域的积累，可对高端人才形成巨大吸引力。我国大飞机、支线飞机由上海总装，天津航空业后来居上，很大程度上与这两个地区及周围的科研基础雄厚和容易吸引人才有关。因此，应加强对基础研究和基础设施技术发展的支持，提高原始创新能力。一是持续稳定提高地方财政对基础研究投入。积极调整财政科技支出结构，加大对基础研究特别是面向包括高端装备制造业在内的战略性新兴产业基础研究的投入强度，力争未来 5 年地方财政科技拨款对基础研究支持的比例提高 5%；加大力度建设一批重大基础设施和重大科学工程，形成合理的建设、运行和科研投入机制；加大对参与基础研究机构的经费投入，特别是加大对重点院校、重点科研机构以及国家级和省级重点实验室的经费投入；以自然科学基金和博士科研启动基金为抓手，加强基础研究人才队伍建设。二是引导省内行业龙头骨干企业开展基础研究。支持企业建设重点实验室、院士工作站、扩大博士后科研工作站等基础研究载体；利用产业联盟的形式吸引更多企业参与国家各种基础研究计划和项目；通过政策导向、舆论宣传、税收杠杆等手段，吸引辽宁国企、民营高科技企业乃至外资公司增加对基础研究的投入。

（二）构建多层次的政策整合机制

在开放式环境下，辽宁高端装备制造业创新体系从纵向上跨越了国家、区域、省、市多个不同等级。国家层面主要是对高端装备制造业进行宏观规划和政策指导，制定创新战略，运用国家项目计划和资源配置支持重大项目和重点区域。区域层面，辽宁要在相关领域加强与其他省份之间的合作，如吉林、黑龙江以及环渤海各省市，根据各自的优势，分工协作，避免重复竞争。围绕高端装备制造业重大创新进行统一协调，制定和组织实施跨省的创新总体方案和规划，协调解决跨地区、跨议题的重大区域创新政策问题。省级层面既要接受国家、区域对创新政策的整合和协调，也要发展出一套具有辽宁优势和特色的差别化创新政策和治理工具，刺激知识技术转移和成果转化，在协同合作中展开有序的错位竞争。

建议成立"辽宁省装备制造业创新政策咨询委员会"，成员可由国家、辽宁有关部门负责人、高级科学家和产业代表组成，核心任务是为辽宁装备制造业创新提供整体性创新战略、创新政策和重大优先事项提供意见和建议，协调各层主体形成一体化创新政策体系。该创新政策咨询委员会可以实现上下多层次的垂直政策整合，地方政策主体也通过该政策协商机制在国家层面进行信息桥接和利益表达。

（三）完善区域科技创新协调机制

为加强辽宁与外省市之间，省内各市、区之间的协调，建议通过联席会议等形式，加强有关部门、装备制造业集聚区、产业代表之间的沟通、互动与合作。通过这种协调机制，发挥区域主体在地方合作决策和沟通中的作用，确立跨行政区域的重大科技合作事项，解决区域科技合作中的重大问题。通过打破区域内部的行政性壁垒和体制性障碍，使不同区域之间的科技政策基本实现对接、衔接和配套，避免相互矛盾。在区域创新政策的制定、执行和监督各环节加强各地的磋商对话与协调行动，从事务性合作转向政策性对接，从局部合作转向整体联动，从阶段合作向制度性安排转变，在区域层面实现科技资源与政治资源的优化配置。

参考文献

[1] Austin, J. et al. The Vital Connection: Reclaiming Great Lakes Economic Leadership in the Bi – National US – Canadian Region [J]. Brookings, 2008 (4) 17 – 28.

[2] Kokko, Ari. Technoligy, Market Charcteristics, and Spillovers [J]. Journal of Development Economics, 1994 (43): 602 – 611.

[3] Krugman, P. Model of Innovation, Technology Transfer, and the World Distribution of Income [J]. Joural of Political Economy, 1979 (87): 253 – 266.

[4] Mansfield, E., Romeo, A., Schwartz, M. & Teece, D. New Findings in Technology Transfer, Productivity and Economic Policy [J]. Research Management, 1981, 26 (2): 11 – 18.

[5] Posner, M. V. International Technoligy Trade and Technology Change [J]. Oxford Economic Papers, 1961 (13): 323 – 341.

[6] Teece, D J. Technology Transfer by Multinatoanal Firms—the Resource cost of Transferring Techanological Know How [J]. Economic Journal, 1977 (87): 242 – 261.

[7] Vernon. R. International Investment and International Trade in Cycle [J]. Quarterly Journal of Economics, 1966 (80): 190 – 207.

[8] Wilkins, M. Review of: International Technology Transfer: Europe, Japan, and the USA, 1700 – 1914, By David J. Jeremy [J]. Journal of Economic History, 1992, 52 (2): 529 – 530.

[9] Cato Susumu. Public Monopoly, Mixed Oligopoly and Productive Efficiency: A Generalization [J]. Economics Bulletin, 2008, 12 (24): 1 – 7.

[10] Chaim Fershtman. The Interdependence between Ownership Status and Market Structure : the Case of Privatization [J]. Economica , 1990, 57 (227): 319 – 328.

[11] Richard C. Levin. A New Look at the Patent System [J]. AEA Papers and Proceedings, 1986 (5): 7 – 14.

[12] Robert Dorfman, Peter O. Steiner. Optimal Advertising and Optimal Quality [J]. The American Economic Review, 1954, 44 (5): 826 – 837.

[13] Giovanni de Fraja, and Flavio Delbono. Alternative Stragegies of a

Public Enterprise in Oligopoly ［J］. Oxford Economic Papers, 1989 （41）: 302 - 311.

［14］ Chaim Fershtman. The Interdependence between Ownership Status and Market Structure: the Case of Privatization ［J］. Economica, 1990 (57): 319 -28.

［15］ D. 盖尔·约翰逊. 经济发展中的农业、农村、农民问题 ［M］. 北京: 商务印书馆, 2005.

［16］ OECD. 聚焦中国: 经验与挑战, 2012.

［17］ 安同良. 企业技术能力发展论 ［M］. 北京: 人民出版社, 2004.

［18］ 曾春九, 赵东安, 粟茂. 基于企业技术创新能力提升的技术引进 ［J］. 高科技与产业化, 2008 （10）.

［19］ 陈栋. 自主创新与中国工业结构升级研究 ［D］. 华中科技大学博士学位论文, 2011.

［20］ 范保群, 张刚, 许庆瑞. 国内技术转移研究的现状与前瞻 ［J］. 科学管理研究, 1996 （1）.

［21］ 傅家骥. 技术创新学 ［M］. 北京: 清华大学出版社, 1998.

［22］ 傅强, 杨林. 技术引进的理论与实务 ［M］. 重庆: 重庆大学出版社, 1997.

［23］ 高良谋, 路通. 辽宁装备制造业技术改造的长期趋势与实证研究 ［J］. 财经问题研究, 2007 （6）.

［24］ 顾珂舟. 中韩船舶企业技术引进战略与技术创新比较研究 ［J］. 经济师, 2008 （6）.

［25］ 顾露露, Robert Reed. 中国企业海外并购失败了吗? ［J］. 经济研究, 2011 （7）.

［26］ 关西视窗, 关西地区的文化、学术与开发 ［EB/OL］. http: // huangongdi. blog. hexun. com/19805531_ d. html, 2008.

［27］ 国家统计局, 科学技术部. 中国科技统计年鉴 2008 ［M］. 北京: 中国统计出版社, 2008.

［28］ 国家统计局, 科学技术部. 中国科技统计年鉴 （1996 ~ 2006） ［M］. 北京: 中国统计出版社, 1997 ~2007.

［29］ 国家统计局工业交通统计司. 中国工业经济统计年鉴 2008 ［M］. 北京: 中国统计出版社, 2008.

［30］ 和金生, 白瑶. 基于知识特性的技术转移研究 ［J］. 大连理工大学学报 （社会科学版）, 2005 （3）.

［31］ 洪功翔. 国有企业存在双重效率损失吗? ［J］. 经济理论与经济管理, 2010 （11）.

［32］ 黄静波. 国际技术转移 ［M］. 北京: 清华大学出版社, 2005.

［33］黄烨菁. 开放条件下的技术进步——从技术引进到自主创新［J］. 世界经济研究，2008（6）.

［34］姜波. 中国技术引进问题与对策研究［D］. 哈尔滨工程大学硕士学位论文，2002.

［35］姜晓昱. 建立我国技术引进良性循环的研究［D］. 广西大学硕士学位论文，2003.

［36］姜玉平，方晓阳. 我国企业对引进技术进行创新的分析与研究［J］. 自然辩证法研究，2000（5）.

［37］蒋兵. 技术转移中隐性知识转化研究［D］. 大连理工大学硕士学位论文，2006.

［38］金麟洙. 从模仿到创新——韩国企业技术学习的动力［M］. 北京：新华出版社，1997.

［39］李春涛，宋敏. 中国制造业企业的创新活动：所有制和 CEO 激励的作用［J］. 经济研究，2010（5）.

［40］李纪珍. 企业技术源的选择［J］. 中国软科学，1999（10）.

［41］李军，邹礼瑞. 企业技术引进再创新内部关键因素分析［J］. 科技进步与对策，2001（7）.

［42］李善民，李昶. 跨国并购还是绿地投资？——FDI 进入模式选择的影响因素研究［J］. 经济研究，2013（12）.

［43］李艳梅，杨涛. 中国产业结构演进的节能效应计量［J］. 财经科学，2012（3）.

［44］李志军. 当代国际技术转移与对策［M］. 北京：中国财政经济出版社，1999.

［45］辽宁省统计局，辽宁省科技厅. 辽宁科技统计年鉴 2008，内部资料.

［46］辽宁省统计局，辽宁省科技厅. 辽宁科技统计年鉴（2002～007），内部资料.

［47］辽宁省统计局. 辽宁统计年鉴 2008［M］. 北京：中国统计出版社，2008.

［48］林温环. 我国轻重工业产值比重变迁及国际比较［J］. 现代商业，2010（3）.

［49］凌丹. 技术引进创新及其风险分析［J］. 科学学与科学技术管理，2002（3）.

［50］刘常勇，谢洪明. 企业知识吸收能力的主要影响因素［J］. 科学学研究，2003（6）.

［51］刘吉昌，侯瑛. 对我国技术引进消化吸收与创新问题的思考［J］.

物流科技，2007（1）.

[52] 刘建兵，柳卸林. 企业研究与开发的外部化及对中国的启示 [J]. 科学学研究，2005，23（3）.

[53] 刘瑞明，石磊. 国有企业的双重效率损失与经济增长 [J]. 经济研究，2010（1）.

[54] 刘瑞明. 金融压抑、所有制歧视与增长拖累——国有企业效率损失再考察 [J]. 经济学季刊，2011，10（2）.

[55] 刘秀玲. 以跨国技术并购提升辽宁装备制造业竞争力 [J]. 经济问题探索，2007（8）.

[56] 刘元春. 国有企业的"效率悖论"及其深层次的解释 [J]. 中国工业经济，2001（7）.

[57] 刘元春. 国有企业宏观效率论——理论及其验证 [J]. 中国社会科学，2001（5）.

[58] 柳献初，柳殷. 认识技术引进的内在规律 [J]. 重型汽车，2004（3）.

[59] 陆瑶，闫聪，朱玉杰. 对外跨国并购能否为中国企业带来价值 [J]. 清华大学学报（自然科学版），2011，51（8）.

[60] 马树才，胡立杰，王永刚. 壮大东北装备制造业的战略思考 [J]. 社会科学辑刊，2005（6）.

[61] 聂辉华. 国企应成为纠正市场失灵的良药 [J]. 国企，2011（3）.

[62] 潘卫东，王宏达. 辽宁装备制造业发展的大型企业集团战略 [J]. 理论界，2008（9）.

[63] 彭新敏，吴晓波，卫东苇. 基于技术能力增长的企业技术获取模式研究 [J]. 科技管理，2008（5）.

[64] 秦书生. 基于技术引进、消化吸收的自主创新困境及消解对策 [J]. 科技管理研究，2008（7）.

[65] 冉爱晶. 第三方技术源的获取路径研究 [D]. 大连理工大学硕士学位论文，2006.

[66] 饶友玲. 国际技术贸易 [M]. 天津：南开大学出版社，1999.

[67] 热拉尔·罗兰. 私有化：成功与失败 [M]. 张宏胜，于淼，孙琪等译，北京：中国人民大学出版社，2011.

[68] 盛明泉，张敏，马黎珺，李昊. 国有产权、预算软约束与资本结构动态调整 [J]. 管理世界，2012（3）.

[69] 施培公. 后发优势——模仿创新的理论与实证研究 [M]. 北京：清华大学出版社，1999.

[70] 石勇. 自主知识产权：振兴装备制造业的关键 [J]. 求是，2007

(13).

[71] 汪和平，钱省三. 企业技术引进复杂系统分析方法探讨 [J]. 科研管理，2007（2）.

[72] 汪星明. 技术引进：理论·战略·机制 [M]. 北京：中国人民大学出版社，1999.

[73] 王海鹏. 从技术知识转移角度分析中国海外并购 [J]. 财政研究，2010（9）.

[74] 王克西. 制约我国引进技术消化吸收的主要因素及化解对策 [J]. 当代经济科学，2001（3）.

[75] 王立军. 浙江省制造业技术引进消化吸收再创新研究 [J]. 软科学，2007（3）.

[76] 王青，刘美泽. 辽宁装备制造业与国内同行业竞争力比较分析 [J]. 社会科学辑刊，2008（4）.

[77] 王述英. 现代产业经济理论与政策 [M]. 太原：山西经济出版社，1999.

[78] 王兴明，汪和平. 技术消化吸收系统的构建 [J]. 科学学与科学技术管理，2006（9）.

[79] 魏峰，荣兆梓. 基于效率视角研究国有企业利润来源——来自15个工业细分行业的证据 [J]. 产业经济研究，2012（1）.

[80] 温晓丽，陈晓锐. 辽宁轻重工业结构演进特征分析 [J]. 辽宁经济，2009（10）.

[81] 吴敬琏. 当代中国经济改革教程 [M]. 上海：上海远东出版社，2010.

[82] 吴延兵，李莉. 自主研发和技术引进对经济绩效的影响——基于时间序列的分析 [J]. 社会科学辑刊，2011（4）.

[83] 吴延兵. 创新的决定因素——基于中国制造业的实证研究 [J]. 世界经济文汇，2008（4）.

[84] 吴延兵. 国有企业双重效率损失研究 [J]. 经济研究，2012（3）.

[85] 吴延兵. 中国工业 R&D 投入的影响因素 [J]. 产业经济研究，2009（6）.

[86] 吴延兵. 中国工业产业创新水平即影响因素——面板数据的实证分析 [J]. 产业经济评论，2006，5（2）.

[87] 吴铮争，吴殿廷，冯小杰. 东北地区装备制造业的地位及其变化研究 [J]. 人文地理，2007（1）.

[88] 谢富胜，李双双. 社会主义市场经济条件下国有企业的定位 [J]. 教学与研究，2010（5）.

［89］徐传谌，唐晓燕. 企业规模与技术创新关系研究综述［J］. 科技管理研究，2011（8）.

［90］郇公弟. 德国装备制造业的成功经验［EB/OL］. http：//www. kippo. or. jp/kansaiprofile/c/science/p1. html，2007.

［91］严海宁，汪红梅. 国有企业利润来源解析：行政垄断抑或技术创新［J］. 改革，2009（11）.

［92］阎莉. 日本技术引进成功经验探析［J］. 日本研究，2008（2）.

［93］杨天宇. "国有企业宏观效率论"辨析［J］. 中国社会科学，2002（6）.

［94］杨学义. 中国引进技术的消化吸收论析［J］. 重庆商学院学报，2001（6）.

［95］杨亚平. 基于隐性知识转化的企业技术能力演进分析［J］. 工业技术经济，2006（8）.

［96］余东华，王青. 国有企业自主创新效率变化及影响因素［J］. 山西财经大学学报，2010，32（1）.

［97］［日］斎藤优. 技术转移的理论和政策［J］. 科学译丛，1988（3）.

［98］张保胜. 我国装备制造业自主创新技术模型探析［J］. 企业经济，2007（8）.

［99］张刚. 基于技术转移的企业能力演化过程研究［J］. 科学学研究，2001（3）.

［100］张景安. 实现由技术引进为主向自主创新为主转变的战略思考［J］. 中国软科学，2003（11）.

［101］张树明. 我国企业技术引进与创新中存在的问题及对策［J］. 山东大学学报（哲学社会版），1999（4）.

［102］张延平，李明生. 我国区域人才结构优化与产业结构升级的协调适配度评价研究［J］. 中国软科学，2011（3）.

［103］张月. 我国企业引进技术消化吸收能力的影响因素分析［D］. 暨南大学硕士学位论文，2007.

［104］赵嘉，唐家龙. 美国产业结构演进与现代产业体系发展及其对中国的启示——基于美国1947～2009年经济数据的考察［J］. 科学学与科学技术管理，2012（1）.

［105］赵建华，焦晗. 装备制造业企业技术集成能力及其构成因素分析［J］. 中国软科学，2007（6）.

［106］赵蕾. 东北三省装备制造业现状分析及对策研究［J］. 商业经济，2008（8）.

［107］赵晓庆，许庆瑞. 企业技术能力演化的轨迹［J］. 科研管理，2002（1）.

［108］周浩. 技术引进、研发外溢和二次创新［J］. 当代经济科学，2003（9）.